RECHERCHE SOCIALE

SOCIALE

DE LA PROBLÉMATIQUE À LA
COLLECTE DES DONNÉES

PRESSES DE L'UNIVERSITÉ DU QUÉBEC
2875, boul. Laurier, Sainte-Foy (Québec) G1V 2M3
Téléphone : (418) 657-4399
Télécopieur : (418) 657-2096
Catalogue sur Internet : http://www.uquebec.ca/puq

Distribution :

DISTRIBUTION DE LIVRES UNIVERS S.E.N.C.
845, rue Marie-Victorin, Saint-Nicolas (Québec) G7A 3S8
Téléphone : (418) 831-7474 / 1-800-859-7474
Télécopieur : (418) 831-4021

RECHERCHE SOCIALE

DE LA PROBLÉMATIQUE À LA COLLECTE DES DONNÉES

Sous la direction de Benoît Gauthier

1997

Presses de l'Université du Québec
2875, boul. Laurier, Sainte-Foy (Québec) G1V 2M3

Données de catalogage avant publication (Canada)

Vedette principale au titre :

Recherche sociale : de la problématique à la collecte des données

3ᵉ éd.
Comprend des réf. bibliogr.

ISBN 2-7605-0951-6

1. Sciences sociales – Recherche – Méthodologie
I. Gauthier, Benoît, 1956 - .

H62.R39 1997   300'.7'2   C97-940874-1

Les Presses de l'Université du Québec remercient le Conseil des arts du Canada
et le Programme d'aide au développement de l'industrie de l'édition du Patrin.oine canadien
pour l'aide accordée à leur programme de publication.

Révision linguistique : Gislaine BARRETTE

Mise en pages : INFO 1000 MOTS

Conception graphique de la couverture : SYLVIE BERNARD

1 2 3 4 5 6 7 8 9 PUQ 1997 9 8 7 6 5 4 3 2 1

Dépôt légal – 3ᵉ trimestre 1997
Bibliothèque nationale du Québec / Bibliothèque nationale du Canada
Imprimé au Canada

Table des matières

Avant-propos

La première aventure de *Recherche sociale* a commencé en 1982. Après deux années de labeur, notre équipe de rédaction remettait un manuscrit complet du manuel à l'éditeur. Nous avons repris nos travaux en 1991 et publié une seconde édition en 1992, modifiant plusieurs textes et en ajoutant deux nouveaux.

En 1996, à la suite d'une consultation entre les collaborateurs sur le mode électronique, technologie oblige, nous avons remis les mains à la pâte. Seuls quelques chapitres sont ressortis indemnes de cette nouvelle remise en question. Non pas que nous ayions été profondément insatisfaits de notre seconde édition, mais plutôt parce que tout évolue : les auteurs de *Recherche sociale*, la pensée en recherche sociale, l'utilisation des outils de la connaissance, comme la société globale.

L'approche générale à la recherche sociale n'a pas changé. Nous partageons toujours la même philosophie de base face à l'acquisition de connaissances. Le processus de recherche proposé en 1984 est toujours valable pour une présentation didactique comme celle-ci, croyons-nous. De plus, nos lecteurs étaient en général d'avis que l'approche du premier comme du deuxième *Recherche sociale* répondait fondamentalement à leurs besoins.

Mais tout est perfectible. Nous avons modifié la présentation ici et là. Nous avons changé profondément certains textes pour améliorer la compréhension du thème, comme dans le chapitre sur la structure de la preuve ou dans celui sur l'entrevue semi-dirigée. Nous avons adapté des chapitres aux nouveautés du domaine comme dans le chapitre sur la recherche documentaire et dans celui sur la recherche-action. Nous avons fondu certaines présentations pour mieux lier certains sujets, comme les chapitres sur la mesure et sur les échelles d'attitudes.

Je voudrais saluer la venue de nouveaux collaborateurs à cette édition de recherche sociale et remercier personnellement les auteurs de chacun des chapitres de ce manuel. Leur engagement personnel à l'égard de cette entreprise a permis de produire un autre ouvrage utile et intéressant. Merci aussi à notre éditeur pour sa patience et son aide au cours de l'année écoulée depuis le début des travaux de révision. Merci, enfin, à ma compagne et à mes enfants de me suivre dans cette aventure depuis quinze ans.

Benoît Gauthier
2 juillet 1997

Chapitre 1
Introduction

Benoît GAUTHIER

Garder un esprit ouvert est une vertu,
mais pas ouvert au point que le cerveau en tombe

James OBERG

Introduction

Cet ouvrage est à la fois une histoire, une philosophie et une référence. Il est lié à une *histoire* parce qu'il a été écrit à un certain moment du développement du monde; il représente cette époque, la reflète et en est le fruit; il ne peut pas être compris hors de son contexte historique; il n'aurait pas pu être écrit à un autre moment historique. Il est donc valable aujourd'hui. Demain, ses idées seront désuètes (mais quand sera demain?). «La science, et toute théorie scientifique, sont des produits historiques. Telle interprétation qui surgit à tel moment et non à tel autre, n'est possible que parce que sont réunies les conditions diverses de son élaboration[1].»

Cet ouvrage tient aussi d'une philosophie, celle du *doute* et de la *tolérance*. Chaque auteur participant à ce collectif doute, à la fois de ce qu'il a écrit et de ce que les autres auteurs ont écrit. Aucune affirmation (pour ne pas dire vérité) n'est tenue pour acquise. Aucun énoncé n'est accepté inconditionnellement. Mais ce doute est soutenu par l'ouverture d'esprit. Tous ces auteurs acceptent que d'autres pensent autrement et reconnaissent le bien-fondé d'autres axiomes que les leurs. Le doute isolé conduit à l'anarchie; l'ouverture isolée produit l'incertitude. Nous pensons que la philosophie du doute ouvert est plus fructueuse, socialement et scientifiquement.

---

1. Jean ROSMORDUC, *De Thalès à Einstein*, Paris, Études Vivantes, 1979, p. 10.

> Au cœur de la science, on retrouve un équilibre entre deux attitudes apparemment contradictoires : une ouverture aux nouvelles idées aussi bizarres ou contraires aux idées reçues qu'elles soient, et un examen impitoyable de toutes les idées, vieilles comme nouvelles. [...] Cette créativité et ce scepticisme, ensemble, constituent le garde-fou de la connaissance. Il existe évidemment des tensions entre ces deux attitudes. [...] Si vous n'êtes que sceptique, vous serez imperméable aux nouvelles idées ; vous n'apprendrez jamais rien. [...] En même temps, la science requiert un scepticisme sans compromis parce que la vaste majorité des idées sont simplement fausses et que le seul moyen de séparer le bon grain de l'ivraie est l'expérimentation critique et l'analyse[2].

Ce texte se veut enfin une *référence*. Dans la plupart des livres d'introduction, l'auteur veut faire croire qu'il a tout dit sur la question. Ce qui est différent, ici, c'est que *des* auteurs se sont assis pour tenter d'établir ce qu'ils croient être les *bases* de la réflexion scientifique en sciences sociales. Ils ont cherché à cerner les débats en cours autour de chacune des questions abordées, en même temps qu'ils présentaient les éléments semblant faire l'unanimité de la communauté des chercheurs. Nous sommes très conscients que des pans entiers de l'univers de la recherche sociale n'ont pas été abordés dans cet ouvrage. Les contraintes d'espace et les limites de ce que l'on peut exiger d'un lecteur dans un seul livre ne sont que des explications partielles de ce que d'aucuns considéreront comme des lacunes. Nous avons effectivement fait des choix éditoriaux comme la sélection d'une approche structurée à la recherche sociale et un découpage du processus de recherche que certains pourraient qualifier de simplificateur. *Recherche sociale* est une simplification : c'est une vulgarisation de cette matière complexe dont les traités accaparent plusieurs étagères de nos bibliothèques de « spécialistes ».

1. Qu'est-ce que la recherche sociale ?

On sait que ce livre porte sur la « recherche sociale ». On ne sait cependant pas ce qu'elle est. Le plus facile est encore de compartimenter et de se demander ce qu'est chacun des termes de l'expression.

1.1. Qu'est-ce que le social ?

Il n'y a pas d'unanimité quant à la délimitation qu'on doit faire du social (et il en est bien ainsi). Madeleine Grawitz ne peut qu'en donner la défi-

---

2. Carl SAGAN, *The Demon-Haunted World, Science as a Candle in the Dark*, New York, Random House, 1995, p. 304-305.

nition suivante: « qui concerne les hommes en société[3] », mais comme il n'y a pas d'homme sans société, ni de société sans homme, la précision est redondante[4].

Jean-William Lapierre s'aventure un peu plus loin en affirmant que « les éléments d'un système social sont des personnes ou des groupes et les relations sociales sont des interactions entre ces personnes ou ces groupes[5] ». Il précise que le social comprend le sociogénétique, l'écologie, l'économique, le culturel et le politique.

Et nous pourrions allonger indéfiniment cette liste de propositions. Tout ce qu'on peut en ressortir, c'est que *le social traite de l'homme dans ses relations avec les autres hommes*. C'est maigre, mais il y a beaucoup de positif dans la faiblesse de cette précision. La pensée sociale tend aujourd'hui à se décompartimenter, à se multidisciplinariser, à s'ouvrir aux tendances parallèles; la sociologie, la criminologie, la science politique, l'anthropologie, les relations industrielles, le travail social, etc., étudient tout à tour l'individu, le groupe et la masse, la paix et la violence, la statique et la dynamique... La bonne fortune de la science sociale naît aujourd'hui d'un attribut qui a pour nom la *collaboration*; une délimitation trop rigide de son champ général et de ses disciplines particulières inhiberait les efforts de renouveau et de régénération provenant soit des sciences de la nature, soit d'autres sciences sociales et humaines. Grawitz a même pu écrire: « La recherche de distinctions et de classifications paraît une assez vaine tentative de justification après coup des découpages arbitraires des enseignements universitaires [...] Il n'y a pas d'inconvénients à utiliser indifféremment les deux termes de sciences humaines et de sciences sociales[6]. »

1.2. Qu'est-ce que la recherche?

Le concept de recherche recouvre lui aussi un large éventail de significations. Notre acception est cependant plus restrictive.

---

3. Madeleine GRAWITZ, *Lexique des sciences sociales*, Paris, Dalloz, 1981, p. 333.
4. Il est à noter que le terme « homme » utilisé dans cette introduction ne réfère pas au groupe sexuel, mais à l'ensemble des éléments de l'espèce humaine. Par ailleurs, chacun des auteurs ayant participé à ce livre a résolu lui-même (et pour lui-même) le dilemme souvent mentionné du genre (masculin ou féminin) à utiliser dans les textes. En l'absence d'une norme fixe, l'originalité individuelle domine.
5. Jean-William LAPIERRE, *L'analyse des systèmes politiques*, Paris, Presses universitaires de France, 1973, p. 27.
6. Madeleine GRAWITZ, *op. cit.*, p. 326.

D'abord, nous définissons la recherche comme un processus, une activité : quand on recherche, on fait quelque chose. Cette activité se précise par certaines caractéristiques qui définissent le concept d'objectivité : la recherche est une activité qui vise l'objectivité. L'*objectivité* n'est pas ici comprise comme cette abstraction inhumaine et hors du temps qu'est l'absence de parti pris ; elle est définie comme une *attitude d'appréhension du réel basée sur une acceptation intégrale des faits* (ou l'absence de filtrage des observations autre que celui de la pertinence), *sur le refus de l'absolu préalable* (ou l'obligation du doute quant à toute conception préexistante) *et sur la conscience de ses propres limites*. En fait, ce que l'on nomme traditionnellement objectivité devrait peut-être plutôt être étiqueté « impartialité ». Nous laissons ce débat ouvert.

La fonction de la recherche est une autre dimension qui contribue à sa définition : la recherche est une activité de quête objective de *connaissances*. Le concept de recherche que vous voulons circonscrire ici vise, en effet, l'acquisition de nouvelles connaissances. La raison d'être de cette connaissance ne fait pas partie de cette définition : indifféremment, la recherche peut servir la connaissance théorique ou « pure », la connaissance immédiatement axée sur l'action, la connaissance nécessaire à la prise de décision ou à la gestion sociale, etc. Ces buts ultimes de l'acquisition de connaissances sont tous également bien servis par une approche recherche telle que proposée dans ce manuel. Cette caractéristique que nous ajoutons à notre définition de la recherche élimine cependant les activités qui visent à convaincre plutôt qu'à apprendre : la recherche n'est pas une opération de propagande et ne peut pas servir simplement comme justification d'un état de fait. La fonction de justification est une antinomie de la fonction d'acquisition objective de connaissances : on ne peut pas produire de nouvelles connaissances dans un *modus operandi* d'ouverture et de transparence tout en visant à soutenir une position prise *a priori*.

Enfin, l'objet de la recherche complète cette description : *la recherche est une activité de quête objective de connaissances sur des questions factuelles*. La recherche sociale ne s'arrête pas aux problématiques du bien et du mal, des préceptes et des règles : elle laisse ce champ normatif aux philosophes et s'en tient aux faits. Nous ne voulons pas nous enliser dans des débats philosophiques sur l'existence d'une réalité unique et sur les limites de la distinction entre faits et valeurs[7]. Nous participons à ce courant de la recherche sociale qui postule qu'il existe une réalité objective ; nous visons à construire des modèles de cette réalité qui rendent le mieux compte de son état et de sa dynamique de changement.

---

7. Le chapitre concluant cet ouvrage s'attarde à ces questions importantes.

Ce concept de recherche est à la fois flou et évident. D'en proposer une définition semble superflu mais, une fois celle-ci précisée, il semble évident qu'il sera impossible de faire le consensus autour d'elle. Nous aimons à penser qu'il s'agit là d'un dilemme caractéristique de l'homme et de son esprit tortueux.

2. Qui fait de la recherche sociale?

Ces définitions du social et de la recherche sont assez abstraites pour les rendre générales, mais aussi pour distinguer la «recherche sociale» de l'expérience individuelle et la reconnaître comme étant du ressort des spécialistes. Donc, il est bon de se demander qui fait de la recherche sociale, pour remettre la question en perspective. À cette question, nous pourrions répondre: tous. Tout le monde, en effet, à des intervalles plus ou moins réguliers et plus ou moins larges mène une activité d'observation systématique sur les humains qui l'entourent. Mais, plus courante encore est l'activité de recherche non systématique: celle qui fait conclure à l'utilité de l'eau de source recueillie le soir de pleine lune pour le traitement des cors. Il faut donc différencier la recherche sociale de cette observation sélective quotidienne qui nous fait tirer des conclusions sur les événements dont nous sommes témoins, mais sans utiliser le regard objectif dont nous parlions plus tôt et sans s'en tenir à l'utilisation d'outils de mesure calibrables et réutilisables.

Si tous sont des candidats potentiels à la recherche, il reste que certains segments de la population sont plus spécialisés dans sa pratique. Le groupe le plus évident est celui des chercheurs universitaires qui consacrent tous leurs efforts à cette activité. Les fonctions publiques emploient beaucoup de chercheurs, entre autres, pour vérifier l'efficacité des programmes publics. Le secteur privé absorbe aussi de tels experts: les «pages jaunes» contiennent même une rubrique «conseillers en recherche sociale». De façon générale, le monde du travail engage des personnes démontrant des capacités de réflexion et de recherche systématiques. C'est pourquoi on s'attend à ce que des étudiants obtenant un diplôme universitaire ou, de plus en plus, collégial, en sciences sociales aient eu, et aient assimilé, une introduction à la recherche sociale.

De plus, en parallèle avec la sophistication des technologies du travail et avec l'augmentation de la part du travail intellectuel dans l'ensemble de l'«effort de travail national», on s'attend de plus en plus à ce que les gestionnaires et les travailleurs soient en mesure d'appliquer une pensée critique et systématique à leur environnement de travail. On condamnera aujourd'hui un employé qui ne fait que répéter une opération sans chercher à en améliorer la performance; on jugera peu créateur un gestionnaire qui ne remettra pas en question ses procédés de travail et même la raison d'être des activités de son groupe. Or, ce type de réflexion constructive est ni plus ni moins qu'une application particulière de l'approche de recherche prônée dans ce livre. Donc, si certains spécialistes peuvent se targuer de dépenser toute leur énergie à la recherche sociale, il est de moins en moins vrai qu'ils en monopolisent la pratique. La clientèle de la recherche sociale croît de jour en jour en raison des changements dans l'environnement du travail.

Bref, la recherche sociale peut (devrait?) être une activité courante et «populaire», et certains spécialistes s'y arrêtent plus que tout un chacun en fonction des exigences de leur travail.

3. Pourquoi faire de la recherche sociale?

Nous en sommes maintenant à un point critique de notre réflexion. On sait ce qu'est la recherche sociale, qui en fait et qui peut en faire; on ne sait pas encore pourquoi en faire. Il y a deux argumentations à avancer ici.

D'abord, pourquoi faire de la recherche sociale alors que ce qu'on appelle le sens commun ou le bon sens fournit réponse à presque toutes les questions? En effet, le sens commun peut fournir une réponse, mais est-ce la bonne? Le bon sens est souvent mis en brèche par des prémisses fausses, normatives ou idéologiquement tiraillées. Il se soucie rarement de logique, de rationalité, de doute et de tolérance. Par exemple, le bon sens veut que la peine capitale soit une façon de réduire la criminalité violente et que les crimes augmentent en période de difficultés économiques nationales; les criminologues ont pourtant démontré le contraire. On peut aussi se rappeler que le bon sens nous dicte que la Terre est plate: on n'a qu'à regarder, on le voit... On connaît la suite. Le sens commun n'est donc pas une base assez solide pour élaborer un échafaudage social à la mesure de la complexité de nos sociétés actuelles.

> They [scientists] do not trust what is intuitively obvious. That the Earth is flat was once obvious. That heavy bodies fall faster than light ones was once obvious. That bloodsucking leeches cure most diseases was once obvious. That some people are naturally and by divine decree slaves was once obvious. That there is such a place as the center of the Universe, and that the Earth sits in that exalted spot was once obvious. That there is an absolute standard of rest was once obvious[8].

---

8. Carl SAGAN, *op. cit.*, p. 36.

Par rapport au sens commun, la recherche sociale a l'avantage de systématiser l'observation. Elle se permet aussi de remettre en question ses prémisses, ce que le bon sens ne sait faire. Elle étend beaucoup le champ des connaissances alors que cette évolution est très lente avec le sens commun. Elle permet de généraliser et d'appliquer le savoir parcellaire du sens commun alors que celui-ci ne peut s'en tenir qu'au cas par cas. Par une utilisation planifiée et contrôlée d'outils de mesure réutilisables dans d'autres contextes sociaux et par d'autres chercheurs, la recherche sociale acquiert une caractéristique d'intersubjectivité que le sens commun ne connaît pas. Cette même mesure consciente, planifiée, systématique et réfléchie permet l'atteinte, sinon assurée du moins évaluable, de degrés satisfaisants de validité et de fiabilité dans l'opération d'extraction d'un sens, d'une signification, au corpus social. Voilà donc de bonnes raisons de faire de la recherche sociale plutôt que de se fier au sens commun.

La deuxième argumentation est plus englobante : mais, après tout, pourquoi faire quelque recherche que ce soit ? Le fondement de toute recherche, quelle qu'elle soit, est la soif de connaissances, de compréhension. Le prochain chapitre s'étendra là-dessus. Ce besoin de connaître peut prendre deux formes qui s'avèrent recouvrir deux types de recherche. On peut d'abord chercher à savoir pour le simple plaisir de comprendre les fondements d'un phénomène : c'est la *recherche fondamentale*. On peut aussi chercher à savoir en ayant en tête une application de ces nouvelles connaissances : c'est la *recherche appliquée*. Dans les deux cas, cependant, la recherche vise à *réduire l'incertitude*. Depuis les temps préhistoriques, l'homme a agi sur son environnement pour assurer sa survie et pour rendre sa vie plus confortable. Cette finalité de l'action humaine passe par une meilleure compréhension des conséquences des phénomènes naturels et, aujourd'hui plus que jamais, par une meilleure modélisation de la dynamique des comportements sociaux. En *connaissant* mieux notre environnement, nous réduisons les risques que renferment les nouvelles situations ; nous réduisons l'incertitude[9]. Il y a là, cependant, deux inconnues :

- on sait que de mauvaises utilisations peuvent être faites de conclusions scientifiques ; quand cela sera-t-il le cas ?

- les conceptions de l'amélioration du sort de l'homme peuvent varier ; y en a-t-il une plus « vraie » que les autres ?

---

9. La valeur des recherches en sciences sociales, comme en sciences naturelles, peut être mesurée en termes de réduction de l'incertitude. Dans ce sens, on peut juger de la pertinence d'un investissement en recherche en évaluant son potentiel de réduction de l'incertitude et en posant un jugement sur la valeur de la disparition de cette incertitude.

La recherche appliquée, ou à tout le moins la recherche utilisable à court terme, est louée par la plupart des programmes gouvernementaux de financement de la recherche, par les avocats de la rationalisation de l'utilisation des ressources sociales rares, par les partisans d'une conception du monde à court terme. Il ne faut, cependant, pas dénigrer la recherche fondamentale qui doit tenir une place importante : la recherche appliquée trouve réponse aux problèmes d'aujourd'hui, la recherche fondamentale permet de formuler les problèmes de demain (des esprits malicieux diraient que la recherche fondamentale *cause* les problèmes de demain). Cela n'empêche pas que la recherche n'existe que dans un environnement social (et non pas dans le vide) et, qu'en l'absence d'autres critères satisfaisants, la pertinence sociale d'une recherche devient une règle à considérer.

4. Qu'est-ce que la méthodologie ?

Jusqu'ici, nous avons cerné le concept de recherche sociale. Place maintenant au sujet de ce livre, la *méthodologie* de la recherche sociale. Nous avons sciemment évité d'utiliser les termes « méthode » ou « méthodes » qui portent à confusion. La méthodologie de la recherche englobe à la fois *la structure de l'esprit et de la forme de la recherche et les techniques utilisées pour mettre en pratique cet esprit et cette forme* (méthode et méthodes).

Nous concevons que le cœur de la méthodologie contemporaine de la recherche sociale est l'acte d'*observation* qui est lié à un cycle de *théorisation*. C'est la confrontation des idées, issues à la fois de l'expérience et de l'imagination, aux données concrètes, dérivées de l'observation, en vue de confirmer, de nuancer ou de rejeter ces idées de départ. La théorie et son processus seront abordés en détail plus loin. L'observation systématique ne tombe pas de nulle part : elle doit être préparée, effectuée et analysée (voir le tableau 1).

Préalablement à la préparation de l'observation, le chercheur s'interroge sur l'origine de sa connaissance et sur la validité de ses modes d'acquisition de nouvelles connaissances. Cette étape fondamentale sépare le penseur, qui est en mesure de contribuer à faire avancer le savoir, du producteur, qui participe à une connaissance immédiate (chapitre 2 : la sociologie de la connaissance).

TABLEAU 1
Étapes de la recherche sociale

Observation-théorisation (Sociologie de la connaissance)			
Préparation de la recherche			
Établissement de l'objet d'étude	Structuration de la recherche	Formation de l'information	Analyse de l'observation
Spécification de la problématique Recherche documentaire Théorie et le sens de la recherche ▶	Structure de la preuve Mesure Échantillonnage Éthique ▶	Observation directe Entretien non directif Histoire de vie Groupe de discussion Analyse de contenu Sondage Données secondaires Simulation sur ordinateur ▶	Traitement des données Analyse des données

La toute première phase de la recherche sociale est la préparation de l'observation. Cette phase préparatoire comprend deux étapes particulières : l'établissement de l'objet d'étude et la structuration de la recherche ; les deux premières parties de ce livre correspondent à ces deux étapes.

L'établissement de l'objet d'étude regroupe plusieurs idées et actions à entreprendre. D'abord, le chercheur se demande ce qu'il veut savoir, sur quel sujet il veut se poser des questions. Il doit d'abord apprendre à restreindre ses élans et à limiter son champ d'intérêt ; cette détermination du champ d'enquête aura un impact profond sur tout le reste du déroulement de la recherche (chapitre 3 : la spécification de la problématique). Comme personne n'est intéressé à réinventer la roue à chaque utilisation de sa bicyclette, une autre phase importante de l'établissement de l'objet de recherche est l'analyse de sources bibliographiques relatives à la problématique retenue. Nous avons tous l'impression de savoir utiliser une bibliothèque, mais, en fait, rares sont ceux qui y sont vraiment efficaces ; de plus, les nouvelles technologies de l'information ouvrent des portes dont nous ne connaissions même pas l'existence il y a quelques années (chapitre 4 : la recherche documentaire et l'accès à l'information). Ces prémisses permettent d'arriver au cœur de l'établissement de l'objet de recherche : la théorisation. La théorie est l'ensemble des énoncés qui permet l'interprétation des données, la généralisation des résultats et l'encadrement de la recherche. L'incorporation d'une théorie à la problématique est un moment crucial de la recherche sociale. De toute cette préparation ressort l'objet de recherche lui-même : l'hypothèse. L'hypothèse est le résumé des intentions, des présupposés et des attentes. C'est le matériel de base de la suite de la recherche (chapitre 5 : la théorie et le sens de la recherche).

La structuration de la recherche s'éloigne du raisonnement épistémologique et problématique de l'établissement de l'objet de recherche pour entrer dans des considérations plus terre à terre. La structure de preuve adoptée est le premier point. Il faut se demander quel type de recherche on doit faire, quelle structure on doit donner à la comparaison effectuée ; autrement dit, on doit déterminer quelle est la logique qui permettra de confirmer ou d'infirmer les hypothèses (chapitre 6 : la structure de la preuve). On se demande, ensuite, comment faire le passage entre l'énoncé verbal de la théorie et de la problématique et l'énoncé factuel, observable et mesurable de la phase de la collecte des données (chapitre 7 : la mesure). La question suivante est de savoir si l'on veut étudier tous les cas disponibles ou seulement une sélection de ceux-ci. Dans le deuxième cas, il faut prévoir une façon de choisir ces sujets (chapitre 8 : l'échantillonnage). Les questions éthiques retiennent enfin l'attention. On s'assure que la recherche n'enfreint pas la déontologie professionnelle, on se questionne sur la position du chercheur rémunéré, on s'intéresse à la place de la diffusion des résultats, etc. (chapitre 9 : l'éthique en recherche sociale).

Une fois établis l'objet de recherche et la structuration de la recherche, cela constituant la phase préparatoire à l'observation, la seconde phase de la recherche sociale est la formation de l'information ou la collecte des données. Cette étape correspond à la troisième partie de ce livre. Cette étape peut être réalisée de diverses manières, mais dans chaque cas le principe reste le même : effectuer une observation *systématique* sur le terrain qui, comme le genre d'observation, varie d'une forme de collecte à l'autre.

La méthode la plus ancienne, mais aussi celle qui reçoit de plus en plus d'attention, est l'observation directe des sujets de recherche (chapitre 10 : l'observation directe). Une des sources les plus utilisées dans la collecte d'informations – si l'on inclut les activités quotidiennes, les actes journalistiques, etc. –, soit l'entretien non directif, est quelque peu boudée par les méthodologues des sciences sociales. C'est pourtant un moyen comme nul autre d'approfondir la compréhension d'un individu (chapitre 11 : l'entrevue semi-dirigée). En réaction aux techniques englobantes et globalisantes, certains veulent revenir à plus de compréhension de l'homme et à une acceptation de la complexité de la relation entre l'homme et son environnement. Les histoires de vie s'arrêtent à peu de cas, mais approfondissent au maximum leur compréhension (chapitre 12 : l'histoire de vie). L'observation peut être plus structurée, même organisée, et elle peut s'appliquer à des contextes artificiellement créés par le chercheur. La convocation de groupes de discussion est l'une des techniques disponibles à cet égard (chapitre 13 : le groupe de discussion). Appliquée aux sources non réactives (celles qui ne peuvent pas changer à cause de la présence du chercheur), l'observation devient l'analyse de contenu : on ne parle pas d'observation directe de documents, comme on ne parle pas d'analyse de contenu du comportement d'un groupe, mais la même philosophie sous-tend les deux méthodes de collecte ; malgré tout, les auteurs des deux chapitres présentent des approches totalement différentes à l'observation : c'est une des choses qui rendent fascinante la comparaison de ces deux chapitres (chapitre 14 : l'analyse de contenu). Mais il reste que nombre de concepts ne peuvent être mesurés par simple observation ; il faut provoquer souvent l'expression d'opinions, d'attitudes et de comportements. Le sondage est alors utile (chapitre 15 : le sondage). Toutes les méthodes présentées dans la section sur la formation de l'information ont recours à des données mises en forme spécifiquement pour les fins de l'étude en cours. Pourtant, bon nombre de recherches ne requiert pas ce type d'exercice de collecte ou ne peuvent pas compter sur des ressources suffisantes. Les données déjà existantes viennent alors à la rescousse (chapitre 16 : les données secondaires). Enfin, il est courant d'entendre dire qu'on ne peut pas faire d'expérimentation en sciences sociales. Pourtant, elles ont développé au cours des ans des méthodes et une approche qui sont très proches de cette préoccupation et qui répondent aux critiques des scientifiques de la nature : la simulation, la révolution humaniste de demain (chapitre 17 : la simulation sur ordinateur).

La troisième phase de la recherche sociale concerne l'analyse des observations ainsi colligées. Cette phase comprend le traitement et l'analyse de ces données et la diffusion des résultats. Mais, comme la somme de matériel contenue dans cette troisième phase nécessiterait la rédaction d'un ouvrage entier, comme les cours découpent généralement cet apprentissage en deux parties et comme l'esprit de la troisième phase est sensiblement différent de celui des deux premières, nous avons préféré ne pas aborder ces questions ici.

Par contre, même si la philosophie du doute est appliquée par chacun des auteurs, il a paru approprié de conclure ce livre par un retour sur une critique systématique de la recherche sociale. La quatrième partie s'y attarde. Elle le fait d'abord en présentant un concept de recherche qui s'inscrit en faux par rapport à la tradition objectiviste : la recherche-action (chapitre 18 : la recherche-action). Elle le fait aussi en articulant une critique plus fondamentale sur la recherche sociale, à partir de ses axiomes (chapitre 19 : une science objective ?).

5. Modèle non linéaire de la recherche sociale

Simple, la linéarité du modèle présenté au tableau 1 a l'avantage de clarifier une séquence logique des étapes de la recherche sociale, tout en collant à l'aspect séquentiel nécessaire d'un livre comme celui-ci. Cependant, cette linéarité ne correspond pas à la réalité du développement d'une recherche sur le social. Le tableau 2 est une représentation plus fidèle des réelles interrelations entre les «moments» de la recherche sociale. Le lecteur trouvera cette présentation complexe à cette étape-ci de la lecture de *Recherche sociale*, mais il devrait y revenir régulièrement pour situer chaque pièce du casse-tête dans le tout que ce modèle représente. Ce modèle permettra aussi de compléter l'intégration de l'ensemble de la démarche du manuel, une fois complétée la lecture de ses dix-neuf chapitres.

Tout le cheminement de la recherche sociale baigne dans un *contexte* social, économique, politique, culturel et organisationnel particulier. C'est ce contexte qui produit un questionnement sur l'état de la connaissance, qui identifie une lacune problématique, qui pose une difficulté organisationnelle (lien 1).

Le *problème de connaissance* est aussi modelé par la *vision théorique* que le chercheur a de l'objet (lien 2) : le décrochage scolaire sera abordé comme une question intergénérationnelle par l'anthropologue, comme une conséquence du contexte social par le sociologue, comme une relation de pouvoir par le politicologue, comme un enjeu nutritionnel par le biologiste, comme une décision rationnelle par l'économiste, etc. Le problème de connaissance sera donc différent selon l'angle théorique ou conceptuel que l'on adopte.

Tableau 2
Cheminement de la recherche sociale

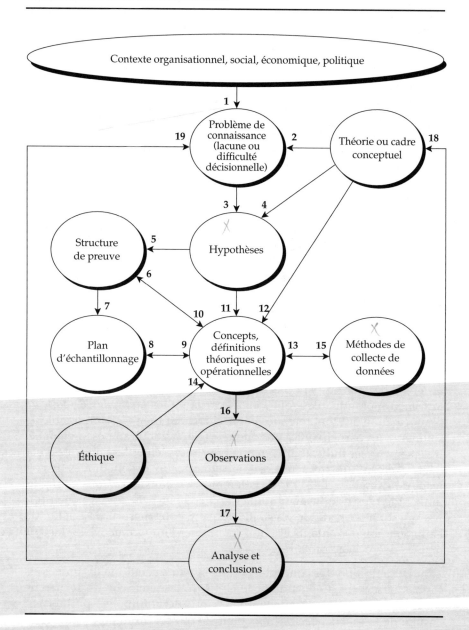

Le cheminement de recherche oblige à l'expression des préjugés du chercheur sous forme d'*hypothèses* qui sont les affirmations que le chercheur tentera de confirmer ou d'infirmer. Ces hypothèses sont influencées à la fois par la nature du problème de connaissance (lien 3) et par la perspective théorique du chercheur (lien 4).

L'étape suivante du cheminement de recherche est absolument centrale, comme l'indique le nombre de flèches qui influencent la *définition conceptuelle et opérationnelle* des concepts centraux des hypothèses. En fait, toute la planification de la recherche se retrouve encapsulée dans la définition des mesures qui seront prises pour représenter les éléments qui constituent les hypothèses. Bien sûr, le contenu des hypothèses déterminera les concepts qui devront être mesurés (lien 11). Les hypothèses participeront aussi à la détermination de la *structure de preuve* qui sera privilégiée dans une recherche donnée (lien 5); la structure de preuve est l'arrangement de la démonstration que le chercheur devra faire pour confirmer ses hypothèses. Entre la structure de preuve et l'opérationnalisation des concepts à mesurer, on trouve une relation à double sens: les mesures qui formeront le corps de l'observation sont contraintes par le type de structure de preuve choisi (lien 10) alors que le type de mesure requis pour opérationnaliser les concepts influence la nature de la structure de preuve à mettre en place (lien 6). De la même façon, opérationnalisation des concepts et *échantillonnage* sont en relation d'influence mutuelle, le type de mesure à prendre influençant le type d'échantillon requis (lien 8) et le type d'échantillon disponible réduisant l'univers des mesures possibles (lien 9). La structure de preuve impose aussi ses limites et ses besoins au plan d'échantillonnage (lien 8). Il va de soi que les indicateurs pratiquables sont limités par la ou les *méthodes de collecte* d'information qui sont retenues par le chercheur (lien 13) – impossible de soumettre les participants à une enquête téléphonique au pèse-personne. Inversement, les indicateurs retenus pour représenter les concepts d'enquête exercent une influence certaine sur le choix des méthodes de collecte de données (lien 15). Finalement, les *considérations éthiques* limitent le type d'indicateur auquel le chercheur peut recourir (lien 14): pas question d'opération à estomac ouvert pour mesurer la qualité de l'alimentation des enfants et pour déterminer l'importance de ce facteur dans le décrochage scolaire.

La définition des concepts d'étude et leur opérationnalisation sous formes observables constituent le cœur de la démarche de recherche sociale. Ces définitions conceptuelles et opérationnelles permettent ensuite de faire des *observations* (lien 16) qui serviront aux *analyses* et permettront de tirer des *conclusions* sur la valeur des hypothèses initiales (lien 17). Comme toute recherche participe à un cycle d'apprentissage, les conclusions d'une étude donnée serviront à la fois à adopter la théorie utilisée pour appréhender la réalité (lien 18), dans le cadre d'une recherche universitaire, et à modifier la définition même du problème de connaissance (lien 19), dans le cadre d'une recherche appliquée ou organisationnelle.

Conclusion

Voilà notre vision du processus méthodologique de recherche appliqué aux sciences sociales. Elle est fondée sur la philosophie du doute ouvert, une attitude qui n'est pas innée : on naît au contraire avec une tendance au fétichisme, à l'égocentrisme, à l'absolu et à la croyance. La logique, la rationalité instrumentale, le systématisme et l'esprit critique s'apprennent, et il ne faudrait pas faire l'erreur de les croire inhérents à l'espèce humaine. Dans le même esprit, on oublie souvent d'insister sur le fait qu'il n'y a pas qu'une seule vérité et que plusieurs ont droit de cité. Cette ouverture est la marque de commerce de notre ouvrage.

Nous avons cherché à mettre en relief le fait que la recherche sociale est fondamentalement multidisciplinaire. Plutôt que d'adopter une vision disciplinaire, nous croyons que les étudiants doivent apprendre à communiquer de science à science et que les barrières disciplinaires sont en quelque sorte le transfert de l'esprit corporatiste moyenâgeux dans les sciences sociales, sans ses connotations péjoratives. Que l'on doive se spécialiser pour des fins d'approfondissement, soit. Mais il faut se rappeler que l'originalité de l'espèce humaine est son aptitude au mélange et à la synthèse[10]. Par ailleurs, nous croyons fermement que, de nos jours, nul ne peut maîtriser entièrement, seul, l'appareillage de la recherche en sciences sociales. La réunion de spécialistes de chaque question sous le chapeau du doute ouvert produit un traité plus vaste quant à l'éventail des sujets traités, et aussi plus honnête dans sa représentation de l'état actuel de la méthodologie en sciences sociales : il fait ressortir la variété des approches que le terme singulier de « méthodologie » ne peut suggérer et qu'une équipe restreinte de rédacteurs ne pouvait rendre.

---

10. La lecture des deux ouvrages d'Albert Jacquard est indispensable : *Éloge de la différence*, Paris, Seuil, 1978 et *Au péril de la science ?*, Paris, Seuil, 1982.

Bibliographie annotée

Quelques références sur les fondements de la pensée scientifique et sur l'activité scientifique

ARON, Raymond, *Les étapes de la pensée sociologique*, Paris, Gallimard, 1967.

Livre obligatoire pour comprendre l'évolution de la pensée socio-logique moderne. L'auteur aborde les écrits de Montesquieu, Comte, Marx, Tocqueville, Durkheim, Pareto et Weber. Même s'il ne s'agit pas là d'un traité de méthodologie, les sujets qui y sont abordés sont fondamentaux dans une réflexion méthodologique.

CHAUVIN, Rémy, *Des savants: pour quoi faire?*, Paris, Payot, 1981.

Plein de courage, l'auteur amorce la remise en question de l'orga-nisation scientifique moderne en la qualifiant d'inefficace. Tout passe à l'analyse: des modes de sélection des textes dans les revues aux motivations profondes des scientifiques.

JACQUARD, Albert, *Au péril de la science? Interrogations d'un généticien*, Paris, Seuil, 1982.

Dans ce livre important, Jacquard présente un plaidoyer en faveur d'une révision de l'image publique de la science. Alors qu'on la présente comme le roc composé de certitudes démontrées, elle est plutôt construite sur des doutes et sur une remise en question cons-tante des acquis. Continuer à présenter la science comme on le fait actuellement ne pourra mener qu'à l'incompréhension et au rejet.

MILLS, C. Wright, *L'imagination sociologique*, Paris, Maspero, 1967.

Mills fut probablement le savant le plus pris de doute durant son époque. Alors que les États-Unis ne respiraient que de science exacte et que les sciences sociales tentaient de s'artificialiser, Mills invo-quait un retour au contact entre la science et l'homme, et à une compréhension plus profonde de la relation entre la science et la réalité humaine.

NOÉ, Pierre, *Socialisme et recherche*, Paris, Club du livre socialiste, 1981.

Si les penseurs marxistes rejettent généralement la recherche «néopositiviste» traditionnelle, les activistes français du socialisme ne semblent pas de cet avis. Cet énoncé de politique se prononce en faveur d'un rôle accru de la recherche et des chercheurs dans une société française socialiste.

SAGAN, Carl, *The Demon-Haunted World, Science as a Candle in the Dark*, New York, Random House, 1995.

Carl Sagan est un grand vulgarisateur scientifique qui a su allier une extraordinaire capacité à s'émerveiller et à chercher avec une habileté, également remarquable, à questionner et à douter. Le titre du chapitre 12 indique clairement la nature de ce traité très accessible: «The Fine Art of Baloney Detection».

Quelques références à d'autres manuels d'introduction générale

AKTOUF, Omar, *Méthodologie des sciences sociales et approche qualitative des organisations*, Québec, Presses de l'Université du Québec, 1990, 213 pages.

Sous-titré «Une introduction à la démarche classique et une critique», ce livre passe en revue les éléments fondamentaux du modèle classique de recherche (dont *Recherche sociale* s'inspire largement) et en propose une critique constructive. Dans sa deuxième partie, Aktouf décrit un modèle de recherche plus qualitatif et «clinique». Il s'agit d'une lecture intéressante qui jette un éclairage différent sur le processus d'acquisition de connaissances.

CONTANDRIOPOULOS, André-Pierre, François CHAMPAGNE, Louise POTVIN, Jean-Louis DENIS et Pierre BOYLE, *Savoir préparer une recherche, la définit, la structurer, la financer*, Montréal, Presses de l'Université de Montréal, 1990, 196 pages.

Voici un court traité sur les aspects pratiques du déroulement d'une recherche sociale. L'aspect formation de l'information y est presque complètement escamoté, mais d'autres sujets sont analysés en assez grande profondeur. La facture du manuel est très pratique et plaira à l'étudiant en manque de conseils immédiatement applicables.

LESCARBEAU, Robert, Maurice PAYETTE et Yves ST-ARNAUD, *Profession: consultant*, Montréal, Presses de l'Université de Montréal, 1990, 341 pages.

Le chercheur situe souvent son action au sein d'une organisation. Il doit alors se voir comme un agent de changement placé dans une dynamique et comme un détenteur de pouvoir à l'intérieur d'une structure de pouvoir. Le livre de Lescarbeau, Payette et St-Arnaud aide à comprendre la place du consultant dans le processus de changement. Ce n'est pas un livre sur la recherche sociale, mais c'est une lecture importante pour le chercheur qui vise à participer au changement.

LÉTOURNEAU, Jocelyn, *Le coffre à outils du chercheur débutant : guide d'initiation au travail intellectuel*, Toronto, Oxford University Press, 1989, 227 pages.

Beaucoup plus axé sur le savoir-faire ou la technologie de la recherche que sur la compréhension des enjeux méthodologiques, ce livre regroupe des textes de plusieurs auteurs sur la recherche documentaire, l'analyse d'objets physiques, la lecture de tableaux, etc. Plus encore que dans le livre de Contandriopoulos *et alii*, les auteurs visent à donner des points de repère pratiques et à proposer aux lecteurs des outils. Par contre, la discussion critique de l'outillage manque.

MUCCHIELLI, Alex, *Dictionnaire des méthodes qualitatives en sciences humaines et sociales*, Paris, Armand Colin, 1996, 275 pages.

Sur le modèle du dictionnaire alphabétique, Mucchielli et ses collaborateurs transportent le lecteur de l'«acceptation interne» et de l'«analyse actancielle» à la «vérification des implications théoriques» et à la «vision du monde». Un peu ésotérique parfois, cet ouvrage constitue cependant une source importante de références aux concepts fondamentaux de la recherche qualitative. Il identifie aussi nombre d'auteurs importants dans la discipline.

Chapitre 2
La sociologie de la connaissance

François-Pierre GINGRAS

Il ne faut point juger des hommes par ce qu'ils ignorent,
mais par ce qu'ils savent et par la manière dont ils le savent.

VAUVENARGUES

Introduction

Tout le monde fait de la recherche, souvent sans le savoir : l'enfant qui scrute les placards pour découvrir où sont cachés les cadeaux de Noël, l'adolescente qui « cherche des idées » dans une revue de décoration, la sociologue qui se penche sur l'acculturation des immigrants, le vieillard qui meuble ses soirées de documentaires télévisés.

La recherche vise à mieux connaître la réalité, à mieux comprendre cet univers dont nous faisons partie. Nous faisons de la recherche par curiosité ou par intérêt, pour être plus heureux aujourd'hui ou pour prédire nos lendemains, afin de nous adapter à un milieu humain stressant et à un environnement menacé ou plutôt en vue de les transformer en profondeur. Le savoir n'est pas inné : *toute connaissance s'acquiert*. La première section de ce chapitre constitue un examen des modes d'acquisition des connaissances.

Tous et toutes, nous possédons un bagage plus ou moins vaste, plus ou moins spécialisé, plus ou moins juste de « connaissances ». Depuis le XVIIᵉ siècle, l'Occident distingue cependant les connaissances « scientifiques » des autres connaissances. Une deuxième section tente de cerner ce qu'on entend par « science », par opposition au savoir « ordinaire », tout en évitant la confusion entre la science et ses applications technologiques. Cela fournit l'occasion de considérer certains écueils de la recherche scientifique.

En traitant des principes méthodologiques de la recherche sociale, cet ouvrage postule le caractère scientifique d'une telle démarche. Il n'est donc pas superflu d'examiner, dans une troisième section, la prétention des sciences sociales au titre de « vraies sciences ». C'est d'ailleurs l'occasion de poser les fameuses questions de la place de la subjectivité dans la connaissance des phénomènes sociaux et de l'existence de lois du comportement humain.

La recherche sociale, pour avoir valeur scientifique, doit s'inspirer d'une pensée cohérente, d'une façon de voir le réel qui préside à l'ensemble de la démarche entreprise. Nous concluons donc ce chapitre en insistant sur quelques défis dans la recherche de la connaissance.

1. Les sources de connaissance

Nos connaissances ne sont le plus souvent que des *représentations* (ou images) imparfaites de la réalité. Nous nous fabriquons ces représentations à partir de ce que les psychologues appellent des *stimuli* sociaux, c'est-à-dire toute information disponible dans notre entourage : médias, conversations, expériences personnelles, etc. Comme le nombre de ces stimuli dépasse largement notre capacité de discernement, nous construisons un écran perceptuel qui filtre les informations et exerce inconsciemment pour nous un choix parmi tous les renseignements intelligibles. Cet écran élimine non seulement les données qui ne présentent guère d'intérêt, mais il peut aussi refouler les informations qui contredisent nos convictions. Qui n'a déjà assisté à un « dialogue de sourds » entre deux interlocuteurs qui, l'un comme l'autre, ne semblent entendre ni comprendre ce qu'ils se disent[1] ?

Nos façons d'« apprendre » dépendent donc de notre personnalité et correspondent aux types de rapports que nous entretenons avec la réalité. À l'échelle sociale, l'espace occupé par chacune des sources de connaissance permet de caractériser des personnes et des collectivités : on appelle « traditionnelles » certaines sociétés précisément parce qu'elles s'appuient sur les traditions et on dit, à tort ou à raison, des poètes qu'ils sont plutôt intuitifs, des financiers qu'ils sont plutôt rationnels, des personnalités politiques de premier plan qu'elles doivent leur succès à leur expérience. Postulons dès le départ qu'aucune de ces sources n'est

---

1. Les débats constitutionnels au Canada offrent depuis des années de multiples exemples de dialogues de sourds entre souverainistes québécois et fédéralistes. On s'en rend compte aisément en consultant les journaux pendant les périodes électorales et référendaires.

«meilleure» qu'une autre puisque chacune permet de connaître une partie de la réalité, ne serait-ce qu'imparfaitement.

1.1. La pratique, l'expérience et l'observation

La connaissance acquise par la pratique est sûrement la plus ancienne façon d'apprendre, historiquement. Elle demeure pour l'être humain, dès sa naissance, la première à laquelle il a recours. Bon nombre de nos connaissances proviennent des sensations que nous éprouvons, des observations que nous effectuons, par hasard ou de façon systématique. Par exemple, les journalistes qui couvrent une campagne électorale cherchent à prendre le pouls de la population en assistant aux assemblées politiques et en interrogeant des électeurs. Ils en dégagent des connaissances qu'ils transmettent au public par leurs reportages. L'importance ou la complexité de certains événements peuvent amener les chercheurs à étoffer leur expérience personnelle à l'aide de documents pertinents et de résultats de recherches réalisées par d'autres. C'est le cas du journaliste Jean-Claude Trait dont on consulte encore avec profit le dossier sur les événements d'octobre 1970[2].

> Bien que Jean-Claude Trait se soit permis une courte rétrospective des faits et gestes du Front de libération du Québec de 1963 à 1970, son ouvrage constitue principalement un récit des événements liés directement ou indirectement à l'offensive du FLQ entre le 5 octobre et le 5 décembre 1970. Grâce à son emploi au quotidien montréalais *La Presse* et à ses contacts dans le milieu du journalisme, Jean-Claude Trait a pu retracer le cours de tous les événements en se référant aux principaux médias (stations radiophoniques, réseaux de télévision, journaux). Bien que cet ouvrage ne soit pas une analyse des événements, comme l'explique l'auteur dans son avant-propos, il peut être très utile à une étude ultérieure de thèmes spécifiques (État, terrorisme, etc.) grâce à tous les détails qu'il met en lumière.

Le recours à la pratique, à l'expérience et à l'observation comme mode d'appréhension du réel se situe dans un grand courant que l'on nomme *empirisme* et que l'on peut faire remonter aux sophistes de la Grèce antique. Ces derniers cherchaient à rassembler le plus de connaissances possible sur l'évolution de la civilisation, notamment du langage, et sur l'insertion harmonieuse des gens dans la société: à leurs yeux, le savoir, fondé sur l'expérience et l'observation, devait naturellement déboucher sur l'action; ainsi, «les études» avaient nécessairement une fonction utilitaire.

---

2. Jean-Claude TRAIT, *FLQ 70: offensive d'automne*, Montréal, Éditions de l'Homme, 1970.

L'empirisme repose sur la perception que l'on a de la réalité. Il importe donc de distinguer l'objet réel (celui dont on recherche la connaissance) de l'objet perçu par nos sens, qui semble bien réel mais qui n'est pas toute la réalité.

> Le felquiste Pierre Vallières a cité ses expériences chez les franciscains à l'appui de sa dénonciation de l'obscurantisme et de l'exploitation incessante des masses québécoises par l'Église catholique depuis trois siècles[3]. De son côté, l'abbé Gérard Dion a plutôt fait ressortir le caractère progressiste de nombreuses interventions de l'Église, dont une à laquelle il a lui-même participé, lors d'un conflit syndical qui ébranla le Québec tout entier[4]. Les expériences de chacun conditionnent son interprétation de la réalité.

Au-delà de l'expérience immédiate d'un phénomène, l'engagement intellectuel pour une cause stimule et limite à la fois la connaissance qu'on peut acquérir de la réalité. S'appuyant sur l'expérience et l'observation, l'empirisme souligne de façon particulièrement aiguë la nécessité de prendre du recul face à ce que nous cherchons à comprendre et face à notre perception de la réalité. C'est ce qu'on appelle aussi la *rupture épistémologique*. Le sophiste Protagoras a été le premier à voir l'importance du fait que la connaissance dépend à la fois de l'objet connu et du sujet connaissant, en d'autres mots, que la perception peut amener une personne à «connaître» une chose d'une «certaine manière» et une autre personne à «connaître» la même chose d'une «manière différente», possiblement contradictoire mais tout aussi vraie. D'où, selon Protagoras et Pyrrhon, la nécessité de toujours faire preuve de scepticisme face à la réalité perçue, à celle des choses comme à celle des événements. C'est l'attitude adoptée dans ce manuel, comme l'introduction l'expose clairement.

1.2. L'intuition

Bon nombre de découvertes seraient, dit-on, le fruit du hasard, de l'imagination, de l'intuition. Les exemples les plus souvent cités proviennent de la physique: à la fin du XVIIᵉ siècle, Denis Papin, voyant bouger le couvercle d'une marmite chauffant dans l'âtre domestique, en aurait tiré sa loi sur l'expansion des gaz; de son côté, Isaac Newton, voyant tomber

---

3. Pierre VALLIÈRES, *Nègres blancs d'Amérique*, éd. revue et corrigée, Montréal, Parti Pris, 1969, chap. 4 (réédité en 1979 par Québec-Amérique).
4. Gérard DION, «L'Église et le conflit de l'amiante», p. 258 dans Pierre Elliott TRUDEAU, *La grève de l'amiante*, Montréal, Jour, 1970 (réédition de l'ouvrage de 1956).

une pomme d'un pommier, en aurait conçu la loi de l'attraction universelle, l'appliquant même à la gravitation de la Lune autour de la Terre. Dans notre quotidien, il nous arrive aussi de faire de petites découvertes sous le coup d'une intuition.

En sciences sociales, on parle d'intuition comme source non systématique de connaissance de nous-mêmes, d'autrui, des choses, des processus, des vérités fondamentales. L'intuition porte nécessairement sur certaines perceptions qu'on a de la réalité et ne saurait totalement exclure l'exercice d'un certain jugement combiné à une bonne dose d'imagination. Sans prendre la forme d'une analyse fondée sur un raisonnement rigoureux, l'intuition dépasse la simple connaissance acquise par les sens.

> Dans un texte remarquable rédigé au moment où la Révolution tranquille commençait à s'essouffler, Claude Ryan, alors directeur du quotidien montréalais *Le Devoir*, cherchait à faire le point sur le pouvoir religieux et la sécularisation au Québec[5]. Sans suivre de «démarche sociologique rigoureuse», il rappelait d'abord les rôles de chefs religieux et de chefs sociaux joués par les prêtres, puis constatait le glissement du pouvoir de l'Église vers l'État. Opinant à contre-courant des universitaires, Ryan considérait que ces changements structurels du pouvoir s'effectuaient de «manière plutôt paisible» et il rejetait intuitivement l'hypothèse que les changements résultaient d'une lutte de pouvoir entre l'Église et l'État. Selon Ryan, la médiation de l'opinion publique jouait un rôle déterminant (encore que non vérifiable) dans un tel transfert possible du pouvoir. Par ailleurs, sentant que le pouvoir de l'idée religieuse demeurait considérable parmi la population malgré la perte du pouvoir temporel de l'Église, Ryan avait l'intuition que les idées et la mentalité de la société québécoise allaient encore longtemps porter la marque d'un certain conservatisme. Il n'avait pas tort.

Si l'intuition et l'imagination permettent une meilleure compréhension de la réalité, c'est en général parce qu'elles s'accompagnent d'un intérêt pour un objet de connaissance. Des millions de personnes ont vu s'agiter des couvercles de marmites et tomber des pommes. Seuls Papin et Newton en ont tiré des lois physiques! Insensibles aux intuitions de Ryan, plusieurs auteurs ont regardé la Révolution tranquille s'achever en posant le verdict (tout aussi intuitif) d'une complète mise au rancart des valeurs religieuses: souvent anticléricaux, ils prenaient leurs vœux pour la réalité.

---

5. Claude RYAN, «Pouvoir religieux et sécularisation», *Recherches sociographiques*, vol. VIII, nos 1-2, janvier-août 1966, p. 101-109.

Toutes les intuitions ne sont pas corroborées par les faits observables. Au contraire, c'est là un mode de connaissance fort fragile. Il faut particulièrement se méfier des intuitions populaires[6] au sujet de questions complexes. En vérité, indépendamment de la validité des solutions envisagées, « imaginer » les causes d'un problème social « personnalisé », comme le viol, la délinquance ou la pauvreté, impose nécessairement des limites sérieuses à la compréhension globale de ce phénomène. C'est d'ailleurs là où le raisonnement rigoureux entre en jeu pour chasser les préjugés.

1.3. Le raisonnement

Le raisonnement est une source de connaissance fondée sur la faculté proprement humaine de saisir les rapports entre les choses et notamment les causes et les conséquences des phénomènes observables. C'est une source de connaissance indirecte, contrairement à la pratique, à l'expérience ou à l'observation. C'est une source de connaissance systématique, contrairement à l'intuition. Enfin, c'est une source de connaissance qui n'implique pas la révélation surnaturelle de connaissances invérifiables. En sciences sociales, deux types de raisonnement doivent particulièrement retenir notre attention : le raisonnement inductif et le raisonnement déductif.

S'il nous est possible d'accroître nos connaissances sur nous-mêmes et notre environnement grâce à des sources directes comme l'expérience et l'observation ou grâce à une source non systématique comme l'intuition, il faut néanmoins reconnaître le caractère limité d'acquisitions nouvelles qu'on peut faire par ces moyens. Il est intéressant et économique de tirer des conclusions au-delà des observations, pour les appliquer à des ensembles de phénomènes analogues. Le principe de l'*induction* repose précisément sur le raisonnement que si deux choses, faits ou caractéristiques se trouvent sans cesse associés lorsqu'on les observe, ils sont probablement toujours associés (qu'on les observe ou non) si les mêmes conditions prévalent. Et plus grand est le nombre de cas observés où les deux choses, faits ou caractéristiques se trouvent associés, plus grande est la probabilité de leur association en d'autres occasions où l'on sait que l'un des deux se présente. À la limite, un nombre considérable d'associations entraîne une probabilité très élevée (une quasi-certitude)

---

6. Un véritable champion d'intuitions erronées et de clichés s'incarne dans le coloré personnage d'Elvis Gratton du cinéaste Pierre FALARDEAU (*Elvis Gratton : le King des Kings*, Canada, 1985).

de la généralisation qu'on effectue. On appelle couramment cette conclusion une *généralisation empirique*: en principe, elle ne doit pas souffrir d'exception mais, paradoxalement, il est impossible de la prouver définitivement en faisant appel à l'expérience. En effet, le raisonnement inductif repose sur des probabilités et, au mieux, propose des quasi-certitudes. Dans la mesure où il n'y a pas, à strictement parler, de certitude absolue dans une généralisation empirique, on qualifiera d'«opinion vraisemblable» notre croyance en cette généralisation empirique si aucun fait porté à notre connaissance ne parvient à en montrer la fausseté. Notre opinion est évidemment d'autant plus vraisemblable que la généralisation empirique fait l'objet de tests nombreux et variés qui tendent tous à la confirmer. La constance des rapports entre religion et politique au Québec au cours de la Révolution tranquille et dans les années qui ont suivi en constitue un exemple frappant: les électeurs qui ont remis en question leurs valeurs et leur pratique religieuses ont eu davantage tendance à appuyer «le parti du changement» et la souveraineté du Québec[7].

Si le raisonnement inductif prend racine dans les cas particuliers et aboutit à des généralisations dont on peut évaluer la vraisemblance (mais non la certitude) par la confrontation à d'autres cas particuliers, le *raisonnement déductif* trouve sa source dans des formulations générales abstraites et universelles (parfois appelées «lois générales») dont on tire des hypothèses pour des cas particuliers. Tout raisonnement déductif part d'une expression ou loi générale établissant un rapport entre des concepts universels. Le raisonnement déductif, comme Emmanuel Kant l'a montré clairement, permet de partir de principes généraux (ou *axiomes*) et d'en tirer des connaissances tout à fait nouvelles (les *conclusions*). La recherche sociale entre en jeu pour vérifier les implications particulières de nouvelles connaissances, en établissant d'abord une *hypothèse* générale dont il s'agit ensuite d'opérationnaliser chacun des *concepts*. D'autres sections de ce manuel éclairciront cette démarche. Il importe à ce moment-ci de réaliser que le raisonnement déductif ne fait pas nécessairement appel au principe de la causalité. Le raisonnement permet en effet de trouver des explications causales ou non causales (mais associatives), selon qu'on fait l'hypothèse qu'un phénomène en entraîne un autre ou l'hypothèse que plusieurs phénomènes sont associés, sans que l'un ne soit la cause ni l'autre, l'effet.

---

7. Voir François-Pierre GINGRAS et Neil NEVITTE, « La Révolution en plan et le paradigme en cause », *Revue canadienne de science politique*, vol. XVI, n° 4, décembre 1983, p. 691-716, ainsi que deux textes recueillis par Jean CRÊTE, *Comportement électoral au Québec*, Chicoutimi, Gaëtan Morin éditeur, 1984 : André BLAIS et Richard NADEAU, « L'appui au Parti québécois : évolution de la clientèle de 1970 à 1981 » (p. 279-318) et Maurice PINARD et Richard HAMILTON, « Les Québécois votent NON : le sens et la portée du vote » (p. 335-385).

On peut parfois tirer aussi bien une hypothèse causale qu'une hypothèse non causale de généralisations empiriques construites à partir
de l'observation de parallèles historiques. À plusieurs reprises depuis
la Seconde Guerre mondiale, les gouvernements occidentaux, acca-
parés par des conflits internationaux mettant en jeu leurs intérêts
économiques, ont laissé les Soviétiques intervenir avec force dans leur
« sphère d'influence ». Ainsi, en 1956, les autorités soviétiques ont
violemment réprimé les manifestations nationalistes en Hongrie
pendant que l'attention de l'Occident se portait sur une crise internationale au sujet de l'assujettissement du canal de Suez par le
gouvernement égyptien. Il en fut de même des interventions en
Tchécoslovaquie, en Afghanistan, etc. En janvier 1991, on a assisté à
un déploiement sans ménagement de l'armée soviétique dans les
républiques baltes manifestant des velléités indépendantistes, la
même semaine où une large coalition de nations attaquait l'Irak pour
forcer ce pays à se retirer du Koweït ; il n'y a pas de relation causale
évidente entre les deux événements, mais il est tentant de croire qu'au
Kremlin, on pouvait prédire la passivité relative de l'Occident par la
priorité que ses gouvernements semblent accorder au commerce
international, à l'approvisionnement en pétrole et à l'équilibre des
zones d'influence, plutôt qu'aux libertés démocratiques.

Dans la mesure où le raisonnement qui porte sur les phénomènes
humains et sociaux implique un niveau d'analyse plus abstrait que le
simple recours à la perception de nos sensations, il ne faut pas se sur-
prendre de voir certains scientifiques élaborer des modèles très abstraits
de la réalité en vue d'enrichir sans cesse les connaissances. Les chapitres
sur la théorie et sur la simulation démontreront le comment et le pourquoi de l'utilisation des modèles abstraits.

Les diverses approches rationalistes possèdent comme constante un
double objectif d'explication et d'orientation vers l'action : d'une part, les
rationalistes cherchent à expliquer un univers cohérent en termes de concepts et de rapports logiques entre ceux-ci ; d'autre part, ils aspirent à
ordonner la vie individuelle et sociale sur la base de principes universels
et purement rationnels. Les comités éditoriaux des revues savantes tentent d'éliminer le plus possible les jugements de valeur qui biaisent les
analyses de certains auteurs. Mais les implications concrètes de la logique
des rationalistes apparaissent parfois incontournables[8]. Emmanuel Kant
va jusqu'à soutenir qu'il est irrationnel d'imaginer des objets (et donc
des causes) situés en dehors du temps et de l'espace. Il limite par

---

8. Voir comment Daniel LEDUC en arrive à prescrire une ligne de conduite au gouvernement canadien dans une matière controversée : « Le libre-échange canado-américain :
défi à la souveraineté et au progrès », *Revue canadienne de science politique*, vol. XIX, n° 2,
juin 1986, p. 305-324.

conséquent le pouvoir de la raison (donc de la science) à connaître le monde matériel (ce qui rejoint les préoccupations des empiristes) et à guider nos actions. Le dernier chapitre de ce collectif revient d'ailleurs sur toute la question de la rationalité et de l'objectivité scientifiques.

Quant aux choses qui échappent à l'expérience humaine, Kant affirme qu'il faut toujours les aborder d'un œil critique et se méfier de la prétendue connaissance que d'aucuns croient en avoir, car pour chaque proposition (ou «thèse») qu'on puisse faire au sujet de leur nature, la raison pure permet d'affirmer avec autant d'assurance une proposition contradictoire (ou «antithèse»). On retrouve donc chez Kant une charnière dans l'évolution de la *méthode dialectique*.

Dans la même veine et paradoxalement sans doute aux yeux de certains, on discerne aussi chez Kant une charnière dans l'évolution de la *méthode positiviste*. Le positivisme du père de la sociologie, Auguste Comte, n'admet en effet comme valables que les affirmations fondées sur l'expérience des sens, soit directe, soit résultant d'un test empirique des conséquences déduites logiquement des faits d'expérience. Dans leur recherche de connaissances nouvelles, les positivistes s'appuient sur le postulat que les données de la science sont les expériences des organismes (individus, groupes, structures sociales) ou les réactions (ou «réponses») de ces organismes aux stimulations ou expériences de leur environnement. Pour les connaître de façon objective, la mesure systématique et la quantification se sont donc imposées assez tôt comme offrant un gage de validité. À l'instar de Kant, un George A. Lundberg, par exemple, rejette toute définition *a priori* de l'essence des choses, préférant les définir de façon opératoire d'après ce que l'expérience peut en révéler. Cette approche favorise les *définitions opératoires* (comme celles qu'utilise Statistique Canada dans le choix de ses indicateurs[9]) au détriment des *définitions conceptuelles*. C'est pourquoi, par exemple, on définit souvent l'«intelligence» par la mesure qu'on en fait dans un test de quotient intellectuel ou la «pauvreté» par un seuil de revenu familial: les positivistes considèrent inconnaissables l'«intelligence en soi» et affirment que la «pauvreté» est nécessairement quelque chose de relatif. Ce genre de raisonnement, très pratique, peut facilement dégénérer en un découpage excessif d'un phénomène en d'innombrables composantes puis sa reconstitution artificielle par la somme des diverses observations qu'on en a faites: dans ce processus, on peut facilement oublier la signification essentielle des phénomènes.

---

9. Voir, par exemple, le site Internet de STATISTIQUE CANADA à l'adresse suivante: http://www.statcan.ca/.

1.4. La tradition, l'autorité et la mode

Nous faisons tous et toutes partie d'une société, d'une culture. Nous sommes naturellement exposés dès notre tendre enfance à des explications concernant l'origine de la vie, le fonctionnement de l'univers, le comportement des humains entre eux, la crédibilité des personnages politiques. Nous avons de bonnes raisons de croire ces interprétations : d'une part, nous ne sommes généralement pas en mesure de prouver qu'elles sont fausses et, d'autre part, nous avons de toute façon confiance en ceux et celles qui nous les transmettent : parents, professeurs, curés, journalistes et gourous de tout acabit — en somme, tous ceux et celles qui « savent » ou prétendent savoir. Et puis, il y a ces traditions immémoriales qui font que personne (ou presque) ne songe même à remettre en question un certain « savoir » relayé par chaque nouvelle génération. Ainsi, quel étudiant en histoire douterait des friponneries de l'intendant Bigot ou des intérêts économiques et politiques ayant entraîné la déportation des Acadiens ? Quelle étudiante en sociologie remettrait en question le rôle de la famille ou de la paroisse dans la société canadienne-française traditionnelle ?

L'avantage de la tradition comme source de connaissances est évidemment son caractère cumulatif : il n'est pas nécessaire de toujours recommencer les recherches à zéro ; il suffit d'élargir le savoir. Mais le grand désavantage de la tradition est son caractère conservateur qui, en réalité, freine la remise en question du savoir acquis.

> Par exemple, la plupart des auteurs s'entendent pour affirmer que le nationalisme, sous l'une ou l'autre de ses formes, a toujours été l'un des principaux courants idéologiques à mobiliser les Canadiens français en général et les Québécois en particulier. Certains le regrettent et d'autres s'en enorgueillissent. Mais bien peu ont essayé de vérifier s'il en a été vraiment ainsi. Auteur des premières recherches empiriques sur la question, le sociologue Maurice Pinard a très tôt acquis la conviction que ce fut longtemps une élite, non la masse des Québécois, qui souscrivait au nationalisme[10]. Mais cela a évidemment irrité bien des nationalistes...

---

10. Voir en particulier Maurice PINARD, « La rationalité de l'électorat : le cas de 1962 », dans le recueil de Vincent LEMIEUX, *Quatre élections provinciales au Québec, 1956-1966*, Québec, Presses de l'Université Laval, 1969, p. 179-196, ainsi que Maurice PINARD, Robert BERNIER et Vincent LEMIEUX, *Un combat inachevé*, Sainte-Foy, Presses de l'Université du Québec, 1997.

Malgré la force de la tradition, tout au long de notre vie, nous profitons de nouvelles connaissances souvent appelées «découvertes». Comme presque chaque jour quelqu'un, quelque part, allègue qu'il vient d'effectuer une nouvelle «découverte», il ne faut pas s'étonner si l'acceptation ou le rejet de cette «découverte» par la société dépende souvent du statut du «découvreur».

> Ainsi, au cours des années 1950, on pouvait compter des milliers de catholiques québécois et québécoises, les oreilles quotidiennement collées à leur poste de radio pour écouter *La Clinique du cœur*; le père dominicain Marcel-Marie Desmarais leur apprenait comment ordonner leur vie quotidienne selon les préceptes de l'Église: citant des «autorités» médicales et religieuses, il enseignait entre autres et avec force exemples comment le recours à des moyens, autres que la continence, «d'empêcher la famille» lésait «dans leur âme et dans leur corps» tous «les malheureux» qui s'y adonnaient[11]. On remarquera que les premiers à ridiculiser aujourd'hui une telle béate soumission à des renseignements dépassés sont parfois les plus naïfs gobeurs des propos de nouveaux maîtres à penser qui, pendant un temps, émerveillent leurs fidèles.

Si la tradition et l'autorité, comme moyens d'acquisition de connaissances, ont leurs avantages et leurs inconvénients, on peut dire la même chose de l'engouement pour certaines «nouvelles» façons d'aborder le réel. Le behaviorisme, les sondages, la biosociologie, la prospective, le néomarxisme, la cybernétique, le postmodernisme en sont des exemples anciens ou actuels. Si ce n'est déjà fait, on découvrira leurs limites et leurs partisans devront nuancer un enthousiasme au début sans borne. Un tel enthousiasme initial, par ailleurs, contribue à favoriser l'exploration de pistes de recherche inédites ou sous-exploitées et donc à l'avancement des connaissances, comme le suggère Nicos Poulantzas dans sa préface au livre d'Anne Legaré, *Les classes sociales au Québec*[12]. La mode intellectuelle prend le contre-pied de la tradition en prévenant la sclérose du savoir. Mais elle risque aussi de chercher à imposer ses nouveaux dogmes.

En somme, à l'instar des modes vestimentaires, les modes intellectuelles font parfois perdre le sens de la mesure. Cela ne signifie pas, au contraire, qu'il faille rejeter d'avance les propositions d'ouvrir de

---

11. Cette expression est tirée de Marcel-Marie DESMARAIS, *L'amour à l'âge atomique*, Montréal, Le Lévrier, 1950, p. 67. On retrouve les mêmes idées dans les multiples volumes de la série *La clinique du cœur*, Montréal, Le Lévrier, 1957-1958.
12. Anne LEGARÉ, *Les classes sociales au Québec*, Montréal, Presses de l'Université du Québec, 1977, p. VII.

nouvelles portes sur la vérité. Est-il nécessaire de conclure que la connaissance est avant tout affaire de jugement et que le savoir s'abreuve à
de multiples sources? La sagesse consiste sans doute à discerner les
sources les plus fécondes, quitte à passer de l'une à l'autre au besoin.

2. La connaissance scientifique

C'est un besoin naturel des humains que de savoir le pourquoi et le
comment des choses, de vouloir prédire certaines caractéristiques de
l'avenir. On connaît la panique qui s'est emparée des populations civiles
lors des bombardements de Bagdad et des alertes aux missiles à Ryad et
à Tel-Aviv dès le déclenchement de la guerre du Golfe arabo-persique en
1991. Faute de comprendre notre milieu (facteur d'ordre humain) et notre
environnement (facteur d'ordre écologique), faute d'un minimum
d'assurance face à ce que nous réserve le futur, faute enfin de pouvoir
exercer quelque action éclairée sur nous-mêmes et sur ce qui nous
entoure, nous deviendrions des étrangers, des aliénés.

2.1. Qu'est-ce que la science?

Dans toutes les sociétés, le savoir procure à ses détenteurs un avantage
sur les «ignorants». Qu'on pense au chasseur qui a découvert la cache
de son gibier, au médecin qui a appris à soigner les malades, à la méca-
nicienne qui sait remettre les voitures en état de marche, au sondeur qui
prédit correctement un résultat électoral. La communication des connaissances parmi les membres d'une société représente naturellement un progrès de la civilisation. Nous avons déjà mentionné comment le statut de
la personne qui dit posséder une connaissance influence l'accueil fait par
la société à la connaissance en question. Dans une société simple, il est
beaucoup plus facile que dans une société complexe d'obtenir un consensus sur le statut des «personnes connaissantes» et donc aussi sur la
valeur des connaissances qu'elles transmettent: on apprend vite qui est
bon chasseur et il est facile de vérifier ses dires. Dans les sociétés simples, la population est généralement restreinte et de culture homogène:
on partage une mentalité, une langue, des croyances, des conventions[13].

---

13. Il en va de même chez certains groupes très homogènes où le contrôle social s'exerce
    avec intransigeance, comme la communauté juive hassidim montréalaise ou des
    groupes de motards comme les Hell's Angels.

Dans les sociétés complexes, les consensus sont plus difficiles à obtenir. Non seulement chacun ne peut-il connaître tout le monde, mais la culture tend à se fragmenter : les mythes eux-mêmes ne font plus consensus, ils se font concurrence ! À qui, par exemple, doit revenir le pouvoir de gouverner ? Au plus fort ou au plus riche ? Au fils aîné du roi ou à l'élu du peuple ? Au choix de l'oracle ou de la junte militaire ? Qui croire... et que croire ? Certaines interrogations (notamment sur le rôle de l'État dans nos sociétés) se font si pressantes qu'André Vachet n'hésite pas à parler du « désarroi [...] de l'ensemble de la pensée sociale et politique de notre temps[14] ».

Si l'on estime désirables, d'une part, la connaissance qui permet de minimiser certaines incertitudes et, d'autres part, la diffusion de cette connaissance, alors un terrain d'entente s'établit. En d'autres termes, une démarche universellement acceptable et universellement reconnue comme valide constitue un préalable à la communication universelle des connaissances : *ce qu'on appelle la science est un savoir qui repose sur des conventions*. Le dernier chapitre de ce manuel en témoigne.

La convention première qui confère à une connaissance son caractère scientifique, c'est qu'on puisse répéter, en quelque sorte, la découverte : refaire l'observation, reprendre le raisonnement, confronter de nouveau l'hypothèse et les faits. C'est ce qu'on appelle la *reproductibilité*. Le phénomène unique observé par une unique personne ne peut donc être l'objet d'une connaissance scientifique : les expériences mystiques individuelles en sont un exemple. Les phénomènes présentant un caractère répétitif ou au moins une certaine durée, observables par plusieurs, offrent à la recherche scientifique un menu de choix, mais se prêtent aussi davantage au savoir « ordinaire » que les phénomènes rares, obscurs, complexes.

Principalement à cause de leur intérêt pour des phénomènes moins facilement compréhensibles par un grand public, les personnes ayant une formation poussée dans l'une ou l'autre branche du savoir ont, au cours des siècles, fixé des conventions et établi des critères d'acceptation ou de rejet des nouvelles connaissances. Dans la mesure où ces conventions et ces critères font l'objet d'un consensus parmi les « savants », *la science n'est que ce que les scientifiques s'entendent pour croire qu'ils savent.*

L'histoire des progrès de la science et de l'accumulation du savoir est si abondamment chargée de rejets d'interprétations autrefois tenues

---

14. *L'idéologie libérale : l'individu et sa propriété*, 2e éd., Ottawa, Presses de l'Université d'Ottawa, 1988, p. 13.

pour vérités que les gens de science en sont venus assez tôt à faire preuve de scepticisme face à leur propre savoir. C'est pourquoi, sans nécessairement se réclamer de Pyrrhon, le premier des grands sceptiques grecs, qui niait qu'une personne pût atteindre à la vérité, les gens de science pratiquent le «doute méthodique» cher à Descartes: douter de ce qui paraît douteux et s'interroger sur les prétendues certitudes.

> Certaines «vérités» rejetées ont cependant la vie dure: bien des gens croient encore aujourd'hui que la vitesse de chute des corps est directement proportionnelle à leur masse, comme l'avait affirmé Aristote; ainsi, ce manuel, échappé par mégarde, tomberait six fois plus vite que le *Guide d'élaboration d'un projet de recherche* de Gordon Mace (Québec, Presses de l'Université Laval, 1988)! On peut pourtant facilement vérifier qu'il n'en est rien. On doit à Galilée d'avoir remis en cause bien des «connaissances acquises», même si cela lui valut l'excommunication par l'autorité papale.

La satisfaction des scientifiques dépend souvent de leur capacité à prédire des phénomènes d'après l'observation de la régularité d'autres phénomènes, tout en s'accordant une marge de manœuvre pour tenir compte des impondérables: selon qu'on est optimiste ou pessimiste, on parle alors de «degré de confiance» ou de «marge d'erreur». La science est à la fois probabiliste et déterministe.

Le déterminisme de la science implique que tout phénomène est susceptible d'être expliqué de façon rationnelle, mais il ne prétend jamais que toutes les explications sont actuellement connues: le déterminisme amène donc à prédire des comportements probables, mais il n'exclut pas la possibilité que des personnes ne se comportent pas comme on a prédit. La *prédiction* consiste à faire l'hypothèse d'un événement futur en se fiant aux données observables du passé ou du présent, tandis que la *prédestination* constitue une doctrine fataliste qui pose que certains événements se produiront inévitablement parce qu'une volonté surnaturelle en a décidé ainsi. Les scientifiques n'admettront jamais que l'avenir constitutionnel du Québec et du Canada dépende de la volonté divine!

Quant à l'utilisation pratique et concrète des connaissances scientifiques, elle relève de la technologie et non de la recherche scientifique. Nous reviendrons plus loin sur la pertinence de la science. Qu'il suffise pour l'instant de dissiper une équivoque fréquente entre *science* et *technologie*. C'est la technologie ou la maîtrise des applications des résultats de recherches qui préside aux lancements fructueux de navettes spatiales ou au déroulement idoine des sondages d'opinion. Les «réalisations de la science» les plus remarquées du grand public sont en général des produits de la technologie. Une équipe scientifique devrait idéalement être en mesure d'utiliser toute la technologie à sa disposition en vue de poursuivre des recherches plus poussées. Mais la technologie progresse si rapidement qu'il est bien difficile de se mettre à son pas : bien des universitaires en sciences sociales, par exemple, ne réalisent pas encore les ressources inouïes mises à leur portée par les micro-ordinateurs. Quant aux technologues, il faut parfois déplorer leur manque de formation en recherche fondamentale : le sondage le mieux orchestré peut passer à côté de l'essentiel d'un phénomène et un usage inconsidéré des «tests d'intelligence» peut mener à des méprises sur les capacités mentales des personnes.

2.2. Les contraintes de la recherche scientifique

Quiconque aspire à s'adonner à la recherche scientifique doit réaliser qu'il s'agit d'une pratique sociale sujette à une gamme étendue de contraintes, comme toute activité humaine. La science n'existe pas indépendamment de la société où elle s'élabore ; la recherche scientifique est une production humaine inscrite dans un environnement social qui, à la fois, détermine l'éventail des options disponibles et impose des contraintes quant aux choix entre ces diverses options. On peut regrouper sous quatre types ces sources d'influence manifeste[15].

L'*état présent des connaissances* constitue évidemment la première contrainte de la recherche scientifique, dans la mesure où l'on accepte que la science procède en grande partie d'un raffinement, d'une amélioration du savoir organisé, d'une accumulation de connaissances allant à tour de rôle au-delà des précédentes.

> À propos des mérites et limites des instruments de recherche en sciences sociales, les manuels (comme celui-ci) ont en principe la mission de mettre en garde contre une confiance aveugle. On trouve parfois des rapports de recherche qui consacrent quelques lignes aux contraintes liées aux outils utilisés. On peut citer comme modèle de réflexion critique les notes méthodologiques des politologues Caroline Andrew, André Blais et Rachel DesRosiers sur leur usage de diverses techniques dans une recherche sur les politiques de logement s'adressant aux bas-salariés[16] : tout en soulignant «le rôle de

---

15. Voir aussi Paul DE BRUYNE, Jacques HERMAN et Marc DE SCHOUTHEETE, *Dynamique de la recherche en sciences sociales*, Paris, Presses universitaires de France (collection SUP), 1974, p. 29-33.
16. Caroline ANDREW, André BLAIS et Rachel DESROSIERS, *Les élites politiques, les bas-salariés et la politique du logement à Hull*, Ottawa, Éd. de l'Université d'Ottawa, 1976. Voir p. 177-200.

l'imprévu» dans l'expérience de recherche, les auteurs évaluent longuement la pertinence du sondage, des entrevues d'élites, de l'analyse documentaire et de l'observation directe. Ils en concluent que, précisément à cause des limites de chaque instrument, «on devrait toujours viser à utiliser la plus grande variété de techniques possible[17]».

Au-delà des limites imposées par l'état du savoir systématisé, qu'on appelle la science, il faut encore rompre avec les prétendues «évidences» ou *certitudes» du sens commun* et de la vie quotidienne. Les jugements qu'on porte sur les causes des phénomènes reposent fréquemment sur des suppositions *a priori* dont on n'a même pas conscience et il n'est pas toujours facile de s'en dégager.

S'il importe de se méfier du sens commun, il faut tout autant réaliser combien les valeurs conditionnent la recherche scientifique. Les valeurs dont il est question ici sont autant *les valeurs personnelles de la personne qui fait la recherche que les valeurs collectives de la société*. De telles valeurs, collectives ou personnelles, ne constituent pas nécessairement des entraves à la recherche, mais elles conditionnent le choix des thèmes abordés, des problématiques, des orientations, des instruments, des données et donc des conclusions, c'est-à-dire des nouvelles connaissances qu'on en tirera. Une des premières marques d'intégrité à exiger d'un chercheur ou d'une chercheure est de faire état de son subjectivisme, de son idéologie, de ses intérêts. Certaines recherches féministes sont des modèles à cet égard[18].

Cette confession étant faite, la recherche doit encore affronter une gamme de contraintes que de Bruyne, Herman et de Schoutheete nomment la *demande sociale,* c'est-à-dire ces façons qu'a chaque société particulière de créer des conditions plus ou moins favorables à l'exploration de diverses pistes de recherche scientifique: on distingue arbitrairement la recherche théorique de la recherche sur le terrain «alors que leurs démarches sont inséparables[19]»; on découpe tout aussi arbitrairement les champs de compétence des économistes, des politologues ou des criminologues; on subventionne certaines recherches, on en commande d'autres par contrat, on refuse des fonds à d'autres encore; on coopte des chercheurs sur des jurys de sélection de projets, mais des chercheures

---

17. *Ibid.,* p. 200.
18. Voir par exemple le numéro thématique «Femmes et pouvoir» de la revue *Politique,* n° 5, hiver 1984 ainsi que Manon TREMBLAY et Nathalie BÉLANGER, «Femmes chefs de partis politiques et caricatures éditoriales: l'élection fédérale canadienne de 1993», *Recherches féministes,* vol. 10, n° 1, 1997, p. 35-75.
19. DE BRUYNE *et alii, op. cit.,* p. 30.

n'y participeront jamais; on doit utiliser des données tronquées ou suspectes, faute de mieux[20]; on ignore ou on dénigre les résultats qui ne cadrent pas avec les théories à la mode ou les intérêts dominants, etc. Il faut une bonne dose de courage, de confiance et de persévérance à ceux et celles qui, incompris ou marginaux au départ, décident de faire valoir leurs idées malgré tout[21].

Ainsi, la recherche scientifique est une activité de production du savoir exposée à des contrariétés comme toute activité sociale. Dans une société où les ressources sont limitées se dresse aussi inévitablement l'exigence de plus en plus forte de la pertinence de la recherche.

2.3. La pertinence de la recherche scientifique

Il est facile de voir comment les connaissances acquises par la recherche scientifique peuvent être utiles: une meilleure compréhension du fonctionnement, des sources d'échec ou de succès des organismes populaires peut mener à des ajustements susceptibles de favoriser la poursuite de leurs objectifs (amélioration du milieu de vie des secteurs défavorisés, défense des assistés sociaux et des locataires, mise sur pied de garderies populaires, etc.); un juste diagnostic de l'impact des politiques gouvernementales sur les taux de chômage dans chaque région peut entraîner des changements de stratégie favorable à la création d'emplois tout particulièrement dans les régions les plus touchées.

L'utilité de certaines recherches dites scientifiques ne saute toutefois pas aux yeux. Pourquoi se pencher sur les lettres d'un patriote condamné à mort en 1839 [22]? Quel intérêt actuel y a-t-il, à scruter les manuels d'histoire du Canada au Québec et en Ontario, de 1867 à 1914[23]? À quoi peut bien servir une analyse des idéologies véhiculées par quelques publications et quelques groupements de 1934 à 1936, a fortiori quand

---

20. Sur cet aspect particulier, voir le commentaire de Nicos POULANTZAS au sujet des sources officielles utilisées par Anne LEGARÉ dans son étude des classes sociales, *op. cit.*, p. VII.
21. «J'ai eu de grandes difficultés du fait que je n'étais pas dans la ligne», a confié le célèbre biologiste et homme de lettres Jean Rostand dans *Le sel de la semaine: Fernand Seguin rencontre Jean Rostand*, Montréal, Éditions de l'Homme et Radio-Canada, 1969, p. 39. L'entretien fait aussi ressortir l'importance de l'«émotion scientifique» ressentie par le chercheur comme facteur de motivation.
22. Voir dans le *Bulletin d'histoire politique*, vol. 5, n°2 (hiver 1997), p. 144-146, la recension que Lucille BEAUDRY fait de Chevalier DE LORIMIER, *Lettres d'un patriote condamné à mort*, Montréal, Comeau et Nadeau, 1996 et de Pierre FALARDEAU, *15 février 1839*, Montréal, Stanké, 1996.
23. Geneviève LALOUX-JAIN, *Les manuels d'histoire du Canada au Québec et en Ontario (de 1867 à 1914)*, Québec, Presses de l'Université Laval, 1974.

l'auteur prévient qu'«aucun rapprochement avec les temps actuels ne se chargera de joindre le passé au présent[24]»? Les auteurs ont, bien sûr, des réponses à de telles questions et les universitaires manifestent, en général, beaucoup d'ouverture aux recherches qui font avancer les connaissances même si elles n'ont pas d'application immédiate.

Cependant, comme la production du savoir se trouve en majeure partie financée directement (par des subventions aux chercheurs et aux chercheures, individuellement ou en équipe) ou indirectement (par des subventions aux établissements) à même les fonds publics et comme la demande de fonds s'accroît à un rythme auquel les gouvernements ne peuvent (ni ne veulent?) s'accorder, des priorités surgissent, des orientations se dégagent, des critères s'imposent. La recherche dite fondamentale (c'est-à-dire détachée des préoccupations quotidiennes) doit céder le pas à la recherche plus «pertinente», voire à la recherche qui s'applique à résoudre des problèmes bien précis[25]. Le Conseil de recherches en sciences humaines du Canada, par exemple, privilégie les «thèmes de recherche qui sont à la fine pointe des derniers progrès en sciences humaines et qui reflètent les besoins et les préoccupations de la société canadienne[26]». Cette attitude n'est pas sans rappeler celle des précurseurs et des fondateurs des sciences sociales, fussent-ils des réformistes comme Henri de Saint-Simon ou des conservateurs comme Auguste Comte, pour qui les connaissances scientifiques devaient déboucher sur la solution de problèmes de leurs temps et l'avènement d'une société plus conforme à leurs idéaux.

3. Les objets des sciences sociales

La recherche scientifique repose sur la prémisse qu'il existe une explication rationnelle à tout phénomène. Les phénomènes humains et les phénomènes sociaux n'échappent pas à la règle: comme l'écrivait un

---

24. André-J. BÉLANGER, *L'apolitisme des idéologies québécoises. Le grand tournant de 1934-1936*, Québec, Presses de l'Université Laval, 1974, p. IX.
25. Dans *Une orientation de la recherche politique dans le contexte canadien* (Montréal, Institut de recherches politiques, 1977), Raymond BRETON fournissait déjà une excellente illustration des exigences de pertinence que l'on adressait alors de plus en plus à la recherche sociale. L'auteur y identifiait les principaux objectifs de gestion sociale à l'époque, les principaux phénomènes caractérisant alors la condition canadienne, les cibles que la recherche sociale devait (selon lui) privilégier et les stratégies de recherche qui y correspondaient. Cette vision est maintenant largement partagée par les organismes subventionnaires.
26. CONSEIL DE RECHERCHES EN SCIENCES HUMAINES DU CANADA, «Où en est la mise en œuvre de la stratégie quinquennale?», http://www.sshrc.ca/francais/resforum/index.html (mise à jour du 23 juin 1997).

historien, «tout est cause et tout est causé[27]». La recherche scientifique devrait, du moins en principe, permettre de révéler causes et effets. Peut-on cependant utiliser pour les analyser les mêmes méthodes que celles qui ont été mises au point en chimie ou en physique? On reconnaît généralement que l'analyse des phénomènes sociaux a acquis un caractère scientifique bien plus tard que l'analyse des phénomènes de la nature, et la question se pose de savoir où en sont actuellement rendues les sciences sociales dans le développement de leur scientificité. Cela nous amènera à souligner la vigilance qui s'impose à toute personne engagée dans la recherche sociale.

3.1. Phénomènes sociaux, phénomènes humains

Une représentation typique de la recherche scientifique en trace un schéma cyclique: l'examen de certains faits mène à la construction d'une théorie dont on tire des hypothèses susceptibles d'être confrontées à d'autres faits en vue de juger de la vraisemblance de la théorie[28]. Admettons que l'examen de n'importe quel ensemble de faits sociaux (ayant au moins quelque caractère commun) puisse amener une personne ordinaire, possédant un minimum d'imagination et douée de la faculté de raisonner, à réfléchir sur ce que ces faits ont en commun et accoucher d'une généralisation empirique. On peut sans aucun doute en tirer des hypothèses concernant des faits particuliers autres que ceux qui ont déjà été observés; mais tous les faits sociaux se prêtent-ils au test de telles hypothèses? Qui plus est, le test d'hypothèse permet-il seulement de saisir pleinement l'essentiel des phénomènes sociaux humains?

Ces questions se posent avec pertinence puisqu'on admet habituellement que les phénomènes humains impliquent des valeurs, des buts, des motivations, des choix tout à fait étrangers aux planètes ou aux atomes. On peut concevoir l'intelligence, mais peut-on opérationnaliser ce concept sans le trahir? On peut soupçonner que les conseils municipaux exercent une influence prépondérante sur leurs services de police[29], mais comment le vérifier? Si les équipes de recherche d'Hydro-Québec peuvent faire des expériences dans leurs laboratoires pour vérifier de

---

27. Lionel GROULX, *Histoire du Canada français depuis la découverte. Tome I: Le régime français*, 4ᵉ éd., Montréal, Fides, 1962, p. 14.
28. Cette représentation idéalisée ne se se traduit pas toujours dans les faits par un cheminement simple: «*Science seldom proceeds in the straightforward logical manner imagined by outsiders*», affirme l'un des auteurs de l'une des plus grandes découvertes du XXᵉ siècle (la structure de l'ADN), le généticien James D. WATSON, *The Double Helix*, New York, New American Library (collection Signet), 1968, p. IX.
29. Voir Guy TARDIF, *Police et politique au Québec*, Montréal, L'Aurore, 1974.

nouvelles théories, on ne peut dénombrer les « unités d'influence » d'un conseil municipal sur son service de police, encore moins les recréer en laboratoire! Et comme les sciences sociales s'intéressent souvent au déroulement historique des phénomènes sociaux, on ne peut pas retourner demander aux curés de campagne de 1837 s'ils appuyaient ou non l'insurrection des Patriotes[30]! On pourrait croire, en somme, que certains phénomènes sociaux ne se prêtent pas, en principe, à la recherche scientifique, surtout quand ils ne peuvent se mesurer exactement (telle une influence) ni être observés directement ou en laboratoire (tels les curés de 1837).

Pourtant, les sciences de la nature[31] possèdent aussi des objets difficilement mesurables ou observables. La lumière ou la chaleur, par exemple, sont des concepts aussi abstraits que l'intelligence et l'influence : ils ne peuvent non plus être mesurés directement. Et s'il y a une discipline où la vérification empirique pose d'immenses problèmes parce que toute expérimentation est impossible, c'est bien l'astronomie, une science de la nature, dont certaines recherches portent sur des parties de l'univers si éloignées de la Terre qu'on sait seulement qu'elles *existaient* il y a des millions d'années. Il n'y a pas que les phénomènes humains qui lancent des défis à la recherche scientifique!

Il ne faut pas non plus exagérer les difficultés que posent les faits sociaux. Un grand nombre de ceux-ci offrent la caractéristique de quantification et d'exactitude dont on rêve en mathématiques : les résultats électoraux, les recensements quinquennaux et une foule de statistiques diverses rendent compte d'autant de facettes de la réalité sociale et permettent la vérification empirique d'une multitude d'hypothèses. De nombreuses techniques utilisant des groupes témoins, des panels, des jeux de rôles, etc., permettent de saisir des aspects changeants et dynamiques de cette même réalité sociale où les acteurs exercent leur liberté. Quant au retour en arrière, l'imagination (et l'application) des chercheurs a souvent fait preuve de fécondité pour explorer le passé grâce aux souvenirs ou à la documentation existante[32].

---

30. Voir Richard CHABOT, *Le curé de campagne et la contestation locale au Québec de 1791 aux troubles de 1837-1838*, Montréal, Hurtubise HMH, 1975.
31. L'expression « sciences de la nature », est consacrée par l'usage, mais ne doit pas faire oublier que nous faisons partie de la nature et n'existons pas en marge d'elle.
32. Ainsi, Manon TREMBLAY a procédé à l'analyse du contenu d'environ 19 300 pages du Journal des débats pour faire ressortir les attitudes des députées à l'Assemblée nationale de 1976 à 1981 ; voir « Les élues du 31e Parlement du Québec et les mouvements féministes : quelques affinités idéologiques », *Politique*, n° 16, automne 1989, p. 87-109. Pour leur part, Stephen CLARKSON et Christina MCCALL se sont appuyés sur une impressionnante documentation et plus de 800 entrevues pour leur analyse des relations entre Pierre Elliott Trudeau, la politique et les électeurs ; voir *Trudeau : l'homme, l'utopie, l'histoire*, Montréal, Boréal, 1990.

Cela dit, l'action humaine ne peut se réduire à des principes mécaniques et le sens de cette action va au-delà des effets observables. L'objet des sciences sociales est aussi le sujet des phénomènes humains. La distinction entre *objet* et *sujet* mérite d'ailleurs une clarification. Quand on étudie un phénomène humain, par exemple un conflit international, les populations civiles peuvent constituer l'objet de notre recherche parce qu'elles subissent la guerre. Être objet de recherche ou sujet aux bombardements, c'est une question de perspective qui fait toute une différence! Nous devons donc considérer les faits sociaux comme des faits humains et réciproquement, partageant ainsi l'opinion de Jean Piaget que «l'on ne saurait retenir aucune distinction de nature entre les sciences sociales et les sciences humaines, car il est évident que les phénomènes sociaux dépendent de tous les caractères de l'homme y compris les processus psychophysiologiques et que réciproquement les sciences humaines sont toutes sociales par l'un ou l'autre de leurs aspects[33]». À ce titre, il faut aux sciences sociales une méthodologie qui va au-delà de la méthodologie objective des sciences physiques, sans nécessairement la renier.

3.2. Deux grandes méthodologies

Un renommé médecin et biologiste a écrit: «Je crois que la science d'aujourd'hui [...] ne ressemble en rien à ce que, durant des siècles, on appela la Science[34]». Cette sentence dramatise l'évolution de l'entreprise scientifique, dont les critères (ou normes) et les contenus (ou savoirs) n'ont cessé de cheminer, de s'élaborer avec des reculs et des bonds en avant, prenant tantôt des tangentes, portant tantôt des œillères, au point que l'idée même que les savants se font de la science s'écarte considérablement de l'image que les Anciens s'en faisaient.

Ce qu'il faut remarquer, comme le souligne Jean Ladrière[35], c'est que la science et les normes de scientificité ne peuvent «s'élaborer que grâce à une interaction constante entre des méthodes et des objets»: la nature des objets de recherche impose certains types de cheminement, et donc des méthodes, tandis que l'adoption de certaines méthodes conditionne le choix des objets de recherche et la nature des connaissances que l'on en tire. De ce processus émergent progressivement des idées

---

33. Jean PIAGET, *Épistémologie des sciences de l'homme*, Paris, Gallimard (collection Idées), 1972, p. 15-16.
34. Jean HAMBURGER, *L'homme et les hommes*, Paris, Flammarion, 1976, p. 8.
35. Jean LADRIÈRE, «Préface» à l'ouvrage déjà cité de DE BRUYNE *et al.*, p. 10-11.

différentes de scientificité: «l'idée de scientificité comporte à la fois un pôle d'unité et un pôle de diversité». On peut ainsi distinguer dans la recherche sociale deux grandes méthodologies pertinentes.

D'une part, la méthodologie *objectiviste* envisage les faits humains comme des faits de la nature et accepte, à l'instar d'Émile Durkheim, que «la première règle et la plus fondamentale est de considérer les faits sociaux comme des choses[36]». Cette règle implique trois corollaires, à savoir qu'il faut

- écarter tout jugement préconçu des faits, toute *prénotion*;
- grouper les faits d'après leurs caractères extérieurs communs;
- appréhender les faits par le côté où ils se présentent, isolés de leurs manifestations individuelles.

Ces fondements étant posés, l'explication des phénomènes sociaux repose avant tout sur la recherche séparée des causes efficientes qui les produisent (faits sociaux antécédents) et des fonctions qu'ils remplissent (fins sociales), laissant de côté les états de la conscience individuelle des acteurs ou agents. La preuve qu'une explication est vraisemblable s'effectue en comparant les cas où deux types de phénomènes sont simultanément présents ou absents et en cherchant si les variations présentées dans ces différentes combinaisons de circonstances témoignent de leur interdépendance. Advenant qu'on observe une association entre les deux types de phénomènes sans parvenir à établir entre eux un lien de causalité unidirectionnelle, on parle alors de corrélation, ce qui caractérise bien des systèmes sociaux où les liens complexes de solidarité qui unissent les phénomènes ont un caractère tantôt de réciprocité, tantôt d'interconnexion.

> La méthodologie objectiviste inspire souvent les études électorales, qu'il s'agisse d'associer la façon dont les gens votent à leurs attributs sociodémographiques (tels l'âge, le revenu, l'instruction, la langue) ou encore d'interpréter les résultats électoraux comme conséquences de conditions socio-économiques (comme les fluctuations des taux de chômage ou des dépenses gouvernementales)[37].

D'autre part, la méthodologie *subjectiviste* recherche le sens de la réalité sociale dans l'action même où elle se produit, au-delà des causes

---

36. Émile DURKHEIM, *Les règles de la méthode sociologique*, 15e éd., Paris, Presses universitaires de France, 1963, p. 15. Dans sa préface à la seconde édition, il précise: «Nous ne disons pas que les faits sociaux sont des choses matérielles, mais sont des choses au même titre que les choses matérielles.» (p. XII)
37. Voir, par exemple, les textes réunis par CRÊTE, *op. cit.*, ainsi que les analyses des résultats de l'élection fédérale canadienne de 1993 dans la *Revue québécoise de science politique*, n° 27, printemps 1995.

et des effets observables, mais sans toutefois oublier ceux-ci. Une action humaine n'est pas un phénomène que l'on peut isoler, figer et encadrer sans tenir compte du sens qui l'anime, de son dynamisme proprement humain, de l'intention (même inconsciente) des acteurs, de la société. L'intérêt de la recherche doit donc porter sur la personne ou la collectivité comme sujet de l'action, «sujet historique», écrit Alain Touraine[38], puisqu'il s'inscrit dans le temps et l'espace.

La méthode subjectiviste en sciences sociales insiste sur le caractère unique de chaque action, de chaque conjoncture où se produisent les phénomènes sociaux. À l'instar de Max Weber, elle «sélectionne, dans l'infini des événements humains, ce qui se rapporte aux valeurs [...] et élabore soit l'histoire, si le savant fixe son attention sur la suite unique des faits ou des sociétés, soit les diverses sciences sociales qui considèrent les consécutions régulières ou les ensembles relativement stables[39]».

Pour parvenir à saisir le sens d'une action sociale, il faut ou bien la vivre soi-même avec d'autres sujets, ou bien la reconstituer à partir d'entrevues ou de documents. Même les contradictions apparentes permettent de rendre compte des enjeux qui secouent l'action sociale.

> Le criminologue Guy Tardif, chargé d'un bagage de douze ans dans la chose policière, a trouvé dans son expérience personnelle un moyen de se rapprocher des 64 chefs de police qu'il a rencontrés pour sa recherche, en évitant de les «objectiver» mais en les traitant plutôt comme des acteurs et des témoins privilégiés des rapports avec le pouvoir politique[40].

On comprend que les deux méthodologies dont les grandes lignes viennent d'être tracées ne s'excluent pas mutuellement: elles représentent des façons différentes de concevoir les sciences sociales et donc d'aborder la réalité. Les objets d'étude eux-mêmes contribuent grandement au choix de l'une ou l'autre méthode. Il en va de même des instruments disponibles, des ressources matérielles et de la personnalité des gens impliqués dans la recherche. À ce dernier égard, le travail en équipe offre des perspectives intéressantes parce qu'il permet à chaque membre de contribuer par ses talents, ses intuitions et ses connaissances propres à l'effort commun. Le progrès des sciences sociales repose en grande partie sur l'ingéniosité, l'ouverture d'esprit, la persévérance et la collaboration des gens qui s'adonnent à la recherche scientifique.

---

38. Alain Touraine, *Sociologie de l'action*, Paris, Seuil, 1965, p. 38-40.
39. Raymond Aron, «Introduction» à Max Weber, *Le savant et le politique*, Paris, Plon, 1963, p. 9.
40. Tardif, *op. cit.*, p. 18, 24 et *passim*.

3.3. Quelques pièges de la recherche sociale

Quelle que soit la méthodologie adoptée, la recherche sociale exige vigilance et modestie. En effet, de nombreuses embûches se dressent sur la route qui mène à la connaissance : il faut sans cesse prendre garde d'y trébucher. Qui plus est, il faut reconnaître les limites inévitables de toute recherche susceptible d'être entreprise. On pourrait en dresser un répertoire détaillé et, somme toute, assez déprimant. Il suffit, pour les fins de ce chapitre, d'identifier quelques pièges typiques dans lesquels chacun et chacune tombent un jour.

Le premier type de piège se caractérise par *l'excès de confiance* en soi et en son appareillage théorique ou technique. Les meilleurs instruments de recherche demeurent imparfaits et la plus superbe théorie n'est qu'une approximation acceptable pour un temps. Il est déraisonnable de croire qu'on puisse effectuer une rupture épistémologique si totale qu'on devienne complètement « objectif » face à un objet de recherche. Il n'est pas toujours facile d'éviter au moins un soupçon de subjectivité dans les décisions à prendre à différentes étapes de la recherche (choix de documents, choix de questions, modes de classification des données, façon de les résumer, etc.), y compris dans ses aspects les plus mécaniques (par exemple, la codification des réponses à un sondage d'opinion). Il n'est guère réaliste d'envisager de se mettre parfaitement dans la peau de quelqu'un d'autre pour comprendre le sens de son action, a fortiori si les expériences vécues antérieurement par le chercheur et le sujet offrent des divergences considérables.

À la modestie doit se joindre la vigilance, car un second piège guette la démarche de recherche : celui de rester *en deçà de la totalité du phénomène* ou de l'action qui nous intéresse. Comme la réalité humaine n'est pas un système fermé, il est toujours nécessaire de procéder à un découpage quelconque de cette réalité. Aucune équation causale ni aucune compréhension ne peut rendre compte de toute la réalité dès qu'on la découpe. Tout découpage est nécessairement sélectif[41]. Au cours d'une recherche, il est bon de noter que la sélection de ce qui est et de ce qui n'est pas pertinent reflète parfois de façon plus ou moins consciente ce qu'on désire « savoir » ou, au contraire, « ignorer », en d'autres mots le genre d'informations ou de sensations qui correspondent à ses prédispositions, voire à ses préjugés. On conçoit donc comme absolument

---

41. Même si « les malheureux absents », admet Bélanger (*op. cit.*, p. 22) en faisant allusion aux publications et aux auteurs qu'il laisse de côté dans son analyse des idéologies des années 1930, « ne manquent pourtant pas de mérite », il faut en général se résoudre à des observations forcément partielles.

essentiel d'établir clairement les critères qui président aux choix, quitte à s'exposer à la critique : ce n'est qu'honnêteté intellectuelle. Toutes les revues ont leurs critères pour juger des articles qu'on leur propose, ce qui dispense souvent les auteurs d'afficher explicitement leurs couleurs. Les revues militantes font ouvertement état de leurs partis pris : *Cité libre*, *Parti pris* et l'*Action nationale* en constituent des exemples québécois classiques. Quant aux revues scientifiques, les spécialistes connaissent bien leurs créneaux disciplinaires et leurs orientations méthodologiques propres.

Si les matériaux dont on dispose restent souvent, tant sur le plan de la qualité que de la quantité, en deçà de ce qu'on souhaiterait, il y a aussi un risque de tomber dans un troisième piège : celui d'aller *au-delà de ce que les données permettent d'affirmer*. Il faut d'abord distinguer les prévisions scientifiques des extrapolations fumistes. Malgré tout, il arrive même aux mieux intentionnés de succomber à la généralisation excessive, à l'apport de faits non vérifiés, aux conclusions prématurées, etc.[42]. La démarche scientifique assume l'existence d'une explication rationnelle de tous les phénomènes, qu'ils soient « humains » ou de la « nature ». Or, nous parvenons rarement à tout expliquer rationnellement : certains éléments d'explication nous échappent habituellement. La tentation est alors forte pour certains d'attribuer l'inconnu, l'inexpliqué à des causes mystiques ou surnaturelles.

Somme toute, la recherche scientifique exige le recours à une logique explicite gouvernée par des lois reconnues, à défaut de quoi la vérité n'y trouve pas son compte. Ainsi, lorsque des cas particuliers ne concordent pas avec des hypothèses généralement admises, il est tentant mais absolument *illogique* de traiter de tels cas (si rares soient-ils) comme des « exceptions qui confirment la règle » : ce serait postuler qu'il *faut* des exceptions pour qu'une règle existe, ce qui est absurde ! Mieux vaut admettre que la science n'est que probabiliste. La recherche scientifique est non seulement exigeante, elle tend même des pièges ! Heureusement, ce ne sont pas les sources d'inspiration qui manquent. Encore faut-il savoir traduire l'inspiration par une organisation appropriée de sa pensée. C'est la question à laquelle nous allons maintenant nous adresser.

Les deux grandes méthodologies dont on vient de discuter inspirent divers modes d'organisation et d'exposition d'une pensée qui se veut

---

42. Pierre BERTHIAUME rappelle avec le sourire ce récit de voyage d'un marin qui écrivit dans son journal « qu'il avoit passé à quatre lieues de Ténériffe, dont les habitans lui parurent fort affables » (sic) ; voir *L'aventure américaine au XVIIIᵉ siècle : du voyage à l'écriture*, Ottawa, Presses de l'Université d'Ottawa (Cahiers du Centre de recherches en civilisation canadienne-française), 1990, p. 1.

scientifique et susceptible de guider la recherche sociale[43]. Pas plus que les deux grandes méthodologies, l'une par rapport à l'autre, les modes d'organisation qui en découlent ne sont-ils incompatibles. En principe, ils ne font qu'accorder une priorité de recherche à des façons différentes de saisir la réalité. Ces approches sont autant de processus dynamiques qui conditionnent les résultats auxquels on peut s'attendre au terme de la recherche. Elles s'adressent à un même défi : rester fidèle à la vérité. La nature de ce défi, c'est en même temps d'assurer aux sciences sociales un fondement en leur donnant pour objet ultime la liberté humaine :

> Les faits ne nous fournissent pas de normes obligatoires. Aucune science empirique ne nous apprendra ce que nous devons faire ; elle nous apprend ce que nous pouvons obtenir par tel ou tel moyen, si nous nous proposons tel ou tel but. La science ne me montrera pas le sens de la vie, mais elle peut développer pour moi la signification de ce que je veux, et peut-être m'amener ainsi à changer d'intention. Elle peut me rendre conscient de ce que toute action (y compris l'inaction) a des conséquences, et me montrer lesquelles. Elle peut me montrer que, si je veux vivre, je ne peux éviter de prendre réellement parti dans l'affrontement des forces, si je ne veux pas être entraîné au néant et au désordre[44].

La liberté humaine passe par la connaissance, et la connaissance exige la recherche de la vérité. C'est un programme ambitieux pour une aventure exaltante dont chacun des chapitres de ce livre se veut un modeste point de repère.

---

43. Voir François-Pierre GINGRAS, *Les approches méthodologiques en sciences humaines*, Montréal et Paris, L'Harmattan, à paraître.
44. Karl JASPERS, *Initiation à la méthode philosophique*, Paris, Payot, 1966, p. 76.

Bibliographie annotée

Quelques ouvrages classiques pour réfléchir sur les voies de la connaissance

DESCARTES, René, *Discours de la méthode*, Paris, Vrin, 1964, 146 pages. (Il existe de nombreuses autres éditions.)

Le rôle historique joué par cet ouvrage justifie une relecture. C'est le berceau de la pensée moderne où l'auteur expose dans une langue claire la place de la raison et du doute méthodique dans la recherche de la sagesse. L'introduction et les notes d'Étienne Gilson situent admirablement les réflexions de Descartes dans leur contexte historique.

DURKHEIM, Émile, *Les règles de la méthode sociologique*, précédé de « L'instauration du raisonnement expérimental en sociologie », par Jean-Michel Berthelot, Flammarion, 1988, 254 pages.

C'est le premier ouvrage qui porte de façon systématique sur la méthodologie des sciences sociales. Durkheim y expose clairement pourquoi et comment on peut traiter les faits sociaux comme des choses si l'on veut faire œuvre scientifique. Lire les préfaces : elles évoquent la polémique à laquelle le point de vue de l'auteur a donné naissance. L'article de Berthelot constitue un heureux complément.

JASPERS, Karl, *Initiation à la méthode philosophique*, Paris, Payot, 1968, 158 pages.

L'auteur s'intéresse à la poursuite des connaissances, à la recherche de la vérité qui doit permettre aux humains d'exercer leur liberté en effectuant des choix éclairés. Jaspers s'appuie sur des réalités de la vie et contraste les rôles de la science et du jugement.

PIAGET, Jean, *Épistémologie des sciences de l'homme*, Paris, Gallimard (collection Idées), 1972.

Psychologue et généticien, Piaget réunit dans cet ouvrage ses réflexions sur les contributions, les stratégies et les limites des sciences humaines en général et des sciences sociales en particulier. D'une lecture parfois ardue, ce livre propose un approfondissement de quelques thèmes majeurs abordés dans ce chapitre.

RUSSELL, Bertrand, *Problèmes de philosophie*, Paris, Payot, 1965, 189 pages.

Mathématicien et philosophe, Russell commence cet ouvrage en se demandant s'il existe au monde une connaissance dont la certitude soit telle qu'aucune personne raisonnable ne puisse la mettre en doute. Les chapitres qui suivent entraînent le lecteur à explorer avec une implacable logique les nombreuses facettes de cette question.

WATSON, James D., *The Double Helix*, New York, New American Library (collection Signet), 1968, 143 pages.

Ce livre raconte le point de vue d'un chercheur sur les voies tortueuses de la connaissance, dans le cas précis de la découverte de la structure de l'ADN, pour laquelle l'auteur a reçu un prix Nobel (l'acide désoxyribonucléique joue en génétique un rôle primordial). L'ouvrage, plein de suspense, se lit comme un roman. Il contribue à démystifier les conditions de la pratique scientifique.

WEBER, Max, *Le savant et le politique*, Paris, Union générale d'éditions (Plon, 10/18), 1963, 186 pages.

Cet ouvrage dramatise les divergences qui caractérisent les personnes à la recherche de nouvelles connaissances et les personnes engagées dans l'action. L'introduction par Raymond Aron est un magistral essai sur la pensée de Weber en général et, surtout, sur le rôle des valeurs dans la poursuite du savoir.

Deux séries de réflexions contemporaines pour faire le point

ACTION LOCALE BELLEVUE, *Sens et place des connaissances dans la société*, 3 vol. Paris, CNRS (Centre régional de publication de Meudon-Bellevue), 1986-1987.

Il s'agit des actes de trois « confrontations » sur un même thème : une société qui veut survivre et se développer et qui, de surcroît, veut prendre conscience d'elle-même et maîtriser ses propres fonctionnements, ne peut éviter de poser la question du rapport qu'elle entretient avec 1) la connaissance à l'égard de laquelle elle se justifie elle-même, 2) les savoirs qu'elle produit, 3) les sciences auxquelles elle voudrait accéder. Parmi les 21 intervenants, on retrouve plusieurs penseurs aussi connus que Cornélius Castoriadis, Albert Jacquard, Edgar Morin et Alain Touraine.

DE BRUYNE, Paul, Jacques HERMAN et Marc DE SCHOUTHEETE, *Dynamique de la recherche en sciences sociales*, Paris, Presses universitaires de France (collection Sup), 1974, 240 pages.

Cet ouvrage, d'une écriture parfois difficile, sera surtout utile à ceux qui ont une certaine expérience de recherche sociale : il leur permettra de remettre en question les méthodologies exposées dans ce chapitre et dont de Bruyne et ses collègues font ressortir les fondements épistémologiques de façon un peu plus approfondie. La préface de Jean Ladrière traite de l'opportunité d'une méthodologie spécifique des sciences sociales. Les deux derniers chapitres sur les techniques de recherche sont cependant faibles.

Des articles de chez nous qui donnent à penser où nous en sommes

COMEAU, Robert et Gordon LEFEBVRE, «Mémoire et histoire», Bulletin d'histoire politique, vol. 5, n° 3, été 1997, p. 5-8.

Ce court éditorial pose le problème de l'interprétation et de la réinterprétation du passé à la lumière des débats et querelles entourant l'identité québécoise et le nationalisme québécois. Un éloge du dialogue et de la critique civilisée qui «permettent de rendre manifestes les conflits latents qui traversent notre culture». À lire par toute personne à la recherche de la vérité.

FALARDEAU, Guy, «La sociologie des générations depuis les années soixante : synthèse, bilan et perspective», *Politique, revue québécoise de science politique*, 17, hiver 1990, p. 59-89.

Une synthèse bibliographique qui fait ressortir comment l'importance numérique d'une génération (celle de l'après-guerre) explique probablement la grande influence qu'elle a exercée sur la recherche dans un domaine du savoir qui la concernait directement : la sociologie des générations. Intéressant exemple des motivations inconscientes de toute une génération de chercheurs.

LANDRY, Réjean, «La nouvelle analyse institutionnelle», *Politique*, 6, automne 1984, p. 5-32.

L'auteur y étudie le contexte épistémologique de l'évolution récente de la science politique en fonction de deux traditions, l'une «postulant que les choix individuels dépendent des caractéristiques des institutions», l'autre affirmant que «les goûts et les valeurs individuelles déterminent les choix des individus».

SALÉE, Daniel, « Reposer la question du Québec ? Notes critiques sur l'imagination sociologique », *Politique, revue québécoise de science politique*, 18, automne 1990, p. 83-106.

Cet article examine comment un objet d'étude (ici, le Québec) peut stimuler l'intérêt des chercheurs. L'auteur se demande comment l'imagination sociologique répond aux questions actuelles.

« La sociologie au Québec », *Recherches sociographiques*, vol. XV, n°s 2-3, mai-août 1974, 243 pages.

Un numéro-jalon où des bâtisseurs des sciences sociales québécoises parlent d'eux-mêmes et des conditions de la production scientifique. Il faut lire l'aperçu historique de Jean-Charles Falardeau et le bilan dressé par Marcel Fournier, ainsi que les témoignages de 17 pionniers de la recherche sociale. La note critique de Nicole Gagnon à propos d'une recherche collective fait le procès du système dominant de production intellectuelle.

Première
partie

L'établissement
de l'objet de recherche

Chapitre 3
La spécification
de la problématique

Jacques Chevrier

*Les chercheurs débutants pensent que le but de la recension des écrits
est de trouver des réponses relativement au sujet de recherche ;
au contraire, les chercheurs expérimentés étudient les recherches antérieures
pour développer des questions plus intelligentes et plus pénétrantes à propos du sujet.*

Yin, 1994

Introduction

Toute recherche se construit à partir d'une question intriguante. Mais pour obtenir la réponse désirée, il faut savoir poser la bonne question, à partir d'un problème bien articulé. Pour les étudiants en formation à la recherche, cette étape d'élaboration de la problématique s'avère l'une des plus difficiles à saisir et à maîtriser. Et pourtant, il s'agit d'une étape très importante puisque c'est elle qui donne à la recherche ses assises, son sens et sa portée. Dans ce chapitre, nous présenterons ce qu'est un problème de recherche et ce qui lui confère sa pertinence. Nous approfondirons ensuite les étapes d'élaboration de la problématique, appelée *problématisation*, et la manière de présenter la problématique dans des écrits scientifiques.

Présenter la problématique de recherche dans un projet, un rapport ou un article de recherche, c'est fondamentalement répondre à la question suivante : «Pourquoi avons-nous besoin de réaliser cette recherche et de connaître les résultats qu'elle propose ?» En définissant le problème auquel on s'attaque et en montrant pourquoi il faut le faire, la problématique fournit au lecteur les éléments nécessaires pour justifier sa recherche. En cela, elle constitue essentiellement un texte argumentatif présentant le thème de recherche, un problème spécifique se rattachant à une question générale et les informations nécessaires pour soutenir l'argumentation servant à justifier la recherche elle-même.

1. Qu'est-ce qu'un problème de recherche?

Comme l'indique si justement De Landsheere[1], «entre la résolution de problèmes dans la vie courante et la recherche, il n'y a pas d'opposition absolue: seuls diffèrent réellement le niveau de prise de conscience, l'effort de systématisation et la rigueur des généralisations». Chaque recherche renouvelle, pour le chercheur, le défi de faire avancer les connaissances. Chaque nouveau projet de recherche, loin d'être l'occasion d'une application aveugle de techniques spécifiques, exige du chercheur une démarche réfléchie où chaque décision doit être justifiée en vue de produire les connaissances les plus valides et les plus utiles possibles. Dans cette optique, la démarche de recherche peut être considérée comme un cas particulier du processus, plus fondamental, de résolution de problème où l'identification du problème de recherche en constitue tout naturellement la première étape.

Il y a problème lorsqu'on ressent la nécessité de combler l'écart existant entre une situation de départ insatisfaisante et une situation d'arrivée désirable (la situation satisfaisante étant considérée comme le but). Résoudre un problème, c'est trouver les moyens pour annuler cet écart[2]. Dans ce contexte, un *problème de recherche se conçoit comme un écart conscient que l'on veut combler entre ce que nous savons, jugé insatisfaisant, et ce que nous devrions savoir, jugé désirable* (la situation satisfaisante correspondant au but avoué de la recherche et à sa finalité selon le point de vue adopté).

Ainsi, les chercheurs en éducation s'interrogent sur la nature de l'apprentissage scolaire, l'efficacité des méthodes pédagogiques, la construction d'une identité professionnelle chez les enseignants, la formation des enseignants, les causes du décrochage scolaire, l'impact des politiques adoptées dans le système éducatif, autant de sujets pour lesquels nous jugeons nos connaissances insatisfaisantes, soit parce qu'elles ne nous permettent pas de comprendre la réalité, soit parce qu'elles ne nous fournissent pas les informations nécessaires pour prendre des décisions adaptées et agir efficacement. Pour tous ces sujets, nous désirons des connaissances qui soient à la fois les plus complètes, les plus valides et les plus utiles possible.

1. G. DE LANSHEERE, *Introduction à la recherche en éducation*, Paris, Colin-Bourrelier, 1976, p. 18.
2. Voir à cet effet P. GOGUELIN, *Le penser efficace. Tome II, La problémation*, Paris, Société d'édition d'enseignement supérieur, 1967 ainsi que P. LEMAÎTRE, *Des méthodes efficaces pour étudier les problèmes*, Paris, Chotard, 1987.

FIGURE 1
Problème de recherche

| Savoir actuel, insatisfaisant | ◀ ▶ | Savoir recherché, désirable |

> *Un problème de recherche est un écart conscient entre ce que*
> *nous savons et ce que nous devrions savoir*

2. La pertinence d'un problème de recherche

Cette définition du problème de recherche soulève la question du *savoir désirable*. Après tout, pourquoi étudier une question plutôt qu'une autre? De manière générale, un thème de recherche trouve sa pertinence lorsqu'il s'inscrit dans les valeurs de la société. Le choix d'un thème de recherche ne peut, en effet, échapper à l'influence des valeurs personnelles du chercheur ni à celles de la société dans laquelle il vit (plus grand bien-être personnel, meilleures relations humaines, meilleure vie de groupe, travail plus efficace, niveau socio-économique plus élevé, etc.). Le fait de choisir «l'intégration des handicapés en classe régulière» comme thème de recherche peut répondre non seulement à des préoccupations personnelles du chercheur (celui-ci veut améliorer la qualité de vie d'un handicapé qu'il connaît bien), mais aussi à celles de la société nord-américaine (comme ce fut le cas vers la fin des années 1970 et du début des années quatre-vingt, au moment fort du début de la valorisation de l'individu et de la qualité de vie au sein de la société).

Plus précisément, la *pertinence sociale* d'une recherche s'établit en montrant comment elle apporte réponse à certains problèmes des praticiens et des décideurs sociaux. Ainsi, en éducation, le thème d'une recherche est d'autant plus pertinent qu'il s'insère dans les préoccupations des praticiens (parents, enseignants, etc.) et des décideurs (directeurs d'écoles, politiciens, etc.) concernés par l'éducation.

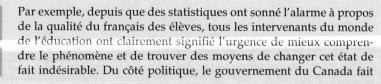

Par exemple, depuis que des statistiques ont sonné l'alarme à propos de la qualité du français des élèves, tous les intervenants du monde de l'éducation ont clairement signifié l'urgence de mieux comprendre le phénomène et de trouver des moyens de changer cet état de fait indésirable. Du côté politique, le gouvernement du Canada fait connaître les domaines et les thèmes de recherche auxquels il accordera priorité pendant cinq ans. En 1997, ce gouvernement privilégie, à travers son « programme de subventions stratégiques » du CRSH (Conseil de recherches en sciences humaines), les deux thèmes suivants : « les femmes et le changement » et « l'éthique appliquée ».

La pertinence sociale sera donc établie en montrant comment la recherche peut répondre aux préoccupations des praticiens ou des décideurs concernés par le sujet de recherche. Cela pourra être fait en référant à des textes citant des témoignages de praticiens ou à des écrits par des groupes de pression, des associations professionnelles ou des organismes politiques, en montrant comment l'étude de ce sujet a aidé les praticiens ou les décideurs jusqu'à ce jour et comment la présente recherche pourrait leur apporter des informations pertinentes.

La *pertinence scientifique* d'une recherche s'établit en montrant comment elle s'inscrit dans les préoccupations des chercheurs. Cela peut être fait en soulignant l'intérêt des chercheurs pour le sujet (nombre de recherches, livres, conférences), en montrant comment l'étude de ce sujet a contribué à l'avancement des connaissances jusqu'ici et en insistant sur l'apport nouveau de la recherche aux connaissances (par rapport à un courant théorique ou à un modèle conceptuel). Une recherche sera jugée pertinente dans la mesure où l'on réussira à « établir un rapport solide entre le déjà connu et ce qui était jusqu'alors inconnu[3] », que ce soit pour le prolonger ou pour s'y opposer. Il est important de positionner la recherche par rapport au savoir collectif. En général, par l'expression « ce qui est connu », les chercheurs désignent uniquement l'ensemble des informations relativement organisées (théories, modèles, concepts, etc.) résultant des recherches où ont été utilisées des méthodes reconnues. Il est important que la question spécifique étudiée s'insère dans un contexte plus global. Pour cela, le chercheur doit pouvoir faire référence à aux écrits spécifiques à son objet de recherche.

Pour trouver un problème de recherche, on peut,

– à partir des écrits des chercheurs dans un domaine, relever des lacunes très précises dans l'organisation conceptuelle et essayer de les combler grâce à une méthodologie planifiée d'avance qui fournira des observations particulières ou,

---

3. H. SELYE, *Du rêve à la découverte*, Montréal, Les Éditions La Presse, 1973, p. 106. Le Dr Selye affirme même qu'« une chose vue mais non reconnue en ce qui concerne son importance et ses rapports avec d'autres choses n'est pas une chose connue » (p. 107).

- à partir de notre observation et de l'analyse d'une situation typique, mieux la comprendre, en tirer les concepts constitutifs et formuler une théorie enracinée.

La première démarche, qui part de connaissances théoriques déjà établies pour les valider auprès de données empiriques, est *déductive et vérificatoire*, la seconde, qui part de données empiriques pour construire des catégories conceptuelles et des relations, est *inductive et générative*. Dans la première, la théorie est en quête de données concrètes, dans la seconde, la réalité est en quête d'une théorie[4].

Dans l'activité de recherche, ces deux démarches viennent souvent se compléter l'une l'autre. De fait, il semble impossible de faire de la recherche en faisant totalement abstraction de l'approche inductive ou déductive. Toutefois, poussées à l'extrême, ces deux démarches (trouver un problème à partir soit de l'organisation conceptuelle, soit d'une situation réelle) comportent des logiques qui commandent une problématisation très différente. C'est donc pour faciliter la distinction entre ces deux démarches que nous présenterons la problématisation selon chacune d'elle, tout en étant conscient que dans la réalité du chercheur, les questions issues des «penseurs» et celles provenant des «acteurs» s'interpellent constamment[5], se nourrissant l'une l'autre.

3. La problématisation selon une logique déductive

Dans une perspective déductive et confirmatoire, la problématique s'élabore à partir de concepts issus de la littérature scientifique pour se concrétiser dans une question spécifique de recherche permettant de confronter cette construction théorique à une réalité particulière. Ce sera le premier objet de cette section. Ensuite, nous verrons comment structurer une problématique dans un écrit de recherche en en donnant un exemple détaillé.

---

4. M.D. Lecompte et J. Preissle, *Ethnography and Qualitative Design in Educational Research* (2e éd.), San Diego, Academic Press, 1993.
5. La distinction entre approche quantitative et approche qualitative est souvent proposée pour caractériser ces deux démarches en deux paradigmes de recherche opposés. Y.S. Lincoln et E.G. Guba, *Naturalistic Inquiry*, Beverly Hills, Sage, 1985, ont proposé respectivement les termes « *rationalistic* » et « *naturalistic* ». L'inconvénient de cette nomenclature est de dichotomiser ce qui, pour plusieurs, s'inscrit fonctionnellement sur un continuum, les deux démarches étant en partie présentes dans beaucoup de recherches ou se complétant mutuellement dans un cycle plus large de recherche.

3.1. Les étapes de la problématisation

Dans le cadre d'une approche déductive, les grandes étapes de la spécification de la problématique de recherche sont

1) le choix d'un thème de recherche,

2) la formulation d'une question générale,

3) la collecte, la structuration et l'analyse critique des informations
   pertinentes et

4) la détermination d'un problème et d'une question spécifiques
   de recherche.

En résumé, il s'agit d'abord de choisir un thème de recherche; ensuite il faut, par une lecture attentive des ouvrages généraux sur ce thème, retenir une question générale de recherche (question encore trop vaste pour être la matière d'une recherche); enfin, il faut, cette fois par une lecture critique des écrits plus spécifiques reliés à la question générale, relever un problème particulier et en tirer une question spécifique de recherche (voir la figure 2). Nous verrons maintenant plus en détail chacune de ces étapes.

Le choix d'un thème de recherche

À partir de ses expériences personnelles (vie courante et vie profession-
nelle) et de la lecture des écrits à l'intérieur de son domaine d'étude, l'étudiant trouve un thème susceptible de l'intéresser suffisamment pour entretenir sa motivation tout au long de sa recherche. Pour cela, il doit d'abord se donner une vue d'ensemble des différents thèmes parmi lesquels il pourra choisir. Un premier moyen d'obtenir cette vue d'ensemble est la consultation des livres d'introduction générale, relatifs à ce domaine. Un second moyen pour obtenir une vue d'ensemble est de trouver des classifications qui présentent les grands thèmes étudiés par les chercheurs du domaine. En se familiarisant avec les divers thèmes, l'étudiant sera mis en contact avec les sujets plus spécifiques qui composent ces thèmes.

Ainsi, la Société canadienne pour l'étude de l'éducation utilise une classification en onze secteurs des thèmes de recherche courants dans le domaine de l'éducation. Mentionnons, à titre d'exemples, quelques thèmes regroupés dans le secteur «Enseignants»: Attitude des enseignants, Comportement des enseignants, Formation des maîtres, Évaluation des enseignants.

FIGURE 2
Problématisation selon une logique déductive

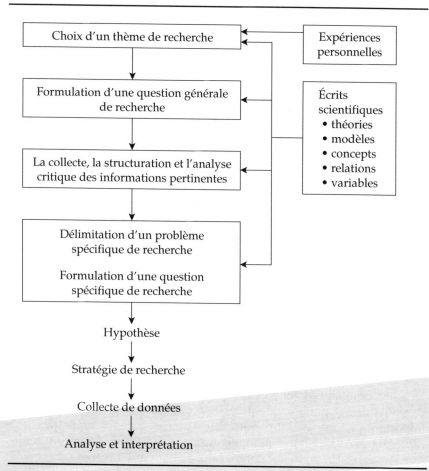

La formulation d'une question générale de recherche

Lorsque le thème de recherche est choisi, il faut retenir une question générale qui pourra orienter la suite de la démarche de recherche. La lecture d'ouvrages généraux (recensions d'écrits, articles d'encyclopédies spécialisées ou de «handbook[6]») sur le thème de recherche permet alors

---

6. Voir, par exemple, les *Handbook of Research on Teaching*.

d'inventorier les problèmes généraux contemporains dans un domaine donné et d'identifier les questions générales qui s'y rattachent. Prenons le cas, par exemple, de deux étudiantes qui choisissent le thème de l'abandon scolaire. Pour celle que la compréhension du phénomène intéresse, la question retenue pourrait être: «Qui abandonne l'école et quand?» ou bien «Pourquoi ces étudiants ont-ils abandonné?» Pour l'autre que l'intervention motive davantage, la question choisie pourrait être: «Y a-t-il des moyens (instruments, procédures) pour repérer ceux ou celles qui sont susceptibles d'abandonner?» ou «Quel est le meilleur moyen de diminuer le nombre de décrocheurs?» Selon la nature théorique ou pratique du problème, il y a les questions qui, en relation avec les difficultés à comprendre un phénomène, traduisent un besoin de décrire la réalité ou un besoin de l'expliquer, et il y a les questions qui, en relation avec les difficultés d'action sur le réel ou de prise de décision concernant une action, expriment des besoins relatifs à la création d'un moyen nouveau (outil, méthode, etc.), à la modification d'un moyen existant ou à la sélection, parmi un ensemble, de moyens adaptés à ses objectifs[7]. Ces questions seront utiles pour orienter les lectures subséquentes.

La collecte, la structuration et l'analyse critique des informations pertinentes

Pour l'étudiant (et le chercheur) qui aborde un nouveau sujet de recherche, la formulation d'une question générale ne peut se faire sans la collecte et l'examen des connaissances générales sur le sujet choisi. Déjà, à ce stade, il faut pouvoir identifier les concepts généraux, les principes importants, les modèles théoriques ainsi que les grandes approches théoriques, et parfois même méthodologiques, privilégiées pour aborder les problèmes relatifs au thème choisi. Le chercheur qui travaille sur la même question générale depuis plusieurs années n'a pas à repdendre cette étape pour chaque nouveau projet, car il possède déjà un bagage de connaissances structurées ainsi qu'une vision d'ensemble de son sujet de recherche.

Ensuite, l'étudiant doit acquérir une connaissance approfondie des informations reliées à la question générale et des méthodes utilisées pour y répondre. Dans une approche déductive, le chercheur spécifie la problématique grâce à une analyse critique en profondeur des écrits de

---

7. Le chapitre 6 portant sur les stratégies de preuve présente trois grands types de questions de recherche; il complétera la présentation faite dans ce paragraphe.

recherche plus spécifiques (articles de recherche, rapports de recherche, conférences scientifiques, etc.) reliés à la question générale ainsi que de toutes nouvelles recherches qui s'y rattachent. Pour découvrir un problème de recherche, il est essentiel d'adopter une attitude active et critique à l'égard des énoncés rencontrés au cours de ses lectures. Cette attitude consiste à garder constamment à l'esprit des questions aussi fondamentales que les suivantes : «Ces affirmations sont-elles vraies?» «Quelles sont les preuves concrètes à l'appui de ces affirmations?» «Ces preuves sont-elles valables?» «Ces affirmations sont-elles compatibles entre elles?» Plus l'étudiant adoptera, à l'égard des informations qu'il recueille, une attitude active de remise en question, d'organisation et de réorganisation des informations, plus il favorisera la prise de conscience de problèmes spécifiques.

Cette démarche a pour axe central la question générale et les questions spécifiques qui en découlent. Il ne s'agit donc pas d'un glanage d'informations mais bien d'une quête orientée, dirigée par ces questions spécifiques. Il peut s'avérer avantageux d'écrire, avant même d'avoir lu plus à fond, les questions précises qui semblent reliées à la question principale.

> Par exemple, dans le cas de la question portant sur la description du phénomène de l'abandon scolaire : «Qui sont les décrocheurs?», on pourrait penser, entre autres, aux questions suivantes : Quel âge ont-ils? Y a-t-il autant de garçons que de filles? Quelle est leur origine sociale? Quel est leur rendement scolaire?

Ce questionnement continu est important, car il sert à construire la structure mentale organisatrice des informations recueillies, à juger de la pertinence des informations et à faciliter la découverte d'un problème spécifique de recherche. L'étudiant trouvera probablement des réponses, complètes ou partielles, à plusieurs de ses questions. Cela lui permettra d'éliminer certains secteurs où les connaissances sont assez avancées ou, au contraire, de s'inspirer de recherches antérieures pour élaborer la sienne.

Cette analyse critique repose sur des opérations fondamentales telles que l'établissement des concepts importants, l'établissement des variables pertinentes et des relations entre ces variables, l'organisation des variables et des relations en un *réseau conceptuel*. Organiser les variables et les relations en une structure cohérente exige non seulement la mise en relation des variables mais aussi la mise en relation des relations. Les modèles et les théories ont justement cette fonction de proposer un ensemble intégré de concepts et de relations. Ce faisant, le chercheur élabore ou, le cas échéant, choisit le cadre conceptuel ou le cadre théorique de sa recherche. Le chapitre 5 du présent ouvrage est consacré au rôle de la théorie dans la démarche de recherche. Dans certains articles de revue ou certains livres, on pourra trouver des modèles ou schémas qui illustrent les relations dont on suppose l'existence.

> Par exemple, Jean Roy propose, dans un article sur l'enseignement des sciences au primaire, un modèle hiérarchique causal reliant, directement ou indirectement, la prestation d'enseignement des sciences au primaire à neuf variables indépendantes. La séquence présentée ici est extraite de ce modèle :

Cette façon de structurer les informations est très profitable. D'une part, elle facilite dans bien des cas la compréhension des textes et, d'autre part, elle permet d'établir rapidement des relations peu documentées ou même ignorées par les chercheurs. Nous ne pouvons qu'encourager l'étudiant qui aborde les écrits sur un sujet donné à faire ses propres résumés sous forme de schéma. La représentation graphique des variables et de leurs relations constitue une technique efficace pour trouver des problèmes spécifiques de recherche[8]. Quant aux théories, souvent les chercheurs mentionnent celles qui ont servi de cadre de référence à leur recherche dans la section où ils présentent leur problématique. On y retrouve habituellement un résumé succinct et les références pertinentes. Ces références constituent de bonnes pistes pour l'étudiant qui veut pousser plus loin la recherche.

La délimitation d'un problème spécifique de recherche

C'est à l'occasion de l'élaboration d'un cadre de référence propositionnel pertinent à la question générale de recherche que des problèmes spéci-

---

8. On trouvera des indications détaillées sur la façon de faire de telles représentations graphiques dans l'article de D.F. Dansereau, « The Development of a Learning Strategies Curriculum », dans H.F. O'Neil (dir.), *Learning Strategies*, New York, Academic Press, 1978, p. 1-29 ainsi que dans le livre de J.N. Novak et D. Gowin, *Learning How to Learn*, New York, Cambridge University Press, 1984. Il existe maintenant des logiciels très performants qui facilitent la construction de tels réseaux ; voir à ce sujet le chapitre 8 dans E.A. Weitzman et M.B. Miles, *Computer Programs for Qualitative Data Analysis*, Thousand Oaks, Ca., Sage, 1995.

fiques surgissent. Par exemple, des *lacunes* ou des *difficultés* très particulières peuvent être relevées *dans l'organisation ou la cohérence de nos connaissances scientifiques*. Dans les paragraphes qui suivent, nous donnerons quelques exemples, tirés de la littérature francophone, de problèmes spécifiques de recherche.

Un premier type de problème spécifique de recherche réside dans *l'absence totale ou partielle de connaissances* concernant un élément de réponse à la question générale.

> Par exemple, Sainte-Marie et Winsberg[9], dans le cadre de la question générale des causes de l'abandon scolaire, réalisèrent qu'on possède peu d'informations sur l'attitude des élèves envers leurs études comme cause possible de l'abandon scolaire, bien qu'on ait des raisons de croire à cette influence. La question spécifique de leur recherche devint alors : l'attitude des élèves à l'égard de leurs cours de mathématiques et de leurs études collégiales est-elle une cause de l'abandon des cours de mathématiques au cégep ? De leur côté, Goupil et Comeau[10], relativement à la question générale de l'efficacité de l'intégration des élèves handicapés, constatèrent que l'on possède peu d'informations sur ce sujet et qu'il serait temps d'évaluer cette expérience. Ils décidèrent donc de répondre à la question spécifique suivante : comment s'est effectuée l'intégration des handicapés visuels dans les classes régulières et quels en ont été les résultats ?

Un deuxième type de problème spécifique de recherche apparaît lorsque le chercheur a des raisons de croire qu'*on ne peut généraliser des conclusions de recherches antérieures à une situation particulière*.

> Ainsi, Blondin[11] considéra qu'il était impossible d'affirmer que les étudiants de milieux universitaires francophones avaient une perception d'un «bon professeur d'université» équivalant à celle des étudiants universitaires des milieux anglo-saxons, celle-ci étant connue pour avoir fait l'objet de nombreuses recherches. Pour cette raison, il décida de répondre à la question spécifique suivante : «Quelles sont les caractéristiques d'un bon professeur d'université selon les étudiants de premier cycle de l'Université de Montréal ?» Dans le cadre

9. M. SAINTE-MARIE et S. WINSBERG, « Recherche d'une explication aux abandons de cours en mathématiques au C.E.G.E.P. », *Revue des sciences de l'éducation*, vol. VII, n° 1, hiver 1981, p. 23-35.
10. G. GOUPIL et M. COMEAU, « L'intégration des élèves handicapés de la vue », *Revue des sciences de l'éducation*, vol. VIII, n° 1, hiver 1982, p. 103-113.
11. D. BLONDIN, « Le bon professeur d'université tel que perçu par les étudiants de premier cycle de l'Université de Montréal », *Revue des sciences de l'éducation*, vol. VI, n° 3, automne 1980, p. 499-509.

d'un problème général d'intervention, Proulx, Couture et Gingras[12] décidèrent qu'il était impossible de conclure, comme on l'a montré aux États-Unis, à l'efficacité du programme «Parents efficaces» en milieu québécois puisque sa conception et son application relèvent d'un contexte culturel différent. Comme l'un des objectifs de ce programme est de développer chez les parents les attitudes indispensables à une relation aidante avec leurs enfants, les chercheurs se demandèrent si des parents québécois soumis à ce programme manifesteraient des changements positifs dans ces attitudes envers leurs enfants.

Un troisième type de problème spécifique rencontré au cours d'une recension des recherches antérieures apparaît lorsque le chercheur ressent une *incertitude face aux conclusions d'une recherche à cause de problèmes méthodologiques*. Le chercheur considère qu'il serait prématuré de conclure avant d'apporter à cette recherche certains changements de nature méthodologique.

Par exemple, Bartin[13] considéra que les conclusions des recherches comparant le stade cognitif atteint par des enfants sourds et des enfants entendants, dans le cadre de la théorie de Piaget, étaient incertaines, car les conditions qui prévalaient lors des tests n'avaient pas été réellement identiques. Il décida donc de reprendre ces recherches en apportant les changements nécessaires afin de voir si la différence entre les enfants sourds et entendants subsisterait.

Un quatrième type de problème spécifique de recherche apparaît lorsque le chercheur constate l'existence de *contradictions entre les conclusions de recherches portant sur un même sujet*.

Par exemple, Ruel[14] fonda la question spécifique de sa recherche sur le fait que les recherches visant à vérifier la relation entre la capacité rythmique et l'apprentissage de la lecture concluaient parfois à son existence, parfois à son absence.

Un cinquième type de problème spécifique de recherche peut se trouver dans l'*absence de vérification d'une interprétation, d'un modèle ou d'une théorie*.

---

12. M. PROULX, A. COUTURE et C. GINGRAS, «Étude exploratoire des effets du programme Parents efficaces», *Revue des sciences de l'éducation*, vol. VIII, n° 1, hiver 1982, p. 80-90.
13. M. BARTIN, «Étude génétique de la constitution de l'invariant de substance chez le sourd et l'entendant», *Bulletin de psychologie*, vol. XXXI, n° 334, 1977-1978, p. 403-411.
14. P.H. RUEL, «Fonction rythmique et décodage phonétique en lecture chez les enfants de 7 à 12 ans», *Revue des sciences de l'éducation*, vol. VI, n° 1, hiver 1980, p. 61-84.

Ainsi, Bédard[15] constata que la théorie de Kurt Lewin sur le développement de l'adolescent comme être marginal n'avait jamais fait l'objet d'une vérification empirique et décida de la mettre à l'épreuve. Sa question spécifique pouvait se lire ainsi : « Existe-t-il une relation entre le profil de la personnalité adolescente et les caractéristiques de la personnalité marginale ? »

On peut penser à d'autres types de difficultés rencontrées au cours de l'analyse crtitique des écrits. Ainsi, on peut réaliser que deux théories prédisent dans les faits des observations différentes ou contraires et qu'il serait alors opportun de clarifier cette opposition par une recherche. On peut aussi faire le constat d'une impasse dans le progrès des connaissances sur un sujet donné, plusieurs faits et observations étant impossibles à expliquer ou à interpréter au moyen des théories existantes. C'est l'ingéniosité d'un chercheur qui permettra de progresser à nouveau. Le processus de recherche lui-même peut faire l'objet de recherches spécifiques lorsque, pour pallier l'absence d'outils de recherche adaptés, la réflexion du chercheur se porte sur l'activité même d'élaboration d'un questionnaire ou sur la conception de nouvelles méthodes d'analyses quantitatives (statistiques ou autres) de données[16].

La formulation d'une question spécifique de recherche

L'établissement d'un problème particulier engendre des besoins particuliers de connaissances qui se traduisent par des questions précises, plus spécifiques qui servent de point de départ à la mise en œuvre d'une stratégie pour y répondre. Si le chercheur n'est pas toujours en mesure d'émettre une ou des hypothèses précises, c'est-à-dire de donner une réponse provisoire à la question spécifique de recherche, il doit, par ailleurs, utiliser des méthodes qui assureront aux conclusions de sa recherche le maximum de validité. Les conclusions, qui sont les réponses à la question de la recherche, devraient résoudre, en tout ou en partie, le problème.

---

15. R. Bédard, « Justesse et actualité de la théorie de Kurt Lewin sur le développement de l'adolescence », Revue des sciences de l'éducation, vol. VII, n° 1, hiver 1981, p. 115-134.
16. Voir par exemple l'article suivant : M. Cyr, J. Toupin, A.D. Lesage et C.A.M. Valiquette, « Méthode de formation d'interviewers et évolution temporelle de l'accord interjuges », Revue canadienne de psycho-éducation, vol. 21, n° 1, 1992, p. 21-28.

Ainsi, Pronovost et Leblanc[17] constatent qu'on n'a jamais vérifié l'une des théories de base concernant la délinquance, à savoir que le fait de travailler prévient la délinquance chez ceux qui abandonnent leurs études. Les chercheurs se demandent alors si l'accès au travail fait régresser le taux de délinquance chez les décrocheurs. La question spécifique de recherche découle donc directement de la prise de conscience du problème et tente d'y apporter des éléments de solution.

On doit apporter beaucoup de soin à la formulation de cette *question spécifique* puisqu'elle servira de guide tout au long de la recherche. Elle doit être formulée de façon précise et chaque terme doit être clairement défini, particulièrement de façon opérationnelle. Chaque élément de la question doit pouvoir être observable ou mesurable. Le fait qu'une question soit spécifique n'en fait pas pour autant une question de recherche. Le chercheur ne doit pas croire qu'il peut faire l'économie de la recension des écrits parce qu'il a déjà en sa possession une question spécifique à laquelle il voudrait répondre par une recherche. La question spécifique de recherche doit s'inscrire logiquement dans une problématique spécifique. Une recherche rapporte d'autant plus qu'elle répond à une question précise dont les implications et les limites sont clairement perçues par le chercheur.

Le choix d'un problème et d'une question spécifique de recherche implique la prise en compte des critères de faisabilité, c'est-à-dire l'ampleur de la question, le temps disponible pour faire la recherche, l'argent disponible, la collaboration d'autres personnes comme assistants ou comme sujets, la possibilité de faire la recherche dans le milieu désiré, l'accessibilité aux instruments de mesure. Nonobstant l'importance de la faisabilité, la pertinence de la question spécifique de recherche par rapport à l'ensemble de la problématique demeure un critère central de l'intérêt du problème choisi.

3.2. La présentation de la problématique

Éléments d'une problématique

Dans les écrits s'inspirant d'une démarche déductive, la problématique doit démontrer, par une argumentation serrée, qu'il est utile et nécessaire pour l'avancement des connaissances sur un phénomène particulier

---

17. L. PRONOVOST et M. LEBLANC, « Le passage de l'école au travail et la délinquance », *Apprentissage et socialisation*, vol. 11, n° 2, 1979, p. 69-73.

(la pertinence scientifique) d'explorer empiriquement une question spécifique ou de vérifier une idée spécifique (hypothèse) découlant d'un raisonnement basé sur des informations issues des écrits scientifiques. Il s'agira donc de construire, dans une démarche de spécification allant d'un problème général à une question spécifique, une argumentation cohérente, complète et parcimonieuse.

Que ce soit dans un projet ou dans un article de recherche, la problématique doit comporter un ensemble d'éléments correspondant généralement aux suivants. Autrement dit, dans la section problématique, on s'attend à ce que

a)   le thème de recherche soit précisé;

b)   la pertinence de la recherche soit soulignée, c'est-à-dire que le thème et la question générale constituent (ou doive constituer) une préoccupation actuelle de chercheurs, de praticiens ou de décideurs;

c)   dans le cadre de la question générale, des informations pertinentes soient présentées (résultats de recherches empiriques et théoriques: faits, concepts, relations, modèles, théories), soit pour démontrer l'existence du problème spécifique de recherche, soit pour fournir des éléments de solution au traitement du problème spécifique de recherche. Ces informations procurent un cadre conceptuel ou un cadre théorique à la recherche;

d)   un problème spécifique soit mis en évidence;

e)   une question spécifique de recherche soit formulée pour orienter la collecte des données et dont la réponse devrait permettre de résoudre le problème spécifique.

Exemple de problématique

Pour illustrer, dans une démarche déductive, une problématique liée à la compréhension, nous avons choisi d'analyser la problématique présentée dans la recherche de Manuel Crespo[18] et ayant pour thème *a* « l'effet Pygmalion ». L'auteur s'attache essentiellement à comprendre le phénomène des effets des perceptions des enseignants sur les *Problème* attitudes et les comportements de leurs élèves. D'emblée, l'auteur *général*

---

18. M. Crespo, « Analyse longitudinale de l'effet Pygmalion », *Revue des sciences de l'éducation*, vol. XIV, n° 1, 1988, p. 3-23.

b

établit la pertinence de la recherche en soulignant comment l'étude de ce problème général s'inscrit dans les préoccupations des chercheurs depuis 1968 («un grand nombre d'études empiriques» ont porté sur ce problème). Ensuite, il donne la définition du concept d'effet Pygmalion tout en y référant plus loin comme étant la question centrale de l'article qu'on pourrait énoncer comme suit: Quel est l'impact des évaluations positives des enseignants sur le rendement de leurs élèves?

question générale

C

Dans le cadre de cette question, l'auteur présente une série d'informations pour établir l'existence d'un problème spécifique. L'auteur montre d'abord que les conclusions des recherches ne sont pas toutes convergentes. Bien que l'on puisse soutenir l'existence d'une influence des attentes des enseignants sur la performance de leurs élèves, certains soutiennent que l'effet inverse est de beaucoup plus important, qu'il faut faire une distinction entre maintenir des différences et les accentuer, et que l'effet d'augmentation des différences ne serait pas aussi évident qu'on le croit. L'auteur affirme tout de même qu'un bon nombre de recherches concluent à l'existence d'effets prophétiques des attentes des enseignants mais que ceux-ci n'expliqueraient, à toute fin pratique, qu'un faible pourcentage de la variance dans la performance scolaire (entre 3 % et 10 %). Ces résultats semblent généralisables puisqu'ils ont été obtenus dans d'autres pays que les États-Unis où la plupart des recherches ont été effectuées.

Problématique de la recherche de Crespo

THÈME DE RECHERCHE	L'effet pygmalion
QUESTION GÉNÉRALE DE RECHERCHE	Quels sont les effets des perceptions des enseignants sur les attitudes et les comportements de leurs élèves?
PROBLÈME SPÉCIFIQUE DE RECHERCHE	Il y a contradiction entre les résultats de recherches, les unes affirmant l'existence d'un impact des perceptions des enseignants sur la performance de leurs élèves, les autres ne trouvant pas trace d'influence.
QUESTION SPÉCIFIQUE DE RECHERCHE	Quel est l'impact des perceptions des enseignants sur le rendement scolaire lorsque l'on considère la perception des enseignants comme variable intermédiaire dans un modèle réduit, c'est-à-dire avec moins de variables?

Pour approfondir la recherche sur cette question, on doit délaisser les expérimentations en laboratoire pour passer à l'analyse de situations réelles. Les perceptions des enseignants se rapportent alors à l'ensemble de la classe plutôt qu'à des élèves particuliers, mais les effets prophétiques demeurent comparables. Or, dans ce contexte, une recherche du CRDE a conclu à «l'absence d'effets congruents des perceptions des enseignants sur les rendements des élèves en français et en mathématiques». On a donc ici des résultats qui sont en contradiction avec ceux d'un «corpus de recherches bien établi sur ce sujet». Le problème spécifique de recherche est maintenant évident.

Pour régler ce problème, l'auteur apporte une explication possible à cette situation insatisfaisante et propose une solution qu'il tentera de vérifier dans sa recherche. L'auteur impute cette divergence entre les résultats des recherches à des différences au plan des caractéristiques méthodologiques. Dans la recherche du CRDE, l'échantillon de sujets était grand (comparativement à de petits ensembles), le nombre de variables considérable (120 à 150 variables comparativement à quelques-unes) et l'analyse était longitudinale (comparativement à instantanée, habituellement). Dans de telles circonstances, le coefficient de l'impact des perceptions subit le sort de beaucoup de variables, il devient non significatif. Or, il se pourrait que l'effet devienne significatif, si dans le modèle d'analyse, on considérait la variable «perception des enseignants» comme intermédiaire plutôt que confondue. La question spécifique de recherche devient celle-ci: Quel est l'impact des perceptions des enseignants sur le rendement scolaire lorsqu'elles sont considérées comme variable intermédiaire dans le cadre d'un modèle analytique de cheminement de la causalité, avec un nombre réduit de variables?

4. La problématisation selon une logique inductive

Comme dans la section précédente, nous aborderons les étapes de la problématisation et la présentation de la problématique dans un texte scientifique. *Dans le contexte d'une démarche inductive, l'élaboration de la problématique* ne s'effectue pas à partir de la structuration de concepts et de propositions générales mais *se réalise dans la formulation itérative de questions à partir du sens donné à une situation concrète.*

4.1. Les étapes de la problématisation

Dans le cadre d'une démarche inductive, les grandes étapes de la spécification de la problématique sont

1) la formulation d'un problème de recherche provisoire à partir d'une situation comportant un phénomène particulier intéressant,

2) la formulation d'une question de recherche permettant le choix d'une méthodologie adaptée

3) l'élaboration d'interprétations basées sur la collecte de données et l'analyse inductive de ces dernières,

4) la reformulation itérative du problème et/ou de la question de recherche en fonction des prises de conscience effectuées au cours de la collecte et de l'analyse préliminaire des données[19] (voir la figure 3).

Nous verrons maintenant plus en détail chacune de ces étapes que nous illustrerons à l'aide d'un exemple tiré d'un article de recherche[20] sur le thème de «l'enseignement de la langue maternelle selon une approche globale». Dans cet article les chercheuses, Edelsky, Draper et Smith, rapportent les faits saillants de leur démarche de questionnement et de reformulation du problème.

La formulation d'un problème de recherche provisoire

Dans le cadre d'une démarche inductive de recherche, les problèmes spécifiques de recherche émanent du vécu personnel du chercheur et plus particulièrement de son expérience personnelle de situations comportant un phénomène particulier, curieux ou étonnant relié à ses intérêts de recherche. Une situation concrète est sélectionnée par le chercheur parce qu'elle comporte «un phénomène qui peut être décrit et compris à partir des significations que les participants donnent aux événements[21]». Elle

---

19. L'accent porte ici sur les opérations relatives à la spécification de la problématique. Les autres opérations ne sont mentionnées que pour situer le lecteur. Nous le référons aux autres chapitres du livre pour compléter les informations.
20. C. EDELSKY, K. DRAPER et K. SMITH, «Hookin' 'Em in at the Start of the School in a "Whole Language" Classroom», *Anthropology & Education Quarterly*, vol. 14, n° 4, p. 257-281. Un extrait du texte est présenté dans le chapitre 3 de MCMILLAN et SCHUMACHER (1989).
21. J.H. MCMILLAN et S. SCHUMACHER, *Research in Education, a Conceptual Introduction*, Glenview, Illinois, Scott, Foresman, 1989, p. 93.

offre donc des caractéristiques assez riches pour définir un contexte particulier, comporter un phénomène intéressant (qui fait déjà l'objet de
recherches ou non) et fournir l'espoir de faire avancer les connaissances.
Le chercheur partira de cette situation particulière pour formuler, provi-
soirement, un problème de recherche, articuler au moins une question
générale de recherche et sélectionner une méthodologie appropriée. Nous
présentons ici quelques exemples de situations singulières qui peuvent
servir à définir un problème de recherche.

FIGURE 3
Problématisation selon une logique inductive

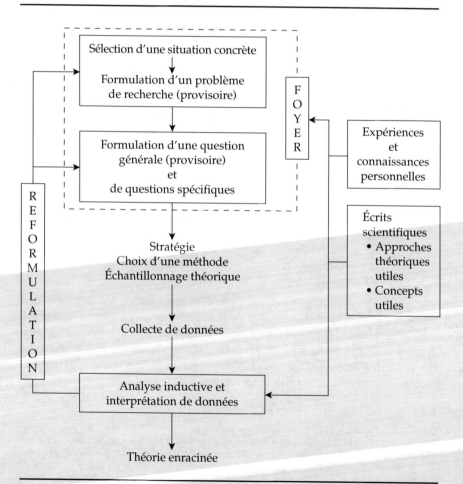

Un type de situation qui peut donner naissance à un phénomène intéressant est celui de *changements qui sont introduits dans le fonctionnement habituel* d'un groupe de personnes, modifications susceptibles d'entraîner des réactions significativement différentes chez les personnes.

> Des modifications légales, un changement de programme scolaire, une innovation technologique, le remplacement d'une institutrice, en sont des exemples. Ainsi, Gérin-Lajoie[22] considéra que l'explicitation de la notion de «préparation au marché du travail» introduite au contenu d'un programme ontarien d'éducation coopérative était une modification suffisamment importante pour justifier une étude ethnographique du processus de socialisation au travail d'élèves qui se retrouvent dans les cours à caractère professionnel et qui ne poursuivront pas d'études postsecondaires.

Un type de situation particulièrement singulier est celui des *pratiques originales ou des événements insolites*. Une enseignante qui utilise une méthode spéciale, une école qui se distingue par son approche pédagogique alternative ou un enfant qui se blesse gravement en sortant de l'école provoquent une situation sociale qui s'écarte suffisamment de la «norme» ou de «l'habitude» pour éveiller la curiosité et se demander comment cette personne ou cette école fonctionnent et chercher à comprendre la signification donnée aux événements vécus.

> Par exemple, Wittorski et Serre[23], considérant l'originalité d'une intervention en «relation formation-travail» d'une durée de deux ans dans une entreprise québécoise de plus de 400 employés, décidèrent d'en analyser les processus de formation et les effets produits tant au plan des compétences professionnelles, personnelles et collectives des employés que dans leur façon de concevoir leur travail et leur allégeance à l'entreprise.

Un type de situation où un phénomène particulier peut s'avérer curieux est celui que créent des *événements problématiques récurrents ou des pratiques qui échouent ou qui s'établissent difficilement*. L'analyse de ces situations peut donner lieu à une meilleure compréhension du vécu des acteurs dans ces situations et, de là, contribuer à l'amélioration des situations ou des interventions.

---

22. D. GÉRIN-LAJOIE, «Le processus de socialisation au travail dans un programme ontarien d'éducation coopérative», *Revue des sciences de l'éducation*, vol. XXI, n° 4, 1995, p. 885-904.
23. R. WITTORSKI et F. SERRE, «L'articulation travail-formation dans un dispositif de formation intégré au travail», *Revue des sciences de l'éducation*, vol. XXI, n° 4, 1995, p. 859-884.

> Par exemple, la recherche de Chamberland[24] fut déclenchée par « un groupe de professeurs de français qui déploraient un certain malaise chez les étudiants inscrits à leurs cours ainsi qu'une situation conflictuelle à l'intérieur du corps professoral ».

En contrepartie, il y a aussi la situation des *événements heureux et des pratiques qui réussissent*.

> Ainsi, les enseignantes et les écoles particulièrement efficaces, qui ont des histoires à succès, sont des sources de questionnement. On cherche à comprendre comment les situations sont vécues, à connaître la perception collective des principaux acteurs.

Un autre type de situation qui peut présenter un phénomène intéressant est celui créé par des *événements qui ont des composantes inattendues ou des interventions qui ont des conséquences imprévues*. Sans nécessairement comporter de connotation heureuse ou malheureuse, ni même être en soi originaux, certains événements, qui dans l'ensemble paraissent être habituels, peuvent présenter certaines caractéristiques inattendues qui remettent en question notre vision du monde.

> Par exemple, la facilité des enfants à s'approprier certains logiciels peut surprendre, compte tenu de la difficulté qu'éprouvent plusieurs adultes dans la même situation. Comprendre pourquoi une telle situation se produit peut être très pertinent.

Il n'est pas toujours nécessaire que la situation ait un caractère singulier. L'intérêt peut être suscité par des *événements habituels ou des pratiques courantes non documentées*. Il y a encore beaucoup de pratiques courantes, tenues pour acquises, pour lesquelles on n'a pas vraiment d'informations systématiques du point de vue des personnes qui les vivent.

> Ainsi, Martin[25], considérant que l'on ne comprenait pas vraiment ce que les étudiantes en formation des maîtres apprennent en stage et comment elles l'apprennent, décida de suivre deux étudiantes pendant les deux dernières années universitaires de leur formation initiale au cours desquelles chacune d'elle fut en stage.

Cette liste n'est certes pas exhaustive et se veut seulement indicative de situations à surveiller pour leur potentiel à produire des résultats de recherche intéressants.

---

24. C. CHAMBERLAND, « L'étudiant conformiste et l'enseignement du français au CEGEP : une étude de rôles », *Recherches sociographiques*, vol. XXI, n° 3, 1980, p. 283-316.
25. D. MARTIN, « Les ressources structurantes de la classe et le développement des pratiques de stagiaires : une étude à l'aide de rétroactions vidéoscopiques », *Revue des sciences de l'éducation*, vol. XXII, n° 3, 1996, p. 551-576.

La définition du problème est déjà commencée avec la découverte d'une situation contenant un phénomène curieux ou étonnant. Le problème, pressenti par le chercheur, devra être formulé clairement. Cette formulation, qui demeure assez générale, consiste à expliciter l'aspect curieux du phénomène. La formulation du problème, dans une démarche inductive et générative, est considérée *provisoire* compte tenu de la connaissance limitée que le chercheur a de la situation. En d'autres mots, le problème central pourra être reformulé pendant la recherche s'il ne correspond plus à la réalité observée.

La formulation du problème doit se faire avant tout à partir des connaissances du chercheur. Généralement, le chercheur débute avec un cadre descriptif et interprétatif très partiel, basé sur ce que Glaser et Strauss appellent des «concepts locaux[26]», concepts référant à des éléments évidents de la structure et des processus propres à la situation (l'enseignante, les élèves, la relation maître–élève, les programmes, les consignes, l'horaire, etc.). Pour formuler le problème de recherche, le chercheur peut aussi faire appel à ses connaissances personnelles ainsi qu'à des connnaissances tirées des écrits scientifiques, généralement ceux de tradition «qualitative» ayant rapport avec le phénomène. Même si le chercheur peut utiliser des concepts reconnus de la littérature scientifique, il est clair toutefois que le problème ne se définit pas par la découverte d'une difficulté spécifique dans les écrits scientifiques mais bien par l'impossibilité de donner du sens à la situation.

Dans la recherche sur «l'enseignement de la langue maternelle selon une approche globale», les chercheuses choisissent comme situation de départ, le cas d'une enseignante de 6e année au primaire qui utilise une approche globale pour l'enseignement de l'anglais (langue maternelle) écrit et parlé. Il s'agit d'une enseignante qui utilise une pratique originale et qui, par surcroît, réussit très bien. Les auteurs savent qu'il y a plusieurs approches pour enseigner la langue maternelle mais sont intéressés plus particulièrement par l'approche globale de l'enseignement du langage qui diffère des autres approches plus courantes qui sont linéaires et très graduées. Lors de plusieurs visites préalables dans la classe de cette enseignante, les chercheuses purent observer cette approche de l'enseignement de la langue appliquée avec beaucoup de succès. Phénomène étonnant, cette enseignante réussissait, sans l'aide de manuels ni de livres d'exercices, à développer chez les élèves un niveau d'habileté à lire et à écrire plus élevé que celui auquel on aurait pu s'attendre dans ce

---

26. B.G. GLASER et A.L. STRAUSS, *The Discovery of Grounded Theory : Strategies for Qualitative Research*, New York, Aldine, 1967, p. 45.

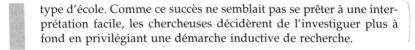

type d'école. Comme ce succès ne semblait pas se prêter à une interprétation facile, les chercheuses décidèrent de l'investiguer plus à
fond en privilégiant une démarche inductive de recherche.

La formulation d'une question générale provisoire

Dans le prolongement du problème de recherche, la question est un outil
important du chercheur. La question de départ, elle aussi considérée provisoire, doit être à la fois assez générale pour permettre de générer des
questions plus spécifiques et faciliter la découverte des aspects importants du phénomène et assez spécifique pour focaliser la recherche. Le
foyer (*focus*) de la recherche a deux fonctions[27] : *a*) établir les limites et le
territoire de la recherche et *b*) déterminer la pertinence des informations
recueillies en fournissant des balises pour décider d'inclure ou d'exclure
une information de la collecte ou de l'analyse des données.

La question générale s'accompagne habituellement de questions
spécifiques qui visent à explorer les éléments structuraux, les interactions
et les processus (socioculturels et organisationnels) afin de déterminer et
de décrire les dimensions importantes du phénomène. Le défi pour le
chercheur est justement de découvrir les questions les plus pénétrantes
et les plus perspicaces pour comprendre le phénomène. Pour formuler
ces premières questions, le chercheur se base sur ses connaissances et ses
interprétations personnelles[28]. Ensuite, le chercheur choisit la ou les
méthodes qu'il compte utiliser (observation, entrevues, documents) et
détermine, par échantillonnage théorique, les personnes à contacter ou
les documents à consulter. Le plan de la recherche sera lui aussi émergent puisqu'il dépend des questions subséquentes. Contrairement à la
démarche confirmatoire où la question spécifique demeure inchangée lors
de la collecte de données, dans une démarche génératrice, le foyer peut
changer en cours de route.

Dans la recherche sur « l'enseignement de la langue maternelle selon
une approche globale de l'écriture et de la lecture », les chercheuses
posèrent comme question générale de départ : « Comment cette
enseignante, avec sa théorie de l'enseignement global de l'écriture et
de la lecture, parvient-elle à faire en sorte que les élèves répondent à
ses attentes peu habituelles ? » Subsidiairement à la question générale,

---

27. Y.S. Lincoln et E.G. Guba, *Naturalistic Inquiry*, Beverly Hills, Sage, 1985, p. 227-228.
28. Lincoln et Guba (1985) parlent de connaissances tacites et Marshall et Rossman (1989)
     de théories personnelles.

elles posèrent les questions spécifiques suivantes : « Quelles sont, dans cette classe, les normes pour la lecture et l'écriture ? » « Comment l'enseignante réussit-elle à faire en sorte que les élèves s'attendent à écrire ? » « Comment certaines procédures sont-elles établies (p. ex. : écriture d'un journal ou d'un livre) ? » « Quelles sont les relations maître–élève les plus évidentes ? » Compte tenu des questions, les méthodes principales de collecte de données prévues furent l'observation participante avec prise de notes et l'observation différée à l'aide d'enregistrement vidéo. Des entrevues avec les élèves étaient prévues après la première semaine d'école et avec l'enseignante, avant le début des classes et au cours de la quatrième semaine d'école. Il est clair que la formulation de ces questions se fonde sur la connaissance des chercheuses du fonctionnement de l'enseignante et sur deux postulats : a) le changement prend un certain temps à s'opérer et b) le temps d'adaptation et la manière de le faire varient selon les élèves (acceptation rapide, hésitation, ajustement lent).

L'analyse inductive et l'interprétation des données

Après une première collecte de données, le chercheur les analyse et en tire une description riche et détaillée des événements tels qu'ils ont été vécus et perçus par les personnes impliquées dans la situation. À partir de cette description, le chercheur élabore des hypothèses (au sens large d'énoncés hypothétiques et non d'hypothèses avec variables opérationnalisées) visant à comprendre, en tout ou en partie, le phénomène. Il s'agit ici de donner un sens à des événements et non pas d'établir un lien causal linéaire à sens unique.

Cette élaboration d'hypothèses, comme par ailleurs la collecte et l'analyse inductive des données, ne peuvent se réaliser en demandant au chercheur de faire totalement abstraction de ce qu'il connaît. Pour élaborer sa théorie enracinée du phénomène, le chercheur utilise principalement des concepts et des hypothèses qui ont émergé des données recueillies. Cela n'empêche pas le chercheur de faire appel à des écrits scientifiques pertinents, particulièrement à ceux utilisant une démarche inductive de la recherche, pour lui fournir des concepts utiles et l'assister dans sa compréhension du phénomène. Comme le soulignent Glaser et Strauss[29], il s'agit surtout d'éviter de s'emprisonner dans une théorie. Le chercheur doit posséder les habiletés (avoir des *insights* théoriques) et

---

29. B.G. GLASER et A.L. STRAUSS, *op. cit.*, p. 46.

les attitudes (l'ouverture théorique) nécessaires pour lui permettre de conceptualiser et d'élaborer une théorie à partir des données plutôt que de forcer une théorie sur les données.

> Dans la recherche sur « l'enseignement de la langue maternelle selon une approche globale de l'écriture et de la lecture », l'observation montra que, dès la première journée d'école, tous les élèves répondaient déjà aux attentes de l'enseignante. Déjà, au cours de l'aprèsmidi, les élèves nettoyaient la classe sans qu'on leur demande, s'entraidaient et prenaient des décisions eux-mêmes. La surprise fut grande pour les chercheuses qui s'attendaient à étudier le processus sur au moins deux semaines. Voilà, qu'en quelques heures seulement, les élèves agissaient de manière « naturelle » dans un environnement relativement nouveau. Les postulats des chercheuses s'avéraient non fondés. Pour recueillir les données, il fallait devancer les entrevues avec les élèves à la deuxième journée d'école. Les entrevues montrèrent que les élèves avaient vite réalisé que cette classe était différente. Cependant, bien qu'ils eussent remarqué l'absence des exercices pratiques traditionnels et des livres d'épellation, ils demeuraient incapables de verbaliser les attentes de l'enseignante et comment ils avaient su quoi faire. Ils affirmaient qu'ils « avaient su dès le début » que cette nouvelle année serait difficile mais remplie de projets intéressants (p. ex : monter des pièces pour l'école). Ils n'avaient pas l'impression d'avoir travaillé bien qu'ils eussent fait déjà quelques expériences scientifiques, participé à des discussions, etc. Les chercheuses conclurent que les élèves savaient distinguer entre les moments où ils devaient agir exactement comme l'enseignante le demandait et ceux où ils pouvaient suivre l'idée générale de ses affirmations. Pour expliquer ces comportements, les chercheuses émirent l'hypothèse de la présence « d'ententes tacites ».

Reformulation itérative du problème ou de la question

Cet effort de donner un sens aux données permet au chercheur de prendre conscience de certains problèmes particuliers (lacunes, incohérences, etc.) dans sa connaissance du phénomène, problèmes qui l'empêchent de comprendre le phénomène dans sa « totalité » ou dans sa « globalité ». Ces problèmes spécifiques donnent naissance à des questions spécifiques qui servent à orienter la collecte des informations pertinentes et permettent d'étudier plus en profondeur certains aspects particuliers du phénomène et d'élaborer une théorie enracinée (concept émergent[30], relations

---

30. Pour un exemple de concept émergent, voir M. CHOMIENNE et J. VÁSQUEZ-ABAD, « L'émergence du concept d'enracinement des applications pédagogiques de l'ordinateur », *Revue des sciences de l'éducation*, vol. XVI, n° 1, 1990.

émergentes, modèle émergent) la plus complète et la plus valide (crédible) possible.

Le problème général de recherche peut lui-même être reformulé au cours de la recherche. Il peut arriver, surtout au début de la recherche, que la formulation initiale du problème s'avère incomplète ou tout à fait inadéquate à la lumière des constatations issues des premières analyses inductives des données. La formulation elle-même du problème de recherche peut donc évoluer au cours de la recherche. La formulation synthétisée et définitive du problème, qu'il y ait eu ou non changements, sera accomplie vers la fin de la recherche. Il faut donc s'attendre à ce que la formulation du problème telle que présentée dans les écrits de recherche ne corresponde pas nécessairement à la formulation initiale du problème, en début de recherche.

Les questions spécifiques, elles aussi, changent (pour s'adapter aux changements observés), s'ajoutent (quand il manque des informations), disparaissent (quand on leur a répondu) au fur et à mesure qu'avance l'analyse inductive des données et que le portrait se compose et commence à prendre un sens. Il en est de même pour la question générale. Contrairement à la démarche déductive, où la question générale de recherche demeure inchangée au cours de la collecte des données, la question de recherche, dans une démarche inductive, étant intimement liée au problème, peut elle-même être appelée à changer en cours de route.

> Dans la recherche sur « l'enseignement de la langue maternelle selon une approche globale de l'écriture et de la lecture », les chercheuses ont été amenées à reformuler leur problème initial. Le phénomène devient encore plus curieux, plus incompréhensible et, par le fait même, plus problématique. D'une part, on a une enseignante qui réussit à obtenir très rapidement ce qu'elle veut des élèves, et, d'autre part, elle a des attentes peu habituelles à l'égard des élèves et une pratique qui ne correspond pas à celle que l'on présente pour une enseignante efficace en début d'année. Il manque des connaissances pour expliquer cette situation. Pour résoudre le problème, les chercheuses ajoutèrent à leur question initiale la question suivante : « Que se passe-t-il ? » en référant aux « règles non formulées » à surveiller dans l'observation des bandes vidéo. La nouvelle hypothèse a donc forcé les chercheuses à reformuler en partie le problème initial et à ajouter une nouvelle question de recherche. De manière succincte, la question définitive de la recherche fut : « Comment, dès le début de l'année, une enseignante efficace, avec une approche globale de l'enseignement de la langue parlée et écrite, "contraint-elle" les élèves de manière à obtenir la vie de classe qu'elle désire ? »

4.2. La présentation de la problématique

Éléments d'une problématique

Dans les écrits s'inspirant d'une démarche inductive, la problématique doit démontrer qu'il est utile et nécessaire d'analyser empiriquement une situation spécifique (événement, organisation, etc.) pour faire avancer nos connaissances sur un phénomène donné. Encore ici, l'argumentation devra être cohérente, complète et parcimonieuse.

Dans un projet ou un article de recherche, la problématique doit comporter un ensemble d'éléments correspondant généralement aux suivants. Autrement dit, dans la section problématique, on s'attend généralement à ce que

a) une situation concrète (sociale), comportant un phénomène particulier, soit relevée;

b) un problème de recherche soit posé relativement à cette situation intriguante;

c) une question de recherche soit formulée;

d) la pertinence de la recherche soit démontrée, c'est-à-dire que ce problème (ou cette question) constitue (ou devrait constituer) une préoccupation actuelle de praticiens, de décideurs ou de chercheurs;

e) ce problème de recherche s'inscrive dans des préoccupations théoriques (construits, approches, etc.) et que des informations connues sur ce problème soient présentées (recherches, modèles ou théories);

f) le cas échéant, la théorie, le modèle, le concept qui ont été empruntés ou qui ont émergé, soient mentionnés;

g) l'on montre en quoi la recherche permet de faire avancer les connaissances relativement au problème de recherche.

Exemple de problématique

Pour illustrer la présentation d'une problématique dans le cadre d'une démarche inductive, nous avons choisi d'examiner la problématique présentée dans la recherche de Martine Chomienne et Jesús Vázquez-Abad[31] sur le phénomène particulier de l'«implantation de la micro-informatique scolaire au Québec». Le problème de recherche est déterminé: l'implantation de la micro-informatique scolaire est située dans la cadre des innovations technologiques; l'idée d'applications pédagogiques de l'ordinateur date du début des années 1960 et pourtant les technologies qui y correspondent ont souvent été implantées (imposées) sans être adaptées; les applications pédagogiques de l'ordinateur sont d'actualité, elles font l'objet de publicité et d'investissements considérables et pourtant, «l'informatique à l'école demeure un phénomène encore mal connu».

Problématique de la recherche de Chomienne et Vázquez-Abad

PHÉNOMÈNE PARTICULIER	L'implantation d'une innovation en éducation
SITUATION CONCRÈTE	L'implantation de la micro-informatique scolaire au Québec
PROBLÈME DE RECHERCHE	Il est nécessaire de mieux comprendre ce phénomène. L'implantation de la micro-informatique scolaire au Québec ne s'est pas faite sans difficultés, elle est d'actualité, elle fait l'objet de publicité et d'investissements considérables et pourtant «l'informatique à l'école demeure un phénomène encore mal connu».
QUESTION DE RECHERCHE	Comment se déroule le processus d'implantation de la micro-informatique scolaire au Québec et quels en sont les facteurs d'évolution?

Pour résoudre en partie ce problème et focaliser la recherche (définir le foyer de la recherche), les auteurs se proposent d'«analyser en profondeur le processus d'implantation en tant que tel» et se demandent quelles sont les étapes de son déroulement et les facteurs d'évolution propres à chacune d'elles. Cette interrogation constitue essentiellement leur question de recherche.

---

31. M. CHOMIENNE et J. VÁZQUEZ-ABAD, *op. cit.*, p. 91-104.

La pertinence sociale de la recherche est démontrée en soulignant comment le problème s'inscrit dans les préoccupations des décideurs et des praticiens. L'historique du début montre que l'implantation informatique scolaire, qui a commencé dans les années 1960, n'est pas prête de s'arrêter, qu'elle a fait l'objet de décisions discutables et que les enseignants n'ont pas toujours la tâche facile quand ils doivent adapter des technologies la plupart du temps conçues à d'autres fins. Mention est aussi faite des préoccupations des chercheurs sur la question, en référant aux « nombreuses recherches qui se sont intéressées à l'étude de l'implantation de l'ordinateur dans le milieu scolaire ». Ce faisant, les auteurs situent leur recherche dans un contexte scientifique plus global.

Dans cette problématique, les auteurs ont tenté de rattacher leur problème de recherche à des préoccupations théoriques. On y présente différents modèles de diffusion des innovations. Tous ces modèles ont en commun d'être prescriptifs, aucun n'est descriptif. C'est ici que les auteurs montrent comment leur recherche fera avancer les connaissances sur l'implantation informatique scolaire en tentant « d'établir un modèle descriptif de l'implantation d'une innovation en éducation ». En ce qui concerne le cadre théorique, dans cette recherche, aucun modèle théorique n'avait été retenu au départ pour analyser les données. Pour comprendre le processus d'implantation informatique scolaire au Québec et donner un sens aux données, le concept émergent d'« enracinement des applications pédagogiques de l'ordinateur » a semblé le plus approprié.

Bibliographie annotée

ACKERMAN, Winona B. et Paul R. LOHNES, *Research Methods for Nurses*, New York, McGraw-Hill, 1981.

Dans le chapitre 1, on trouve la relation entre recherche et résolution de problème. Les auteurs présentent une bonne description des problèmes liés à la connaissance et des problèmes liés à l'intervention, d'une façon générale, dans le chapitre 2 et d'une façon spécifique, dans le chapitre 3.

DESHAIES, Bruno, *Méthodologie de la recherche en sciences humaines*, Chomedey, Laval, Beauchemin, 1992.

Le chapitre 5 présente l'étape de formulation du problème. La réflexion sur les racines psychologiques montre l'importance de l'affectif dans l'activité de recherche.

ENGELHART, Max D., *Methods of Educational Research*, Chicago, Rand McNally, 1972.

Le chapitre 3 analyse les deux opérations de sélection et de définition d'un problème de recherche du point de vue de l'étudiant qui en est à ses premières armes en recherche.

FORTIN, Marie-Fabienne, *Le processus de la recherche*, Ville Mont-Royal, Décarie, 1996.

Les chapitres 4, 5 et 8 portent respectivement sur le choix d'un problème de recherche, la formulation d'un problème de recherche et les questions de recherche.

KERLINGER, Fred, *Foundations of Behavioral Research*, New York, Holt, Rinehart and Winston, 1973.

Dans les chapitres 2, 3, 4 et 5, Kerlinger analyse en profondeur divers thèmes liés à la spécification de la problématique dont les valeurs, les variables et les relations entre les variables, la définition des concepts.

LECOMPTE, Margaret et Judith PREISSLE, *Ethnography and Qualitative Design in Educational Research*, 2e éd., San Diego, Academic Press, 1993.

Excellente discussion dans le chapitre 2 sur la relation entre le but de la recherche et la manière de formuler les questions de recherche.

LINCOLN, Yvonne S. et Egon S. GUBA, *Naturalistic Inquiry*, Beverly Hills, Sage, 1985.

Présente la démarche inductive, dans ses phases de planification, réalisation et publication. La notion de focus de recherche y est développée.

MACE, Gordon, *Guide d'élaboration d'un projet de recherche*, Bruxelles, DeBoeck, 1993

Ce petit livre constitue un excellent guide pour les étudiants dans le contexte de la logique déductive. La section sur la problématique est très bien illustrée.

MARSHALL, Catherine et Gretcjem B. ROSSMAN, *Designing Qualitative Research*, Newbury Park, Calif., Sage, 1989.

Dans la perspective de la logique inductive, le chapitre 2 porte sur le contenu et l'organisation de la problématique dans le cadre de la rédaction d'un projet de recherche.

McMILLAN, James H. et Sally SCHUMACHER, *Research in Education: A Conceptual Introduction*, Glenview, Illinois, Scott, Foresman, 1989.

Excellente introduction générale à la recherche en éducation. Le chapitre 3 porte spécifiquement sur la problématique, en distinguant les points essentiels du point de vue des paradigmes qualitatif et quantitatif.

Chapitre 4
La recherche documentaire et l'accès à l'information

Danielle BOISVERT

Introduction

L'essence de la recherche est de faire avancer une discipline en ébauchant des théories, des pratiques et en les évaluant ou les modifiant au besoin. Pour ce faire, il est essentiel que le chercheur prenne connaissance de ce qui a fait l'objet d'une attention particulière et a mené à des conclusions bien établies. C'est pourquoi une des étapes primordiales de l'exploration d'un sujet implique de dresser un éventail de tout ce qui est disponible sur une thématique. Les moyens électroniques actuels font que le passé et le présent se confondent quelque peu et que le chercheur peut être mis en contact quasi instantanément avec tout le savoir humain existant et en création.

Les nouvelles technologies de l'information accroissent l'importance de l'acquisition d'une méthode de travail intellectuel efficace. On ne peut plus parler seulement de recherche documentaire classique (dans des livres ou articles de périodiques imprimés) ; il existe maintenant des sources d'information très valables sous diverses formes – imprimés, électroniques, CD-ROM, Internet, groupes de discussion, FTP –, et il importe de les consulter à diverses étapes de la recherche pour répondre à certains besoins bien identifiés.

Face à une multitude de données informationnelles, documentaires, factuelles et numériques, le chercheur est mis devant le dilemme de trouver les meilleurs outils d'information, de faire sa recherche sous différents modes qui évoluent constamment et d'en faire le tri en évaluant les informations ainsi que leur pertinence par rapport à sa discipline.

Dans les pages qui suivent, nous mettrons l'accent sur les outils de recherche documentaire comme sources d'information laissant quelque peu dans l'ombre leur support technique qui, lui, évolue constamment. Il est vrai que l'imprimé existe toujours et reste une source classique de consultation. Le bon vieux dictionnaire a encore sa place pour la vérification rapide d'une information. Toutefois, il est de plus en plus remplacé par des versions électroniques qui exigent un apprentissage souvent simple et parfois compliqué pour accéder à une information précise et pouvant répondre exactement au besoin.

Dictionnaires et encyclopédies restent des bonnes sources d'information, peu importe leur support (papier ou électronique) pour aborder un sujet de recherche avec lequel nous sommes peu familiers. On y trouvera des pistes initiales, des auteurs importants dans le domaine et les thématiques privilégiées par la discipline. Une source d'information récente et spécialisée dressera un portrait des tendances au niveau de la recherche dans ce domaine et orientera la sélection d'une thématique d'actualité. La consultation du *catalogue* d'une bibliothèque permet aussi de trouver les outils particuliers dans un domaine de recherche. De plus, la section de la *référence* de cette même bibliothèque permet d'identifier différents outils (dictionnaires, encyclopédies, guides documentaires, bibliographies, annuaires et répertoires) qui pourraient fournir une information pertinente.

Grâce à ces sources d'information préparatoires, le chercheur s'est familiarisé avec son domaine et commence à comprendre comment il veut orienter sa recherche. Au cours de ses lectures, il a acquis du vocabulaire qui sera très précieux dans les étapes ultérieures de sa recherche. Au départ, il doit aussi s'interroger sur ses besoins. Il y a une grande différence entre la recherche reliée à une thèse de doctorat et celle que l'on effectue pour répondre aux exigences d'un cours de premier cycle. La première doit être exhaustive tandis que la seconde, très restreinte dans le temps, doit être limitée aux sources d'information les plus accessibles. Cela n'exclut cependant pas l'innovation et la créativité par rapport au thème abordé.

À cette étape aussi, le chercheur doit s'interroger sur *l'envergure de sa recherche* en termes de période à couvrir, de langue, d'aire géographique (p. ex., limité au Québec ou non), de types de sources d'information à consulter (monographies, périodiques, journaux, pages Web), extraites des sources primaires ou secondaires. La nature de l'information est aussi à considérer. Est-elle théorique, empirique, historique, statistique? L'information recherchée sera-t-elle scientifique ou vulgarisée, ou un dosage des deux? Après avoir tenu compte de tous ces éléments, le chercheur devra structurer sa pensée pour extraire l'information requise; c'est ici qu'intervient la stratégie de recherche.

1. Stratégie de recherche

La stratégie de recherche est l'élément clé pour accroître le degré de pertinence et d'efficacité dans le repérage de l'information dont on a besoin. Une stratégie de recherche escamotée ou incomplète entraînera éventuellement des retours en arrière et des pertes de temps – du temps qui pourrait être consacré à la lecture de l'information recueillie. De plus, la stratégie de recherche exige un effort de réflexion et d'analyse pour établir ce que l'on cherche vraiment et la capacité de se réajuster si le résultat n'est pas concluant.

Pour l'illustrer, nous utiliserons une analogie avec la vie de tous les jours qui démontrera que cette démarche, bien que rigoureuse, est déjà bien maîtrisée de façon intuitive par le chercheur au quotidien. Il s'agit donc de transférer cette habileté dans le processus de résolution de problèmes que représente la stratégie de recherche.

Ainsi, par exemple, un étudiant recherche un emploi. Il établit, d'abord, dans quel domaine il aimerait travailler. Les critères retenus sont les suivants: travailler avec le public, en milieu universitaire, avec ses amis. L'emploi convoité pourrait se limiter à travailler à la bibliothèque, à la coopérative étudiante ou au café étudiant. Toutefois, après avoir fait ces choix, il constate qu'il n'y a pas de possibilité d'emploi actuellement dans ces secteurs. L'étudiant devra donc revoir ses critères, en abandonnant quelques-uns pour élargir son éventail de possibilités et trouver, enfin, un emploi.

Une situation différente peut aussi se produire. Par exemple, pour choisir le domaine dans lequel il voulait étudier, l'étudiant a dû faire un choix parmi toutes les possibilités qui s'offraient à lui. Il a dû s'interroger sur ses goûts et aptitudes en arrimant ceux-ci avec un champ d'étude particulier. Il a donc centré davantage son choix pour arriver à prendre une décision ferme de s'inscrire à tel ou tel programme.

Lorsqu'on parle de stratégie de recherche, on parle de cette habileté intellectuelle qui permet de mieux saisir un thème et de décider si, d'après le résultat obtenu, il est nécessaire d'élargir ou de préciser davantage la recherche. Les banques de données et Internet en particulier (avec sa masse d'information) sont particulièrement exigeants en ce sens.

Il est essentiel de maîtriser une méthode d'analyse d'un sujet qui évitera les aller-retour. Ainsi, on peut aborder le thème du pouvoir en relation avec la santé, l'ingénierie, la gestion, les relations familiales, etc. Il importe, dans un premier temps, d'identifier sous *quel angle* on veut traiter le thème, de préciser le *vocabulaire* relié à son sujet (mots clés, descripteurs) et de définir les *avenues* que l'on peut prendre pour trouver un maximum d'information. Le chercheur est-il capable de résumer sa problématique de recherche en un seule phrase qui comportera tous les éléments qu'il désire couvrir ? À partir des différents aspects de cette phrase clé, peut-il associer le vocabulaire pertinent (français, anglais, synonymes, éléments à exclure) ?

Certains outils de recherche plus perfectionnés mettent à la disposition du chercheur, sous forme d'un *thésaurus*, l'éventail des mots clés qu'ils utilisent. Cela permet de traduire une problématique de recherche en langage documentaire. Le thésaurus peut être sur support papier ou être consulté directement dans une banque de données (ce qui assure une mise à jour plus régulière). Il présente souvent une définition du contexte dans lequel le mot s'applique, des synonymes, des termes recommandés ainsi que des termes associés.

Le chercheur devra maîtriser la *logique de la recherche booléenne*. La plupart des banques de données spécialisées, tout comme les outils de recherche disponibles sur Internet privilégient cette structure de recherche. Certes, chaque outil a ses particularités, ce qui complique les choses, mais l'utilisation des «et» (*and*), «ou» (*or*), «sauf» (*not*), est possible dans presque toutes les sources d'information électroniques. Bien comprendre cette syntaxe permet d'éliminer des données non pertinentes et de réduire le nombre de sources à consulter. Le chercheur dispose alors de plus de temps pour se concentrer sur l'analyse du contenu des sources les plus intéressantes.

2. Monographies

Spontanément, le chercheur pensera aux monographies (volumes ou livres) pour débuter sa recherche. Ces sources d'information sont les plus accessibles dans sa bibliothèque. De plus, elles font rapidement la synthèse d'un sujet. Le catalogue de bibliothèque reste le meilleur outil pour les identifier. La maîtrise de la recherche par sujet de ce catalogue permettra plus d'efficacité et de pertinence par rapport aux données recueillies. Déjà, à cette étape, le chercheur pourra tester sa stratégie de recherche pour la modifier ou la préciser au besoin.

Stratégie de recherche

Phrase claire et concise résumant complètement le sujet de la recherche :

Les causes et conséquences du stress sur la santé de l'étudiant(e) au niveau universitaire

CD-ROM ou Banque de données : _____

Plan des ensembles		Prévoir autres limitations soit : par date, par langue, par sources.	
→ ET	→ ET	→ ET	→
Ensemble A	**Ensemble B**	**Ensemble C**	**Ensemble D**

Vocabulaire libre (singulier ou pluriel)

	Ensemble A	Ensemble B	Ensemble C	Ensemble D
↓ OU ↓	Stress	Santé	Étudiants	Universitaires
	Stressant	Maladie	Apprenant	Université
	Stressé	Fatigue		Gradué
	Tension	Conditions de vie		

Descripteurs ou mots clés du thésaurus ou de l'index spécialisé (respectez l'orthographe)

	Ensemble A	Ensemble B	Ensemble C	Ensemble D
↓ OU ↓	Stress	Health	Student Behavior	Universities
		Diseases	Student Attitudes	Higher Education
		Illnesses	Student Problems	College Students
		Santé	Student Characteristics	Études supérieures
		Maladies	Étudiants	
			Étudiants universitaires	

De plus en plus, le chercheur pourra rechercher électroniquement (y compris de chez lui via Internet) des monographies pertinentes dans des catalogues de bibliothèques similaires à la sienne. Les modes de recherche sont diversifiés et un apprentissage spécifique est souvent essentiel. Par exemple, on peut identifier une monographie très pertinente qui se trouve dans une bibliothèque à Chicoutimi alors qu'on réside à Montréal. L'utilisation du service de prêt entre bibliothèques est essentiel et exige du chercheur une *gestion du temps* assez stricte, s'il veut pouvoir consulter l'ouvrage dans des délais raisonnables. Toutefois, avec l'introduction de moyens technologiques raffinés (p. ex., ARIEL) et la présence de plus en plus fréquente du texte complet des publications dans les banques de données, l'accès au document est grandement facilité.

3. Périodiques

Les périodiques qui paraissent régulièrement (un ou plusieurs numéros par année) représentent une source d'information de première main, car leur contenu se renouvelle à chaque numéro. Ils sont souvent plus à jour que les monographies et traitent d'un sujet pointu selon des règles d'analyse et de présentation très strictes, en fonction du public auquel ils s'adressent (chercheurs ou grand public).

Les périodiques dits scientifiques sont associés la plupart du temps à une université, à une association spécialisée, à une organisation, à une corporation ou à un groupe de recherche. Certains périodiques paraissant une fois l'an présentent des comptes rendus de congrès ou de conférence, ou abordent une thématique particulière en regroupant les meilleurs chercheurs du domaine.

Dans ces différents périodiques ont retrouve une grande variété d'articles. Premièrement, il y a les **articles de recherche** dans lesquels un ou plusieurs chercheurs présentent les résultats de leurs propres travaux à l'aide de tableaux statistiques ou de graphiques. On y décrit de façon détaillée la démarche (problématique, cadre théorique, hypothèses ou questions, méthodologie, résultats, conclusions et bibliographie). Les résultats d'une recherche descriptive appliquée ou d'une intervention y sont présentés. L'étude peut porter sur des milliers de sujets ou un petit échantillon. Le détail du contenu de ces articles est assez explicite pour permettre de refaire le même type de démarche. Toutefois, la lecture de tels articles présuppose souvent des connaissances approfondies du domaine.

Si on veut être sensibilisé et informé sur une thématique, un autre type d'articles, que l'on peut qualifier de **recension d'écrits** ou d'analyse critique, peut être très utile lors d'une recherche. Ces articles analysent, synthétisent ou critiquent différents travaux réalisés dans le cadre de recherches, d'interventions, de programmes, de politiques. Ces textes sont souvent accompagnés d'une longue bibliographie et ils visent à décrire l'état des connaissances à un moment donné sur une problématique de recherche; ils se terminent souvent sur des recommandations visant des travaux à effectuer pour faire avancer la connaissance. L'analyse critique, quant à elle, met l'accent sur les qualités et les limites de certains travaux.

Les périodiques présentent aussi quelquefois des textes qui contribuent à susciter une réflexion personnelle. Dans des articles que l'on peut qualifier de **textes d'opinions**, des auteurs présentent leurs réflexions et opinions sur diverses thématiques en s'appuyant sur leur expérience personnelle ou sur un nombre limité de références. Pour utiliser ce type d'articles, il est important de vérifier la crédibilité et l'expertise des auteurs. D'autres articles font état des réactions de chercheurs à des articles publiés. Leur contenu permet de suivre le débat et de connaître un autre point de vue.

Certains articles font état de *projets*, programmes ou interventions *en cours* de réalisation, d'implantation ou d'évaluation. Ils apparaissent souvent dans des périodiques issus des corporations professionnelles. Toutefois, ils manquent souvent de données qui permettent d'évaluer la qualité, la pertinence et l'utilité de ces activités.

Les périodiques présentent aussi des *éditoriaux* où l'auteur prend position et introduit le lecteur au contenu du numéro publié. Les *critiques de livres* prennent aussi une certaine place dans le contenu de ces périodiques.

4. Banques de données et index de périodiques

Face à toutes ces particularités, le chercheur doit faire un choix quant au type d'information que requiert tel ou tel aspect qu'il désire aborder dans sa recherche. Pour repérer toute l'information issue de ces périodiques, la technologie vient de plus en plus au secours du chercheur en lui fournissant une diversité de banques de données plus ou moins spécialisées qui dépouillent ces périodiques en en extrayant le contenu présenté la plupart du temps sous forme de résumé.

Pour choisir les bons outils à utiliser pour faire ce repérage, le chercheur doit connaître les différentes banques mises à sa disposition, leurs spécialités de même que le type d'information qu'elles analysent. C'est donc encore les variables issues de sa stratégie de recherche qui orienteront son choix. Par exemple, s'il s'en tient à une recherche de données d'envergure québécoise, il aura tendance à s'en tenir aux outils québécois tout en étant conscient des limites qu'il s'impose. Si sa recherche exige un repérage constant de ce qui se publie dans son domaine, il utilisera un outil comme *Current Contents* qui lui permettra (après avoir structuré sa recherche) de construire et de faire exécuter régulièrement un profil de recherche et ainsi de mettre à jour ses données.

Aujourd'hui, les outils de recherche se présentent sous plusieurs supports. On retrouve encore des index imprimés (la plupart du temps sur des thématiques très pointues), des banques de données en ligne via Internet ou un serveur commercial et sur CD-ROM. Le support et la présentation peuvent aussi varier d'une institution à l'autre, mais le contenu reste le même. Toutefois, *ce qui reste constant dans l'éventail de ces produits, c'est l'utilisation de la stratégie de recherche et la logique qu'elle sous-tend*. Elle représente donc la base à maîtriser et à utiliser pour avoir des résultats pertinents. Un guide d'utilisation (souvent en ligne), un guide d'autoformation, des brochures et des formations dispensées par les institutions restent des ressources importantes que le chercheur doit connaître et utiliser s'il veut être efficace et acquérir une méthode de travail rigoureuse.

Un autre élément à considérer est l'accessibilité plus ou moins immédiate au contenu de l'article. Est-ce que la bibliothèque est abonnée au périodique? Sinon, certains outils donnent accès au texte complet de l'article lors de la recherche. D'autres outils permettent de commander une reproduction de l'article qui sera acheminé rapidement moyennant certains frais. On ne peut penser actuellement que toute l'information recherchée (dont la quantité augmente à un rythme exponentiel) peut se trouver en un même lieu, à un même moment. La technologie rapproche le chercheur du savoir qui se crée, mais il reste encore des contraintes physiques – qui diminuent cependant graduellement. Une bonne gestion du temps reste un atout important, en particulier, si l'article que l'on veut à tout prix doit être acquis par prêt entre bibliothèques dans une autre institution éloignée qui n'a pas encore les technologies de pointe.

5. Internet et la recherche d'information

Internet est issu originalement des années 1960 et de la guerre froide où le gouvernement américain a ressenti le besoin de mettre au point un réseau d'ordinateurs qui pourraient communiquer entre eux. Ensuite, un groupe de chercheurs, qui voulaient se créer un réseau pour échanger les résultats de leurs recherches, s'est intéressé à ce projet.

Internet est devenu une gigantesque toile (*www*) où se multiplient les interconnexions entre les gens et l'information qu'ils désirent échanger. L'arrivée d'Internet dans le monde de la recherche a provoqué un véritable raz de marée. Les anciennes pratiques sont remises en question de même que les critères pour évaluer l'information, l'échanger et la diffuser. Aujourd'hui, une quantité phénoménale d'information est accessible à beaucoup de gens sans qu'ils aient à quitter leur résidence. Le monopole du savoir semble ne plus être entre les mains d'une minorité. Tout un chacun peut créer des pages d'information, les mettre à jour et les diffuser quasi instantanément à l'échelle mondiale. Cela pose un sérieux problème au regard de la qualité et de l'utilité de cette information pour le chercheur.

Le chercheur s'illusionnerait s'il pensait que tout se trouve sur Internet et que l'on n'a pas besoin de chercher ailleurs. Internet jouit actuellement d'une campagne de promotion très soutenue et beaucoup de gens croient y trouver facilement ce qu'ils cherchent. C'est une erreur. La réalité est que cet outil est en développement et que c'est souvent l'anarchie qui règne dans les sites repérés. Les paragraphes qui suivent visent à donner quelques pistes pour apprivoiser cet outil et obtenir un maximum de résultats lorsqu'on y cherche de l'information.

L'introduction du *World Wide Web* (WWW) et sa présentation plus visuelle, sonore et animée, associée à des navigateurs (Netscape, Explorer) qui rendent les pages d'information plus conviviales grâce à l'hypertexte, a simplifié l'accès à ce nouvel outil. L'introduction de moteurs de recherche qui naviguent et glanent pour nous l'information a aussi contribué à rendre Internet plus intéressant sur le plan du repérage.

Dans un premier temps, pour aborder ce nouvel outil, nous suggérons de naviguer sur des sites universitaires ou gouvernementaux. Habituellement, l'information consignée est de qualité et ces sites donnent souvent accès à d'autres sites qui ont, eux-mêmes, été choisis par des spécialistes pour leur pertinence et leur rigueur.

Toutefois, avant de vous lancer dans tous les azimuts auxquels donne accès ce réseau, il importe de vous sensibiliser à l'importance d'évaluer la qualité de l'information que vous trouverez et de développer un esprit critique par rapport à celle-ci. Les quelques notions qui suivent vous donneront donc des balises pour faire des choix éclairés.

5.1. Critères d'évaluation de la qualité de l'information sur un site Web

Création et gestion du site

Date de création du site et mise à jour régulière?

Les liens vers d'autres sites font-ils l'objet d'une vérification constante?

De quelle expertise jouissent les personnes ou organismes (associations, gouvernement, institutions d'enseignement, firme privée) qui l'ont créé? Sont-ils bien identifiés?

De quel pays provient-t-il? L'adresse URL nous donne souvent cette information (p. ex , «ca» pour Canada)

A-t-on accès gratuitement à tout le site ou non? Faut-il un abonnement?

Ce site exige-t-il l'utilisation de logiciels pour consulter les données (pour décompresser un fichier, pour consulter des informations de type multimédia, etc.)?

Peut-on communiquer (adresse électronique) avec l'auteur pour émettre certains commentaires ou questions?

Contenu du site

Le but du site est-il éducatif, informationnel, commercial ou promotionnel? Quelle est la clientèle visée?

L'information qu'il contient est-elle d'ordre général, spécialisé ou technique? Est-elle exacte et vérifiable dans d'autres sources? Le vocabulaire est-il scientifique ou de vulgarisation?

Avons-nous accès au texte complet de certains documents cités?

Quel est le degré d'exhaustivité et la profondeur de l'analyse? Les auteurs commentent-ils les sources ciblées?

Le discours fait-il état de faits, d'opinions ou y a-t-il une touche de propagande?

Le texte est-il clair et soutenu par une argumentation bien construite et structurée?

Est-ce un site original ou est-il dérivé d'autres sources existantes (CD-ROM, papier, électronique)?

Ce site fait-il consensus et est-il une référence que plusieurs chercheurs citent souvent? Est-il souvent visité?

Est-il évalué dans les outils de référence et considéré comme un modèle dans le domaine?

Organisation du site

Possède-t-il une logique de navigation facile à saisir?

Les icônes et les liens sont-ils pertinents (supplément d'information, exemples)?

Situe-t-il bien le lecteur dans le temps et dans l'espace (carte du site)?

Y a-t-il un équilibre entre l'information sur le site et les accès extérieurs?

Un aiguilleur interne permet-il de trouver rapidement l'information?

Donne-t-il accès à une banque de données?

Le fait de développer un esprit critique face à ce nouvel outil représente un défi pour le chercheur qui veut y recueillir des données pour appuyer sa recherche. L'autre défi de taille consiste à repérer vraiment l'information la plus pertinente. Il ne faut pas penser qu'Internet est une panacée. Certes, cet outil qui regorge d'information doit être apprivoisé pour avoir un aperçu de toutes les possibilités qu'il offre. Nous vous présentons ici les différentes possibilités d'Internet et leur utilité pour le chercheur.

5.2. Carnet d'adresses

Il est aussi possible au chercheur de recueillir au cours de ses recherches sur Internet des sites intéressants, d'organiser cette information selon ses besoins et de pouvoir y revenir régulièrement pour consulter une information mise à jour régulièrement. De plus, il peut consulter les carnets d'adresses de spécialistes ou d'institutions (p. ex., des bibliothèques) qui ont pris le temps d'évaluer certains sites, de les décrire et de les organiser pour les mettre à sa disposition.

5.3. Courrier électronique et groupes de discussion

L'application la plus populaire après les pages Web est le courrier électronique. Il permet aux chercheurs de communiquer facilement les résultats de leurs recherches et d'échanger sur ce qui les préoccupe au moment présent et ainsi de favoriser la circulation des connaissances (p. ex., par les autres outils de communication électronique). Internet a aboli les frontières en facilitant les échanges. Le courrier électronique connaît une grande popularité auprès de nombreuses clientèles qui gravitent autour de la recherche. Un étudiant peut communiquer avec son professeur ou ses pairs, leur transmettre des fichiers, obtenir de l'aide quasi instantanément, même si une grande distance les sépare.

De plus, il est possible pour la personne qui s'intéresse à un domaine très pointu de prendre connaissance d'échanges entre chercheurs et d'y contribuer en s'abonnant à un groupe de discussion et en participant à une communauté d'apprentissage où chacun contribue par son expertise et sa créativité. Certains de ces groupes sont dits fermés et seules les personnes répondant à certains critères peuvent y participer, tandis que d'autres sont ouverts à toutes les interventions de la communauté scientifique.

5.4. Catalogues de bibliothèques

De plus en plus de catalogues de bibliothèques sont accessibles au chercheur. Leur consultation permet de connaître les ressources qu'elles contiennent. Le chercheur peut donc consulter un fonds de collection multidisciplinaire ou une documentation réunie par un organisme très spécialisé. La multiplication de ces accès permet de mettre en commun les ressources et de les échanger plus facilement.

5.5. Périodiques électroniques

De plus en plus, il est possible de consulter les périodiques sous forme électronique, et certains d'entre eux n'existent que sous cette forme. C'est un accès en pleine croissance. Les bibliothèques qui ont actuellement des problèmes d'espace voient dans cet accès la possibilité de rendre la documentation accessible rapidement sans avoir des collections énormes à gérer.

5.6. Banques de données

Internet donne accès à des banques de données qui auparavant n'étaient accessibles qu'à l'intérieur des murs d'une bibliothèque. Le chercheur n'a plus à se déplacer ; de chez lui ou du bureau, il peut interroger une variété grandissante de banques de données qui lui fournissent des références bibliographiques, des données numériques, le texte de certains documents, etc. Toutefois, ces accès sont souvent limités aux chercheurs et aux utilisateurs associés à une institution particulière ; ils sont contrôlés par mot de passe et font l'objet d'abonnements assez coûteux.

En outre, la diffusion des données numériques est en pleine expansion. Avant, l'exploitation et l'utilisation de ces données étaient réservées à des initiés. Avec l'avènement d'Internet, des consortiums (p. ex., Statistique Canada) se sont créés pour mettre en commun ces données et faciliter l'accès en rendant plus convivial l'interface qui les supporte. Ainsi, le chercheur peut retrouver en un même lieu des données du recensement, des enquêtes spécifiques, des données économiques et autres. Il peut s'en servir pour faire les croisements dont il a besoin pour sa propre recherche et recréer ainsi une banque de données utilisable par un autre chercheur dans le même domaine.

5.7. Robots et répertoires

Pour trouver de l'information sur Internet, le chercheur doit d'abord se familiariser avec le logiciel de navigation et les différents outils qu'il supporte. Il doit aussi investir du temps à naviguer sans savoir si l'information qu'il cherche est présente ni même sans savoir s'il pourra la dénicher. Nous vous présentons ici les différentes pistes pour trouver cette information.

Les robots et moteurs de recherche *Alta Vista, Carrefour.net*

Les robots repèrent l'information en se servant au maximum des possibilités de la technologie en termes de puissance de recherche et de présence de mots ou expressions. Ils scrutent régulièrement les pages produites et rapportent au chercheur selon son besoin ce qui semble le plus pertinent. Pour se servir de ces outils, l'utilisateur doit connaître son sujet, savoir exactement ce qu'il cherche et être capable de l'exprimer sous forme de stratégie de recherche selon la logique booléenne.

Chacun des moteurs publics (p. ex., Carrefour.net, Alta Vista, HotBot) de recherche reliés aux robots fonctionne de façon différente et il est assez difficile de connaître les critères appliqués pour glaner l'information. Toutefois, il est possible de faire une recherche par le titre du site et selon les mots clés attribués au site (fonctions méta). Il importe de prendre connaissance de l'aide offerte (accompagnée d'exemples) par chacun d'eux pour identifier les méthodes efficaces d'interrogation. Ces moteurs fournissent souvent des formulaires qui permettent d'inscrire les termes de recherche dans les cases appropriées.

Ces outils très performants génèrent souvent du bruit (sites qui n'ont aucun lien avec notre recherche) ou du silence (site très pertinent non repéré). Il revient donc au chercheur de lui-même structurer, classer et organiser sa recherche pour augmenter le degré de pertinence. Nous pourrions dire qu'il s'agit d'un mode logique de recherche d'information.

Répertoires *Yahoo, La toile du Québec*

L'autre type d'outil utilise un mode de recherche qui relève davantage de l'intuition. Il s'agit ici de répertoires qui, avec intervention humaine, analysent les sites et les classent selon de grandes catégories. L'utilisateur doit au départ avoir une certaine connaissance de sa discipline pour être capable, selon ces thèmes prédéterminés, de s'orienter vers le bon chemin et de trouver l'information qu'il recherche. L'impression de naviguer sur une toile d'araignée à travers une multitude de données est donc plus nette car, de catégories en catégories, les sites se multiplient et la structure se diversifie. Le chercheur peut partir d'un point et arriver à un endroit totalement imprévu. Par analogie, on peut utiliser l'image d'un voyageur qui, prenant l'autoroute, décide de bifurquer sur des petites routes transversales au hasard. Avec ce mode de navigation, il est difficile de trouver une information très précise, étant donné l'éventail qui s'offre à nous. Certains des répertoires se divisent par régions géographiques, ce qui permet de mieux délimiter la recherche. La toile du Québec et Yahoo représentent de bons exemples de ce type d'outils.

5.8. Méta-index et sites de compilation

Les paragraphes précédents ont mis en lumière la nouvelle diversité d'intermédiaires que l'on retrouve entre le chercheur et l'information. Ce bouillonnement rend difficile la maîtrise du fonctionnement de chacun des outils et de ses particularités.

En réponse à cette difficulté, certains outils spécialisés ont été développés pour donner accès à différents index à partir d'une porte unique. Il s'agit de méta-index (p. ex., SavvySearch, MetaCrawler) qui permettent au chercheur d'inscrire sa recherche une seule fois ; le méta-index part à la recherche de l'information dans les différents outils et rapporte les résultats les plus pertinents. Ces méta-index n'offrent, bien sûr, aucune garantie quant à l'exhaustivité de l'information colligée, mais la tâche est du moins simplifiée.

D'autres sites regroupent les outils les plus performants ; un formulaire simplifié permet d'interroger chacun d'eux depuis un même lieu (p. ex., Net Search, UQAM-outils de recherche sur Internet).

5.9. Agents intelligents

Finalement, Internet offre des « agents intelligents » qui, à l'aide d'un profil de recherche précis, repèrent l'information qui vient d'être créée et la signalent au chercheur. Avec ces logiciels « limiers », la mise à jour est plus facile et le chercheur ne rate rien de ce qui peut être pertinent à sa recherche.

6. Organisation de l'information repérée

La technologie offre des accès multiples à l'information. La variété des sources et des médiums pourrait compliquer la vie du chercheur débutant. Cependant, la technologie offre aussi la possibilité d'aider le chercheur à constituer sa propre banque d'information personnelle, à partir de la multitude de documents qui auront été recueillis en cours de recherche. La constitution d'une banque d'information permettra au chercheur d'accumuler des données, de les organiser et de les classer pour les rendre aussi facilement repérables que dans une banque de données traditionnelles. Le chercheur devra donc, comme naguère avec les fiches de lecture, adopter une méthode pour consigner ses trouvailles à même son ordinateur. Divers logiciels (p. ex., ProCite) permettent de créer un outil adapté aux besoins personnels. La création de cette banque d'information exige de la rigueur dans l'entrée de données et la description de chacun des enregistrements doit adopter un format standard pour permettre un repérage rapide de l'information. Le chercheur fait face à une plus petite échelle, aux exigences de la création d'un outil de repérage.

Les avantages d'un tel outil personnalisé résident dans le fait que, une fois la structure d'entrée des données bien comprise et bien appliquée, il est très facile de faire une recherche de contenu, de produire une bibliographie selon des normes très strictes de présentation (p. ex., APA, MLA) et de localiser un document, peu importe où il se trouve dans notre environnement de recherche (ordinateur, classeur, bureau, bibliothèque, etc.). De plus, il existe des passerelles donnant accès à certains outils commerciaux qui permettent de transférer automatiquement les données repérées dans la banque de données personnelle et de la mettre à jour constamment.

Conclusion

Le monde de la documentation explose depuis quelques années. On y observe une immense diversification des outils de communication de la pensée scientifique. On passe du livre imprimé à un réseau électronique diversifié. Les supports varient, mais la recherche de contenu reste la priorité du chercheur.

Les milieux de l'éducation s'orientent de plus en plus vers la construction d'une communauté d'apprentissage plutôt que strictement un milieu d'enseignement. Chacun des membres de cette communauté en émergence doit se prendre en main et cheminer vers une autonomie plus grande dans sa recherche d'information. La bibliothèque représente néanmoins un lieu stratégique pour le chercheur, en cela qu'elle donne souvent l'accès à plusieurs types de données et organise l'environnement pour s'assurer d'une diffusion appropriée. Elle a aussi comme mandat de former les chercheurs et de leur apprendre à trouver, localiser et utiliser cette masse d'information.

Pour sa part, le chercheur doit développer sa flexibilité et acquérir des habiletés, si ce n'est des réflexes, qu'il peut transposer dans des environnements multiples qui changent constamment. L'analyse et la capacité de faire des choix éclairés restent les éléments de base dont il a besoin. Il ne doit pas se laisser impressionner par toute la «quincaillerie» qui lui est proposée, mais s'attarder à la démarche de nature intellectuelle de sa recherche. Il aura toujours la possibilité de demander de l'aide pour son apprentissage ou collaborer avec ses collègues pour le réaliser.

En fait, la réflexion qui entoure sa thématique est de son ressort et lui seul peu décider de l'ampleur et de l'orientation qu'il veut lui donner. En développant une autonomie au plan de la recherche d'information, il pourra s'adapter et arriver au but qu'il s'est fixé peu importe la diversité des outils.

Bibliographie annotée

ANDRIEU, Olivier, *Méthodes outils de recherche sur l'Internet*, Paris, Eyrolles, 1997, 235 pages.

DOWLER, Lawrence, *Gateways to Knowledge: The Role of Academic Libraries in Teaching, Learning and Research*, Cambridge, Mass., The MIT Press, 1997, 240 pages.

Ouvrage qui situe les bibliothèques universitaires dans le nouveau contexte de l'introduction des technologies dans l'enseignement et la recherche.

EISENBERG, Michael B. ET Robert E. BERKOWITZ, *Information Problem-solving: The Big Six Skills Approach to Library and Information Skills Instruction*, Norwood, Ablex Publishing, 1990, 156 pages.

Cette monographie fait état des habiletés requises par le chercheur pour trouver de l'information ainsi que de la formation dispensées par les spécialistes de l'information.

FORTIN, Marie-Fabienne, *Le processus de recherche de la conception à la réalisation*, Montréal, Décarie éditeur, 1996, 379 pages.

Groupe de travail sur l'accès aux ressources documentaires, CREPUQ (Page consultée le 27 juin 1997). *Guide de la recherche sur Internet*, [En ligne].
Adresse URL : http://www.bibl.ulaval.ca/vitrine/giri/giri1

Site francophone qui constitue une introduction de qualité à l'univers d'Internet.

Groupe de travail sur l'accès aux ressources documentaires, CREPUQ, (Page consultée le 27 juin 1997). *Guide des indispensables de la recherche sur Internet*, [En ligne].
Adresse URL : http://www.bibl.ulaval.ca/vitrine/giri/giri2

Le groupe de recherche issu de la Conférence des recteurs et principaux des universités sélectionne et commente des sites généraux qui contiennent des informations variées répondant aux besoins des chercheurs universitaires.

GRODZINS Lipow, Anne, *Rethinking Reference in Academic Libraries*, Berkerley, Library Solutions Press, 1993, 242 pages.

HAHN, Harley, *The Internet Complete Reference*, Berkeley, 1996, McGraw-Hill, 802 pages.

Ouvrage très complet qui fait un survol détaillé d'Internet et de toutes ses applications.

JACOBSON, Trudi E. et Beth L. MARK, «Teaching in the Information Age: Active Learning Techiques to Empower Students», *The Reference Librarian*, n°s 51-52, 1995, p. 105-119.

LALONDE, Louis-Gilles et André VUILLET, *Internet comment trouver tout ce que vous voulez*, Montréal, Les éditions Logiques, 1997, 334 pages.

Survol des diverses approches qui permettent de trouver de l'information sur Internet. Il suggère des stratégies et itinéraires de recherche, présente des fiches techniques des meilleurs outils et des recommandations sur l'exploitation des outils francophones.

LÉTOURNEAU, Jocelyn, *Le coffre à outils du chercheur débutant*, Toronto, Oxford University Press, 1989, 227 pages.

Manuel très pratique qui aborde la stratégie de recherche en détail et qui explique avec des tableaux la façon de structurer une recherche d'information.

SOHIER, Danny J., *Le guide de l'internaute, guide de survie, guide d'exploration*, Montréal, Les éditions Logiques, 1997, 476 pages.

Ouvrage, mis à jour annuellement, introduit le chercheur à l'ensemble de l'univers Internet. Il tient compte des nouvelles tendances (VRML, CU-SeeMe, la téléphonie Internet) et relève ce qui peut être primordial pour un chercheur qui veut mieux comprendre toutes les possiblilités de ce nouvel outil.

YORK, Reginald O., *Building Basic Competencies in Social Work Research: An Experiential Approach*, Boston, Allyn and Bacon, 1997, 373 pages.

Chapitre 5
La théorie et le sens de la recherche

François-Pierre GINGRAS

Apprendre sans penser est inutile, mais penser sans apprendre est dangereux.

CONFUCIUS

Introduction

La théorie n'est ni une chimère, ni une panacée. Ce n'est surtout pas quelque chose de transcendant qui s'oppose au réel, au concret, à l'empirique. *La théorie guide le chercheur ou la chercheure comme le chien guide l'aveugle.* Les résultats de la recherche confirment ou non la validité de la théorie, comme l'arrivée à destination de l'aveugle témoigne de la valeur de son fidèle compagnon.

Ce chapitre tente essentiellement de montrer comment la théorie englobe deux cheminements complémentaires du processus de recherche : le cheminement de la *découverte* et le cheminement de la *preuve*. Il faut donc d'abord dissiper certaines idées fausses au sujet de la théorie et lui réserver une place centrale dans le processus de recherche. Pour bien en saisir les caractères, on se penche ensuite sur la manière dont on construit une théorie et sur les différents niveaux de généralité sous lesquels elle peut se manifester. Cela mène tout naturellement à traiter de la validité des théories et de la vérification des hypothèses qui en découlent. Le chapitre se termine en montrant que l'adhésion à un cadre théorique peut facilement mener à un engagement orienté vers l'action sociale.

1. Qu'est-ce que la théorie?

Un dictionnaire[1] donne par recoupements 64 synonymes au mot
«théorie». Il faut s'en méfier: dans la Grèce antique, on appelait
«théorie» la députation des villes aux fêtes solennelles, telles les Pana-
thénées en l'honneur de Minerve, déesse de la sagesse et des sciences.
Aujourd'hui, on appelle «théorie» ce qui guide habituellement les interprétations des spécialistes des sciences sociales se réunissant dans les
congrès scientifiques comme ceux de l'Association canadienne-française
pour l'avancement des sciences ou de la Fédération canadienne des
sciences humaines et sociales[2]. Dans un sens, ces congrès sont des fêtes
solennelles du savoir et des milliers de chercheurs et chercheures y procèdent à de nombreux va-et-vient entre le concret et l'abstrait dans leurs
disciplines respectives. Mais il faut clarifier davantage ce que les sciences
sociales entendent par théorie.

1.1. Ce qu'elle n'est pas

Le langage courant nomme parfois «théorie» diverses constructions de
la pensée qui ne correspondent pas à l'acception retenue par les sciences
sociales[3]. Par conséquent, établissons tout de suite que la théorie *n'est
pas*...

SPÉCULATION	Une spéculation ou une recherche abstraite, une intui-tion détachée du réel, une illumination quelquefois mys-tique et parfois créatrice: au contraire, la théorie adopte une démarche systématique reliant entre eux, de façon logique, plusieurs phénomènes sociaux observables.
PHILOSOPHIE	Une philosophie sociopolitique où la réflexion porte sur l'origine, la nature, la raison et le sens de la vie humaine, la légitimité des institutions, la morale sociopolitique: la théorie ne porte pas de jugement et ne distingue pas dans les comportements humains le bon, le mauvais et l'indif-férent.

1. Henri BERTAUD DU CHAZAUD, *Dictionnaire des synonymes*, Paris, Robert (collection Les usuels), 1983, p. 312 et 478 (renvoi au vocable «méthode»).
2. Voir leurs sites Internet respectifs pour connaître des renseignements sur les activités et les congrès annuels de ces organismes qui regroupent des dizaines de disciplines: http://www.acfas.ca/ et http://www.cycor.ca/hssfc/Francais.html
3. Pour une discussion classique de la notion de théorie et une dénonciation de sa poly-sémie à l'intérieur même des sciences sociales, voir Robert K. MERTON, *Éléments de théorie et de méthode sociologique*, 2ᵉ éd., Paris, Plon, 1965, p. 27-44.

IDÉOLOGIE	Une idéologie, c'est-à-dire un modèle d'action dominant, un système cohérent de valeurs qui justifie l'ordre établi, comme le firent le libéralisme en Amérique du Nord ou le communisme en Union soviétique : la théorie cherche à expliquer sans justifier.
UTOPIE	Une utopie, c'est-à-dire une vision du monde en changement, un projet de société établi autour d'un système de valeurs qui n'est pas partagé par les détenteurs du pouvoir, tels le socialisme au Québec ou l'anarchisme en Allemagne : la théorie n'est pas un programme révolutionnaire.
CONSTRUCTION ÉSOTÉRIQUE	Une construction ésotérique qui complique à l'extrême tout, jusqu'aux banalités, dans un jargon accessible à une minorité d'initiés : les sociologues et les économistes, comme les ébénistes et les physiothérapeutes, possèdent leur vocabulaire professionnel spécialisé, qui n'oblige ni les uns ni les autres à tenir des discours hermétiques*.
FORMALISATION	Une formalisation excessive qui schématise à outrance les rapports des phénomènes sociaux entre eux et donne lieu à des modèles très éloignés du réel : en sciences sociales, aucune théorie ne loge en entier dans une équation différentielle ou dans un diagramme de Venn.
ACCUMULATION	Une accumulation monumentale de descriptions et de données dont on peut faire ressortir des constantes, des tendances et des corrélations, mais non des explications : un recueil de statistiques ne constitue pas une théorie.
CONNAISSANCE UNIVERSELLE	La connaissance universelle, une somme qui résume tous les savoirs des sciences sociales, qui prétend tout expliquer et ne rien laisser de côté : une théorie n'est pas une encyclopédie rendant compte de toute la complexité de la vie en société.

---

* On notera avec intérêt que l'adjectif « hermétique » désignait à l'origine les livres qui auraient renfermé les secrets de l'alchimie et d'autres connaissances prétendument dangereuses à mettre entre les mains de personnes non averties.

La théorie a des visées bien différentes.

1.2. Ce qu'elle est

La théorie est avant tout un moyen de donner un sens à nos connaissances. On peut la définir comme *un ensemble de propositions logiquement reliées, encadrant un plus ou moins grand nombre de faits
observés et formant un réseau de généralisations dont on peut dériver
des explications pour un certain nombre de phénomènes sociaux.*

En sciences sociales, toute théorie part d'un intérêt pour certains
phénomènes sociaux et de l'identification de « problèmes » qui demand-
dent une explication. Aspirant à devenir cette explication, la théorie considère les informations disponibles qu'elle *filtre et organise* dans une
problématique[4]. À partir des problèmes, elle élabore un corps d'hypothèses qui forme la base de toute théorisation.

Partie prenante du cheminement de la découverte, la théorie *crée la
capacité d'imaginer des explications* pour tout phénomène social, au-
delà des prénotions du sens commun : la théorie ne tient pas pour
acquises nos explications courantes. Au contraire, la théorie implique une
certaine confrontation avec les objets perçus : c'est à partir d'une théorie
que l'on formule des hypothèses, définit des concepts et choisit des
indicateurs.

La théorie n'est pas seulement une formulation en des termes plus
exacts du savoir déjà acquis, mais encore une *stimulation à poser de
nouvelles questions* pour améliorer notre savoir. Ces questions peuvent
se poser en des termes plus généraux ou inciter à de nouvelles orientations de recherche. La théorie devient alors un *cadre de référence* ou un
paradigme, c'est-à-dire un ensemble de règles implicites ou explicites
orientant la recherche scientifique, pour un certain temps, en fournissant, sur la base de connaissances généralement reconnues, des façons
de poser des problèmes, d'effectuer des recherches et de trouver des
solutions.

Ayant longtemps joui d'une place de choix parmi les cadres de référence, le *fonctionnalisme* cherche à expliquer les phénomènes sociaux
par les « fonctions » que remplissent les institutions sociales, les
structures des organisations et les comportements individuels ou

---

4. Voir aussi le chapitre 3 sur la spécification de la problématique ainsi que Pierre BOUR-
DIEU, J.-C. CHAMBOREDON et J.-C. PASSERON, *Le métier de sociologue : préalables épistémologiques*, 2ᵉ édition, Paris, Mouton, 1973, p. 11-106 ; Paul DE BRUYNE, Jacques HERMAN
et Marc DE SCHOUTHEETE, *Dynamique de la recherche en sciences sociales*, Paris, Presses
universitaires de France (collection Sup), 1974, chapitre 3 ; Arthur STINCHCOMBE,
Constructing Social Theories, New York, Harcourt, Brace & World, 1968, chapitre 1.

collectifs. On parle du caractère « fonctionnel » ou « dysfonctionnel » d'une institution, d'une structure ou d'un comportement selon qu'ils favorisent ou non l'atteinte d'un « objectif » habituellement caractérisé par l'ordre, la stabilité, l'équilibre. Ce cadre de référence permet, par exemple, d'étudier l'adaptation de la politique étrangère d'un État face à l'émergence de nouvelles menaces à l'équilibre international ou encore de montrer que, malgré ses côtés dysfonctionnels en regard des valeurs démocratiques, le patronage politique peut néanmoins exercer une fonction redistributive de biens et services au bénéfice de certains groupes défavorisés[5].

On utilise le mot « paradigme » dans un sens plus étroit. On a ainsi déjà parlé du « paradigme de la Révolution tranquille » pour désigner une façon populaire en sciences sociales (mais aujourd'hui contestée) d'interpréter les changements sociaux survenus au Québec pendant les années 1960 à 1970 : « De l'avis de maints théoriciens de la Révolution tranquille, les changements institutionnels et structurels des années soixante ne seraient que des symptômes de transformations plus fondamentales bien que moins immédiatement observables » : transformations des mentalités, des attitudes et des valeurs[6].

2. La construction des théories

Le grand défi de la théorie, c'est la **pertinence**, à savoir sa **capacité de refléter la réalité**. On peut en effet construire des théories inconséquentes mais parfaitement logiques. L'aspect conceptuel de la théorie prend toute son importance au moment de sa formulation : la clarification des mots clés répond au besoin de compréhension qui donne aux théories leur pertinence. La conceptualisation aide à organiser la pensée dans un système de termes significatifs auquel on peut se référer de façon rigoureuse et non équivoque.

5. Voir Philippe LE PRESTRE, « Les États-Unis : vers un nouvel isolationnisme ? », *Politique*, n° 16, automne 1989, p. 5-33 ; Vincent LEMIEUX et Raymond HUDON, *Patronage et politique au Québec : 1944-1972*, Sillery, Boréal-Express, 1975. Voir aussi, à propos des fonctions des partis politiques, l'important ouvrage de Vincent LEMIEUX, *Systèmes partisans et partis politiques*, Montréal, Presses de l'Université du Québec, 1985.
6. Voir la critique de François-Pierre GINGRAS et Neil NEVITTE, « La révolution en plan et le paradigme en cause », *Revue canadienne de science politique*, vol. XVI, n° 4, 1983, p. 671-716.

2.1. La conceptualisation et les liens avec la problématique

La théorie est un outil de recherche. Elle utilise son langage propre, donnant une signification précise et particulière à plusieurs mots également utilisés dans le langage courant. Ainsi, pour la plupart des gens, le «hasard» fait référence à un ensemble de circonstances imprévues, favorables (la «chance») ou défavorables (la «malchance»); en revanche, les sociologues et tous ceux qui utilisent les statistiques définissent le hasard d'après un calcul des probabilités mathématiques qu'un événement se produise. D'autres termes font l'objet de plusieurs définitions plus ou moins contradictoires, même chez les spécialistes: la «nation» en est un superbe exemple, car on la définit tantôt par des critères objectifs (la langue, le territoire, etc.), tantôt par des critères subjectifs (le vouloir-vivre collectif), quand on ne l'utilise pas pour désigner la population d'un État[7].

Pour éviter les malentendus, toute théorie doit donc définir avec précision ses *concepts*. Cette définition peut s'effectuer sur le plan plutôt abstrait des *concepts universels* (comme les traits culturels fondamentaux d'une nation) ou, si l'on s'engage dans l'opérationnalisation, sur le plan plutôt empirique des *concepts particuliers* (par exemple, les réponses d'un échantillon représentatif de la population adulte canadienne à une série de sondages portant sur les opinions politiques).

> Le *behaviorisme* tente de mesurer avec exactitude les facteurs socio-psychologiques et les effets des «attitudes». Ainsi que l'indique un prochain chapitre, on définit celles-ci comme des réalités latentes faisant partie de la personnalité des individus et s'exprimant dans des opinions (par exemple, à l'occasion d'un sondage) et des comportements (comme lors d'élections ou de référendums): derrière les réponses à des questions (les variables manifestes) existent des attitudes (les variables latentes) pas directement observables. On assume qu'il y a un «univers» de l'attitude, c'est-à-dire des références par rapport auxquelles les individus précisent leur idéologie et leur système de valeur. L'opérationnalisation consiste à trouver les meilleurs

---

7. Les critères culturels objectifs permettent de parler du «tournoi des cinq nations» au football européen (soccer) auquel participent l'Angleterre, l'Écosse, la France, l'Irlande et le Pays de Galles. Il faut s'en remettre à des critères culturels principalement subjectifs pour parler de «nation juive» englobant les Juifs d'Israël et de la diaspora (en se rappelant que des millions de «Juifs» ne pratiquent pas la foi judaïque). La troisième acception, fréquente en droit international (pensons aux «Nations Unies»), correspond au sens qu'on lui donne couramment en anglais comme synonyme de *nation-state* (État-nation).

concepts particuliers manifestant ces attitudes et à les traduire en groupes de questions formant des « échelles d'attitudes ». Diverses techniques permettent de définir la position de chaque individu sur un « continuum » en fonction des opinions exprimées[8].

En soumettant la problématique à une théorie, on se retrouve inévitablement à réduire le thème de la recherche à un processus de spécification de la problématique, dont il est question au chapitre 3. Il ne faut alors pas perdre de vue les limites de la théorie pour évaluer le plus exactement possible ce qu'elle prétend vraiment expliquer.

La formulation de la théorie permet la manipulation des concepts et leur agencement en vue de l'explication. Les *propositions synthétiques* sont des constructions rigoureuses d'un ensemble d'idées qui tentent d'expliquer un aspect de la réalité sociale : elles se situent au niveau de la *problématique d'ensemble*. Les *propositions analytiques* découlent des précédentes et remplissent une fonction opératoire : elles représentent la force démonstrative des théories et se situent au niveau de la *question spécifique de la recherche* et des hypothèses qui en découlent.

La plupart des hypothèses des sciences sociales considèrent deux principaux types de concepts : des causes ou *facteurs* qui ont des conséquences ou *effets*. Dans les propositions analytiques, les facteurs se nomment aussi *variables indépendantes* (habituellement représentées par la lettre X) tandis que les effets prennent le nom de *variables dépendantes* (représentées par Y). Un même facteur X peut produire plusieurs effets différents ($Y_1, Y_2, ... Y_n$). Un même phénomène social Y peut également avoir plusieurs causes distinctes ($X_1, X_2, ... X_n$). Enfin, des *variables intermédiaires* peuvent modifier l'action de X sur Y selon le contexte ou la conjoncture (voir la figure 1).

8. Plusieurs chapitres de l'ouvrage collectif sous la direction de Jean CRÊTE, *Comportement électoral au Québec* (Chicoutimi, Gaëtan Morin éditeur, 1984) s'inspirent du behaviorisme : Carole J. UHLANER, « La participation politique des femmes au Québec : 1965-1977 » (p. 201-242) ; André BLAIS et Richard NADEAU, « L'appui au Parti québécois : évolution de la clientèle de 1970 à 1981 » (p. 279-320) et « La clientèle du OUI » (p. 321-334) ; Maurice PINARD et Richard HAMILTON, « Les Québécois votent NON : le sens et la portée du vote » (p. 335-385) ; Jon H. PAMMETT, Jane JENSON, Harold D. CLARKE et Lawrence LEDUC, « Soutien politique et comportement électoral lors du référendum québécois » (p. 387-419).

FIGURE 1
Facteurs, effets et variables

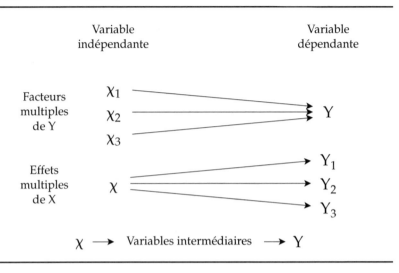

2.2. La formalisation

Deux sortes d'hypothèses servent de piliers à la construction d'une théorie :

- les *axiomes* : des propositions de portée universelle que l'on renonce à démontrer (souvent parce qu'on les estime évidentes) et qui servent de fondement à la réflexion théorique ;

- les *hypothèses générales* : des propositions synthétiques visant à accorder les axiomes aux données disponibles dans des contextes empiriques particuliers.

Cette démarche, appelée *axiomatisation*, exige un ensemble de règles de transformation (règles syntaxiques) qui permettent de construire la théorie, un peu comme les règles de grammaire permettent d'assembler des mots pour en faire des phrases compréhensibles. Le but ultime de l'axiomatisation est de structurer une explication d'un phénomène social complexe de la manière la plus claire et la plus valide possible.

Pour visualiser en quelque sorte l'essentiel d'une théorie, on a souvent recours à la *formalisation*, c'est-à-dire à l'élaboration de représentations abstraites, idéales, symboliques et souvent mathématiques de la réalité[9]. Ces représentations fournissent une vision simplifiée mais caractéristique des phénomènes sociaux; elles prennent parfois la forme de *modèles*, c'est-à-dire des images épurées du système social qui cherchent d'abord à expliciter les conséquences des comportements des individus et des groupes, puis à comprendre les causes des conflits et, enfin, à étudier les procédures de prise de décision collective[10]. On peut aussi, par exemple, identifier les déterminants économiques et politiques de la popularité d'un gouvernement ou encore les rapports de force entre l'État et le secteur privé en matière d'intervention gouvernementale dans l'économie[11].

Parfois, la démarche théorique se concentre sur la construction de formes réunissant les traits essentiels d'une certaine catégorie de personnes ou de choses. On parle alors de types «idéaux» parce qu'il s'agit de points de repère abstraits et «parfaits» dont on ne retrouve habituellement, dans la réalité, que des approximations[12]. Les exemples les plus classiques de typologies viennent de Max Weber (l'éthique protestante et l'esprit du capitalisme, la bureaucratie) et on utilise encore aujourd'hui les distinctions qu'ont faites Maurice Duverger entre partis de cadres et partis de masse[13] ou V.O. Key entre différents types d'élections[14].

Les modèles et les types idéaux ne sont pas des théories complètes, mais une composante d'une démarche théorique: selon le cas, son point de départ, l'un de ses outils ou de ses fruits.

---

9. Voir le chapitre sur la simulation sur ordinateur pour des précisions sur ce type de formalisation.
10. Voir par exemple Julien BAUER, «Résolution des conflits et crise de décision», *Politique*, n° 13, printemps 1988, p. 5-36; Réjean LANDRY et Paule DUCHESNEAU, «L'offre d'interventions gouvernementales aux groupes: une théorie et une application», *Revue canadienne de science politique*, vol. XX, n° 3, septembre 1987, p. 525-552.
11. Voir par exemple Richard NADEAU et Guy LACHAPELLE, «Facteurs explicatifs des fluctuations de la popularité du président Reagan», *Politique*, n° 16, automne 1989, p. 35-58; André BLAIS, Philippe FAUCHER et Robert YOUNG, «La dynamique de l'aide financière directe du gouvernement fédéral à l'industrie manufacturière au Canada», *Revue canadienne de science politique*, vol. XIX, n° 1, mars 1986, p. 29-52.
12. Pour un exemple de correspondance empirique d'un type idéal, voir l'étude de Jean MERCIER, «"Le phénomène bureaucratique" et le Canada français: quelques données empiriques et leur interprétation», *Revue canadienne de science politique*, vol. XVIII, n° 1, mars 1985, p. 31-55.
13. Voir le résumé et la critique de cette typologie par Denis MONIÈRE et Jean H. GUAY, *Introduction aux théories politiques*, Montréal, Québec/Amérique, 1987, chapitre 4.
14. On retrouve une application de cette typologie des élections dans Vincent LEMIEUX, Marcel GILBERT et André BLAIS, *Une élection de réalignement: l'élection du 29 avril 1970*, Montréal, Jour, 1970 et dans Réjean PELLETIER et Jean CRÊTE, «Réalignements électoraux et transformations du personnel politique», *Revue canadienne de science politique*, vol. XXI, n° 1, mars 1988, p. 3-33.

2.3. Les divers niveaux de généralité des théories

Toutes les théories sociales constituent des essais d'explication des phénomènes sociaux. Comme la théorie comprend aussi bien des axiomes fondamentaux que des propositions analytiques, le discours théorique peut se situer à l'un ou l'autre de ces deux pôles ou à n'importe quel degré intermédiaire. Bien des controverses stériles proviennent d'interlocuteurs s'exprimant à des niveaux différents, comme des radioamateurs qui tenteraient de communiquer en utilisant des longueurs d'ondes différentes.

Voici un exemple de différents niveaux de généralité d'une même théorie[15] :

– Le monde matériel existe vraiment et tous les phénomènes observables ont des causes matérielles *(axiome)*.

– Les rapports sociaux sont des phénomènes observables ; ils ont donc des causes matérielles *(proposition synthétique)*.

– L'organisation de la production des biens et services crée des rapports sociaux dans le domaine économique *(axiome)*.

– Les rapports sociaux entretenus dans le cadre des activités de production des biens et services créent des intérêts et motivations que les gens transposent dans les autres domaines de l'activité humaine *(axiome)*.

– Chaque niveau de développement de l'économie d'une société détermine un type de rapports sociaux prédominants dans le domaine économique *(axiome)* et donc aussi dans les autres domaines de l'activité humaine : politique, éducation, santé, etc. *(proposition synthétique)*.

– Lorsqu'une économie atteint un niveau de développement où les rapports sociaux prédominants reposent sur la propriété des moyens de production (et l'exercice de l'autorité qui en découle), alors les rapports sociaux prédominants reposent aussi sur des relations de propriété et d'autorité *(proposition synthétique)*.

– Différents types prédominants de propriété de moyens de production et d'exercice de l'autorité dans le domaine économique déterminent différents types dominants de relations de propriété et d'autorité dans les autres domaines : politique, éducation, santé, etc. *(proposition synthétique)*.

---

15. L'idée originale de cette section vient de STINCHCOMBE, *op. cit.*, chapitre 2.

- Le passage de la société québécoise d'une phase de développement économique à une autre a entraîné un changement dans les types de rapports sociaux prédominants, tant dans la politique et le gouvernement que dans l'éducation et les services de santé *(proposition analytique constituant l'hypothèse générale de la recherche)*.

- Le passage de la société québécoise de la domination d'un mode de production petit-bourgeois (avec une prédominance des petites entreprises agricoles, commerciales et industrielles qui ne favorisent pas le développement de la conscience de classe) à un mode de production capitaliste axé sur les grandes entreprises (où le pouvoir réside souvent davantage chez les gestionnaires que chez les propriétaires) a entraîné le passage d'un paternalisme politique populiste «à la Duplessis» vers une technocratie accompagnée d'une dépersonnalisation des rapports entre le gouvernement et le public *(proposition analytique constituant une hypothèse spécifique de recherche)*.

L'étape suivante implique le choix d'indicateurs et ne sera donc pas traitée ici, mais plutôt au chapitre 7 portant sur les indicateurs.

3. L'acceptation ou le rejet des théories

Une théorie qui ne peut pas être soumise à une vérification empirique ressemble à un prototype de l'avenir lors d'un salon de l'automobile: elle peut impressionner, mais elle ne mène nulle part pour l'instant. Le meilleur test pour une voiture, c'est d'abord l'essai routier dans des conditions défavorables, puis l'épreuve du temps qui déterminera sa fiabilité. Il n'en va pas autrement des théories, dont il faut pouvoir évaluer la *vraisemblance*. Une théorie est dite *falsifiable* si on peut en évaluer empiriquement la vraisemblance.

3.1. La confirmation et l'infirmation d'une théorie

On accepte ou rejette rarement une théorie tout en un bloc. Les visées ambitieuses des propositions synthétiques et des hypothèses générales rendent habituellement impossible de prouver hors de tout doute l'exactitude de leurs prétentions. Il est vrai que la confrontation avec les données observables peut infirmer une théorie, c'est-à-dire *affirmer sa fausseté*. Dans le cas contraire, elle ne peut, au mieux, que *confirmer sa vraisemblance* (non pas son exactitude), à savoir témoigner qu'on n'a pas réussi à faire la preuve de son manque de fondement. En somme, *une théorie garde son statut scientifique tant et aussi longtemps qu'on n'a pas démontré l'inexactitude des hypothèses de recherche qui en découlent.* Mais on ne peut jamais dire qu'elle est « vraie ».

Quant aux hypothèses de recherche, formulées en propositions analytiques, on les contrôle de quatre façons :

1) par un examen de la logique qui les fait dériver de la théorie ;

2) par un test de consistance interne, en comparant la cohérence de plusieurs hypothèses différentes dérivées d'une même théorie ;

3) par comparaison avec d'autres hypothèses semblables qui pourraient être dérivées de théories différentes ;

4) par test d'hypothèse, c'est-à-dire par la vérification empirique des conclusions.

3.2. Le test d'hypothèse et la vraisemblance de la théorie

Parmi les conventions du test d'hypothèse figure l'entente de ne pas tout remettre en question à chaque nouveau test : même s'il faut pratiquer le doute méthodique, la science doit quand même conserver un certain caractère cumulatif, comme on l'a vu au chapitre sur la sociologie de la connaissance.

À la base, le test d'hypothèse comprend cinq étapes, décrites ci-dessous et schématisées dans la figure 2.

ÉNONCÉ	Un énoncé clair et concis des propositions synthétiques de la théorie.
DÉRIVATION LOGIQUE	La dérivation logique d'une ou plusieurs propositions analytiques qui constituent les hypothèses de recherche à vérifier (cette étape comprend le passage des concepts aux indicateurs).
VÉRIFICATION EMPIRIQUE	La vérification empirique où l'on confronte les prédictions de chaque hypothèse avec les données disponibles.
TEST D'HYPOTHÈSE	Le rejet ou la confirmation de l'hypothèse de recherche.
TEST DE VRAISEMBLANCE	Le rejet ou la confirmation de la vraisemblance de la théorie.

FIGURE 2
La théorie et le test d'hypothèse : stratégie élémentaire

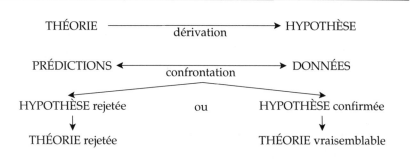

La confirmation de l'hypothèse accroît la vraisemblance de la théorie, mais ne la prouve pas. En effet, bien des éléments sans lien avec la théorie peuvent faire en sorte que l'hypothèse soit juste. Pour savoir combien vraisemblable est une théorie qui a déjà quelque crédibilité, il faut raffiner la stratégie de vérification d'hypothèse. Une première façon consiste à dériver plusieurs hypothèses (H_1, H_2, H_3) de la théorie, comme à la figure 3. La théorie qui passe avec succès un test d'hypothèses multiples est plus vraisemblable, plus valide qu'une théorie peu testée. La vraisemblance est encore plus grande si les hypothèses vérifiées l'ont été dans des conditions différentes, dans des milieux différents, avec des stratégies de vérification différentes.

FIGURE 3
La théorie et le test d'hypothèses multiples

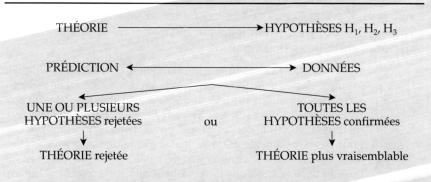

Il arrive souvent que plusieurs théories distinctes prétendent expliquer un même type de phénomènes sociaux. On parle alors de théories concurrentes (T_1, T_2, ... T_n). Il y a un intérêt à trouver quelques hypothèses (H_1, H_2, ... H_n) qui soient compatibles avec certaines théories (par exemple, T_1 et T_2), mais incompatibles avec d'autres (par exemple, T_3 et T_4). Un tel test permet d'éliminer plusieurs théories et donne encore plus de vraisemblance à celles qui subsistent (voir figure 4).

FIGURE 4
Le test de théories concurrentes

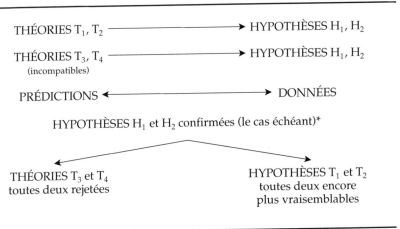

THÉORIES T_1, T_2 ⟶ HYPOTHÈSES H_1, H_2

THÉORIES T_3, T_4 ⟶ HYPOTHÈSES H_1, H_2
(incompatibles)

PRÉDICTIONS ⟵⟶ DONNÉES

HYPOTHÈSES H_1 et H_2 confirmées (le cas échéant)*

THÉORIES T_3 et T_4
toutes deux rejetées

HYPOTHÈSES T_1 et T_2
toutes deux encore
plus vraisemblables

---

* NOTE : Il va de soi que, si les hypothèses H_1 et H_2 sont rejetées, les théories T_1 et T_2 le sont aussi, sans que le statut des théories T_3 et T_4 ne soit affecté.

Le processus d'élimination des théories concurrentes peut durer longtemps. Il prend (temporairement) fin lors d'un *test critique* mettant aux prises deux théories qui, chacune de son côté, ont déjà résisté à plusieurs vérifications empiriques.

> L'analyse des causes du suicide par Émile Durkheim fournit un exemple classique de test critique. À la fin du XIXe siècle, on estimait couramment que le suicide était dû à des maladies mentales ou aux mêmes facteurs qui causaient les maladies mentales. Durkheim prédit que, si tel était le cas, les mêmes populations manifesteraient des taux élevés de suicide et de maladies mentales. Or, les recherches antérieures de Durkheim avaient déjà fait ressortir comme causes probables du suicide des facteurs bien différents, comme l'individualisme des membres d'une collectivité (par opposition à leur solidarité). Il adopta donc comme stratégie de comparer les taux de

suicide et de maladies mentales de plusieurs populations différentes ; selon lui, au terme de l'épreuve, une corrélation élevée appuierait le lien entre suicide et maladies mentales tandis qu'une corrélation minime appuierait plutôt sa propre théorie des facteurs sociaux du suicide. Les observations qu'il fit lui donnèrent raison[16].

Une version particulièrement intéressante du test critique consiste à opposer la théorie « statistique » à une théorie « substantielle » (comme celles dont ce chapitre traite). En effet, il y a toujours au moins deux explications « inattendues » qui pourraient contredire une théorie prétendant rendre compte des phénomènes sociaux ; ce sont les suivantes :

- c'est peut-être par « hasard » que les données empiriques confirment les hypothèses dérivées de la théorie, car les observations effectuées ne reflètent peut-être pas la réalité : ces observations pourraient différer de façon importante de la totalité des observations qu'on aurait pu faire ;

- les phénomènes sociaux analysés sont peut-être le résultat d'un grand nombre de « petites causes » dont l'impact respectif ne peut pas être isolé ; par conséquent, les facteurs identifiés par la théorie et confirmés par la vérification empirique ne sont peut-être pas réellement « significatifs ».

La théorie statistique des distributions aléatoires (qu'on symbolisera par S) est très raffinée sur le plan mathématique ; on en dérive une *hypothèse nulle* (H_0), c'est-à-dire une hypothèse selon laquelle ou bien il n'y a pas de lien significatif entre les phénomènes identifiés par une théorie substantielle (T) ou bien les données recueillies ne sont pas représentatives de l'ensemble des données pertinentes. Un test critique peut donc opposer l'hypothèse nulle à l'hypothèse de recherche (H_1) et se solder soit par le rejet de l'explication statistique, soit par le rejet de la théorie[17].

---

16. Voir Émile DURKHEIM, *Le suicide*, Paris, Presses universitaires de France (collection Quadrige), 1981. On notera qu'à l'époque, on entendait par « maladie mentale » surtout ce qu'on nomme aujourd'hui schizophrénie.
17. Il faut se rappeler qu'on ne soumet à un test critique que des hypothèses dérivées de théories qui ont déjà subi l'épreuve de plusieurs vérifications empiriques.

FIGURE 5
Le test critique d'une théorie avec une hypothèse nulle

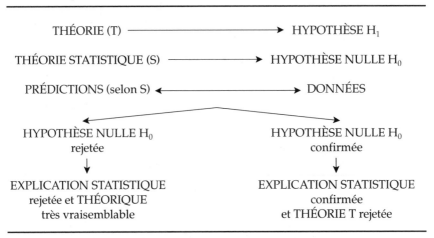

THÉORIE (T) ——————————————▶ HYPOTHÈSE H_1

THÉORIE STATISTIQUE (S) ——————▶ HYPOTHÈSE NULLE H_0

PRÉDICTIONS (selon S) ◀——————————▶ DONNÉES

HYPOTHÈSE NULLE H_0 HYPOTHÈSE NULLE H_0
rejetée   confirmée
↓   ↓
EXPLICATION STATISTIQUE   EXPLICATION STATISTIQUE
rejetée et THÉORIQUE   confirmée
très vraisemblable   et THÉORIE T rejetée

Revenons à la théorie des causes du suicide chez Durkheim. Il montra sans difficulté que l'urbanisation, l'instruction et les activités commerciales favorisaient le développement de valeurs individualistes et s'accompagnaient de taux de suicide plus élevés que la vie rurale, le peu de scolarité et l'activité économique dans les secteurs primaire (mines, agriculture, pêche, forêt) ou secondaire (industries de transformation). Durkheim admit qu'il pouvait théoriquement y avoir bien d'autres facteurs (encore inconnus) que l'individualisme pour expliquer les liens entre le suicide et l'urbanisation, l'instruction et le commerce. Si tel était le cas, estima-t-il, de tels liens devraient se manifester peu importe le niveau de solidarité interne des groupes ; par ailleurs, si tel n'était pas le cas et que l'urbanisation, l'instruction et le commerce n'étaient que des indicateurs de l'individualisme (par opposition à la solidarité), les groupes urbains, instruits et commerçants mais très solidaires devraient avoir un faible taux de suicide. Les Juifs de France constituaient, à la fin du siècle dernier, une communauté commerçante, instruite et très urbanisée qui se caractérisait aussi par le respect de nombreuses normes strictes dont plusieurs exigeaient la participation solidaire des individus à des activités collectives. Quand Durkheim prouva que les Juifs de France avaient un très faible taux de suicide, sa théorie en sortit encore plus vraisemblable. Non seulement avait-il éliminé dans un premier temps toutes les théories concurrentes, mais encore avait-il rejeté l'explication par des causes encore inconnues (en écartant l'hypothèse nulle voulant que la solidarité des groupes n'affectait pas les liens entre suicide, d'une part, et urbanisation, instruction et commerce, d'autre part).

3.3. L'interprétation des résultats et la diffusion des théories

L'acceptation ou le rejet des théories se situent dans le cheminement de la preuve. S'il y a plusieurs conventions qui régissent le test d'hypothèse, le choix des stratégies de vérification et des données qui servent à vérifier empiriquement les théories est lui-même subordonné à l'appréciation des chercheurs et des chercheures, donc à leur maîtrise des techniques de recherche, à leur connaissance des données, à leur compréhension des données, à leur jugement pas toujours neutre.

> Certaines approches méthodologiques privilégient l'expérience vécue et la compréhension du point de vue des sujets de l'action sociale (les acteurs et actrices, par opposition aux spécialistes qui les observent) : elles accordent donc priorité à l'interprétation que les sujets donnent des événements qu'ils vivent. Pour comprendre ce qui se passe du point de vue des sujets, il faut idéalement « aller vivre » soi-même les phénomènes sociaux qui nous intéressent. C'est ce que font réguliè-rement les anthropologues. À défaut de ne pouvoir vivre personnel-lement ces phénomènes, on doit « laisser la parole » aux acteurs et actrices et intérioriser par *empathie* leur vécu, qu'il s'agisse de pay-sannes mexicaines, d'intellectuels, de pauvres ou de chefs de police québécois[18]. On nomme *Verstehen* la réalité ainsi interprétée par une personne empathique ; on la retrouve notamment dans les histoires de vie, les comptes rendus d'entretiens semi-dirigés et d'observation directe. On lira avec profit les chapitres de ce manuel qui se rap-portent à ces techniques.
>
> À l'opposé, d'autres approches favorisent l'accumulation et l'orga-nisation des connaissances en un ensemble cohérent coiffé par une théorie générale : on dit qu'elles se fondent sur la *méthode hypothético-déductive* et reposent sur la recherche d'une cohérence logique dans l'interprétation de coïncidences constantes. Par exemple, la *théorie des jeux* est une approche mathématique utilisée pour étudier les situations où plusieurs acteurs ont à prendre une décision dont dépend un résultat qui les concerne tous. On peut avoir recours

---

18. Pour une illustration dans un contexte international, voir Marie-France LABRECQUE, « Femmes et développement : la double domination masculine », p. 44-52 dans l'ouvrage collectif sous la direction de Victor M. P. DA ROSA et Joseph Yvon THÉRIAULT, *Dévelop-pement, coopération et intervention sociale : discours et pratiques*, Ottawa, Presses de l'Uni-versité d'Ottawa (collection Développement international), 1988 ; pour des témoignages personnels de « sujets » d'un phénomène social, voir les Actes du colloque « *Liberté*, l'écriture et le politique », sous la direction de Sylvain SIMARD, dans *Cultures du Canada français*, n° 7 (1990) ; pour deux exemples exceptionnels de *Verstehen*, voir les ouvrages de Marie LETELLIER, *On n'est pas des trous-de-cul*, Montréal, Parti-Pris, 1971 et Guy TARDIF, *Police et politique au Québec*, Montréal, L'Aurore, 1974.

à la théorie des jeux quand on se pose des questions reliées à la concurrence économique et aux conflits politiques, militaires, sociaux ;
les négociations constitutionnelles en sont un excellent exemple. Un
« jeu » comprend des « joueurs » (chacun cherchant à prendre des
avantages dans un débat où les règles sont établies), une « procédure »
(les règles du jeu), un « environnement » (dont le caractère est soit
« certain », « risqué » ou « incertain », le risque s'exprimant sous forme
de probabilités), des « tactiques » (les décisions des joueurs), des
« gains » et « pertes » (les résultats quantifiables pour chaque joueur).
La théorie des jeux considère toujours les procédures de recherche
d'équilibre lorsqu'il y a conflit, c'est-à-dire une situation finale qui
serait acceptable à tous les joueurs, y compris les perdants, qu'il
s'agisse de participants à un conflit international ou de partis se
livrant une lutte électorale[19].

L'interprétation des résultats s'effectue souvent en fonction des
attentes des scientifiques et de leur milieu : on perçoit parfois comme un
échec la conclusion qu'une hypothèse doit être rejetée. On passe rarement à la postérité pour un échec et il n'est pas rare que des théories
soient choisies ou rejetées « pour des raisons étrangères à toute logique
de la preuve[20] ». Même avec la meilleure volonté, cette logique est rarement à toute épreuve et les revues spécialisées font régulièrement état de
querelles d'interprétation. Ainsi, de 1985 à 1990, les 128 articles de fond
publiés dans la *Revue canadienne de science politique* ont donné lieu à pas
moins de 20 critiques et répliques.

Les réunions savantes et les publications spécialisées constituent
les principaux véhicules de communication des résultats de recherches
en sciences sociales. Comme il se tient annuellement des dizaines de colloques et conférences et qu'on publie chaque année des centaines de
revues qui rendent compte de milliers de recherches, il est difficile à
quiconque de se tenir au courant de tous les progrès pertinents dans un
même domaine du savoir. Bien souvent, les résultats des travaux
semblent contradictoires et dans tout congrès de sciences sociales qui se
respecte, chaque communication est suivie d'au moins une critique par
un « cher collègue ». Comment s'étonner alors que la persuasion soit le
principal mode de diffusion des théories[21] ? Les organismes qui subven-
tionnent la recherche et les comités qui se penchent sur le statut des

---

19. Voir par exemple Réjean LACHAPELLE, *L'avenir démographique du Canada et les groupes
    linguistiques*, Montréal et Ottawa, Institut de recherches politiques, 1987 ; Richard
    NADEAU, « L'effet lune de miel dans un contexte parlementaire : le cas canadien », *Revue
    canadienne de science politique*, vol. XXIII, n° 3, septembre 1990, p. 483-497.
20. DE BRUYNE *et al.*, *op. cit.*, p. 104.
21. Thomas S. KUHN, *La structure des révolutions scientifiques*, Paris, Flammarion, 1972,
    p. 234.

universitaires accordent plus de crédibilité aux personnes déjà reconnues qui publient dans les plus prestigieuses revues. Mais la science n'est pas immunisée contre le virus du lustre. On a même vu le département de sociologie d'une université québécoise soumettre ses étudiants de deuxième et troisième cycles à un examen de synthèse en méthodologie qui exigeait notamment l'interprétation de données recueillies par un sociologue très en vue ; les candidats ignoraient que, pour répondre convenablement, il leur fallait en réalité conclure *le contraire* de ce que l'auteur avait prétendu «démontrer» dans une revue de tout premier ordre : l'erreur (on n'ose écrire l'imposture) était devenue un classique du genre.

4. Inspirée par la théorie, la recherche peut-elle être «neutre»?

Le coffre à outils d'un ouvrier ou d'une ouvrière renferme une variété d'instruments parmi lesquels son propriétaire choisit selon la tâche à accomplir. Les scientifiques disposent, de leur côté, d'un éventail de cadres de référence (aussi appelés cadres d'analyse) pour analyser les phénomènes sociaux. Les cadres de référence étant des guides logiques et pratiques pour éviter les hypothèses *ad hoc*, ils s'inscrivent dans l'une des deux grandes méthodologies (objectiviste ou subjectiviste) discutées au chapitre 2. Il y a ainsi de nombreuses modalités d'organisation de la pensée scientifique, qui constituent des approches différentes, mais non incompatibles, à la compréhension des phénomènes sociaux. Nous ne discuterons pas ici de tous les cadres de référence utilisés à notre époque dans les sciences sociales[22]. Qu'il suffise de mentionner quelques-uns des plus courants : le fonctionnalisme, le structuralisme, l'analyse systémique, la cybernétique, le behaviorisme, la théorie des choix, la théorie de la décision et la théorie des jeux font partie des méthodologies objectivistes, tandis que les méthodologies subjectivistes incluent, entre autres, la phénoménologie, l'herméneutique et la sémiologie, l'historicisme, les types idéaux, la dialectique, l'actionnalisme, l'analyse archéologique et la déconstruction postmoderne. L'épreuve du temps élimine les cadres de référence moins utiles et les vagues intellectuelles en font valoir périodiquement de nouveaux.

En recherchant des explications aux phénomènes sociaux, en essayant de comprendre le monde dans lequel nous vivons, nous

---

22. Voir François-Pierre GINGRAS, *Les approches méthodologiques en sciences humaines*, Montréal et Paris, L'Harmattan, à paraître.

remarquons inévitablement des oppositions, des contradictions sociales (comme les rapports de production, la division sexuelle du travail, les écarts de salaires, la distribution de l'espace dans les grandes villes) qui peuvent agir comme révélateurs de la polarisation et de la complémentarité des humains, sujets de l'action sociale et divisés par des frontières, des niveaux de revenus ou d'éducation, des allégeances politiques. L'exploration des aspects structurels de ces oppositions permet d'exposer l'ambiguïté et la complexité d'éléments pourtant habituellement perçus comme homogènes (comme les tensions au sein d'une nation, d'une classe sociale, d'un parti politique, d'une famille). L'existence d'une variété de cadres de référence constitue un encouragement à analyser les rapports sociaux sous leurs multiples angles et à démêler ces angles les uns des autres sous l'éclairage de leurs contradictions[23].

Dans le cadre de la recherche en sciences sociales, on découvre aussi que pouvoir et connaissance (ou information) sont parfois indissociables[24] et qu'il convient de remettre en question les prétendues vérités dans des domaines aussi divers que la santé, l'économie, la justice, la sexualité, le langage, etc. On en vient parfois à interroger les systèmes de connaissance et à scruter les formes employées par le pouvoir pour produire de telles prétendues vérités. Cette attitude permet, par exemple, de retracer les étapes de la pensée politique occidentale à l'endroit de l'Orient ou encore d'analyser les conditions d'apparition de la prison et de percevoir celle-ci comme produit de l'ordre social mais aussi comme le produisant[25]. Il est alors tentant (nécessaire, pour certaines consciences) de dénoncer des situations, voire de s'engager dans l'action sociale. Vue sous cet angle, l'*analyse engagée* se caractérise par un parti pris conscient de

---

23. Voir par exemple Hélène DAVID et Louis MAHEU, « D'Asbestos à Montréal », p. 107-115 dans l'ouvrage collectif sous la direction de Claude RYAN, *Le Québec qui se fait*, Montréal, Hurtubise HMH, 1971 ; Anne LEGARÉ, *Les classes sociales au Québec*, Montréal, Presses de l'Université du Québec, 1977 ; Pierrette BOUCHARD, « Féminisme et marxisme : un dilemme pour la Ligue communiste canadienne », *Revue canadienne de science politique*, vol. XX, n° 1, mars 1987, p. 57-77.

24. Les personnes ou organismes qui détiennent plus d'informations que d'autres possèdent naturellement un avantage. Pour des exemples d'étude formelle des communications et des informations à l'intérieur des systèmes sociaux, voir Simon LAFLAMME, *Contribution à la critique de la persuasion politique*, Québec, Presses de l'Université du Québec et Sudbury, Université Laurentienne, 1987 ; Janine KRIEBER, « La démocratie du secret : le contrôle des activités de renseignement au Canada », *Politique*, n° 13, printemps 1988, p. 37-62. Sur la contrainte entre les informations dont dispose le gouvernement et celles qui sont accessibles au public, voir par exemple le vol. XVI, n° 3, septembre-décembre 1975 de *Recherches sociographiques* consacré à « La communication administration/publics » et particulièrement l'article de Caroline ANDREW, André BLAIS et Rachel DESROSIERS, « L'information sur le logement public à Hull », p. 375-383.

25. Voir Thierry HENTSCH, *L'Orient imaginaire : la vision politique occidentale de l'Est méditerranéen*, Paris, Minuit, 1988 ; Jacques LAPLANTE, *Prison et ordre social au Québec*, Ottawa, Presses de l'Université d'Ottawa (collection Sciences sociales), 1989.

la part de la personne effectuant la recherche. La théorie elle-même cherche à expliquer sans justifier ni incriminer, mais libre aux chercheurs et aux chercheuses d'utiliser la théorie dans leur poursuite de leurs idéaux de justice et de liberté.

Lorsqu'elle porte sur une « totalité », la recherche-action (qui fait l'objet du chapitre 18) vise à transformer la société en mobilisant acteurs et actrices grâce à la « conscientisation » permise par la diffusion de nouvelles informations sur la situation vécue et ressentie[26]. La recherche peut alors agir comme « détonateur » susceptible de faire « exploser » une situation caractérisée par des oppositions profondes mais dont les manifestations ont parfois été longtemps réprimées[27]. La recherche engagée apparaît donc souvent comme « subversive », surtout si elle est financée, directement ou indirectement, par les deniers publics, comme c'est le cas pour plusieurs programmes d'aide au développement communautaire ou international.

Lénine disait qu'il ne saurait y avoir de pratique révolutionnaire sans théorie révolutionnaire. En réalité, l'importance des faits et celle des théories dépendent l'une de l'autre : *la théorie est un lien entre les faits et leur donne un sens*, comme un fil qui retient les perles d'un collier.

D'une certaine façon, toutes les théories, toutes les méthodes se prêtent à une utilisation idéologique ou utopique. La dialectique postule que le changement est inévitable, tandis que l'analyse systémique adopte souvent les valeurs du mode de production dominant en élaborant une explication des conditions nécessaires pour maintenir le système en place[28]. On a même soutenu avec passablement de force persuasive qu'en analysant le vote comme moyen pour la population d'exercer sa souveraineté, les spécialistes des sciences sociales jouent depuis longtemps un important rôle de soutien de l'idéologie politique du néolibéralisme[29].

Non, les théories sociales ne demeurent jamais totalement « neutres ». Mais cela n'enlève rien à leur nécessité pour donner un sens à la recherche.

---

26. Gisèle AMPLEMAN, Gérald DORÉ, Lorraine GAUDREAU, Claude LAROSE, Louise LEBŒUF et Denise VENTELOU, *Pratiques de conscientisation ; expériences d'éducation populaire au Québec*, Montréal, Nouvelle Optique, 1983.
27. Voir par exemple le n° 5 de *Politique* consacré au thème « Femmes et pouvoir », en particulier l'article de Claire DUGUAY et Micheline DE SÈVE, « Tant d'amarres à larguer : une analyse des pratiques du mouvement des femmes », p. 51-73.
28. Denis MONIÈRE, *Critique épistémologique de l'analyse systémique de David Easton : essai sur le rapport entre théorie et idéologie*, Ottawa, Éditions de l'Université d'Ottawa (collection Sciences sociales), 1976.
29. Voir Koula MELLOS, « Les élections, les études électorales et la théorie politique », p. 421-442 dans l'ouvrage collectif sous la direction de Jean CRÊTE, *op. cit.*

Bibliographie annotée

BOUDON, Raymond, *La crise de la sociologie : questions d'épistémologie socio-logique*, Genève, Droz, 1971.

Dans plusieurs des onze essais qui composent cet ouvrage, les réflexions sur la nature et le rôle de la théorie occupent une place de choix. Boudon voit les sciences sociales écartelées entre deux extrêmes : le prophétisme et l'expertise. Il critique l'un et l'autre et propose le recours à la « raison sociologique » pour éliminer de l'enquête les éléments de subjectivité et pour vérifier les théories. La lecture de cet ouvrage est parfois ardue.

BOURDIEU, Pierre, J.-C. CHAMBOREDON et J.-C. PASSERON, *Le métier de sociologue : préalables épistémologiques*, 2ᵉ édition, Paris, Mouton, 1973.

Deux livres en un. D'abord, dans une centaine de pages, un exposé des rapports entre épistémologie et méthodologie ; on y met l'accent sur la rupture épistémologique, le rôle des hypothèses, le caractère systématique de la théorie. Ensuite, 45 extraits d'ouvrages illustrant les propos de la première partie, avec au programme des auteurs classiques comme Bachelard, Durkheim, Kaplan, Katz, Lévi-Strauss, Malinowski, Marx, Mauss, Mills, Polanyi, Weber, Wittgenstein.

DE BRUYNE, Paul, Jacques HERMAN et Marc DE SCHOUTHEETE, *Dynamique de la recherche en sciences sociales*, Paris, Presses universitaires de France (collection Sup), 1974.

Les auteurs discutent d'un « espace méthodologique quadripolaire » : à côté du pôle théorique se trouvent les pôles épistémologique, morphologique et technique. Cet ouvrage, d'une lecture parfois difficile, sera surtout utile aux personnes qui ont une certaine expérience de recherche sociale : il leur permettra de réfléchir sur les fondements épistémologiques de la théorie. La préface de Jean Ladrière traite de l'opportunité d'une méthodologie spécifique des sciences sociales. Les deux derniers chapitres sur les techniques de recherche sont cependant faibles.

DURKHEIM, Émile, *Les règles de la méthode sociologique*, précédé de « L'instauration du raisonnement expérimental en sociologie », par Jean-Michel Berthelot, Flammarion, 1988.

C'est le premier ouvrage qui porte de façon systématique sur la méthodologie des sciences sociales. Durkheim y expose clairement pourquoi et comment on peut traiter les faits sociaux comme des choses si l'on veut faire œuvre scientifique. Lire les préfaces : elles évoquent la polémique à laquelle le point de vue de l'auteur a donné naissance. L'article de Berthelot constitue un heureux complément.

KUHN, Thomas S., *La structure des révolutions scientifiques*, Paris, Flammarion, 1972.

Avec des illustrations tirées de diverses disciplines, l'auteur étudie les moments de crise que traverse la science au cours de son évolution : selon Kuhn, il y a révolution scientifique lorsqu'une théorie scientifique consacrée par le temps est rejetée au profit d'une nouvelle théorie. Cette substitution amène généralement un déplacement des problèmes offerts à la recherche et des critères selon lesquels les spécialistes décident de ce qui doit compter comme problème ou solution. Toute révolution scientifique est facteur de progrès.

MONIÈRE, Denis, *Critique épistémologique de l'analyse systémique de David Easton : essai sur le rapport entre théorie et idéologie*, Ottawa, Éditions de l'Université d'Ottawa (collection Sciences sociales), 1976.

L'auteur cherche à montrer que, dans les sciences sociales, on ne peut tracer de ligne de démarcation entre la science et l'idéologie : il y a un lien entre l'idéologie et la théorie qui fournit les concepts de la pratique scientifique. Pour illustrer sa thèse, Monière critique le paradigme de l'analyse systémique.

MONIÈRE, Denis et Jean H. GUAY, *Introduction aux théories politiques*, Montréal, Québec/Amérique, 1987.

D'une lecture facile évitant tout jargon inutile, il s'agit véritablement d'une introduction s'adressant «aux esprits curieux qui en sont à leurs premiers pas dans la compréhension du phénomène politique», comme l'écrivent les auteurs. Moins de 200 pages à lire absolument en complément à ce chapitre.

PRÉVOST, Jean-Guy, *De l'étude des idées politiques*, Sainte-Foy, Presses de l'Université du Québec, 1995.

Un ouvrage de lecture facile qui présente succinctement les principales écoles de pensée en études des idées politiques, montrant leurs recoupements et leurs divergences. Sur le plan méthodologique, l'auteur soulève des questions de fond et touche aux grands débats contemporains. Machiavel, Locke, Montesquieu et les autres deviennent des interlocuteurs privilégiés de quiconque parcourt ce petit livre de 110 pages.

STINCHCOMBE, Arthur, *Constructing Social Theories*, New York, Harcourt, Brace & World, 1968.

Cet auteur attribue aux théories la tâche de créer la capacité d'imaginer des explications des phénomènes sociaux. L'ouvrage propose diverses façons de construire des théories favorisant la compréhension de notre milieu et de notre environnement. On y retrouve beaucoup d'exemples tirés d'ouvrages classiques en sciences sociales (en particulier Durkheim, Freud, Marx et Weber).

Deuxième partie

La structure de la recherche

Chapitre 6

La structure de la preuve

Benoît GAUTHIER

L'analyse ne peut réparer ce qui a été gâché
par une mauvaise conception.

R.J. LIGHT, J. SIGNER et J. WILLET

Introduction

Vous avez eu beaucoup à faire depuis le moment où vous vous êtes intéressé à un sujet de recherche. Vous avez d'abord eu à en spécifier la nature, à en préciser la problématique et à en délimiter les thèmes importants. Vous vous êtes ensuite penché sur ce que *d'autres* chercheurs avaient dit du même sujet, sur les conclusions qu'ils avaient tirées et sur les leçons que vous deviez en retenir. Puis est venue l'incorporation à une *théorie* qui vous a permis de replacer cette problématique spécifique dans un cadre plus général, de suggérer des raisons aux attentes que vous aviez forgées et d'envisager de généraliser la portée de vos conclusions empiriques. Enfin, vous avez marié ces divers ingrédients préalables pour cuisiner des *hypothèses* qui font la synthèse de vos efforts de recherche, traduisent les énoncés théoriques en affirmations vérifiables et dirigeront le reste de votre recherche.

On ne saurait mettre suffisamment d'accent sur le fait que sans un contenu solide (une bonne problématique, une bonne théorie et de bonnes hypothèses), tout effort de vérification, quel qu'il soit, sera vain. De la même façon, le meilleur contenu préalable ne mènera à aucune conclusion solide s'il n'est pas couplé à une approche adaptée de démonstration, de preuve.

1. Discussion générale

Une fois les hypothèses posées, le chercheur doit déterminer comment il entend confirmer ou infirmer ces hypothèses. Le chercheur devra *monter un dossier* qui permette de conclure à la validité de ses hypothèses ou alors qui permette de les réfuter. Ce dossier comprendra des observations empiriques qui seront reliées aux hypothèses et à la question de recherche. Voici un exemple.

> Imaginons qu'un chercheur veuille déterminer si un programme québécois d'accession à la propriété, par exemple, la réduction du taux d'emprunt hypothécaire, a un impact sur la construction résidentielle. Il pourrait émettre l'hypothèse suivante : la réduction du taux d'emprunt hypothécaire a permis à 50 % des clients du programme d'accession à la propriété d'acquérir une maison. Une fois cette hypothèse émise, le chercheur doit décrire quelle approche il utilisera pour confirmer l'hypothèse ou la rejeter. Il pourrait tester son hypothèse d'au moins deux façons. D'abord, il pourrait demander aux participants si leur décision d'achat de maison a été influencée par la baisse du taux hypothécaire, et donc se fier au jugement des participants au programme. Le chercheur pourrait aussi comparer les taux d'achat de maisons pour des ménages de revenus équivalents au cours des années antérieures au taux d'achat depuis l'entrée en vigueur du programme ; le critère du chercheur (son élément de preuve) serait alors que les taux d'achat sont supérieurs depuis que le programme a été mis en place. Il s'agit de deux structures de preuve légitimes qui ont chacune leurs forces et leurs faiblesses.

Le chercheur doit donc proposer une logique de démonstration ou de preuve, c'est-à-dire une approche de recherche qui permettra de monter un dossier en faveur de ses hypothèses ou à leur charge. La description de cette structure de preuve est une des caractéristiques principales de la recherche dite scientifique : le scientifique doit décrire précisément le protocole qu'il utilisera pour tester ses hypothèses et, par ailleurs, il ne bornera pas son observation aux seuls faits qui confirment ses idées préconçues ; il prendra en compte toutes les observations disponibles, qu'elles soutiennent ses hypothèses ou non.

Plus spécifiquement, la structure de la preuve dans une recherche sociale est *l'arrangement des modes de comparaison adopté pour vérifier des hypothèses, assurer les liens entre les variables retenues et éliminer les influences d'autres variables.*

2. Questions de recherche et structures de preuve

Il existe trois types de questions de recherche et à chaque type de question de recherche est associée une stratégie de preuve privilégiée. Nous disons bien « privilégiée » et non pas exclusive puisque les liens que nous établissons ici ne sont pas nécessaires ; ils sont plutôt les plus courants.

TABLEAU 1
Questions de recherche et stratégies de preuve

	Questions exploratoires	Questions descriptives	Questions relationnelles
Définition	Question de recherche ouverte portant sur un thème peu connu, en exploration.	Question portant sur la description d'un état.	Question portant sur la relation entre deux états.
Exemple	Quelle est la nature du lien entre les jeunes et la société contemporaine ?	Quelle est la satisfaction des clients d'une entreprise ?	Existe-t-il un lien entre les ressources financières et la probabilité de compléter les exigences d'un diplôme universitaire ?
Stratégie de preuve privilégiée	Approche exploratoire : étude de cas	Approche descriptive : description de cas multiples	Approches comparatives : structures corrélation-nelles, structure expérimentale.
Justification	L'étude de cas permet la description en profondeur et l'enclen-chement d'un processus inductif.	La description de cas multiples permet de documenter l'état d'un nombre suffisant d'individus pour enclencher un processus déductif.	La comparaison de cas permet d'établir des liens de concomitance qui, associés à une théorie, permettent d'inférer des liens de causalité.

Les *questions de recherche exploratoires* visent des thèmes qui ont été peu analysés et dont le chercheur n'est pas en mesure d'établir un portrait à partir des connaissances existantes. Quelques exemples : Quelle est la nature du lien entre les jeunes et la société contemporaine ? Quelle est la signification de la citoyenneté canadienne pour les immigrants récents ? Quelles sont les causes de l'insatisfaction des clients de l'entreprise A ? L'objectif de recherche, dans le cas des questions exploratoires, est de nature inductive : Qu'est-ce que la situation existante peut nous apprendre qu'il est possible de formuler ensuite sous forme de modèle temporaire de représentation de la réalité? Pour aborder les questions exploratoires, on privilégie une approche qui permet de s'imprégner de l'essence d'une situation, d'en capter la complexité et d'en interpréter le sens. L'approche exploratoire par excellence est l'étude de cas. Elle fera l'objet de la prochaine section.

Les *questions de recherche descriptives* s'intéressent à la description pure et simple d'états : Quelle proportion des clients de l'entreprise A sont satisfaits? Combien de Québécois ont l'intention de voter de telle ou telle façon lors de la prochaine consultation publique? Quelles sont les préoccupations des immigrants en ce qui a trait au marché du travail? Quel est le rang du Canada selon l'indice de développement humain? Les questions descriptives accaparent une grande part de la littérature en sciences sociales, comme du débat public. Ces questions sont généralement abordées à partir d'une structure de preuve basée sur une description de multiples cas dont nous traiterons à la section 4.

Les *questions de recherche relationnelles* mettent en relation deux ou plusieurs états de faits : Les ressources financières disponibles aux étudiants influencent-elles la probabilité de compléter les exigences d'un diplôme universitaire? Pourquoi la part de marché de l'entreprise A diminue-t-elle? Comment pourrait-on réduire le décrochage scolaire? Ces deux dernières questions sont de nature relationnelle puisqu'elles exigent de s'interroger sur les causes sous-jacentes à un phénomène : avant de chercher des moyens de réduire le décrochage scolaire, il faut déterminer les facteurs qui le provoquent. À la question relationnelle correspond la nécessité de comparer des situations : la démonstration de la relation entre deux variables (p. ex., les ressources financières et l'obtention d'un diplôme) passe par la comparaison d'au moins deux groupes : on comparera le taux d'obtention d'un diplôme des étudiants ayant beaucoup et peu de ressources financières. Les approches comparatives forment une famille bigarrée le long du continuum allant de la description pure et simple de deux groupes à l'expérience hautement contrôlée. Elles feront l'objet de la section 5.

En résumé, la structure de la preuve poursuit essentiellement trois buts :

- fournir une réponse de recherche aussi valide, objective, précise et économique que possible en établissant clairement les potentialités et limites de la méthode de recherche choisie ;

- produire un cadre où l'on sera en mesure de rejeter les explications alternatives, après avoir démontré la justesse des hypothèses de recherche ; savoir que le niveau technologique et l'urbanisation sont reliés ne permet pas de conclure que l'un cause l'autre, il faut aussi éliminer les influences des autres variables (l'industrialisation, par exemple) et leurs influences réciproques ;

– préciser les observations à faire ; la structure de preuve dicte, par exemple, s'il faut étudier un seul sujet ou plusieurs, quelles variables semblent pertinentes, quelles comparaisons effectuer, etc.

3. L'étude de cas

Quand on analyse seulement une situation, un seul individu, un seul groupe, une seule campagne électorale, un seul pays, etc., et à un seul moment dans le temps, on dit qu'on effectue une étude de cas. On peut étendre cette définition pour inclure les circonstances où l'on étudiera quelques situations en profondeur ou une situation évoluant dans le temps. Somme toute, cette approche de recherche se caractérise à la fois par le *nombre restreint* de situations analysées, la *profondeur de l'analyse* et l'importance accordée à une *démarche inductive,* qui alimentera une phase de développement de théories ou de modèles (tout en reconnaissant que certaines études de cas peuvent aussi servir dans une perspective déductive et confirmatoire).

En 1980, Michel Pratt publiait *La grève de la United Aircraft*[1]. Dans ce texte, l'auteur cherche à décrire de façon concrète les mécanismes dont dispose l'État capitaliste pour maintenir l'exploitation de la force de travail. Il campe les acteurs : les actionnaires de la United Aircraft, les travailleurs du local 510 des TUA, les dirigeants patronaux et l'élite d'État. Il décrit ensuite le rapport de force qui lie les deux premiers acteurs et qui évolue au cours du conflit : la puissance décroissante des travailleurs et les pertes aussi décroissantes de la compagnie. Pratt discerne trois étapes dans sa description du conflit (déclenchement, déroulement et issue) et conclut à l'inutilité de la grève et à l'importance du rôle de protecteur des capitalistes que l'État a joué.

Jean Crête fit paraître en 1973 un article portant sur la sélection d'un candidat dans une circonscription électorale urbaine[2]. Il analyse en profondeur le cas d'une circonscription grâce à l'appareillage

---

1. Michel PRATT, *La grève de la United Aircraft*, Sillery, Presses de l'Université du Québec, 1980, 115 pages.
2. Jean CRÊTE, « Analyse stratégique du choix d'un candidat dans une circonscription urbaine », *Revue canadienne de science politique*, vol. 6, n° 2, juin 1973, p. 254-270.

conceptuel de l'analyse stratégique. Le jeu qu'il décrit est joué par des agents activistes de l'association partisane. L'étude débute alors qu'il n'y a qu'un candidat en lice. Certains agents rejettent ce candidat pour diverses raisons et forment une coalition pour présenter un autre candidat. Les deux organisations ainsi formées font campagne auprès des membres de l'association de comté. C'est au cours de cette campagne que diverses situations se développent. Elles sont documentées par l'auteur à l'aide de son approche stratégique.

Cette structure est à la fois forte et faible, justement en raison de cette attention à très peu de situations. Le fait qu'elle n'utilise qu'un cas lui permet de l'approfondir beaucoup plus que ne peut le faire l'analyse comparative : pas ici de contrainte de ressource et d'équivalence des concepts à comparer comme ce sera le cas dans l'approche comparative. Cet approfondissement permet d'effectuer des spécifications, de préciser des détails, d'expliquer des particularités comme la structure comparative ne peut le faire.

L'étude de cas a souvent été décriée parce qu'elle rend difficile la généralisation, parce qu'elle peut porter à confusion si le cas s'avère déviant, parce qu'elle présente souvent des lacunes sur le plan théorique, parce qu'elle s'arrête souvent à la description, sans chercher d'explication, etc. Ces critiques sont souvent valables et, pour les réfuter, l'étude descriptive devra toujours respecter deux exigences fondamentales :

1) d'abord, elle doit être systématique, c'est-à-dire qu'elle doit retenir *tous* les faits significatifs et non seulement ceux qui correspondent aux attentes du chercheur ; cette caractéristique fait la différence entre l'œuvre sérieuse ou objective et le pamphlet démagogique ;

2) l'étude descriptive doit être profondément théorique, ce qui veut dire qu'elle doit s'appuyer sur une théorie, des hypothèses et des concepts qui servent de principe directeur à la collecte des observations et de sentier pour leur interprétation.

À l'utilisation du cas unique correspondent aussi des possibilité théoriques importantes. L'étude de cas peut se permettre d'être plus imaginative que l'étude comparative et de fouiller davantage le support théorique à la recherche du fait inexplicable ou du cas déviant qui force le raffinement ou la révision de cette théorie. L'étude de cas n'est donc pas dépourvue d'attrait, surtout en ce qui concerne la proposition de nouveaux énoncés théoriques.

En ce qui a trait à la vérification de ces théories ou hypothèses, par contre, l'utilisation du cas unique devient un handicap. Autant par le manque de contrôle sur les conditions de la situation observée que par l'absence de comparaison avec un autre cas semblable ou différent, ou encore par la possible non-représentativité du cas retenu, l'étude de cas ne peut se permettre de faire des généralisations. Elle a donc ses domaines d'application et ses champs interdits.

4. La structure descriptive

La structure descriptive à cas multiples a pour but essentiel de décrire un état pour documenter, de façon fiable, une situation. Elle diffère de l'approche exploratoire par l'utilisation non plus d'un seul cas (ou d'un petit nombre) mais de plusieurs.

> Plusieurs auteurs se réunirent, en 1979, pour élaborer une enquête sur les besoins des personnes âgées vivant à domicile dans l'Est du Québec[3]. Cette étude cherchait à vérifier les besoins réels de la population âgée de l'Est du Québec. Elle fut essentiellement constituée d'un questionnaire administré à 672 personnes de plus de 64 ans. Ce questionnaire s'arrêtait aux caractéristiques sociodémographiques, à l'autonomie physique, sociale, émotionnelle et économique, à la situation du logement, de l'alimentation, du travail, de la santé, de la famille, des loisirs, etc. Les analystes décrivirent en détail la situation de ces personnes âgées, leurs besoins ressentis et les solutions qu'elles envisageaient. Ils en tirèrent des recommandations sur ce qui devrait être entrepris pour améliorer le sort de ces personnes âgées.

La plupart des sondages d'opinion tombent dans cette catégorie. Ils décrivent les réponses d'un grand nombre de personnes. On verra à la prochaine section que les sondages peuvent aussi être utilisés dans le cadre d'une approche comparative.

Il est très important de remarquer que toute stratégie de démonstration qui est basée sur la description simple de données colligées sur de nombreux cas relève de l'approche descriptive. En particulier, toutes les stratégies de preuve qui se basent sur l'opinion qu'ont des individus sur le changement qui a pu survenir (« Lisez-vous plus ou moins de livres aujourd'hui qu'autrefois ? », « Est-ce que la réduction du taux hypothécaire vous a amené à devancer l'achat de votre résidence ? ») relèvent de l'approche descriptive. En effet, dans ces cas, la preuve avancée est la **description** d'un état, soit l'état de la comparaison que l'on demande à une personne de faire entre deux situations, et non pas la comparaison de deux états.

---

3. Maurice ARSENAULT *et al.*, *Étude sur les besoins des personnes âgées vivant à domicile et résidant dans l'Est du Québec*, Rimouski, CRSSS-01, mai 1979, 254 pages.

Une étude menée par la Fédération étudiante universitaire du Québec[4] conclut que les problèmes financiers constituent la principale cause d'abandon des étudiants à la maîtrise et au doctorat. Pour preuve, selon un sondage auprès de 1 000 étudiants aux cycles supérieurs, plus de la moitié travaillent une moyenne de 25 heures, le travail constitue la première source de revenus pour 43 % des étudiants et le tiers d'entre eux jugent que leur condition financière précaire est la première cause d'abandon des études. Reprise sous une forme plus claire, la question de recherche se lit ainsi : Existe-t-il un lien entre l'abandon des études aux cycles supérieurs et les ressources financières ? C'est clairement une question de recherche de nature relationnelle, liant ressources financières à réussite scolaire. Aussi imposante que semble la preuve, à l'analyse, elle s'avère faible. Plutôt que de comparer le taux de réussite pour deux groupes d'étudiants qui auraient des ressources financières différentes, la preuve est fondée sur le jugement des intéressés sur la question. L'analyse **décrit** donc les positions des étudiants, ce qui ne constitue pas une preuve de la relation entre les deux variables, mais une démonstration des positions subjectives des étudiants.

On peut voir immédiatement les faiblesses de la structure descriptive comme approche à la démonstration d'une relation de cause à effet entre un facteur déclenchant et un changement d'état : comme on ne fait que décrire la situation après que le facteur déclenchant ait fait son œuvre, on ne peut inférer la relation de cause à effet qu'à partir du jugement des acteurs. On ne peut pas apporter de démonstration factuelle de l'effet du facteur déclenchant par la description pure et simple d'un seul groupe.

Par exemple, il n'est pas possible de déterminer directement si un programme de diète alimentaire affecte le poids des participants en mesurant simplement le poids collectif d'un groupe de personnes ayant suivi une diète. En effet, tout ce que l'on saurait alors, c'est que le groupe pèse X livres, sans pouvoir dire si cela correspond à une perte de poids. Bien sûr, on pourrait, au cours d'une mesure unique et postérieure à la participation à cette diète collective, demander aux participants s'ils ont perdu du poids. Cependant, d'une part, il ne s'agirait pas d'une démonstration directe de l'effet et, d'autre part, cette procédure impliquerait une comparaison implicite de la part des participants. La structure descriptive n'est pas appropriée dans ce cas parce que l'hypothèse inclut l'idée de changement.

La structure de preuve descriptive a l'*avantage*, par rapport à l'étude de cas, de ne pas se fier à un seul sujet (ou très peu de sujets) qui peut être non représentatif. Elle s'arrête plutôt à de nombreuses situations

4. Isabelle PARÉ, « L'argent, principale cause d'abandon », *Le Devoir*, 15 septembre 1993.

pour s'assurer de bien dépeindre l'ensemble de l'objet de recherche, mais ne va pas au-delà de la description de l'agrégation des données recueillies. Par contre, elle comporte aussi des *inconvénients*. Comme elle requiert plus d'efforts distribués sur plusieurs individus, la structure descriptive à cas multiples ne peut décrire en profondeur chaque situation ; la figure 1 fait ressortir le lien entre le nombre de cas utilisés dans la preuve et la profondeur de l'analyse.

FIGURE 1
Relation entre le nombre de sujets et la profondeur de l'analyse

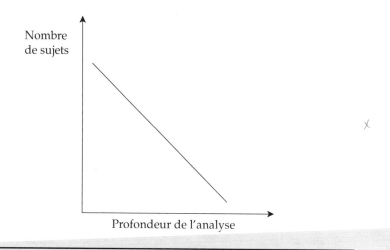

Comme toute autre structure de preuve, la structure descriptive doit respecter deux critères fondamentaux pour être considérée comme scientifique :

1) elle doit être systématique, dans le sens où la description doit être exhaustive et retenir tous les éléments pertinents du sujet d'observation ;

2) la description doit aussi être basée sur une théorie. Nombreux sont les apprentis chercheurs qui considèrent que le recours à la théorie est superflu dans le cas de structures purement descriptives.

Pourquoi s'encombrer de théories compliquées quand la question de recherche est simplement de décrire une situation ? En fait, la théorie est aussi importante dans la structure de preuve descriptive que dans la structure comparative puisque c'est grâce à la théorie que le chercheur saura *quelles observations* faire et comment *interpréter* ses observations. Encore une fois : les données ne parlent pas d'elles-mêmes ; il faut leur *donner un sens* grâce à la théorie.

5. Les structures comparatives

Aux questions relationnelles correspondent les structures de preuve comparatives. Pourquoi ? Simplement, une question relationnelle suggère l'existence d'un lien (de concomitance ou de cause à effet) entre deux variables, l'une (la variable dite *indépendante*) entraînant souvent l'autre (la variable dite *dépendante*), au moins au niveau des hypothèses. Quoi de plus naturel que de démontrer l'existence de cette relation en *comparant* l'état de la variable dépendante selon l'état de la variable indépendante. Le tableau 2 donne quelques exemples éclairants.

TABLEAU 2
Exemples de questions relationnelles

Question de recherche	Variable indépendante	Variable dépendante	Proposition de stratégie de preuve (d'autres seraient valables)
Les gens âgés résistent-ils davantage au changement que les jeunes ?	Âge	Résistance au changement	*Comparer* une mesure de résistance au changement entre un groupe de jeunes et un groupe de personnes âgées.
Les réactions aux politiques sociales sont-elles les mêmes pour les hommes et les femmes ?	Sexe	Réactions aux politiques sociales	*Comparer* les résultats d'une mesure de réaction aux politiques sociales entre un groupe d'hommes et un groupe de femmes.
La publicité X augmente-t-elle les ventes du produit A ?	Publicité	Ventes de produits	*Comparer* les ventes du produit A dans un groupe ayant vu la publicité X et dans un groupe qui n'y a pas été exposé.
Les programmes de partis influencent-ils les choix des électeurs ?	Programmes de partis	Choix électoraux	*Comparer* les choix électoraux d'un groupe exposé aux programmes et d'un groupe qui ne l'est pas.

TABLEAU 2 (*suite*)

Question de recherche	Variable indépendante	Variable dépendante	Proposition de stratégie de preuve (d'autres seraient valables)
L'exposition aux radiations électro-magnétiques accroît-elle les probabilités de leucémie infantile ?	Radiations électro-magnétiques	Leucémie infantile	*Comparer* l'incidence de leucémie infantile chez les enfants d'un groupe de mères ayant été exposées à d'intenses radiations et chez des enfants d'un groupe non exposé.
La qualité de l'alimentation des enfants affecte-t-elle leur réussite scolaire ?	Alimentation	Réussite scolaire	*Comparer* le taux de réussite scolaire entre un groupe d'enfants bien alimentés et un groupe mal alimenté.
Est-ce que la réduction du prix des cigarettes conséquente à la réduction des taxes a affecté la santé publique ?	Baisse des taxes sur le tabac	Santé publique	*Comparer* l'évolution dans le temps de la proportion de fumeurs, avant et après la réduction des taxes.
Est-ce que l'usage de drogues dures accroît l'incidence de criminalité chez les jeunes ?	Drogue	Criminalité	*Comparer* le comportement criminel avant et après la mise en place du comportement d'utilisation de drogues dures.
Est-ce que le financement du démarrage d'entreprises permet de créer des emplois ?	Financement de démarrage d'entreprises	Création d'emplois	*Comparer* le taux de création de nouvelles entreprises et le taux de création d'emplois chez les nouvelles entreprises dans une province touchée par le programme et par une province qui ne l'est pas.
Est-ce que le financement des bibliothèques publiques a permis d'accroître le comportement de lecture ?	Financement des bibliothèques publiques	Comportement de lecture	*Comparer* le nombre de livres lus par les résidents de municipalités possédant une bibliothèque publique et par ceux qui ne peuvent compter sur cette infrastructure.
Est-ce que la réfection des routes permet de réduire le nombre d'accidents mortels ?	Pavage des routes	Accidents mortels	*Comparer* l'incidence d'accidents mortels avant et après le pavage de segments de routes, et avec d'autres routes n'ayant pas fait l'objet de réfection.

Dans tous les cas offerts au tableau 2 (dont la grande majorité a effectivement fait l'objet de recherches empiriques publiées), la question de recherche relie deux variables; elle est donc relationnelle. Dans tous les cas, la preuve à apporter à l'appui de l'hypothèse est la comparaison de différents états: entre deux groupes de personnes, entre deux juridictions, entre deux périodes, etc. Retenons ce message essentiel: *question relationnelle, preuve comparative.*

La structure de preuve comparative se caractérise par *l'observation de plusieurs cas* dont elle relève à la fois les ressemblances et les différences. Le but ultime est de mettre au jour les constances qu'on peut retrouver d'un cas à l'autre tout en observant les similitudes et les dissemblances. La comparaison de plusieurs cas permet d'établir des liens de covariation sur la base de différences entre des groupes constitués analytiquement; par l'utilisation de la théorie, on peut passer de ces observations de concomitances à des conclusions sur les relations de cause à effet.

Pour montrer qu'une situation A entraîne une situation B, l'analyse comparative observe plusieurs contextes où elle cherche à découvrir que 1) A et B sont présents simultanément, 2) A et B sont absents simultanément, etc. Sans entrer dans le détail des problèmes de causalité[5], disons que la comparaison de plusieurs cas permet de faire ressortir des situations présentant certaines différences et certaines ressemblances, et que le travail du chercheur est d'en tirer des constances.

La logique de la structure de preuve comparative veut que des observations concernant la variable dépendante soient accumulées et regroupées dans des groupes définis selon la variable indépendante (voir le tableau 2 pour plusieurs exemples). On pourra construire ces groupes essentiellement de trois façons (on notera que ces critères peuvent être conjugués à l'intérieur d'une même stratégie de preuve pour combiner leurs forces et atténuer leurs faiblesses):

- en catégorisant les sujets de l'étude selon une *caractéristique qui leur est propre*. Par exemple, dans le cadre d'une analyse de contenu des programmes des partis politiques, on pourra comparer les énoncés selon qu'ils proviennent d'un parti ou d'un autre. Une variante de ce critère est la comparaison effectuée en

---

5. Voir les références additionnelles suivantes: Hubert M. BLALOCK Jr., *Causal Inferences in Nonexperimental Research*, Chapel Hill, University of North Carolina Press, 1964, pages 3 à 26; Morris ROSENBERG, *The Logic of Survey Analysis*, New York, Basic Books, 1968, chapitres 1 à 7; Travis HIRSCHI et Hanan C. SELVIN, *Recherches en délinquance, principes de l'analyse quantitative*, Paris, Mouton, 1975, chapitres 3 à 8.

regroupant les sujets sur une base géographique. Par exemple, on pourra comparer le comportement des fumeurs de l'Ouest canadien avec celui des Québécois, non à cause des aspects territoriaux, mais parce que la réduction des taxes sur le tabac a été beaucoup moindre dans le premier cas que dans le second[6] ;

– en comparant *à travers le temps* une situation antérieure avec une situation présente. Par exemple, on pourrait observer l'évolution annuelle du nombre de naissances par femme en âge de procréer pour y déceler les effets d'une politique familiale ;

– en comparant les résultats atteints par deux groupes créés artificiellement par le chercheur, *sur la base du hasard*. Par exemple, on pourrait demander à des professeurs soit d'appliquer une nouvelle pédagogie d'enseignement des mathématiques, soit de conserver une pédagogie existante, après avoir assigné chacun des professeurs à l'un des deux groupes, au hasard. On pourrait ensuite comparer les résultats obtenus par les élèves des professeurs des deux groupes et tirer des enseignements sur le rendement comparatif des deux pédagogies.

Pour être utile et scientifique, la structure comparative doit obéir aux deux mêmes exigences que la structure descriptive :

1) elle doit être systématique et utiliser toutes les observations pertinentes ; des dérogations à cette règle ont été à la source des critiques suscitées par *Les partis politiques* de Maurice Duverger[7] : l'auteur analyse et catégorise une vingtaine de pays, mais sans systématisation (il ne reprend pas *tous* les éléments d'analyse pour *tous* les cas retenus) ;

2) elle doit s'appuyer sur une théorie qui encadre l'observation et propose des explications aux constances observées ; en effet, l'observation ne peut révéler que des covariations, les relations de cause à effet doivent être inférées théoriquement à partir de ces constatations : ainsi, on peut constater que le rougissement des feuilles à l'automne suit le refroidissement de la température, mais cela ne veut pas dire que ceci entraîne cela (ce qui n'est d'ailleurs pas le cas) ; on peut aussi constater que la majorité des Britanniques sortent leur parapluie *avant* qu'il ne

---

6. Isabelle PARÉ, « La baisse des taxes a été néfaste au plan de la santé », *Le Devoir*, 4 février 1997.
7. Maurice DUVERGER, *Les partis politiques*, Paris, Colin, 1976, 476 pages.

pleuve, mais on ne peut conclure à la causalité du premier sur le second que si l'on dispose d'une théorie pour l'expliquer.

La comparaison est la seule façon de démontrer une relation, soit. Mais elle n'est pas sans écueil. La première difficulté vient du problème du *niveau de conceptualisation*. On ne peut percevoir les faits et les choses qu'en leur donnant une forme, une vie, une explication à travers le langage et la théorie ; c'est ce qui explique que deux observateurs peuvent décrire différemment la même situation et que les conceptions scientifiques du monde ont évolué dans l'histoire[8]. Les faits ne sont donc pas comparables par eux-mêmes, ils doivent d'abord être conceptualisés (ajustés à des catégories conceptuelles connues) avant de pouvoir être intégrés à une théorie qui permette de les comparer. L'écueil de la comparaison vient de ce que, à la limite, on pourrait faire des catégories tellement lâches et ouvertes que toutes les observations montreraient que les faits se ressemblent (toutes les tables seraient des meubles) ; ou, alors, on pourrait créer des catégories tellement précises et spécifiques que chaque fait semblerait unique (votre table serait de style Louis XVI avec une égratignure au coin gauche). Où se situe donc le niveau de précision des concepts qui permette à la fois de distinguer les situations différentes et de faire ressortir les constances (ressemblances) pertinentes ? C'est là la grande difficulté de la comparaison[9]. La structure comparative comporte aussi d'autres interrogations qui requièrent au préalable d'approfondir le détail de son application.

Reprenons maintenant, pour décrire leurs forces et leurs faiblesses, les grands critères de constitution des groupes qui servent à la comparaison. Nous présenterons ensuite quelques stratégies de preuves classiques qui combinent ces critères.

Mais avant d'aller plus loin, il faut clarifier le concept d'*événement déclencheur*. Toute structure de preuve comparative correspond à une hypothèse portant sur un changement d'état : on fait l'hypothèse qu'un état est modifié par une situation particulière ou par un événement spécifique. Cet événement ou cette situation sont ici appelés « facteurs déclenchants » puisqu'ils sont supposés responsables du changement dans l'état de l'objet d'observation ; ce concept correspond à ce que d'autres auteurs appellent « la variable indépendante ».

---

8. On lira à profit Jean ROSMORDUC, *De Thalès à Einstein*, Paris, Études Vivantes, 1980, 205 pages.
9. L'article de Jane JENSON, « The Filling of Wine Bottles is Not Easy », *Canadian Journal of Political Science*, vol. 11, n° 2, juin 1978, p. 437-446, est très intéressant à cet égard.

5.1. Comparaison selon une caractéristique propre

En 1986, Communications Canada, Tourisme Canada et le Secrétariat d'État s'intéressaient à la possibilité d'augmenter la fréquentation touristique en utilisant différents « ingrédients » culturels comme attraits. Ces partenaires commanditèrent des groupes locaux dans quatre villes canadiennes pour mettre sur pied et gérer des projets pilotes analysant cette question. À Toronto, les groupes culturels constituèrent un organisme *ad hoc* pour organiser des forfaits mettant l'accent sur la culture classique. Opéra, ballet, théâtre et musique symphonique étaient à l'honneur. Ces forfaits étaient vendus par un organisme unique, ce qui rendait la tâche plus facile au visiteur. La promotion de ces produits était faite par les journaux et la radio ainsi que par une campagne de promotion postale. L'effet de la campagne postale a été mesuré en comparant la proportion des individus ayant visité Toronto et participé à des activités culturelles classiques au cours d'une période donnée parmi ceux qui avaient reçu la promotion postale et dans un échantillon aléatoire de la population visée. La différence entre ces deux proportions était considérée comme attribuable aux impacts de la campagne de promotion.

Dans le cadre de ses activités de formation de la main-d'œuvre, Emploi et Immigration Canada subventionne la formation offerte aux individus dont les emplois sont menacés par des changements technologiques ou concurrentiels. Il s'agit du Programme d'acquisition de compétences. Ce programme a été soumis à une évaluation en 1991. Cette étude devait déterminer si le programme contribuait à la réduction des pertes d'emploi et à l'amélioration de la performance des entreprises. La firme d'évaluation chargée de mener l'étude évaluative basa sa preuve sur la comparaison de nombreux critères d'impacts possibles du programme (amélioration des compétences, incidence du chômage, longueur de la période sans emploi, type d'emploi acquis, utilisation de technologie informatique, salaire, etc.) pour un échantillon de participants et un échantillon de la population générale active sur le marché du travail. Les évaluateurs tirèrent un échantillon de participants et les interviewèrent par téléphone ; ils firent de même pour un échantillon de la population canadienne en s'assurant d'abord qu'il s'agissait de personnes actives sur le marché du travail. Les indicateurs de performance ne furent mesurés qu'après la participation au programme puisque aucune mesure n'avait été prise par le ministère avant l'accès au programme et parce qu'il n'était pas possible d'attendre les quelques années nécessaires à la mise en place d'une mesure antérieure suivie d'une mesure ultérieure distante de deux à trois ans de la période de formation. Une seule mesure a aussi été prise auprès de la population en général qui constituait le groupe témoin.

Dans la structure comparative où les groupes sont constitués sur la base d'une caractéristique propre (aussi appelée *stratégie avec groupe témoin non aléatoire*), la démonstration de l'impact d'un facteur déclenchant prend sa source dans la mesure de la différence entre les états des deux groupes. On fait l'hypothèse que les deux groupes sont équivalents avant l'intervention du facteur déclenchant (de la variable dépendante) et que les différences mesurées *ex post facto* sont dues à ce facteur.

La *force* de la structure comparative fondée sur les caractéristiques propres aux groupes tient à ce que l'on utilise le groupe témoin comme critère d'effet plutôt que le groupe expérimental[10] lui-même, comme dans le cas d'une stratégie proprement descriptive. En conséquence, on peut conclure que le facteur déclenchant semble créer un écart entre les deux groupes.

Le *problème* que la structure comparative fondée sur la comparaison de groupes sur la base de caractéristiques propres ne règle pas, c'est la question de l'équivalence des groupes et, donc, de la capacité du chercheur à attribuer les changements dans la variable dépendante aux changements dans le facteur déclenchant. En effet, il est possible que les deux groupes comparés ne soient pas réellement comparables avant l'intervention du facteur déclenchant. Par exemple, les participants à un programme de formation pourraient être systématiquement plus motivés à l'acquisition de connaissance ou être systématiquement dans une situation d'emploi plus précaire.

Pour régler cette question, on aura recours à l'une des deux stratégies suivantes :

1. On ajoutera le critère du temps au critère de la caractéristique : on utilisera une stratégie qui inclura une comparaison des groupes à la fois sur la base du temps (avant et après une intervention, par exemple) et de caractéristiques propres (la participation à un programme de formation, par exemple).

2. On pourra aussi mettre en œuvre différentes stratégies pour accroître la probabilité que les groupes comparés soient équivalents sous les aspects autres que la caractéristique qui intéresse l'analyste. Ces stratégies incluent la sélection des cas à comparer sur la base du pairage (choisissant, pour le groupe témoin, des cas qui soient aussi rapprochés que possibles des

---

10. On nomme « groupe expérimental » le groupe d'individus soumis au facteur déclenchant et « groupe témoin » le groupe qui est libre de l'intervention du facteur déclenchant.

cas soumis au facteur déclenchant) et l'analyse statistique multi-variée où l'analyste tente, *a posteriori*, de contrôler les impacts des autres facteurs différenciant les deux groupes sur lesquels est basée sa stratégie de preuve.

5.2. Comparaison dans le temps

Une seconde stratégie fondamentale de la preuve en sciences sociales est l'utilisation du temps. Le postulat utilisé ici est que l'on est à même d'identifier l'impact d'un changement (variable indépendante ou facteur déclenchant) en observant comment une situation a évolué après sa mise en place, ou en comparant l'état de la situation avant et après ce change-ment. On reconnaît trois situations de structures de preuves fondées sur le temps selon l'agencement des comparaisons dans le temps : plusieurs comparaisons après le facteur déclenchant, une comparaison entre la situation avant et après, et des comparaisons multiples avant et après.

Plusieurs comparaisons après le facteur déclenchant

Une première structure très simple de comparaison fondée sur le passage du temps est caractérisée par la prise de plusieurs mesures uniquement après le facteur déclenchant.

> Imaginons, par exemple, qu'une entreprise met en place un pro-gramme de satisfaction au travail. Les gestionnaires de la compagnie décident d'instituer un programme d'évaluation du rendement, de former les chefs de service à la communication interpersonnelle, de fournir des occasions aux employés de faire connaître leurs doléances, etc. La présidente de la firme voudrait connaître les effets réels de ces efforts de gestion. Cependant, nul n'a jugé bon de mesurer empiri-quement la satisfaction des employés avant la mise en place du pro-gramme. Les responsables sont donc réduits à mesurer régulièrement la satisfaction après la mise en place des mesures correctrices. Il s'agit 1) d'une structure de preuve comparative puisqu'elle est basée sur la comparaison de mesures, 2) mais à un seul groupe puisque seuls les employés seront questionnés et 3) avec plusieurs mesures posté-rieures au programme.

L'*avantage* premier de cette structure de preuve est la simplicité. On peut implanter une telle structure à tout moment, même après le facteur déclenchant. Ainsi, on peut mesurer la faveur de l'opinion publique face au gouvernement à tout moment après son élection. Les *faiblesses* de cette structure sont aussi évidentes. L'attribution, au facteur déclenchant, de la paternité des changements dans l'état de l'objet mesuré doit être fondée sur le postulat que cet état n'évoluait pas déjà dans la direction observée avant le facteur déclenchant. C'est là un postulat très faible. Pourtant, beaucoup d'évaluations de programmes gouvernementaux doivent se contenter de ce type de structure de preuve à défaut de mesures de l'état de la cible de l'intervention antérieures à la mise en place du programme public.

> Si la satisfaction des employés évoluait déjà à la hausse avant la mise en place des nouveaux programmes, l'observation que la satisfaction augmente après le facteur déclenchant pourrait amener l'analyste à conclure, faussement, que les nouvelles mesures ont eu un effet positif. Dans les faits, la tendance à la hausse pourrait être causée par d'autres sources ou être le résultat d'une évolution naturelle. Cette structure de preuve ne permet pas de décortiquer ces effets.

L'utilisation de ce type de structure requiert un encadrement théorique particulièrement solide. En effet, l'analyste ne peut pas compter que le hasard éliminera les différences entre les groupes comparés puisque un seul groupe est analysé. Les autres raisons qui pourraient expliquer les changements de l'état de l'objet d'étude doivent être déterminées, incluses dans le modèle de mesure et contrôlées statistiquement pour en éliminer les influences parasitaires. Cette procédure est un pis-aller, cependant. D'autres structures de preuve permettent mieux d'éliminer ces explications alternatives.

Comparaison unique avant et après le facteur déclenchant

> En 1988, le gouvernement du Québec annonçait que, pour augmenter le taux de fertilité des femmes québécoises en vue de limiter le problème prévisible du déclin de la population, il offrait des montants forfaitaires aux mères lors de l'accouchement. Le « bébé-boni », comme on vint à l'appeler, augmentait selon le rang de l'enfant nouveau-né et était versé mensuellement sur une période de quelques années. En 1989, ces bébés-bonis ont coûté 110 millions de dollars aux Québécois. Dès 1989, le ministre des Finances annonçait fièrement que le programme portait ses fruits. Il basait sa conclusion sur une comparaison du taux de fertilité des femmes en âge de procréer pour 1988 et 1989. On pouvait observer une augmentation significative du taux de fertilité au cours de ces deux années.

Dans l'exemple ci-dessus, un seul groupe fait l'objet d'observation : les femmes québécoises. Cette observation se fait en deux temps et le critère décisif de l'analyse est la comparaison d'une valeur donnée (le taux de fertilité) entre deux moments séparés par le facteur déclenchant (le programme Bébés-bonis). Cette structure comporte un *avantage* certain par rapport à la comparaison uniquement ultérieure : l'analyste peut au moins documenter un changement.

Cette structure soulève, cependant, plusieurs *problèmes* : L'évolution entre les deux mesures était-elle déjà en cours avant la mesure antérieure ? L'évolution entre les deux mesures persistera-t-elle après la mesure ultérieure ? La différence entre les deux mesures est-elle réellement due aux effets du facteur déclenchant ou est-il possible que les changements observés soient reliés à d'autres modifications dans l'environnement ou à des effets de vieillissement ou de maturation ? Toutes ces questions sont valables. Le principal outil de l'analyste utilisant une structure de preuve à comparaison unique avant et après le facteur déclenchant ou voulant réduire les possibilités que ces problèmes ne hantent ses conclusions est la théorie. Encore une fois, c'est le support théorique qui fournira au chercheur les munitions logiques permettant d'établir le lien de causalité entre les différents changements et qui lui permettra de prévoir les autres modifications de l'environnement qui pourraient expliquer les changements dans l'état de l'objet d'observation.

Dans l'exemple des bébés-bonis, l'analyste devra tenir compte de l'évolution des attitudes sociales à l'égard de la famille, des changements dans le climat économique, de l'évolution du chômage et du revenu disponible, de la disponibilité des infrastructures nécessaires à la famille, de la structure d'âge de la population en âge de procréer et de tout autre facteur qui pourrait affecter le taux de fertilité. Sans cette prise en compte, l'analyste s'en tiendra à la réaction du ministre qui attribue l'ensemble de l'évolution du taux de fertilité au programme gouvernemental alors que d'autres facteurs ont sans doute contribué à la situation.

Comparaisons multiples avant et après le facteur déclenchant

En 1982-1983, en vertu du Programme canadien d'encouragement à l'accession à la propriété, la Société canadienne d'hypothèques et de logement (SCHL) fournissait des subventions de 3 000 $ aux acheteurs de maisons neuves. On se souviendra que ces années correspondaient au creux de la récession du début de la décennie 1980. Les taux d'intérêts sur prêts hypothécaires avaient grimpé au-delà de 20 % et l'industrie de la construction était au ralenti. Pour stimuler l'activité économique, le gouvernement du Canada avait mis ce programme sur pied. L'objectif était d'augmenter le nombre de mises en chantier. Effectivement, au cours des onze mois d'activités du

> programme les mises en chantier ont augmenté, mais il n'est pas clair
> que ce changement ait été dû au programme puisque, durant la même
> période, les taux d'intérêts ont chuté de moitié. Face à la tâche de
> déterminer la contribution du programme à la reprise de la cons-
> truction domiciliaire, les évaluateurs de la SCHL mirent en parallèle
> l'évolution mensuelle des mises en chantier depuis quelques
> décennies, le niveau moyen des taux d'intérêts hypothécaires sur la
> même période, l'activité du programme et d'autres variables signifi-
> catives. Ils considérèrent aussi les dix-huit mois qui suivirent la fin
> du programme.

Dans cet exemple, les chercheurs n'ont observé l'évolution que d'un
seul groupe, soit l'ensemble du parc domiciliaire canadien. Par contre,
ils ont utilisé plusieurs dizaines de mesures antérieures au facteur
déclenchant (le programme) et dix-huit mesures qui lui sont postérieures.
Nous nous trouvons donc devant le troisième type de structure comparative fondée sur le temps : la structure à mesures multiples antérieures
et postérieures au facteur déclenchant. On appelle aussi cette structure
série chronologique.

Cette structure a l'*avantage* certain de répondre aux préoccupations
relevées plus tôt à l'égard de la continuité de l'effet après une première
mesure postérieure et à l'égard de l'existence possible d'une tendance
antérieure au facteur déclenchant et, donc, indépendante de celui-ci. La
série chronologique constitue donc une preuve plus solide que la
structure à mesure antérieure et postérieure unique.

Cependant, elle n'écarte pas les *problèmes* d'attribution du changement observé au facteur déclenchant. Il n'est pas possible de démontrer
irréfutablement que le changement dans l'objet d'observation (le nombre
de mises en chantier dans l'exemple ci-haut) est dû au facteur déclenchant puisque d'autres changements ont pu se produire concomi-
tamment. Bien que des outils économétriques existent pour permettre de
réduire l'incertitude face à cette situation possible, ils ne sont pas sans
faille et la preuve est rarement parfaite.

> Deux ans après la première annonce de l'efficacité inattendue du
> programme de bébés-bonis, les ministres québécois concernés
> devaient modifier leur discours : on avait documenté que la hausse
> du taux de fertilité avait précédé l'instauration du programme et que
> la hausse mesurée à la suite du programme avait fléchi en 1990. L'al-
> longement de la période d'observation permettait donc de remettre
> en question l'efficacité de ce programme.

5.3. Comparaison de groupes créés au hasard

En 1966, Jean Laponce[11] mit au point une structure de preuve très originale pour analyser l'incidence de la publication des résultats de sondages sur les intentions électorales des voteurs. Il voulait démontrer que plus l'écart en pourcentage est grand entre deux candidats, au premier tour de scrutin, plus est grande la tendance des voteurs à aller à la rescousse de celui que l'on donne perdant (*the underdog*) au scrutin suivant. Pour ce faire, il demanda à des sujets réunis en plusieurs groupes disparates de choisir individuellement entre deux candidats identifiés uniquement par leur nom. On annonça ensuite des résultats truqués à chacun des groupes : dans un groupe choisi aléatoirement, on annonça la répartition 51 % – 49 %, dans un autre, 61 % – 39 %, et ainsi de suite jusqu'à 91 % – 9 %. On demanda ensuite à chacun des sujets de revoter en considération de ce premier résultat. Les décisions individuelles furent ensuite analysées. Il ressortit clairement que les étudiants universitaires choisirent d'aller à la rescousse du perdant (*underdog effect*) alors que les étudiants de niveau primaire furent influencés par le désir de l'emporter (*bandwagon effect*). L'auteur conclut que si l'élection est prise comme un jeu, l'inclinaison à soutenir le perdant est plus forte, alors que si l'élection est prise comme un combat, la volonté de gagner prime.

Dans la stratégie de preuve décrite ci-haut, le chercheur assigne au hasard les différents groupes qu'il observe à des valeurs différentes du facteur déclenchant (la distribution des votes présentée avant le deuxième scrutin). Ce faisant, le chercheur peut ramener les différences entre les groupes de comparaison à des niveaux analysables grâce aux techniques de la statistique inférentielle. Autrement dit, si suffisamment d'individus et de groupes sont analysés et soumis à une attribution aléatoire des valeurs du facteur déclenchant, les autres différences reliées aux autres caractéristiques des groupes analysés devraient s'annuler respectivement de sorte que les différences observées dans l'état de l'objet mesuré seront attribuables directement au facteur déclenchant. C'est en cela que l'on dit que le hasard fait bien les choses : si suffisamment de cas sont observés après avoir été attribués au hasard à un groupe ou à l'autre (groupes définis selon différentes valeurs du facteur déclenchant), le hasard fera en sorte que tous les autres facteurs qui différencient les individus (ou les cas) seront distribués également entre les groupes et s'annuleront mutuellement, laissant au facteur déclenchant différenciant les groupes la paternité des différences observées entre les groupes.

---

11. Jean Laponce, « An Experimental Method to Measure the Tendency to Equibalance in a Political System », *American Political Science Review*, 1966, p. 982-993.

Dans l'exemple des bébés-bonis, si l'analyste avait pu désigner aléatoirement quelles femmes recevraient le bénéfice et quelles femmes en seraient dépourvues, il aurait pu éliminer les autres différences caractérisant les groupes expérimental et de contrôle. Par exemple, les conditions socio-économiques, les attitudes des femmes à l'égard de la maternité, etc., auraient été similaires d'une groupe à l'autre (puisque les femmes auraient été distribuées entre les deux groupes suivant le hasard pur) et ces variables n'auraient pas pu contribuer à expliquer les différences observées ultérieurement entre les groupes stratégiques. Évidemment, comme nous le discuterons plus loin, une telle stratégie soulève d'importantes questions éthiques.

La détermination aléatoire de l'appartenance des objets d'observation aux groupes expérimental ou témoin présente donc des *avantages* certains au regard de la preuve : le chercheur n'a pas à s'inquiéter autant de l'équivalence antérieure des deux groupes stratégiques ; les autres explications de l'état ultérieur des objets d'observation sont mises en échec puisque, en théorie, seule l'exposition au facteur déclenchant diffère d'un groupe à l'autre ; l'impact du processus de sélection lui-même est contrôlé puisque les deux groupes l'ont subi ; etc.

Par contre, la sélection aléatoire des cas dans l'un ou l'autre groupe stratégique comporte des *faiblesses* certaines. D'abord, il s'agit généralement d'une procédure artificielle qui ne trouvera pas d'équivalent dans la vraie vie. Par exemple, personne ne sera obligé de visiter les attraits culturels de Toronto ; en conséquence, celui qui serait sélectionné pour les visiter comme membre du groupe expérimental alors que ses attitudes sont extrêmement défavorables à la métropole du Canada pourrait certes avoir des réactions beaucoup plus négatives que tout individu qui s'y rendrait de son propre chef. Dans un tel cas, l'analyste conclurait que la visite des sites culturels torontois a un impact négatif (sur le membre du groupe expérimental) alors qu'il n'aurait pas un tel impact sur un participant normal ou typique.

Cet exemple nous amène à la seconde faiblesse de la sélection aléatoire des cas, soit la difficulté de généraliser les résultats obtenus dans un contexte aussi lointain de la réalité. C'est entre autres à cause de ces difficultés que nombre de grandes (et coûteuses) évaluations américaines de programmes de soutien du revenu n'ont donné aucun résultat tangible au regard des politiques publiques puisque leurs conclusions n'étaient pas crédibles dans le monde réel[12].

---

12. Frank L. GRAVES, « The Changing Role of Non-randomized Research Designs in the Assessment of Program Effectiveness », dans Joe HUDSON, John MAYNE et Ray THOMLISON, *Action-Oriented Evaluation in Organizations, Canadian Practices*, Toronto, Wall & Emerson, 1992, p. 230-254.

Finalement, l'attribution aléatoire des individus aux groupes expérimental et de contrôle soulève souvent de sérieux problèmes d'éthique. Certains d'entre eux seront soulevés à l'intérieur du chapitre traitant spécifiquement de cette question. Mentionnons dès maintenant qu'il est pratiquement impossible de refuser une intervention gouvernementale sous prétexte de constitution de groupes de traitement; par exemple, quelle serait la réaction du public si un administrateur décidait de n'offrir ses subventions qu'à la moitié des municipalités sous prétexte que l'autre moitié servira de groupe témoin dans le cadre d'une recherche sur la performance d'un programme! Il est possible de constituer les groupes stratégiques sur une base aléatoire lorsque la recherche est menée sur une petite échelle et qu'elle n'implique pas de décision gouvernementale. La recherche universitaire tombe souvent dans cette catégorie. C'est plus rarement (mais non pas jamais) le cas de la recherche appliquée effectuée hors de l'université. Au regard de la qualité de la preuve, cependant, c'est une structure plus rigoureuse que les autres, car l'analyste est en mesure de réduire les risques inhérents à la détermination aléatoire de l'appartenance des objets d'observation aux groupes stratégiques.

Une dernière note. Face aux difficultés rencontrées dans la mise en place de structures de preuve comparatives avec constitution aléatoire des groupes stratégiques, certains chercheurs ont développé une nouvelle méthode de recherche : la *simulation*. Sans empiéter sur le chapitre qui en traite directement, disons simplement que la simulation est l'élaboration d'un modèle mathématique représentant une simplification de la réalité et qui permet d'analyser la dynamique d'un système. Comme les relations sont formelles et quantifiées, le chercheur a un parfait contrôle sur toutes les conditions de sa simulation et peut modifier certains paramètres expérimentaux pour analyser leurs impacts.

> Par exemple, en utilisant une simulation mathématique du comportement d'un parc de logement soumis à diverses politiques gouvernementales, Gauthier[13] a démontré que la construction, la démolition et la rénovation de logements aussi bien que la création d'emplois ou qu'une politique d'information ne réussissaient ni l'une ni l'autre isolément à améliorer le bien-être d'une municipalité. Il conclut que c'est la conjonction de l'aide à l'entreprise, de l'augmentation des services publics et d'une meilleure information qui est la meilleure garantie d'une ville en santé.

---

13. Benoît GAUTHIER, *Logement et politiques, gouvernementales : le cas de Donnacona*, Québec, Université Laval, Laboratoire d'études politiques et administratives, Notes et travaux de recherche n° 2, mars 1982, 265 pages.

5.4. Combinaisons de critères

Comme on l'a laissé entendre plus tôt, il est possible de combiner différents critères pour solidifier la preuve proposée. D'autres sources (dont certaines sont mentionnées dans la bibliographie de fin de chapitre) fournissent un traitement plus approfondi de cette question. Mentionnons les cas les plus classiques.

La stratégie *avant-après avec groupe témoin* a la faveur. On y compare une caractéristique donnée (dépendante) mesurée chez deux groupes à la fois avant et après un facteur déclenchant. Le chercheur est donc en mesure, en théorie, de distinguer les changements qui sont attribuables au facteur déclenchant de ceux qui relèvent de la simple mesure et de ceux qui sont provoqués par le passage du temps.

> Chaque année, Saint-Boniface (Manitoba) est le lieu d'un festival d'envergure qui met en vedette la culture canadienne-française. C'est le Festival des Voyageurs, ainsi nommé en l'honneur des grands découvreurs français qui ont repoussé les limites de l'Ouest. Le gouvernement du Canada subventionne annuellement le Festival des Voyageurs et justifie son geste par la contribution que le Festival est supposé offrir à une meilleure compréhension de la situation des francophones au Manitoba et à une plus grande tolérance face au fait français dans cette province. Pour vérifier ce postulat du financement fédéral, une firme d'experts-conseils a mis au point la structure de recherche suivante. Quelques semaines avant la tenue du Festival, un échantillon de 1 000 Manitobains a été interviewé par téléphone. Au cours de cette entrevue, on mesurait les connaissances, opinions et attitudes des sujets envers les francophones et le fait français. Deux semaines après le Festival, les mêmes individus ont été contactés à nouveau et resoumis au même questionnaire. Les chercheurs comptaient démontrer que les attitudes des sujets de l'enquête qui s'étaient rendus au Festival s'étaient plus améliorées que celles des sujets qui ne s'y étaient pas rendus.

La stratégie de Salomon combinent quatre groupes distincts : deux sont soumis au facteur déclenchant, deux ne le sont pas ; concurremment, deux groupes subissent une mesure avant l'intervention ainsi qu'après alors que l'état des deux autres n'est mesuré qu'après. L'avantage de cette approche est de clarifier l'impact de la mesure elle-même sur les changements qui surviennent dans les différents groupes.

Et l'on peut imaginer encore bien d'autres scénarios. L'important, cependant, est d'être en mesure de bien juger la qualité de la preuve qui est fournie par une stratégie donnée, dans une situation donnée. La prochaine section fournit des pistes à cet égard.

6. Validité interne et validité externe

Tout au cours des sections précédentes, nous avons jugé de la valeur des différentes structures de preuve à partir des forces et faiblesses principales de chacune. Il est maintenant temps de cataloguer ces différents critères plus systématiquement. Dans la littérature sur le sujet, on regroupe généralement les menaces à la solidité des conclusions de recherche sous deux en-têtes : les menaces à la validité interne et celles à la validité externe. *La validité interne est la caractéristique d'une structure de preuve qui fait que les conclusions sur la relation de cause à effet reliant le facteur déclenchant au changement d'état de la cible sont solides et qui assure que les changements ne sont pas causés par la modification d'autres variables.* En comparaison, *la validité externe est la caractéristique d'une structure de preuve qui fait que les résultats obtenus sont généralisables au-delà des cas observés pour les fins de l'étude.* Une recherche peut donc présenter une bonne validité interne sans que sa validité externe ne soit très forte : c'est le cas d'une expérience très réduite et extrêmement contrôlée où quelques sujets sont assignés aléatoirement à des traitements différents et où les conditions dans lesquelles se déroule l'étude sont strictement équivalentes pour tous les groupes. À l'inverse, une étude peut avoir une bonne validité externe sans être très recommandable au plan de la validité interne : les sondages ponctuels prennent une mesure large chez un grand nombre d'individus et sont facilement généralisables, mais ils sont faibles quant à l'assurance que les changements observés sont reliés uniquement au facteur déclenchant.

On reconnaît un nombre restreint de menaces aux validités interne et externe[14]. Les figures 2 et 3 les schématisent. La validité interne est surtout menacée par :

– *l'état de la cible avant le facteur déclenchant* : l'équivalence des groupes stratégiques est en cause ici. S'ils ne sont pas comparables, quant à l'état de la cible avant l'intervention du facteur déclenchant, les conclusions sur l'effet du facteur déclenchant peuvent être faussées ;

---

14. Voir par exemple André OUELLET, *Processus de recherche, Une approche systémique*, Sainte-Foy, Presses de l'Université du Québec, 1981, p. 147 à 152 ou André-Pierre CONTANDRIOPOULOS *et alii*, *Savoir préparer une recherche*, Montréal, Presses de l'Université de Montréal, 1990, p. 40 à 47.

- *les autres caractéristiques de la cible* : ce facteur est lui aussi relié à l'équivalence des groupes, mais au regard des caractéristiques autres que l'état de l'objet d'observation. Des groupes non équivalents dans d'autres aspects de leur nature peuvent rendre difficile l'établissement du lien de causalité ;

- *les changements dans l'environnement* : des modifications peuvent intervenir au cours de la période d'observation et affecter l'état de la cible. Ces changements pourraient être faussement attribués au facteur déclenchant ;

- *le passage du temps* : aussi appelée effet de maturation, cette menace est reliée à la maturation des groupes stratégiques, à l'évolution de leurs expériences et de leurs connaissances par rapport à des sujets reliés à l'objet d'observation ;

- *les méthodes de mesure* : au cours de la recherche, les instruments de mesure peuvent changer ou encore la façon de les utiliser peut dévier. Ces modifications pourraient affecter la mesure de l'état de la cible et être confondues avec des changements réels dans la cible elle-même.

La validité externe est soumise aux conditions problématiques suivantes (voir figure 2) :

- *l'autosélection* : lorsque la sélection des individus à l'intérieur des groupes stratégiques est non aléatoire, les caractéristiques des individus sélectionnés peuvent être la cause de l'état ultérieur de la cible plutôt que le facteur déclenchant. Parfois, la sélection aléatoire peut induire des effets artificiels non représentatifs ;

- *l'effet de contagion* : il arrive que les groupes stratégiques ne sont pas étanches les uns par rapport aux autres. On assiste alors à des phénomènes de contagion des effets d'un groupe à l'autre, ce qui rend difficile la généralisation des résultats ;

- *le contexte* : lorsque plusieurs traitements sont appliqués simultanément aux mêmes sujets d'observation, il est difficile de déterminer quelles généralisations tirer ;

- *les conditions expérimentales* : la situation expérimentale est souvent très différente des conditions que rencontreront les sujets dans les situations réelles ;

FIGURE 2
Menaces à la validité interne

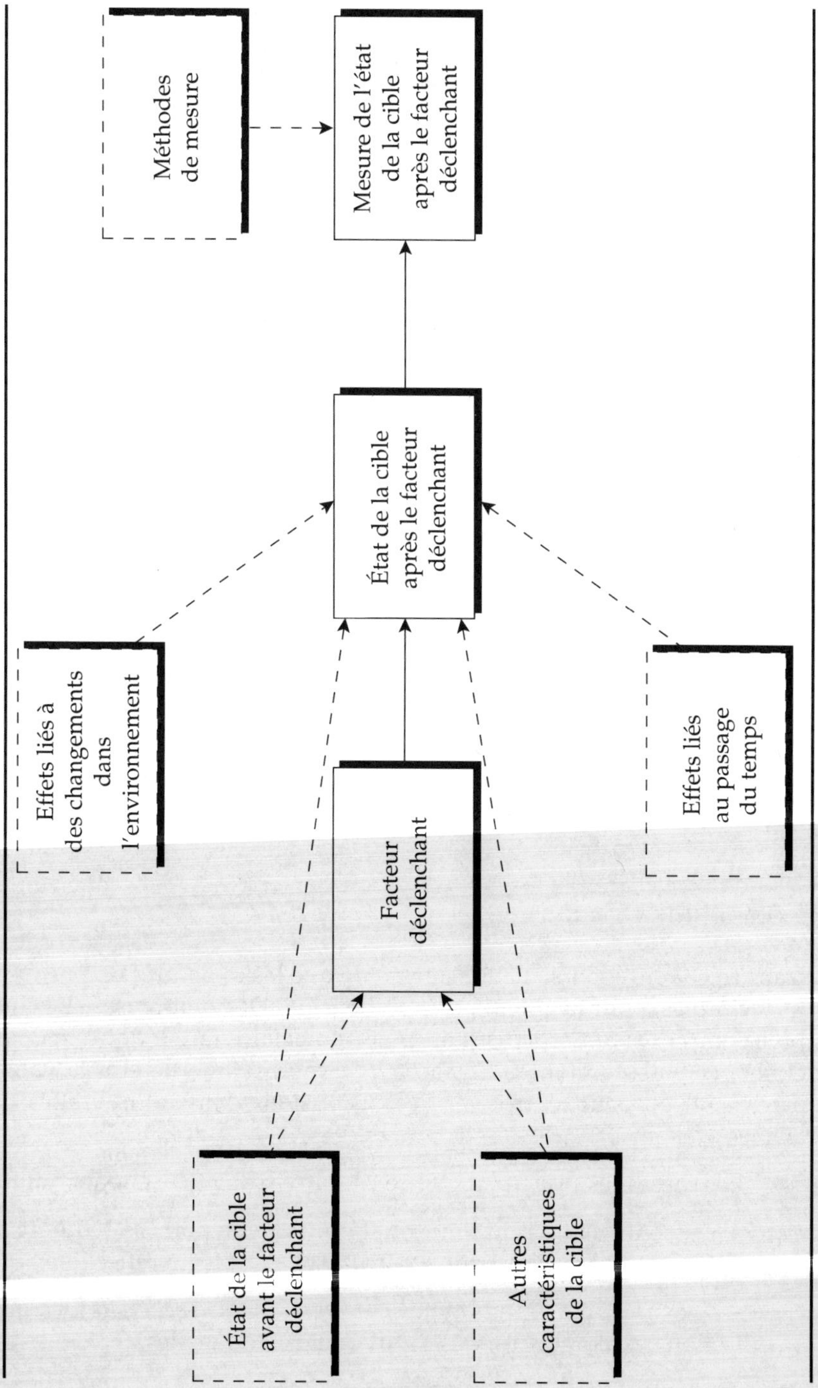

Méthodes de mesure

Mesure de l'état de la cible après le facteur déclenchant

État de la cible après le facteur déclenchant

Effets liés à des changements dans l'environnement

Effets liés au passage du temps

Facteur déclenchant

État de la cible avant le facteur déclenchant

Autres caractéristiques de la cible

- *les relations causales ambiguës*: il est courant que les résultats d'une recherche ne soient pas représentatifs de la situation réelle parce que le modèle théorique a omis de reconnaître l'importance de certains facteurs explicatifs. Les conclusions de l'analyse ne sont pas alors facilement généralisables.

- *la réactivité aux prétests*: la mesure antérieure caractéristique de la structure comparative à mesures antérieures et postérieures peut modifier le comportement des sujets de recherche et limiter la représentativité des résultats à une population qui ne serait pas soumise à une telle mesure;

- *le désir de plaire*: lorsqu'ils se savent observés, les sujets de recherche tendent naturellement à adopter le comportement recherché par l'analyste. Cet état des cibles d'observation n'est cependant pas généralisable aux circonstances non expérimentales;

- *le biais de l'analyste*: l'analyste s'attend à tel ou tel résultat. Il est possible que les résultats obtenus soient davantage représentatifs des attentes du chercheur que de la réalité objective, sans qu'il ne cherche consciemment à biaiser les conclusions.

Le choix de la structure de preuve optimale cherche à mettre ces menaces en échec. Bien sûr, la sélection de la structure de preuve doit tenir compte des menaces potentielles, mais aussi des problèmes éthiques reliés au contexte de recherche, des ressources du chercheur, du temps disponible, de la flexibilité de la situation de recherche, etc.

Conclusion

Dans ce chapitre, nous n'avons présenté que les structures de preuve les plus simples, pour faciliter la compréhension. De nombreuses structures plus complexes ont été mises au point pour faire face à des défis particuliers et pour limiter les menaces à la validité interne et à la validité externe, et on peut en trouver des discussions dans les ouvrages plus avancés.

Les messages principaux de ce chapitre restent cependant valides:

- La confirmation ou l'information d'une hypothèse requiert une *preuve* qui se construit à partir d'une stratégie réfléchie.

- Il existe trois grands types de *questions de recherche*: les questions exploratoires, descriptives et relationnelles.

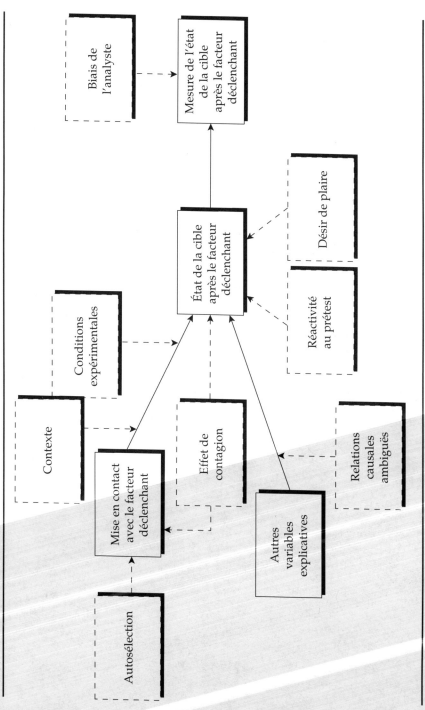

FIGURE 3
Menaces à la validité externe

Biais de l'analyste

Mesure de l'état de la cible après le facteur déclenchant

Désir de plaire

État de la cible après le facteur déclenchant

Réactivité au prétest

Conditions expérimentales

Contexte

Mise en contact avec le facteur déclenchant

Effet de contagion

Relations causales ambiguës

Autres variables explicatives

Autosélection

- À chaque type de question correspond une *stratégie de preuve privilégiée* : exploration – étude de cas, description – approche descriptive, relation – approche comparative.

- L'approche comparative requiert la *comparaison de situations* qui se distinguent selon une caractéristique propre, selon le temps ou selon une décision active du chercheur d'impliquer le hasard dans l'attribution des situations de recherche aux cas analysés.

- Toute stratégie de preuve peut être évaluée en fonction de critères regroupés sous les étiquettes de *validité externe* (généralisabilité) et de *validité interne* (démonstration de lien). Le chercheur cherche à maximiser l'une comme l'autre quoique l'accroissement de l'une entraîne souvent la diminution de l'autre.

- En dernier lieu, on doit faire ressortir encore une fois le rôle central de la théorisation dans le processus de recherche sociale. On a vu que certaines structures sont plus aptes à vérifier des théories, d'autres à les contester ou à les modifier. On a cependant conclu dans tous les cas que la théorie a une place de choix dans la sélection des observations et dans leur arrangement analytique. Nous espérons qu'il est révolu le temps où l'on trouvait plus important de faire une bonne mesure que de bien comprendre ce qu'on mesurait. *L'explication est cent fois plus importante que l'observation.*

Bibliographie annotée

BORDELEAU, Yvan *et alii*, *Comprendre l'organisation : approches de recherche*, Montréal, Éditions Agence d'Arc, 1982, 198 pages.

BORDELEAU, Yvan, *Comprendre et développer les organisations*, Montréal, Éditions Agence d'Arc, 1987, 297 pages.

Le premier de ces livres s'intéresse à la recherche exploratoire, descriptive ou explicative ainsi qu'à la recherche évaluative et à la recherche-action. Son originalité tient au traitement des terrains : le laboratoire ou l'organisation. Il intéressera particulièrement le chercheur qui se place dans le contexte de l'action. Le second livre est une extension en même temps qu'une systématisation du premier.

BROWN, Steven R., *Experimental Design and Analysis*, Newbury Park, Sage Publications, 1990, 86 pages.

Ce petit livre approfondit les aspects plus techniques des structures de preuve comparatives avec groupe témoin et constitution aléatoire des groupes stratégiques. Parfois indûment ésotérique, souvent assez peu critique des limites de cette structure de preuve, ce texte est quand même important pour l'analyste engagé dans ce type de recherche.

LADOUCEUR, Robert et Guy BÉGIN, *Protocoles de recherche en sciences appliquées et fondamentales*, Saint-Hyacinthe, Edisem, 1980, 135 pages.

Écrit par deux psychologues, ce livre reflète leurs préoccupations particulières. En conséquence, il présente extensivement les protocoles expérimentaux et porte une attention particulière aux protocoles à cas uniques qui sont de plus en plus utilisés en psychologie.

LAPONCE, Jean A. et Paul SMOKER (dir.), *Experimentation and Simulation in Political Science*, Toronto, University of Toronto Press, 1972, 465 pages.

Il s'agit ici d'une collection d'articles assez avancés présentant les possibilités d'expérimentation et de simulation dans une discipline traditionnellement non expérimentale : la science politique. Définitivement hors des sentiers battus, cette collection de textes stimule l'imagination en proposant des avenues souvent laissées inexplorées et des approches novatrices.

ROBERT, Michèle (dir.), *Fondements et étapes de la recherche scientifique en psychologie*, Montréal, Chenelière et Stanké, 1982, chap. 5, 6 et 7.

> Autre introduction générale mettant l'accent sur les mêmes thèmes que Ladouceur et Bégin, mais plus brièvement. Le chapitre 6 sur les structures quasi expérimentales est particulièrement intéressant.

SPECTOR, Paul E., *Research Designs*, Newbury Park, Sage Publications, 1981, 80 pages.

> Dans ce livre, l'auteur traite plus en profondeur des thèmes qui ont fait l'objet de ce chapitre. Même si la typologie des structures de preuve diffère de celle privilégiée ici, le lecteur y trouvera une compilation très intéressante des enjeux entourant l'utilisation des différentes approches. Fortement recommandé.

YIN, Robert K., *Case Study Research : Design and Methods*, Newbury Park, Sage Publications, 1989, 166 pages.

> Il est rare de trouver des discussions traitant directement et exhaustivement de l'approche par étude de cas. Yin a écrit un livre d'une rare richesse à cet égard. Le texte s'arrête aux questions concernant la planification des études de cas unique et multiples, la préparation de la collecte des données, la collecte elle-même, l'analyse des informations et la rédaction du rapport d'étude de cas. L'introduction compare l'étude descriptive aux autres structures de preuve.

Chapitre 7

La mesure

Claire DURAND et André BLAIS

We seem to have two distinct languages, one of which is in some sense more complete than the other. The first is a theoretical language in which we do our thinking. The second is an operational language involving explicit instruction for classifying or measuring. The two languages cannot be linked by any strictly logical argument. Instead, a correspondence between two concepts, one in each language, must be established by common agreement or a priori assumption.

Hubert M. BLALOCK

Introduction

L'action de mesure se situe à la jonction des deux grandes étapes de la recherche, la *formulation des hypothèses*, d'une part, et leur *vérification*, d'autre part. Ces deux étapes possèdent leur langage propre. Le langage utilisé à l'étape de la formulation des hypothèses est essentiellement *abstrait*. Un certain nombre de propositions sont avancées, qui établissent des relations entre des concepts : on affirme, par exemple, que « c'est lorsqu'il y a domination d'un parti qu'un tiers parti est plus susceptible d'émerger[1] ». Le langage de la vérification est *concret* et se fonde sur l'observation empirique des phénomènes : on examine, par exemple, les résultats des différentes élections provinciales tenues au Canada depuis 1900 pour déterminer si les tiers partis obtiennent plus de votes lorsque le principal parti d'opposition avait obtenu moins de votes dans les élections précédentes. Les deux langages sont indispensables à l'ensemble de l'opération. La recherche n'est possible que si l'on peut formuler des hypothèses sur la réalité, hypothèses que l'on confronte avec l'information recueillie et mise en forme. Ce processus permet, en interprétant les résultats de la confrontation, d'en arriver à des conclusions sur la réalité.

---

1. Maurice PINARD, *The Rise of a Third Party : A Study in Crisis Politics*, Englewood Cliffs, Prentice-Hall, 1971.

Le problème de départ est celui du passage du langage de l'abstraction, qui prévaut dans la formulation de l'hypothèse, à celui de l'observation ou de la mesure, qui s'impose au niveau de la vérification. Le problème est analogue à celui que l'on rencontre lorsqu'on veut exprimer une idée, un sentiment. On cherche à utiliser les mots, les formulations qui seront le plus conformes à ce que l'on pense ou ressent. Cette opération est d'autant plus difficile lorsqu'on tente de s'exprimer dans une autre langue que sa langue maternelle. C'est un peu la situation que l'on rencontre lorsqu'on passe du langage de l'abstraction au langage empirique. D'une part, plus ce que l'on pense ou ressent est clair, plus il est facile de le traduire en mots. D'autre part, plus notre connaissance de la langue seconde, la langue empirique, est bonne, plus il nous est facile de nous exprimer ; toutefois, la langue empirique demeurera toujours une langue seconde. Ainsi en est-il dans le domaine de la recherche. Il s'agit, tout en sachant qu'il n'existe pas de solution parfaite, d'identifier pour chacun des concepts retenus, un ou plusieurs équivalents empiriques, qui constituent en quelque sorte la traduction, dans le langage de l'observation, des constructions abstraites de l'esprit.

> Prenons, par exemple, le concept de participation politique. Un chercheur peut s'intéresser aux facteurs qui influencent (positivement ou négativement) la participation et énoncer un certain nombre d'hypothèses à cet égard. La participation (ou la non-participation) est une construction de l'esprit, à laquelle on fait appel pour comprendre le réel. Elle est une abstraction : elle ne se voit pas, ne s'entend pas, ne se sent pas, ne se touche pas. Le chercheur a, par contre, accès à des phénomènes qu'il peut interpréter comme étant des signes, des équivalents empiriques de la participation, telle qu'il la conçoit et la définit. Un tel individu vote (ou ne vote pas), assiste (ou non) à une assemblée publique, prend part (ou non) à une manifestation. Ce seront là autant *d'indicateurs* possibles du concept de participation. On peut également regarder comment Statistique Canada traduit un concept comme le chômage. Trois indicateurs sont utilisés : le fait d'être sans emploi, le fait d'être disponible pour travailler et le fait de se chercher un emploi. Ainsi, un chômeur est défini non pas simplement comme une personne sans emploi, mais aussi comme une personne qui peut et qui veut travailler.

Le passage de la théorie à la vérification implique la mesure de *concepts* au moyen d'*indicateurs*, ce qui demande d'établir un pont entre l'univers de l'abstraction et l'univers de l'observation et de la mesure. Les conclusions d'une recherche dépendent étroitement des décisions qui ont été prises à l'étape du choix des indicateurs. Ces conclusions ne tiennent qu'en autant que ces données empiriques (les indicateurs) reflètent adéquatement les constructions théoriques avancées (les concepts). La sélection des indicateurs est donc une opération lourde de conséquences.

FIGURE 1
Les deux mouvements de traduction associés à l'opération de mesure

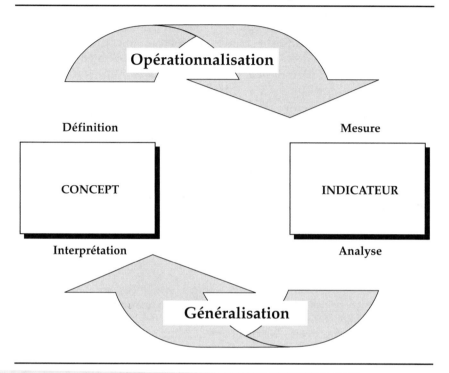

Un exemple peut illustrer ce point. Lorsqu'il a voulu vérifier l'hypothèse selon laquelle c'est lorsqu'il y a domination d'un parti qu'un tiers parti est plus susceptible d'émerger, Maurice Pinard a retenu comme indicateur de domination le fait que (d'après les rapports du directeur général des élections) le principal parti d'opposition avait obtenu moins du tiers des votes au cours des élections précédentes. Son rapport présente alors des données qui appuient son hypothèse[2]. Par la suite, André Blais[3] a montré qu'en ayant recours à d'autres indicateurs de domination (p. ex., la proportion de sièges détenus par le principal parti d'opposition, l'écart entre les pourcentages de votes obtenus par les deux premiers partis), les résultats étaient fort différents et tendaient plutôt à infirmer l'hypothèse. Dans ce cas, la conclusion de la recherche dépendait directement de l'indicateur choisi.

---

2. *Ibidem*, chap. 3.
3. André BLAIS, « Third Parties in Canadian Provincial Politics », *Revue canadienne de science politique*, vol. 7, septembre 1973, p. 422-439.

1. Du concept à l'indicateur

L'indicateur ne peut être envisagé par lui-même, de façon isolée. Il se définit par rapport à un concept. L'hypothèse peut être centrée sur un seul concept. Il en est ainsi des études qui tentent de vérifier si la criminalité, la participation politique, la consommation des médias, le chômage, augmentent ou diminuent dans le temps ou sont plus élevés dans une société que dans une autre. L'hypothèse peut aussi porter sur des liens pouvant exister entre un certain nombre de dimensions de la réalité. La recherche se veut alors explicative. On tentera de démontrer, par exemple, que l'augmentation du chômage entraîne une diminution de la popularité du gouvernement, que la concentration industrielle est associée à une augmentation des profits des entreprises, que la syndicalisation entraîne une rémunération plus élevée des employés. Dans chacun de ces exemples, on retrouve deux concepts centraux. Certaines hypothèses peuvent être plus complexes. Ce qu'il importe de retenir, c'est que l'hypothèse contient un ou plusieurs concepts, que ces concepts sont abstraits et qu'on a besoin de signes concrets de ces concepts pour confirmer l'hypothèse.

> Un exemple simple tiré des sciences physiques permet de bien comprendre ces notions. Lorsqu'on parle de température, dire qu'il fait chaud, très chaud, froid ou très froid réfère au concept de chaleur. Mais que signifie exactement très chaud ? Un instrument de mesure permet de donner, dans certaines conditions, la température exacte en degrés sur une échelle (Celsius dans le cas présent) dont le 0 (point de congélation de l'eau) et le 100 (point d'ébullition) ont une signification précise. Ainsi, lorsque quelqu'un dit qu'il fait très chaud, on voudra et on pourra savoir, sur un référent commun – le thermomètre –, la température exacte – 28 °C par exemple. Toutefois, ce même instrument de mesure ne sera précis que dans certaines conditions. En plein soleil, il donnera des informations inexactes, non fiables. L'indicateur, dans ce cas-ci la température en degré Celsius, ne donne pas toujours une mesure précise du concept que l'on veut mesurer. Ainsi, si le concept auquel on est intéressé est la température *ressentie* par une personne, des facteurs tels que l'humidité et le vent, non tenus en compte par le thermomètre, affecteront la température perçue mais non la température mesurée, tout comme d'autres facteurs telles les différences individuelles relatives au niveau de fatigue, aux vêtements portés, etc.

Le processus par lequel on passe de concepts abstraits à des indicateurs concrets, c'est la *mesure*. La mesure est l'*ensemble des opérations empiriques, effectuées à l'aide de un ou de plusieurs instruments de mise en forme de l'information, qui permet de classer un objet dans une catégorie pour une caractéristique donnée.*

On utilise aussi le terme de mesure pour signifier le résultat de l'opération. On dira que l'exercice du droit de vote ou la présence à une assemblée publique d'un parti politique sont des mesures (ou des indicateurs) de la participation politique.

Nous avons parlé jusqu'ici exclusivement de concept et d'indicateur. Il est un autre terme connexe couramment utilisé en recherche, celui de *variable*. Le terme s'emploie par opposition au terme « constante » pour indiquer *toute caractéristique susceptible de varier entre les unités*. Certains[4] situent la variable à mi-chemin entre le concept et l'indicateur, le concept étant plutôt associé à une théorie et la variable à une hypothèse. Cette dernière perspective paraît heureuse[5]. On parlera donc d'hypothèses portant sur les relations entre des variables. C'est ici qu'interviennent les concepts de *variables indépendante(s) et dépendante(s)*. Prenons l'hypothèse selon laquelle la concentration industrielle entraîne une augmentation des profits des entreprises. Dans cette hypothèse, le degré de concentration est la variable indépendante parce qu'on suppose qu'elle est la *cause* et le taux de profit est la variable dépendante parce qu'on suppose qu'elle est la *conséquence* qui découle de la cause.

1.1. L'objectif : la classification

L'objectif poursuivi dans le processus de mesure est de classifier les unités par rapport à un concept donné – degré de participation politique, occupation, origine ethnique, opinion sur l'avortement, satisfaction au travail. Comme le concept est le critère de référence, il est essentiel qu'il ait été préalablement défini de façon précise. Il ne sert à rien de tenter de mesurer la participation politique si l'on n'a pas déjà une conception précise de ce qu'elle comprend et ne comprend pas. La mesure n'intervient qu'une fois le concept clairement circonscrit.

L'indicateur ne mesure qu'une dimension de la réalité, la dimension dénotée par le concept auquel il se rapporte. L'inverse n'est pas vrai. À un concept donné ne correspond pas nécessairement un seul indicateur. La traduction de l'abstrait au concret demande souvent le recours à plusieurs signes différents qui constituent autant d'approximations du

---

4. Dickinson McGaw et George Watson, *Political and Social Inquiry*, New York, Wiley, 1976, chap. 10 ; Jarol B. Manheim et Richard C. Rich, *Empirical Political Analysis : Research Methods in Political Science*, Englewood Cliffs, Prentice-Hall, 1981, chap. 4.
5. « *Les sociologues théoriciens utilisent souvent des concepts qui sont formulés à un assez haut niveau d'abstraction. Ce sont des concepts relativement différents des variables utilisées qui sont le lot des sociologues empiriques.* » (Blalock, 1968)

concept de départ. La notion de profit, par exemple, peut être mesurée de plusieurs façons : on peut considérer les bénéfices avant ou après impôt, on peut les diviser par l'équité, le total des actifs, le capital investi, les ventes[6], chaque mesure comportant certains avantages et désavantages. On peut sélectionner un indicateur particulier ou en combiner plusieurs selon le cas. Par ailleurs, il est habituel d'élaborer des échelles pour la mesure des attitudes à partir d'une série d'énoncés mesurant les diverses dimensions du concept.

L'indicateur ou les indicateurs visent à permettre de placer les objets d'étude dans des catégories. Les catégories correspondent aux différentes situations où peuvent se retrouver les objets par rapport à la caractéristique retenue. Si l'on s'intéresse à la pratique religieuse, par exemple, on pourra distinguer des niveaux de pratique : pratique intense, pratique modérée, pratique faible. La classification impose la construction de catégories. L'objectif est d'entrer chaque individu dans l'une des « boîtes » ainsi constituées, de déterminer que tel individu, par rapport à tel critère (la pratique religieuse), doit être placé dans la catégorie « forte ». La logique est la même lorsque l'unité d'analyse n'est pas individuelle.

On peut donner, à titre d'exemple, la définition et la mesure du concept d'origine ethnique utilisée dans l'enquête *Comportements, besoins et préoccupations des élèves de 3e et 5e secondaire de l'île de Montréal selon leur origine ethnique*[7]. Les auteurs justifient d'abord l'utilisation du terme groupe ethnique plutôt que communauté culturelle par le fait que le premier terme s'applique à tous, y compris les francophones et les anglophones. Ils définissent ensuite le groupe ethnique comme « un ensemble d'individus qui ont en commun quelques caractéristiques se rapportant à leur langue, au lieu où ils sont nés ou au lieu où sont nés leurs parents » (p. 3). Le texte précise qu'il aurait été plus approprié de parler de groupements d'ethnies puisque certains groupes – les Asiatiques, par exemple – comprennent plusieurs ethnies. Ensuite, tous les critères de classification sont précisés. Ils sont basés sur un certain nombre d'indicateurs tels le lieu de naissance de l'élève, de même que celui de son père et de sa mère, la langue maternelle de l'élève (définie comme la première langue parlée et encore comprise) et sa langue d'usage (définie comme la langue parlée à la maison). Enfin, les cas particuliers, ceux pour lesquels les lieux de naissance de l'élève et de chaque parent sont tous trois différents, sont classifiés en fonction de critères relatifs à la langue d'usage. Ainsi, seront classifiés dans le groupe asiatique les élèves nés en Asie dont au moins un des parents est né en Asie et les

6. Curtis W. Symonds, *Profit Dollars and Earnings Sense*, New York, Amacom, 1975.
7. Gouvernement du Québec, ministère de l'Éducation du Québec, 1991.

élèves nés au Québec dont les deux parents sont nés en Asie ainsi que les élèves nés au Québec qui déclarent comme langue maternelle ou comme langue d'usage une langue asiatique et ce, quel que soit le lieu de naissance des parents. Cette classification exclut du groupe asiatique l'enfant asiatique adopté par des parents québécois.

Cet exemple montre bien que plusieurs indicateurs peuvent être nécessaires pour classifier les personnes relativement à un concept qui doit lui aussi être défini précisément. On parle de ce processus comme de l'opérationnalisation du concept. La tâche de l'indicateur ou des indicateurs est de permettre de traduire le plus fidèlement possible, dans l'univers empirique, le concept que l'on désire mesurer et seulement ce concept.

On distingue généralement trois types de catégorisation:

– Le premier est la *catégorisation nominale,* où les catégories sont simplement juxtaposées les unes aux autres. Cette catégorisation permet de différencier les individus en fonction de critères «qualitatifs», sans qu'il y ait ordonnancement d'une catégorie à l'autre. Le sexe, la religion, le lieu de naissance, la langue maternelle en sont des exemples. La langue maternelle, par exemple, peut être le français, l'anglais, l'italien, le portugais, le grec ou une autre langue. Un bon nombre de concepts utilisés en sciences sociales font appel à ce type de classification.

– Le deuxième type de catégorisation est *la catégorisation ordinale*, où les catégories possèdent également la propriété d'être hiérarchisées les unes par rapport aux autres, ce qui permet de ranger les objets étudiés selon un continuum allant du plus grand au plus petit (ou vice versa). Le niveau de pratique religieuse appartient à ce type. L'information est ici plus riche. Non seulement peut-on distinguer les individus (ou les groupes) les uns par rapport aux autres, mais on peut aussi les ranger, des plus pratiquants aux moins pratiquants. La mesure des attitudes utilise fréquemment des échelles de ce type. On mesurera, par exemple, le degré de satisfaction par une échelle de réponse du type «très satisfait, assez satisfait, peu satisfait, pas du tout satisfait» appliquée à un certain nombre d'éléments. Un grand nombre de recherches sociales ont recours à ce type de classification pour lequel l'ordre entre les catégories est connu mais non la distance d'une catégorie à l'autre.

– Le troisième type de catégorisation, la *catégorisation numérique* (à l'intérieur de laquelle on pourrait distinguer les niveaux *intervalle* et *proportionnel*), est encore plus précis. Comme le nom l'indique, les catégories correspondent alors à des nombres. L'âge, mesuré en années, le revenu, exprimé en dollars, et le taux de chômage, exprimé en proportion « nombre de chômeurs sur population active », en sont des exemples. Dans ces cas, non seulement peut-on ranger les objets d'étude les uns par rapport aux autres, mais on peut également apprécier avec exactitude les distances qui les séparent les uns des autres. On pourra dire d'un individu que son revenu est deux fois plus élevé que celui d'un autre, ou d'un pays que son taux de chômage est de deux points de pourcentage inférieur à celui d'un autre pays. Ce type de catégorisation requiert une unité standardisée de mesure (le dollar, par exemple), qui constitue le principe même de la classification. C'est le niveau de mesure le plus riche, celui qui donne les informations les plus détaillées. Un certain nombre de disciplines (la science économique en particulier) en font un grand usage.

Le chercheur a intérêt à faire appel à la catégorisation la plus riche, qui se prête à des traitements statistiques plus raffinés, à un plus grand éventail possible de traitements. C'est ainsi que lorsqu'on veut connaître l'âge des individus dans une enquête donnée, il est préférable de poser une question sur l'année de naissance (de façon à ce que l'âge soit établi en nombre d'années), plutôt que de se fier à des catégories ordonnées prédéterminées (18 à 24 ans, 25 à 34 ans, etc.), beaucoup moins précises. C'est toutefois la nature même des concepts retenus qui dicte le plus souvent le niveau de classification. Certains concepts sont nécessairement qualitatifs et ne se prêtent pas à la catégorisation numérique ou même ordinale. Ce type de contrainte doit être admis dès le départ. Il s'agit en somme de choisir le type de catégorisation qui convient au concept que l'on veut mesurer.

> Cette catégorisation peut revêtir des aspects théoriques importants. L'hyperactivité chez l'enfant, par exemple, peut être mesurée par certains indicateurs physiques relatifs à la fréquence des mouvements pendant une période de temps déterminée, ce qui donnera une mesure continue, numérique. On peut alors se demander, à partir de la définition de l'hyperactivité, si l'on ne doit pas plutôt dichotomiser la mesure continue selon un critère où un certain niveau d'activité serait considéré « normal », l'hyperactivité étant définie à partir d'un niveau exceptionnel de mouvement. Il n'y aurait donc pas des degrés d'hyperactivité, mais des individus qui peuvent être classifiés ou non comme hyperactifs en fonction de certains critères. Ce type de mesure critériée est courante, entre autres, en sciences du comportement et en éducation (notes de passage définissant le succès et l'échec).

Toutes les classifications ont en commun que les catégories qui les constituent doivent être collectivement *exhaustives* et mutuellement *exclusives*. Cela signifie d'abord que tout objet d'étude doit pouvoir être placé dans une catégorie et donc que la liste des possibilités est complète. Si l'on s'intéresse au comportement électoral, par exemple, les catégories doivent référer aux différents partis (ou candidats) en liste, mais aussi aux autres possibilités qui sont l'abstention et l'annulation. Il faut de plus que tout objet ne puisse être assigné qu'à *une seule* catégorie et qu'il n'y ait donc aucun recoupement possible entre les catégories. Ce principe n'est pas respecté lorsqu'on tente de mesurer deux dimensions en même temps. Prenons l'occupation, par exemple. Un certain nombre d'individus peuvent occuper un emploi tout en étant aux études, de sorte qu'ils pourraient théoriquement être classés dans plus d'une catégorie. Pour contourner cette difficulté, on utilisera plutôt le concept d'occupation principale, ce qui permet de classer chaque individu dans une seule catégorie, ou alors on utilisera une question supplémentaire sur l'occupation secondaire dans le cas où cette information serait centrale dans la recherche – portant sur les revenus des étudiants, par exemple.

1.2. Le moyen : les instruments et les opérations

L'objectif de la mesure étant de placer chaque objet étudié dans une catégorie, s'impose dès lors la nécessité de règles précises d'assignation aux catégories. Par exemple, à partir de quel critère désignera-t-on un syndicat donné comme étant d'un militantisme « fort » et tel autre d'un militantisme « faible » ? À partir de quel critère dira-t-on que le taux d'inflation dans un pays à telle année est de 3,4 %, ni plus, ni moins ? La classification procède à partir de règles qui sont actualisées dans un ensemble d'opérations empiriques concrètes.

> Revenons à l'exemple bien connu du chômage, un concept fort utilisé, tant au niveau de la recherche que dans les médias. Statistique Canada cherche depuis plusieurs années à le mesurer le plus correctement possible. À quoi peut-on reconnaître qu'un individu est (ou n'est pas) chômeur ? À partir de la définition qu'elle s'est donnée, Statistique Canada suit la procédure suivante. Est considéré comme chômeur un individu qui, dans le cadre de l'enquête mensuelle, répond qu'il était sans travail au cours de la dernière semaine et affirme (en réponse à d'autres questions), qu'il n'y a aucune raison qui l'aurait empêché de prendre un emploi et qu'il a cherché du travail au cours des quatre dernières semaines[8]. En somme, Statistique

---

8. Pour une description plus précise de la procédure voir Statistique Canada, *La population active*, act. 71-001.

Canada mesure le chômage à partir d'un ensemble de réponses données à un questionnaire administré à un échantillon de Canadiens. Il y a là toute une série d'opérations concrètes qui se finalisent dans un ensemble de questions et de réponses. Chaque individu est classé dans une catégorie (chômeur, ayant un emploi, inactif) selon les réponses qu'il a fournies. Ces opérations sont empiriques, puisqu'elles sont fondées sur l'observation des sens. Un interviewer écoute les réponses données à ses questions et les inscrit sur un formulaire. On voit ici l'écart qui peut exister entre la notion de chômage, telle qu'on peut se la représenter dans l'abstrait, et sa mesure empirique, qui, elle, se fonde sur des opérations bien concrètes. Mais en même temps, il faut rappeler que l'ensemble de ces opérations découle directement de la conception que l'on se fait du chômage. L'on ne se contente pas de savoir, par exemple, si une personne travaille ou non. On veut aussi déterminer si elle « veut » travailler ou non, ce qui amène à identifier des signes de « bonne volonté ». C'est à l'aide de telles opérations qu'on classifie chacun des objets d'étude dans l'une ou l'autre des catégories. C'est pourquoi on parle généralement d'opérationnalisation ou encore de mesure du concept pour faire référence au processus qui permet de traduire un concept en variable empirique.

Il apparaît fructueux de concevoir l'ensemble de la recherche comme un *processus d'information* à travers lequel le chercheur encode et décode certains messages (verbaux et non verbaux) transmis par les objets d'étude. La théorie de l'information insiste sur le caractère essentiellement actif du processus d'information. L'information n'existe pas à l'état pur, attendant d'être cueillie. Au contraire, elle suppose l'existence d'un code qui doit être construit par les participants. Dans le cas de la recherche, ce code, ce sont les règles d'assignation aux catégories, concrétisées dans un ensemble d'opérations, à partir desquelles le chercheur place les objets dans différentes « boîtes ». C'est pourquoi on parle de la *construction* des indicateurs et de mise en forme de l'information.

La construction des indicateurs fait appel à des instruments de mise en forme de l'information. Ces instruments, ce sont essentiellement l'observation directe, l'analyse de contenu – discours, données institutionnelles chiffrées ou textuelles, entrevues – et le questionnaire. Ces trois instruments sont fondés sur l'observation, soit de comportements, soit de documents, soit de réponses à des questions. La construction des indicateurs exige dans un premier temps de retenir l'un ou l'autre de ces instruments ou une combinaison d'entre eux. Mais cela n'est pas suffisant. L'opérationnalisation renvoie également au mode d'emploi de l'instrument, à la grille d'observation ou d'analyse, à la formulation même des questions ainsi qu'au code d'interprétation des résultats obtenus. Le critère ici est la capacité de reproduire de façon exacte les opérations effectuées de façon à ce qu'un autre chercheur puisse les vérifier et les répéter au besoin.

> Il est aisé de comprendre que si chaque chercheur intéressé à mesurer la température créait son propre thermomètre et sa propre échelle, il deviendrait extrêmement difficile, même pour le commun des mortels, de parler de température puisqu'une expression aussi banale que « Il fait 20 degrés » ne serait plus comprise de la même manière par tous s'il y avait plusieurs échelles de mesure de la température et qu'il fallait préciser l'échelle de référence à chaque fois. C'est pourtant une situation fréquente en sciences sociales où les mêmes concepts sont souvent mesurés de manière différente. Il devient alors d'autant plus essentiel que la procédure suivie pour effectuer la mesure soit précisée.

Puisque le processus de mesure a pour fonction de classer des objets dans des catégories, l'instrument ou les instruments utilisés pour procéder à la classification et l'ensemble des opérations qui sont effectuées doivent être précisés de façon formelle. Il ne suffit pas de dire que les données proviennent d'un sondage, il faut aussi indiquer la procédure d'échantillonnage, le format, le mode d'administration et le taux de réponse. Ensuite, pour chacun des concepts retenus, les opérations effectuées doivent être précisées. Il s'agit en somme de renseigner le lecteur, avec le plus de détails possible, sur toutes les opérations faites pour passer du concept à la mesure. Ces renseignements doivent être suffisamment précis pour que tout autre chercheur puisse reproduire la procédure et donc répéter l'étude.

Cette exigence découle de la conception que la communauté scientifique se fait de la connaissance. Toute recherche procède par découpage et ne peut éclairer, dans le meilleur des cas, qu'une partie de la réalité. De plus, les risques d'erreurs sont importants de telle sorte que les chercheurs n'ont vraiment confiance aux résultats que s'ils sont corroborés par d'autres études. D'où la nécessité de répéter une recherche pour en vérifier les conclusions. Tout cela suppose un échange optimal d'informations entre les chercheurs, de façon à distinguer les résultats moins sûrs des plus sûrs et à contribuer ainsi à l'accumulation des connaissances. La procédure employée par le chercheur est-elle suffisamment bien rapportée pour qu'on puisse la reproduire avec exactitude ? Si la réponse est négative, il y a là une lacune sérieuse, qui peut amener à mettre en doute les conclusions de la recherche.

En résumé, une fois qu'un concept a été défini de façon précise, le processus consiste à élaborer, à sélectionner un ou des indicateurs qui permettront de construire une mesure susceptible de bien représenter, de traduire dans le langage empirique, le concept que l'on désire opérationnaliser. De façon à ce que ce processus puisse être apprécié, certains critères ont été élaborés.

2. Les critères d'appréciation

L'opération de mesure vise à représenter un concept sur le plan empirique. On a déjà souligné que cette traduction ne connaît pas de solution parfaite. Cette opération se fait par approximation, de sorte qu'on peut difficilement se prononcer de façon définitive sur la qualité d'une mesure. Une telle indétermination ne signifie pas toutefois que la sélection des indicateurs relève de l'arbitraire. La communauté scientifique a en effet développé un certain nombre de critères d'évaluation. Chacun peut être considéré comme une condition nécessaire mais non suffisante. C'est seulement si chacun d'entre eux semble respecté que l'on pourra conclure que l'indicateur apparaît satisfaisant.

Les deux critères d'appréciation habituellement invoqués sont ceux de la *fidélité* et de la *validité.* La fidélité a trait à la qualité de la mesure elle-même alors que la validité porte sur la qualité de la traduction du concept en mesure empirique. En ce sens, le critère de validité est plus englobant. Le respect de ces critères « premiers » demande le respect d'autres critères qui en découlent tels que la *précision* et la *non-contamination.*

2.1. La fidélité

La mesure empirique du concept se doit d'être fidèle, c'est-à-dire qu'elle doit donner des résultats constants. *La fidélité est un indice de la qualité de la mesure « en soi ».* Le principe est simple. L'indicateur est supposé ne mesurer qu'une caractéristique spécifique d'un objet et rien d'autre. Si tel est le cas, chaque mesure faite à partir des mêmes opérations devrait donner un résultat identique, pour autant que l'objet demeure inchangé.

> Revenons à l'exemple de la température présenté plus haut. La température est mesurée à l'aide d'un thermomètre. On dira de cet instrument qu'il est fidèle si la température indiquée, à chaleur constante, est toujours la même. Cette constance s'applique d'abord dans le temps : on parlera alors de *stabilité* de la mesure. Si l'on répète l'opération, à température constante, le résultat – la mesure donnée par le thermomètre – doit être identique. En d'autres termes,

le thermomètre ne doit pas être affectée par d'autres facteurs, comme les variations de pression atmosphérique et l'endroit où il est placé. La constance doit aussi s'appliquer dans l'espace : on parlera alors d'*équivalence*. Pour le cas qui nous concerne, deux thermomètres différents doivent indiquer la même mesure de la température dans des circonstances identiques. En somme, des instruments qui ont une même fonction doivent donner des résultats identiques, sinon on ne peut pas vraiment s'y fier (d'où la notion de fidélité). On remarquera qu'aucune des opérations mentionnées ne permet de savoir si le thermomètre mesure vraiment la température. L'information obtenue est à l'effet que l'instrument appelé thermomètre mesure « quelque chose » de façon constante lorsque certaines conditions sont respectées.

FIGURE 2
L'appréciation des indicateurs : concepts centraux et concepts associés

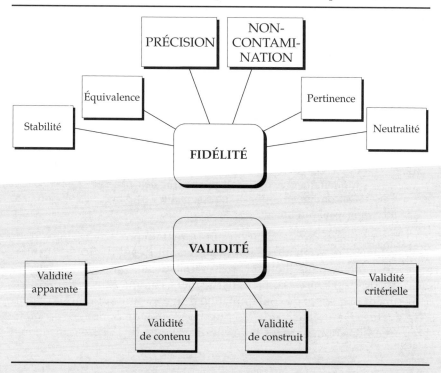

Ce critère de fidélité est fondamental. Si un indicateur n'est pas fidèle, c'est qu'il mesure plusieurs choses à la fois et qu'en conséquence on ne sait plus trop ce qu'il mesure. Par ailleurs, il est rare qu'un indicateur donne des résultats parfaitement constants, ce qui oblige à accepter une certaine « dose d'infidélité ». Il n'en demeure pas moins que, lorsqu'un minimum de constance et d'équivalence ne peut être atteint, il est préférable de rejeter l'indicateur. C'est pourquoi une étape importante de la structuration de la recherche consiste dans la vérification préliminaire de la fidélité des indicateurs et des mesures empiriques proprement dites.

L'indicateur a pour fonction de refléter l'état où se trouvent les objets d'étude par rapport à une caractéristique donnée, à l'aide d'instruments de mesure. Or ces instruments, qui sont une partie intégrante de l'activité scientifique, introduisent une dimension nouvelle, du point de vue des hommes et des femmes qui sont les sujets de la recherche. L'interviewer et son questionnaire, l'observateur et sa grille d'observation ne font pas partie de la vie quotidienne. Leur seule présence peut exercer des effets spécifiques qui sont tout à fait distincts de ceux qu'on veut mesurer. On réfère alors à l'*effet de contamination de l'instrument*. Ce qui est observé est alors différent de ce qui se serait produit sans la présence de l'instrument, celui-ci amenant les sujets à modifier leurs comportements.

> Le cas classique de contamination est une étude effectuée dans les années 1930, étude qui voulait mesurer l'effet des conditions de travail sur la productivité des employés d'une usine[9]. Pendant plus d'un an, les chercheurs ont modifié l'horaire, les pauses, l'éclairage et le système de rémunération chez un petit groupe d'employés et analysé leur productivité. Or, quelles qu'aient été les conditions, ce petit groupe s'est avéré plus productif que les autres employés de l'usine. Les chercheurs ont ainsi constaté que leur productivité était surtout influencée par le fait qu'ils se savaient observés. L'observation créait un milieu artificiel dans lequel les employés se comportaient de façon « anormale ».

Les risques de contamination constituent un problème sérieux pour le chercheur. Les effets de contamination sont très difficiles à mesurer, de sorte qu'on ne peut guère en brosser un tableau complet ni construire des tests précis. Dans certains cas particuliers, comme dans certains devis expérimentaux, l'effet de contamination d'une mesure sur une autre peut être évalué. De même, pour les questionnaires de sondage, de nombreuses études ont été faites pour mesurer l'effet de l'ordre dans lequel

---

9. F.J. Roethlisberger et W.J. Dickson, *Management and the Worker*, Cambridge, Harvard University Press, 1939.

les questions sont posées. Deux stratégies s'offrent au chercheur qui veut minimiser l'effet de contamination :

- La première consiste à choisir l'instrument le moins contaminant possible. Sur ce plan, l'analyse de contenu, par exemple, présente un grand intérêt, le document étudié n'étant pas affecté par la présence de l'analyste. Il en est ainsi de certaines formes d'observation « non visible »[10]. Cette stratégie, si elle n'est pas à rejeter, est cependant d'une application limitée. La sélection d'un instrument est d'abord dictée par d'autres considérations, la plus fondamentale étant la nature même des concepts à mesurer.

- La deuxième stratégie est celle de limiter au minimum les effets au niveau de l'opérationnalisation proprement dite. Si l'on adopte le questionnaire, on entraînera les interviewers pour qu'ils influencent le moins possible les réponses. Si le chercheur participe à la vie d'un groupe, il ne procédera à la collecte de données qu'après une bonne période d'intégration au groupe, au moment où sa présence est moins perceptible.

Si la non-contamination était érigée en absolu, le chercheur serait amené à jouer le rôle du détective[11] qui observe ses sujets dans l'incognito. Le chercheur doit sans cesse se soucier d'élaborer les instruments les moins sensibles possible, ceux qui interfèrent le moins avec la dynamique sociale telle qu'elle se déroule quand elle ne fait pas l'objet d'une recherche scientifique. La non-contamination demande aussi de prendre des mesures dans des circonstances « normales », habituelles, et non dans des circonstances exceptionnelles à moins que l'on ne vise à enquêter précisément la situation exceptionnelle. Ainsi, on ne fera pas une enquête sur la perception des conditions de travail pendant un conflit de travail alors que les positions sont exacerbées si le but de la recherche est de connaître la perception habituelle des employés sur leurs conditions de travail.

La volonté de ne pas contaminer l'instrument amène à se préoccuper de la *pertinence* des questions posées. Poser des questions d'opinion à des personnes qui ne sont pas du tout au courant du sujet sur lequel on leur demande leur avis ou qui n'y ont jamais réfléchi entraîne nécessairement une certaine contamination de la mesure qui influence la fidélité. Il est d'autant plus probable que l'opinion sur un sujet soit instable dans le temps ou varie en fonction de la manière dont la question est posée s'il s'agit d'une opinion spontanée, non informée. Elle subira d'autant plus facilement des influences non pertinentes, circonstancielles.

---

10. E.J. WEBB *et al.*, *Non-Reactive Measures in the Social Sciences*, Chicago, Rand McNally, 1981.
11. William B. SANDERS, *The Sociologist as Detective*, New York, Praeger, 1974.

La *neutralité* est aussi un critère pour ce qui est de la non-contamination des indicateurs. C'est un critère qui s'applique quelle que soit la méthode utilisée pour recueillir l'information. Une question qui laisse entendre qu'un point de vue est plus approprié qu'un autre biaisera les résultats et donnera un indicateur non fidèle de l'opinion réelle : la mesure de celle-ci variera dès que la formulation sera modifiée. La grille d'observation qui permettrait de tenir compte uniquement des phénomènes qui confirment les perceptions du chercheur, la codification du contenu d'un discours qui ne prévoirait de coder que ce qui est jugé conforme aux hypothèses posées, entacheraient inévitablement la fidélité des mesures puisqu'un autre chercheur qui répéterait la même opération n'arriverait pas au même résultat.

Le dernier critère à soulever est celui de la *précision* de l'indicateur. Un indicateur précis est compris par tout le monde et compris de la même manière par tout le monde. Ainsi, la précision demande, pour ce qui est du questionnaire ou de l'entrevue, l'utilisation d'un niveau de langage approprié, l'utilisation de termes qui ont la même signification pour tous. Pour ce qui est de la construction d'une grille d'observation, ce qui doit être observé doit être défini très précisément de façon à ce que deux observateurs de la même situation en arrivent à des résultats similaires. Dans l'analyse de textes, les codes et leur signification doivent être définis de façon à ne pas laisser au codeur ou au juge trop de latitude dans l'interprétation.

Le respect du critère de la fidélité demande donc de prendre tous les moyens pour s'assurer de construire des indicateurs précis et non contaminants. Il demeure que dire d'un indicateur qu'il est fidèle ne dit rien sur la pertinence de l'indicateur comme mesure d'un concept en particulier. Un indicateur précis, neutre et stable comme la couleur du mobilier dans une entreprise n'est pas nécessairement un indicateur valide du climat de travail.

2.2. La vérification empirique de la fidélité

La fidélité s'évalue en fonction de deux aspects : par rapport à la stabilité dans le temps et à l'équivalence dans l'espace. La technique d'évaluation classique de la stabilité dans le temps est celle qui est connue sous le nom de « test-retest ». Les mêmes objets sont soumis à la même mesure à des moments différents et les résultats sont comparés. On comprendra que cette procédure pose des problèmes particuliers en sciences sociales. Prenons le cas d'un questionnaire qui porterait sur la consommation des médias. On pourrait vérifier sa fidélité en administrant le même questionnaire après un intervalle d'un an. Un certain nombre de difficultés surgissent toutefois. On ne peut postuler que les individus interviewés n'ont pas modifié leur comportement entre les deux mesures. Il est possible évidemment de remédier à ce problème en réduisant l'intervalle entre les deux mesures. Mais ce faisant, on crée un autre problème. Si l'intervalle est court, les individus se rappelleront les réponses données la première fois et risqueront de répéter les réponses qu'ils croiront avoir alors fournies. Il semble y avoir là un cercle vicieux qui n'a pas de solution vraiment satisfaisante. En conséquence, il est très rare dans la recherche sociale que la stabilité des indicateurs soit testée par la méthode test-retest, sauf pour des caractéristiques dont on a des raisons de croire qu'elles changent peu dans le temps, certaines attitudes entre autres.

Une plus grande attention doit donc être accordée au critère de l'équivalence. La procédure habituelle consiste à faire effectuer les mêmes opérations par des chercheurs différents et à comparer les résultats.

- Dans le cas d'un questionnaire, on compare les réponses obtenues par différents interviewers. Bien sûr, ces interviewers n'ont pas interrogé les mêmes personnes. Mais pour autant que l'échantillon ait été réparti aléatoirement entre eux, on peut considérer les différents sous-groupes comme à peu près similaires et on peut comparer les réponses. Si des écarts importants émergent dans les distributions de réponses, on devra conclure à un manque de fidélité de l'instrument, associé ici à l'effet de l'interviewer.

- La même procédure peut s'appliquer à l'observation directe et à l'analyse de contenu. S'il s'agit, par exemple, d'estimer la proportion de nouvelles internationales dans la presse écrite, on soumettra un échantillon du matériel à analyser à deux ou trois codeurs et on comparera systématiquement leurs résultats. Si des écarts significatifs se manifestent, il faudra conclure que les règles d'interprétation de ce qui constitue (et ne constitue pas) une nouvelle internationale ne sont pas suffisamment précises.

- Il en est de même pour l'observation directe. Si l'on veut connaître la proportion des gens qui sourient dans le métro, on a intérêt à confier la tâche à plusieurs observateurs et à comparer leurs compilations (pour des moments et lieux équivalents). Si les compilations divergent sensiblement, c'est que la grille d'observation n'est pas suffisamment détaillée, soit dans la description de ce qui constitue un sourire, soit dans les consignes sur l'échantillonnage ou la durée de l'observation.

Ces différents exemples montrent bien l'avantage que le chercheur tire d'avoir recours à plusieurs observateurs pour obtenir l'information souhaitée. C'est souvent la seule façon de vérifier la fidélité des indicateurs, surtout lorsqu'on utilise un seul indicateur par concept mesuré. Généralement, cette vérification se fait avant la collecte proprement dite des données, dans un prétest ou une préenquête. Elle permet de détecter certains problèmes et de les corriger avant d'amorcer l'observation proprement dite.

La situation est différente mais le principe est le même lorsqu'on a recours à plusieurs indicateurs – et donc plusieurs observations – pour mesurer un concept. Cette situation se présente souvent lorsqu'on mesure les attitudes. La fidélité est alors vérifiée en fonction de la théorie classique des tests qui spécifie que le score observé (qui peut être la réponse d'une personne à une question) est une combinaison d'une partie représentant le score vrai – la vraie valeur du positionnement sur une échelle – et d'une partie d'erreur aléatoire constituée par la variation due aux conditions de collecte et d'enregistrement de l'information. Le test de fidélité le plus couramment utilisé mesure la consistance interne, c'est-à-dire jusqu'à quel point chacune des questions, chacun des indicateurs – des items selon la terminologie de la psychométrie –, constitue une mesure équivalente d'un même concept.

On mesure la consistance interne en utilisant le *Alpha de Cronbach.* Ce coefficient peut être considéré comme la moyenne des coefficients que l'on obtiendrait pour toutes les combinaisons possibles de deux sous-ensembles des indicateurs mesurant un même concept. Il peut aussi être vu comme l'estimation de la corrélation que l'on obtiendrait entre une mesure d'un concept et une mesure alternative du même concept comprenant le même nombre d'indicateurs.

Le coefficient alpha est la borne inférieure de la fidélité réelle : celle-ci ne peut pas être inférieure à la valeur du alpha. Cette valeur augmente avec le nombre d'indicateurs, à la condition que la corrélation moyenne entre les indicateurs ne soit pas diminuée avec l'ajout de nouveaux indicateurs.

Il est donc possible de vérifier la fidélité sous certaines conditions, c'est-à-dire lorsqu'on a recours à plusieurs indicateurs pour mesurer un même concept. La mesure de la relation entre les indicateurs donnera alors une mesure de la concordance.

Ainsi, une mesure de la satisfaction intrinsèque comprendra un certain nombre de questions relatives au degré de satisfaction face à divers aspects du travail : contenu du travail, autonomie, défis, jusqu'à quel point le travail valorise, utilise les capacités, permet d'apprendre, etc. Le degré d'intercorrélation moyen entre ces questions tel que mesuré par le coefficient Alpha de Cronbach donne un indice de fidélité. Cet indice est considéré excellent s'il atteint plus de 0,85 et commence à apparaître problématique en bas de 0,70. Un indice alpha élevé signifie que l'ensemble des éléments choisis pour représenter le contenu du travail est cohérent et constitue une bonne mesure de la satisfaction intrinsèque. D'autres indications fournies par les logiciels permettront de voir si chaque indicateur doit être gardé ou si certains indicateurs nuisent à la fidélité de la mesure et devraient être retirés. Après avoir fait cette analyse, il sera possible de construire une variable par addition des réponses aux divers indicateurs du concept.

La vérification de la consistance interne, particulièrement dans le cadre de la mesure des attitudes, se fait habituellement en concordance avec la vérification de la validité convergente et discriminante.

2.3. La validité

Un indicateur est *valide* lorsqu'il *représente adéquatement* un concept. Cette adéquation correspond à la fonction même de l'indicateur, celui-ci devant être un équivalent empirique du concept. Ce dernier critère est donc le plus général, mais aussi le plus fondamental. La question posée est simple : l'indicateur mesure-t-il vraiment ce qu'il est supposé mesurer ? Les critères précédents doivent être considérés comme des préalables. Un indicateur ne peut être valide que s'il est fidèle et donc précis, non contaminé, stable. Mais ces conditions ne sont pas suffisantes. D'autres distorsions peuvent également se produire. Ces distorsions interviennent au moment même de la traduction du concept.

Supposons qu'un chercheur veut mesurer le niveau de bonheur des gens et qu'il choisit comme indicateur la fréquence du sourire dans une population donnée à l'aide d'observation directe. Il pourrait élaborer une grille d'observation précise, tester la fidélité et même s'assurer que les observateurs seront pratiquement invisibles. Même si toutes ces conditions étaient satisfaites, il ne pourrait prétendre hors de tout doute que son indicateur est valide. Reste la question fondamentale à savoir si le sourire fait à un moment donné, dans des circonstances précises, est vraiment un signe de bonheur. S'il choisit plutôt de demander aux gens jusqu'à quel point ils se sentent heureux, il doit aussi présumer que leurs réponses reflètent véritablement leur sentiment.

Le passage du concept à l'indicateur repose ainsi sur certains postulats. On parlera *de validité apparente,* pour dénoter le fait que l'indicateur apparaît valide «à sa face même», *de validité de contenu* pour dénoter le fait que l'ensemble du «domaine» du concept mesuré est couvert, *de validité de construit* pour dénoter le fait que le concept est mesuré de façon appropriée *et enfin de validité reliée au critère* pour dénoter la relation entre l'indicateur ou l'ensemble des indicateurs d'un concept et ce à quoi le concept est supposé être relié.

La *validité apparente* ou *face validity* est la validité conceptuelle, logique de la mesure. Un indicateur doit apparaître valide comme «justice doit apparaître être rendue». La couleur du bureau n'apparaît pas mesurer le climat de travail. Si on posait une question à ce sujet dans un questionnaire, le répondant serait pour le moins étonné. Le fait de se promener dans un magasin le matin n'apparaît pas comme un bon indicateur de chômage puisque l'on pourra aisément objecter que les horaires de travail ne sont pas les mêmes pour tous et que bien des raisons peuvent expliquer cette présence, y compris la possibilité d'être un employé du magasin voisin en pause syndicale!

La *validité de contenu* est satisfaite lorsque l'ensemble des aspects du concept que l'on désire mesurer sont couverts. Ainsi, une mesure de la satisfaction au travail doit couvrir l'ensemble des aspects reliés au travail, qu'ils soient intrinsèques, extrinsèques ou sociaux et une mesure de la participation politique devrait inclure toute une palette d'activités politiques. Une excellente connaissance du sujet est un préalable incontournable pour en arriver à construire un instrument ayant une bonne validité de contenu.

La *validité de construit* est relative à l'opérationnalisation des variables, à la qualité de l'élaboration et du choix des indicateurs. La *validité convergente et discriminante,* qui veut qu'un indicateur mesure un et un seul concept, est utilisée comme test d'une bonne validité de construit. Elle repose sur l'idée que, d'une part, les divers indicateurs d'un même concept seront reliés entre eux et que, d'autre part, ces mêmes indicateurs seront peu reliés à d'autres indicateurs censés mesurer un concept différent.

La *validité reliée au critère* est respectée lorsque la mesure d'un concept supposé relié à un autre concept – le critère – l'est effectivement. On la dit **concurrente** lorsque le critère est mesuré en même temps et *prédictive* lorsque le critère est mesuré après.

Un exemple illustre les divers types de validité. L'élaboration d'un nouveau test de maîtrise du français demanderait 1) de poser des questions clairement reliées à la connaissance du français (validité apparente) 2) qui couvrent toutes les principales dimensions de la connaissance du français et non seulement un aspect tel l'accord du participe passé par exemple (validité de contenu) et 3) qui sont liées positivement entre elles et peu liées ou moins liées aux réponses à un test de mathématiques (validité de construit, convergente et discriminante). Enfin, le score total devrait être lié aux résultats scolaires en français, résultats qui constituent une mesure présumée liée aux connaissances en français (validité concurrente) et devra se montrer lié dans l'avenir aux résultats en français obtenus (validité prédictive).

En dernier ressort, la validité d'un indicateur doit être établie en fonction du contenu des opérations effectuées. Il revient au chercheur de démontrer que ses opérations permettent de traduire adéquatement le concept qu'il a à l'esprit. Par exemple, au plan conceptuel, le chômeur est défini comme quelqu'un qui n'a pas d'emploi et qui peut et veut travailler. Les indicateurs doivent refléter cette définition. Si le chercheur veut formuler des questions appropriées, il doit avoir des informations sur la façon dont le chômage est vécu par les gens, et sur les stratégies qui sont à leur disposition pour l'éviter ou en sortir, de façon à déterminer les démarches qui seront considérées comme signes d'une volonté de travailler. Par ailleurs, la validité et la fidélité sont des critères reliés. Un indicateur vague, biaisé ou non pertinent peut difficilement constituer un indicateur valide d'un concept.

L'appréciation de la validité et de la fidélité d'un indicateur est en partie qualitative et subjective. Il subsiste une part d'arbitraire que l'on ne peut éliminer. La tâche du chercheur consiste à la réduire au minimum, à partir de ses connaissances des instruments et du phénomène étudié. Parce que l'élément subjectif demeure, il y a place à désaccords sur la validité de tel ou tel indicateur. Les débats sont nombreux et parfois virulents. Il sont rarement tranchés de façon définitive. Dans la plupart des cas, toutefois, une opérationnalisation donnée est retenue par la majorité des chercheurs, parce qu'elle semble mieux traduire le concept de départ... jusqu'à ce que de nouvelles informations remettent en question ce choix. Toutefois, sur le plan empirique, il est souvent possible de vérifier certains aspects de la validité et de la fidélité, surtout lorsque l'on a recours à plusieurs indicateurs pour la mesure d'un concept.

2.4. La vérification empirique de la validité

Les validités apparente et de contenu se prêtent à un jugement qualitatif et subjectif. Il en est autrement de la validité de construit, convergente et discriminante, et de la validité reliée au critère, concurrente et prédictive. Dans le premier cas, il s'agit de vérifier la concordance des mesures. Une mesure valide d'un concept sera liée à d'autres mesures du même concept ou d'un concept parent, que ces mesures soient prises en même temps ou plus tard. Pour ce qui est de la vérification de la validité reliée au critère, il s'agit d'examiner les relations avec d'autres variables mesurées de façon concurrente ou postérieure. Dans les deux cas, la vérification procède à l'aide d'analyses statistiques (analyse factorielle, analyse de variance, corrélation, analyse de tableaux de contingence).

> Dans une étude portant sur certains facteurs reliés à la carrière, un élément sondé portait sur l'*importance accordée aux possibilités de mobilité*. L'intention des auteurs du questionnaire était de mesurer la valeur accordée à la mobilité en emploi et le contexte se prêtait de fait à une telle interprétation. Toutefois, il est apparu que les réponses portant sur cet élément étaient plus fortement reliées à celles relatives aux possibilités de voyager qu'à tout autre élément, mettant ainsi en doute l'interprétation qui avait été faite de la question. Cet exemple montre que le manque de précision de l'indicateur, lié ici à l'omission des mots *en emploi* dans l'expression «possibilités de mobilité», entache sa fidélité. Certains répondants ont interprété le terme *mobilité* comme référant à un changement de lieu plutôt que d'emploi; le terme n'est donc pas compris de la même manière par tous les répondants. Enfin, ce manque de précision entache également la validité puisque la question ne mesure pas ce qu'elle est censée mesurer.

Lorsque plusieurs indicateurs d'un même concept sont utilisés, il est possible de vérifier que chaque indicateur constitue bien une mesure du concept et qu'il constitue une mesure de ce seul concept (dans les cas où la validité des mesures de plusieurs concepts est vérifiée concurremment). Cette vérification se fait à l'aide de l'analyse factorielle, procédure qui tente de réduire un nombre important d'informations (prenant la forme de valeurs sur des variables) à quelques grandes dimensions, c'est-à-dire un ensemble restreint de «composantes» ou de facteurs. On utilise le terme de variables latentes pour parler de ces variables qui existent au seul plan conceptuel et qui ne sont pas mesurées.

> De façon à mesurer la satisfaction des gens à l'égard de leur travail, on a d'abord déterminé que celle-ci portait sur trois grandes dimensions : la qualité des relations interpersonnelles, la nature même du travail et les aspects extrinsèques (salaire, horaire, etc.). Pour chacune

des dimensions, on a posé un certain nombre de questions du type « Êtes vous très satisfait, assez satisfait, peu satisfait ou pas du tout satisfait *a*) de la qualité de vos relations avec vos collègues... *b*) de la qualité de vos relations avec vos supérieurs... *c*) de la qualité de vos relations avec vos subordonnés *d*) de la qualité générale des relations interpersonnelles à votre travail... ? » En agissant ainsi, on *postule qu'une dimension générale de satisfaction face au climat des relations interpersonnelles existe* et que le positionnement des individus face à cette dimension « explique », « prédit » leur positionnement sur chacune des « variables mesurées », c'est-à-dire les réponses aux questions. *Si cette hypothèse est vraie*, les personnes auront tendance à répondre de la même manière aux quatre questions portant sur cette dimension ; leurs réponses à ces questions seront fortement corrélées entre elles (*validité convergente*) et elles seront moins corrélées avec les variables portant sur les autres dimensions mesurées (*validité discriminante*). Cette approche suppose que l'on conçoit que les variables mesurées constituent un échantillon de l'ensemble des indicateurs aptes à mesurer le concept choisi. L'*analyse factorielle* tente de donner un sommaire des patrons de corrélations entre les variables. Si les regroupements proposés par l'analyse factorielle confirment les hypothèses faites, il est possible de vérifier ensuite la fidélité des regroupements et de procéder à la constitution d'échelles additives dans le cas où toutes les indications (validité convergente et discriminante, fidélité) concordent pour assurer la qualité de la mesure.

Ainsi, il est possible de s'assurer avec un certain niveau de confiance de la validité des mesures sur le plan empirique en procédant aux vérifications appropriées quant à la concordance des mesures.

3. La construction des indicateurs

3.1. La logique

Nous venons de voir les critères dont s'inspire le chercheur dans l'élaboration et la sélection des indicateurs de chaque concept qu'il doit mesurer. Mais comment, concrètement, le chercheur sélectionne-t-il les indicateurs ? Il convient, dès le départ, de rappeler deux principes :

– Le premier est qu'on ne connaît pas d'indicateur parfait : il s'agit de choisir celui qui présente les moins grandes lacunes par rapport aux divers critères d'appréciation et de vérifier autant que possible que ces critères sont respectés.

– Le deuxième est qu'à tout concept peuvent correspondre un grand nombre d'indicateurs. Puisqu'il n'y a pas d'équivalence exacte entre le langage de l'abstraction et celui de l'observation, on doit se rabattre sur une approximation et il est rare qu'une approximation donnée s'impose d'emblée. On peut généralement concevoir plusieurs « traductions », chacune ayant ses avantages et ses désavantages.

3.2. Les étapes

Vu sous cet angle, le processus peut être décomposé en étapes bien démarquées. La première consiste à *recenser l'ensemble des indicateurs possibles.* Ce recensement s'appuie sur les recherches antérieures. On peut ainsi identifier les mesures utilisées dans les recherches précédentes qui ont porté sur le même sujet. Le chercheur doit aussi faire appel à son imagination et se demander s'il serait possible et surtout approprié de construire de nouvelles mesures. L'objectif est d'établir une liste à peu près exhaustive des possibilités. Ces indicateurs peuvent renvoyer à différents instruments de recherche. Le degré d'intérêt pour un cours magistral, par exemple, peut se mesurer par l'observation directe ou par un questionnaire. Chaque instrument peut aussi se prêter à un certain nombre d'opérations, donnant lieu à autant d'indicateurs. Comme signes d'intérêt (ou de non-intérêt) pour un cours magistral, on peut observer la fréquence des questions, des conversations entre étudiants, la convergence des regards vers le professeur, etc.

Il faut garder à l'esprit que ce processus est dirigé. Ainsi, en procédant au recensement des indicateurs, il arrive que l'on se retrouve à devoir faire des choix douloureux parmi plusieurs informations qui apparaîtraient très intéressantes à recueillir. L'intérêt n'est pas un critère suffisant. Il est impérieux de faire la sélection en ayant toujours en tête que la méthodologie utilisée, quelle qu'elle soit, vise à recueillir l'information utile et nécessaire pour répondre à la question de recherche.

La deuxième étape est *l'évaluation de chacun des indicateurs recensés* selon les critères déjà énoncés. Cette évaluation se fait à partir des connaissances méthodologiques acquises sur les mérites et limites des différents instruments de recherche, des bilans qui ont déjà été faits dans les recherches antérieures, soit de la part des chercheurs eux-mêmes, soit de la part de critiques, et aussi d'une certaine familiarité avec le sujet étudié. Cette évaluation tient également compte des coûts associés à chaque indicateur. L'opération vise aussi à éliminer les indicateurs qui apparaissent les moins appropriés. Cela amène parfois le chercheur à ne retenir qu'un indicateur, qui apparaît nettement plus valable que tous les autres. Habituellement, cependant, on essaiera d'avoir plus d'un « élu » de façon à pouvoir vérifier empiriquement la fidélité et la validité.

Après la collecte des informations, il sera possible de procéder aux analyses permettant la vérification empirique de la validité et de la fidélité des mesures et de comparer ces indications à celles fournies par d'autres chercheurs qui ont utilisé les mêmes indicateurs. L'étape de la mesure aura constitué un moment essentiel du processus qui permettra ensuite la vérification des hypothèses portant sur les relations entre les concepts.

Conclusion

Les données empiriques n'existent pas à l'état pur. Elles sont formées par le chercheur en fonction de ses intérêts théoriques. C'est pourquoi il convient de parler de la *construction des indicateurs*, ce qui amène à reconnaître le rôle actif qui est dévolu au chercheur dans la structuration de la recherche. Cette construction consiste en un ensemble d'opérations qui permettent de *traduire un concept*, exprimé dans un langage abstrait, dans le langage de l'observation. Cette traduction, qui n'est jamais tout à fait satisfaisante, procède par approximation. Elle vise à *classifier des objets* à l'aide d'un certain nombre d'opérations effectuées à partir d'un ou de plusieurs instruments de mise en forme de l'information.

Pour que la traduction soit la plus adéquate possible, il importe d'abord de faire preuve d'imagination de façon à considérer l'éventail des possibles, et ensuite de rigueur, de façon à écarter les indicateurs qui présentent de trop grandes lacunes. Un indicateur n'est satisfaisant que s'il est *fidèle*, c'est-à-dire s'il donne des résultats constants dans le temps et l'espace. Pour cela, il devra être *précis*, c'est-à-dire que la procédure doit être suffisamment bien définie pour qu'elle puisse être reproduite dans des circonstances similaires et *non contaminant*, c'est-à-dire qu'il ne modifie pas l'objet d'étude. Ces conditions ne sont cependant pas suffisantes. La *validité* d'un indicateur repose sur la correspondance entre le contenu des opérations effectuées et la représentation que l'on se fait du concept de départ. La vérification de la validité comporte une part plus qualitative, basée sur le jugement du chercheur. Toutefois, il est aussi possible de procéder à des vérifications empiriques de la validité de construit et critériée. Ces opérations revêtent une grande importance puisqu'elles constituent le seul moyen de s'assurer que les conclusions tirées après avoir vérifié les hypothèses posées sont valables.

Bibliographie annotée

BLALOCK, Hubert M., « The Measurement Problem : A Gap Between the Language of Theory and Research », dans Hubert M. BLALOCK et Ann B. BLALOCK (dir.), *Methodology in Social Research*, New York, McGraw-Hill, 1968.

Un petit article, quelque peu difficile, qui résume fort bien les problèmes inhérents à la mesure, problèmes associés au passage du langage de l'abstraction au langage de l'observation.

BLALOCK, Hubert M., *Social Statistics*, New York, McGraw-Hill, 1972. Voir chap. 2 : « Theory, Measurement, and Mathematics ».

Ce chapitre permet de saisir la logique de la mesure du point de vue de la mathématique et de la statistique. Il contient une présentation claire et simple des types de catégorisation (ou niveaux de mesure).

NEUMAN, W.L., *Social Research Methods*, Boston, Allyn and Bacon, 1997.

Manuel de base portant sur la méthodologie quantitative et qualitative ; un chapitre consacré entièrement à la mesure.

PETTIGREW, T., *How to Think Like a Social Scientist*, New York, Harper Collins, 1996.

Ce petit livre fait le tour des principaux problèmes rencontrés par les chercheurs en sciences sociales dans la vérification empirique des théories.

WEBB, E. *et al.*, *Non-Reactive Measures in the Social Sciences*, Chicago, Rand McNally, 1981.

Ce livre explore les nombreuses possibilités qui sont offertes au chercheur qui vise à construire les indicateurs les moins contaminants possible.

Chapitre 8
L'échantillonnage

Jean-Pierre BEAUD

*Combien faut-il goûter de nouilles pour savoir
si le plat est bien cuit ?*

Introduction

L'échantillonnage n'est pas seulement le fait des sondeurs et chercheurs universitaires ou professionnels. Comme bien d'autres outils utilisés en sciences sociales, les techniques d'échantillonnage s'appuient sur des principes que nous mettons en œuvre, de façon presque spontanée, dans la vie de tous les jours. Pour des raisons d'ordre pédagogique, il semble bon de partir précisément de cette pratique presque instinctive, de l'évaluation de sa richesse et bien sûr de ses limites, pour dégager des règles rigoureuses concernant le choix et la constitution des échantillons. Il convient toutefois, dès le départ, de mettre en garde le lecteur contre une vision «techniciste» des méthodes et techniques de recherche et, donc, des procédures d'échantillonnage. Il ne suffit pas, en effet, de savoir comment on construit un échantillon pour être quitte des problèmes reliés à l'échantillonnage. Le choix de la technique de sélection de l'échantillon, en particulier, ne saurait être dissocié du questionnement qui est à l'origine de la recherche, de la population étudiée et des diverses contraintes (p. ex., financières, humaines) avec lesquelles le chercheur doit composer : il doit donc être le résultat d'une réflexion qui fait largement appel à des connaissances non techniques, à la formation générale du chercheur.

Ainsi, des procédures non probabilistes, que bon nombre d'auteurs de manuels de méthodes considèrent comme méprisables, peuvent dans certains cas être plus adaptées aux conditions de la recherche que des techniques probabilistes, considérées généralement comme plus fiables :

un bon chercheur saura reconnaître ces cas et, malgré les injonctions de certains méthodologues, faire le choix qui s'impose. Il est clair que, dans le domaine de l'échantillonnage comme dans n'importe quel autre domaine, la recherche de la perfection méthodologique constitue souvent plus un frein à la recherche qu'un véritable moteur, et qu'il vaut mieux faire de la recherche avec un outil imparfait (un échantillon de volontaires, par exemple) que de ne pas faire de recherche du tout, faute d'avoir trouvé l'outil parfait.

Encore faut-il, et le texte qui suit vise à introduire à une telle attitude, prendre conscience des limites imposées par les différentes techniques et ce, afin de pouvoir en tenir compte au moment de l'analyse des données. On peut parfois même tirer profit des « impuretés » d'un échantillon.

> C'est ce que font, par exemple, Daniel Gaxie et Patrick Lehingue dans leur étude sur la constitution des enjeux politiques dans une élection municipale[1]. Après avoir recensé les différents biais introduits par un échantillon spontané (constitué de lecteurs d'un quotidien régional français), évalué les écarts relativement à certaines variables entre l'échantillon obtenu et la population de référence, les auteurs prennent justement comme objet d'étude, au moins dans un premier temps, ces mêmes distorsions. Ils s'interrogent ainsi sur la sous-représentation dans leur échantillon des femmes, des classes populaires, des non-diplômés, des ruraux, et posent que « ce qu'apporte [...] un échantillon spontané, c'est la possibilité de repérer les intérêts qui ont porté tel groupe d'agents (et pas, ou moins, tel autre) à répondre, intérêt à mettre en relation avec le type de questions posées, la forme de celles-ci, le support utilisé, l'institution productrice de l'enquête[2]... ». Aussi, « à la condition qu'elles soient connues et reconnues, « les impuretés » de l'échantillon collecté n'oblitèrent pas d'emblée l'analyse, mais au contraire l'enrichissent[3] ».

Loin de nous l'idée d'insinuer que l'outil choisi importe finalement peu et que tout exposé sur les valeurs intrinsèques des techniques d'échantillonnage est à écarter ou, pire, que plus une technique est « impure », plus l'analyse à laquelle elle peut conduire est potentiellement riche. Nous voulons simplement insister sur la nécessaire relation entre les données et l'appareil qui les a générées et, plus globalement, les conditions dans lesquelles elles ont été produites. C'est bien cette posture qui a conduit les politologues et les sociologues à s'interroger sur la signification des non-réponses, sur les « ratés » de la communication en-

---

1. Daniel GAXIE et Patrick LEHINGUE, *Enjeux municipaux ; la constitution des enjeux politiques dans une élection municipale*, Paris, Presses universitaires de France, 1984.
2. *Ibid.*, p. 89.
3. *Ibid.*

tre sondeurs et sondés. C'est elle qui se dégage de certaines des recommandations du Comité des sondages de la Société canadienne de science politique et de l'Association canadienne des sociologues et anthropologues de langue française[4] et du Comité des sondages du Regroupement québécois des sciences sociales[5]. C'est elle aussi qui devrait être intériorisée par tout chercheur.

Pratiques spontanée et « professionnelle » de l'échantillonnage

Prenons une première expérience banale, certes, mais instructive : la préparation d'un plat. Avant de servir un plat, il est un geste que nous faisons généralement : nous le goûtons. Le principe même du sondage et des techniques qu'il implique (dont celles de l'échantillonnage) se trouve ainsi posé : nous recueillons de l'information sur une fraction (*échantillon*) de l'ensemble (*population*) que nous voulons étudier, puis nous généralisons, parfois à tort il est vrai, à cet ensemble ce que nous avons mesuré sur le sous-ensemble. Dans l'exemple précédent, la cuillerée que nous avalons constitue l'échantillon et le plat, la population. Tout comme il n'est point besoin de manger tout le plat pour savoir si nous pouvons le servir (heureusement !), il n'est point nécessaire, ni souhaitable, ni possible parfois, d'étudier toute la population (que ce soient les électeurs canadiens, les ampoules électriques sortant d'une usine, etc.), c'est-à-dire de recourir à un *recensement*, pour la bien connaître.

Cependant, l'échantillon ne peut être choisi sans précaution ! Ainsi, dans le cas d'un potage, par exemple, ce n'est que lorsque les ingrédients sont bien mélangés, lorsque la préparation est homogène, que l'on goûte le plat. Dans le cas d'un mets plus complexe, constitué d'éléments différents et qui ne peuvent être mélangés, ce n'est qu'après avoir testé chacun de ces éléments (la viande, les légumes, la sauce, etc.) que l'on peut porter un jugement sur l'ensemble. En théorie de l'échantillonnage, en fait, les choses se présentent un peu de la même façon : on sait, par exemple, que plus la population est *homogène*, moins l'échantillon aura besoin, à

---

4. « L'art consiste sans doute [...] autant à permettre au répondant de se taire qu'à l'amener à s'exprimer ; le chercheur, lui, se doit d'expliquer certaines régularités aussi bien dans l'expression formelle d'attitudes et d'opinions que dans les non-réponses. Les non-réponses aussi sont l'expression de certaines attitudes et opinions et doivent être analysées comme telles. » *Sondages politiques et politique des sondages au Québec*, Montréal, Société canadienne de science politique et Association canadienne des sociologues et anthropologues de langue française, 1979, p. 18.
5. Voir à ce sujet Jean-Pierre BEAUD, « Médias et sondages politiques : le cas de la campagne électorale fédérale de 1988 », *Revue québécoise de science politique*, n° 20, automne 1991, p. 131-151.

précision constante, d'être de taille importante ; on sait aussi que lorsqu'on a affaire à une population composée d'éléments bien distincts, il est préférable de la découper en sous-ensembles relativement homogènes, de la **stratifier**. Le lecteur aura sans doute compris que ce qui est recherché, aussi bien dans la pratique spontanée que dans la pratique plus méthodique de l'échantillonnage, c'est la **représentativité** : l'échantillon, dont la taille variera en fonction de l'homogénéité de la population, devra être représentatif de cette dernière[6]. Ce que nous apprendrons concernant l'échantillon, nous devrons pouvoir le généraliser à l'ensemble de la population.

La notion de représentativité

L'analogie entre la pratique instinctive et la pratique réfléchie de l'échantillonnage pourrait être poussée plus loin : il serait possible, par exemple, de montrer qu'une technique aussi raffinée que la stratification non proportionnelle a sa contrepartie dans la vie de tous les jours. Mais il est à craindre qu'alors, elle conduise à un contresens historique, à penser que, la notion de représentativité relevant du simple bon sens, il s'est bien trouvé, très tôt, quelque scientifique pour l'imposer comme critère dans le domaine des études de populations (humaines ou non). Or, ce n'est que récemment que le problème de la représentativité[7] a été formulé par les « statisticiens d'État » (pour reprendre l'expression d'Alain Desrosières[8]) et les spécialistes des études sociales. Il faudra en effet attendre les travaux du Norvégien Kiaer à la toute fin du XIXe siècle pour voir s'amorcer, dans le cadre des réunions de l'Institut international de statistique, un débat sur l'utilisation de la méthode représentative. Qu'un tel débat ait eu lieu si « tardivement » peut paraître étonnant puisque, d'une part, les bases théoriques (le calcul des probabilités) de la méthode représentative étaient connues depuis fort longtemps et que, d'autre part, la pratique même des enquêtes auprès de petits groupes d'individus avait été chose courante durant tout le XIXe siècle[9]. Mais, comme le montre

---

6. Ce qui ne veut pas dire, comme nous l'avons montré plus haut, que des données recueillies à l'aide d'un échantillon non représentatif ne sont d'aucune utilité pour le chercheur.

7. Au sens où les statisticiens, les sondeurs, les chercheurs en sciences sociales entendent aujourd'hui ce terme.

8. Alain DESROSIÈRES, « La partie pour le tout : comment généraliser ? La préhistoire de la contrainte de représentativité », *Journal de la Société de statistique de Paris*, tome 129, n°s 1-2, 1988, p. 96-115.

9. Ces enquêtes prenaient alors la forme de monographies et faisaient appel à une idée de représentativité bien différente de celle qui est à l'origine de la plupart des techniques d'échantillonnage.

Alain Desrosières, «l'invention et la mise en œuvre d'une technologie supposent des conditions inséparablement cognitives et sociales[10]». La mise en place, en Europe, à la fin du XIXe siècle, des premières mesures étatiques d'aide sociale, puis le développement, essentiellement aux États-Unis, des études de marché et des prévisions électorales, qui traduisent le «passage de modes de gestion *locaux* centrés sur des relations personnelles (bienfaisance, petit commerce, artisanat, marchés ruraux, clientélisme électoral) à d'autres modes, *nationaux* [ont] nécessité une uniformisation du territoire et une standardisation des modes de description des personnes, lesquelles constituent les préalables indispensables à la mise en œuvre[11]» et au perfectionnement des méthodes représentatives et en particulier des méthodes d'échantillonnage probabilistes. Le principe de base des méthodes représentatives, à savoir que la partie peut remplacer le tout, ne sera véritablement adopté qu'à la fin du premier quart du XXe siècle, et la «supériorité» des techniques aléatoires sur les techniques par choix judicieux ne sera «démontrée» que dans les années 1930. Comme le mentionne Philippe Tassi, «toutes les bases de la statistique des sondages sont alors posées[12]». Les développements théoriques ultérieurs concerneront essentiellement les techniques probabilistes et ce, malgré une pratique qui, au moins dans certains milieux, restera encore profondément marquée par l'utilisation des techniques par choix raisonné.

Le champ d'application des techniques d'échantillonnage

Depuis la fin du XIXe siècle, la méthode représentative a vu son champ d'application s'élargir de façon telle qu'aujourd'hui elle se confond pratiquement avec l'ensemble des activités humaines : tout ou presque se prête, en effet, à l'échantillonnage. En recherche appliquée, dès que des contraintes de temps ou de moyens surgissent, toute population d'une certaine ampleur est plus aisément étudiée par sondage, c'est-à-dire en ayant recours à un échantillon, que par recensement. Ce que l'on perd en certitude (idéal théoriquement accessible par recensement), on le gagne en rapidité, en coût et même, paradoxalement, en qualité. À partir du moment où l'on a affaire à un échantillon probabiliste et où les principes commandant le tirage des individus ont été respectés, les conditions sont

---

10. *Loc. cit.*, p. 97.
11. *Ibid.*, p. 104, 96.
12. «De l'exhaustif au particl : un peu d'histoire sur le développement des sondages», *Journal de la Société de statistique de Paris*, tome 129, n°s 1-2, 1988, p. 126 ; voir aussi du même auteur (en collaboration avec Jean-Jacques DROESBEKE), *Histoire de la statistique*, Paris, Presses universitaires de France, coll. Que sais-je ?, 1990, n° 2527.

réunies pour qu'on puisse généraliser (par inférence statistique) à la population ce qui a été mesuré sur l'échantillon.

Dans l'industrie, par exemple, le contrôle de la qualité des produits ne peut être réalisé que sur un échantillon de la population totale. S'il fallait tester la durée de vie de toutes les lampes, de tous les circuits sortant d'un atelier, il est sûr que l'on connaîtrait avec précision la qualité du travail réalisé. Il est sûr également qu'on ne pourrait plus rien vendre. L'échantillonnage est donc, là, pratique courante.

En sociologie, en science politique, et, d'une façon générale, dans toutes les sciences sociales, les populations étudiées peuvent être de tailles très diverses : du petit groupe (p. ex., l'association de comté d'un parti politique, le « gang ») aux communautés nationales et parfois même internationales en passant par les populations de taille moyenne (un syndicat, une municipalité, une tribu, un village, etc.). On comprendra aisément qu'à des populations de tailles différentes correspondent des outils différents : dès qu'une certaine taille est atteinte, le sondage se révèle être en fait le seul outil utilisable.

1. Concepts généraux

Nous avons déjà rencontré, dans l'introduction, un certain nombre de termes comme ceux d'échantillon, de population, de représentativité, qu'il va falloir définir précisément avant d'aborder la distinction, essentielle, entre les échantillons probabilistes (ou aléatoires) et les échantillons non probabilistes.

D'une *population*, nous dirons qu'il s'agit d'une collection d'individus, d'objets, c'est-à-dire, pour reprendre la définition de Christian Gourieroux, d'*un ensemble d'« unités élémentaires sur lesquelles porte l'analyse*[13] ». Ces individus peuvent être humains ou non : l'unité élémentaire, c'est souvent, en sciences sociales, une personne (un être humain) ; c'est parfois un groupe, une ville, un syndicat, un pays. La population est alors un ensemble de personnes, de groupes, de villes, de syndicats, de pays. Une ville, par exemple, peut être dans certains cas considérée comme une population, dans d'autres cas comme un élément constitutif d'une population plus large. Tout dépend alors de l'objet même de la recherche. En conséquence, tout travail d'échantillonnage implique une définition précise de la population à étudier et donc de ses

---

13. Christian Gourieroux, *Théorie des sondages*, Paris, Economica, 1981, p. 35.

éléments constitutifs. L'unité élémentaire peut être aussi un mot, un paragraphe, un article, un numéro de journal, ou une lampe, un circuit électronique, une parcelle de terrain, etc.

Le chercheur devra donc, et ce n'est pas aussi simple qu'il y paraît, définir la population pertinente pour l'étude qu'il se propose de réaliser. Veut-il analyser le comportement électoral au Québec ? Il lui faudra alors sans doute prendre comme population l'électorat québécois, à savoir l'ensemble des personnes qui ont 18 ans et plus, qui sont de citoyenneté canadienne et qui résident au Québec depuis au moins six mois. Comme on le voit, dans ce cas, le problème de la définition de la population ne se pose pas vraiment puisqu'il existe des critères officiels, non ambigus et peu contestables (on cherche à mesurer un geste réglementé !) permettant de distinguer électeurs et non-électeurs. Le problème aurait été quelque peu différent s'il s'était agi d'étudier les opinions politiques au Québec, la distinction légale entre électorat et « non-électorat » n'étant plus alors nécessairement pertinente. Le problème est également plus complexe lorsqu'on cherche à analyser une population comme celle des chômeurs. Doit-on, pour la cerner, reprendre la définition officielle du chômage, au risque d'écarter des « sans-emploi » auxquels l'administration refuse le statut de chômeur (depuis 1976, par exemple, le statut de chômeur n'est plus accordé qu'à ceux qui cherchent activement un emploi[14]), ou doit-on plutôt forger sa propre définition, au risque de ne pouvoir l'opérationnaliser ?

On voit donc qu'à ce niveau déjà plusieurs problèmes se posent :

- Celui de la définition de la population mère (ou *univers de l'enquête*), étape théorique comme le souligne Simon Langlois dans son texte sur les techniques d'échantillonnage[15].

- Celui de l'explicitation de cette définition : Qui fait partie de cette population ? Qui n'en fait pas partie ? On doit fixer clairement les critères permettant d'affecter ou non, sans qu'il y ait possibilité de contestation, les individus à la population. Nous obtenons alors la population visée par la recherche.

- Celui de la constitution de la liste des individus composant la population ; il s'agit là d'une étape concrète. Comme il est bien souvent difficile de construire cette liste et qu'un tel travail long et coûteux mènerait en toute logique à la réalisation d'un

---

14. Gilles GUÉRIN, *Des séries chronologiques au système statistique canadien*, Chicoutimi, Gaëtan Morin éditeur, 1983, p. 391.
15. Simon LANGLOIS, *Techniques d'échantillonnage*, Université Laval, s.d.

recensement plutôt que d'un sondage, les chercheurs utilisent généralement des listes déjà constituées (annuaires téléphoniques, listes de personnel, etc.) avec tous les inconvénients que cela suppose : les populations ainsi obtenues ne coïncident plus nécessairement avec les populations visées. Ainsi, lorsqu'on utilise les annuaires téléphoniques pour pallier l'absence d'une liste électorale à jour, on inclut dans la population des individus qui ne devraient pas en faire partie (non-électeurs), et, surtout, ce qui a des conséquences encore plus graves, on écarte des électeurs qui, pour diverses raisons, n'ont pas de téléphone ou de numéro inscrit dans l'annuaire. Cela importe peu au Québec, et de façon générale en Amérique du Nord, le taux de pénétration du téléphone dans les ménages y étant très élevé. Par contre, dans de nombreux pays, l'utilisation d'une telle liste entraînerait des distorsions considérables[16].

Cette dernière étape n'est toutefois pas toujours nécessaire. Un des atouts de la méthode des quotas, et plus généralement des méthodes non probabilistes présentées plus loin, est justement de ne pas requérir de liste des éléments constitutifs de la population (ce que l'on appelle aussi une *base de sondage*). Notons que certains types d'échantillonnage probabiliste ne nécessitent pas non plus de liste, au sens strict, des individus formant une population : c'est le cas de la méthode aréolaire[17]. Notons, enfin, qu'une technique comme la génération aléatoire des numéros de téléphone, maintenant couramment utilisée, permet de faire un tirage aléatoire sans base de sondage. En partant de la série de trois premiers chiffres en usage dans la région étudiée, le chercheur génère au hasard (au sens probabiliste du terme) les derniers chiffres. Bien sûr, si par cette technique on obtient des numéros de téléphone attribués mais non inscrits dans les annuaires, on obtient aussi (parfois très souvent) des numéros de téléphone auxquels ne correspondent pas d'abonnés : le coût d'un sondage effectué au moyen de cette technique s'en trouve ainsi augmenté.

Nous avons jusqu'ici, à plusieurs reprises, distingué deux techniques de collecte des données : le recensement et le sondage. Lorsqu'on fait un *recensement*, à ne pas confondre avec le simple dénombrement (c'est-à-dire le comptage d'une population), *on recueille l'information auprès de l'ensemble de la population*. Lorsqu'on fait un *sondage, c'est*

---

16. Comme pour cette chercheure en marketing polonaise rencontrée par le directeur de publication qui aurait aimé adopter les méthodes nord-américaines de sondage téléphonique alors que seulement un ménage sur dix possédait le téléphone en Pologne.
17. En fait, cette méthode requiert bien l'utilisation d'une liste ; cependant, il s'agit d'une liste de zones géographiques découpées à partir d'une carte.

auprès d'un sous-ensemble de cette population, appelé échantillon, que les données sont recueillies. En fait, certains considèrent même le recensement comme un type particulier de sondage, le sous-ensemble étudié se confondant dans ce cas avec l'ensemble de la population.

On comprend alors – l'échantillon pouvant être n'importe quel sous-ensemble de la population – que la question cruciale est de savoir si les conclusions d'un sondage peuvent être légitimement étendues à l'ensemble de la population. Pour que cette généralisation soit possible, acceptable, il faut que l'échantillon soit *représentatif* de cette population, *c'est-à-dire que les caractéristiques mêmes de la population soient présentes dans l'échantillon ou puissent y être retrouvées moyennant certaines modifications.* Mais comment être sûr que les caractéristiques de la population sont bien présentes dans l'échantillon si, par définition, on ne les connaît pas toutes ? Disons tout de suite que dans la théorie de l'échantillonnage, la notion de certitude est écartée. Même un recensement, d'ailleurs, ne nous permet que théoriquement d'atteindre cette certitude. L'erreur d'échantillonnage, c'est-à-dire celle reliée au fait de n'analyser qu'une partie de la population pour connaître cette dernière, disparaît alors, quoique la population d'un pays ne soit jamais rejointe dans sa totalité lors d'un recensement ; cependant, l'erreur de mesure, ou d'observation, indépendante de la première, demeure. Pour Leslie Kish, « [les erreurs indépendantes de l'échantillonnage] se produisent parce que des observations doivent être faites pour obtenir les résultats dont on a besoin et que les méthodes physiques d'observation sont sujettes à imperfections[18] ».

On a trouvé jusqu'à présent deux solutions pour minimiser l'erreur d'échantillonnage (à distinguer donc de l'erreur de mesure[19]) :

- reproduire le plus fidèlement possible la population globale, en tenant compte des caractéristiques connues de cette dernière (application du principe de la *maquette*, du modèle réduit) ;

- tirer de façon aléatoire les individus qui feront partie de l'échantillon (application du principe du *hasard*).

La première solution relève de techniques qu'on a appelées *non probabilistes*, la seconde, de techniques *probabilistes*. Cette distinction est essentielle, car seuls les échantillons se réclamant du hasard peuvent,

---

18. Leslie Kish, « Le choix de l'échantillon », dans Leon Festinger et Daniel Katz, *Les méthodes de recherche dans les sciences sociales*, tome I, Paris, Presses universitaires de France, 1963, p. 255.
19. Par exemple, les erreurs faites pendant la collecte des données, les erreurs de compilation, etc.

par définition, donner lieu à une généralisation s'appuyant sur les principes du calcul des probabilités.

2. Les échantillons non probabilistes

S'en remettre au hasard pour fixer le choix des individus qui feront partie de l'échantillon apparaît à première vue comme la preuve d'une démission de l'esprit humain. C'est pourquoi les techniques non probabilistes, ou du moins certaines d'entre elles, semblent souvent plus satisfaisantes, plus « scientifiques » même que les techniques probabilistes : comment le hasard pourrait-il faire mieux que nous, avec nos connaissances, notre esprit méthodique, rationnel ? Les techniques non probabilistes offrent l'avantage de ne pas heurter le bon sens, d'être souvent faciles à comprendre et à appliquer. Elles sont de qualité inégale, certaines ayant été particulièrement raffinées, d'autres pas. En Europe, elles demeurent les méthodes les plus fréquemment utilisées, et, il faut bien le dire, la plus connue d'entre elles, la méthode des quotas, ne semble pas avoir donné de mauvais résultats, ce qui porte certains auteurs et praticiens à en recommander l'utilisation, même si les généralisations auxquelles les méthodes non probabilistes conduisent sont en fait purement hypothétiques. Nous présenterons plusieurs de ces techniques, insisterons sur la plus utilisée et, semble-t-il, la plus fiable d'entre elles, la méthode des quotas, et nous verrons quelles en sont les applications possibles.

Les techniques non probabilistes sont souvent presque absentes des présentations que font les spécialistes américains des procédures d'échantillonnage. On n'en recommande pas l'utilisation car, comme le soulignent Loether et McTavish, « même si les techniques d'échantillonnage non probabilistes sont souvent plus économiques et commodes que les techniques probabilistes, l'impossibilité d'évaluer les erreurs d'échantillonnage représente un inconvénient majeur. Donc, on devrait déconseiller l'utilisation de techniques non probabilistes par les sociologues[20] ». Les auteurs européens, et particulièrement les auteurs français, consacrent souvent, quant à eux, de longs développements à ces techniques. *Répétons ce qu'on dit généralement à leur sujet, à savoir qu'elles sont peu coûteuses, rapides, faciles à appliquer, mais qu'on ne peut préciser l'erreur d'échantillonnage*. Mentionnons ici qu'on emploie concurremment, dans la littérature ad hoc, les termes de méthodes, de techniques et

20. Herman J. LOETHER et Donald G. MCTAVISH, *Descriptive and Inferential Statistics. An Introduction*, Boston, Allyn and Bacon Inc., 1980, p. 424.

de procédures pour parler de la constitution des échantillons, alors qu'il faudrait, ces termes ayant des significations différentes[21], ne parler que de techniques. Ajoutons aussi que, plus précisément dans le domaine des échantillons non probabilistes, le champ sémantique est loin d'être fixé : ainsi l'expression « par choix raisonné » fait parfois référence à une technique non probabiliste, parfois à un ensemble de techniques non probabilistes, etc.

Nous parlerons successivement des échantillons « accidentels », des échantillons constitués de volontaires, des échantillons systématiques, par choix raisonné et par quotas, qui sont tous non probabilistes.

2.1. Les échantillons « accidentels »

Les échantillons « accidentels » (*haphazard samples, accidental samples*) sont sans doute de tous les échantillons non probabilistes ceux qui offrent le moins de garantie. Et pourtant, les « techniques » correspondantes sont celles qui apparemment semblent laisser la plus grande place au hasard. Lorsqu'on interroge les cent premières personnes rencontrées au coin de telle et telle rue, c'est le hasard, dit-on, qui nous les fait rencontrer. Notons que le sens ainsi donné au terme de hasard est bien celui que le langage commun lui attribue. Bien des enquêtes réalisées pour la télévision ou la radio après un événement relèvent de ces « techniques ». L'enquêteur pense n'introduire d'autre critère que le hasard pour le choix des individus qui feront partie de l'échantillon : il les prend, ces passants, comme ils se présentent. En fait, et nous anticipons sur ce qui sera dit plus loin, si l'on entend par tirage au hasard tout tirage que l'on peut assimiler à celui des loteries et qui attribue à chaque individu une chance connue et non nulle (souvent égale) d'être choisi, on voit que le hasard du sens commun est bien différent du hasard probabiliste. Dans ces sondages réalisés « pour tâter le pouls de l'électorat » (c'est ainsi qu'on les présente maintenant pour prévenir toute critique), de très nombreux individus n'ont aucune chance d'être choisis, leurs occupations les retenant loin du lieu de l'entrevue, alors que d'autres, travaillant ou habitant près de ce lieu, ont de fortes chances d'être inclus dans l'échantillon. Or, rien n'indique que ces derniers soient représentatifs de la population, et rien n'indique non plus que ceux qui auront été effectivement choisis soient même représentatifs du sous-groupe de ceux qui habitent le quartier ou

---

21. Voir, pour une définition de ces termes, Madeleine GRAWITZ, *Méthodes des sciences sociales*, Paris, Dalloz, 1972, p. 291-294. Notons que de notre côté, pour éviter des répétitions ou pour faire référence à une expression établie (la *méthode* des quotas), nous utiliserons malgré tout les trois termes.

y travaillent. En fait, on pourrait dire que la représentativité des échantillons ainsi constitués ne peut être qu'accidentelle.

Certes, les journalistes faisant un tel sondage peuvent toujours multiplier les lieux, heures et jours d'enquête et même, consciemment ou non, introduire des quotas (autant d'hommes que de femmes alors qu'il y a, par exemple, plus de femmes que d'hommes dans la rue à ce moment-là) ; cependant, quoique moins imparfaite, la technique n'en demeure pas moins fort critiquable. Supposons, par exemple, que pour « tâter le pouls de l'électorat » à propos des politiques du gouvernement péquiste, un sondeur se poste, malencontreusement, près d'une salle où sont réunis des militants libéraux et qu'il choisisse de faire ses entrevues alors même que ces derniers terminent leur réunion : on imagine la suite ! L'événement n'est malheureusement pas totalement improbable. Ne pensons pas non plus que cette technique soit réservée aux seuls journalistes qui, d'ailleurs, l'utilisent avec de plus en plus de prudence, semble-t-il. Chaque fois qu'un chercheur accepte une sélection, faite par d'autres, des individus qui pourront être analysés, il court le risque de travailler avec des échantillons accidentels. Par exemple, lorsque, pour des fins d'analyse de contenu, on tire, même aléatoirement[22], des articles, éditoriaux, paragraphes, nouvelles, à partir des seuls quotidiens que reçoit une université ou un centre de recherche, qu'on ne prend pas en considération l'écart entre cette population (quotidiens reçus) et la population visée (ensemble des quotidiens), et qu'on étend les conclusions de l'analyse à l'ensemble des quotidiens, on se trouve, toutes proportions gardées, dans le même cas que précédemment. Pour conclure, disons que les échantillons accidentels sont, en fait, bien souvent des échantillons construits « au petit bonheur » (*haphazardly*).

2.2. Les échantillons de volontaires

La technique des échantillons constitués de volontaires (*voluntary samples*) est fréquemment utilisée dans les domaines de la psychologie, de la recherche médicale, des sciences sociales appliquées, en fait, dans tous les cas où il semblerait difficile d'interroger des individus sur des thèmes qui, pour des raisons culturelles, sont considérés comme tabous, intimes (comportement sexuel, par exemple), de leur imposer une expérimentation (de médicaments, de thérapies) potentiellement douloureuse, gênante, voire dangereuse, ou, à l'inverse, de leur refuser le

---

22. C'est-à-dire en donnant à chaque individu une chance connue et non nulle d'appartenir à l'échantillon.

bénéfice d'un programme (de réhabilitation, par exemple)[23]. Comme son nom l'indique, la technique consiste à faire appel à des volontaires pour constituer l'échantillon. Éventuellement, dans le but d'obtenir une meilleure représentativité, on procédera à une sélection, en fonction de quotas, parmi ces volontaires, ou à un redressement *a posteriori* de l'échantillon. Il reste que l'utilisation de cette technique suscite des débats particulièrement vifs. On invoquera ainsi le fait que les volontaires ont généralement des caractéristiques psychologiques particulières (volonté de plaire, désir de connaître, besoin de régler des problèmes, etc.) et que, par conséquent, toute généralisation est hasardeuse.

> C'est bien, par exemple, ce qui a été reproché au fameux « rapport Kinsey ». Cette enquête sur les comportements sexuels a été réalisée aux États-Unis auprès d'un échantillon de 5 300 volontaires. Comme le font remarquer Herman J. Loether et Donald G. McTavish, reprenant les critiques faites par un groupe de chercheurs[24] : « L'assertion selon laquelle les résultats de l'étude étaient généralisables au-delà des 5 300 hommes interviewés était particulièrement exposée à la critique. Un commentateur mentionna qu'il y avait des preuves que plusieurs hommes s'étaient portés volontaires parce qu'ils avaient besoin d'aide pour résoudre leurs propres problèmes sexuels ou parce qu'ils avaient des questions à poser sur la sexualité [...][25] »

Faut-il alors déconseiller l'utilisation de cette technique ? Pas nécessairement. Comme d'autres techniques non probabilistes, moyennant prudence, connaissance des limites de l'outil et certaines précautions, elle peut donner d'intéressants résultats : encore faut-il, par exemple, faire un choix parmi ces volontaires (en utilisant des quotas), contrôler leurs caractéristiques, s'abstenir de toute généralisation hâtive. Dans certains domaines ou pour des études exploratoires, c'est souvent la technique la plus économique. Elle est, de plus, très utilisée ; en témoignent les nombreuses demandes de volontaires dans les colonnes des journaux

---

23. Cette dernière question a fait l'objet de réflexions de la part de spécialistes en évaluation de programme. Voir, à ce sujet, Roland LECOMTE et Leonard RUTMAN (dir.), *Introduction aux méthodes de recherche évaluative*, Ottawa, Université Carleton, 1982 (en particulier le chapitre 6). La question est également abordée sous l'angle plus général de la démarche expérimentale. Voir, à ce sujet, Benjamin MATALON, *Décrire, expliquer, prévoir ; démarches expérimentales et terrain*, Paris, Armand Colin, 1988. Dans ce livre, d'ailleurs, l'auteur fait une distinction importante entre la randomisation qui consiste à affecter de façon aléatoire les sujets aux différentes conditions expérimentales (p. 16, 41) et qui « a pour but d'assurer la comparabilité des groupes et, de ce fait, la validité interne de leur comparaison » (p. 48), et « la constitution d'un échantillon aléatoire [qui] vise à permettre la généralisation à la population parente » (*Ibid.*) et qui a donc pour objectif la validité externe.
24. William G. COCHRAN *et al.*, *Statistical Problems of the Kinsey Report on Sexual Behavior in the Human Male*, Washington, American Statistical Association, 1954.
25. *Op. cit.*, p. 423.

universitaires : « Étudiants(es) intéressés(es) à collaborer, à titre volontaire, à une recherche de maîtrise en sexologie ayant pour sujet "la
séduction hétérosexuelle" (en anglais : *dating*), peuvent communiquer
[...][26] »

On peut assimiler à ces techniques celles que les médias appliquent
lorsqu'ils sollicitent l'avis de leur public. Mais ceux-ci, contrairement aux
chercheurs, n'ont guère la possibilité ou la volonté de contrôler, de sélectionner les volontaires et de réserver les conclusions de l'enquête[27]. Aussi,
les lignes ouvertes, les sondages maisons sont-ils au mieux des moyens
pour les médias de connaître leur public, au pire des outils pour
l'influencer[28]. Notons donc que les échantillons les moins fiables sont
ceux qui sont construits à partir de la double technique « accidentelle-
volontaire ».

2.3. Les échantillons systématiques

Les échantillons systématiques (*systematic samples*) sont constitués d'individus pris à intervalle fixe dans une liste (par exemple, un individu
tous les dix, tous les cent). Cette procédure a l'avantage d'être facile à
utiliser, mais comme toutes les techniques présentées jusqu'ici, elle ne
peut être considérée comme probabiliste, puisque, au sein d'une même
population, certains individus n'ont aucune chance d'être choisis alors
que pour d'autres, la probabilité de l'être est égale à 1. On verra plus loin
que si le point de départ (premier individu à être tiré) est choisi
aléatoirement, ce qui généralement se fait sans difficulté et n'est guère
coûteux, alors ce type de technique peut être considéré comme probabiliste. Nous renvoyons donc à ce qui sera émis ultérieurement à ce sujet.

---

26. *L'UQAM hebdo*, vol. IX, n° 14, p. 2.
27. Ou, comme le font Daniel Gaxie et Patrick Lehingue dans l'étude citée au début du
    texte, de prendre la faible représentativité comme objet même d'étude.
28. Ainsi, cet extrait du *Chicago Tribune* du 20 juillet 1990 reproduit dans *Imprints* de mai
    1991 : « *On June 8-10, "the nation's newspaper" – USA Today – ran a Trump Hot Ligne
    asking readers to phone in and vote on whether "Donald Trump symbolizes what makes the
    USA a great country" or "Donald Trump symbolizes the things that are wrong with this
    country". USA Today declared a "landslide" for Trump, with 81 percent of the calls agreeing
    with the first statement and 19 percent with the second. But an embarrassed USA Today
    reported Thursday that an analysis of the results showed that 5,640 calls came from two phone
    numbers at Great American Insurance Co., a subsidiary of Cincinnati financier Carl Lindner
    Jr.'s American Financial Corp. A spokeswoman for Lindner said the vote-stuffing calls were
    made because Lindner admires Trump's "entrepreneurial spirit"* ».

2.4. Les échantillons typiques et les échantillons en boule de neige

Alors que les techniques dont nous avons parlé jusqu'ici se caractérisent souvent par la recherche d'un tirage s'apparentant au tirage aléatoire, celles que nous analyserons dans cette section et dans la suivante tournent délibérément le dos à cette quête illusoire. Les premières méthodes se voulaient essentiellement fondées sur le bon sens et l'expérience commune ; les secondes se veulent plus rationnelles. Un échantillon représentatif, c'est en quelque sorte une maquette de la population à étudier : pourquoi alors ne pas sciemment construire cette maquette ? C'est là le raisonnement qui est à l'origine de la méthode des quotas. Et si ce qui importe, ce n'est pas la précision des résultats, mais la découverte d'une logique, d'un mécanisme, si la recherche se veut exploratoire, si ce qui intéresse le chercheur, ce ne sont pas les variations mêmes à l'intérieur de la population, mais plutôt quelques particularités de celle-ci, pourquoi alors rechercher une représentativité qui n'aura qu'un intérêt limité ? Voilà le raisonnement qui est à la base d'une technique comme celle de l'échantillonnage typique. Comme on le voit, ces diverses techniques sont non probabilistes par choix plutôt que par défaut.

L'échantillonnage en boule de neige (*snowball sampling*) est une technique qui consiste à ajouter à un noyau d'individus (des personnes considérées comme influentes, par exemple) tous ceux qui sont en relation (d'affaires, de travail, d'amitié, etc.) avec eux, et ainsi de suite. Il est alors possible de dégager le système de relations existant dans un groupe, qu'un échantillon probabiliste classique n'aurait pas permis de découvrir. Cette technique permet de réaliser ce que Raymond Boudon appelle des sondages contextuels, par opposition à des sondages de type atomique. On peut avec les premiers « [...] analyser le comportement individuel en le replaçant dans une "structure sociale", alors que les sondages atomiques [...] considèrent des individus détachés de leur contexte et placés, pour ainsi dire, dans un espace social amorphe[29] ». Il est possible, enfin, de combiner cette technique de « boule de neige » avec une technique probabiliste pour obtenir un sondage probabiliste contextuel.

Lorsque, explique également Raymond Boudon, l'enquête vise « à répondre à certaines questions théoriques ou à vérifier certaines hypothèses », que, par exemple, « [...] on se demande *pourquoi* certains médecins ont adopté [un] nouveau médicament et d'autres non[30] », il peut être

29. Raymond BOUDON, *Les méthodes en sociologie*, Paris, Presses universitaires de France, coll. Que sais-je ?, 1973, p. 44.
30. *Ibid.*, p. 47.

inutile de construire un échantillon représentatif de la population des médecins de l'ensemble du pays. « On pourra supposer que les médecins dont les contacts professionnels sont limités à une clientèle privée seront moins prompts à adopter une nouveauté que les médecins des hôpitaux, qui sont stimulés par des mécanismes d'influence interpersonnelle[31]. » Il est possible alors de ne retenir, par exemple, que les médecins (ou une partie de ceux-ci) d'une ville donnée, la relation ainsi mise en lumière ayant de bonnes chances d'être également vérifiée ailleurs. L'échantillon, en l'occurrence une certaine ville, aura été choisi non pas en fonction de sa représentativité statistique, mais du fait de son *caractère typique*, parce que l'on pense qu'il « ne présente aucun trait particulier, exceptionnel, susceptible d'affecter fortement le phénomène étudié, et donc que ce qu'on y a observé est suffisamment semblable à ce qu'on aurait trouvé [ailleurs][32] ». L'échantillonnage typique, fort courant en sciences sociales, fait, comme la plupart des techniques non probabilistes, l'objet de très vifs débats. Pour certains, il s'agit d'une technique qui, lorsque ses limites sont clairement reconnues (possibilité de généraliser les relations mais non les mesures), est tout à fait appropriée à certains types de recherche. En fait, « presque toutes les recherches de sociologie ou de psychosocio-logie empiriques, quand elles ne se bornent pas à exploiter des statisti-ques publiques, procède[raient] ainsi [par échantillonnage typique][33] ». Pour d'autres, les relations entre variables, tout comme les mesures, étant sujettes à des erreurs d'échantillonnage, il ne saurait être justifié de pro-céder à une généralisation de ces relations dans le cas des échantillons non probabilistes[34].

2.5. Les échantillons par quotas

La méthode des quotas est la méthode non probabiliste à laquelle les ouvrages traitant d'échantillonnage consacrent les plus longs dévelop-pements. Les spécialistes sont cependant loin d'être d'accord quant au jugement d'ensemble que l'on peut porter sur cette technique : pour cer-tains, les plans d'échantillonnage ainsi construits peuvent, sous condition, « rivaliser » avec ceux qu'on élabore à partir de techniques probabilistes ; pour d'autres, le caractère non probabiliste de la méthode est une raison suffisante pour la « disqualifier » aux yeux des chercheurs soucieux de

---

31. *Ibid.*
32. Benjamin MATALON, *op. cit.*, p. 80-81.
33. *Ibid.*, p. 81.
34. Voir, par exemple, C. SELLTIZ *et al.*, *Les méthodes de recherche en sciences sociales*, Montréal, Les Éditions HRW, 1977, p. 525-531.

rigueur. L'échantillonnage par quotas (*quota sampling*) repose sur un principe simple : celui de la reproduction la plus fidèle possible de la population à étudier. C'est ce principe que, voilà presque soixante ans, George Gallup, le père des fameux sondages Gallup et, pour certains, des sondages tout court, dégagea et mit peu à peu en application[35].

Pour reproduire parfaitement une population, il faudrait en connaître toutes les caractéristiques. Mais si on les connaissait toutes, on ne ressentirait pas le besoin de réaliser un sondage. L'absence d'informations concernant certaines caractéristiques de la population à étudier n'est toutefois pas un obstacle à la construction d'un modèle réduit, d'une maquette de celle-ci. En effet, les caractéristiques d'une population ne sont pas toutes de même niveau. Certaines, comme le sexe, l'âge, le revenu, la classe sociale, la religion, jouent généralement, dans la recherche en sciences sociales, le rôle de variables indépendantes, alors que d'autres, telles que les comportements, les opinions, sont plutôt considérées comme des variables dépendantes : bref, les premières rendraient compte des variations des secondes. Un échantillon construit de telle façon qu'il reproduise fidèlement la distribution de la population selon le sexe, l'âge, l'origine ethnique ou d'autres variables du même type (que l'on appellera variables contrôlées), devrait donc également reproduire la distribution de la population selon les autres caractéristiques (qui sont liées aux premières) et donc selon celles que l'on veut étudier. C'est ce raisonnement qui est à la base de la méthode des quotas. On voit cependant tout de suite un des problèmes que pose cette technique. S'il est vrai que les sous-groupes construits à partir des variables contrôlées sont relativement homogènes, ils ne le sont toutefois pas totalement. Les individus choisis (de façon non aléatoire) à l'intérieur de chaque strate, de chaque sous-groupe, ne sont donc pas nécessairement représentatifs de la strate, du sous-groupe.

De façon pratique, voici comment la méthode est mise en application : on dégage un certain nombre de caractéristiques, préférablement des variables dont on peut supposer qu'elles sont en relation avec ce que l'on cherche à mesurer ; à l'aide d'un recensement récent, on détermine comment la population se répartit suivant ces caractéristiques ; on construit alors l'échantillon en respectant cette répartition. Si, par exemple, il y a 50 % de femmes dans la population, on construira un échantillon comprenant 50 % de femmes, ce qui, si l'échantillon comprend 1 000 individus, donnera un quota de femmes de 500 et un quota d'hommes de 500 également. L'enquêteur devra respecter ces quotas et donc

---

35. Voir, par exemple, Alfred MAX, *La république des sondages*, Paris, Gallimard, 1981, p. 67-75.

interroger 500 femmes et 500 hommes. Plus on introduira de variables (sexe, âge, origine ethnique, religion, etc.), plus on obtiendra une réplique fidèle de la population et plus les strates, les sous-groupes (du moins on en fait l'hypothèse) seront homogènes ; mais plus il sera difficile aussi pour le chercheur de « remplir ses quotas ». Notons toutefois qu'il est possible de donner à l'échantillon une structure différente de celle de la population à étudier, à partir du moment où cela est fait consciemment, et de « réparer » certaines erreurs faites par les enquêteurs comme la sur-représentation (ou la sous-représentation) de strates. Il est aussi possible, pour remédier à la difficulté de travailler avec de trop nombreuses caractéristiques, de ne stratifier que selon les caractéristiques les plus évidentes (âge, sexe, etc.) et de recueillir, par ailleurs, l'information sur les autres. Il suffira par la suite, lors de l'analyse des données, de rétablir la structure désirée en pondérant différemment les strates ou en créant de nouvelles strates.

Le défaut majeur de la technique, c'est qu'elle est non probabiliste : l'enquêteur choisit qui il veut pour « remplir ses quotas ». En fait, à l'intérieur de chacune des strates, le tirage se fait accidentellement et non aléatoirement. L'enquêteur ne sera-t-il pas alors tenté d'interroger d'abord les membres de son entourage (qui lui ressemblent, mais qui ne sont pas nécessairement représentatifs de la population), de privilégier les lieux très fréquentés, etc. ?

Des techniques ont cependant été proposées dans le but de donner un caractère moins accidentel au tirage des individus qui feront partie d'un échantillon. On peut, par exemple, fixer un parcours le long duquel l'enquêteur fera ses entrevues, cette technique étant connue sous le nom de méthode des itinéraires. Il est fréquent, également, que l'on détermine les heures des rencontres. Le choix d'enquêteurs provenant de milieux sociaux différents, habitant des régions différentes tend, de plus, à réduire la gravité des effets d'un tirage accidentel.

Le lecteur aura sans doute compris que l'expression « techniques non probabilistes » (ou « techniques empiriques ») recouvre un large champ de pratiques. Si l'on peut sans crainte rejeter comme très peu fiables les techniques accidentelles, on ne saurait catégoriquement déconseiller l'utilisation d'autres techniques non probabilistes telles que la méthode des quotas, l'échantillonnage en boule de neige et l'échantillonnage typique. Dans certains cas, par exemple, en l'absence de base de sondage ou lorsque les objectifs sont moins de mesurer que de découvrir une logique, les méthodes non probabilistes sont souvent les seules utilisables, ou en tout cas, les plus adaptées. Il reste que, pour des raisons qui seront précisées plus loin, les techniques aléatoires sont celles qui, dans les autres cas, offrent le plus de garanties aux chercheurs.

3. Les échantillons probabilistes

Les techniques probabilistes (ou aléatoires) sont les seules qui offrent au chercheur une certaine garantie lors du processus de généralisation. À la différence des techniques dont on a parlé précédemment, elles lui donnent la possibilité, en s'appuyant sur les lois du calcul des probabilités, de préciser les risques qu'il prend en généralisant à l'ensemble de la population les mesures effectuées auprès d'un échantillon. S'il peut ainsi estimer l'erreur d'échantillonnage, le chercheur, en revanche, ne peut faire la même estimation pour les erreurs de mesure. L'*erreur totale*, celle qui *a priori* intéresse le plus le chercheur et qui est la somme de l'erreur d'échantillonnage et des erreurs de mesure (ou d'observation), reste donc pour lui une inconnue. Nous verrons qu'il existe des principes simples permettant de diminuer, dans le cas d'un échantillon aléatoire, l'erreur d'échantillonnage (par exemple, en augmentant la taille de l'échantillon). Il faut également savoir que le chercheur n'est pas totalement démuni face aux erreurs de mesure. Comme le montre bien Christian Gourieroux, il existe une série de «traitements empiriques» des causes de ces erreurs[36] : on se reportera pour toutes ces questions aux chapitres 7 et 8 de son ouvrage, *Théorie des sondages*.

Par *techniques d'échantillonnage probabilistes*, on entend *toutes celles qui impliquent un véritable tirage au hasard, c'est-à-dire qui donnent à chaque élément de la population une chance connue et non nulle d'être choisi*[37]. Il peut y avoir, de plus, mais cela n'est pas toujours souhaitable, équiprobabilité de tirage. Dans ce cas, le choix des individus qui feront partie de l'échantillon s'apparente à celui des numéros dans une loterie. Nous avons alors affaire à la technique probabiliste de base, celle de l'échantillon aléatoire simple (*simple random sample*), à laquelle il est parfois proposé de réserver l'usage de l'expression «échantillonnage au hasard[38]». C'est cette technique que nous présenterons tout d'abord, même si, dans la pratique, lui sont souvent préférées celles qui en dérivent et dont les caractéristiques seront ensuite exposées.

---

36. *Op. cit.*, p. 209.
37. Comme on l'a vu, il y a généralement un écart entre la population visée et la population réellement atteinte lors du sondage. Il faudrait donc dire que chaque élément de la population *réellement atteinte* possède une chance connue et non nulle de faire partie de l'échantillon.
38. Voir Leslie KISH, « Le choix de l'échantillon », dans Leon FESTINGER et Daniel KATZ, *op. cit.*, p. 216.

3.1. L'échantillon aléatoire simple

L'*échantillon aléatoire simple* (on trouve également l'expression «échantillon aléatoire» tout court, ce qui ne manque pas d'entretenir une confusion sémantique déjà trop évidente!) est tiré selon une technique qui accorde à chaque individu une *chance connue, égale et non nulle d'être choisi*. Notons qu'une deuxième condition doit être respectée: toute combinaison possible de n^{39} éléments doit avoir la même probabilité de sélection, ce qui revient à dire que *le tirage d'un élément doit être indépendant du tirage de n'importe quel autre élément appartenant à la population*. Pour bien comprendre ce principe, il faut savoir que 1) le choix d'un échantillon probabiliste est en fait une série de choix successifs d'individus pris dans une population, et 2) qu'il existe deux façons d'obtenir cette suite d'individus qui constituera l'échantillon: soit en faisant un tirage exhaustif (dit aussi sans remplacement), soit en faisant un tirage non exhaustif (avec remplacement). Dans le premier cas, chaque individu tiré une fois ne peut l'être une nouvelle fois; dans le second cas, après chaque tirage la population initiale est reconstituée. Alors que la deuxième technique satisfait à la condition d'*indépendance* présentée plus haut, la première conduit à accorder à certaines combinaisons, toutes celles qui incluent plus d'une fois le même élément, une probabilité nulle de sélection. Il n'y a pas alors indépendance des tirages comme le montre l'exemple qui suit.

> Une population est constituée en partie égale d'hommes et de femmes. Au premier tirage, la probabilité de choisir un homme est la même que celle de choisir une femme. Supposons que le premier individu tiré est une femme et que l'on procède à un tirage sans remplacement; la probabilité qu'un homme soit choisi au second tirage est alors plus forte que celle que ce soit une femme. Si le premier individu tiré avait été un homme, les chances pour le second tirage auraient été inversées. Les tirages dépendent donc alors des tirages précédents.

On montrera aisément que lorsque la taille de la population croît, les probabilités sont de moins en moins affectées par les résultats de tels tirages et que, lorsque le taux de sondage (c'est-à-dire le rapport entre la taille de l'échantillon et la taille de la population) est faible, on peut assimiler les tirages exhaustifs aux tirages avec remplacement, sans que cela pose de sérieux problèmes. Il faut toutefois noter que seuls les échantillons «avec remise» sont *stricto sensu* des échantillons aléatoires simples

---

39. n : taille de l'échantillon.

et que les développements statistiques concernant le processus d'inférence (de généralisation), que l'on retrouve dans la plupart des ouvrages sur le sujet, ne sont valables que pour ceux-ci. Dans la pratique, comme le font remarquer Loether et McTavish, il semble que l'on éprouve quelque réticence à inclure dans un échantillon plus d'une fois le même individu[40]. Il serait cependant tout à fait logique de procéder ainsi.

Élémentaire en principe, la technique de l'échantillon aléatoire « simple » se révèle en fait être parfois d'utilisation difficile, particulièrement lorsque la liste complète des individus composant la population est longue et non numérotée. En effet, il s'agira, après avoir établi la liste et affecté un numéro à chaque individu, de tirer, à l'aide d'une table de nombres aléatoires, une suite de numéros représentant les individus qui constitueront l'échantillon. Les tables de nombres aléatoires reproduisent les résultats de tirages, généralement faits par ordinateur, s'apparentant à ceux des loteries. Elles épargnent donc au chercheur tout ce travail, jamais totalement satisfaisant, de réunion des conditions d'un tirage aléatoire « manuel » : urne, papiers sur lesquels on inscrit les noms des individus appartenant à la population, mélange des papiers, etc. Le seul problème technique n'est (n'était) donc pas celui du choix des numéros, ces tables étant très faciles à utiliser, mais celui qui est en amont de la confection de la liste et de son numérotage.

Il faut noter toutefois que ce problème tend à disparaître. Dans le cas des sondages téléphoniques, il est en effet maintenant possible de générer aléatoirement, sans base de sondage, des numéros de téléphone. Cette dernière technique est d'ailleurs souvent jumelée à une méthode de sélection permettant de déterminer qui, dans le ménage rejoint, devrait répondre au sondage. On craint donc que les personnes décrochant le téléphone ne possèdent pas les caractéristiques recherchées. Pour éviter des biais, on utilise une série de grilles qui de fait introduisent des quotas pour l'échantillon. Voici comment Vincent Lemieux, dans son excellent petit livre sur les sondages, présente la façon de procéder :

> La population visée est celle de 18 ans et plus. L'interviewer commence par demander combien de personnes de cet âge habitent le foyer, puis combien il y a d'hommes (ou de femmes) parmi ces personnes. Supposons qu'au premier appel la réponse est trois personnes, dont un homme. L'interviewer applique alors la grille 1 et demande à parler à la dame la plus âgée. Si à un deuxième appel, on lui répond : quatre personnes dont trois hommes, l'interviewer, passant à la grille 2, demande de parler au monsieur le plus âgé. Et

---

40. *Op. cit.*, p. 409.

ainsi de suite, jusqu'à la grille 6, après quoi l'interviewer réutilise la grille 1, dans une nouvelle séquence de six[41].

Le problème avec une telle technique de sélection, c'est qu'à la pratique elle peut se révéler coûteuse. Il n'est pas rare en effet que la personne désignée par la grille de sélection ne soit pas libre au moment du premier contact téléphonique. Il faudra donc fixer, si cela est possible, un rendez-vous téléphonique avec la personne choisie, avec tous les risques (elle n'est toujours pas là, elle ne veut pas répondre) que cela comporte. Le taux de collaboration à l'enquête risque donc de baisser. Ce que l'on gagne d'un côté (meilleure représentativité) n'est-il pas perdu de l'autre (coûts plus élevés, délais allongés, baisse du taux de collaboration)? N'est-il pas préférable quand on est en contact avec une personne du ménage choisi de ne pas lui laisser un bon prétexte (elle n'est pas celle que désigne la grille) pour ne pas répondre? Une évaluation sérieuse des avantages et inconvénients de cette méthode, surtout quand elle est jumelée avec celle de la génération aléatoire des numéros de téléphone, devrait être conduite.

3.2. L'échantillon systématique

L'échantillonnage systématique (*systematic sampling*), dont il a déjà été question dans une section précédente, est souvent préféré à l'échantillonnage aléatoire simple, essentiellement du fait de sa simplicité et des conditions plus souples que nécessite sa mise en œuvre. L'échantillon est alors constitué d'individus pris à intervalle fixe dans une liste, seul le premier étant tiré aléatoirement. Cet intervalle correspond au rapport entre la taille de la population et la taille de l'échantillon, soit à l'inverse du taux de sondage. Comme on le voit, cette technique ne satisfait pas à une des conditions du tirage aléatoire simple, puisque, une fois le premier élément choisi, les chances des autres éléments d'être tirés, d'égales qu'elles étaient avant ce premier choix, ou s'annulent, ou deviennent certaines : il n'y a plus alors indépendance des tirages, le premier conditionnant tous les autres. De plus, même avant ce premier tirage, la grande majorité des combinaisons possibles de *n* éléments n'ont aucune chance de constituer l'échantillon : il en est ainsi de toutes celles qui sont composées d'éléments non séparés régulièrement sur la liste.

---

41. Vincent LEMIEUX, *Les sondages et la démocratie*, Québec, Institut québécois de recherche sur la culture, 1988, p. 28.

Cette technique peut-elle alors être considérée comme probabiliste ? On ne peut en fait donner de réponse absolue, définitive : comme le précise Barbara Leigh Smith, « l'échantillonnage systématique produit un échantillon relativement représentatif si la liste initiale de la population est triée de façon aléatoire[42] ». Leslie Kish ajoute : « Avec l'échantillonnage systématique, on doit avoir des raisons suffisantes pour croire que l'arrangement des unités d'échantillonnage dans chaque strate peut être considéré comme l'effet d'un pur hasard[43]. » Selon Kish, on ne saurait utiliser cette technique lorsque la liste à partir de laquelle se fera le tirage de l'échantillon est ordonnée, ou du moins, on devrait tenir compte de cet ordre lors du choix des individus et changer de « point de départ » à plusieurs reprises durant le tirage. Supposons, par exemple, que la liste de la population soit ordonnée selon l'âge et que l'intervalle entre deux tirages soit de cinquante éléments : un échantillon constitué des premier, cinquante et unième, cent unième, ... individus n'aura sans doute pas le même âge moyen qu'un autre constitué des cinquantième, centième, cent cinquantième, ... individus.

Il faut également s'assurer que l'intervalle entre deux tirages ne correspond pas à une fluctuation cyclique de la liste ou de ce qui en fait office. Le danger est particulièrement grand lorsque la technique est utilisée pour tirer, le long d'un parcours, un échantillon de maisons, de logements : il est nécessaire d'éviter qu'il y ait concordance entre l'intervalle et, par exemple, le nombre de logements dans un immeuble, et par suite qu'il y ait surreprésentation d'un certain type d'habitation, de logement. Il demeure que la technique même de l'échantillon systématique est souvent utilisée par les spécialistes. Il est vrai qu'alors la liste utilisée est souvent celle des noms dans un annuaire, qui, heureusement, est exempte des deux biais présentés plus haut. Les maisons de sondages au Québec recourent fréquemment, quoique moins souvent que par le passé, à cette technique : par exemple, pour l'enquête CROP – *La Presse* réalisée entre le 11 et le 14 novembre 1988, avant donc les élections fédérales canadiennes, « l'échantillon a été tiré selon la méthode du hasard systématique des listes publiées des abonnés du téléphone de l'ensemble du Québec[44] ».

---

42. Barbara Leigh SMITH *et al.*, *Political Research Methods : Foundations and Techniques*, Boston, Houghton Mifflin, 1976, p. 138.
43. « Le choix de l'échantillon », dans FESTINGER et KATZ, *op. cit.*, p. 235.
44. *La Presse*, vendredi 18 novembre 1988, p. A2.

3.3. L'échantillon aréolaire

Citons également une autre technique, ou plutôt une autre façon d'utiliser les techniques probabilistes. Nous avons vu qu'une des conditions préalables au tirage aléatoire simple et dans une moindre mesure au tirage systématique était (la situation a maintenant un peu changé) l'existence d'une base de sondage, c'est-à-dire d'une liste complète des individus composant la population. Avec la *méthode aréolaire*, il n'est plus nécessaire de disposer d'une liste au sens strict du terme ; ce sera plutôt *une carte géographique, une photo ou un plan qui fera office de liste*. Les éléments de cette liste seront alors des zones et selon une technique, par exemple le tirage systématique, on déterminera celles qui constitueront l'échantillon. Cette méthode aréolaire, ou topographique (*area sampling*), est particulièrement indiquée lorsque n'existent ni liste pouvant donner lieu à un tirage probabiliste « traditionnel », ni recensement récent pouvant conduire à l'utilisation de la méthode des quotas. En Afrique, selon Michel Hoffmann :

> Les échantillons sont établis à partir de la méthode par quotas ou, à défaut, de la méthode topographique. [...] L'existence d'une documentation cartographique importante, et souvent d'excellente qualité, facilite le tirage au sort des zones à prospecter pour l'enquête et l'établissement des plans de cheminement. Cette procédure présente l'avantage de pouvoir être suivie aussi bien en milieu urbain – tirage au sort des îlots et plan de cheminement dans les concessions ou immeubles – qu'en zone rurale – tirage au sort des villages et points de peuplement[45].

3.4. L'échantillon en grappes

La méthode aréolaire peut être considérée comme un cas particulier de la méthode d'*échantillonnage en grappes* (*cluster sampling*), dite aussi « par grappes », « par groupes » ou « par faisceaux ». Elle consiste à *tirer au hasard des groupes d'individus et non des individus, au moins dans un premier temps, puis à soumettre à l'analyse soit l'ensemble de ces grappes, soit une partie (un échantillon) des individus qui les composent* (on parlera alors d'échantillonnage au deuxième degré). Il n'est pas rare,

---

45. Michel HOFFMAN, « Les sondages d'opinion et les études de marché en Afrique », dans Raymond BOUDON *et al.*, *Science et théorie de l'opinion publique : hommage à Jean Stoetzel*, Paris, Retz, 1981, p. 303-304.

en fait, que le processus d'échantillonnage se poursuive au-delà du second degré : on parlera alors d'échantillonnage à plusieurs degrés ou multiphasique (*multi-stage sampling*). La technique consiste, comme le montre C. Fourgeaud, à faire des tirages « en cascade », tout d'abord parmi les unités primaires (*primary sampling units*), par exemple des régions, dont « l'ensemble forme la population totale[46] », puis parmi les unités secondaires (*secondary sampling units*) définies à partir des unités primaires choisies, par exemple des villes ; ensuite, parmi les unités tertiaires définies à partir des unités secondaires choisies, par exemple des quartiers ; enfin, parmi les unités de base (*ultimate sampling units*), par exemple des immeubles. Les avantages d'une telle façon de procéder sont essentiellement de deux ordres. Tout d'abord, cette technique ne réclame qu'une connaissance relativement limitée de la population globale : il n'est point besoin d'avoir une liste complète des individus qui la composent. De plus, il s'agit d'un procédé économique, en ce sens que les grappes sont, d'une façon générale, géographiquement concentrées : il n'est point besoin de parcourir l'ensemble du territoire pour fins d'enquête ; les déplacements sont alors limités, les coûts occasionnés, réduits.

Il faut cependant insister sur les limites de la méthode : quoique probabiliste, chaque tirage se faisant selon les techniques aléatoire simple ou systématique, la technique d'échantillonnage par groupes conduit généralement à des erreurs d'échantillonnage plus importantes que ne le fait la technique aléatoire simple. En effet, il s'agit souvent, comme nous l'avons fait remarquer, d'une technique d'échantillonnage à plusieurs degrés : les possibilités d'erreurs s'en trouvent ainsi multipliées. Notons également que les combinaisons possibles de n éléments de base, les seuls qui en définitive nous intéressent (le groupement, le multiphasage n'étant que des procédés destinés à réduire les coûts, à pallier l'absence de liste), n'ont pas alors une probabilité égale de constituer l'échantillon final. Ajoutons que, dans le but de réduire la taille de l'échantillon, on cherchera à construire des grappes constituées d'éléments hétérogènes de telle façon que chacune soit aussi représentative que possible de la population globale, mais que généralement la confection même de ces grappes (sur une base de proximité) conduit à une homogénéité interne, des individus « géographiquement » proches ayant malheureusement une certaine tendance à se ressembler. Terminons en disant que cet inconvénient peut parfois se transformer en avantage, l'échantillonnage en grappes pouvant mener à un sondage de type contextuel.

---

46. C. FOURGEAUD, *Statistique, licence ès sciences économiques deuxième année*, Paris, Librairie Dey, 1969, p. 154.

3.5. L'échantillon stratifié

Reste la technique la plus raffinée : celle de l'*échantillon stratifié* (*stratified random sample*). Elle consiste à *diviser la population à étudier en sous-populations appelées strates puis à tirer aléatoirement un échantillon dans chacune des strates, l'ensemble des échantillons ainsi choisis constituant l'échantillon final qui sera soumis à l'analyse.*

On stratifie, comme le montrent Loether et McTavish[47], pour deux types de raisons : des raisons d'ordre théorique et des raisons d'ordre pratique. On peut d'abord stratifier tout simplement dans le but de comparer entre elles diverses sous-populations. Notons que la stratification peut alors aussi bien se faire avant (*a priori*), qu'après l'enquête (*a posteriori*). Si l'on stratifie avant, toutefois, c'est en partie pour être sûr de disposer, lors du processus de généralisation, d'un nombre suffisant d'individus dans chaque sous-population. Les groupes faiblement représentés dans la population totale (les Amérindiens au Québec ou au Canada, par exemple) pourront être surreprésentés dans l'échantillon : on parlera alors d'un échantillon stratifié non proportionnel. On peut surtout stratifier dans le but de réduire l'erreur d'échantillonnage ou la taille de l'échantillon (et donc les coûts) ou les deux. Comme le précisent Loether et McTavish,

> Un échantillon aléatoire stratifié constitué adéquatement, c'est-à-dire où les variations intra-strates sont faibles, produira une erreur d'échantillonnage moindre qu'un échantillon aléatoire simple de même taille ; ou, autrement dit, un échantillon aléatoire stratifié plus petit qu'un échantillon aléatoire simple mais bien constitué sera caractérisé par une erreur d'échantillonnage équivalente à celle du plus grand échantillon aléatoire simple[48].

Cette relation entre le choix de la technique et l'erreur d'échantillonnage se comprend presque intuitivement : point n'est besoin de faire le détour par la statistique. Rappelons d'abord une banalité, à savoir qu'on échantillonne essentiellement dans le but de confirmer ou d'infirmer au moindre coût une hypothèse. Ce qui nous intéresse donc, ce sont les variables qui sont en relation avec l'objet de notre recherche. S'il est possible de découper la population à étudier, ou plus exactement l'échantillon qui en sera tiré, selon les variables (âge, classe sociale, sexe, scolarité, par exemple) que l'on pense être en relation avec l'objet de la recherche (l'intention de vote, par exemple), on peut espérer obtenir des sous-groupes, des strates, plus homogènes que la population totale,

---

47. *Op. cit.*, p. 418.
48. *Ibid.*

relativement à ces variables (indépendantes et dépendantes). Or, l'erreur d'échantillonnage dépend de l'homogénéité de la population globale : si en fait tous les individus composant une population étaient identiques, il suffirait de tirer un seul élément pour la bien connaître. Stratifier selon la variable la plus « puissante », c'est donc rechercher l'homogénéité maximale *à l'intérieur* de chacune des strates et, conséquemment, une plus grande précision. L'échantillon stratifié étant en fait la somme des échantillons tirés à l'intérieur des strates, l'erreur totale d'échantillonnage sera liée aux erreurs d'échantillonnage de chaque strate et, donc, à leur homogénéité.

Conclusion

À la question « Quelle technique est la meilleure ? », la seule réponse que l'on peut donner est « Cela dépend ! »

- Cela dépend des contraintes de temps, des ressources financières et humaines : on sait, par exemple, que les techniques non probabilistes sont généralement peu coûteuses, rapides et faciles à utiliser.

- Cela dépend des objectifs qu'on se fixe : généralisation de mesures, généralisation de relations, analyse de sous-populations, recherche d'hypothèses.

- Cela dépend de la précision souhaitée : on sait, par exemple, que la précision augmente lorsqu'on passe de l'échantillonnage en grappes à l'échantillonnage aléatoire simple, puis à l'échantillonnage stratifié proportionnel, enfin, à certaines formes d'échantillonnage stratifié non proportionnel.

- Cela dépend de la population à échantillonner : Possède-t-on une liste de cette population ? Peut-on facilement la subdiviser ? Est-elle dispersée ? Est-elle plutôt homogène ou hétérogène ? etc.

- Cela dépend de ce qu'on se propose de faire avec l'échantillon tiré : lui soumettre un questionnaire ? lui faire subir des tests ? etc.

- Cela dépend...

En fait le choix d'une technique d'échantillonnage dépend d'une multitude de facteurs. Il n'y a donc pas de technique, de procédé tout usage. Au contraire, tout ou presque est à recommencer à chaque fois (à moins bien sûr que l'on fasse régulièrement la même enquête auprès de la même population).

À la question « Quelle taille l'échantillon doit-il avoir ? », la seule réponse que l'on peut apporter est « Cela dépend ! »

– Cela dépend du degré d'homogénéité de la population à analyser : plus la population est homogène, plus l'échantillon, pour une précision constante, peut être de taille réduite. Le seul problème, c'est que généralement nous ne connaissons pas ce degré d'homogénéité.

– Cela dépend de la technique choisie.

– Cela dépend aussi de la précision souhaitée : en fait, à homogénéité constante, plus l'échantillon est de taille importante, plus l'erreur d'échantillonnage diminue. Taille de l'échantillon et erreur d'échantillonnage varient en fait inversement.

Rappelons cependant que tous ces principes sont valables pour les échantillons tirés selon un procédé aléatoire, et que pour les échantillons non probabilistes, il n'existe pas à proprement parler de règles : ce n'est pas, par exemple, en augmentant la taille d'un échantillon « accidentel » que l'on augmente vraiment sa qualité. Toutefois, pour certains procédés, tels que ceux de l'échantillon par quotas ou de l'échantillon systématique non aléatoire, on peut sans trop de problèmes adopter certains des principes exposés plus haut.

On considère en fait que pour pouvoir généraliser les mesures effectuées sur un échantillon ou toute partie de celui-ci, il faut généralement un minimum de cent cas dans l'échantillon ou le sous-échantillon considéré[49]. Il s'agit, bien sûr, d'une règle pratique qu'il convient d'utiliser avec prudence et qui est valable pour les échantillons probabilistes.

Notons également que si la taille de l'échantillon et l'erreur d'échantillonnage varient en sens inverse, à une augmentation de la taille de l'échantillon ne correspond qu'une diminution beaucoup plus faible de l'erreur d'échantillonnage[50]. Très vite, tout gain quant à la précision se paie très cher : c'est pourquoi il est rare que l'on construise un échantillon dépassant les 2 000 individus, à moins de vouloir représenter adéquatement quelques strates de la population. Comme la précision dépend essentiellement de la taille de l'échantillon et non, dans la plupart des cas, de la taille de la population, il n'est pas étonnant que les

---

49. Même si, statistiquement, le théorème central limite commence à s'appliquer à partir de trente cas.
50. On pourra se reporter au tableau 1, « Intervalle de confiance lorsqu'une proportion est de .5 (50 p. 100), selon la taille de l'échantillon », du dossier sur *Sondages politiques et politiques des sondages au Québec*, Montréal, SCSP-ACSALF, 1979, p. 21.

spécialistes des sondages s'en tiennent aux États-Unis, au Canada, au Québec, malgré des populations de tailles très différentes, à des échantillons de 1 000 à 2 000 individus.

Reste enfin la délicate question de l'estimation, que nous ne ferons d'ailleurs qu'effleurer ici. Peut-on, à partir des mesures effectuées auprès d'un échantillon (statistiques), connaître exactement les valeurs de la population (paramètres)? La réponse est non. Ou, plus exactement, il se peut que les mesures ainsi faites correspondent aux valeurs recherchées; cependant, nous ne pourrions le savoir qu'en procédant à un recensement et en supposant qu'alors il n'y ait pas d'erreurs de mesure. De la même façon, on ne pourra calculer l'écart exact entre la valeur trouvée et la valeur recherchée, à moins que cette dernière valeur ne nous soit connue. Par contre, ce qu'on peut faire lorsqu'on a procédé à un tirage probabiliste, c'est estimer à partir de ces statistiques les paramètres de la population. L'estimation pourra être ponctuelle, l'intention de vote pour le Parti québécois dans l'ensemble de l'électorat québécois étant estimée par l'intention de vote pour le Parti québécois dans l'échantillon. C'est à une «estimation» de ce type que procèdent bien des médias lorsqu'ils rapportent les résultats d'enquêtes par sondage. Notons que, malheureusement, ce passage de l'échantillon à la population totale n'est pas toujours établi comme ayant relevé d'une estimation ponctuelle. L'estimation pourra être faite également par intervalle de confiance et consistera à déterminer un intervalle tel que si nous tirions un nombre important d'échantillons de même taille et provenant de la même population, 95 % (ou 99 %) des intervalles de confiance incluraient le paramètre. Ainsi pour le sondage réalisé en février 1980 par Radio-Canada avec la collaboration de CROP sur «les Québécois et la question référendaire», il est précisé que

> Tout sondage comporte des limites dont il convient de tenir compte au moment de l'interprétation des résultats. Le taux de participation et le degré de représentativité de l'échantillon convoité nous aident à estimer ces limites. D'autre part, dans l'hypothèse où la population non rejointe, ceux qui ont refusé d'y participer et ceux qui se sont abstenus sur certaines questions, a un comportement et des attitudes semblables aux répondants, la méthode empirique du sondage nous permet d'estimer que les résultats basés sur l'ensemble des informateurs sont exacts 19 fois sur 20 à l'intérieur d'un intervalle de confiance de 1 à 3 unités de pourcentage, en plus ou en moins, dépendamment de la fréquence relative observée[51].

---

51. *Les Québécois et la question référendaire*, Service des recherches de la division des services français, Radio-Canada, 7 mars 1980, annexe B, p. 4-5.

Terminons sur une recommandation que font à peu près tous les spécialistes de l'échantillonnage, à savoir qu'il ne faut pas oublier qu'une partie de l'erreur totale provient des mesures effectuées. Il est donc impératif de travailler également à la diminution des erreurs qui leur sont liées ; mais ces problèmes ne relèvent plus strictement de l'échantillonnage.

Bibliographie annotée

BLALOCK, Hubert M., *Social Statistics*, 2ᵉ éd., New York, McGraw-Hill, 1972.

Ce livre constitue en quelque sorte la bible de la statistique utilisée par les spécialistes des sciences sociales depuis presque vingt ans. On y trouvera une discussion relativement simple du concept d'échantillon et des conséquences de l'opération d'échantillonnage.

DESABIE, Jean, *Théorie et pratique des sondages*, Paris, Dunod, 1966.

Si ce texte commence à vieillir, les considérations qu'il propose à la réflexion de son lecteur sont loin d'être devenues obsolètes. Cet auteur est plus sensible que les auteurs américains à l'utilité des échantillons non probabilistes.

JAVEAU, Claude, *L'enquête par questionnaire : manuel à l'usage du praticien*, 3ᵉ éd., Paris, Éditions d'Organisation, 1982.

Ce livre survole la méthodologie du sondage et s'arrête entre autres aux problèmes de l'échantillonnage au chapitre 9. Comme l'auteur est européen, la présentation des échantillons non probabilistes prend une place plus grande dans cet exposé que dans les textes nord-américains.

KISH, Leslie, *Survey Sampling*, New York, Wiley, 1965.

Ce livre est définitivement le classique dans la présentation des techniques d'échantillonnage. On s'y référera avec profit lorsqu'on cherchera une discussion détaillée des problèmes entourant le tirage d'échantillons.

LAVOIE, Réginald, *Statistique appliquée : auto-apprentissage par objectifs*, Sillery, Presses de l'Université du Québec, 1981.

Ce livre présente les bases statistiques de la théorie de l'échantillonnage. Le langage est simple et clair. Les concepts sont présentés de telle façon que les plus complexes soient compris sans l'aide d'un tuteur. À recommander.

SCHEAFFER, Richard L., William MENDENHALL et Lyman OTT, *Elementary Survey Sampling*, North Scituate, Duxbury Press, 1979.

On y présente brièvement des concepts clés liés à l'échantillonnage et une discussion technique des différentes statistiques accompagnant chaque méthode d'échantillonnage. Les méthodes non probabilistes y sont complètement ignorées.

Chapitre 9
L'éthique en recherche sociale

Jean Crête

*Le mal que font les hommes vit avec eux ;
le bien est souvent enseveli avec leurs cendres.*

Shakespeare

Introduction

Si les débats sur ce qui constitue une véritable connaissance scientifique dans le domaine des relations sociales tendent à s'atténuer, les controverses sur le jeu des valeurs dans l'enquête scientifique et sur les considérations éthiques qui influencent ou devraient influencer le chercheur se sont accentuées, ces dernières années. Bower et De Gasparis relient ce phénomène à la montée des mouvements pour les droits de la personne et à la croissance de l'activité gouvernementale dans le domaine de la recherche depuis la Deuxième Guerre mondiale[1].

Ces préoccupations proviennent d'abord de l'expérimentation dans les sciences biomédicales, notamment en réponse aux atrocités commises au nom de la science durant l'intervalle nazi en Allemagne. Les normes développées pour les sciences biomédicales ont progressivement été revues et appliquées aux sciences du comportement. Les associations professionnelles (anthropologues, politologues, psychologues, évaluateurs, etc.) ont peu à peu adopté des règles de conduites professionnelles.

En outre, les administrations dispensant des fonds publics pour la recherche ont également établi des règles éthiques que les chercheurs doivent s'engager à suivre pour avoir accès à ces fonds. De plus, un

---

1. Robert T. Bower et Priscilla De Gasparis, *Ethics in Social Research*, New York, Praeger Publishers, 1978, p. 3.

certain nombre de lois, à portée générale comme les lois sur les droits et libertés des personnes, sont venues étayer ces préoccupations. Dans ce chapitre, nous étudierons quelques problèmes qui surviennent lorsque nous essayons de préciser les obligations et responsabilités du chercheur envers *la société, la communauté scientifique et les participants* aux recherches. Notons dès le départ qu'il n'y a pas de solution simple ou factuelle aux problèmes abordés ici. Il n'y a pas de formule décrivant strictement ce que doit être la conduite du chercheur dans chaque situation[2]. Il existe, par ailleurs, un ensemble de principes que l'on s'attend de voir respectés par le chercheur en action.

L'objectif des scientifiques c'est, ou du moins ce devrait être, de *contribuer au développement des connaissances scientifiques.* La poursuite de cet objectif passe par un travail ardu et frustrant, et c'est le défi de la découverte ou la satisfaction de résoudre un problème qui stimule toute cette activité. Étant donné la formation du scientifique, on ne doit pas s'étonner que la *société* attende de ce dernier des recherches dont les résultats lui soient bénéfiques. Le savant a donc le devoir d'analyser des phénomènes importants. Le chercheur est toutefois limité par les ressources tant intellectuelles que matérielles dont il peut disposer. Envers la communauté scientifique, le chercheur a des responsabilités précises : il doit notamment informer ses collègues des procédures suivies pour en arriver aux résultats décrits. Un autre principe éthique que le chercheur est censé suivre, c'est de ne pas empiéter sur les droits des personnes participant aux recherches et de ne pas affecter leur bien-être ; les *participants* ne doivent pas être maltraités ou lésés en prenant part à une recherche. Le scientifique a au moins trois bonnes raisons pour ne pas nuire aux participants[3] :

1) d'abord, notre société reconnaît aux individus des droits garantis par la loi et par ses valeurs morales ;

2) puis, l'un des buts de la science, c'est de servir l'humanité ; une recherche qui fait du tort aux humains tendrait pour le moins à s'éloigner de cet objectif ;

3) enfin, en faisant du tort aux participants, le scientifique suscite la méfiance à l'endroit des savants et de la science.

2. B.L. SMITH *et al., Political Research Methods,* Houghton Mifflin Company, 1976, p. 67.
3. Edward DIENER et Rick GRANDALL, *Ethics in Social and Behavioural Research,* Chicago Press, 1978, p. 17.

Au bien-être des participants se greffe le problème de la ***distribution coûts et des bénéfices de la recherche***[4]. C'est un problème que l'on traite généralement du point de vue de la justice distributive. C'est un aspect de l'éthique de la recherche qui a été relancé avec la publication du très fécond essai de Rawls sur la théorie de la justice[5]. L'analyse coûts-bénéfices d'un projet de recherche tente de prendre en considération et les bénéfices et toutes les pertes qui en résulteront. Une première interprétation de cette analyse met l'accent sur son caractère « social ». Si les bénéfices pour la société sont supérieurs aux coûts, le projet peut être entrepris. Une interprétation plus récente de l'analyse coûts-bénéfices commande de mesurer les bénéfices nets (c'est-à-dire les bénéfices moins les coûts) pour chaque participant au projet de recherche en plus des bénéfices nets pour la société entière. La deuxième interprétation est donc plus restrictive que la première : en plus de bénéficier à la société entière, il faudrait que le projet bénéficie aussi à chacun des participants. Dans le présent chapitre, nous nous en tiendrons à l'interprétation traditionnelle utilitariste, c'est-à-dire que ***nous considérerons qu'un projet de recherche peut être entrepris si au total ou de façon agrégée les bénéfices résultant de la recherche sont supérieurs à ses coûts.***

Il faut bien reconnaître que les chercheurs sont presque forcément des gens très scolarisés et d'un niveau économique relativement élevé ; aussi doit-on se demander s'ils ont tendance à étudier des gens pauvres, malades, délinquants ou des notables, des riches, des patrons ou autres catégories privilégiées de notre société[6] ? Il faut convenir que c'est souvent commode d'étudier les gens désavantagés ; ils sont peu mobiles, moins avares de leur temps et apprécient peut-être davantage le fait d'être l'objet de l'attention de gens savants. Ces sujets étudiés retirent-ils quelques bénéfices, au moins équivalents aux frais encourus[7] ? Ce sont là des questions que le chercheur doit se poser tout en poursuivant ses objectifs scientifiques.

4. Paul DAVIDSON REYNOLDS, *Ethical Dilemnas and Social Science Research*, San Francisco, Jossey-Bass, 1979, p. 47-84.
5. J.A. RAWLS, *Theory of Justice*, Cambrige, Mass., Harvard University Press, 1971.
6. N. CAPLAN et S.D. WELSOLL, « Who's to Blame ? », *Psychologie Today*, vol. 8, 1974, p. 99-104 ; G. SJOBERG et P.J. MILLER, « Social Research on Bureaucracy : Limitations and Opportunities », *Social Problems*, vol. 21, 1973, p. 129-143.
7. B.S. VARGUE, « On Sociological Exploitation : Why the Guinea Pig Sometimes Bite ? », *Social Problems*, vol. 19, 1971, p. 238-248.

1. Le choix d'un sujet de recherche

Lors de la première étape de la recherche – le choix d'un sujet – une règle d'or de la démarche scientifique est de choisir comme objet d'investigation un phénomène important. Le rôle du chercheur est aussi de mettre en doute ce qu'on tient pour vrai. En poursuivant ces deux objectifs, le chercheur risque, toutefois, d'occasionner des bouleversements dans une société. Une société, à un certain moment donné, tend à limiter le champ ouvert à l'investigation, c'est-à-dire que certains phénomènes peuvent être hors d'atteinte pour le chercheur ; la personne ou l'organisme qui s'aventure à explorer ces phénomènes s'expose à la critique. Si le chercheur traite d'un sujet socialement important et à propos duquel il y a déjà une « vérité admise et officielle », on remettra en question non seulement ses travaux mais aussi sa compétence professionnelle, voire ses motifs.

C'est ainsi que Jensen, un auteur américain, fut, à la fin des années 1960, début des années 1970, le centre d'un débat fort houleux dans le monde anglo-saxon. Jensen avait publié une recension des écrits centrée sur la relation entre l'intelligence, la race et la classe sociale. Il s'ensuivit un débat au cours duquel certains opinèrent qu'un tel sujet n'aurait jamais dû être étudié ; d'autres mirent en doute l'intégrité personnelle de l'auteur et sa compétence professionnelle[8]. En fait, Jensen avait suggéré qu'il y avait une différence innée dans la distribution de l'intelligence entre les races. Le débat s'étendit rapidement à l'Angleterre où le psychologue Eysenck publia également un ouvrage sur la question[9]. À Londres, il devint presque impossible aux auteurs de ces textes de faire des conférences sans que des groupes viennent protester. Ces auteurs furent accusés de racisme, de nazisme, d'imbécillité. Plus tard, une revue des arguments avancés par les tenants des différents points de vue conclut qu'il n'y avait pas de preuves suffisantes pour résoudre la question[10]. Le débat fut relancé de plus belle aux États-Unis par la publication de l'ouvrage *The Bell Curve*.

Le célèbre sociologue américain James S. Coleman amorça une autre controverse du même type lorsqu'en 1975 il affirma qu'il pouvait conclure de ses études récentes sur la déségrégation raciale dans les écoles qu'elle engendrait une « fuite des Blancs ». On remit en question sa méthodologie, ses données, ses conclusions et ses motifs.

---

8. A.R. JENSEN, « How Much Can Be Boast IQ and Scholastic Achievement ? », *Harvard Educational Review*, hiver 1969, p. 1-123.
9. H.J. EYSENCK, *Intelligence and Education*, London, Temple Smith, 1971.
10. Martin SHIPMAN, *The Limitations of Social Research*, 2e éd., London, Longman, 1981, p. 35-36.

Le débat se poursuivit dans des revues scientifiques, de vulgarisation et même dans des quotidiens[11].

Dans ces deux cas, ce qui est remarquable, ce n'est pas que le débat ait porté sur des questions de méthodes ou de techniques, mais bien plutôt qu'il ait porté sur la légitimité même de la recherche sociale appliquée à certains objets. Toute société a des sujets tabous qu'on n'aborde pas impunément, que l'on soit scientifique ou non. Le chercheur fait alors face à un premier dilemme : doit-on rechercher la vérité à tout prix ? Les découvertes possibles ou même seulement le débat autour des hypothèses de recherche peuvent mener à des bouleversements sociaux. Ces bouleversements ne sont pas nécessairement des progrès, comme l'a souvent fait remarquer le physicien nucléaire J. Robert Oppenheimer (le père de la bombe atomique)[12]. Dans nos sociétés capitalistes, la censure de la recherche libre ne s'exerce plus au nom de la religion, comme au Moyen Âge, ou au nom d'une idéologie comme en Union soviétique à une certaine époque, mais davantage au nom de l'éthique. Certains perçoivent même une croissance du nombre de sujets interdits par l'éthique depuis la Deuxième Guerre mondiale[13]. Le chercheur peut donc être appelé, sinon à choisir, du moins à composer avec les valeurs de la société – qui tend au maintien du statu quo – et celles de la science – qui incitent au savoir, à la remise en question des idées reçues.

2. Stratégie d'étude

Une fois le sujet de recherche trouvé, le chercheur adopte une stratégie d'étude. Quelle que soit la stratégie retenue, le chercheur fera face à certaines questions relevant de l'éthique. Le choix même du devis de recherche influe directement sur le type de problèmes les plus susceptibles de se poser. Quel que soit le devis de recherche retenu, les effets négatifs sur les groupes et les catégories sociales retiennent de plus en

11. Voir le débat entre Pettigrew et Green dans Marcia GUTTENTAG, *Evaluation Studies Review Annual*, vol. 2, Beverly Hills, Sage Publications, 1977, p. 364-433 et David J. ARMOR, « White Flight and the Future of School Desegregation », dans H.E. FREEMAN et M.A. SOLOMON, *Evaluation Studies Review Annual*, vol. 6, Beverly Hills, Sage Publications, 1981, p. 212-251.
12. J. Robert OPPENHEIMER, *La science et le bon sens*, Paris, Gallimard, 1955.
13. Paul KURTZ, « The Ethics of Free Inquiry », dans Sidney HOOK, Paul KURTZ et Miro TODOROVITCH, *The Ethics of Teaching and Scientific Research*, Buffalo, Prometheus Books, 1977, p. 203-207.

plus l'attention. La catégorie « femme », par exemple, serait souvent mal utilisée avec des conséquences négatives pour la moitié du genre humain[14].

2.1. Le devis expérimental

La procédure la plus directe pour étudier les relations causales entre variables, c'est de créer une situation où une ou plusieurs variables indépendantes peuvent être contrôlées. Cependant, tout comme la procédure expérimentale permet d'avoir une grande confiance dans les résultats, elle tient également le chercheur pour responsable des effets attendus et inattendus de la recherche. En d'autres termes, l'avantage principal de la recherche expérimentale est également le problème crucial, du point de vue éthique : la responsabilité du chercheur en ce qui a trait aux effets pour les participants[15]. Certains gardent encore l'impression que la méthode expérimentale est confinée aux sciences biologiques et physiques et qu'elle ne s'applique que très peu en sciences sociales. Comme on l'a vu dans le chapitre sur la structure de la preuve, le devis expérimental s'applique aussi en sciences sociales.

> Une des expériences les plus fécondes dans le domaine du droit fut sans doute le Projet de cautionnement de Manhattan[16]. Le but de l'expérience était de voir si les personnes mises sous arrêt et qui avaient des racines dans la communauté locale viendraient subir leur procès même si on n'exigeait pas d'elles un cautionnement. Après étude des dossiers et après entrevues avec les accusés, les responsables de l'étude choisirent quelques milliers de cas jugés apte à être recommandés pour libération sans cautionnement. Les personnes accusées d'homicides et d'autres crimes graves furent exclues de l'étude. Les chercheurs divisèrent au hasard les cas admissibles en deux groupes. Pour les individus du premier groupe, les chercheurs firent des recommandations positives au juge pour qu'il libère l'accusé sans cautionnement en attendant son procès. Pour l'autre groupe, le groupe contrôle, les chercheurs ne firent aucune intervention auprès de la cour. La cour libéra 50 % des individus du premier groupe sans

14. L. CODE, M. FORD, K. MARTINDALE, S. SHERWIN, *et al., Is Feminist Ethics Possible ?* Toronto, Canadian Research Institute for the Advancement of Women / Institut canadien de recherches sur les femmes, 1991.
15. REYNOLDS, *op. cit.*, p. 113.
16. John P. GILBERT, Richard J. LIGHT et Frederick MOSTELLER, « Assessing Social Innovations : An Empirical Base for Policy », dans Carl A. BENNETT et Arthur A. LUMSDAINE (dir.), *Evaluation and Experiments*, New York, Academic Press, 1975, p. 77-80 ; Henry W. RIECKEN et Robert F. BORUCH (dir.), *Social Experimentation*, New York, Academic Press, 1974, p. 291-293.

cautionnement et 16 % du groupe contrôle. Seulement 0,7 % des gens libérés sans cautionnement ne se présentèrent pas à leur procès. Les résultats de l'étude furent des plus probants. Cette étude apporta aussi des résultats supplémentaires quelque peu surprenants. Dans le groupe expérimental, 60 % des personnes libérées sans caution furent acquittées ou leur cas fut renvoyé, contre seulement 23 % dans le groupe contrôle. Des personnes reconnues coupables dans le groupe expérimental, 16 % furent jetées en prison contre 96 % dans le groupe contrôle.

Effets pour la société

L'effet positif principal, du moins à plus long terme, de telles recherches se perçoit très bien dans le potentiel d'amélioration de nos institutions et pratiques judiciaires. Pour l'appareil judiciaire, l'amélioration potentielle peut se mesurer en allégement de la tâche, à cause des critères plus expéditifs d'évaluation des cas. L'effet majeur immédiat, quant à l'objectif, fut d'établir que les citoyens ayant des liens avec leur milieu et accusés de délits se présentaient à leur procès, même si on n'exigeait pas de cautionnement en garantie. Le projet permit également d'observer que le comportement de la cour lors du procès et les décisions ayant précédé le procès proprement dit étaient corrélatifs. Les citoyens relâchés sans cautionnement risquaient beaucoup moins de se retrouver condamnés et en prison que ceux qui avaient dû déposer une caution. Le principal effet négatif d'un tel projet pourrait être une baisse de confiance dans le système judiciaire.

Effets pour les participants

Dans le Projet de Manhattan, l'effet pour les participants dépend beaucoup de l'échantillonnage. Les sujets du groupe expérimental ont pu jouir dans une beaucoup plus grande proportion qu'à l'accoutumée de libérations temporaires sans caution, d'une part, et de libération tout court, lors du procès. Lorsqu'ils furent reconnus coupables, leurs sentences furent moins souvent la prison. L'effet négatif, c'est que les personnes membres du groupe contrôle n'ont pu jouir des mêmes avantages quoiqu'elles aient investi autant de temps dans l'expérience que les membres du groupe expérimental. Tous ces sujets avaient dû participer aux entrevues avec les chercheurs, ce qui, dans ce contexte judiciaire, avait causé sans doute un certain stress. Les bienfaits immédiats de la recherche ne furent donc pas répartis également entre les participants.

D'un point de vue plus large, les bénéficiaires potentiels des résultats de ces recherches furent les citoyens qui, accusés un jour d'un crime quelconque, pourront profiter d'un système judiciaire moins compliqué et plus susceptible de leur rendre justice. La catégorie sociale participant à l'expérience est, en somme, la même qui est susceptible de profiter des résultats de la recherche. Les juges par ailleurs subissent, comme catégorie sociale, un certain préjudice. En effet, la recherche, montrant que les verdicts des juges étaient en bonne partie reliés au traitement que l'inculpé avait subi avant son procès, laisse croire que les juges sont peut-être beaucoup moins objectifs qu'on le prétend.

La fréquence d'utilisation du devis expérimental en sciences sociales a beaucoup augmenté dans les années 1970 sous l'impulsion des professionnels de l'évaluation de programmes sociaux. Que ce soit dans le domaine judiciaire, comme dans l'exemple ci-dessus, dans le domaine des affaires sociales, des assurances, du revenu minimum, de la santé, de la gestion de personnel, ou autres, ce sont toujours les mêmes problèmes éthiques qui se posent. Ces questions ne surgissent pas lorsqu'il faut choisir entre le bien et le mal, mais plutôt lorsque le choix doit s'opérer entre deux formes de bien.

2.2. Les études descriptives

La plupart des études en sciences sociales n'utilisent pas la méthode expérimentale proprement dite mais mettent plutôt l'accent sur la description de phénomènes naturels. Étant donné que c'est le phénomène lui-même qui est la cause principale des effets positifs ou négatifs sentis par les sujets, la responsabilité du chercheur au regard du bien-être des sujets est très réduite[17]. Sur les autres aspects de la recherche, les problèmes éthiques sont tout aussi nombreux et variés que dans les études utilisant le devis expérimental. Parmi les types d'études descriptives, nous ne retiendrons ici que les études extensives ou études de cas multiples.

Les sondages d'opinion sont probablement les plus connus des études extensives. On réalise plusieurs milliers d'études de ce type chaque année dans nos sociétés occidentales. Ces études sont si nombreuses et leurs objets si variés qu'on ne peut donner que des indications très générales sur les problèmes éthiques qu'elles soulèvent.

---

17. Reynolds, *op. cit.*, p. 159.

Effets pour la société et la communauté scientifique

Les effets de ces études pour la société varient selon les domaines de recherche. Bon nombre de ces études ont une utilisation sociale immédiate ; par exemple, des ministères, des administrations, des fabricants de produits de consommation ou autres fournisseurs de biens ou services peuvent ainsi s'interroger sur le degré de satisfaction de la clientèle. Quelques études ont un intérêt scientifique certain lorsque, par exemple, des chercheurs tentent de falsifier une hypothèse en vérifiant leur théorie. Dans tous ces cas, il y a toujours un thème commun : *le financement de telles études*. Est-ce que l'information recueillie en vaut le prix ? Évidemment, c'est une question qui se pose pour toute recherche ; dans le cas des études extensives, l'enjeu est mieux défini parce que les coûts peuvent être connus à l'avance avec une grande précision de même que la nature et la quantité des informations à recueillir. On peut alors évaluer le coût des informations. Il ne faut donc pas s'étonner que les organismes subventionnaires, du moins, dans le cas des études scientifiques proprement dites, obligent le plus souvent les chercheurs à rendre accessibles à d'autres chercheurs, qui voudraient procéder à des études secondaires, les données recueillies lors de leur enquête.

Les chercheurs n'ont pas toujours une obligation juridique de *partager leurs données,* mais dans la communauté scientifique, on considère qu'ils en ont l'obligation morale. Les chercheurs qui ont recueilli des informations procèdent à un nettoyage et à une mise en forme de ces informations pour le traitement, la plupart du temps informatisé. On attend des chercheurs consciencieux qu'ils transmettent aux autres scientifiques des données prêtes à être utilisées et accompagnées de toutes informations méthodologiques pertinentes. Le chercheur moins compétent ou aux principes moraux plus « élastiques » remettra peut-être des données brutes plus ou moins documentées et dans un état tel que l'utilisateur suivant se verra obligé de réinvestir des sommes souvent considérables pour pouvoir les utiliser.

Effets sur les participants

Pour les participants, les effets directs des enquêtes de ce type se limitent à l'expérience, le plus souvent intéressante, de participer à un sondage ou à une enquête quelconque. C'est une occasion de parler de soi, de satisfaire un besoin altruiste en aidant la science et, à l'occasion, de recevoir une petite récompense pour avoir participé à l'enquête. Dans certaines enquêtes reliées aux politiques de la santé, par exemple, les participants pourraient profiter d'un examen médical spécialisé ou, dans le cas de questions scolaires, d'un test d'aptitudes ou d'intelligence.

Les effets négatifs immédiats sont le temps qu'il faut consacrer à l'enquêteur et le stress qui peut résulter de l'entrevue. Ce stress ne se développe pas seulement à partir des questions portant sur des sujets très personnels, tabous ou socialement réprouvés[18]. L'interviewé peut facilement devenir très mal à l'aise, s'il est incapable de répondre à une question d'information que tout le monde est «censé» connaître. Même des questions anodines peuvent créer chez les participants un effet désagréable. On pourrait créer un effet négatif semblable en utilisant un vocabulaire non adapté au public étudié. Un vocabulaire complexe peut inférioriser l'interviewé. Heureusement, ces aspects des questionnaires et entrevues susceptibles d'indisposer le participant sont également des aspects liés à l'efficacité de l'outil de recherche et, par conséquent, le chercheur compétent s'efforcera tout naturellement de l'améliorer. En améliorant techniquement le questionnaire ou le schéma d'entrevue, le chercheur évite du même coup des problèmes éthiques.

Les effets négatifs indirects sont vraisemblablement plus importants que les effets directs. Ils se regroupent sous trois thèmes : le droit à la vie privée, le consentement éclairé et la confidentialité[19].

La recherche par enquête est une intrusion dans la vie privée du citoyen qui a été choisi pour participer à l'enquête et pour répondre à certaines questions. Le *droit à la vie privée*, c'est le droit qu'a l'individu de définir lui-même quand et selon quelles conditions ses comportements, attitudes ou croyances peuvent être rendus publics[20]. Il découle de ce principe que l'individu peut révéler ce qu'il veut à son sujet, même des détails très personnels ou intimes. Il est bien possible que l'interviewé demande à ce que ses révélations ne soient pas communiquées à d'autres personnes, si ce n'est sous forme de données agrégées. Lorsque des informations sont révélées sous le sceau de la *confidentialité*, elles doivent demeurer confidentielles. De nos jours, on peut estimer que les informations fournies par un interviewé dans un sondage d'opinion sont protégées par la règle de la confidentialité. Le chercheur qui n'entend pas respecter cette règle générale a le devoir d'en avertir le sujet.

18. Norman M. BRADBURN, Seymour SUDMAN and ASSOCIATES, *Improving Interview Method and Questionnaire Design*, San Francisco, Jossey-Bass Publishers, 1990, p. 64-134.
19. Seymour SUDMAN et Norman M. BRADBURN, *Asking Questions*, San Franciso, Jossey-Bass Publishers, 1982, p. 7-11.
20. A. WESTIN, *Privacy and Freedom*, New York, Athenum, 1967, p. 373 ; SUDMAN et BRADBURN, *op. cit.* p. 7-8.

Le simple fait d'être associés à un échantillon dans une recherche peut causer des problèmes sérieux aux participants. Imaginons que vous faites une recherche sur la délinquance et que vous réussissiez à établir, grâce à des informateurs ou autrement, une liste de délinquants à interviewer. Cette liste pourrait avoir un certain intérêt pour la police. Des chercheurs américains qui faisaient justement ce type de recherche se sont aperçus qu'à la suite de leur participation, ces délinquants avaient reçu une autre visite, celle de la police. Dans un autre cas, des chercheurs ont renoncé à poursuivre une étude portant sur les jeunes Américains qui s'étaient réfugiés au Canada pour éviter le service militaire dans leur pays[21].

Enfin, on entend par *consentement éclairé* l'idée que le sujet éventuel doit avoir assez d'information – sur ce qui lui sera demandé et à quelles fins cette information sera utilisée – pour en évaluer les conséquences[22]. La règle générale, c'est de donner autant d'informations qu'il y a de risques pour la personne à interviewer. Dans la plupart des enquêtes, l'enquêté ne court pour ainsi dire aucun risque ; les chercheurs se limitent donc à décrire en quelques mots l'objectif de la recherche et le type d'information recherché. D'ailleurs, les participants à une recherche comprendront d'autant mieux ce dont il s'agit que l'explication sera concise et pertinente. Lorsqu'il s'agit de recherche auprès d'enfants ou d'adolescents, le chercheur devra obtenir le consentement des parents, instituteurs ou autres personnes responsables de la personne mineure.

De plus en plus, les chercheurs sont soumis à des contraintes relatives aux collectivités participantes. Si la recherche porte sur une collectivité et est susceptible de nuire à cette collectivité, le chercheur s'assurera que les avantages de sa recherche pour le développement des connaissances soient supérieures aux torts qu'il causera à la collectivité. Quel intérêt *scientifique* le chercheur aurait-il à montrer que telle communauté à un « problème d'alcoolisme », que telle nation est antisémite ou que telle autre est raciste ? Le chercheur, comme *citoyen*, peut avoir un point de vue *moral* sur ces situations, et c'est ce qui vraisemblablement l'amènerait à dénoncer des collectivités. L'éthique de la recherche ne le conduit jamais à un tel comportement.

---

21. REYNOLDS, *op. cit.*, p. 164.
22. SUDMAN et BRADBURN, *op. cit.*, p. 8.

3. L'observation discrète

Même l'observation discrète des phénomènes sociaux dans les endroits publics peut soulever des problèmes d'éthique, entre autres, par des questions qui touchent à la vie privée[23].

> Par exemple, des chercheurs intéressés à analyser les comportements de consommation procédèrent à une étude des vidanges de différents îlots de maisons de la ville de Tucson, Arizona[24]. Ces chercheurs pensaient qu'en étudiant le contenu des sacs de déchets, ils pourraient découvrir ce que les gens achetaient et jetaient ainsi que ce qu'ils gaspillaient. De plus, en mettant en relation les caractéristiques démographiques des îlots avec les données sur les ordures, ils pourraient en arriver à certaines conclusions à propos de la consommation d'alcool, du gaspillage, etc. Les sacs d'ordures n'étaient pas identifiés par foyer mais par îlots de maisons, si bien qu'on pouvait considérer que l'anonymat était respecté. On doit noter, cependant, que les documents jetés (enveloppes, lettres, etc) pouvaient révéler l'identité des individus.

Le grand avantage méthodologique de ces procédures, c'est d'éviter les artefacts créés par l'intervention du chercheur avec le sujet, telles les réactions du sujet à l'égard de l'interviewer, les erreurs dues à l'auto-description, et ainsi de suite[25]. Ces procédures permettent aussi d'éliminer les risques associés à la collecte des données faite à découvert, comme la participation coercitive des sujets, les embarras et le stress causés par des questions délicates lors d'entrevues, l'accaparement du temps du sujet, etc. Les problèmes liés à la confidentialité sont le plus souvent évités également, puisqu'il s'agit en général d'utilisation de données publiques disponibles dans les archives, le *Who's Who*, des articles de journaux, etc.

Les objections principales aux études utilisant des procédures dites « discrètes » sont regroupées sous le titre de l'invasion de la vie privée[26]. Le droit fondamental ici, c'est encore celui de l'individu de dévoiler ce qu'il veut, à qui il veut et dans les circonstances où il le veut.

---

23. DIENER et GRANDALL, *op. cit.*, p. 60-61 ; Lee SECHREST et Melinda PHILLIPS, « Unobtrusive Measures : An Overview », dans Lee SECHREST (dir.), *Unobtrusive Measurement Today : New Directions for Methodology of Behavioral Science*, San Francisco, Jossey-Bass, 1979, p. 12-15.
24. W.L. RATHYE et W.W. HUGHES, « The Garbage Project as a Non-reactive Approach : Garbage In Garbage Out », dans W.H. SINAIKO et L.A. BROEDLING (dir.), *Perspectives on Attitude Assessment : Surveys and their Alternatives*, Champaign (Illinois), Pendleton Publications, 1976.
25. SECHREST et PHILLIPS, *op. cit.*, p. 2-6.
26. BOWER et DE GASPARIS, *op. cit.*, p. 35.

3. La publication

La principale caractéristique de la connaissance scientifique est sans nul doute le fait qu'elle repose sur l'observation et non seulement sur l'opinion du chercheur. C'est d'ailleurs la raison pour laquelle la communauté scientifique attache tant d'importance au rapport détaillé des observations. La complexité des phénomènes étudiés en sciences sociales est généralement telle qu'un seul scientifique a peu de chances d'aller bien loin s'il ne peut compter sur les recherches faites par les autres. La science est cumulative. Aussi, il existe une panoplie de revues où les scientifiques communiquent les principaux résultats de leurs recherches aux autres scientifiques. L'exposé de ces recherches se retrouve le plus souvent sous forme de rapports ou éventuellement de livres. Les problèmes éthiques liés à cette phase de la recherche concernent davantage la communauté scientifique et les participants.

3.1. La communauté scientifique

La structure de l'entreprise scientifique occidentale exerce sur le chercheur une pression pour qu'il publie des travaux originaux sur des sujets d'importance en accord avec le paradigme dominant[27]. Ce paradigme met l'accent sur certains phénomènes à élucider et les personnes qui peuvent expliquer ces phénomènes peuvent recevoir des récompenses telles qu'un emploi, surtout pour les chercheurs débutants, ou encore la notoriété, des prix, des décorations, etc. La nature humaine étant ce qu'elle est, il ne faut pas s'étonner qu'à l'occasion, pour obtenir ces récompenses, des chercheurs introduisent dans leurs publications certains biais.

Ces biais peuvent provenir de plusieurs sources. Un auteur peut ne citer que les références qui concordent avec son point de vue et ignorer les autres observations; on dira alors qu'il s'agit d'un travail mal fait, mais ce n'est pas nécessairement très dommageable pour la science. Les cas les plus graves sont plutôt ceux où un auteur rapporte des résultats d'expériences ou d'observations qui n'ont pas eu lieu. Des cas de fraude ont été détectés régulièrement en sciences physiques et biologiques. En sciences sociales, c'est surtout en psychologie que les cas semblent les mieux documentés.

---

27. Thomas S. KUHN, *La structure des révolutions scientifiques*, Paris, Flammarion, 1972.

Le cas de Sir Cyril Burt est actuellement plutôt controversé[28]. Ce célèbre psychologue anglais a fait des recherches sur les caractéristiques innées de l'intelligence. Pour analyser cette question, il étudia des jumeaux identiques ; il s'attacha surtout à étudier ceux qui avaient été séparés l'un de l'autre très tôt. Des jumeaux identiques élevés dans des contextes différents auraient-ils des scores semblables à des tests d'intelligence ? Si oui, il faudrait alors penser que les caractéristiques innées sont déterminantes. C'est ce que Burt trouva et la communauté scientifique reconnut le mérite de ses travaux en lui conférant une grande notoriété. Sa réputation déborda très largement les cercles universitaires et il fut fait chevalier par la monarchie anglaise. Depuis sa mort, cependant, des chercheurs se sont mis à douter que Sir Burt ait effectivement observé ce qu'il rapporte dans ses articles. Après tout, il n'est pas si simple de dénicher quelques douzaines de paires de jumeaux identiques séparés en bas âge.

De tels cas de fraude réelle ou soupçonnée sont très rares, surtout si la recherche se fait en équipe. La falsification ne peut, à toutes fins utiles, se pratiquer que sur une partie de la recherche. Les cas les plus fréquents semblent être ceux où des étudiants ou des assistants de recherche inventent des résultats pour éviter d'aller sur le terrain ou de faire les expériences.

Je me souviens d'un cas où des étudiants dans un cours devaient, à titre d'exercice, faire quelques entrevues auprès d'un échantillon d'électeurs. Chaque étudiant avait une liste de personnes à interviewer et devait remettre ses rapports d'entrevues une dizaine de jours plus tard. Une vérification de routine auprès des interviewés devait m'apprendre qu'un certain nombre de questionnaires avaient été complétés sans que la personne dont le nom apparaissait sur la liste d'échantillonnage ait été effectivement interviewée. Les étudiants-interviewers pris en faute avouèrent que le travail était trop exigeant pour eux et qu'ils avaient simplement complété les questionnaires eux-mêmes.

La tricherie existe autant dans le monde de la recherche que partout ailleurs. Cependant, dans plusieurs cas, la fraude ou l'erreur de bonne foi peuvent être détectées par les autres chercheurs. Dans les cas d'expériences en laboratoires, si d'autres chercheurs, appliquant les mêmes techniques sont incapables de reproduire les résultats, ils se poseront des questions. Souvent, cependant, en sciences sociales, les observations se font dans le monde réel, évanescent ; il n'est pas facile pour d'autres chercheurs d'observer plus tard les mêmes phénomènes.

---

28. Martin SHIPMAN, *The Limitations of Social Research*, London, Longman, 1981, p. 38 ; DIENER et GRANDALL, *op. cit.*, p. 154.

Après avoir fait une série d'observations, un chercheur peut ne rapporter dans ses écrits que les cas qui confirment son point de vue. Une des pratiques, peut-être assez commune en sciences sociales, consiste à procéder à de nombreux tests statistiques et à ne rapporter que ceux qui confirment une théorie en négligeant de mentionner les tests négatifs. Le chercheur est censé, faut-il le rappeler, rendre publiques toutes les données pertinentes à sa recherche. C'est ainsi que les autres chercheurs dans le domaine peuvent évaluer les arguments, les procédures, les données et tirer leurs propres conclusions. Dans le débat sur « la fuite des Blancs », les critiques ont reproché à Coleman d'avoir tiré des conclusions qui n'étaient pas soutenues par les données. Blais, en faisant une revue des écrits sur la relation entre le degré de transparence de la fiscalité et le niveau des dépenses gouvernementales, signale qu'un auteur, Wilensky, affirme qu'il y a relation entre les deux variables alors que les données réelles indiquent le contraire[29]. C'est parce que ces chercheurs avaient présenté toutes les données pertinentes que d'autres chercheurs purent remettre en question leur interprétation de ces données.

Les grandes revues de sciences sociales exigent de plus en plus que les sources des données utilisées dans les recherches décrites dans les articles soient rendues publiques. Une note infrapaginale indique au lecteur où trouver les données et au besoin les programmes informatiques qui ont servi à produire les analyses.

Qui est l'auteur[30] ?

Dans la communauté scientifique, c'est aux auteurs des recherches publiées qu'on décerne la reconnaissance. Un chercheur n'est reconnu comme tel que s'il publie des résultats de recherche, d'où l'importance de sa signature. Si un article est signé par un seul auteur, la question est résolue. Si l'article est signé par plusieurs personnes, celle dont le nom apparaît en premier reçoit généralement plus de crédits que les autres sauf si les noms apparaissent en ordre alphabétique. Dans ce dernier cas, cela signifie que les contributions sont équivalentes. Dans une équipe de chercheurs dont les contributions sont équivalentes, on procédera souvent à une rotation des noms de sorte que le nom de chaque chercheur

---

29. André BLAIS, « Le Public Choice et la croissance de l'État », *Revue canadienne de science politique*, vol. 15, 1982, p. 797.
30. Les idées développées dans cette section sont inspirées de DIENER et GRANDALL, *op. cit.*

vienne en tête de liste à tour de rôle ; au besoin, les divers auteurs indiquent dans une note infrapaginale la part qui doit être attribuée à chacun.

Le problème de la signature se pose rarement lorsque l'équipe de recherche ne compte que des chercheurs « seniors » ; lorsque l'équipe compte un ou des chercheurs « seniors » et des chercheurs « juniors », le problème est plus délicat. Cependant, quelle que soit la situation, le principe général est le même : la qualité d'auteur est attribuée aux individus selon l'ampleur de leur contribution à l'étude. La contribution scientifique détermine le contenu, l'étendue et l'interprétation de l'étude. Deux participations à une recherche méritent normalement le crédit d'auteur, soit la conceptualisation – ce qui inclut la préparation du devis – et la préparation du rapport. Chacune de ces participations détermine le contenu et le caractère de l'étude et de sa publication. Par ailleurs, divers travaux nécessaires à la recherche peuvent être complétés par d'autres personnes sans qualifier ces personnes d'auteures. Par exemple, la dactylographie d'un texte ou des travaux de nature cléricale n'entraînent pas la qualité d'auteur, non plus que le travail de programmation sur ordinateur ou de collecte des données.

Dans le contexte universitaire, la tradition dans les sciences physiques et biologiques veut que ce soit le professeur qui détermine l'ordre des signatures lorsque des étudiants-chercheurs sont engagés dans une recherche. Dans le domaine des sciences sociales, le travail en équipe est moins fréquent qu'en sciences physiques ou biologiques, mais dans la mesure où il existe – et c'est une situation de plus en plus fréquente – les mêmes problèmes se posent. Que le chercheur « junior » reçoive des crédits scolaires ou soit payé pour faire le travail a peu d'importance ; ce qui compte, c'est sa contribution scientifique. S'il a participé de façon importante à conceptualiser l'étude et à écrire le rapport final, il devrait normalement signer la publication. La situation inverse existe également, mais on tend à la passer sous silence. En effet, il arrive fréquemment que l'idée principale d'un mémoire de maîtrise ou d'une thèse de doctorat soit celle du directeur de thèse ; l'étudiant peut même être payé pour réaliser les travaux prévus au devis de recherche. Après discussion entre l'étudiant-chercheur et le directeur de thèse, l'étudiant rédige un brouillon qui sera bonifié par les corrections et les ajouts du directeur de thèse. Au total, la contribution scientifique du directeur de thèse peut être fort substantielle, pourtant seul l'étudiant sera reconnu comme auteur de la thèse. Il y a une raison bien pratique à cela : par la thèse, l'étudiant doit démontrer qu'il est capable de faire un travail autonome. Si le professeur était également reconnu comme auteur, il y aurait présomption que l'étudiant-chercheur n'a pas été autonome.

Relations avec les directeurs de publication

En plus de la propriété intellectuelle du rapport de recherche, il y a bien d'autres questions d'éthique reliées à sa publication. Par exemple, on considère comme contraire à l'éthique professionnelle le fait de soumettre le même manuscrit à plusieurs revues en même temps. Les raisons pour lesquelles les auteurs peuvent être tentés de procéder à des soumissions parallèles sont évidentes : les chances qu'un manuscrit soit accepté par une revue prestigieuse sont relativement minces et, lorsque le manuscrit est accepté, il s'écoule plusieurs mois, sinon un an, avant que l'article soit finalement publié. L'auteur peut donc être tenté de soumettre son texte à plusieurs endroits simultanément de sorte que les évaluations se fassent en parallèle plutôt que d'attendre la réponse d'une première revue pour éventuellement s'adresser à une autre. Les raisons pour lesquelles la communauté scientifique tend à imposer des règles de soumission des articles sont aussi d'ordre pratique. Le temps et les coûts d'évaluation des manuscrits sont relativement grands. En effet, chaque manuscrit est généralement évalué bénévolement par plusieurs chercheurs et par les directeurs de revue. De plus, si l'article est publié dans plus d'une revue, la communauté scientifique n'y gagnera rien sur le contenu et se verra privée des résultats des recherches qui autrement auraient pu être publiés dans le même espace.

3.2. Les participants

La garantie d'anonymat va de soi en recherche sociale ; c'est maintenant un postulat largement admis qu'en sciences sociales, comme en médecine ou en droit, les gens s'exprimeront plus franchement et seront moins inhibés dans leur comportement s'ils croient que ce qu'ils vont dire ou faire sera traité en toute confidentialité. Cette rationalité alliée au principe du respect de la vie privée des citoyens a créé un consensus chez les chercheurs, à savoir que la confidentialité doit être préservée par tous les moyens possibles.

Ainsi, lorsqu'on arrive à la publication des résultats, les sujets s'attendent à ce que la confidentialité de leur participation à l'enquête soit préservée. Les auteurs changent souvent les noms des personnes et des lieux à cet effet. Il arrive, par contre, que les modifications des noms des personnes et des lieux ne suffisent pas à protéger l'anonymat.

Le cas de la monographie de Vidich et Bensman intitulée *Small Town in Mass Society* est devenu célèbre dans les annales[31]. Les auteurs firent une étude du pouvoir, notamment par l'observation directe, dans une petite municipalité américaine qu'ils surnommèrent Springdale. Les acteurs dont on décrit les comportements dans l'ouvrage portent également des noms fictifs. Malgré cette précaution, les participants se reconnurent et réagirent à cette publication en organisant, lors de la fête nationale, une parade quelque peu spéciale. Voici d'ailleurs comment le journal local décrivit cette parade[32] :

> Vint d'abord une réplique exacte mais à grande échelle de la jaquette du livre *Small Town in Mass Society*. À la suite du livre vinrent des résidents de « Springdale » masqués et à bord d'automobiles portant les noms fictifs donnés par les auteurs. Le clou du spectacle, cependant, c'était le dernier char allégorique – un épandeur à fumier bien rempli de ce riche fertilisant et au-dessus duquel se penchait l'effigie de « L'auteur ».

De toute évidence, les résidents de « Springdale » n'avaient pas apprécié la façon dont les auteurs les avaient traités dans cet ouvrage.

Dans d'autres cas, l'identité des informateurs sera donnée sans que cela ne pose problème.

C'est le cas des élites politiques dans le livre d'Andrew, Blais et DesRosiers, *Les élites politiques, les bas salariés et la politique du logement* à Hull[33]. Il eut été très difficile aux auteurs de cacher le fait qu'il s'agissait de la ville de Hull. Une fois la ville connue, l'identité du maire, des conseillers municipaux et autres personnages importants ne peut plus être cachée. Les auteurs n'avaient pas garanti la confidentialité à ces informateurs. Ils l'avaient cependant garantie à d'autres catégories d'informateurs, les bas-salariés, et seules les données agrégées ont été publiées dans le cas de ces dernières catégories d'informateurs. Cette étude illustre bien comment respecter les règles éthiques tout en dévoilant les données pertinentes.

Dans une publication de type scientifique, on s'attend à ce que les sujets de l'étude soient traités avec respect. Dans la monographie sur « Springdale », les auteurs employaient à l'occasion un ton condescendant à l'endroit des gens observés et leur attribuaient des motifs douteux.

---

31. On lira dans les numéros 17, 18 et 19 de la revue *Human Organization* (1958-1960) une série d'articles portant sur les problèmes éthiques liés à cette recherche.
32. F.W. WHITE, « Freedom and Responsibility in Research : The Springdale Case », *Human Organization*, vol. 17, 1958, p. 1-2.
33. Caroline ANDREW, André BLAIS et Rachel DESROSIERS, *Les élites politiques, les bas-salariés et la politique du logement à Hull*, Ottawa, Éditions de l'Université d'Ottawa, 1976.

En anthropologie, on retrouve de multiples exemples où les groupes étudiés sont présentés dans des termes peu élogieux[34] ou dont on donne une fausse représentation[35].

Conclusion

Tout au long de ce chapitre, nous avons attiré l'attention du lecteur sur des lieux et questions où la recherche peut empiéter sur les droits et affecter le bien-être de la société, des participants à la recherche ou encore de la communauté scientifique. Nous n'avons en fait mentionné que quelques-uns des problèmes les plus fréquents. Nous avons omis plusieurs étapes du processus de recherche – demandes de subventions, financement de la recherche, relations entre chercheur et employeur, techniques de collecte et d'analyse des données, etc. – et nous n'avons pas fait le tour complet des questions abordées. Au seul chapitre des usages douteux qui mettent en cause les sujets de la recherche, Cook signale dix catégories de cas[36]. En fait, le nombre de problèmes soulevés par l'éthique ne cesse de croître au fur et à mesure que les sciences sociales se veulent respectables. Les professions – que ce soit en anthropologie, en psychologie, en sociologie, etc. – s'organisent et imposent à leurs membres des règles de conduite propres à maintenir leur bonne réputation.

L'éthique, telle qu'on la comprend de nos jours, cherche à garantir à tout le monde droits et bien-être. Ce faisant, elle peut empêcher le développement de la science. L'histoire, on le sait, raconte les efforts incessants pour censurer la pensée libre. Les noms de Galilée ou de Darwin viennent rapidement à l'esprit lorsqu'on évoque la censure des idées nouvelles. Il s'agit pourtant de chercheurs qui ont vaincu les résistances de leur époque. Combien d'autres chercheurs ont été perdus aux mains de l'idéologie de leur temps ? Il ne faudrait pas croire que seule la religion a été un obstacle au développement de la science. La censure

---

34. Voir par exemple les premières pages de Napoléon A. CHAGNON, *Yanomanö : The Fierce People*, New York, Reinhart et Winston, 1968.
35. Voir par exemple Derek FREEMAN, *Margaret Mead and Samoa : The Making and Unmaking of an Anthropological Myth*, Boston, Harvard University Press, 1983.
36. Engager les gens dans la recherche à leur insu et sans leur consentement ; forcer les gens à participer à la recherche ; cacher au sujet la vraie nature de la recherche ; tromper le sujet ; amener les sujets à commettre des actes préjudiciables au respect qu'ils se portent à eux-mêmes ; violer leur droit à l'autodétermination ; exposer le sujet à un stress physique ou mental ; violer l'intimité du sujet ; priver les sujets de groupes contrôle de certains avantages ; traiter les sujets de la recherche de façon déloyale et leur manquer de déférence et de respect. Stuart W. COOK, « Problèmes d'éthique se rapportant à la recherche sur les relations sociales », dans Claire SELLTIZ *et al.*, *Les méthodes de recherche en sciences sociales*, HRW, 1976, p. 197-246.

dans ce domaine s'est aussi exercée au nom de la politique, de l'économique ou d'une idéologie. De nos jours, la censure s'exerce aussi surtout au nom de l'éthique[37].

Ces dernières années, c'est l'idée même de la science qui est remise en question. On tient la science responsable des malheurs de l'humanité. La physique mène à la catastrophe nucléaire, la biologie et la chimie à la guerre bactériologique, la recherche médicale au clônage des êtres humains et autres mamifères, sans parler des pluies acides et autres désastres écologiques. La vie devient mécanique, sans chaleur humaine; tout est technique. Les sciences sociales détruisent la poésie: un chercheur propose même d'aller voir ce qui se cache derrière la liberté et la dignité. Certains courants parmi les tenants de l'idéologie féministe soutiennent que l'approche scientifique est une vision mâle du monde qui, en bout de compte opprime les femmes[38]. Des mouvements, comme le féminisme, qui remettent en question les fondements de notre organisation sociale, ce qui va bien au-delà de la simple recherche scientifique, sont susceptibles de s'opposer fortement aux modèles scientifiques du développement des connaissances.

En opposition à la science s'est aussi développée une culture opposée aux méthodes logico-déductives. La recherche selon les standards rigoureux de la preuve limiterait l'imagination. Le temps est à la fiction, au spiritisme, à l'exorcisme. Il y a longtemps que les astrologues n'avaient eu aussi bonne presse. Tout ce courant culturel tend à contrer le développement de la science notamment en favorisant la codification des comportements admis chez les scientifiques.

Si les scientifiques, comme les autres citoyens, ont le devoir de protéger les participants à la recherche, ils ont d'abord l'obligation comme chercheur de *faire progresser la connaissance.* On pourrait comparer le scientifique à un fidéicommis, c'est-à-dire quelqu'un à qui la société confie la connaissance déjà acquise et lui demande de la conserver et de la faire fructifier. On évalue le scientifique par son apport à la connaissance. Le scientifique est aussi un citoyen et on évalue le citoyen par son comportement – la conformité aux valeurs morales de son milieu.

37. Paul KURTZ, « The Ethics of Free Inquiry », dans S. HOOK, P. KURTZ et M. TODOROVITCH, *The Ethics of Teaching and Scientific Research*, Buffalo, Prometheus Books, 1977, p. 203-207.
38. Les adeptes des recherches féministes présentent toute une fourchette d'opinions sur les heurs et malheurs de la méthode scientifique. Le débat demeure ouvert comme en font foi les textes réunis par Gloria BOWLES et Renate DUELLI KLEIN dans *Theories of Women's Studies*, Londres et Boston, Routledge et Kegan Paul, 1983 et par Dawn H. CURRIE, *From the Margins to the Centre: Selected Essays in Women's Studies Research*, Saskatoon, Women's Studies Research Unit, University of Saskatchewan, 1988.

Bibliographie annotée

ETCHEGOYEN, A., *La valse des éthiques*. Paris, Éditions François Bourin, 1991, 245 p.

> Etchegoyen distingue morale et éthique. Il rappelle au lecteur que c'est la morale qui pose des questions sur le bien et le mal, que la morale est catégorique. L'éthique, par ailleurs, peut être plurielle. Chaque groupe ou chaque corporation a son éthique. C'est la loi du milieu. L'efficacité de l'éthique est utilitariste et s'appuie volontiers sur le juridisme. La morale est tout autre chose que la mode de l'éthique.

GAGNON, É., *Les comités d'éthique : la recherche médicale à l'épreuve*, Sainte-Foy, Les Presses de l'Université Laval, 1996, 255 p.

> Cet ouvrage est une étude de quatre comités d'éthique dans leur fonctionnement. Bien que ces comités d'éthique ne s'intéressent qu'à des questions médicales, l'auteur fait ressortir les nœuds, les enjeux qui organisent la réflexion sur la pratique professionnelle du chercheur. Il examine la manière dont on discute et évalue les projets de recherche dans ces comités.

MOULIN, M. (dir.), *Contrôler la science ? La question des comités d'éthique*, Sciences-éthiques-sociétés. Bruxelles, DeBoeck-Université, 1990.

> Cet ouvrage est un recueil de textes de sociologues, philosophes, politologues, juristes et autres spécialistes qui, selon les dires mêmes de la directrice de la publication, traite d'un bout à l'autre, sous des angles divers, des limites et de la nécessité d'une régulation sociale de la recherche scientifique et de ses applications.

REYNOLDS, P.D., *Ethical Dilemmas and Social Science Research*, San Franciso, Jossey-Bass, 1979, 505 pages.

> L'auteur vise deux objectifs : présenter une vue d'ensemble des principaux dilemmes moraux associés à la recherche en sciences sociales et aider le chercheur à résoudre au besoin ses problèmes d'éthique. L'auteur traite abondamment de la responsabilité du chercheur et des droits des participants, et donne de nombreux exemples suivant différentes stratégies de recherche. Il porte aussi attention au rôle du savant dans la société. Cet ouvrage tente de couvrir tous les aspects qui créent des dilemmes en recherche sociale ; il rapporte, souvent en détail, une grande partie de la littérature sur l'éthique appliquée aux sciences sociales et à la biomédecine. Les six appendices reproduisent des codes d'éthique

relatifs aux sujets humains dans la recherche. Les références à la littérature sont très nombreuses.

La plupart des associations professionnelles ou les organismes subventionnaires diffusent des informations sur l'éthique dans la recherche. Il suffit de bouquiner dans leur vitrine électronique (Web) pour retrouver des codes, des références et identifer des lieux de discussion.

Troisième
partie

La formation de l'information

Chapitre 10
L'observation directe

Anne LAPERRIÈRE

Revois deux fois pour voir juste ;
ne revois qu'une pour voir beau.

AMIEL

Introduction

Historiquement, la méthode de l'observation directe dans l'étude des situations sociales a été développée par l'anthropologie pour déchiffrer la culture et les routines sociales de communautés sur lesquelles on ne possédait pas de connaissances systématiques. Les premières études de ce genre ont donné lieu à peu de réflexion méthodologique, la « recherche exacte » semblant difficile à développer dans ce contexte, à cause de la complexité de l'objet étudié. Dans les années 1920, l'école de Chicago reprenait cette approche pour l'appliquer, cette fois-ci, non plus à l'étude de communautés lointaines et étrangères, mais à l'observation systématique des modes de vie et d'organisation sociale qui avaient émergé de la nouvelle organisation industrielle aux États-Unis, et dont on voulait analyser l'impact. Les Anderson (1923), Cressey (1932), Lindeman (1924), Lynd (1922), etc., s'attachèrent donc, tour à tour, à s'intégrer dans des milieux urbains divers (petites et grandes villes, milieu des hobos, salles de danse, etc.), à y observer le déroulement de la vie sociale et à en chercher la signification à travers leurs échanges avec les acteurs sociaux concernés, leur participation à la vie de la communauté et une recherche documentaire fouillée. Cette approche donnait lieu ainsi à des enquêtes complexes, d'une durée de quelques mois à quelques années. Leurs rapports d'enquête donnèrent de la réalité sociale une image dense visant à refléter, par une analyse minutieuse des situations et des événements sociaux observés, la complexité du réel et des enjeux sociaux, et à traduire ces enjeux dans la vie des membres des communautés étudiées. L'observation directe tendait donc, à cette époque, à se présenter comme une méthodologie « complète » d'approche du réel, voulant allier à l'appréhension intersubjective des situations sociales étudiées (*verstehen*) une analyse objective de leur dynamique, basée sur la confrontation systématique de données de sources diverses.

La montée de l'empirisme quantitatif en sociologie et les critiques incisives qu'elle provoqua au sujet de la validité des données recueillies à l'aide d'approches peu systématisées, largement tributaires de l'appréciation subjective du chercheur et ne s'appliquant qu'à des ensembles restreints, contribuèrent à mettre au rancart, pour les quelques décennies glorieuses où l'on crut pouvoir parvenir à une science sociale objective, les méthodologies qualitatives et l'approche par observation directe. Ces dernières, cantonnées au vestibule de la science, devinrent les estafettes assurant le lien entre les laboratoires aseptisés de l'analyse sociale et la réalité sociale grouillante dont on extrayait patiemment l'essence.

C'est à la fin des années 1950 seulement que la sociologie reprit, de façon substantielle, sa réflexion sur les modes d'appréhension du réel par l'observation directe. Ce retour émergea, aux États-Unis, du manque criant d'instruments conceptuels appropriés, assez riches et collés à la réalité pour en permettre une lecture substantive et significative. La sociologie empirique quantitative dominante avait en effet donné lieu à l'accumulation d'un ensemble de données, souvent ponctuelles et fragmentaires, auxquelles manquaient des interprétations d'ensemble qui en dégageraient la signification sociale profonde. Les tenants des méthodologies qualitatives prônèrent alors un « retour aux sources » pour alimenter la réflexion sur le social, et l'ajout de l'intersubjectivité à la distanciation, comme instrument d'appréhension « scientifique » du réel. L'*observation participante*, c'est-à-dire *l'immersion totale de la chercheure*[1] *dans la situation sociale à l'étude*, se présenta comme l'instrument privilégié de ce retour aux sources. Plusieurs analyses, cette fois-ci centrées, pour la plupart, sur les « carrières » des individus et, à travers celles-ci, sur le développement de situations sociales spécifiques, plutôt que sur la description de la dynamique d'une communauté à un moment donné de son histoire, ont alors surgi sous la plume de sociologues tels H.S. Becker, D. Matza, J. Kitsuse, A.L. Strauss, E. Goffman, etc., qui, pour la plupart, appartenaient à la nouvelle école de Chicago. Parallèlement à ces études, plusieurs articles et volumes parurent, tentant de rendre

---

1. Tout au long de ce texte, nous parlerons de « la chercheure » plutôt que du « chercheur », l'auteure étant lasse de s'identifier à l'autre sexe.

compte de la démarche méthodologique employée dans ces nouvelles études qualitatives et de la systématiser davantage.

Ce bref historique sur le développement de l'observation directe en sociologie nous permet de dégager quelques traits concernant son utilité et son apport dans ce champ, ses limites et ses principaux instruments :

- L'observation directe a été essentiellement employée, en sociologie, lorsqu'il y avait *absence de données et d'analyses empiriques sur la situation sociale étudiée*, ou lorsque les données ou analyses empiriques existantes étaient trop fragmentaires ou trop superficielles pour en permettre une analyse d'ensemble qui soit empiriquement fondée et socialement significative. Dans ces cas, l'observation directe a essentiellement servi d'instrument de collecte de données dans un processus inductif d'élaboration théorique sur une situation sociale peu investiguée, et s'est trouvée rattachée d'emblée aux méthodologies qualitatives[2].

- La collecte de données par observation directe, dans le contexte qualitatif, *vise la compilation de l'information la plus complète possible sur une situation sociale particulière* : il s'agit d'une démarche intensive plutôt qu'extensive de connaissance du réel. Par conséquent, la collecte de données par observation directe est typiquement complétée, dans les recherches où on l'utilise, par une démarche de questionnement des acteurs de telle situation sociale, afin de pouvoir déterminer le sens de leurs actions, et par des démarches documentaires ou toute autre démarche pouvant s'avérer utile à la connaissance de la situation à l'étude.

- L'observation directe, utilisée dans un processus inductif de construction théorique, *ne peut s'appliquer qu'à une situation sociale délimitée dans l'espace et dans le temps*, étant donné l'ouverture et l'exhaustivité de son approche et la présence intensive sur le terrain qu'elle exige de la chercheure. Les données qu'elle produit donnent donc lieu à des théories, substantives et formelles, qui ne s'appliquent directement qu'aux situations restreintes observées. Ces théories peuvent toutefois servir – et c'est là leur utilité première – à éclairer, par analogie, des situations sociales substantivement ou formellement semblables. *L'observation directe sert ici ultimement d'instrument à l'exploration théorique, à partir d'un quadrillage systématique du réel.*

---

2. De façon moins fréquente, l'observation directe a aussi servi à vérifier systématiquement, sur place, certaines hypothèses préalablement élaborées sur une situation sociale donnée. Nous ne traiterons pas de cet aspect dans cet article.

1. Les définitions de l'observation directe

Les définitions de l'observation directe que nous retrouvons dans la littérature récente sur le sujet sont toutes assez larges. Lofland, par exemple, la définit ainsi : « être là, pour fins d'analyse[3] » ; Spradley en présente le but comme « la description d'une culture du point de vue de ses participants[4] » ; Friedrichs et Ludtke la définissent comme « l'enregistrement des actions perceptibles dans leur contexte naturel[5] ».

Ces définitions générales recouvrent deux types d'approche, opposés mais complémentaires. Une première approche, que nous désignerons comme « objective », assigne à l'observation directe le seul but de décrire, de façon exhaustive, les composantes objectives d'une situation sociale donnée (lieux, structures, objets, instruments, personnes, groupes, actes, événements, durées, etc.) pour ensuite en extraire des typologies. La démarche a des buts strictement descriptifs. La familiarité de la chercheure avec la situation sociale à l'étude n'est nécessaire que dans le but d'y rendre sa présence la moins dérangeante possible, afin d'empêcher qu'elle n'altère le déroulement des actions observées. Le mode privilégié d'appréhension du réel est ici la distanciation.

Une deuxième approche, désignée sous le terme « d'observation participante », utilise l'observation directe de façon beaucoup plus large. Ses objectifs dépassent la seule description des composantes d'une situation sociale et insistent sur l'importance d'en repérer le sens, l'orientation et la dynamique et ce, non seulement par l'utilisation de la distanciation, mais aussi par celle de l'intersubjectivité, comme mode d'appréhension du réel. La familiarité que doit développer la chercheure par rapport à la situation étudiée dépasse de beaucoup, dans ce contexte, le seul avantage négatif de minimisation d'un biais possible : elle est utilisée activement pour permettre une appréhension de la situation se voulant plus complète, plus dense et plus significative. Cette deuxième approche rassemble, sous le vocable « d'observation directe », non seulement la collecte de données par observation « pure », mais aussi une série d'approches complémentaires – collecte documentaire, échanges ou entrevues avec les participants – permettant de mieux décrire le sens des

---

3. Traduction libre de « *being in or around an ongoing social setting for the purpose of making a qualitative analysis of that setting* ». John LOFLAND, *Analyzing Social Settings*, Belmont (Calif.), Wadsworth, 1971, p. 93.
4. Traduction libre de « *describing a culture, from a native's point of view* », dans J.P. SPRADLEY, *Participant Observation*, New York, Holt, 1980, p. 3.
5. Traduction libre de « *Participant observation registers perceptible actions in natural situations* », dans J. FRIEDRICHS et H. LUDTKE, *Participant Observation : Theory and Practice*, Lexington (Mass.), Lexington Books, 1980, p. 3.

Take time for yourself - Richardson, Sheryl

actes et événements observés. Ici, les significations que les acteurs sociaux attribuent à leurs actes deviennent un élément essentiel de la description adéquate d'une situation. C'est de cette deuxième approche que nous allons traiter ici, étant donné qu'elle est la plus répandue et qu'elle s'inscrit directement dans la tradition de l'école de Chicago. Cependant, nous ne présenterons que les techniques d'observation comme mode de collecte de données, comme les autres techniques utilisées dans l'observation participante sont traitées ailleurs dans cet ouvrage.

2. Les étapes et les instruments de l'observation directe

2.1. L'entrée sur le terrain

Le choix de la situation à étudier

Nous l'avons déjà souligné, l'observation directe, comme instrument de collecte de données, est utilisée pour cerner des situations sociales dont la dynamique, les processus et les composantes sont à découvrir. Le choix de la situation à étudier, comme celui de n'importe quel autre objet d'étude, doit évidemment d'abord se faire en fonction de sa *pertinence sociale et théorique*. L'observation directe qualitative s'appliquant à des situations limitées, vu l'énorme investissement de temps et de ressources personnelles qu'elle exige, la situation choisie doit l'être avec d'autant plus de soin, en termes de signification potentielle dans la problématique qui *intéresse la chercheure*.

> Si nous considérons, par exemple, qu'un des enjeux significatifs, dans notre société, est la reprise en main, par les citoyens utilisateurs, des institutions dont le contrôle est passé aux mains des bureaucrates, et que nous voulons étudier empiriquement comment se pose ce problème, concrètement, nous pouvons définir la situation des relations entre l'école et le milieu, au niveau de l'école élémentaire où les enfants sont pris en charge par l'État, comme une situation sociale illustrant bien cette problématique, étant donné qu'y sont nés les premiers mouvements de contestation de la légitimité de la centralisation bureaucratique, à la fin des années 1960, en Amérique du Nord[6].

6. Les exemples qui suivent tout au long de cet article s'inspirent d'une recherche menée par l'auteure à la Commission des écoles catholiques de Montréal, et qui a donné lieu aux rapports suivants : *La culture de l'école face au milieu, en milieux populaires montréalais*, CECM, mars 1975, et *Les mères face à l'école, en milieux populaires montréalais*, CECM, octobre 1976.

Par ailleurs, la situation à l'étude doit être *clairement délimitable*, en ce qui a trait à l'espace physique et social. Évidemment, les situations sociales existantes sont rarement, sinon jamais, étanches et présentent des degrés divers d'ouverture sur d'autres situations. En ce sens, on peut parler d'une situation délimitée lorsqu'elle forme un système dynamique portant sa propre signification, ce qui n'empêche pas son rattachement à d'autres systèmes, qui influencent, eux aussi, les significations centrales de la situation étudiée. Si le découpage d'une situation d'étude ne peut jamais être absolu, il n'en doit pas moins circonscrire un ensemble de lieux, d'événements et de personnes groupés autour d'une action ou d'un objectif communs et clairement indiqués.

Ces situations peuvent être de complexité très diverse, et comprendre un ensemble plus ou moins grand de sous-situations. Mais toujours, elles doivent former une unité significative d'acteurs, de lieux et d'actes.

> Ainsi, les relations entre le personnel d'une école et les membres d'un quartier donné présentent une dynamique assez complète en soi, même si cette dynamique particulière se rattache à celles, plus générales, du système scolaire, dans son ensemble, et de la communauté habitant le quartier. Ce système de relations se rattache, de plus, à un objectif précis, la coopération entre l'école et le milieu, et à des lieux, événements, activités et personnes délimités : cour d'école, locaux de parents, salles de classe ; fêtes d'école « mixtes », visites de parents, réunions de comités « mixtes », etc. ; enseignantes, professionnels scolaires, direction d'école, enfants, parents, organisateurs communautaires. La situation complexe des relations école–milieu peut enfin se découper en sous-situations nettement différenciées : contacts informels parents–maîtres, visites des parents dans les salles de classe, réunions du comité d'école, etc.

Enfin, les situations observées doivent être *récurrentes*, de préférence, afin de permettre à la chercheure un approfondissement de ses observations, d'une fois à l'autre.

À ces critères « théoriques » de sélection d'une situation pour observation vient s'ajouter une série de critères d'ordre pratique[7]. La situation choisie doit être *accessible*, ouverte à la présence d'une observatrice, ou d'une nouvelle participante, si l'observation est dissimulée ; l'observatrice doit pouvoir s'y *déplacer avec aisance* et sa présence ne doit pas y perturber, à moyen terme du moins, le déroulement « normal » des activités. Évidemment, l'accessibilité d'une situation n'est jamais

---

7. Pour ces critères, nous nous inspirons de SPRADLEY, *op. cit.*, p. 39 et ss.

absolue; elle peut grandement varier selon la perception qu'ont les acteurs sociaux de la recherche et de la chercheure («Veut-on nous évaluer? Que nous rapportera cette recherche? Peut-on se fier à cette fille? Comprend-elle ce qui se passe? Saura-t-elle tenir sa langue?»). Typiquement, les groupes ou les collectivités sollicités pour servir de sujets de recherche questionneront la chercheure non seulement sur l'objet mais aussi sur l'utilité, pour eux, de sa recherche; de plus, ils ne s'ouvriront à elle que s'ils sentent qu'ils peuvent lui faire confiance et qu'elle ne trahira pas leur vécu et leurs actes[8].

> Par exemple, la chercheure qui veut étudier les relations école–milieu dans une école donnée doit repérer les intérêts en jeu dans cette situation et en tenir compte. La première question à se poser concerne ici les avantages et désavantages que représente, pour chacun des sous-groupes concernés, la promotion des relations école–milieu. Ainsi, rapidement, pourra-t-elle établir que la promotion des relations école–milieu comporte, pour le personnel scolaire et les parents, un désavantage pour tous qui se traduit par un surplus de travail. De plus, pour les enseignantes, elle représente une nette perte d'autonomie et de pouvoir. Alors qu'elle nuit immédiatement aux enseignantes (perte de pouvoir), la promotion des relations école–milieu avantage nettement, sur ce point, les parents, organismes communautaires et travailleuses sociales. Toutefois, elle peut représenter un avantage, à moyen terme, pour les enseignantes, avec l'accroissement de l'intérêt pour leur travail et l'amélioration de leur image publique... là où l'opération réussit.
>
> La deuxième question que doit se poser la chercheure concerne sa situation politique face aux membres de l'école. Étant rattachée à la commission scolaire, qui prône la promotion des relations école–milieu, elle doit nettement faire comprendre à ses répondants qu'elle n'est pas là pour leur imposer le point de vue de la commission scolaire, mais bien pour y présenter, de la façon la plus exhaustive et la plus juste possible, leur point de vue sur la question.
>
> Enfin, la chercheure doit souligner aux répondants l'utilité potentielle de son rapport de recherche dans la défense de leur point de vue auprès des responsables des politiques scolaires.

---

8. Il se pose évidemment ici un problème d'éthique: la chercheure doit-elle écrire toute la vérité sur une situation donnée ou n'écrire que ce qui va dans le sens des intérêts des acteurs observés, qui lui ont fait confiance? Il faut, je crois, savoir ici doser les choses, faire savoir clairement aux acteurs observés qu'on vise un compte rendu exhaustif et non biaisé de la situation, mais qu'on ne révélera pas sans permission ce qui a été explicitement montré ou dit sous confidence ou ce qui peut révéler l'identité d'un répondant.

Le rôle de l'observatrice

Une fois choisie sa situation d'étude, la chercheure doit définir le rôle qu'elle y jouera. Le meilleur rôle sera celui qui lui permettra d'observer les sous-situations les plus significatives de la façon la plus exhaustive, la plus fiable et la plus conforme à l'éthique possible.

Une première décision à prendre concerne *l'ouverture ou la dissimulation de la recherche*. Lofland synthétise bien les avantages et limitations de l'une ou l'autre option. Les objections qu'il voit à l'observation dissimulée se ramènent à quatre types de problèmes : 1) des problèmes d'éthique, les acteurs de la situation n'étant pas informés que tout ce qu'ils font ou disent est systématiquement relevé à des fins de recherche ; 2) des problèmes de contraintes structurelles, liées aux limites spatiales et sociales du rôle choisi ; 3) des problèmes d'enregistrement, sur place, des données et, enfin, 4) des problèmes affectifs liés à une implication difficilement évitable dans la situation à l'étude. Par contre, l'observation dissimulée amène une information plus riche sur le rôle choisi par l'observatrice, ainsi qu'un partage et une compréhension plus intenses du vécu des participants observés. Enfin, en certaines circonstances, c'est le seul type d'observation possible.

Par contre, les avantages de l'observation ouverte sont la minimisation des tensions éthiques, la plus grande mobilité physique et sociale, et le questionnement plus systématique et exhaustif qu'elle permet à la chercheure. Cela amène cependant une série de désavantages autres, quant à la fiabilité des informations obtenues – les acteurs sociaux observés ayant des intérêts à défendre, aux yeux de « l'extérieur » – et quant à l'implication de la chercheure, qui doit s'efforcer de rester « neutre » dans le jeu des intérêts et des factions en présence.

Si certaines situations s'accommodent d'emblée d'une observation ouverte (par exemple, toutes les situations publiques) et si d'autres y sont d'emblée très fermées (par exemple, les situations « intimes », ou particulièrement délicates, politiquement), la grande majorité des situations se trouvent entre ces deux extrêmes. Dans ces cas, l'observatrice doit rechercher le meilleur dosage entre les critères de significativité, d'exhaustivité, de fiabilité et d'éthique mentionnés plus haut.

> Les relations entre l'école et le milieu présentent un bon ensemble de sous-situations différentes à cet égard. Alors que les réunions générales parents–maîtres sont des événements publics, facilement accessibles à l'observation (ouverte ou dissimulée), qui en affecte relativement peu le déroulement, l'observation directe en salle de classe, le lieu le plus significatif mais aussi le plus privé de l'école,

amène une série de dilemmes complexes : une chercheure n'y est pas bienvenue, à moins qu'elle ne s'en tienne à une perspective pédagogique classique, non dérangeante ; sans un compromis allant du sociologique au pédagogique, la sociologue ne pourra jamais observer ce lieu très significatif, à moins de tromper la bonne foi de ses répondants, qui réagiront fortement à son analyse sociale et claqueront la porte au nez du chercheur suivant. Il s'agit ici soit de négocier ouvertement un compromis entre les points de vue, par exemple : « j'aimerais voir ce que c'est qu'enseigner, avoir votre point de vue sur ce qui se passe, concrètement, dans une salle de classe, pour ensuite le comparer à celui d'autres enseignantes et spécialistes qui cherchent aussi des solutions aux problèmes de l'enseignement, dans les milieux populaires... » ; soit d'observer de façon dissimulée – par exemple, en présentant sa démarche comme une enquête sur la pédagogie – et de n'utiliser les données que de façon indirecte et en préservant l'anonymat des personnes observées.

La négociation de l'entrée sur le terrain

Une fois sa situation d'étude délimitée et son rôle défini à l'intérieur de cette situation, la chercheure qui a opté pour l'observation ouverte doit négocier son entrée sur le terrain. Trois dimensions de la situation doivent être considérées à cet égard : ses dimensions institutionnelle, politique et affective. La chercheure doit repérer les personnes clés dans chacune de ces structures et le champ qu'elles contrôlent.

Par exemple, pour aller observer, dans une école, les relations parents–maîtres, il est essentiel d'obtenir d'abord l'appui de l'autorité – la direction de l'école ou l'un de ses supérieurs hiérarchiques dans la structure scolaire (structure institutionnelle). Une fois cet appui obtenu et le terrain investi, la chercheure doit repérer, au sein du personnel scolaire et des parents qui fréquentent l'école, les sous-groupes dont les positions divergent, en rapport avec son objet d'étude, pour ce qui est des intérêts et des idéologies (structure politique) : par exemple, les relations école–milieu n'ont pas, pour les enseignantes, la même centralité que pour les travailleuses sociales ou la direction d'école ; elles ne constituent pas un enjeu important pour les parents satisfaits de l'école, par opposition à ceux qui en sont insatisfaits, etc. Enfin, quant aux réseaux affectifs, il est bon de savoir quelles enseignantes ou quels parents se tiennent ensemble, s'il y a un ou des leaders parmi eux ou elles, etc.

Un bon contact entre la chercheure et ces personnes clés, ainsi qu'une compréhension claire et une adhésion de ces dernières aux objectifs de la recherche, constituent, il va sans dire, un atout précieux sinon indispensable pour éviter le plus possible les biais dans les conduites et les discours des acteurs sociaux observés.

La présentation de la recherche aux acteurs de la situation à l'étude doit comprendre *ses objectifs, son organisation, ses étapes et sa durée prévue, ses commanditaires, les sous-groupes qu'elle touche et la disponibilité qu'elle exigera des répondants.* Cette présentation doit être à la fois *exhaustive, claire, véridique et neutre* ; de plus, elle doit tenir compte des *intérêts de ces acteurs* et leur garantir l'*anonymat.* Exhaustive, c'est-à-dire qu'elle ne doit cacher aucun des objectifs généraux ou des volets de la recherche, la confiance mutuelle étant, dans toute entreprise de recherche, essentielle à la minimisation des biais. Claire, c'est-à-dire que la recherche doit être présentée de façon brève et dans un langage accessible aux répondants. Neutre, c'est-à-dire qu'elle doit s'abstenir de prendre partie pour une interprétation ou pour un sous-groupe quelconque. Soucieuse des intérêts des répondants, c'est-à-dire que la chercheure doit souligner en quoi la recherche peut être utile aux répondants, et leur offrir des garanties que les résultats de la recherche ne répandront pas des interprétations fausses de leur vécu ou de leur situation, ni ne nuiront à leurs intérêts ou à leur réputation ; cela, tout en répondant aux exigences d'une description exhaustive de la situation et des intérêts et points de vue qui s'y affrontent.

Dans notre exemple, la recherche sur les relations école–milieu en milieux populaires a été présentée ainsi au personnel scolaire :

« Les responsables des mesures de soutien scolaire en milieux populaires, à la commission scolaire (commanditaire), aimeraient savoir quelle est, selon vous, l'importance des relations entre l'école et le milieu dans le succès – ou l'insuccès – scolaire (neutralité) des enfants. Cela, dans le but d'élaborer une politique efficace de soutien dans ce domaine (intérêts des participants et objectifs).

Pour ce faire, il nous a semblé essentiel d'aller observer sur place, dans les écoles, comment se déroulent ces relations et ce que les premiers concernés (intérêts des participants), le personnel scolaire, les parents et les organismes communautaires (exhaustivité) en pensent (il serait trop complexe ici d'interviewer de jeunes enfants). Dans ce but, il nous faudrait pouvoir observer les activités conjointes parents–maîtres qui se déroulent dans l'école, participer quelque peu à la vie générale de l'école (aller dans les classes, participer aux activités parascolaires, aux repas), interviewer le personnel, individuellement ou en groupe (organisation de la recherche, implication des répondants). La durée de mon séjour ici devrait être d'environ « x » jours. Toutes les données recueillies resteront confidentielles : ni l'école, ni les répondants ne pourront être identifiés dans le rapport final, qui ne présentera que des données regroupées, rassemblant des faits et

> des opinions recueillis dans plusieurs écoles (anonymat). Ce rapport vous sera envoyé : il s'efforcera de décrire la situation et la position des diverses écoles et des divers sous-groupes de ces écoles, sur les relations entre l'école et le milieu (objectifs, intérêts, neutralité). Les représentants des diverses écoles seront par la suite consultés sur la fidélité de ce rapport et sur l'usage qu'on devrait en faire (intérêts des participants). »

Il s'agit ici d'une situation complexe. Les situations plus simples commandent évidemment un exposé moins élaboré.

Les relations entre observatrice et observé

Quels que soient ses connaissances ou ses diplômes, face à l'observé, la chercheure est au départ une apprentie, une étudiante, une observatrice « naïve » ; la chercheure est à la recherche d'informations et d'explications sur une situation connue des observés : elle est donc « en demande » et doit se présenter comme telle. Toutefois, cette position de demandeur doit en être une d'« incompétence acceptable[9] » ; les observés doivent pouvoir découvrir en la chercheure une « étudiante » ouverte, à la fois sensible, documentée, réaliste et nuancée.

> Dans notre exemple, il ne suffit pas d'être attentive aux descriptions que nous donnent les enseignantes de la situation des relations école–milieu : encore faut-il que l'observatrice montre qu'elle est sensible à leur vécu et à leur point de vue, qu'elle est capable d'en considérer les coordonnées matérielles, politiques et autres ainsi que les points critiques et les points faibles, et enfin, qu'elle est capable de relativiser ce point de vue par rapport à ceux des autres groupes concernés.

Cependant, il ne suffit pas pour la chercheure de démontrer qu'elle est une *bonne étudiante* de la situation choisie. Encore faut-il qu'elle reste *en bons termes* avec tous les sous-groupes et individus observés. Aussi, la chercheure doit-elle avoir une conscience aiguë de son style personnel, de ses forces et de ses failles, ainsi que de ses sentiments, positifs et négatifs, à l'endroit des divers acteurs et idéologies qu'elle découvre afin de contrôler ces sentiments le plus possible. Dans ce but, les chercheures engagées dans l'observation directe tiennent un journal de bord, où elles relèvent systématiquement leurs réactions et impressions subjectives sur le déroulement de la recherche, pour fins de distanciation. Par ailleurs, la chercheure doit être considérée comme une observatrice à la fois neutre et sympathique : aussi, doit-elle éviter d'adhérer à quelque faction que ce

---

9. L'expression est de J. Lofland.

soit, tout en faisant sentir aux participants qu'elle est touchée par leur vécu et leur point de vue. Évidemment, les déchirements et les failles sont ici inévitables : il s'agit de trouver le meilleur équilibre possible entre « l'observatrice » et « la participante » qu'est tout à la fois la chercheure.

2.2. La collecte des données

De l'observation générale à l'observation centrée et sélective[10]

La première étape sur le terrain consiste, pour l'observatrice, à faire ce que Spradley appelle un « grand tour » de la situation à l'étude : *elle en relève alors systématiquement les grands traits*, relativement aux lieux et aux objets, aux événements, actions et activités visés et à leur durée, et se rapportant aux acteurs, à leurs buts et à leurs sentiments observables, etc. Ces grands traits sont notés en termes strictement descriptifs ; cette description doit être la plus large et la plus exhaustive possible.

> Les lieux concernés dans les relations école–milieu, par exemple, sont la cour d'école, les espaces publics dans l'école et, exceptionnellement, les salles de classe et les lieux communautaires ; les principaux acteurs sont le personnel scolaire dans son ensemble, les enfants, leurs mères, et parfois, leurs pères ; les activités, les comités conjoints parents–maîtres, les visites des parents à l'école, les fêtes d'école communautaires, etc.

Lorsque les éléments à décrire dans une situation sont nombreux et complexes, on les regroupe en types, ce qui facilite la manipulation des données. Ces types doivent présenter des caractéristiques distinctives.

> On regroupera, par exemple, le personnel scolaire en personnel de direction, enseignants réguliers ou spécialisés, personnel de soutien, professionnel ou administratif, etc. De même, on peut distinguer, pour les événements, la routine et les événements spéciaux, ou encore les événements formels ou informels, etc.

Une fois relevées les caractéristiques générales d'une situation, la chercheure se concentre sur *les interrelations entre ses diverses dimensions*, répondant à des questions comme : « Quels types d'acteurs ont un rôle à jouer dans quels types d'événements ? », « Quels types de relations entre acteurs observe-t-on dans divers types de situations (par exemple, formelles ou informelles) ? » C'est ce que Spradley désigne sous le terme de « mini-tours » d'une situation.

---

10. Cette section s'inspire principalement de J. SPRADLEY, *op. cit.*, p. 73-130.

Ainsi, en faisant un mini-tour d'une réunion du comité d'école (événement), on relève les acteurs qui y participent, leurs activités respectives, les sujets dont ils traitent, etc.

Ces mini-tours de situations multiples nous permettent ensuite de les confronter entre elles et d'aborder l'*analyse comparative systématique des données*, d'où émergent des hypothèses qui serviront à l'interprétation de la situation d'ensemble.

En se concentrant, par exemple, sur l'organisation d'événements spéciaux dans les classes, on observe que les enseignantes qui intègrent les parents à ces activités sont systématiquement assistées des travailleuses sociales. D'où l'hypothèse que l'introduction des parents dans la salle de classe serait considérée par les unes et les autres comme un élément para-pédagogique, sur lequel les professeurs ont peu de connaissances et peu de contrôle.

Ces hypothèses conditionnent par la suite la *définition de situations et d'éléments spécifiques à observer,* en vue de les étayer et de les vérifier : c'est ce qu'on désigne par « observation sélective ».

Il s'agit alors de découvrir, à partir de notre exemple, des situations donnant lieu à des interactions entre les enseignantes et le personnel scolaire non enseignant, au sujet du « milieu » et des familles (événements spéciaux réunissant parents et membres du personnel scolaire, discussions de « cas » d'enfants avec la travailleuse sociale, échanges informels sur le « milieu » lors des pauses café et des dîners, etc.) afin d'y relever systématiquement et de qualifier la part qu'y prennent les enseignantes : mènent-elles l'activité ou la discussion ? Amènent-elles leurs propres informations, lors de discussions ? Se présentent-elles comme étant proches du milieu ? etc.

À partir de ces observations sélectives, la chercheure modifie et *raffine ses hypothèses jusqu'à saturation,* c'est-à-dire jusqu'à ce qu'aucune observation nouvelle ne vienne les infirmer.

L'enregistrement des observations

■ Les notes descriptives

L'enregistrement des observations sur le terrain se fait en plusieurs étapes. Une première série de notes est strictement *descriptive* et va du repérage sur le vif au compte rendu exhaustif de la situation observée. La langue dans laquelle est écrite ce premier type de compte rendu doit être *concrète, descriptive et neutre* : la chercheure doit faire voir la situation et entendre les acteurs observés. Les propos de ces derniers sont rapportés textuellement, entre guillemets : d'abord, parce que c'est la seule façon d'enregistrer l'information de façon neutre et exhaustive ; ensuite, parce que les expressions typiquement privilégiées par les acteurs constituent des sources précieuses de dépistage de leur univers symbolique.

> Ainsi, l'expression « sans allure » employée par les enseignantes pour désigner, de façon globale, les carences des parents des quartiers populaires dans l'organisation matérielle et sociale de leur vie, en dit beaucoup sur leur propre chauvinisme de classe : leur propre façon d'organiser leur vie serait la bonne... L'expression une « école de fous » que l'on retrouve chez ces parents « sans allure » renvoie bien la balle, exprimant la même distance culturelle et le même rejet radical du point de vue des « autres ».

Lorsque la chercheure ne se souvient pas de façon précise de certains éléments de la situation, elle les cite entre parenthèses suivies d'un point d'interrogation – par exemple : (entrée de C ?) (découragement, colère ?). Les omissions dans l'enregistrement des données doivent être notées, l'événement non enregistré – parce que considéré non pertinent dans la situation à l'étude – étant simplement cité entre crochets, par exemple : [discussion sur meilleur choix du lieu de vacances]. Enfin, notons que chacun des comptes rendus descriptifs doit porter la date, le lieu, l'énumération des acteurs et des activités et, enfin, l'heure et la durée de l'observation. Ces comptes rendus doivent être faits dans les plus brefs délais et en cumulant le moins de séances d'observations possible, la mémoire devenant facilement sélective.

– *Les notes cursives.* Ces notes sont prises sur le vif et parfois à la dérobée lorsqu'elles risquent d'indisposer les participants ; elles sont en conséquence nécessairement brèves et ne comprennent que des mots ou des phrases clés, qui servent de repères aux notes plus élaborées qui suivront.

– *Le compte rendu synthétique.* Les quelques notes précédentes sont complétées jusqu'à exhaustivité des points de repères, dès que la chercheure trouve un moment libre. Par exemple :

> Mardi 26/04/74. Début heure du lunch : 11 h 30 – 12 h. 2 profs maternelle, sur activités avec mères le lendemain (habillage-enfants). Entrent C. et L., puis S. (6e, 5e, 5e) ; sur Louis-le-toffe : toute la famille pareille ; comparaison avec Denis, Paul et leurs familles. « On se déprime pas ! » (Louise) ; discussion-popotte. Sur activités classe 6e avant-midi. Vivement les vacances : la paix. Entre psychologue : froid (?) puis reprise sur projets-vacances.

– *Le compte rendu extensif.* Ce compte rendu détaillé de la situation doit être fait le plus tôt possible après l'observation et doit décrire le plus fidèlement possible la situation observée dans toutes ses dimensions ; même si ces notes peuvent sembler insignifiantes et répétitives à première vue, elles se révèlent, à l'analyse, une source indispensable d'interprétation juste et de compréhension exhaustive de la réalité et servent de garde-fous aux biais de la perception et de la mémoire et aux hypothèses partielles.

> Mardi 26/04/74. Début heure du lunch : 11 h 30 – 11 h 35. Profs maternelle et 2ᵉ cycle. Je suis assise à l'extrémité sud-est de la table où les enseignantes prennent leur repas. Je viens d'ouvrir mon sac à lunch quand Y. et A., les deux enseignantes de maternelle, entrent : A. écoute avec sérieux Y. lui expliquer : « Je veux qu'elles voient ce que les enfants ont appris sur l'habillement. » (Y. acquiesce, attentive.) « Ça ne me sert à rien de tout montrer aux enfants à l'école si les mères se précipitent à la maison pour leur attacher leurs souliers ! » A. m'apercevant « Tiens ! toi ça va t'intéresser : les mères viennent demain, de 9 h à 9 h 40 dans ma classe ». Entrent C. et L. : C. parle fort (semble excédée), les mains en l'air, L. lève les yeux au ciel et les épaules (en signe d'acquiescement et de désespoir) : C. « Il était là, les bras croisés : « J'haïs ça le français ! » Son frère était aussi effronté l'an passé ! » Y. et A. interrompent leur conversation avec moi pour écouter, sans participer ni acquiescer, celle de C. et L., ceci tout en déballant leur lunch. S. entre ; « Devine de qui on parle » lui lance L. (...).

Le compte rendu extensif peut s'accompagner d'un plan des lieux et de la situation spatiale des acteurs concernés, ou de tout autre document éclairant (par exemple, sur les activités parents–maîtres en maternelle).

– *Le compte rendu signalétique.* Il est utile, pour fins de repérage rapide, d'adjoindre à chaque compte rendu descriptif extensif une fiche signalétique mentionnant les principaux thèmes ou événements s'y rapportant.

> De l'exemple précédent, on peut tirer la fiche suivante : (Activités avec parents – maternelle ; les cas « toffes » et leur famille ; activités-classe – 6ᵉ année ; les vacances-délivrance).

■ Les notes analytiques

Les comptes rendus descriptifs s'accompagnent, de façon systématique, de *comptes rendus analytiques portant sur le cheminement théorique de l'observatrice.* Ces comptes rendus peuvent être insérés dans les comptes rendus descriptifs, mais de façon bien distincte et entre crochets, ou bien produits dans un document séparé, avec indication des notes descriptives auxquelles ils se rapportent.

– *Les mémos*. Ils sont le pendant analytique des « notes cursives » et sont constitués d'*intuitions* ou de *réflexions analytiques* transcrites sur le vif. Il est très important pour la chercheure de noter ses intuitions et réflexions au fur et à mesure qu'elles émergent, la mémoire étant ce qu'elle est...

– *Les notes théoriques*[11]. Ces notes visent essentiellement la construction d'une *interprétation théorique de la situation à l'étude*, qui soit systématiquement fondée sur les observations. C'est ici que la chercheure note ses remarques sur les liens observés entre divers éléments de la situation et leurs variations, et compare systématiquement ses observations récentes avec les données précédentes. C'est ici également que la chercheure définit des pistes nouvelles d'observation et d'analyse, émettant des hypothèses et interprétations potentiellement fructueuses concernant la situation à l'étude, les rapprochements possibles entre ses observations et les observations et analyses faites sur d'autres situations sociales, semblables ou contrastantes. Bref, ces notes résultent de deux démarches complémentaires, l'une de *découverte* d'hypothèses et d'interprétations plausibles, faisant ressortir des dimensions nouvelles de la situation, l'autre de *vérification* systématique des hypothèses et interprétations avancées.

> (De l'exemple précédent.) Les éducatrices de maternelle sont généralement plus ouvertes à la participation des parents à des activités proprement scolaires, dans la salle de classe, que les enseignantes du secteur régulier. Ces dernières soulignent qu'elles ont de la chance, en maternelle, de ne pas avoir de programme à suivre : serait-ce là l'explication ? Ou bien, cette différence s'expliquerait-elle par l'âge inférieur, la formation plus récente et plus « sociale » des éducatrices, et leur autonomie plus grande face aux contrôles bureaucratiques ? Quelle est l'influence relative de ces variables dans la dynamique d'ouverture ou de fermeture des enseignantes au milieu ?

– *Le journal de bord*. Le journal de bord contient les *réflexions personnelles* de la chercheure sur le déroulement quotidien de sa recherche, son intégration sociale dans le milieu observé, ses expériences et ses impressions, ses peurs, ses « bons coups », ses erreurs et ses confusions, ses relations et ses réactions, positives ou négatives, aux participants à la situation et à leurs idéologies, etc.

---

11. Nous empruntons cette expression à L. SCHATZMAN et A.L. STRAUSS dans *Field Research : Strategies for a Natural Sociology*, Englewood Cliffs (New Jersey), Prentice-Hall, 1973, p. 99.

> (De l'exemple précédent.) Les situations ne sont pas simples. Les conversations des heures de lunch (cf. celle du 26-04-74), entre enseignantes, me paraissent terriblement extrémistes (le groupe pousse aux excès ?) : les parents seraient des innocents à instruire (maternelle), ou des spécimens dégénérés de la race humaine (les « toffes »), qu'il faut tenir loin de l'école. Ce genre de propos me déconcerte complètement. Par contre, en entrevue individuelle, lorsque je peux revenir sur ces opinions, en chercher le processus de formation, les expériences et émotions qui en sont à la base, elles se nuancent et se modulent, et je peux sympathiser à nouveau : c'est parce que les enseignantes s'attachent aux enfants qu'elles en veulent tant aux parents de ne pas leur assurer *le* bon environnement familial nécessaire à leur succès scolaire et social ; (...). En entrevue individuelle, l'enseignante peut risquer de me dire qu'elle a eu des échecs et que ça l'attriste, mais pas devant ses consœurs. Où est « la vérité » dans tout ça ? Face au parent ou à un projet sérieux d'intégration des parents, les enseignantes réagiront-elles comme membres d'un groupe (négativement) ou comme individus (de façon nuancée) ? Enfin, il y a le vécu quotidien de l'enseignement qui peut éloigner des « beaux » sentiments : les definisseurs idéalistes d'orientations que nous sommes s'y penchent peu ; par exemple, malgré toutes les théories sur la relativité culturelle du sens des mots que je connais, je n'aimerais pas me faire dire, par les plus « toffes » et devant tout le monde, qu'on hait mon cours et que je suis une « grosse vache ».

Ces notes ont pour but d'aider la chercheure à prendre conscience de ses faiblesses et de ses biais comme de ses points forts, et ne constituent pas un luxe dans une recherche par observation directe, qui requiert d'elle, avant même une compétence théorique ou méthodologique, des ressources et du doigté sur les plans psychologique et social.

- *Les notes de planification*[12]. Faisant suite aux notes théoriques, ces notes consistent en un relevé, par la chercheure, des ***observations, lectures, recherches, analyses, contacts et corrections à faire***, et sont consécutives à ses réflexions théoriques et personnelles.

> (De l'exemple précédent.) 1) Vérifier la relation entre la variable « ouverture aux parents » (concernant les projets « conjoints », scolaires ou non, qu'ont effectués les enseignantes avec eux et/ou d'idéologies face à cette ouverture) et l'âge et la formation (type, diplôme, date d'obtention du diplôme) des enseignantes ; 2) vérifier la marge de manœuvre effective des jardinières dans la structure

---

12. Cette catégorie correspond à celle que SCHATZMAN et STRAUSS désignent sous le terme de « notes méthodologiques », *op. cit.*, p. 99.

> scolaire : l'ouverture relative de leurs programmes, les contrôles hiérarchiques existants, les positions idéologiques des responsables du préscolaire, à la commission scolaire, face à l'ouverture au milieu, et les moyens qu'ils mettent effectivement aux mains des jardinières pour y arriver (...) ; 3) me tenir plus avec les enseignantes du secteur régulier, dans les jours qui viennent : elles commencent à m'associer aux seules jardinières, ce qui risque de me marginaliser.

2.3. Les sources d'information autres que l'observation

Cet exposé s'en est tenu, dans son développement, à la stricte définition de l'observation directe comme *instrument de collecte de données*. Cependant, nous l'avons vu en introduction, ce mode de collecte s'inscrit, dans la grande majorité des cas, dans une approche beaucoup plus large désignée sous le nom d'observation participante. Dans cette approche, l'observation directe comme mode de collecte des données est utilisée en conjonction avec d'autres instruments : entrevues, échanges informels ou semi-structurés, sources secondaires de toutes sortes (rapports officiels, journaux, etc.), ces autres sources de données permettant d'approfondir la signification psychologique, sociale et historique des faits que nous observons.

> L'observation, comme instrument, nous permet, par exemple, de constater le rejet de la participation scolaire des parents par une large majorité d'enseignantes, dans les faits, et de connaître les grands traits des justifications qu'elles en donnent : les parents seraient des igno-rants, en matière pédagogique, etc. Seule l'entrevue peut cependant nous permettre de connaître l'origine et les ramifications de cette conviction sur l'inaptitude des parents, d'en évaluer la solidité, de connaître la définition de ce qu'est la pédagogie, pour les ensei-gnantes, etc., toutes choses essentielles à une juste interprétation des observations faites à ce sujet. De même, la connaissance de l'histoire des relations école–milieu, dans une école donnée, est essentielle à la relativisation des propos entendus sur le sujet. Trouver les relations difficiles avec les parents prend une signification très différente selon l'intensité des expériences qu'ont vécues une enseignante ou une équipe-école à cet égard.

3. La validité des données recueillies par observation directe[13]

Comme toutes les méthodologies de collecte de données, l'observation directe a ses écueils et ses limites propres, dont il est important d'être conscient, en vue de les minimiser.

L'écueil le plus souvent mentionné, dans la littérature sur la question, est sans aucun doute celui de l'*ethnocentrisme* et de la *subjectivité* de la chercheure, qui risque de pervertir son choix des situations à observer, sa perception de ces situations et, en conséquence, ses analyses. Des exemples de telles perversions peuvent être relevés dans de nombreuses études ethnologiques, où les éléments «exotiques» obnubilent, en un premier temps, les chercheurs. Les mêmes problèmes se posent, notons-le, dans une approche quantitative, où le choix des dimensions et indicateurs pertinents rencontre les mêmes écueils.

En réponse à ce problème, les méthodologues de l'observation directe ont développé des modes d'approche visant à minimiser ces biais possibles et à maximiser, en conséquence, la validité des données présentées. Nous allons décrire brièvement, dans cette dernière section, les modes d'emploi de la méthode particulièrement importants à cet égard.

Pour faire un bon *choix des situations à observer*, il s'agit, tout au long de la recherche, d'amasser le plus de données topologiques possible sur cette situation : coordonnées historiques, organisationnelles et sociales (sous-groupes appartenant à la situation et leurs caractéristiques, position de cette situation par rapport à d'autres, etc.). L'exhaustivité des connaissances de la chercheure sur ces coordonnées lui permettra de faire le meilleur choix possible des situations à observer, puis les observations et les analyses les plus justes, étant donné qu'elle connaîtra les variables qui les déterminent. Il va de soi qu'une première recherche sur une situation donnée est plus sujette aux biais de la perception de la chercheure, étant donné le moindre matériel préalablement accumulé concernant cette situation. Dans ces cas, il est particulièrement important que la chercheure indique clairement les limites de ce qu'elle connaît, observe et analyse de la situation ; aussi, doit-elle indiquer clairement quelles sont les *sources* de ses données empiriques et analytiques (où elle a observé, quand, qui, quoi, comment, combien de temps, etc. ; quelles sont ses diverses sources de données documentaires ; quelles sont ses

---

13. Cette section s'inspire principalement des remarques de FRIEDRICHS et LUDTKE, *op. cit.* et de LOFLAND, *op. cit.*, sur le sujet.

diverses sources d'inspiration théorique, hormis ses données empiriques) ; après une telle mise au point, le lecteur sera en mesure de faire une lecture « scientifique » du rapport de recherche, c'est-à-dire d'en relativiser les données.

Par-delà le choix des observations à faire, la chercheure « scientifique » doit ensuite faire face à l'inévitable *interdépendance entre observateur et observé*, dont les perceptions, positions, réactions et attentes interagissent et, de plus, varient tout au long du développement de la recherche. Des rôles sociaux se forgent... Pour minimiser ces biais, Friedrichs et Ludtke proposent le choix d'un rôle « neutre », qui soit sujet à peu d'attentes, dans la situation, et qui soit applicable à une multiplicité de sous-situations (par exemple, le rôle d'étudiant) ; puis, l'immersion complète dans la situation, tendant à rendre la présence de la chercheure imperceptible (elle fait partie du décor) ; enfin, la tenue systématique du journal de bord, pour contrôler le plus possible ces effets.

La *sélectivité des perceptions* s'avère un autre problème de taille dont la chercheure doit tenir compte. Cette dernière doit d'abord tenir ferme aux principes de concrétisation et d'exhaustivité des descriptions qu'elle fait de la situation. Elle doit, dans ses notes analytiques, citer explicitement ses critères d'analyse et de pondération de ses données, se référer à des indicateurs concrets, distinguer entre hypothèses et faits, etc. La chercheure doit développer une « attitude égalitaire » et « accorder le même intérêt humain et scientifique[14] » à tous les acteurs de la situation étudiée. Enfin, la technique de prise de notes rapide et exhaustive développée par les praticiens de l'observation directe – on devient un bon praticien lorsqu'on devient un maniaque du calepin – vise à éviter le plus possible les effets de la sélectivité à cette étape de la recherche. La présentation de ses données et relevés aux acteurs de la situation, pour complétion et commentaires, peut être aussi un bon antidote à la sélectivité et à l'ethnocentrisme de la chercheure, quoiqu'il ne faille pas perdre de vue ici que les observés sont, eux aussi, sélectifs et ethnocentriques.

Outre ces notes méthodologiques, certains critères généraux appliqués aux données d'observation peuvent servir à leur garantir la meilleure validité possible. Tout d'abord, le *critère de proximité des sources*, physiquement et socialement parlant ; une observation « de proche » et « de première main » vaut toujours mieux ; une observation de seconde main doit tenir compte des intérêts, des idéologies et de la personnalité de celui qui la transmet. Un autre critère souvent cité est

14. J. FRIEDRICHS et H. LUDTKE, *op. cit.*, p. 25.

celui de l'inter- et de l'intra-subjectivité : lorsque plusieurs observateurs s'accordent pour décrire une situation dans les mêmes termes, les chances de validité de cette description s'accroissent. Enfin, à l'étape de l'analyse des données, les critères de saturation des hypothèses (aucune donnée nouvelle ne vient les contredire), d'exhaustivité de la théorie élaborée (elle peut expliquer l'ensemble des faits observés) et de sa consistance interne constituent autant de garanties d'une validité accrue.

En bref, la méthodologie de l'observation directe, pas plus que les autres méthodes de collecte de données en sciences humaines, ne présente de critères absolus de « scientificité » de ses données : les critères, ici comme ailleurs, sont relatifs. Il s'agit de limiter les biais et de donner au lecteur les éléments pour les situer, en lui présentant clairement les instruments de la démarche de collecte et d'analyse des données.

Bibliographie annotée

BECKER, H.S., « Problems of Inference and Proof in Participant Observation », *American Sociological Review*, vol. 23, 1958, p. 652-666.

Un article classique sur la question.

FILSTEAD, W.J. (dir.), *Qualitative Methodology : Firsthand Involvement with the Social World*, Chicago, Markham, 1970.

Ce livre regroupe une série d'articles relativement courts et de lecture facile, se rapportant aux diverses facettes de la méthodologie qualitative et à l'utilisation de ses diverses techniques. En plus de constituer un outil pratique pour la chercheure, l'auteur présente clairement les problèmes méthodologiques auxquels ont voulu répondre les promoteurs du qualitatif, dans les années 1960.

LOFLAND, John, *Analysing Social Settings : A Guide to Qualitative Observation and Analysis*, Belmont (Calif.), Wadworth, 1971.

Beau, bon, pas cher et pratique, ce livre sait être bref et concret, tout en restant nuancé. Bibliographies très pratiques en fin de chapitre.

SCHATZMAN, L. et A.L. STRAUSS, *Field Research : Strategies for a Natural Sociology*, Englewood Cliffs (New Jersey), Prentice-Hall, 1973.

Ce livre présente les mêmes qualités que le précédent. Il insiste cependant plus sur l'approche analytique que sur l'approche technique.

SPRADLEY, James P., *Participant Observation*, New York, Holt, 1980.

Ce livre, qui traite exclusivement de l'observation participante, est extrêmement bien construit pédagogiquement. Il présente dans une perspective d'objectifs précis à atteindre, les diverses étapes de cette méthodologie d'appréhension du réel, et les illustre abondamment à l'aide de textes tirés d'excellentes recherches.

Chapitre 11
L'entrevue semi-dirigée

Lorraine SAVOIE-ZAJC

« Dites-moi je vous prie, de quel côté faut-il me diriger ? »
« Cela dépend beaucoup de l'endroit où vous voulez aller », dit le Chat.
« Cela m'est assez indifférent », dit Alice.
« Alors peu importe de quel côté vous irez », dit le Chat.
« Pourvu que j'arrive quelque part », ajouta Alice en explication.
« Cela ne peut manquer, pourvu que vous marchiez assez longtemps. »
Alice comprit que cela était incontestable ; elle essaya donc une autre question...

L. CARROLL

Introduction

L'entrevue semi-dirigée constitue une technique de collecte de données fréquemment utilisée dans la recherche associée aux **paradigmes interprétatif et constructiviste**, c'est-à-dire une approche de recherche qui tente de comprendre le sens d'un phénomène à l'étude tel que perçu par les participants d'une recherche et qui utilise pour ce faire la dynamique de co-construction de sens qui s'établit entre le chercheur et les participants. Quoi de plus simple, croyons-nous, de questionner des personnes à propos de leurs croyances, de leurs sentiments, de leurs expériences et de leurs expertises afin de dégager une meilleure compréhension d'un phénomène étudié ! Mais est-ce si facile ? Est-ce si évident d'amener des personnes à se révéler ? Quelles relations s'établissent entre un chercheur et un répondant ? Comment un chercheur peut-il mieux préparer l'entrevue et s'assurer que les données recueillies soient crédibles ?

Le présent chapitre vise à clarifier quelques-unes des caractéristiques de l'entrevue semi-dirigée permettant ainsi de répondre à ces questions et de soutenir le chercheur dans la pratique d'une telle technique de collecte de données.

L'entrevue et l'entrevue semi-dirigée seront d'abord définies, et une attention particulière sera accordée aux postulats de l'entrevue semi-dirigée ainsi qu'à ses buts. La relation sociale particulière qui prend forme pendant son déroulement sera ensuite caractérisée. Les étapes de préparation seront décrites et des considérations à propos de sa conduite apportées. La question de la transcription des données en vue d'une analyse ultérieure sera abordée et le chapitre se terminera par une brève discussion à propos des forces et des limites de cette technique de collecte de données ainsi qu'à propos de la rigueur propre à ce genre.

1. L'entrevue et l'entrevue semi-dirigée

1.1. Quelques définitions

À quoi réfère-t-on par « entrevue » et « entrevue semi-dirigée » ? Plusieurs définitions ont cours dans la littérature. La plus fréquente est celle de considérer l'entrevue comme étant une interaction verbale, une conversation entre un interviewer, nommé ci-après « chercheur » et un répondant (Daunais[1] ; Erlandson et al.[2] ; Kvale, 1996 ; Mishler, 1986 ; Patton, 1990 ; Pauzé, 1984). Le rôle des personnes impliquées est toutefois spécifique dans la mesure où le chercheur propose un stimulus au répondant qui y réagit en émettant à son tour un nouveau stimulus (Patton, 1990). L'entrevue, définie comme une interaction, une conversation, implique également, de la part du chercheur, une attitude d'écoute attentive et de réceptivité au regard du message formulé (Daunais, 1992). L'interaction verbale, la conversation prennent appui sur la parole, construisant ainsi un « texte », une « narration » constitués d'histoires empreintes des connotations personnelles, interpersonnelles, sociales et culturelles des individus en présence (Erlandson et al.[3] ; Mishler, 1986 ; Rubin et Rubin[4]). Les entrevues visent un but spécifique : celui d'en arriver à la compréhension d'une certaine réalité, d'un certain phénomène, cette intention étant celle du chercheur (Pauzé, 1984). Le répondant est alors invité à faire partie de l'étude, car il est censé posséder cette compétence, cette expertise spécifique que le chercheur tente de mieux comprendre. Rubin et Rubin[5] choisissent de définir l'entrevue comme une relation d'apprentissage

---

1. J.P. Daunais, « L'entretien non directif », dans B. Gauthier, *Recherche sociale : De la problématique à la collecte des données*, Sainte-Foy, Presses de l'Université du Québec, 1992.
2. D.A. Erlandson et al., *Doing Naturalistic Inquiry : A Guide to Methods*, Newbury Park, Sage Pub, 1993.
3. D.A. Erlandson et al., *op. cit.*
4. H.J. Rubin et I.S. Rubin, *Qualitative Interviewing : The Art of Hearing Data*, Thousand Oaks, Sage Pub, 1995.
5. H.J. Rubin et I.S. Rubin, *op. cit.*

entre un chercheur et un répondant. Pour leur part, Limerick *et al.*[6] la voient comme un cadeau en temps, en texte et en compréhension que l'interviewé donne au chercheur. Cette dernière définition implique que la relation chercheur–répondant prend la forme d'une relation de pouvoir : le répondant possède un savoir que le chercheur tente de mieux comprendre. C'est toutefois le chercheur qui initie la démarche d'étude et qui applique un certain degré de contrôle (questions, structure, etc.) au cours de l'entrevue.

Dans notre essai de définition de l'entrevue, il importera aussi de retenir comme paramètre important celui de la nature du savoir à produire : est-ce un savoir à révéler ou socialement construit ? À cet effet, Kvale (1996) propose deux métaphores pour illustrer ces positions épistémologiques. Le chercheur peut être vu soit comme un mineur ou soit comme un voyageur. Le savoir peut, en effet, être comparé à un trésor enfoui. Le rôle du chercheur sera d'en révéler la nature, la richesse si ce savoir existe en soi. Dans la métaphore du voyageur, le chercheur s'engage dans une démarche d'exploration au cours de laquelle des conversations seront menées avec les personnes rencontrées. À son retour de voyage, le chercheur aura une ou des histoires à raconter, fruits des conversations et des influences vécues pendant son séjour. Le savoir est ici vu comme une construction interpersonnelle, un produit de la rencontre des personnes engagées dans la relation.

> L'entrevue consiste en une interaction verbale entre des personnes qui s'engagent volontairement dans pareille relation afin de partager un savoir d'expertise et ce, pour mieux comprendre un phénomène d'intérêt pour les personnes impliquées.

Le savoir d'expertise est différent pour chacun des interlocuteurs : c'est celui du processus de la recherche, dans le cas du chercheur, alors que c'est celui d'une expertise spécifique reliée à l'étude, dans le cas du répondant. Cette définition implique également que les parties en cause trouvent, chacune à leur façon, un intérêt à participer à pareille interaction verbale : la motivation du répondant à parler de son expérience, de son savoir, sa curiosité d'être impliqué dans une recherche, son intérêt pour les résultats de la recherche et ses retombées. Le chercheur poursuit, pour sa part, des intérêts professionnels et prétend pouvoir ajouter au discours ambiant un nouveau niveau de compréhension du phénomène étudié.

---

6. B. LIMERICK *et al.*, « The Politics of Interviewing : Power Relations and Accepting the Gift », *International Journal of Qualitative Studies in Education*, 1996, vol. 9, n° 4, p. 449-460.

Il est possible de distinguer diverses formes d'entrevue selon les degrés de préparation et de contrôle de la part du chercheur; on peut aussi distinguer les entrevues selon le nombre de personnes impliquées à la fois. Dans le cadre du présent chapitre, c'est l'entrevue semi-dirigée qui fera l'objet du propos.

> L'entrevue semi-dirigée consiste en une interaction verbale animée de façon souple par le chercheur. Celui-ci se laissera guider par le flux de l'entrevue dans le but d'aborder, sur un mode qui ressemble à celui de la conversation, les thèmes généraux sur lesquels il souhaite entendre le répondant, permettant ainsi de dégager une compréhension riche du phénomène à l'étude.

Ce chapitre exclut conséquemment les formes d'entrevues très structurées où l'interaction verbale est contrainte par la structure prédéterminée d'un questionnaire administré oralement. Il ne traitera pas non plus des formes d'entrevues de groupe très structurées: groupe nominal, groupes de discussion ou d'entrevues téléphoniques. Ce chapitre n'abordera pas non plus la problématique des entrevues non dirigées à l'intérieur desquelles le chercheur suggère un sujet et n'offre que peu de questions. Ce genre d'entrevue est pratiqué notamment dans la constitution des récits de vie et dans ce que Fontana et Frey[7] nomment des entrevues créatives, c'est-à-dire qu'elles ne suivent aucune règle. L'entrevue semi-dirigée se situe à mi-chemin entre l'entrevue dirigée (nommée aussi standardisée, structurée) et non dirigée (ou non structurée). On retrouve dans la littérature des termes synonymes à l'entrevue semi-dirigée: mitigée (Daunais[8]); semi-structurée (Rubin et Rubin[9]); non directive contrôlée (Pauzé, 1986).

Les entrevues semi-dirigées reposent sur des postulats spécifiques par rapport au type de situation, par rapport aux modes de production de savoir et elles poursuivent des buts particuliers. C'est ce que nous verrons maintenant.

1.2. Les postulats de l'entrevue semi-dirigée

Plusieurs postulats sont sous-jacents au choix de l'entrevue semi-dirigée comme mode de collecte de données. Ces postulats sont traversés par des courants épistémologiques et philosophiques qui ont évolué au cours

---

7. A. FONTANA et J.H. FREY, « Interviewing: The Art of Science », dans N.K. DENZIN et Y.S. LINCOLN, *Handbook of Qualitative Research*, Thousand Oaks, Sage Pub, 1994, p. 361-376.
8. J.P. DAUNAIS, *op. cit.*
9. H.J. RUBIN et I.S. RUBIN, *op. cit.*

des dernières décennies. Ainsi, la vigueur des paradigmes *interprétatif et constructiviste* a entraîné le recadrage de la notion même de l'entrevue semi-dirigée. Plusieurs auteurs la considèrent aujourd'hui comme étant un événement linguistique, qui s'insère dans un contexte normatif très dense et qui est teinté par les choix sémantiques et syntaxicaux des interlocuteurs. Ils sont révélateurs de la trame culturelle des individus en présence (Kvale, 1996 ; Mishler, 1986). Mishler (1986) applaudit d'ailleurs ce passage du postulat de l'entrevue comme un événement typiquement behavioriste où le couple question–réponse constituait une unité isolée, fragmentée, au postulat de l'entrevue vue comme une narration, *une unité de sens*, où les parties doivent être considérées en relation les unes avec les autres.

Un deuxième postulat repose sur l'idée que *la perspective de l'autre a du sens*. Il est possible de la connaître et de la rendre explicite. Ce postulat n'est pas sans rappeler la théorie de l'interactionnisme symbolique qui voit l'être humain comme un organisme actif, c'est-à-dire qu'il peut s'engager dans une activité, car il possède un « soi » qui lui permet de traiter l'information reçue de son environnement et il peut y répondre : c'est le sens induit qui stimule l'action (Blumer[10]).

Un troisième postulat porte sur *la nature de la réalité*, image d'un monde en perpétuel changement : ce qui a été entendu au cours de l'entrevue dépend du moment où la question a été posée et de l'état d'esprit du répondant. L'interaction verbale et sociale de l'entrevue est alors hautement situationnelle et conditionnelle (Rubin et Rubin[11]). Ce dernier postulat se greffe au courant de la pensée postmoderne, caractérisée par son scepticisme à propos des « grandes » vérités et à propos des discours de légitimation des produits de la recherche (Kvale, 1996). Le postmodernisme accorde, entre autres, une attention soutenue aux perspectives et aux sentiments des répondants qui réagissent à la situation interviewer–interviewé ainsi qu'aux caractéristiques même des personnes en présence comme, par exemple, le sexe, l'ethnie, le statut perçu (Fontana et Frey[12] ; Kvale, 1996).

L'identification de ces trois postulats nous permettra de mieux situer les buts attribués à l'entrevue semi-dirigée.

---

10. H. BLUMER, *Symbolic Interactionism. Perspective and Method*, Englewood Cliffs, Prentice-Hall Inc, 1969.
11. H.J. RUBIN et I.S. RUBIN, *op. cit.*
12. A. FONTANA et J.H. FREY, *op. cit.*

1.3. Les buts de l'entrevue semi-dirigée

Pourquoi choisir l'entrevue semi-dirigée parmi d'autres modes de collecte de données ? Bien sûr, il sera nécessaire de tenir compte de certaines caractéristiques propres à la nature même de l'étude. Ainsi, *la thématique, l'objet et les finalités de l'étude* seront des facteurs à prendre en compte. Traite-t-on de sujets délicats, intimes, complexes ? S'intéresse-t-on au sens que les individus donnent à une expérience particulière ? Veut-on dégager une compréhension approfondie d'un phénomène donné ? Des réponses positives à ces questions supporteront le choix de l'entrevue semi-dirigée. Les caractéristiques des répondants constituent d'autres facteurs pouvant influencer ce choix. Ainsi, si l'objet d'étude touche l'expertise de personnes très ciblées, ou encore s'il s'agit de personnes dont le rapport à l'écriture est problématique pour des raisons diverses (l'âge, le niveau d'instruction, la situation sociale, etc.), le chercheur se tournera vers une situation de collecte de données qui privilégiera le discours oral. Un autre facteur à considérer dans le choix de l'entrevue semi-dirigée est lié à la conception par le chercheur de son propre rôle. Celle-ci lui permettra d'établir une interaction humaine et sociale avec chacun des répondants, d'être à l'écoute des expériences vécues. C'est grâce à ce contact étroit avec chacun qu'il parviendra à dégager une nouvelle compréhension, fruit des interactions.

Les buts de l'entrevue semi-dirigée sont multiples. On identifie ainsi des buts visant la découverte, la compréhension, l'apprentissage et l'émancipation.

Un des buts de l'entrevue semi-dirigée est celui de *rendre explicite l'univers de l'autre*. Un chercheur privilégie l'entrevue semi-dirigée, car il choisit d'entrer en contact direct et personnel pour obtenir des données de recherche (Daunais[13] ; Pauzé, 1984). En effet, dans le cadre d'une pareille interaction humaine et sociale, le répondant est en mesure de décrire le plus richement possible son expérience, son savoir, son expertise alors que le chercheur et le répondant agissent tour à tour sur l'orientation de l'interaction développée. La situation de l'entrevue permet de révéler ce que l'autre pense et qui ne peut être observé : des sentiments, des pensées, des intentions ; elle communique aussi des comportements antérieurs et leurs liens avec le présent ou des comportements émis dans des situations privées et conséquemment non accessibles publiquement (associations, cultes, cérémoniaux réservés à des initiés, par exemple)

---

13. J.P. DAUNAIS, *op. cit.*

[Patton, 1990]. L'entrevue donne un accès privilégié à l'expérience humaine.

Un deuxième but de l'entrevue semi-dirigée est celui de *la compré-hension du monde de l'autre*. Rappelant les ouvrages de Malinowski et de Spradley, Fontana et Frey indiquent que l'entrevue permet de comprendre les comportements complexes et de décrire la trame culturelle sous-jacente aux actions des membres d'un groupe[14]. Cela se fait sans imposer une catégorisation préalable qui limiterait de fait la compré-hension du phénomène. Kvale (1996) rappelle que l'entrevue permet de capturer les perspectives individuelles à propos d'un phénomène donné et ainsi d'enrichir la compréhension de cet objet d'étude. L'entrevue permet finalement de révéler les tensions, les contradictions qui animent un individu à propos du phénomène étudié. La compréhension produite, le sens nouveau de l'expérience étudiée se relient donc intimement au jeu de forces et de références propre aux milieux de vie des individus.

Un troisième but de l'entrevue semi-dirigée est celui d'apprendre, non seulement à propos du monde de l'autre, mais pour les interlo-cuteurs, *d'organiser, de structurer leur pensée*. Ils sont ainsi en mesure de produire un savoir en situation, une co-construction grâce à l'interaction vécue. Les perspectives de l'un influencent la compréhension de l'autre qui formule à son tour une nouvelle explication et la propose à l'interlo-cuteur. Une négociation à propos du sens s'engage entre les personnes : l'une tentant de révéler sa pensée, l'autre voulant mieux la comprendre.

Un quatrième but de l'entrevue touche sa fonction émancipatoire, car, selon Kvale (1996), les questions abordées avec le répondant per-mettent une exploration approfondie de certains thèmes. Elles enclen-chent ainsi une réflexion et peuvent devenir des catalyseurs de prises de conscience et de transformations de la part des personnes engagées : le chercheur aussi bien que le répondant.

Dans cette section, nous avons défini l'entrevue et l'entrevue semi-dirigée. Nous avons identifié les postulats sous-jacents au choix et à la conduite de l'entrevue semi-dirigée. Nous avons finalement décrit les buts attribués à ce mode de collecte de données. Voyons donc maintenant les caractéristiques de cette relation sociale en traitant du rôle des indi-vidus en présence, des habiletés et des compétences nécessaires à l'établissement de cette relation particulière.

---

14. A. FONTANA et J.H. FREY, *op. cit.*

2. La relation humaine et sociale mise en place lors de l'entrevue semi-dirigée

L'entrevue semi-dirigée se déroule à l'intérieur d'une relation avant tout humaine et sociale. Les interlocuteurs sont toutefois placés dans une situation de communication qui dépasse la simple conversation. En effet, les sujets d'entretiens sont prédéterminés et ils sont limités ; les tours de parole sont déséquilibrés dans la mesure où le répondant s'exprime davantage et plus longuement que le chercheur ; ce dernier manifeste aussi plus de curiosité que dans une situation de conversation « normale » et invite davantage à la répétition, à l'explication, à la description du détail (Spradley, 1979).

La relation humaine et sociale de l'entrevue semi-dirigée sera traitée selon deux aspects : son aspect sociopolitique et son aspect technique.

L'aspect sociopolitique de la relation s'intéresse à la relation de pouvoir qui s'établit au cours de l'entrevue entre le chercheur et son répondant ainsi qu'à la négociation à propos du contrôle de cette relation. Au départ, le chercheur est légèrement avantagé, car il est celui qui prend l'initiative de la relation. Il cherche aussi à mettre le répondant en confiance afin de lui permettre de s'exprimer aisément. Cependant, cette démarche de mise en confiance implique que le chercheur accorde du pouvoir aux répondants notamment en leur laissant le choix du lieu de la rencontre ou en se rendant dépendant de leur disponibilité (Limerick et al.[15]).

L'idée de relation de pouvoir sous-jacente à l'entrevue semi-dirigée est partagée par Mishler (1986) qui qualifie la relation d'asymétrique. Le sens qu'il lui attribue prend toutefois une connotation davantage constructiviste, l'objet de la relation de pouvoir s'incarnant dans la qualité du savoir construit par les interlocuteurs. L'augmentation du pouvoir détenu par le répondant au cours de l'entrevue est liée à la volonté du chercheur de l'impliquer activement à la construction de sens, but premier de la situation de l'entrevue.

La relation sociale particulière à l'entrevue semi-dirigée peut aussi être vue sous un angle technique. En effet, pour Gorden (1980) la situation de l'entrevue s'organise autour de trois pôles : l'interviewer-chercheur, le répondant et les questions. Pour Gorden, la réussite de l'entrevue dépend de l'habileté du chercheur à prévoir les blocages éventuels de

---

15. B. LIMERICK *et al.*, *op. cit.*

communication et à adopter un comportement stratégique par le recours à des questions qui vont tenter d'atténuer ces blocages. L'art de l'entrevue consiste à aider les répondants à dépasser leurs inhibitions et leurs craintes. Un bon interviewer-chercheur possédera un ensemble de savoir-faire et de savoir-être qui lui permettront de recueillir de façon optimale des données d'entrevue.

Les rôles perçus pour chacun des interlocuteurs seront donc intimement reliés à l'idée que l'on se fait de la relation sociale établie dans le cours de l'entretien.

2.1. Les rôles des interlocuteurs

Si l'on voit l'entrevue comme étant l'occasion de construire conjointement un sens, les interlocuteurs se verront comme des *collaborateurs*. Une participation et une collaboration entières se développent alors entre les personnes et ce, pour toutes les phases de l'étude. Une autre façon de concevoir les rôles fait appel à l'image du « journaliste informant » dans le sens ethnographique du terme. Le *chercheur-journaliste* sera intéressé par les contextes personnels et culturels de l'interlocuteur informant. C'est ce dernier qui enseignera sa culture, son savoir au chercheur. Une troisième façon de percevoir les rôles retient l'image du « lobbyiste-acteur ». Le *chercheur-lobbyiste* sert les intérêts du répondant-acteur. La vision sous-jacente à ce dernier type de rôles est celle d'un monde où les êtres humains poursuivent des intérêts divergents. Les perspectives d'un individu ou d'un groupe se confrontent, s'opposent éventuellement à la perspective d'un autre individu, d'un autre groupe. Le chercheur se fait le promoteur de quelques-unes de ces perspectives, car sa recherche produit une clarification de sens, au détriment des groupes qui ne se font pas entendre (Mishler, 1986).

Lorsque l'entrevue est considérée sous un angle technique le chercheur tiendra un rôle *d'expert*. Il saura manier l'art de l'entrevue : obtenir des informations pertinentes, être sensible aux blocages de communication, maintenir une relation interpersonnelle appropriée et soutenir l'intérêt du répondant à continuer de participer et à investir du temps et de l'énergie dans cette rencontre. Le rôle du répondant sera celui d'un participant actif qui évolue dans ses réflexions grâce à l'aide du chercheur-expert (Gorden, 1980).

Ces rôles variés vont faire appel à un ensemble de compétences.

2.2. Les compétences nécessaires pour réaliser une entrevue semi-dirigée

Les compétences répertoriées dans la littérature à propos de l'entrevue semi-dirigée peuvent être regroupées sous trois catégories : les compétences affectives, les compétences professionnelles et les compétences techniques.

Les *compétences affectives* regroupent les habiletés du chercheur à établir une relation humaine satisfaisante pour les interlocuteurs : on parle de compréhension empathique, d'écoute active, de sensibilité, de respect de l'autre, de chaleur, de patience, d'authenticité, de simplicité, de capacité d'accueil (Daunais[16] ; Kvale, 1996 ; Pauzé, 1986).

Les *compétences professionnelles* désignent les habiletés du chercheur à structurer l'entrevue en lien avec la recherche en cours. Le chercheur planifiera alors l'entrevue en clarifiant ce qu'il désire savoir, en posant des questions appropriées, en fournissant de la rétroaction, en gérant bien le temps imparti. Il saura aussi guider le répondant dans la clarification de ses réflexions, faire des liens, effectuer des transitions pendant le déroulement de l'entrevue. Il démontrera finalement des habiletés à prévoir les problèmes de communication, à adapter le rythme de l'entrevue suivant les réponses de la personne (Gorden, 1980 ; Kvale, 1996 ; Patton, 1990).

Les *compétences techniques* regroupent les habiletés de communication nécessaires pour que l'échange verbal soit le plus complet en termes de sens produit. On pense alors aux techniques qui favorisent l'écoute, l'attention au langage non verbal, à la formulation des questions, aux techniques de sondes, de reformulation, de reflet, de rétroaction (Daunais[17] ; Gorden, 1980 ; Pauzé, 1986).

Ces trois groupes de compétences forment un ensemble d'éléments complémentaires et interreliés. Cependant, en raison de l'espace limité, nous ne discuterons subséquemment que de certaines des compétences d'ordre professionnel et technique. Nous nous attarderons plus particulièrement à la notion de schéma d'entrevue, à sa structure ainsi qu'à la formulation des questions.

---

16. J.P. DAUNAIS, *op. cit.*
17. *Idem.*

3. La préparation de l'entrevue semi-dirigée

Comment préparer une entrevue semi-dirigée? Trois ordres de considérations seront pris en compte : des considérations d'ordre conceptuel, d'ordre relationnel et d'ordre matériel.

3.1. Considérations d'ordre conceptuel

La planification de l'entrevue s'effectue d'abord et avant tout à partir de la question de recherche. Le chercheur aura alors au moins deux préoccupations en tête : celle de la planification d'un schéma d'entrevue et celle du choix des répondants susceptibles de posséder une expertise en lien avec l'objet d'étude.

Un schéma d'entrevue est un guide dans lequel le chercheur identifie les thèmes, les sous-thèmes et les questions d'orientation afin de recueillir des données pertinentes à la recherche. L'établissement des thèmes et des sous-thèmes reposent sur une structure théorique.

Ainsi, dans une étude sur la dynamique d'implantation d'une innovation pédagogique (Savoie-Zajc[18]), le guide d'entrevue préparé pour chacun des 8 groupes d'acteurs (élèves, enseignants directement impliqués, enseignants témoins, membres de la direction, conseillers pédagogiques, parents, ressources spécialisées, promoteurs de l'innovation) était structuré à partir du modèle de l'évaluation multidimensionnelle (Guba et Lincoln[19]) dont les paramètres sont les suivants : les intérêts, les préoccupations et les problèmes perçus par les personnes impliquées, en lien avec l'innovation. À partir de cette structure théorique, quatre thèmes principaux ont été dégagés et ils ont été subdivisés en sous-thèmes. Le premier thème proposait à la personne de décrire l'innovation. C'est le discours de chacun des acteurs, selon son groupe d'appartenance à l'intérieur de l'institution, à propos de l'innovation en cours d'implantation, qui était recherché. Le deuxième thème visait à identifier les intérêts des personnes ; les sous-thèmes reliés touchaient à la clarification de leurs raisons à s'engager, de leurs motifs à maintenir leur engagement. Le troisième thème clarifiait leurs préoccupations. Les sous-thèmes les incitaient à identifier les points forts et faibles de l'innovation, leur perception à

---

18. L. Savoie-Zajc, *Évaluation du projet d'une classe de secondaire général utilisant les modules Tardivel à l'école secondaire Sieur de Coulonge*, Rapport d'évaluation, 1993, 63 p.
19. E.G. Guba et Y.S. Lincoln, *Fourth Generation Evaluation*, Newbury Park, Sage Pub, 1989.

propos de l'intérêt et de la capacité de l'institution à maintenir cette innovation. Finalement, le dernier thème amenait les répondants, selon leur groupe d'appartenance, à réagir aux points de vue des autres groupes, permettant ainsi de dégager les zones de convergence et de divergence entre les huit groupes approchés ainsi que les problèmes liés à l'implantation de l'innovation.

Une deuxième considération d'ordre conceptuel est celle du choix des répondants. Qui? Combien? La forme de recherche appartenant au paradigme interprétatif privilégie les échantillons du type intentionnel, non probabiliste. Les répondants sont choisis, car ils sont réputés avoir une expertise pertinente par rapport à l'objet d'étude et ils sont capables de verbaliser celle-ci. Le chercheur devra conséquemment clarifier ses critères de choix de répondants pour pouvoir composer son échantillon. Par exemple, une étude sur les perceptions d'immigrants à propos de la culture du travail au Québec pourra retenir comme critère d'échantillonnage : le nombre d'années d'expérience de travail dans le pays d'accueil, le nombre d'emplois occupés dans le pays d'accueil, la diversité d'emplois occupés dans le pays d'accueil. Les critères sous-jacents à l'échantillonnage sont, bien sûr, liés au cadre conceptuel de l'étude et il est important de les clarifier, car ils permettent l'établissement d'un groupe possédant certaines caractéristiques communes. Celles-ci fourniront un cadre contextuel lors de l'interprétation des résultats même si le groupe est artificiellement formé. Lecompte et Preissle[20] ont effectué un excellent travail de structuration des formes d'échantillon compatibles avec une recherche de type interprétatif.

Le nombre de personnes à inclure dans l'étude est aussi problématique. C'est pourtant l'une des principales questions que le chercheur devra résoudre. Kvale (1996) avance le nombre de 10 à 15 répondants, ce chiffre, référant plus à un ordre de grandeur habituel que l'on rencontre dans la pratique de ce genre de recherche qu'un nombre déterminé en conclusion à une argumentation bien développée. Le critère souvent utilisé dans une pareille forme de recherche est celui de la saturation théorique (Glaser et Strauss[21] ; Savoie-Zajc[22]), c'est-à-dire que l'ajout de nouvelles données ne sert plus à améliorer la compréhension que l'on a d'un phénomène. Il y a conséquemment incompatibilité entre l'identi-

20. M.D. LECOMPTE et J. PREISSLE, *Ethnography and Qualitative Design in Educational Research*, San Diego, Academic Press, 1993.
21. B.G. GLASER et A.L. STRAUSS, *The Discovery of Grounded Theory*, New York, Aldine Pub, 1967.
22. L. SAVOIE-ZAJC, « La saturation », dans A. MUCCHIELLI, *Dictionnaire des méthodes qualitatives en sciences humaines et sociales*, Paris, Armand Colin, 1996.

fication *a priori* d'un nombre de répondants et le respect du critère de saturation. Le chercheur peut toutefois se doter d'une règle située à mi-chemin entre les deux positions : un nombre de départ et la saturation théorique. Un nombre initial de répondants est d'abord établi, lequel est modifié (augmentation, réduction) en cours de recherche, selon le degré de saturation atteint.

L'établissement d'un schéma d'entrevue et l'identification de critères d'échantillonnage permettent au chercheur de planifier un cadre général pour la conduite d'une entrevue.

Il conviendra alors, avant de passer à l'action, d'établir des liens avec des personnes, de les intéresser à la recherche. C'est ce que nous appelons des considérations d'ordre relationnel.

3.2. Considérations d'ordre relationnel

Les contacts préliminaires avec un répondant potentiel sont importants, car ils permettent au chercheur de lui présenter la recherche et ses buts. Celui-ci expose aussi les raisons qui l'ont amené à l'identifier comme répondant. Ces premiers contacts fournissent l'occasion de présenter les thèmes qui seront abordés en entrevue et de renseigner le chercheur sur l'existence d'une terminologie particulière pour traiter des sujets d'intérêts. Il sera ainsi possible d'adapter le niveau de vocabulaire utilisé dans le schéma d'entrevue. Les contacts préliminaires permettent au chercheur d'obtenir des informations factuelles et contextuelles à propos du répondant et de son milieu de vie ou de travail. Finalement, les interlocuteurs pourront s'entendre sur le moment, la durée et le lieu de l'entrevue semi-dirigée. Les deux personnes pourront aussi convenir de l'envoi préalable du schéma d'entrevue. Le répondant aura alors la possibilité de mieux s'y préparer, en rassemblant ses idées, ses opinions, ses sentiments à propos de l'objet de l'entrevue.

3.3. Considérations d'ordre matériel

Les considérations d'ordre matériel concernent les aspects techniques, environnementaux et temporels qui devront être pris en compte lors de l'entrevue. Ces trois aspects sont intimement reliés comme nous le verrons par la suite.

Les aspects techniques touchent à l'enregistrement du matériel recueilli lors de l'entrevue semi-dirigée. Il est nécessaire de se procurer un magnétophone fiable, des cassettes en nombre suffisant et un microphone. Le chercheur devra se familiariser avec l'usage de l'appareil en faisant des essais d'enregistrement préalable, se munir de cordes d'extension électrique ou vérifier l'état des batteries. Ces préoccupations techniques feront toute la différence entre un enregistrement clair et audible ou un qui est faible, inaudible ou tout simplement absent.

Les aspects environnementaux renvoient d'abord au lieu de la rencontre. Est-ce un lieu calme, privé, bien aéré, suffisamment éclairé? Le chercheur peut proposer au répondant de se rendre à un endroit à sa convenance. Il est toutefois souhaitable que ces qualités soient mentionnées afin que l'entretien se déroule dans des conditions environnementales optimales. Ainsi, ce n'est pas une bonne idée de planifier une entrevue dans un endroit public: bruyant, non privé, dérangements multiples. Un autre élément à prendre en compte sera celui de l'aménagement du lieu. Comment se positionneront les interlocuteurs: face à face, séparés par une table; en coin, le magnétophone entre les deux? Cette deuxième position est préférable: d'une part, il y a une proximité physique un peu plus grande entre les individus et, d'autre part, les personnes seront moins intimidées si la situation en face à face les gêne. La tenue vestimentaire et l'apparence générale du chercheur ont aussi leur importance: il serait aussi inconvenant de se présenter à une entrevue avec des adolescents, habillé de façon très formelle que de rencontrer des personnages haut placés vêtu de façon sportive ou très informelle; la sobriété vestimentaire est donc indiquée.

L'aspect temporel constitue une dernière considération importante à prendre en compte dans la préparation de l'entrevue semi-dirigée. Combien de temps dureront les entrevues? Il est bon de le prévoir afin d'en informer les répondants et de proposer des temps de rencontres compatibles avec leur disponibilité. En outre, il n'est pas conseillé de planifier des entrevues trop longues: une entrevue d'une durée de 60 à 90 minutes est optimale. Il ne faut pas oublier que la situation de l'entrevue semi-dirigée requiert beaucoup de concentration et de présence d'esprit de la part des interlocuteurs en présence. Il vaut mieux prévoir des entrevues à répétitions plutôt que de tenir des sessions trop longues où la qualité des données peut diminuer si la fatigue de l'un ou de l'autre devient trop grande.

4. La conduite de l'entrevue semi-dirigée

Nous avons situé précédemment l'entrevue semi-dirigée à l'intérieur d'une relation humaine et sociale particulière. Elle met en présence au moins deux interlocuteurs qui ne se connaissent généralement pas et qui ont accepté de se rencontrer. La relation est souvent dominée au départ par le chercheur qui guide l'entrevue par le recours à des questions ouvertes. Une négociation subtile de pouvoir et de contrôle de l'entrevue peut toutefois s'effectuer pendant son déroulement. Le chercheur tente d'établir un climat propice pour stimuler la description riche de l'expérience du répondant. C'est par son attitude d'écoute et de compréhension empathique et aussi par son habileté à poser des questions pertinentes qu'il réalisera une plus ou moins bonne entrevue.

La conduite de l'entrevue comporte trois moments : l'accueil, l'entrevue proprement dite et la clôture.

4.1. L'accueil

Avant de démarrer l'entrevue proprement dite il est bon de prévoir une période d'accueil du répondant. Comment briser la glace, comment établir cette relation de confiance préalable aux confidences que le répondant décidera de faire ou non pendant l'entrevue ? Le chercheur peut rappeler, à l'arrivée du répondant, que l'information qu'il s'apprête à recueillir est importante et il en explique sa valeur. Pareille préoccupation de clarifier les buts de l'entrevue constitue une marque de respect pour le répondant. Le chercheur assure ensuite le répondant de la confidentialité des propos et l'informe des mesures prises pour la garantir. Le chercheur s'enquiert de l'expérience du répondant à participer à une entrevue et lui demande l'autorisation de l'enregistrer. Quelques questions d'ordre général sont ensuite posées afin de mettre le répondant à l'aise : les informations recueillies lors du contact préliminaire pourront être utiles, à ce moment-ci, pour formuler des questions pertinentes.

4.2. L'entrevue proprement dite

Le schéma d'entrevue préparé préalablement doit être vu comme un outil souple et flexible. C'est un aide-mémoire que le chercheur utilise afin de s'assurer que les thèmes prévus sont abordés. Les questions formulées vont s'y greffer afin de stimuler le répondant à organiser son discours. Les formes de questions ainsi que leur emploi diversifié constituent les instruments par lesquels le chercheur pourra accéder à l'expérience du répondant.

Les questions

La littérature est riche en typologies de questions d'entrevue. Nommons celles de Gorden, (1980), de Kvale, (1996), de Patton, (1990), de Spradley, (1979) pour n'en citer que quelques-unes. Au-delà des qualificatifs spécifiques que chacun attribue aux formes de questions, elles possèdent des caractéristiques communes : elles sont ouvertes, courtes, neutres, appropriées.

L'entretien semi-dirigé donne l'occasion au répondant d'effectuer une description riche de son expérience. Elle lui permet d'exposer ses opinions, ses sentiments, ses croyances à propos d'un objet d'étude quelconque. Les questions devront donc être formulées de façon à permettre cette expression. Les questions fermées où la réponse est un « oui/non » ou encore les questions dichotomiques « est-ce ceci ou cela » établissent un rythme à l'entrevue qui se rapproche plutôt de celui de l'interrogatoire que de celui de la conversation. Ce genre de questions ne devrait pas être retenu. Les questions dites ouvertes sont susceptibles d'amener le répondant à décrire son expérience, car elles lui fournissent un stimulus général permettant de démarrer l'échange. Une question du genre, « qu'est-ce qu'un retour aux études après une absence de 10 ans signifie pour vous ? » sera préférable à « trouvez-vous difficile le retour aux études après une absence de 10 ans ? »

Les questions posées devront aussi être courtes, car il faut se rappeler que l'interviewer écoute plus qu'il ne parle durant cette rencontre. Les questions seront, de plus, formulées de la façon la plus simple et la plus claire possible en ne contenant qu'une idée. Le répondant, il ne faut pas l'oublier, se trouve dans une situation où il doit organiser sa pensée. Il est aussi placé dans une situation de désirabilité sociale où il veut bien paraître. Il faut donc éviter de poser des questions dont la complexité pourrait le désarçonner.

Les questions doivent être neutres. Le chercheur devrait éviter de poser des questions qui reflètent son jugement ou ses opinions. La situation de l'entrevue semi-dirigée n'est pas un débat sur une question donnée mais bien une tentative de l'un d'en arriver à comprendre la perspective de l'autre. Le langage non verbal constitue aussi un révélateur d'opinion et de jugement approbateur ou réprobateur du message de l'autre : des sourires, une intonation enthousiaste ou, dans le cas contraire, un hochement de tête, un froncement de sourcils, une intonation incrédule peuvent en dire autant que des mots du genre : « Ah oui ! vous pensez cela ! » Le chercheur devrait donc être attentif aux réactions spontanées en cours d'entrevue, autant aux siennes qu'à celles du répondant.

Les questions doivent être appropriées. Ainsi, des questions de clarification de sens seront formulées tout comme des questions de vérification de la compréhension ou des reformulations. Ces techniques montrent au répondant que le chercheur est attentif à son message et qu'il a un souci de bien comprendre ce qui est dit. C'est une marque de respect de plus pour ce répondant qui nous accorde son temps et sa bonne volonté de participer à une étude. Le chercheur devrait aussi ménager des transitions d'un thème à l'autre dans l'entrevue : faire une synthèse des propos tenus, en lien avec le thème discuté, et les relier au thème suivant. Cette stratégie indique au répondant que ses propos ont de la valeur, qu'ils ajoutent à la compréhension poursuivie et qu'ils s'inscrivent dans une logique, une structure qui encadre le discours.

L'ordre des questions

L'ordre des questions est également important. Une entrevue devrait démarrer par des questions plus générales, de type descriptif, telles que la suivante : « Comment se déroule une journée typique de travail dans cette usine ? » La description d'expérience peut ainsi mener à des réflexions à propos des sentiments de la personne à l'égard de cet environnement, de son travail ou de ses collègues de travail. Ainsi, les questions de clarification de sentiments sont introduites en prolongement aux questions de description d'expérience. Les sujets les plus intimes seront réservés pour le milieu de l'entrevue lorsque le rapport de confiance est établi et que le répondant a remis en mémoire un ensemble de facteurs lui permettant de faire des liens, des critiques, des synthèses au regard d'une expérience de vie ou de travail particulière. Les questions visant à obtenir des informations sociodémographiques, beaucoup plus factuelles, devraient être posées à la fin de l'entrevue quand l'un et l'autre des interlocuteurs ont puisé largement dans leur potentiel de concentration. L'arrangement chronologique des questions devrait aussi être considéré. L'accès au passé est facilité par la description riche d'un contexte actuel. De même, les projections dans le futur reposeront sur une description du présent et une remise en mémoire du passé.

La prise de notes

Même si le répondant a autorisé l'enregistrement des propos, il est conseillé au chercheur de prendre des notes pendant l'entrevue. Cela lui permet de retenir les idées importantes avancées au cours de l'entrevue, de noter des propos que l'on voudra clarifier, de mettre en évidence des éléments nouveaux de compréhension qui émergent. Toutes ces notes aideront aussi le chercheur à effectuer les synthèses pendant l'entrevue. Elles lui permettront de rester attentif et, en cas de pépins techniques, l'entrevue n'est pas complètement perdue...

On peut distinguer quatre types de notes. Il y a d'abord les *notes de site* proprement dites. Elles vont porter sur ce qui se dit effectivement en entrevue et sur son déroulement. Il y a les *notes personnelles* par lesquelles le chercheur indique des points de repère ou consigne des réflexions qui seront soit réutilisées dans le cours de l'entrevue, soit réservées à son usage personnel après l'entrevue. Il y a les *notes théoriques* où le chercheur fait des liens avec un cadre conceptuel et, finalement, des *notes méthodologiques* qui vont porter sur le schéma d'entrevue, sur son amélioration ou sur les critères de l'échantillonnage. Il est entendu que ces notes prises en cours d'entrevue seront schématiques et qu'elles devront être complétées le plus tôt possible, une fois l'entrevue terminée.

4.3. La clôture

L'entrevue arrivant à son terme, le chercheur ménagera une clôture. Comment terminer, sans brusquer, un entretien au cours duquel le répondant nous a livré ses pensées, ses opinions parfois les plus intimes. Il est donc approprié pour le chercheur de susciter les réactions de la personne, de voir où elle en est dans ses réflexions ainsi que de vérifier le niveau émotif atteint au cours de l'entrevue. Le chercheur rappellera les éléments importants qui ont été discutés et pourra proposer une suite, un suivi à cette entrevue si cela s'avère nécessaire ou si cela a été convenu à l'avance. Il remerciera finalement la personne pour sa confiance et la peine qu'il s'est donnée, et lui indiquera les suites de l'étude en cours et son échéancier.

5. La transcription des données en vue de leur analyse

Le mode de collecte de données de l'entrevue semi-dirigée fournit des données de formes verbale et non verbale. Il est nécessaire, une fois l'entrevue terminée, de compléter le plus rapidement possible les notes prises en cours d'entrevue et de consigner les réflexions suscitées : l'attitude du répondant, le niveau de confiance des interlocuteurs, les apprentissages réalisés en cours d'entrevue, etc. Il faut aussi penser à la transcription des données enregistrées.

Idéalement, le chercheur effectuera une transcription *verbatim* de l'entrevue (mot à mot). Cette méthode est préférée, car le chercheur rassemble tout le matériel verbal sans faire aucun tri. Les données pourront être analysées plus finement, car l'information transcrite ressemble le plus à l'entrevue. La transcrition littérale est cependant très fastidieuse. Il est nécessaire de prévoir de trois à cinq heures de transcription pour une heure d'enregistrement. De plus, le texte transcrit n'est pas l'entrevue. Que faire des messages non verbaux tels que l'intonation, le débit de parole, l'attitude générale, le mouvement des mains, l'orientation du corps, pour n'en nommer que quelques-uns, et qui sont aussi porteurs de message ? Les notes du chercheur prises en cours d'entrevue et complétées immédiatement après vont pallier l'absence de ce « texte » dans la transcription[23]. Il ne faut toutefois pas oublier que les transcriptions reflètent des conversations décontextualisées (Kvale, 1996 ; Mishler, 1986). Selon ces auteurs, il n'est pas possible d'effectuer une transcription exacte, car le passage du langage oral au langage écrit constitue une barrière importante. Il implique un changement de registre lequel ne peut être qu'imparfaitement reproduit, grâce à l'ajout du plus grand nombre de notes de contexte possible.

Le chercheur peut aussi opter pour une transcription partielle lors de laquelle il va épurer le texte des redondances, éliminer les digressions ou les parties qui n'ont pas de lien évident avec la recherche. Ce texte épuré sera ensuite organisé pour constituer un récit qui sera analysé selon sa structure ou selon ses thématiques. Le chercheur ne peut confier une telle tâche de transcription à aucune autre personne. C'est lui seul qui pourra décider du matériel à trier, choix qui affectera directement la qualité et la finesse de l'analyse subséquente.

6. Les forces et les limites de l'entrevue semi-dirigée

On peut s'interroger, en terminant, à propos des forces et des limites de l'entrevue semi-dirigée. Une de ses forces principales, c'est qu'elle donne un accès direct à l'expérience des individus. Les données produites sont riches en détails et en descriptions. Le sens de l'entrevue est de plus négocié entre les répondants alors que le chercheur tente de bien comprendre la perspective de l'autre grâce à la relation interpersonnelle établie. Le chercheur est en mesure d'adapter son schéma d'entrevue

---

23. Voir, à cet effet, le chapitre 14 portant sur l'analyse de contenu.

pendant son déroulement afin de tenir compte du discours du répondant et de bien comprendre sa perspective au regard du phénomène à l'étude.

L'entrevue semi-dirigée comporte aussi des faiblesses. La première désigne l'attitude de calcul du chercheur pour établir un rapport de confiance avec le répondant. Cette façon de faire est perçue comme un problème éthique alors que le chercheur planifie ses comportements à partir d'une moralité dite « d'accommodation » (Johnson[24]). Un autre problème est celui de la crédibilité des informations divulguées lors des entretiens. Le répondant peut être mû par un désir de rendre service ou d'être bien vu par le répondant, limitant ainsi la crédibilité des messages communiqués. Il peut aussi exister des blocages de communication ou des sujets tabous pour les répondants faisant en sorte que le chercheur ne réussit pas à engager un véritable dialogue avec ceux-ci.

Le constat de ces quelques forces et limites à l'entrevue semi-dirigée nous conduit à nous interroger sur sa rigueur en tant que mode de collecte de données.

7. Et la rigueur...

Organiser une recherche en privilégiant l'entrevue semi-dirigée comme mode de collecte de données indique une intention claire de la part du chercheur de se situer dans un paradigme de recherche qui privilégie le sens donné à l'expérience. On y voit le monde comme étant constitué de réalités que chacun des acteurs construit à partir des interactions établies avec ses semblables. Des critères de validation propres à ce genre de recherche sont d'ailleurs disponibles dans la littérature[25]. Nous ne rappellerons brièvement que deux d'entre eux : la crédibilité et la transférabilité (Lincoln et Guba[26] ; Savoie-Zajc[27,28]).

24. J.M. JOHNSON, *Doing Field Research*, New York, The Free Press, 1978.
25. L. SAVOIE-ZAJC, « Validation des méthodes qualitatives », dans A. MUCCHIELLI, *Dictionnaire des méthodes qualitatives en sciences humaines et sociales*, Paris, Armand Colin, 1996.
26. Y.S. LINCOLN et E.G. GUBA, *Naturalistic Inquiry*, Beverly Hill, Sage Pub, 1985.
27. L. SAVOIE-ZAJC, « Les critères de rigueur de la recherche qualitative », *Actes du colloque de la SORÉAT*, Rouyn, 1990, p. 49-66.
28. L. SAVOIE-ZAJC, « Acceptation interne », dans A. MUCCHIELLI, *Dictionnaire des méthodes qualitatives en sciences humaines et sociales*, Paris, Armand Colin, 1996.

La crédibilité du savoir produit repose sur un effort de validation effectué sur un mode intersubjectif. On a vu précédemment qu'une négociation de sens s'établissait entre le chercheur et les répondants au cours de l'entrevue. Pareille négociation peut aussi se poursuivre lors de l'analyse et l'interprétation des données d'entrevue. Des formes diverses de triangulation pourront être incorporées à l'étude (Denzin[29] ; Savoie-Zajc[30]). La question sous-jacente à l'établissement de la crédibilité du savoir produit sera la suivante : Est-ce que cette construction de sens est plausible considérant l'expérience et la connaissance que j'ai de ce phénomène ? Cette question sera posée pour tenir compte aussi bien des perspectives du participant à la recherche que de celles du chercheur.

La valeur du savoir produit s'évalue à sa transférabilité, qui peut se traduire par la réponse que l'on pourrait donner à la question suivante : En quoi ce savoir produit auprès de cet échantillon de personnes peut-il aider à comprendre la dynamique d'une autre situation présentant des caractéristiques similaires ? La question vise alors les adaptations possibles qui peuvent être faites d'un endroit à l'autre, d'un contexte à l'autre. Cette question ne peut toutefois trouver réponse que chez l'utilisateur de la recherche. L'effort de transférabilité appartient, en effet, à la personne qui souhaite mieux comprendre et mieux intervenir dans son propre environnement. Le chercheur devra toutefois fournir le plus d'informations contextuelles possible concernant, entre autres, l'échantillon des répondants inclus à l'étude pour faciliter la transférabilité des résultats obtenus.

L'entrevue semi-dirigée constitue un mode de collecte de données exigeant mais enrichissant pour les personnes qui y participent. Elle devrait constituer une expérience stimulante d'apprentissage autant pour le chercheur que pour le répondant.

---

29. N.K. DENZIN, *The Research Act : A Theoretical Introduction to Sociological Methods*, New York, McGraw-Hill, 1978.
30. L. SAVOIE-ZAJC, « La triangulation », dans A. MUCCHIELLI, *Dictionnaire des méthodes qualitatives en sciences humaines et sociales*, Paris, Armand Colin, 1996.

Bibliographie annotée

GORDEN, R.L., *Interviewing: Strategy, Techniques and Tactics*, Homewood, Dorsey Press, 1980, 554 pages.

Manuel très complet sur les techniques de l'entrevue. L'auteur fait une revue des blocages à la communication et offre au lecteur des stratégies pour les surmonter. Les exemples sont nombreux et l'ouvrage se lit bien. Il s'agit d'un bon ouvrage de référence, fruit d'une époque où l'entrevue était plus considérée comme un ensemble de savoir-faire que comme un épisode de construction de sens. Le texte demeure un texte de base important dans la mesure où le savoir-faire introduit est toujours d'actualité.

KVALE, S., *Interviews: An Introduction to Qualitative Research Interviewing*, Thousand Oaks, Sage Pub., 1996, 325 pages.

L'auteur greffe l'entrevue aux courants épistémologiques contemporains et en clarifie les répercussions sur la planification de la recherche, la conduite d'entrevue et l'analyse subséquente des données. Cet ouvrage dépasse largement le niveau de conseils sur la façon de mener des entrevues mais reprend l'ensemble des étapes de planification d'une recherche qui intégrerait l'entrevue comme mode de collecte de données. Des tableaux synthèses fort utiles complètent les chapitres.

MISHLER, E.G., *Research Interviewing: Context and Narrative*, Cambridge, Harvard Univ. Press, 1986, 189 pages.

Précurseur du courant qui voit plus dans l'entrevue qu'une description de comportement et un ensemble d'habiletés pour l'interviewer, Mishler a attiré l'attention sur les autres facettes de l'entrevue. Il la situe, entre autres, comme un événement linguistique. Il développe une argumentation étoffée pour amener les chercheurs à voir l'entrevue comme un récit autonome, chacune constituant une histoire à elle seule dont le sens se construit avec la collaboration du chercheur et du répondant. Il fait aussi la revue des formes d'analyse structurale du texte.

PATTON, M.Q., *Qualitative Evaluation and Research Methods*, Newbury Park, Sage Pub., 1990, 530 pages.

L'ensemble de l'ouvrage de Patton est très bien documenté, pourvu de nombreux exemples et de quelques illustrations. Il s'agit d'un bon texte pour qui s'intéresse à l'évaluation qualitative. Les pages consacrées à l'entrevue sont à l'image de l'ouvrage, écrites dans un style direct, clair, dans lesquelles le lecteur trouve des conseils et des façons de faire appropriées.

PAUZÉ, É., *Techniques d'entretien et d'entrevue*, Mont-Royal, Modulo Éd., 1986, 233 pages.

Ce texte est surtout conçu pour des personnes qui utilisent l'entrevue comme outil de relation d'aide. Il est précieux, car il met l'accent sur les compétences et les qualités d'un bon interviewer. Le chercheur-interviewer ne peut certainement pas faire l'économie d'un tel savoir-être.

SPRADLEY, J.P., *The Ethnographic Interview*, New York, Holt, Rinehart & Winston, 1979, 247 pages.

Un classique en son genre, Spradley décrit l'approche très personnelle qu'il utilise pour mener une recherche ethnographique et des entrevues. On comprend la culture de l'autre en prêtant attention aux mots que l'informant utilise. Le langage est la fenêtre qui ouvre sur l'univers culturel de l'autre. C'est un livre très intéressant à lire autant par l'approche développée que par la grande quantité d'exemples tirés des recherches de l'auteur.

Chapitre 12
L'histoire de vie ou le récit de pratique[*]

Gilles HOULE

Introduction

Du quantitatif au qualitatif, l'objet des sciences sociales reste paradoxal :
il semble davantage relatif à la qualité des matériaux privilégiés qu'aux
propriétés mêmes de cet objet. L'objet des sciences sociales serait-il à ce
point différent de l'objet des sciences de la nature ? Quels sont ces matériaux ? Quel est le statut de ces « données[1] » dont la construction sociale
et sociologique est déterminante de toute explication ? Les recherches
récentes sur le « sens commun », les travaux sur la « logique naturelle »
ouvrent une voie originale pour examiner ces questions. L'engouement
suscité par l'usage des histoires de vie ou des récits de pratiques dans la
recherche, et depuis plus de vingt-cinq ans maintenant[2], est de cet ordre.
Ces questions sont relatives à des problèmes théoriques et méthodologiques qui n'ont pas encore été résolus et qu'il reste donc à résoudre.

---

[*] Ce texte est la version revue, corrigée et augmentée du chapitre intitulé « Histoires et
récits de vie : la redécouverte obligée du sens commun », paru dans D. DESMARAIS et
Paul GRELL (sous la dir.), *Les récits de vie : Théorie, méthode et trajectoires types*, Éd. St-
Martin, 1986, p. 35-51.

1. Voir le numéro « La construction des données » de la revue *Sciences sociales et sociétés*,
vol. XXV, n° 2, automne 1993.

2. Le dernier ouvrage en date (Daniel SIMEONI et Marco DIANI [dir.], « Biographical
Research », *Current Sociology*, vol. 43, n°s 2/3, automne-hiver 1995), compte une
bibliographie des travaux effectués dans cette perspective, qui fait plus de 35 pages.

Cette nouvelle problématique méthodologique réunit tous les éléments du débat opposant les quantitatifs et les qualitatifs, et constitue, ne serait-ce que de ce point de vue, un enjeu terriblement stratégique : les sciences sociales sauront-elles enfin se donner une méthodologie générale, dont les méthodes et les techniques ne seraient pas tributaires de la seule nature des données – qu'elles soient de chiffres ou de lettres – mais aussi d'une construction théorique, de la définition de son objet jusqu'à une théorie de sa mesure[3] ?

Se peut-il qu'à l'instar du cordonnier, le spécialiste des sciences sociales soit souvent le plus mal chaussé ? On pourrait ainsi se représenter l'histoire récente des sciences sociales (de la sociologie, en particulier) par une sorte de jeu de pendule dont la continuité serait notre seule assurance. D'une première période, *qualitative*, celle de l'école de Chicago, on serait passé à une seconde, *quantitative*, dont la critique actuelle assure le renouveau du qualitatif ; les difficultés actuelles dans ce courant, et dans celui des histoires de vie particulièrement, permettraient d'apercevoir les premières lueurs d'un retour au quantitatif. Les périodes seraient plus ou moins longues, plus ou moins courtes.

Les sciences sociales auront beaucoup fait pour définir la spécificité de leur démarche, de leur objet de recherche. Le caractère par trop réducteur du travail accompli jusqu'ici obligerait maintenant à reconsidérer toutes les dimensions oubliées du social : les histoires de vie le permettent ; s'y retrouvent historiens, psychologues, littéraires, politicologues, sociologues, anthropologues et autres devant la richesse redécouverte du social. Le pendule passe de l'objet à sa dissolution mais en rend prévisible la reconstitution. Il ne s'agit aucunement de plaider ici contre la pluri-, l'inter- ou la multidisciplinarité[4] mais bien plutôt de poser d'abord, pour qu'elles vaillent, que la disciplinarité doit exister. Et ce n'est pas là un simple mouvement de pendule.

La situation est évidemment plus complexe et les avis divergent heureusement sur le sujet. Pirès[5] a montré ce qu'avait été le débat raté autour du quantitatif et du qualitatif au moment de la première disparition des histoires de vie comme « méthode » de travail à Chicago, à la fin des années 1930. De manière convaincante mais tout de même moins rassurante, il a aussi fort justement indiqué à quel point ces méthodes

3. Gilles Gaston GRANGER, « Modèles qualitatifs, modèles quantitatifs dans la connaissance scientifique », *Sciences sociales et Sociétés*, vol. 14, n° 1, 1982, p. 7-15.

4. Jean-Paul RESWEBER, *La méthode interdisciplinaire*, Paris, Presses universitaires de France, 1981, 175 p.

5. Alvaro P. PIRÈS, « La méthode qualitative en Amérique du Nord : un débat manqué (1918-1960) », *Sciences sociales et Sociétés*, vol. 14, n° 1, 1982, p. 15-31.

étaient relatives aux objets de ces sciences sociales, qu'à vrai dire leur vulnérabilité était en fait celle d'une discipline «changeante». Ce débat a donc été raté, et j'ajouterais qu'à moins de précaution ou de prudence élémentaire, il le sera de nouveau tant il est vrai qu'il nous renvoie aux questions fondamentales des sciences sociales, de ce qu'est l'objet de cette discipline, la spécificité de son savoir et de ses méthodes.

Les histoires de vie, nous semble-t-il, permettent de formuler ces questions de manière nouvelle, et l'enjeu que représente leur analyse pourrait bien être de sortir de l'impasse où nous a enfermés ce faux débat opposant les qualitatifs et les quantitatifs. Ce sont ces problèmes que nous voulons examiner à l'aide d'exemples, trop rapidement résumés sans doute, mais où les histoires de vie et les récits de pratique – l'approche biographique – seront considérés du point de vue des trois dimensions constitutives de toute démarche de recherche, soit 1) comme matériau d'analyse, 2) comme technique ou méthode, 3) comme problématique théorique nouvelle ou qui se veut telle en sciences sociales.

Un matériau parfait?

Dès leur première utilisation en sciences sociales, l'originalité des histoires de vie, mais aussi la difficulté de leur analyse, apparaissent de la manière la plus manifeste dans la définition première du matériau analysé.

> Rappelons avec Isaac Joseph et Yves Grafmeyer qu'à Chicago les 15 000 lettres échangées entre des émigrants polonais ou l'autobiographie d'un aventurier polonais telles qu'elles sont recueillies par Thomas et Znaniecki, constituent le «type parfait de matériau sociologique[6]».
>
> Les monographies et les histoires de vie complétaient ce matériau premier; le travail de collecte et de description y posait cette fois des problèmes d'analyse dont on connaît l'ampleur. À l'origine, donc, ces matériaux étaient divers. Pouvaient s'y ajouter des journaux intimes dont le caractère «parfait», pour ainsi dire, tenait au fait qu'ils n'étaient pas de la main du spécialiste des sciences sociales dans leur facture. Les histoires de vie permettaient de «percevoir ce que nous ne percevions qu'indirectement dans les statistiques[7]»; l'un et l'autre sont le fait du spécialiste des sciences sociales par leurs

---

6. Yves GRAFMEYER et Isaac JOSEPH, L'école de Chicago. Naissance de l'écologie urbaine, Paris, Éditions du Champ urbain, 1979, p. 21.
7. Ibid.

vertus et limites respectives, dans leur imperfection, pourrait-on dire. Les dénominations sont ici indicatives. Outre « les papiers personnels », il y avait des monographies et des histoires de vie pour analyser le rapport de l'individu à son environnement, objet de cette écologie urbaine.

L'expérience de l'école de Laval, si elle fut faite pour une part dans le prolongement de l'école de Chicago, n'est pas explicite sur cette référence qui mériterait d'être précisée. Dans la foulée des grands travaux de Fernand Dumont et Jean Hamelin sur les idéologies[8] au Canada français (1850-1960), on voulait analyser plus en profondeur les grandes transformations observées dans ces idéologies. Du point de vue particulier de ce que fut la Révolution tranquille, il s'agissait de vérifier les hypothèses formulées lors de cette première recherche par l'analyse de ce que fut la vie des gens pendant cette période, et la rupture des années 1960 particulièrement[9]. La population choisie pour ce *survey research* devait avoir 20 ans autour des années 1940, et l'histoire de leur vie devait permettre de mesurer – qu'ils en aient eu conscience ou non – ce qu'avaient été « les mutations récentes du Québec contemporain » dans leur vie quotidienne. L'échantillon n'était pas statistiquement représentatif, mais la centaine d'histoires de vie recueillies devaient néanmoins représenter les différents milieux et classes sociales des régions du Québec ; à ce titre, l'échantillon était qualitatif. La définition du matériau analysé est particulièrement intéressante, il s'agissait de recueillir des histoires de vie pour une tâche de vérification mais aussi pour expliquer ce qui fut défini comme le « vécu » des Québécois[10].

Les travaux d'Isabelle Bertaux-Wiame et de Daniel Bertaux sur la boulangerie en France sont aussi révélateurs, et encore là, il serait trop long de résumer l'ensemble de cette recherche[11]. L'une des dimensions essentielles, sans doute à l'origine de cette recherche, était la transformation de l'économie boulangère en France, plus précisément de l'installation du boulanger et des difficultés nouvelles

---

8. Fernand DUMONT et al., *Les idéologies au Canada français (1850-1900)*, Sainte-Foy, Presses de l'Université Laval, 1971, 327 p. ; *Les idéologies au Canada français (1900-1929)*, Sainte-Foy, Presses de l'Université Laval, 1974, 377 p. ; *Les idéologies au Canada français (1930-1939)*, Sainte-Foy, Presses de l'Université Laval, 1978, 361 p. ; *Les idéologies au Canada français (1940-1976)*, Sainte-Foy, Presses de l'Université Laval, 1979, tome 1, 360 p. ; tome 2, 390 p. ; tome 3, 354 p.
9. Fernand DUMONT, Jean HAMELIN, Guy GODIN, Jean-Paul MONTMINY, Marc André LESSARD, Nicole GAGNON et Fernand HARVEY, *La mutation récente du Québec contemporain (1940- 1971)*, Programme de recherche, Québec, Institut supérieur des sciences humaines, 1971.
10. Fernand DUMONT et Nicole GAGNON, « Le vécu : présentation », *Recherches sociographiques*, vol. 14, n° 2, 1973, p. 153.
11. Daniel BERTAUX et Isabelle BERTAUX-WIAME, *Enquête sur la boulangerie artisanale en France*, Paris, Rapport au Cordes, 1980, 2 vol.

rencontrées compte tenu des transformations plus générales de la société française et de son économie en particulier. Comment devient-on boulanger, c'est-à-dire comment s'installe-t-on et dans quelles conditions ? Telle était la question charnière de cette recherche qui permet d'ailleurs tout à la fois de comprendre la disparition progressive de la boulangerie artisanale et les nouvelles contraintes de l'installation qui l'expliquent de ce point de vue. Il s'agit ici non plus d'une histoire de vie au sens de l'école de Laval, où l'on raconte ce que l'on a vécu depuis son enfance, ni de papiers personnels, ni d'une monographie. Il s'agit plutôt de récits de pratique, du récit de la pratique du boulanger qui, dans le meilleur des cas, s'installe jusqu'à sa retraite, c'est-à-dire jusqu'à l'installation de son successeur, installation d'ailleurs fort bien décrite par l'équipe Bertaux. La saturation du matériau au regard de l'objet de recherche délimite ici la population interviewée[12].

Si l'on résume, dans le premier cas, l'analyse s'intéresse aux rapports de l'individu à son environnement ; dans le deuxième, à la conscience sociale d'une mutation qui serait déterminante de ce qui se passe ou s'est passé dans cette conscience et que l'on voudrait analyser afin de vérifier les hypothèses formulées lors d'une recherche antérieure par l'analyse du *vécu* des Québécois ; dans le dernier cas, c'est la structure économique d'un secteur particulier qui intéresse les chercheurs, saisie dans sa transformation par le récit de pratiques qui caractérisent ce secteur. Ces objets de recherche divergent, à l'évidence, et les implications théoriques et méthodologiques que supposent ces démarches sont considérables. Nous y reviendrons. Rappelons, néanmoins, que l'on est passé de l'écologie urbaine aux sciences sociales de la culture pour aborder enfin l'anthroponomie[13]. Trois exemples trop brièvement résumés sans doute, mais auxquels on aurait pu aussi ajouter la littérature qui s'intéresse aux autobiographies orales[14] et l'histoire qui, plus humblement, s'intéresse à l'histoire orale[15]. Matériau original, sans doute, mais au regard de ces objets de recherche, s'agit-il bien d'un seul et même matériau ?

---

12. « La saturation est un processus qui s'opère non pas dans le plan de l'observation, mais dans celui de la *représentation* que l'équipe de recherche construit peu à peu de son objet de recherche [...] » dans Daniel BERTAUX, « L'approche biographique : sa validité méthodologique, ses potentialités », *Cahiers internationaux des sciences sociales*, vol. 69, 1980, p. 208. Ni *survey*, ni échantillon donc, le nombre de récits de vie est relatif à la représentation construite de l'objet d'enquête, c'est-à-dire au moment où cette représentation est reconnue telle par le chercheur.

13. Daniel BERTAUX, *Destins personnels et structures de classes*, Paris, Presses universitaires de France, 1977.

14. *Cf.* les travaux d'Anne ROCHE sur ce sujet, à l'Université d'Aix-en-Provence.

15. Nous ne mentionnerons pas le cas de la psychanalyse qui, très tôt, à vrai dire, avait inventé la « méthode » de l'histoire de vie, à ses fins propres bien évidemment. *Cf.* notamment, Sigmund Freud, *Ma vie et la psychanalyse*, Paris, Gallimard, 1950, 184 p.

Une technique ou une méthode ?

S'agit-il seulement d'une technique ? Le cas des « papiers personnels » est vite réglé, il faut savoir les trouver et en apprécier la richesse théorique. La collecte de l'histoire de vie ou du récit de pratique relève des diverses techniques d'entrevue et les ouvrages sur la question ne font pas défaut[16] ; le recours à l'informateur clé, en anthropologie, en est l'ancêtre le plus connu. La valeur heuristique de ce matériau, la richesse de cette nouvelle approche ne s'y trouve pas résumée, bien au contraire. En fait, elle est théorique et permet d'accéder à ce que le questionnaire ne permet pas : une information différente, plus riche, dont la saturation tient à la limite atteinte à cet égard dans la représentation progressivement construite de l'objet cherché, comme nous expliquera fort justement Bertaux. Le « sociostructurel » est ici l'objectif, par différenciation de ce que serait le subjectif, c'est-à-dire le « sociosymbolique » renvoyant au système des valeurs, aux représentations sociales, à l'idéologique, en somme, et au statut que lui confèrent les diverses sciences sociales actuelles. Du « fait » au « sens » qui lui est conféré, nous avons pour ainsi dire fait le tour de ce que serait l'objet de l'histoire de vie ou du récit de pratique, considérés comme objets de recherche.

Si la technique paraît claire, la méthode reste pourtant à découvrir. Dans la recherche sur la boulangerie, l'information pertinente est jugée telle par le chercheur et du point de vue de l'objet à construire. Il est difficile de définir le comment de cette méthode et le critère de la saturation atteinte. Le comment ressemble terriblement à des questions posées à un matériau progressivement constitué où le statut des questions n'est pas plus clair que celui des réponses. Cet usage, s'il n'est pas spécifié, pourrait bien donner lieu, l'expérience aidant, à une systématisation plus économique et plus rigoureuse et qui s'appelle un questionnaire. Tel qu'il a été posé plus tôt, l'objet est sociostructurel et pourrait tout à fait le permettre. À l'exemple de l'expérience de l'école de Chicago[17], l'approche des Bertaux pourrait être jugée exploratoire en regard de toutes les recherches à poursuivre sur la boulangerie.

Et ce n'est pas là un reproche à ce que serait la recherche des Bertaux, car ils ne se sont pas limités à cette approche sociostructurelle, s'intéressant notamment « aux valeurs et aux projets de vie de ceux qui fabriquent le pain[18] ». La question est plus difficile et le sociosymbolique

---

16. D'autres chapitres de cet ouvrage en traitent.
17. Alvaro P. PIRÈS, *op. cit.*
18. Daniel BERTAUX, « L'approche biographique : sa validité méthodologique, ses potentialités », *op. cit.*, p. 204.

évoqué ici, il nous faut bien le reconnaître, renvoie aux sciences sociales de la connaissance, à une théorie de l'idéologie ou, encore, à la sémiologie. Les questions sont, là aussi, plus nombreuses que les réponses : qu'est-ce qu'une valeur, en effet, si l'on considère qu'un système de valeurs n'est pas réductible, dans l'ordre du symbolique, à la simple transposition du rapport valeur d'usage/valeur d'échange, comme le pose, par exemple, Lucien Goldman dans sa sociologie du roman. Pas plus que la sociologie du roman, les sociologies des histoires ou des récits de vie ne sauraient échapper à ces questions[19].

À Chicago, il n'y avait pour ainsi dire pas de méthode au sens strict pour l'analyse des papiers personnels, et les histoires de vie devaient être réduites « à des types plus ou moins formels[20] » : la lourdeur du matériau et de l'analyse dans l'état de la méthodologie sociologique d'alors ne laissait guère d'illusions. Le sous-titre de l'ouvrage de Joseph et Grafmeyer, *Naissance de l'écologie urbaine*, permet pourtant d'apprécier la richesse des intuitions théoriques et méthodologiques que l'avenir viendra conforter.

L'école de Laval disposait, par ailleurs, d'une expérience considérable dans l'analyse des idéologies depuis les premiers travaux de Fernand Dumont et de Gérald Fortin[21]. Cette analyse de contenu de type classique a été systématisée par Nicole Gagnon et Vincent Ross et fut largement utilisée dans des travaux subséquents. Ce modèle n'étant pourtant pas exclusif d'autres méthodes proprement interprétatives ou encore herméneutiques.

Ces analyses étaient de type clinique[22] et les premières systématisations effectuées n'y ont rien changé. L'analyse de quelque 100 histoires de vie allait pourtant modifier en profondeur la situation de la recherche. Les analyses faites jusqu'alors avaient pour référent la théorie en cours d'élaboration[23], où les idéologies étaient considérées, premièrement, comme des pratiques d'officialisation, deuxièmement, comme des

19. Gilles HOULE et Luc RACINE, « La littérature et le social : remarques sur l'usage de l'analogie », *Sciences sociales du Sud-Est*, nᵒˢ 35-36, 1983, p. 45-65.
20. Yves GRAFMEYER et Isaac JOSEPH, *op. cit.*, p. 21.
21. Fernand DUMONT, « Structure d'une idéologie religieuse », *Recherches sociographiques*, vol. 1, n° 2, 1960, p. 161-189 ; Gérald FORTIN, « Changements sociaux et transformations idéologiques : deux exemples », *Recherches sociographiques*, vol. 4, n° 2, 1963, p. 224-228 ; Nicole GAGNON, « L'idéologie humaniste dans la revue *L'enseignement secondaire* », *Recherches sociographiques*, vol. 4, n° 2, 1963, p. 167-200 ; Vincent ROSS, « La structure idéologique des manuels de pédagogie québécois », *Recherches sociographiques*, vol. 10, nᵒˢ 2-3, 1969, p. 171-197.
22. E. ENRIQUEZ, G. HOULE, J. RHÉAUME ET R. SÉVIGNY (sous la dir.), *L'analyse clinique dans les sciences humaines*, Montréal, Éd. St-Martin, 1993, 206 p.
23. Fernand DUMONT, *Les idéologies*, Paris, Presses universitaires de France, 1974, 181 p.

discours écrits qui, troisièmement, renvoyaient d'emblée à un discours social écrit et reçu comme tel. Il s'agissait maintenant d'analyser des discours oraux qu'on avait pour ainsi dire officialisés, en les retranscrivant aux fins de l'analyse et dont le statut était, en regard des définitions premières, résolument individuel.

Au surplus, comme l'ont d'ailleurs fait remarquer Nicole Gagnon et Bruno Jean[24], le recueil de ces histoires de vie fut fait sans problématique théorique ou méthodologique explicite au point de départ. Sans que ce ne fût souligné avec tout le relief qui convienne, l'école de Laval aura néanmoins été la seule, à notre connaissance, qui ait, à proprement parler, fait l'expérimentation de méthodes d'analyse à la mesure même de ce nouveau matériau et des questions théoriques nouvelles qu'il soulevait. Que ce soit du point de vue du processus de totalisation en œuvre dans l'histoire d'un individu, des typologies qu'il est possible de construire à partir d'un type d'histoire de vie (la fonction d'agriculteur) ou d'un type de vécu (le traditionnel mésadapté) ou, encore, de la mise à jour des catégories cognitives en œuvre dans l'histoire de vie, l'expérimentation se poursuit actuellement du point de vue d'une théorie de l'identité et de la praxis culturelle[25]. La recherche est à suivre ; si elle demeure clinique, elle n'en soulève pas moins le caractère radicalement nouveau d'un savoir, différent des idéologies, et exige des ressources nouvelles que l'analyse clinique habituelle n'assure pas, telle la construction d'une homologie entre deux histoires, construction garante d'une explication sociologique. Comment, en effet, passer de processus de totalisation individuels à des processus sociaux ? La méthode typologique est fort réductrice du caractère singulier de l'histoire de vie alors que le statut théorique et méthodologique des catégories cognitives dégagées au terme de l'analyse reste à définir du point de vue d'une théorie de la connaissance ou d'une théorie du sujet que serait ici une théorie de l'identité[26].

Nous sommes passés de l'information au sens, du sociostructurel au sociosymbolique, de la saturation à l'analyse de cas dont nous venons de relever les difficultés. Se peut-il, par ailleurs, que cette opposition ne soit pas aussi irréductible qu'il apparaît ? « Les faits sociaux sont pourvus

24. Nicole GAGNON et Bruno JEAN, « Les histoires de vie et les transformations du Québec contemporain », *Sound Heritage*, vol. 4, n° 1, 1975, p. 56-63.
25. Nicole GAGNON, « Données autobiographiques et praxis culturelle », *Cahiers internationaux des sciences sociales*, vol. 69, 1980, p. 291-305.
26. Je reprends, résume et commente l'analyse faite de cette expérimentation par Nicole Gagnon ; voir aussi, sur ce sujet, Nicole GAGNON et Bruno JEAN, *op. cit.*
27. Nicole RAMOGNINO et Marianne CANTO-KLEIN, « Les faits sociaux sont pourvus de sens », *Connexions*, n° 11, 1974, p. 65-91.

de sens[27] », l'objet sociostructurel est déjà construit dans les faits racontés. Cette construction en permet d'ailleurs la lecture, plus attentive par ces questions posées par le chercheur. Les réponses ne sont pas aussi réductrices que celles du questionnaire, reconnaissons-le, mais leur statut reste néanmoins imprécis. C'est cette construction, « postulée » ou « induite », selon le cas, qui justifierait que l'on fasse l'analyse de ces lectures pour mettre au jour les règles méthodologiques implicitement mises en œuvre[28].

Si la représentativité définie par le critère de saturation remplit la même fonction que celle d'un échantillon[29], comme l'explique Bertaux, quelle est cette représentativité? Celle du phénomène à analyser ou celle de l'objet de recherche préconstruit, construit ou, encore, à construire par le spécialiste des sciences sociales? Est-elle statistique ou sociologique? Un seul boulanger est-il représentatif de la boulangerie, sinon combien en faut-il? (Un seul boulanger n'est guère représentatif, il est vrai, du processus anthroponomique que la règle de l'installation permet d'expliquer dans ce cas.) Combien de chômeurs nous faut-il pour que le fait de ne pas travailler apparaisse? Combien de chômeurs nous faut-il effectivement pour comprendre les caractéristiques de la structure économique d'une société qui expliquent ce chômage[30]? Ces questions, comme nous le voyons, ne sont pas purement méthodologiques mais théoriques et épistémologiques à l'origine. Quel est l'objet des sciences sociales? Que veut-on expliquer, et quel serait le statut de cette explication recherchée?

Du vécu à la pratique comme objet de recherche

Comme l'histoire l'aura démontré, la pomme de monsieur Newton était représentative. Il n'y avait pas d'échantillonnage qui soit nécessaire, ni de saturation obligée; la valeur de l'explication était théorique et méthodologique. Pour partager de telles vues, point n'est besoin d'être néo-positiviste newtonien.

---

28. Bruno JEAN avait vu la nécessité de cette double lecture. Cela étant, l'impasse demeure dans la proposition qu'il nous fait d'une analyse clinique de l'analyse clinique qu'il vient d'effectuer. Voir Bruno JEAN, « Un ouvrier du textile », *Recherches sociographiques*, vol. 17, n° 1, 1976, p. 75.
29. Daniel BERTAUX, *Cahiers internationaux des sciences sociales, op. cit.*, p. 208.
30. C'est l'un des problèmes posés par la recherche de Paul Grell sur les jeunes chômeurs. Paul GRELL, *Étude du chômage et de ses conséquences : les catégories sociales touchées par le non-travail. Histoires de vie et modes de débrouillardise*, Montréal, Groupe d'analyse des politiques sociales, École de service social, Université de Montréal, mai 1985, 440 p.

Reconnaître au savoir « indigène » une valeur sociologique peut-il se résumer à reconnaître que « l'homme ordinaire est mieux informé que le spécialiste des sciences sociales » et ne plus le considérer comme un simple objet d'observation ? Cela peut-il suffire à mettre en cause le monopole de notre savoir institutionnel[31] ? La question posée ici par Bertaux est centrale. On peut la poser de manière plus radicale encore. Les savoirs « indigènes », selon l'expression, n'ont de valeur sociologique que parce que telle valeur sociologique leur est conférée, et par qui ? Si savoir « indigène » il y a, c'est bien qu'il existe un savoir non indigène qui le définit ainsi. Quels sont ces savoirs et comment les différencier pour les définir ? Voilà, sans doute, la question essentielle.

Si objet structuré il y a, il est déjà construit dans un savoir qui n'est pas qu'informatif puisqu'il donne sens à la vie en société, du point de vue de ce qui est raconté et qui, bien sûr, ne l'épuise pas. Si savoir il y a, il est aussi des règles de ce savoir qui le caractérisent, qui lui confèrent une spécificité, à définir, car si cet « indigène » est un citoyen américain vivant en 1986 aux États-Unis, son savoir est tout à fait différent de celui de l'« indigène » chasseur, cueilleur et raconteur de mythes, par exemple. Claude Lévi-Strauss ne trouve pas dans les mythes que de l'information, mais une logique mythique qui n'est pas réductible au seul mode de production de ces sociétés. Si Marx a pu écrire que le « langage est la conscience de la vie réelle[32] », il n'est pas nécessaire de faire la démonstration des acquis de la linguistique pour poser que la conscience et le savoir ainsi constitués dans le langage ne sont pas un simple reflet, qu'enfin la logique qui s'y trouve à l'œuvre n'est pas réductible au seul objet de la linguistique[33].

Qu'il s'agisse d'histoire de vie ou de récit de pratique, il s'agit bien dans tous les cas d'une histoire. Elle n'est certes jamais la même mais se donne toujours sous la même forme d'une connaissance historique : celle du récit. L'information qu'y puisera l'analyste aura un sens différent suivant qu'il est sociologue, historien ou psychanalyste ; à l'inverse, la visée de la recherche pourra marquer les circonstances et la technique de la collecte, voire définir la nature de l'information cherchée. La forme reste la même, mais le travail sur cette forme diffère dans chaque cas.

---

31. *Ibid.*, p. 219.
32. Karl MARX, *L'idéologie allemande*, Paris, Éditions sociales, 1968, 154 p.
33. Voir le bilan des rapports de la linguistique et des sciences sociales sur ce sujet, dans E. VÉRON, « Vers une logique naturelle des mondes sociaux », *Communications*, vol. 20, 1973, p. 246-279.

La mise en forme d'informations dans une histoire de vie ou un récit de pratique et les caractéristiques de cette mise en forme pourraient résumer au mieux ce que l'on appelle « l'approche biographique » : l'objet de cette mise en forme correspond à chacune des disciplines impliquées. L'état respectif de ces disciplines résume cette fois les difficultés de l'analyse et en sciences sociales, particulièrement où nous l'avons indiqué, cet objet est « changeant ».

La difficulté essentielle tient au fait qu'il y a en vérité une double mise en forme relative, premièrement, au savoir caractéristique de l'histoire de vie ou du récit de pratique et, deuxièmement, au savoir qu'élaborera le spécialiste des sciences sociales sur cette base, c'est-à-dire au savoir sociologique. Le passage de l'un à l'autre scelle le sort fait au savoir premier dans le savoir second, qui s'y trouve éventuellement qualifié ou disqualifié pour positivisme abusif. Ce passage, il faut le rappeler, est aussi caractéristique de toute démarche scientifique. Il oppose des épistémologies, depuis le caractère indépassable du « bricolage » interprétatif jusqu'à la rigueur scientifique reconnue possible[34].

Granger permet de reconnaître et de différencier ces formes : la première est constitutive d'un modèle « concret » de connaissance donnant sens à l'expérience immédiate et serait donc repérable dans le langage ; la seconde est constitutive de modèle « abstrait » de connaissance, résultat du travail explicite du chercheur dont la visée est l'explication scientifique dans le meilleur des cas[35]. Ce passage d'une forme à l'autre est une transformation ; il est caractéristique de tout travail sur une forme première dans la construction d'une forme seconde, qu'elle soit scientifique ou littéraire, par exemple. Ce sont les règles privilégiées de cette mise en forme qui définissent le travail du chercheur et la qualité du résultat, explication scientifique ou roman. Il se présente de manière plus complexe et les difficultés n'en sont que plus grandes à l'évidence quand le spécialiste des sciences sociales travaille sur la base de sa propre expérience, à partir d'une expérience – autre que la sienne – mise en forme dans une histoire de vie. Ce passage est néanmoins obligé et n'exige que plus de prudence de la part du voyageur.

Comme le rappelle Granger, l'épistémologie des sciences est instructive sur ce point et ce passage obligé s'y trouve défini. En effet, les théories explicatives connues et qui font l'envie des sciences sociales ont

---

34. Nicole GAGNON et al., *L'homme historien*, Saint-Hyacinthe, Edisem, 1979, 125 p. ou Gilles Gaston GRANGER, « Modèles qualitatifs, modèles quantitatifs dans la connaissance scientifique », *Sciences sociales et Sociétés*, vol. 14, n° 1, 1982, p. 7-15.
35. Gilles Gaston GRANGER, « Science, philosophie et idéologies », UIT. *Tijdschrift voor filosofie*, vol. 29, n° 4, décembre 1967, p. 775-776.

toutes été précédées de théories *descriptives* sur lesquelles elles ont pu s'appuyer. L'école de Chicago reste une référence essentielle sur ce point, l'ancienne et la nouvelle d'ailleurs[36], par l'explicitation dès lors rendue possible des «règles» de description et dont la monographie, par la variété des données utilisées notamment, reste le meilleur exemple. La monographie considérée comme théorie et méthode descriptives ne relève alors plus de la préhistoire des sciences sociales[37].

Il en est de même des histoires de vie. La difficulté, en sciences sociales particulièrement, tient au fait qu'à tenter de conjuguer description et explication dans un même temps, on ne fait ni l'un ni l'autre dans des conditions et suivant une rigueur qui soient satisfaisantes. La critique de Bertaux est ici justifiée, et il est possible de donner une définition empirique du positivisme qu'il dénonce en sciences sociales, justement là où la description tient lieu le plus souvent d'explication.

Il ne s'agit pas ici de dissoudre l'objet des sciences sociales dans la description mais de reconnaître qu'il doit s'y appuyer. Qu'il s'agisse du sociostructurel ou du sociosymbolique, l'objet défini est relatif à la mise en forme de données qui sont un savoir, une connaissance, où cet objet est déjà construit empiriquement, avons-nous précisé. La construction de l'objet du spécialiste des sciences sociales y trouve sa limite et ses possibilités. Les propriétés de ce savoir exigent rien de moins que sa déconstruction empirique, c'est-à-dire sa description dans l'ordre même de ce que sont ces données. Ce savoir recèle l'objet empirique, à rechercher donc, déterminant de toute explication puisque celle-ci n'est rien d'autre que la construction théorique des propriétés de cet objet dégagé de cette forme première de savoir, du point de vue d'une forme seconde, le savoir sociologique.

Si *praxis culturelle* il y a, c'est dire que la connaissance est aussi un processus social qu'il faut d'abord reconstituer et décrire avant de l'analyser, que ce processus social n'est pas le seul puisqu'il s'agit d'un processus d'appropriation de la réalité qui s'y trouve déjà construite dans la variété des processus sociaux qui la constituent. Cette construction peut

---

36. B.G. GLASER et A.L. STRAUSS, *The Discovery of Grounded Theory : Strategies for Qualitative Research*, Chicago, Aldine, 1967.
37. L'analyse des récits de vie qui soit allée le plus loin de ce point de vue est sans doute celle de Léon Bernier et d'Isabelle Perrault qui proposent non pas des sciences sociales mais plus humblement une sociographie de la pratique de l'art, reconstruite à partir des propos mêmes des artistes. Les *sciences sociales de l'individu* qui nous est ici proposée rejoint le propos plus constructiviste d'un Granger et de ce que serait une science de l'individuel. Léon BERNIER et Isabelle PERRAULT, *L'artiste et l'œuvre à faire*, Québec, IQRC, 1985, 518 p.

être analysée du point de vue du sujet, d'une théorie de l'identité, comme l'expose par exemple Nicole Gagnon[38]; elle pourrait l'être du point de vue d'une théorie de la différence s'il y a transformation sociale. Plus généralement, ne s'agirait-il pas plutôt d'une théorie de l'altérité puisque, par-delà l'Autrui généralisé de monsieur Mead, c'est bien cet Autrui généralisé qui est en fait socialement construit et qu'une théorie de l'altérité pourrait se donner comme objet[39].

C'est là sans doute la question la plus difficile en sciences sociales que celle d'une théorie du sujet qui n'emprunte pas l'essentiel de son outillage à la psychologie ou à la psychanalyse. Une théorie sociologique du sujet suppose l'analyse de la connaissance comme processus social, là où justement l'individu ne perd pas sa singularité mais y retrouve, au contraire, les modalités spécifiques de sa construction[40] comme individu singulier, dans ce que sont les fondements sociaux de cette catégorie de la pensée où la « singularité » est sans doute l'Autrui généralisé par excellence des temps modernes. Et cet objet n'est pas celui de la psychologie ou de la psychanalyse.

Les rapports de parenté et d'alliance au fondement de la connaissance telle qu'elle est analysée dans une histoire de vie[41] constituent bien un pareil modèle concret de connaissance que l'on peut aussi analyser dans sa transformation relative aux changements de la société québécoise. Cette transformation peut être définie comme un processus d'appropriation d'une réalité nouvelle et la connaissance, comme un processus social, la « logique » de ces changements renvoyant à une logique sociale, dont la « logique » individuelle doit procéder par nécessité sociologique, en somme, puisqu'elle s'y trouve constituée.

---

38. Nicole GAGNON, *Cahiers internationaux des sciences sociales, op. cit.*, p. 302-303.

39. Nous reprenons ici une idée développée par Nicole Ramognino lors de ses séminaires à l'Université d'Aix-en-Provence. *Cf.* notamment Nicole RAMOGNINO, « Pour une approche dialectique en sciences sociales », *Sciences sociales et Sociétés*, vol. 14, n° 1, 1982, p. 83- 97.

40. On peut ainsi considérer le processus d'appropriation de la réalité au fondement d'une théorie de l'identité comme le processus même de la constitution d'une société ; de même, une théorie de la différence renverrait au processus d'appropriation d'une réalité différente, c'est-à-dire à un processus de différenciation sociale, de constitution d'une société différente. Plus généralement, la construction de cet Autrui généralisé serait entendue ici du point de vue des sciences sociales de la connaissance, comme homologue à ce que Piaget définissait comme la construction du réel chez l'enfant. *Cf.* Jean PIAGET, *La construction du réel chez l'enfant*, Delachaux et Niestlé, Neûchatel, 1977, 342 p.

41. Gilles HOULE, « L'idéologie, un mode de connaissance », *Sciences sociales et Sociétés*, vol. 11, n° 1, 1979, p. 123-146.

Le passage du «nous» au «je» dans les modalités observables de l'énonciation, mais aussi la catégorie «dans ce temps-là, pis astheure» renvoyant à la rupture des années 1960, permettent de décrire ce processus mais aussi d'en identifier d'autres, tel un processus d'individuation qui ne serait rien d'autre que la construction sociale de cet Autrui généralisé évoqué plus tôt, où l'identité sociale à se faire est relative à une altération sociale, à ce processus où l'on est en train de se faire autre et qui serait l'objet d'une théorie de l'altérité.

Ce modèle concret est de l'ordre de la connaissance de sens commun, objet du travail du spécialiste des sciences sociales dans la construction d'un modèle abstrait, de l'ordre d'une théorie de la connaissance qui en rende compte. Ce modèle concret peut, de ce point de vue, être défini comme constitutif de la réalité sociale, de la praxis. Il décrit autrement dit la praxis au fondement de cette connaissance, dont ce modèle est la construction dans la connaissance, dans le langage qui est bel et bien la conscience de la vie réelle. Et sa complexité, ainsi qu'il apparaît, est bien différente du simple reflet.

Ce modèle concret est en quelque sorte «la théorie en acte» de ce qui est vécu et il permet d'apercevoir ce que serait le processus même de constitution d'une société dont la réalité est sociale et cognitive dans le même temps.

L'objet sociostructurel s'y trouve déjà construit, avons-nous dit, comme objet sociosymbolique, pourrions-nous ajouter. Ces objets renvoient à des processus différents, bien sûr ; l'analyse aura tenté ici de décrire le passage obligé pour y accéder. Le travail réalisé à la suite de l'analyse d'une histoire de vie aura permis de démontrer que des rapports de parenté et d'alliance étaient des rapports politiques[42], mais aussi des rapports économiques[43], saisissables comme «praxis culturelle» parce qu'ils sont bel et bien dans le même temps «praxis». En décrire les propriétés empiriques aussi bien que cognitives est la voie privilégiée pour accéder à l'explication du caractère spécifique de cette société telle que d'abord saisissable dans le sens commun, du point de vue de ce que Jean-Blaise Grize[44] définit comme logique naturelle, logique qui est aussi, pour le spécialiste des sciences sociales, «naturellement» sociale.

42. Gilles HOULE, «Parenté et politique méthodologiques», *Sciences sociales et Sociétés*, vol. 14, n° 1, 1982, p. 97-112. Il s'agit d'une analyse critique de l'ouvrage de Vincent LEMIEUX, *Parenté et politique. L'organisation sociale dans l'île d'Orléans*, Québec, Presses de l'Université Laval, 1971, 250 p.
43. Jacques HAMEL, Gilles HOULE et Paul SABOURIN, «Stratégies économiques et développement industriel : l'émergence de Forano», *Recherches sociographiques*, vol. 25, n° 2, 1984, p. 189-211.
44. Jean-Blaise GRIZE *et al.*, *Essai de logique naturelle*, Berne, Peter Lang, 1983, 240 p.

Conclusion

L'approche biographique, avons-nous écrit plus tôt, constitue un enjeu fondamental pour les sciences sociales par les problèmes qu'elle soulève et permet d'aborder. Ainsi, pourrons-nous conclure sur la base de cette première démonstration, que les données ici mises en forme, que toutes données devrions-nous dire, sont déjà une construction de la réalité, un savoir suivant une logique *à définir* qui n'est d'ailleurs pas réductible au seul objet des sciences sociales, et qu'il y faut de la méthode pour la retrouver et retrouver la réalité qui s'y trouve construite suivant la perspective de la recherche à l'origine d'une pareille mise en forme. Si cette mise en forme est première, de l'ordre du sens commun, elle peut être aussi seconde à l'exemple de la littérature ou même des sciences sociales : la sociologie du roman ou des sciences sociales y retrouvent les mêmes conditions requises à la définition de leur objet.

Il apparaît, en second lieu, que la méthode ne saurait être réduite à une technique, qu'elle est relative à l'objet de la recherche dont la construction opératoire est la mise en forme d'un savoir premier dans un savoir second par la définition d'un objet d'analyse. L'objet construit suivant cette logique première est l'enjeu essentiel de toute recherche, impossible à définir *a priori*, car seul un travail descriptif permet de le repérer et qu'un travail théorique viendra construire, c'est-à-dire expliquer. La tradition clinique et monographique fournit peut-être actuellement le meilleur des éléments propres à ce que devrait être une théorie descriptive, comme préalable à toute théorie de la mesure.

L'objet des sciences sociales, on peut dès lors le constater, est le résultat d'un travail de mise en forme dont la valeur reste relative au sort qui est fait au sens commun, à cette forme première de connaissance qui est aussi celle du spécialiste des sciences sociales. La définition des données d'une recherche apparaît déjà de ce point de vue comme une question théorique fondamentale, puisqu'elle est à la mesure de l'objet des sciences sociales qui est pratiquée mais aussi déterminante de l'objet de recherche que se donne le spécialiste des sciences sociales. Ce travail de mise en forme trouve sa définition dans les règles de méthodes qui régissent, comme nous l'avons vu, ce passage d'une forme à l'autre : ces règles ne sont donc en aucun cas relatives à ce que serait la seule qualité des données, faites de chiffres ou de lettres, mais à l'objet d'une discipline dont l'articulation dans les différents moments d'une recherche comme matériau, méthode et théorie, relève bel et bien d'une méthodologie générale.

L'histoire de vie ou le récit de pratique renvoient à des objets de recherche différents, donnent lieu à des mises en formes différentes déterminantes de «méthodes» d'analyse différentes qui permettent d'expliquer l'objet de la recherche. Ces méthodes ne doivent pas moins souscrire aux exigences de ce que serait cette méthodologie générale: qu'il s'agisse d'histoire de vie ou de récit de pratique, de sociostructurel ou de sociosymbolique, il s'agit bien là de l'envers et de l'endroit de la même médaille, soit d'un objet appréhendé dans l'ordre du sens commun. Histoire de vie ou récit de pratique? Une question de recherche, plus justement, une question d'objet de recherche dont la définition permet un véritable travail d'analyse jusqu'à l'explication.

Bibliographie annotée

BERTAUX, Daniel, *Histoire de vies ou récits de pratiques? Méthodologie de l'approche biographique en sciences sociales*, Paris, Cordes, 1976, 224 pages.

BERTAUX, Daniel (dir.), «Histoire de vie et vie sociale» dans un numéro spécial des *Cahiers internationaux des sciences sociales*, vol. 69, 1980.

BERTAUX, Daniel (dir.), *Biography and Society: The Life History Approach in the Social Sciences*, Beverly Hills, Sage Publications, 1981, 309 pages.

Ces trois ouvrages sont essentiels. On y discute tant de la théorie, de la méthodologie que de plusieurs études de cas. Le deuxième contient une dizaine de contributions et le troisième, dix-sept.

BOURASSA, Jean, *Le travailleur minier, la culture et le savoir ouvrier: quatre analyses de cas*, Québec, Institut québécois de la culture, 1982, 76 pages.

Une courte étude qui indique comment poser le problème de la contribution de l'histoire de vie à l'étude du savoir ouvrier.

POIRIER, Jean, S. CLAPIER-VALLADON et P. RAYBAUT, *Les récits de vie. Théorie et pratique*, Paris, Presses universitaires de France, collection «Le Sociologue», 238 pages.

Une vue d'ensemble de l'approche de l'histoire de vie et une présentation détaillée de l'enquête et de l'analyse.

Chapitre 13
Le groupe de discussion

Paul GEOFFRION

La conversation de gens d'esprit est plus logique que le livre d'aucun d'eux, parce que chacun est entraîné par tous les autres, que chacun est sans cesse ramené à ce qui excite la curiosité de tous, que chacun est appelé à produire ce qu'il sait plutôt que ce qu'il veut montrer.

SISMONDI

Introduction

Le groupe de discussion est une *technique d'entrevue qui réunit de six à douze participants et un animateur, dans le cadre d'une discussion structurée, sur un sujet particulier.*

Le perfectionnement des techniques d'animation de groupe et les nombreux avantages qu'offre le groupe de discussion en ont fait l'une des méthodes de recherche parmi les plus populaires en sciences sociales et en marketing. En fait, le groupe de discussion se prête à l'analyse d'une vaste gamme de problèmes. Il est aujourd'hui utilisé dans l'étude des comportements, des propensions à l'achat de produits, de concepts publicitaires, de l'image d'une organisation ou d'une entreprise, de politiques commerciales et sociales, etc. Dans le domaine de la politique, les groupes de discussion peuvent faire la différence entre une victoire et une défaite. Les conseillers américains de Boris Yeltsin ont en grande partie basé les modifications à la stratégie électorale de ce candidat sur les résultats de nombreux groupes de discussion. Ainsi, Boris Yeltsin passait de la sixième place parmi les candidats à la présidence de la Russie, en février 1996, à la victoire, en juin de la même année.

1. Évaluation du groupe de discussion

1.1. Les avantages du groupe de discussion

Le groupe de discussion facilite la compréhension du comportement et des attitudes d'un groupe cible. Son efficacité résulte de ses nombreux avantages par rapport aux techniques de recherche quantitatives (tels les sondages) ou aux autres techniques de recherche qualitatives (telles les entrevues non directives). Les paragraphes suivants traitent de ces avantages, puis présentent quelques inconvénients de cette méthode de recherche.

Au chapitre des avantages, notons d'abord que *les questions sont ouvertes*. Le rôle de l'animateur est de présenter les sujets de discussion et les questions. Les participants sont ensuite entièrement libres de formuler leurs réponses et commentaires à leur gré. Ils ne sont pas limités à des catégories précises de réponses ou à des échelles progressives qui parfois conviennent mal à leur point de vue. Les participants peuvent donc prendre le temps nécessaire pour nuancer leurs réponses, énoncer les conditions d'un « oui » ou d'un « non », ou expliquer le pourquoi d'un « peut-être ». Ils peuvent présenter de nouveaux sujets et lancer la discussion sur une nouvelle voie. Cette flexibilité, contrôlée par l'animateur, génère une richesse de données qu'il est difficile d'obtenir par l'utilisation d'autres techniques.

Autre avantage : dans une discussion de groupe, l'animateur peut *vérifier si les participants ont une compréhension commune de la question posée*. L'animateur peut donc corriger le tir en reformulant la question. Dans un sondage, l'interviewer n'est souvent pas en mesure de juger du bien-fondé d'une réponse. Cette possibilité est encore plus forte lorsque les choix de réponses sont fournis au répondant.

Le groupe de discussion permet une *compréhension plus approfondie des réponses* fournies. Il est souvent plus important, en recherche, de comprendre les motifs d'une réponse que d'obtenir la réponse elle-même. C'est la différence entre savoir qu'un problème existe et comprendre pourquoi il existe. La solution doit nécessairement passer par ce deuxième niveau. Le groupe de discussion permet à l'animateur de sonder le pourquoi des réponses. Il peut ainsi obtenir des explications au sujet des réponses fournies, relever les expériences vécues qui ont contribué à former les opinions, élucider les émotions et les sentiments sous-jacents à certains énoncés.

Par une *interaction contrôlée entre les participants*, le groupe de discussion recrée un milieu social, c'est-à-dire un milieu où des individus interagissent. Ce contexte crée une dynamique de groupe où les énoncés formulés par un individu peuvent engendrer des réactions et entraîner dans la discussion d'autres participants. Les arguments présentés pour ou contre un point de vue peuvent aider certains participants à se former une opinion sur un sujet pour lequel ils n'avaient possiblement que peu d'intérêt auparavant. Tout comme dans la société, les participants changent parfois d'opinion en entendant les propos tenus par d'autres participants. Une bonne technique d'animation permet de déterminer les causes de changement d'opinions. Dans la même veine, un animateur peut juger du degré de conviction des participants par rapport aux opinions exprimées. Le groupe donne un sentiment de sécurité aux participants. L'ouverture démontrée par les uns invite la participation des autres. Il serait parfois impossible d'obtenir les mêmes confidences dans une entrevue en face à face.

Cette méthode requiert habituellement un *nombre réduit de collaborateurs*. Il est fréquent que la même personne planifie le projet de groupe de discussion, anime les groupes, analyse les discussions, prépare le rapport et en fasse la présentation. La personne capable de réaliser toutes ces étapes possède habituellement une vaste expérience. Cette expérience et le rôle de la même personne dans toutes les phases de la recherche assure un contrôle, une harmonie de pensée et, par conséquent, une qualité égale à toutes les étapes. Un sondage typique, par contre, exige la participation d'un chef de projet, d'un recherchiste, d'un responsable de terrain, des interviewers et d'un programmeur qui jouent divers rôles à diverses étapes de la recherche. Cette organisation crée nécessairement une distance entre les répondants et l'analyste. De plus, le maintien de normes de qualité élevées dans un sondage exige de grands efforts de coordination.

Dans le cas d'une recherche commanditée, la technique du groupe de discussion facilite la *participation du commanditaire* aux diverses étapes de la recherche. Le commanditaire est habituellement plus en mesure de comprendre et d'évaluer un guide de discussion qu'un questionnaire élaboré pour un sondage quantitatif. Il peut observer les discussions de groupes, écouter les propos des participants et mieux comprendre les conclusions de l'animateur. De même, il saisira souvent plus facilement l'essence du rapport de style descriptif du groupe de discussion que la présentation des résultats d'un sondage où abondent les colonnes de chiffres, les pourcentages et les mesures statistiques diverses.

Le groupe de discussion représente également une *méthode dont la flexibilité se manifeste à plusieurs niveaux*. La méthode d'entrevue est souple, et l'animateur peut à son gré étendre ou restreindre le cadre des discussions. Il peut spontanément changer l'ordre des sujets à discuter de façon à exploiter une nouvelle idée qui surgit spontanément. Il peut modifier son approche selon les caractéristiques du groupe. Le groupe de discussion permet aussi d'exploiter des situations spéciales. Par exemple, on peut fournir des explications sur un nouveau produit ou présenter un film. Certains sujets délicats tels des problèmes de santé ou de sexualité sont difficilement abordables en entrevue individuelle ou par sondage téléphonique, mais le groupe de discussion permet de traiter de ces sujets parce qu'on peut graduellement établir une atmosphère favorable à ce genre de discussion. Finalement, le groupe de discussion permet d'étudier certains individus que d'autres techniques ne peuvent rejoindre. C'est le cas des personnes illettrées et des enfants. Le groupe de discussion est une des rares techniques qui permettent d'étudier ces individus.

Finalement, cette méthode permet d'*obtenir des résultats rapidement*. Lorsqu'une situation urgente se présente, les groupes de discussion peuvent s'avérer la seule méthodologie pratique à employer.

1.2. Les désavantages du groupe de discussion

Comme toute méthode de recherche, les groupes de discussion comportent aussi certains désavantages.

La force de la recherche quantitative est que l'on peut extrapoler les résultats de l'échantillon à l'ensemble d'une population. Cette extrapolation est possible grâce au respect des principes d'échantillonnage aléatoire et à la mise en place d'une structure d'entrevue systématisée. Les groupes de discussion ne sont habituellement pas soumis aux mêmes principes en ce qui concerne le recrutement des participants et l'échantillonnage aléatoire. De plus, les groupes ne comptent qu'un nombre restreint de participants soumis à des entrevues foncièrement différentes. Par ailleurs, il est impossible dans une discussion de groupe de demander l'opinion de tous les participants sur toutes les questions posées. Il serait donc risqué de tirer des conclusions à partir de quelques commentaires non représentatifs de l'opinion de la majorité des participants. *Donc, les participants ne sont pas statistiquement représentatifs de l'ensemble de la population étudiée et le chercheur ne peut extrapoler les résultats à cette population.*

Un animateur peut involontairement influencer les résultats des groupes de discussion par ses opinions personnelles. L'animateur a le loisir de poser les questions selon son propre style et dans un ordre qui peut varier d'un groupe à l'autre. La façon de poser les questions et l'ordre de celles-ci peuvent influencer les réponses des participants. Les préjugés personnels de l'animateur peuvent aussi avoir un impact sur l'analyse et sur la rédaction du rapport. Un animateur peut, par exemple, donner plus de poids aux opinions qui correspondent à ses propres vues et minimiser l'importance des opinions contraires.

La *dynamique de groupe* peut avoir des effets négatifs. Certains participants peuvent être réticents à exprimer ce qu'ils pensent vraiment, surtout si les sujets traités sont délicats. Un participant pourra, volontairement ou non, donner un point de vue qui le valorisera aux yeux des autres participants plutôt que de communiquer sa véritable pensée. Certains participants auront tendance à se rallier à la majorité. Des individus qui ont plus de facilité à s'exprimer peuvent influencer les opinions du groupe de façon indue, s'ils ne sont pas bien contrôlés par l'animateur.

Nous sommes tous influencés par les gens que nous côtoyons. Le groupe de discussion tente de recréer un milieu social mais *ce milieu n'en demeure pas moins artificiel* (comme d'ailleurs la plupart des environnements de recherche quelle que soit la méthodologie). En effet, les participants ne se connaissent habituellement pas et ils sont soumis à un protocole formel. La composition du milieu social recréé ne correspond pas à celle des milieux naturels, ce qui soumet les participants à des influences qu'ils n'auraient pas subies en temps normal. Le groupe de discussion place aussi le participant dans un milieu centré sur une seule question alors que, dans l'environnement naturel, les stimuli sont nombreux.

Finalement, les résultats du groupe de discussion sont davantage ouverts à *l'influence du commanditaire*. Il est facile pour certains commanditaires peu expérimentés en recherche d'attacher une trop grande importance aux résultats de groupe. Cette tendance risque de se produire encore plus fréquemment quand les résultats des groupes coïncident avec l'opinion initiale du commanditaire. On peut en effet trouver, dans les groupes de discussion, matière à soutenir plusieurs points de vue. Sans un soutien quantitatif, des décisions importantes risquent d'être prises à partir de données qui sont moins complètes ou moins représentatives.

1.3. La validité des résultats du groupe de discussion

Comme pour toute technique de recherche, la fiabilité des résultats du groupe de discussion peut être remise en question par une foule de facteurs, mais deux aspects sont particulièrement importants : 1) l'à-propos de l'utilisation de la technique pour un problème particulier et 2) la rigueur démontrée dans la réalisation de l'étude.

Il existe une règle fondamentale : *les recherches qualitatives donnent des directions tandis que les recherches quantitatives donnent des dimensions*. La méthode de recherche employée doit donc être adaptée au sujet d'étude. Les groupes de discussion permettent de comprendre les sentiments des participants, leur façon de penser et d'agir, et comment ils perçoivent un problème, l'analysent, en discutent. Les méthodes quantitatives, quant à elles, fournissent un portrait statistiquement représentatif des « quantités » caractéristiques d'une population, mais non le « sens » qu'on pourrait leur donner.

Selon la nature et l'importance de l'information recherchée, il peut être essentiel de contre-vérifier et de quantifier les résultats de groupes de discussion par une étude quantitative. La coïncidence des résultats des deux études diminuera substantiellement la probabilité d'erreur.

1.4. Quand utiliser les groupes de discussion ?

Les groupes de discussion se prêtent bien à certains genres d'études et moins bien à d'autres. En général, on utilisera les groupes de discussion dans les situations où il est important de comprendre le « pourquoi » des choses. Voyons quelques domaines où le groupe de discussion est susceptible de bien répondre aux exigences de la recherche.

Toute la gamme des *comportements sociaux* peut être soumise à l'analyse par groupe de discussion : les comportements économiques, les attitudes par rapport à la famille, au travail, à l'implantation de complexes industriels, à certaines mesures de contrôle de la consommation d'un produit, etc. L'analyse des attitudes et des comportements par rapport à des sujets délicats tels que le racisme, les agressions sexuelles, l'alcoolisme, la violence au foyer, peuvent faire l'objet de groupes de discussion. L'exemple de certains participants plus loquaces incite les plus taciturnes à parler de leurs propres expériences et à émettre leurs points de vue. Il est plus difficile de créer ce climat de confiance dans des entrevues individuelles.

Les *prétests de publicité ou de campagnes de promotion* regroupent les prétests de messages imprimés, télévisés et radiodiffusés ; les affiches, les feuillets et les prétests d'emballage et d'étiquetage. Le groupe de discussion est très souvent utilisé pour étudier la réaction des consommateurs face à des concepts de nouveaux messages publicitaires, particulièrement au début de l'élaboration d'une campagne lorsqu'on désire explorer diverses possibilités. Le groupe de discussion offre la possibilité d'observer les émotions des participants face aux messages présentés. Les groupes se prêtent bien à l'analyse détaillée de tous les aspects des messages, soit la présentation visuelle, le message compris par les participants, les slogans, les signatures, la typographie, de même que l'impact du message sur l'image de l'entreprise, etc.

Les méthodes quantitatives seraient recommandées au stade où, après avoir effectué une étude par groupe de discussion, on désire établir un choix précis entre plusieurs approches retenues. Le sondage peut alors permettre de déterminer, sur une base statistiquement fiable, l'approche qui servira le mieux la stratégie de marketing.

Les groupes se prêtent également bien à l'*analyse de documents techniques* tels que les guides d'impôts ou des brochures décrivant des services financiers. On y évalue le niveau de compréhension du document, la facilité de lecture, l'à-propos des exemples, les lacunes ayant trait à l'information, la mise en page, etc. On peut même procéder à une analyse détaillée de chaque section de la brochure.

Le groupe de discussion peut être fort utile à diverses étapes dans l'*évaluation de produits*. Il est recommandé de prétester un concept de nouveau produit au stade initial afin d'en relever immédiatement certaines failles soit au niveau de caractéristiques particulières ou de l'appréciation générale. Les informations obtenues peuvent ainsi servir à réorienter les activités de développement ou carrément les stopper. Après le lancement d'un produit, on peut analyser le processus de décision ayant mené à l'achat, le degré de satisfaction des utilisateurs, les problèmes rencontrés, la façon d'utiliser le produit, les facteurs qui motiveraient des achats subséquents, etc. On peut aussi utiliser les groupes pour déceler les causes des écarts entre les prévisions de ventes et les ventes réelles. Il est à remarquer que les produits évalués par des groupes peuvent être intangibles, comme des programmes éducatifs, des services financiers, des soins médicaux, etc.

La gamme complète des *relations entre une organisation et sa clientèle* peut être étudiée par l'entremise du groupe de discussion. On pense ici aux entreprises commerciales, aux gouvernements, aux syndicats, aux entreprises à but non lucratif, etc. Leur « clientèle » peut comprendre les acheteurs de leurs produits et services, leurs employés, leurs fournisseurs, leurs actionnaires, etc. Les groupes de discussion peuvent aider à mettre au jour des problèmes d'image, de qualité du service offert, de satisfaction par rapport aux politiques existantes ou potentielles, etc.

Le groupe de discussion est utile pour *approfondir une question avant une étude quantitative* et pour comprendre la façon de penser ou de parler par rapport à un sujet. On utilise souvent le groupe de discussion avant un sondage pour saisir la dynamique dans laquelle se placent les sujets d'enquête et les principales hypothèses à vérifier. Le groupe permet de déterminer certaines questions importantes à poser de même que le langage à utiliser pour poser ces questions. On utilise parfois le groupe de discussion pour prétester des questionnaires. Le groupe peut servir à raffiner la définition d'une attitude et contribuer à améliorer une échelle de mesure d'attitude.

À la suite d'une étude quantitative, le groupe de discussion permet d'établir les causes ou les sentiments sous-jacents à certaines des réponses obtenues ou, carrément, d'expliquer certains résultats.

2. La planification des groupes de discussion

Il est important de planifier soigneusement tout projet de recherche. Le groupe de discussion n'échappe pas à cette règle. Une bonne planification aide le commanditaire et l'animateur à préciser et à harmoniser leur pensée sur les objectifs de la recherche, les sujets à étudier, le genre de résultats désirés et l'utilisation des résultats. Le tableau 1 présente les principaux éléments du plan de recherche.

Dans la planification du groupe de discussion, quatre thèmes retiennent l'attention : 1) le nombre de groupes, 2) la structure des groupes, 3) le lieu physique et 4) le guide de discussion.

2.1. Le nombre de groupes de discussion

Théoriquement, il serait souhaitable de tenir des groupes de discussion tant que ceux-ci apportent de nouveaux renseignements. En pratique, le nombre de groupes de discussion sera déterminé par divers facteurs.

Plus l'*impact économique* de l'information recherchée est grand, plus on voudra minimiser le risque d'erreur. Conséquemment, on aura tendance à augmenter le nombre de groupes et à en vérifier les résultats par d'autres méthodes de recherche comme les sondages.

TABLEAU 1
Éléments du plan de recherche

La mise en situation	Un aperçu du contexte dans lequel se situe le projet de recherche.
Les objectifs	Les raisons qui motivent la réalisation du programme de recherche.
Le contenu de la recherche	Une liste préliminaire des sujets qui seront abordés au cours de la recherche de même que de la population étudiée.
La méthodologie	La technique de recherche recommandée, la population à recruter, la structure des groupes, la stratégie de recrutement, une liste préliminaire des sujets discutés et, possiblement, un aperçu du genre de rapport qui sera élaboré.
L'équipe	La liste des personnes qui participeront à ce projet et les responsabilités de chacune d'entre elles.
L'échéancier	L'établissement de chacune des étapes du projet et la date prévue de leur réalisation.
Le budget	Les coûts du projet.

De la même façon, l'*impact social* d'une décision a un impact sur le niveau acceptable d'incertitude et le nombre de groupes requis. Un gouvernement qui instaure un programme devra s'assurer de le concevoir de façon à ce qu'il réponde bien aux besoins des citoyens.

Si le *niveau actuel de connaissances* est faible, plus d'efforts devront être investis pour obtenir un résultat également sûr.

Il est habituellement problématique de regrouper des populations dont les caractéristiques ou les comportements sont très divergents. Cela implique que le nombre de groupes requis augmentera en fonction du *nombre de sous-populations pertinentes à la recherche*. Parmi les facteurs qui devraient commander des groupes distincts, mentionnons 1) le profil socio-économique (des participants ayant un faible revenu ou peu d'instruction seront peut-être mal à l'aise dans un groupe de personnes plus instruites ou mieux nanties); 2) l'âge (les jeunes seront moins enclins à exprimer une opinion contraire à celles de leurs aînés sur certains sujets); 3) le sexe, parfois (certains sujets se prêtent mal aux groupes réunissant hommes et femmes tels que la prévention de maladies transmises sexuellement et les besoins en services d'aide); 4) les liens d'autorité (il faut éviter de former des groupes comprenant des personnes de divers niveaux hiérarchiques lorsque, par exemple, on veut étudier le comportement des membres d'une organisation); 5) le territoire géographique (les mentalités peuvent varier d'une région à l'autre); 6) la langue.

Le *budget* est une contrainte incontournable. Aucun individu ni aucune organisation ne possède des budgets illimités. Il est important de se concentrer sur les segments qui sont susceptibles de fournir les renseignements les plus pertinents.

2.2. La structure du groupe

Trois questions retiennent l'attention en ce qui a trait à la structure du groupe de discussion: le recrutement des participants, le nombre de participants et le choix des participants.

Le *recrutement des participants* est une des tâches du processus de mise en place du groupe de discussion. Au cours de cette étape, le responsable du groupe s'assure du concours d'individus pertinents au thème de la recherche. L'animateur du groupe est responsable de bien établir avec le commanditaire les critères de sélection des participants. Il est bon de choisir les participants dans la plus vaste population possible pour assurer une grande diversité d'opinions et d'expériences, tout en maintenant une certaine homogénéité dans le groupe. De plus, il faut s'assurer que les participants aient la capacité de discuter du sujet visé à l'intérieur des paramètres désirés. Ils doivent donc avoir l'expérience, les connaissances ou, tout simplement, la capacité intellectuelle ou physique pour bien comprendre les questions, manipuler les produits et participer aux discussions.

La question du *nombre optimal de participants* est très importante. Un grand groupe requiert plus d'intervention de la part de l'animateur tout en offrant moins de latitude aux participants pour s'exprimer. Frustrés de ne pouvoir émettre leur opinion, ils auront tendance à discuter avec leur voisin. Cela nuit évidemment à la synergie du groupe et fait perdre des renseignements importants. Par contre, avec peu de participants, les opinions sont moins diversifiées. Si quelques-uns des participants sont peu loquaces, la discussion sera lente et pénible. L'animateur risque d'être placé dans une situation où il doit continuellement poser de nouvelles questions afin de stimuler la discussion. L'équilibre entre ces facteurs semble être atteint dans les groupes composés de sept à neuf participants. Pour s'assurer de ce nombre, on recrute habituellement de dix à douze personnes par groupe. On s'attend, en effet, à ce qu'environ 20 % des individus recrutés se désistent au dernier moment. Certaines situations militent en faveur de groupes plus petits : par exemple, lorsqu'on réunit des spécialistes pour étudier un document technique, un groupe de cinq ou six participants permet à chacun de s'exprimer sur toutes les sections du document.

Certains types d'*individus doivent être exclus*. Les *personnes qui se connaissent* causent des problèmes particuliers : leurs opinions sont plus homogènes ; leurs liens peuvent les inciter à modifier leurs propos de façon à épater un ami ou à ne pas le contredire ; un sujet délicat peut les indisposer davantage que s'ils avaient à faire à des étrangers. Pour ces mêmes raisons, on évite également de recruter des personnes connues de l'animateur. Les *participants uniquement attirés par les cachets* offerts ont tendance à répondre en fonction de ce qu'ils croient que l'animateur désire entendre. Ils peuvent aussi vouloir jouer à l'animateur, ce qui cause des pertes de temps et crée des inconvénients. Le questionnaire de recrutement et les mesures de contrôle doivent voir à les exclure. Les *professionnels* travaillant dans des maisons de recherche, dans des agences de publicité ou dans un domaine connexe à celui étudié sont exclus du groupe de discussion, à moins que les besoins du projet nécessitent leur participation.

2.3. Le lieu physique

Les salles prévues pour la conduite des groupes de discussion offrent plusieurs avantages. Elles sont dotées d'un miroir à double sens qui permet au commanditaire de voir la discussion sans gêner les participants ou l'animateur. Ces salles sont équipées d'un bon système d'enregistrement qui facilite l'écoute des bandes durant la phase d'analyse, d'aires de réception et d'attente pour les participants, d'hôtesses, etc. Les bonnes salles de groupes présentent certaines caractéristiques supplémentaires. Le décor est sobre et offre peu d'éléments qui pourraient distraire les participants. La salle comporte des supports audiovisuels pour fins de présentation. Le système acoustique isole des bruits provenant de l'extérieur de la salle.

La plupart des animateurs préfèrent regrouper les participants autour d'une table de conférence, ce qui offre plusieurs avantages : 1) les participants sont tous à la même hauteur ; 2) la table fournit une certaine protection psychologique ; 3) du côté pratique, la table fournit un espace où déposer jus et café. Elle offre de plus une surface de travail lorsque les participants ont à manipuler des questionnaires individuels ou d'autres documents.

Lorsqu'une salle spécialisée n'est pas disponible, il est bon de limiter le nombre d'observateurs à deux ou trois. Ceux-ci seront assis à une petite table mise en retrait à l'arrière de la salle, à l'opposé de l'animateur. Les participants seront moins intimidés puisque la conversation sera plutôt dirigée du côté de l'animateur que de celui des observateurs. On peut aussi louer deux salles adjacentes. Les observateurs peuvent suivre la discussion au moyen d'une caméra vidéo et d'un écran de télévision.

2.4. Le guide de discussion

Le guide de discussion est très différent du questionnaire de sondage. Ce dernier comporte des questions précises et ordonnées à réponses brèves et catégorisées. Le guide de discussion résume les principaux thèmes de discussion – plutôt que de faire la liste complète de tous les sujets qui pourraient être abordés – et indique l'ordre provisoire et la durée approximative de la discussion sur chaque sujet. Le guide sert de repère général afin d'éviter que des sujets importants ne soient omis lors de la discussion, mais il ne doit pas inhiber la spontanéité des répondants ou limiter la flexibilité de l'animateur. Celui-ci doit être prêt à réagir à de nouvelles situations en posant des questions qui permettront, par exemple, d'explorer un sujet intéressant mais imprévu. Comme la durée d'un groupe de discussion est habituellement de une heure et demie à deux heures, il faut bien évaluer le nombre de sujets qui pourront être discutés au cours de cette période. Il n'est pas efficace d'écourter la discussion sur un sujet important à cause d'un plan trop chargé.

Le groupe de discussion est normalement structuré en trois temps. La *phase d'introduction* sert à briser la glace. L'animateur souhaite la bienvenue et explique aux participants le déroulement du groupe de discussion. Il explique aux participants la raison de l'enregistrement (audio ou vidéo) de même que la présence des observateurs. Il fait remarquer que dans un groupe de discussion, il n'y a pas de bonnes ni de mauvaises réponses, et que toutes les opinions l'intéressent. Il est bon d'amorcer la discussion en demandant aux participants de fournir quelques renseignements sur eux-mêmes tels que le genre de poste qu'ils occupent et le milieu familial dans lequel ils vivent.

Lors de la discussion, on nommera les participants par leur prénom. Une bonne technique à utiliser est de placer un carton de 5 sur 8 pouces plié en forme de tente devant chaque participant. Ils y inscrivent leur prénom au crayon feutre des deux côtés. Ces cartons sont toujours visibles (contrairement aux épinglettes) et l'animateur n'a pas à consulter une liste (inévitablement égarée) pour inviter une personne à répondre. En outre, ces cartons facilitent les discussions des participants entre eux.

Le premier sujet abordé dans la *phase de discussion* vise à « réchauffer l'atmosphère » et à diminuer les tensions, normales entre des étrangers mais improductives. On choisira donc un sujet relativement facile qui pourra n'avoir qu'un lien très indirect avec les buts de la recherche. La période de « réchauffement » dure environ dix minutes. On passe ensuite des sujets généraux aux sujets plus précis ou plus délicats. Par exemple, lors d'une étude sur les chèques de voyage, on peut commencer la discussion par l'utilisation de ce produit, puis discuter des différentes marques de chèques pour en arriver à une discussion sur une marque précise. Dans la même veine, on discutera en premier des expériences et des comportements parce que les participants ont plus de facilité à s'exprimer sur ces sujets. On terminera par les attitudes, les sentiments et tout aspect de la discussion qui pourrait demander une plus grande réflexion.

En guise de *conclusion*, on réserve une période de dix minutes à la fin du groupe pour consulter le commanditaire et vérifier s'il a des questions supplémentaires. Il ne reste plus qu'à remercier les participants pour leur contribution au groupe.

Comme il a été mentionné plus tôt, le guide ne peut contenir toutes les questions qui pourraient être posées aux participants. Cependant, il est bon de préparer une liste de questions organisées en une séquence naturelle et logique. Cela est particulièrement important lorsque le sujet est délicat ou lorsque l'animateur a moins d'expérience avec un sujet. L'animateur mémorisera ces questions et pourra les utiliser durant la discussion. Il mémorisera aussi les principales composantes de son guide de discussion. Cette approche lui donnera une plus grande aisance dans l'orchestration du groupe et le rendra plus apte à saisir les occasions offertes tout au long de la discussion.

3. L'animation

L'animateur du groupe de discussion a une tâche d'autant plus exigeante qu'il est le pivot du déroulement de la rencontre. Il est donc nécessaire de s'étendre sur l'animation du groupe de discussion, ses principes et ses techniques. Nous traiterons du rôle de l'animateur, des différents styles d'animation, des types de questions et des techniques d'animation.

3.1. Le rôle de l'animateur

L'atmosphère la plus productive pour un groupe de discussion est caractérisée par l'ouverture, la participation, l'échange et la recherche de la
réussite dans l'effort de groupe. Cependant, la société conditionne les
individus à dissimuler leurs sentiments, surtout devant des inconnus.
Une trop grande ouverture est vue comme une intrusion, particulièrement lorsqu'on s'attend à la réciprocité. Dans les relations interpersonnelles, une trop grande honnêteté risque d'offenser et a plus souvent des
conséquences négatives que positives. L'animateur doit chercher à atténuer ces conditionnements pour permettre aux participants de dévoiler
certaines de leurs émotions et attitudes. L'animateur doit créer un environnement permissif et confortable, où des interdépendances se créent
et où chacun désire contribuer à la discussion.

Certaines approches favorisent l'atteinte de ce but. L'animateur doit
faire preuve d'une *attention soutenue* et exprimer subtilement son *désir
de comprendre*. Dans le cas contraire, les participants reconnaîtront rapidement une certaine nonchalance et concluront à l'artifice du groupe.
Les participants doivent sentir que leurs *propos sont appréciés*. L'animateur doit faire sentir aux participants qu'il a besoin de leur point de
vue. Les participants seront alors plus enclins à exprimer leur propre
opinion. Les participants doivent avoir pleinement confiance en la *neutralité de l'animateur*. Ils doivent sentir qu'ils peuvent exprimer leur
opinion, même si elle est contraire à celle précédemment exprimée. Pour
arriver à cette fin, l'animateur clarifiera sa position de stricte neutralité
dès le début de la rencontre ; il invitera les opinions contraires tout au
long de la discussion ; et il n'influencera pas la discussion en démontrant
même subtilement ses préférences personnelles ou en émettant des signes
d'approbation ou de désapprobation.

La relation entre l'animateur et les participants influence considérablement la productivité de l'atmosphère du groupe. Par sa position
officielle dans le groupe, l'animateur est automatiquement placé dans
une position d'autorité qui lui permet de décider du déroulement des
discussions et même de contrôler certains des participants qui peuvent
poser des problèmes. Un certain doigté est cependant nécessaire. L'exercice de cette autorité doit être souple, agréable et subtil. Il est préférable
de guider doucement les participants plutôt que d'exercer une autorité
imposante.

Le but de l'animateur n'est pas de développer des liens d'amitié
avec les participants. Cette situation risquerait d'inciter les participants
à n'exposer que les points de vue qu'ils perçoivent comme désirés de

l'animateur. L'atmosphère du groupe risquerait de plus d'être trop joviale, nuisant ainsi au sérieux nécessaire à une discussion fructueuse.

3.2. Les styles d'animation

Comme Harpagon a été rendu de diverses façons par des acteurs différents, le rôle d'animateur peut être joué de bien des manières. Le style d'animation est un aspect très personnel du travail de l'animateur.

Il existe deux principales catégories de styles d'animation: le style directif et le style non directif. Un animateur de *style directif* aura tendance à intervenir de façon plus constante dans le processus de groupe. Il posera un grand nombre de questions et contrôlera la discussion pour qu'elle ne dévie pas du sujet. Les sujets sont présentés selon un ordre prédéterminé. Ce style favorise la discussion sur les questions importantes de la recherche. Un animateur de *style non directif* présente les sujets, s'assure que la conversation ne dévie pas trop des objectifs de la recherche et laisse le maximum de latitude aux participants dans l'orientation des discussions. Ce style favorise la discussion sur les questions importantes pour les participants.

Quel style adopter? Le meilleur style est celui qui correspond le mieux à la personnalité de l'animateur. Cependant, un bon animateur fera preuve de souplesse et saura modifier son approche selon les circonstances. Le style directif est plus efficace quand il y a un grand nombre de sujets à traiter ou lorsqu'on doit explorer plusieurs composantes d'un même sujet. Ce style devient nécessaire, par exemple, dans l'analyse d'un document assez élaboré ou lorsqu'on désire analyser de nombreux problèmes avec un programme. Le style non directif est plus approprié dans le cas d'une recherche exploratoire, lorsqu'on désire établir de nouvelles hypothèses, des idées ou des bases stratégiques. Il est aussi recommandé lorsqu'on traite de sujets émotifs. On peut même à l'intérieur du même groupe varier les styles. On peut commencer la discussion de façon non directive afin d'explorer les attitudes et les expériences passées par rapport au sujet, pour ensuite devenir directif dans l'analyse de problèmes particuliers.

L'animateur doit toujours garder en tête que la recherche a un but précis. Il doit contrôler les conversations, jusqu'à un certain point, pour s'assurer d'obtenir les renseignements nécessaires à la réalisation des objectifs de la recherche à l'intérieur de la courte période allouée à un groupe de discussion. Par contre, l'animateur doit exercer ce contrôle sans limiter l'expression d'idées productives par les participants.

3.3. Les questions

L'animateur cherche habituellement à comprendre ce qui motive les participants. Il doit déceler comment les émotions influencent le comportement. S'il ne s'agissait que de mesurer le comportement, il procéderait par sondage. Cependant, les gens analysent rarement leurs propres sentiments par rapport à un produit, un message ou une situation. Dans un groupe de discussion, ils auront donc tendance à répondre aux questions de façon logique plutôt qu'émotive. Inciter les gens à révéler leurs émotions exige beaucoup de doigté dans la façon de formuler les questions et de les poser.

La première règle à respecter dans la formulation des questions est la *simplicité* : il est crucial que les questions soient comprises des participants. L'animateur choisira donc son langage en fonction de son auditoire. Il faut aussi ne poser qu'une seule question à la fois et s'assurer que celle-ci ne couvre qu'un aspect du sujet. L'animateur doit être prêt à reformuler une question s'il réalise que les participants n'en comprennent pas le sens.

Les *questions ouvertes* laissent au participant la plus grande latitude possible pour répondre selon sa propre expérience. Les questions très larges permettent de révéler et d'explorer certains aspects inattendus d'un sujet. L'animateur n'utilisera pas de questions fermées ou précatégorisées, plus appropriées dans le cadre du sondage.

Pour éviter les réponses monosyllabiques (« oui » ou « non »), les questions doivent *inviter au développement*. Cela évite d'avoir à relancer le participant pour obtenir les raisons motivant sa réponse et favorise la participation des autres membres du groupe.

Il faut éviter de créer des tensions dans le groupe en posant des *questions accusatrices* qui risquent de mettre les participants sur la défensive ou de les rendre agressifs. Les réponses pourraient en être faussées, ce que l'animateur ne sera pas toujours capable de déceler.

Il est souvent nécessaire d'inciter les participants à *aller au-delà de la réponse initiale*. On a avantage à relancer l'ensemble des participants plutôt que celui qui a émis l'énoncé. Explorer tous les aspects d'un sujet signifie inviter les participants qui pourraient avoir des opinions contraires à les exprimer sans créer de tensions ou de conflits entre les participants.

Les *questionnaires de type sondage* ne doivent pas être utilisés durant les groupes de discussion pour quantifier des résultats. Comme nous l'avons mentionné dans la première partie de ce chapitre, il est impossible de tirer des inférences statistiques à partir de groupes de discussion, peu importe le nombre de groupes. Par contre, le questionnaire peut servir au début de la rencontre pour obtenir l'opinion des participants avant qu'ils ne soient influencés par le groupe. Une fois leur position émise par écrit, les participants auront moins tendance à adopter une opinion contraire ; l'animateur peut juger du degré de résistance de l'opinion et analyser les arguments qui contribuent à changer l'opinion initiale. Le questionnaire aide aussi les participants à se rappeler de leurs expériences passées, à se concentrer sur le sujet et à réfléchir aux différents aspects qui seront abordés. La discussion en sera enrichie et la période de réchauffement raccourcie.

L'utilisation de questionnaires dans un groupe comporte, cependant, des inconvénients. Utilisé en cours de rencontre, même si cette pause peut être utile pour réorienter la discussion, le questionnaire brise la synergie qui aurait pu s'installer dans le groupe. De nombreux questionnaires risquent d'ennuyer les participants. Il est bon dans certains cas d'expédier des documents aux participants avant la rencontre, tels que des documents assez volumineux ou un questionnaire à compléter avant la réunion.

La technique du *tour de table* est utile pour établir les caractéristiques de chaque participant de façon à diriger les questions vers les plus concernés. On l'emploie aussi lorsqu'il est nécessaire d'obtenir l'opinion de tous les participants sur un sujet important. Il faut cependant en limiter l'utilisation. La discussion de groupe ne doit pas se transformer en une série d'entrevues individuelles. Il n'est pas recommandé de prendre des votes par rapport à des options dans le but de compiler des indices de préférence, sauf dans les cas où l'on désire simplement obtenir la force relative de diverses options ou constater s'il y a changement d'opinion. Notons encore une fois que les résultats obtenus par ces votes ne sont pas indicatifs des résultats qui seraient obtenus de l'ensemble de la population.

3.4. Les techniques d'animation

Il existe un certain nombre de techniques d'animation qui sont utilisées dans le cadre des groupes de discussion. Elles concernent l'interaction avec les participants, la gestion de certains types de participants et la gestion du temps. Fondamentalement, l'animateur doit garder la plus stricte neutralité. Il doit constamment surveiller ses techniques d'animation pour ne pas enfreindre ce principe.

Un animateur peut respecter le principe de neutralité dans la formulation de ses questions, mais le trahir inconsciemment par son langage corporel. Il pourrait, par exemple, balancer la tête de haut en bas comme signe d'approbation, récompenser une certaine réponse d'un sourire ou présenter un regard perplexe ou indifférent devant des propos discordants, démontrer des signes d'impatience (en tambourinant des doigts, par exemple) devant des propos discordants, etc.

Techniques inappropriées d'influence des réponses

Émettre des mots d'encouragement tels que « c'est bien », « excellente idée », etc. Il est préférable d'utiliser des mots à consonance neutre tels que : « hom, hom ! », « oui ... oui », etc.

Démontrer une certaine impatience devant les points de vue qui déplaisent.

Étendre la discussion sur les points de vue concordant avec l'opinion de l'animateur et l'écourter sur les points de vue discordants.

Solliciter des opinions contraires lorsqu'un participant présente un point de vue discordant et éviter de le faire pour les opinions concordantes.

Demander aux participants les plus susceptibles d'avoir une opinion concordante de parler en premier afin de lancer le débat à partir d'un point de vue apprécié.

Reporter à plus tard les discussions sur les sujets qui plaisent moins à l'animateur ou couper la parole à un participant qui exprime de tels propos.

Le contrôle des participants

Certains types de personnes peuvent nuire au bon déroulement du groupe de discussion. Afin d'éviter de compromettre le processus de recherche, on doit maîtriser ces situations rapidement, mais avec tact.

Par exemple, un participant peut devenir un *expert* parce qu'il est plus instruit que les autres participants, en raison de sa situation sociale, de son expérience professionnelle ou d'un passe-temps relié au sujet discuté. La présence de cet expert aura tendance à inhiber les autres participants. On contrôle « l'expert » qui insiste pour démontrer ses connaissances en offrant la parole à quelqu'un d'autre, en demandant une opinion contraire après un énoncé de l'expert, en suggérant de discuter une opinion contraire, en indiquant aux participants qu'ils sont tous des experts et que l'opinion de chacun compte, etc.

Un *parleur* est une personne qui saute sur toutes les occasions pour prendre la parole et qui empêche les autres participants d'exprimer leur opinion. On le contrôle en évitant le contact avec ses yeux, en posant les questions aux autres participants, en répétant que l'opinion de chacun compte et que l'équité commande que tous aient le droit de parole.

Un bon recruteur devrait s'abstenir d'inviter à un groupe des personnes susceptibles d'avoir de la difficulté à s'exprimer devant des étrangers, des *timides*. S'ils échappent à ce contrôle, on devra tenter d'accroître leur participation en leur demandant de répondre à l'occasion, en maximisant le contact visuel, en leur demandant gentiment d'expliquer certaines de leurs réponses ou en faisant quelques tours de table au début de la réunion lorsqu'on s'aperçoit que deux ou trois participants sont timides.

Il semble parfois impossible de provoquer une discussion dépassant les réponses monosyllabiques : on parle alors de *groupe léthargique*. On peut alors poser des questions dramatiques ou aborder des sujets très controversés, même s'ils n'ont pas de lien direct avec les buts de la recherche, prendre une pause et laisser les participants discuter entre eux quelques minutes, leur demander carrément pourquoi ils semblent ne pas vouloir émettre d'opinion sur le sujet, etc. Dans certains cas, on réalisera que les participants ne sont pas en mesure de discuter du sujet. Il faudra dans ce cas tout simplement annuler le groupe.

Certaines techniques

Il est souvent utile d'employer certaines techniques pour aider les participants à exprimer leur opinion sur des sujets abstraits. Les techniques de base sont décrites dans le prochain tableau. Certains animateurs aiment employer des techniques plus élaborées telles que les techniques projectives qui incluent l'interprétation de taches d'encre, des bandes dessinées dont le participant doit compléter les textes, les jeux de créativité, les jeux de rôles, etc. L'emploi de ces techniques demande une formation spécialisée. De plus, certaines d'entre elles sont controversées. L'interprétation des résultats en est complexe et sujette à erreur. Le commanditaire a habituellement plus de difficulté à suivre et à comprendre le processus. C'est pourquoi elles sont peu utilisées dans les groupes de discussions.

TABLEAU 2
Techniques d'animation

La personnification	On demande aux participants d'imaginer qu'une organisation ou un produit est un être humain ou un animal, puis de le décrire. Par exemple, pour une institution financière, on comprendra vite la différence entre un mouton et un lion.
Le regroupement de marques	On présente aux participants divers produits de catégories différentes et on leur demande de les regrouper. Par exemple, un parfum que l'on classe avec les Jaguar et les BMW a certainement une image différente qu'un parfum placé avec les Toyota et les Honda.
Les associations de portrait	On demande aux participants de choisir des photos qui représentent le mieux la clientèle d'un établissement.
Le *mapping*	Grâce à un bref questionnaire que l'on soumettra à un traitement informatique spécialisé, on peut établir et présenter visuellement le positionnement de certains produits ou services par rapport à des qualificatifs.

La gestion du temps

Les groupes de discussion durent en moyenne de une heure et demie à deux heures, pour des raisons pratiques. Au-delà de cette limite, la fatigue des participants rend plus difficile l'animation du groupe. De plus longues sessions rendent aussi le recrutement des participants plus difficile. Donc, l'animateur doit bien gérer le temps dont il dispose.

Il faut, dans la mesure du possible, éviter les coq-à-l'âne. Lorsqu'un sujet de grand intérêt est en discussion et qu'un des participants en aborde spontanément un nouveau, l'animateur doit intervenir. L'animateur doit juger quand un sujet est épuisé ; il passe alors à un nouveau sujet. Quand le programme est chargé, il est utile d'indiquer le temps approximatif accordé pour chaque sujet sur le guide d'entrevue afin que l'animateur ait spontanément certains repères.

4. L'analyse

4.1. Les niveaux d'analyse

On peut faire l'analyse des résultats de groupes de discussion à quatre niveaux différents. Plus un animateur effectue son analyse de façon méthodique à chacun de ces niveaux, plus grands seront les bénéfices. On distingue : ce que les participants ont dit ; ce que cela veut vraiment dire ; l'impact sur le sujet d'analyse ; les options de stratégie.

Il n'y a que deux façons d'obtenir un exposé détaillé de tous les *propos tenus par les participants* durant les réunions : obtenir une transcription des bandes sonores ou réécouter les bandes. La transcription offre l'avantage d'économiser le temps de l'animateur. La réécoute des bandes permet à l'animateur de saisir les subtilités des discussions telles que l'enthousiasme dans la formulation des opinions et parfois, de mieux situer qui a pris quelle position. Malheureusement, certains animateurs en restent à ce premier niveau d'analyse. Le rapport qui en résulte n'est guère plus qu'une transcription organisée des conversations. C'est le niveau primaire.

Il peut y avoir des écarts considérables, ou du moins des nuances importantes, entre ce que les participants ont dit et la *signification réelle de leurs propos*. Un bon animateur va au-delà des paroles pour comprendre les réactions et leurs causes. Une foule de facteurs sont à considérer dans l'analyse des résultats.

- *Les causes des réactions*. Les participants fournissent de multiples réponses aux questions posées. Une bonne analyse explique pourquoi les participants répondent de cette façon ; quelles émotions ils ressentent par rapport à la situation proposée, pourquoi ils ressentent ces émotions et quelles expériences vécues peuvent expliquer ces réponses.

- *Les changements d'opinion*. Il arrive, au cours d'une discussion, que les participants changent d'opinion ou émettent une opinion différente de celle énoncée dans un questionnaire individuel. Un rapport complet établit les causes de ces revirements.

- *Les opinions minoritaires*. Comprendre les objections formulées par un ou deux participants peut permettre de modifier une stratégie pour tenir compte de ces freins ou de clarifier les réactions de minorités actives.

- *La déduction.* Les intentions déclarées de comportement sont rarement des indicateurs fiables. Il est souvent préférable de vérifier le degré d'intérêt, l'enthousiasme et le degré de conviction.

- *L'émotif versus le rationnel.* Les décisions réelles se prennent souvent de façon impulsive. En conséquence, les réponses fournies spontanément ont une valeur différente de celles résultant d'une série de questions posées par l'animateur. L'intensité des émotions vécues par les participants est une donnée importante. Les participants discutent-ils d'un sujet aisément ou en sont-ils embarrassés? Une question provoque-t-elle des réactions d'anxiété, de colère, d'indifférence, d'excitation, d'ennui?

- *Le niveau d'expérience du participant.* Les opinions émises n'ont pas toutes la même valeur. L'analyste privilégiera les rapports d'expériences directes aux affirmations générales qui ne sont pas enracinées dans le vécu des participants.

- *Le degré d'importance.* Il est difficile de déterminer l'importance de divers facteurs dans une décision individuelle. À l'intérieur d'un groupe de discussion, cette évaluation n'est pas plus aisée. Plutôt que de se centrer sur les opinions directement émises, l'analyste peut parfois déceler l'importance d'un sujet en écoutant le genre de questions posées par les participants.

- *Le langage non verbal.* Les réactions physiques des participants sont indicatives de leur attitude envers les propos des autres participants. Sourire, balancement de tête, mouvement de chaise, bâillement, regards distraits, conversations parallèles: un bon animateur porte une attention constante à ces signes et sait les interpréter.

Faire le lien entre les propos tenus par les participants, les observations de l'animateur et les *objectifs de la recherche* demande un esprit analytique et logique, une évaluation systématique et objective de toutes les données, et beaucoup de réflexion. L'animateur se pose constamment la question suivante: « Quel est l'implication de cet énoncé en fonction des objectifs de la recherche? » Il doit donc établir les risques associés à certaines options, les forces et les faiblesses des possibilités étudiées, le degré de réceptivité des participants aux arguments présentés, etc.

La formulation de *recommandations stratégiques fermes* est une tâche délicate, car l'animateur possède rarement toutes les données nécessaires pour le faire. C'est pourquoi on parle plutôt d'options de stratégies qui pourront être étudiées en détail par le commanditaire. Mais le fait d'ouvrir la piste donne une valeur accrue au rapport. Évidemment, ces considérations sont moins importantes dans le cas d'une recherche théorique uniquement centrée sur l'acquisition de connaissances.

Habituellement, l'animateur devra se fier à deux sources pour établir des options de stratégie : les résultats des groupes et son expérience personnelle. Certaines idées nouvelles peuvent être émises. Il faut porter une attention constante durant les rencontres et durant l'écoute des bandes d'enregistrement pour repérer les bonnes idées. L'attention portée pendant plusieurs jours aux sujets des groupes de discussion permettra parfois à l'animateur, grâce à son imagination et à sa créativité, de concevoir des options de stratégie. L'expérience de l'analyste pourra lui suggérer des analogies, mais le sujet devra tout de même être traité en fonction de sa valeur propre.

4.2. Une technique exhaustive d'analyse

Une analyse complète et détaillée des groupes de discussion requiert cinq étapes. D'abord, on note rapidement après chaque groupe certaines *réactions initiales*, certains points clés de la discussion, particulièrement ceux qui ne pourront pas être repris en écoutant les bandes d'enregistrement tels que, par exemple, les réactions non verbales à certains propos, le degré d'émotivité ressenti, l'aisance des participants, etc. L'animateur *écoute ensuite les bandes* d'enregistrement. Il regroupe par sujet les commentaires pertinents et ses observations. Il note aussi les énoncés représentatifs de l'opinion des participants afin de les présenter dans son rapport. L'analyste *compare et analyse*, pour chacun des sujets, les observations obtenues de chaque groupe de discussion, note les tendances principales, les différences entre les groupes, les opinions minoritaires, etc. Il est alors en mesure de rédiger son rapport sur ce sujet. Après la rédaction du premier jet de son rapport, l'animateur se donne une *période de recul* de trois ou quatre jours. Cette période lui permet souvent de découvrir de nouvelles tangentes relativement aux résultats présentés. Après quoi, l'analyste peut procéder à la *rédaction finale* de son rapport.

Conclusion

On a pu constater à la lecture de ce chapitre que l'animation et l'analyse des groupes de discussion est un processus complexe. Les bons animateurs ont une formation solide et possèdent plusieurs années d'expérience. Les bons animateurs possèdent *un bon jugement* pour aiguiller la discussion en cours de rencontre selon le déroulement des conversations, *une grande sensibilité* pour comprendre les émotions, saisir l'ambiance et interpréter les signes non verbaux, *une flexibilité hors de l'ordinaire* et une faculté d'adaptation instantanée aux circonstances, *une excellente capacité d'écoute* pour être en mesure de capter les messages des participants et de profiter des occasions offertes, *une connaissance infaillible du sujet* pour soupeser la valeur des arguments et mieux contrôler la situation, *un bon sens de l'humour* pour réduire les tensions et *une filiation avec le caméléon* pour nuancer langage et style selon les participants.

Bibliographie annotée

AMERICAN MARKETING ASSOCIATION, *Focus Group Interviews, A Reader*, Chicago, Illinois, 1979.

Ce document contient 24 articles provenant d'une équipe d'auteurs. Les articles sont regroupés par sujet selon quatre catégories : 1) ce qu'est un groupe de discussion, 2) la planification des groupes de discussion, 3) l'utilisation des groupes en marketing et 4) les avantages et désavantages des groupes.

BEAUCHAMP, A., R. GRAVELINE et C. QUIVIGER, *Comment animer un groupe*, Montréal, Québec, Les Éditions de l'Homme, 1976.

Ce livre traite de l'animation des groupes en général plutôt que des groupes de discussion à proprement parler. Cette approche est intéressante parce qu'elle permet au recherchiste de découvrir des techniques qui pourraient être utilisées dans des situations de recherche spéciales.

MORGAN, D.L., *Focus Groups as Qualitative Research*, Newbury Park, California, Sage Publications, 1988.

Ce livre présente tous les aspects des groupes de discussion. Il constitue une bonne synthèse de la méthodologie des groupes de discussion.

PARASURAMAN, A., *Marketing Research*, Reading, Mass., Addison-Wesley Publishing Company, 1986.

Cet ouvrage très complet donne un excellent aperçu de toutes les techniques de recherche en marketing incluant les groupes de discussion. Il est un excellent outil de référence.

PATTON, M.Q., *Qualitative Evaluation and Research Methods*, Newbury Park, California, Sage Publications, 1990.

Cet ouvrage, très fouillé, traite de nombreux aspects de la recherche qualitative. Son intérêt réside dans son analyse détaillée des diverses étapes de la recherche qualitative. Bien que l'auteur ne se concentre pas sur les groupes de discussion, bon nombre de ses propos s'appliquent aussi à cette technique.

STEWART, D.W. et P.N. SHAMDASANI, *Focus Groups, Theory and Practice*, Newbury Park, California, Sage Publications, 1990.

Ce livre traite de tous les aspects des groupes de discussion. L'exposé est clair et détaillé. C'est un excellent outil d'apprentissage de cette technique de recherche.

VAUGHN, S., J.S. SHUMM et J. SINAGUB, *Focus Group Interviews in Education and Psychology*, Newbury Park, Cal., Sage Publications, 1996.

Cet ouvrage présente en détail toutes les étapes de la planification et de la réalisation des groupes de discussion. Mais son intérêt principal réside dans la méthode très détaillée qu'il propose pour l'analyse des résultats des groupes de discussion.

Chapitre 14

L'analyse de contenu

Réjean LANDRY

Les mots peuvent ressembler aux rayons X.
Si l'on s'en sert convenablement, ils
transpercent n'importe quoi.

Aldous HUXLEY

Introduction

L'analyse de contenu constitue une méthode de traitement de données qualitatives. Dans le domaine des sciences humaines, ces méthodes recourent à trois sources :

- l'utilisation de documents ;
- l'observation par le chercheur ;
- l'information fournie par les sujets.

Le terme *document* renvoie ici à toute source de renseignements déjà existante à laquelle le chercheur peut avoir accès. Ces documents peuvent être sonores (p. ex. : disques), visuels (p. ex. : dessins), ou écrits (p. ex. : textes). Ce chapitre ne retient que les méthodes d'analyse de contenu qui portent sur les documents écrits. Ceux-ci peuvent être distingués en un grand nombre de catégories. L'analyse de contenu concerne principalement les documents qui émergent des quatre sources de diffusion suivantes :

- les *documents d'organisations officielles* telles que les gouvernements, les entreprises, les partis, les syndicats, etc., qui décrivent leurs activités, leurs plans de travail de même que leurs positions sur certains enjeux ;
- les *documents administratifs* comportant des données individualisées qui se présentent généralement sous la forme de dossiers

concernant la consommation de services publics relatifs à la santé, à l'éducation, etc. ;

- les *documents de presse* comprenant non seulement les journaux, mais aussi les périodiques et les publications scientifiques ;

- les *documents personnels* concernant les correspondances, les journaux intimes, les biographies.

Comme tout le monde lit ce genre de documents dans le cadre de ses activités courantes, on pourrait dire que tout le monde fait de l'analyse de contenu. Cette conclusion n'est pas totalement fausse. Tout lecteur dispose d'un modèle intuitif qui utilise des règles implicites d'analyse et d'interprétation des textes. Par comparaison, la méthode de l'analyse de contenu concerne la mise au point et l'utilisation de modèles systématiques de lecture qui reposent sur le recours à des règles explicites d'analyse et d'interprétation des textes. L'objectif de ces procédures est d'arriver à faire des inférences valides. Celles-ci concernent les destinateurs des messages des textes, le contenu de ces messages ou les destinataires des messages.

Les procédures d'analyse et d'interprétation varient en fonction de la diversité des documents étudiés et des objectifs des chercheurs. Ainsi, l'analyse de contenu peut servir à :

- coder les réponses des questions ouvertes d'un sondage ;

- coder les résultats d'entrevues non directives ;

- révéler les postulats implicites des manuels scolaires ;

- déterminer les stéréotypes du rôle de la femme véhiculés dans des magazines ou des romans ;

- décrire les tendances des lois ou des programmes de partis politiques ;

- repérer les destinataires des bénéfices contenus dans les lois ou dans les programmes officiels des partis politiques ;

- révéler les attitudes positives et négatives de la presse à l'endroit de certains enjeux sociaux, économiques ou politiques.

Ces quelques exemples sont cités dans le but de faire ressortir la grande diversité des applications possibles de l'analyse de contenu.

La dépendance de l'analyse de contenu à l'égard du type de texte analysé et du type d'interprétation visé signifie qu'il n'existe pas une seule bonne façon facilement transposable pour toutes les situations. Sauf pour des applications simples, comme ce serait le cas pour la codification des thèmes de réponses à des questions ouvertes de questionnaires, le chercheur est toujours plus ou moins forcé de faire d'importantes adaptations aux procédures les plus appropriées pour l'étude du problème qu'il vise à résoudre. Il ne peut cependant être question de redémarrer à zéro lors de la préparation du devis méthodologique de chaque analyse de contenu. Quatre-vingt-dix ans de travaux empiriques et d'interrogations méthodologiques fournissent un cadre d'opération dont il convient de s'inspirer.

À l'instar du livre de Bardin[1], ce chapitre se veut un guide méthodologique. Il poursuit un objectif didactique plutôt que dogmatique. Il vise à faire ressortir les dénominateurs communs qui sous-tendent la diversité apparente des nombreuses études fondées sur la méthode de l'analyse de contenu de façon à dégager un modèle général des grandes étapes de l'analyse de contenu. Cet objectif sera atteint en procédant en six temps :

- rappel de l'évolution historique de l'analyse de contenu ;
- repérage des postulats de base qui sous-tendent les choix initiaux de l'analyse de contenu ;
- identification des principales étapes de l'analyse de contenu ;
- examen des avantages et des inconvénients de l'analyse manuelle de contenu ;
- types, fonctions et choix des logiciels d'analyse de contenu par ordinateur ;
- examen des avantages et des inconvénients de l'analyse de contenu par ordinateur.

1. Historique

L'analyse de contenu prend son élan au tournant du siècle avec l'essor de la production de masse des quotidiens américains. Les écoles américaines de journalisme se lancèrent alors dans la réalisation d'enquêtes empiriques qui donnèrent naissance à l'analyse quantitative des journaux. Partant d'une notion un peu simpliste de ce qu'est l'objectivité scientifique, on débouche sur une sorte de tyrannie où le comptage et la mesure se déchaînent (surface des articles, taille des titres, etc.).

---

1. L. BARDIN, *L'analyse de contenu*, 7e éd., Paris, Presses universitaires de France, coll. « Le Psychologue », 1993.

L'évolution de l'analyse de contenu entre dans une seconde phase autour de années 1930. Celle-ci se caractérise par trois séries de facteurs : **1)** l'utilisation de meilleurs outils statistiques ; **2)** la mise au point de nouveaux concepts appropriés pour la collecte de données : attitudes, stéréotypes, valeurs, instruments de propagande ; **3)** la cristallisation des procédures de recherche dans les premiers ouvrages méthodologiques entièrement consacrés à l'analyse du contenu.

Les départements de science politique des universités américaines jouent un rôle très important lors de cette seconde phase. On leur doit environ le quart de toutes les études empiriques qui reposent sur l'analyse de contenu. Une grande partie de ces travaux concernent la propagande. Cette impulsion fit évoluer l'analyse de contenu de l'analyse quantitative des journaux à l'analyse de la propagande.

La codification des procédures de l'analyse de contenu dans les ouvrages méthodologiques de Berelson et Lazarsfeld et Berelson[2] a stimulé, à partir des années 1950, la pénétration de l'analyse de contenu dans des disciplines aussi diversifiées que la sociologie, l'histoire, les sciences de l'éducation et la psychologie. Les débats méthodologiques de cette période font évoluer l'analyse de contenu de façon significative : d'une part, l'exigence d'objectivité scientifique cesse d'être associée de façon exclusive à l'idée de fréquence, comme on le faisait au cours des phases antérieures. Ainsi commence-t-on à accepter l'idée de combiner la signification du matériel analysé avec l'analyse statistique. D'autre part, la visée de l'analyse de contenu cesse d'être strictement descriptive pour devenir inférentielle. Si bien que, de fil en aiguille, *l'analyse de contenu en est venue à être conçue comme une méthode qui utilise un ensemble de procédures systématiques pour arriver à produire des inférences valides et reproductibles à partir de textes*[3]. Plus récemment, cette codification des procédures d'analyse de contenu a facilité le développement de nombreux logiciels d'analyse de contenu par ordinateur. Au préalable, il importe, cependant, de porter attention aux postulats de l'analyse de contenu.

---

2. B. BERELSON et P.F. LAZERFELD, *The Analysis of Communication Content*, Chicago et New York, University of Chicago Press et Columbia University, 1948.
   B. BERELSON, *Content Analysis in Communications Research*, New York, Free Press, 1952.
3. R.P. WEBER, *Basic Content Analysis. Second Edition*, Newbury Park Ca., Sage Publications, A Sage University Paper, Quantitative Applications in the Social Sciences, n° 49, 1990, p. 9 et K.H. KRIPPENDORFF, *Content Analysis : An Introduction to its Methodology*, Newbury Park, CA., Sage Publications, 1980, p. 21.

2. Les postulats de base de l'analyse de contenu

Le problème le plus fondamental que doit résoudre toute analyse de contenu concerne la réduction de la multitude des mots d'un texte à quelques catégories analytiques. Ce processus de réduction suscite des controverses qui se cristallisent autour de deux enjeux principaux :

- L'analyse doit-elle porter sur le contenu manifeste ou le contenu latent des textes ?

- L'analyse doit-elle adopter une perspective quantitative ou qualitative ?

Les enjeux que soulèvent ces questions sont à l'arrière-plan de toute analyse de contenu. Les réponses qu'on y apporte définissent en fin de compte les postulats de base de l'analyse de contenu.

L'analyse de la signification peut interpeller deux types de contenu : le contenu manifeste et le contenu latent. Le *contenu manifeste* renvoie à ce qui est dit ou écrit explicitement dans le texte alors que le *contenu latent* réfère à l'implicite, à l'inexprimé, au sens caché, en un mot, aux éléments symboliques du matériel analysé. Les tenants de l'analyse du contenu manifeste postulent que le matériel explicite véhicule la totalité de la signification et qu'il constitue donc la seule base d'observation du chercheur. À l'opposé, les tenants de l'analyse du contenu latent postulent que la signification du contenu réside au-delà de l'explicite et que l'interprétation de ce qui n'est pas dit constitue la seule façon de découvrir la signification réelle et profonde de tout contenu manifeste.

Cette opposition apparente tient en grande partie à la diversité des objectifs des chercheurs, à leur discipline d'appartenance, ainsi qu'aux problèmes qu'ils examinent. Un chercheur qui vise à repérer les intentions cachées, les valeurs ou les attitudes implicites, voire les mensonges du producteur d'un message, ne peut éviter d'accorder une grande attention au contenu latent du matériel analysé. En même temps, on doit aussi faire l'hypothèse que si le producteur d'un message est suffisamment subtil pour réussir à voiler le contenu de son message explicite, il peut être suffisamment subtil pour arriver à en voiler le contenu latent. Nous estimons que toute analyse de contenu doit démarrer avec l'examen du contenu manifeste. À l'instar de L'Écuyer[4], nous pensons que :

---

4. R. L'ÉCUYER, *Méthodologie de l'analyse développementale de contenu. Méthode GPS et concept de soi*, Sainte-Foy, Presses de l'Université du Québec, 1990, p. 28.

La signification du sens voilé (contenu latent) n'éliminera et ne remplacera jamais la signification du sens dévoilé (contenu manifeste) [...] L'analyse de contenu manifeste peut s'arrêter là, mais l'analyse de contenu latent, l'analyse de ce qui n'est pas dit ne peut avoir de valeur que si elle repose d'abord sur une excellente analyse de ce qui a été dit, c'est-à-dire une analyse complète et détaillée du contenu manifeste.

En outre, l'analyse du contenu manifeste permet d'arriver à des résultats qui sont reproductibles par d'autres chercheurs.

Le second enjeu consiste à déterminer si l'objectivité de l'analyse de contenu est mieux servie par une analyse quantitative ou par une analyse qualitative. L'*analyse quantitative* de contenu réduit le matériel étudié à des catégories analytiques à partir desquelles on peut produire des distributions de fréquence, des études de corrélations, des analyses factorielles, etc. Par comparaison, l'*analyse qualitative* de contenu interprète le matériel étudié à l'aide de quelques catégories analytiques en faisant ressortir et en décrivant ses particularités spécifiques. L'analyse quantitative compare les ressemblances et les différences quantitatives qui ressortent des catégories analytiques alors que l'analyse qualitative met l'accent sur les nuances qui existent dans les ressemblances et les différences qui ressortent des catégories analytiques.

Les tenants de l'analyse quantitative postulent que les ressemblances et les différences quantitatives qui émergent des catégories analytiques choisies pour analyser les messages constituent la seule façon de déterminer objectivement la signification des messages analysés. À l'opposé, les tenants de l'approche qualitative postulent que la signification réside dans la spécificité des messages analysés plutôt que dans leurs caractéristiques quantitatives. Ces positions s'appuient sur le fait que les quantitativistes cherchent à déterminer la signification du matériel analysé sans risquer de tomber dans les « égarements de la subjectivité » alors que les qualitativistes cherchent à déterminer la signification du matériel analysé en restant fidèles aux particularités des contenus.

La découverte de la signification des messages du matériel analysé requiert l'apport des perspectives quantitatives et qualitatives. Tout réside dans la façon d'y arriver : l'analyse quantitative permet d'éviter le piège de la subjectivité en s'éloignant des particularités des contenus alors que l'analyse qualitative permet de rester fidèle aux particularités des contenus au prix d'une certaine subjectivité.

L'examen de ces controverses permet finalement de distinguer quatre devis typiques d'analyse de contenu (tableau 1).

TABLEAU 1
Types de devis d'analyse de contenu

TYPE D'ANALYSE	ANALYSE DU CONTENU	
	Manifeste (M)	Latent (L)
Quantitative N	N,M	N,L
Qualitative A	A,M	A,L

Ce chapitre porte exclusivement sur les devis d'analyse du contenu manifeste de textes. La démarche méthodologique de l'analyse du contenu manifeste suit des étapes similaires tant du côté des analyses quantitatives que qualitatives. Abordons maintenant la question des étapes à suivre dans la préparation d'un devis d'analyse de contenu manifeste. Après avoir traité de l'analyse manuelle de contenu, nous traiterons de l'analyse de contenu réalisée à l'aide de logiciels informatiques.

3. Les étapes de l'analyse de contenu

Le devis de recherche d'une analyse de contenu s'organise, à la manière de tout autre type de devis de recherche sociale, autour de cinq pôles séquentiels:

- la détermination des objectifs de l'analyse de contenu;
- la préanalyse;
- l'analyse du matériel étudié;
- l'évaluation de la fiabilité et de la validité des données;
- l'analyse et l'interprétation des résultats.

3.1. La détermination des objectifs de l'analyse de contenu

Le but ultime de toute analyse de contenu est d'arriver à produire des inférences valides et reproductibles à partir des textes analysés. Ce but peut être atteint de trois façons différentes:

- avec une grille d'analyse *ouverte* où il n'existe pas de catégories analytiques au départ; les catégories sont alors induites des textes analysés;

– avec une grille d'analyse *fermée* où les catégories sont déterminées dès le départ par une théorie dont on veut tester les prédictions (ou hypothèses);

– avec une grille d'analyse *mixte* où une partie des catégories analytiques dérive d'une théorie alors qu'une autre partie émerge
du matériel analysé.

L'abondance des théories, de même que la nécessité d'inscrire toute
activité de recherche dans un processus de développement cumulatif des
connaissances, devrait inciter les chercheurs à éviter de partir d'une grille
d'analyse totalement ouverte. La confrontation des prédictions dérivées
logiquement d'une théorie avec les données résultant d'une analyse de
contenu constitue non seulement un test pour la théorie mais aussi pour
la cohérence de l'analyse de contenu elle-même. En conséquence, il faut
chercher à tester les objectifs d'une théorie. Cet objectif doit toutefois être
poursuivi avec une certaine souplesse, ce qui implique que le recours à
une grille d'analyse mixte peut permettre l'ajout de catégories analytiques qui ne découlent pas de façon stricte de la théorie qu'on tente de
tester.

3.2. La préanalyse

La préanalyse est l'étape de l'opérationnalisation des objectifs. Le déroulement des opérations successives du devis de recherche comprend
obligatoirement les six étapes suivantes :

– la sélection d'une unité d'analyse;

– la définition des catégories analytiques;

– la détermination des règles d'énumération;

– la réalisation d'un prétest sur une échantillon de textes;

– la révision des règles de codification;

– le retour à la quatrième étape.

Examinons maintenant brièvement les tâches à effectuer au cours
de chacune de ces six étapes.

La sélection de l'unité d'analyse

Le choix d'une unité d'analyse est dicté tant par les objectifs du chercheur
que par le matériel analysé. L'*unité d'analyse est définie comme la plus
petite unité de signification*. Aussi appelée *unité d'enregistrement*, elle

correspond à « l'identification des éléments du texte possédant un "sens complet" en eux-mêmes[5] ». L'unité d'analyse constitue cette portion du texte qui sera caractérisée par les catégories analytiques et les règles d'énumération. D'après Krippendorff[6] et Weber[7], les unités d'analyse les plus couramment employées sont les suivantes : les unités physiques, les unités syntaxiques, les unités référencielles, les unités thématiques et les unités propositionnelles.

- Les unités *physiques* sont très faciles à repérer parce que les frontières du message coincident avec les frontières du médium. C'est le cas pour des unités telles que des livres, des articles de magazines, des lettres ou des poèmes. Cette unité d'analyse est facile à manipuler dans le cas de textes très courts. Par contre, plus le texte à analyser s'allonge, plus il devient difficile de coder son contenu de façon fiable.

- Les unités *syntaxiques* renvoient à des éléments de la grammaire tels que le mot ou la phrase. On peut considérer tous les mots d'un texte ou ne retenir que des mots clés ou mots thèmes, effectuer une analyse sur les substantifs, adjectifs, verbes, adverbes. On pourrait ainsi retenir les mots nationalismes, Québec et Canada. Un logiciel de traitement de textes tel que Word Perfect peut être utilisé pour repérer des mots avec la fonction « recherche mot », mais il ne peut distinguer les significations différentes d'un même mot. Nous reviendrons sur cette question lorsque nous aborderons l'analyse de contenu par ordinateur.

- Les unités d'analyse peuvent aussi renvoyer à des *référents*. Dans ce cas, l'unité d'analyse concerne des objets particuliers, des événements, des personnes, des pays ou des idées auxquelles renvoie une expression. Ainsi, un texte peut faire référence au premier ministre Brian Mulroney comme le petit gars de Baie Comeau, le premier ministre le plus impopulaire de l'histoire du Canada, l'homme du libre-échange, un Québécois, un Canadien anglais, etc. Chaque expression renvoie à la même personne bien que de manières différentes.

5. L'Écuyer, *op. cit.*, p. 61.
6. K.H. Krippendorff, *op. cit.*, p. 60-61.
7. R.P. Weber, *op. cit.*, p. 21-22.

- Les unités **thématiques** renvoient à des «noyaux de sens» dont la présence ou la fréquence permettront de faire des inférences. Cette unité d'analyse est particulièrement utile pour les études d'opinions, d'attitudes, de valeurs, de croyances, de tendances, etc.

Les réponses d'entrevues non directives et les réponses des questions ouvertes d'un questionnaire sont souvent codées sur la base de thèmes. Latouche[8] et Pelletier[9] analysent les programmes des partis politiques du Québec au niveau des thèmes. Budge, Robertson et Hearl ainsi que Klingemann, Hofferbert, Budge et al.[10] comparent les thèmes abordés dans les programmes des partis politiques de dix-neuf démocraties. Cette unité d'analyse produit des résultats très fiables lorsque les thèmes sont simples. Ainsi, il est assez facile de déterminer si une promesse d'action d'un parti concerne la fiscalité ou les services de santé. L'utilisation de thèmes plus complexes pose des problèmes de fiabilité. Par exemple, il peut être difficile de déterminer si une promesse d'action modifiant les règles régissant l'accès aux prestations d'assistance sociale appartient au thème du développement de l'État-providence ou à celui de son démantèlement. Le thème est probablement l'unité d'analyse la plus utilisée dans les sciences sociales.

- La **proposition** constitue une unité d'analyse plus complexe que le thème parce qu'elle renvoie à un noyau de sens qui correspond à une structure particulière comprenant un nombre donné d'éléments constitutifs. Holsti[11], Gerbner[12], Landry et Duchesneau[13]

---

8. D. LATOUCHE, « Le traitement de l'information en période électorale : I : Le contenu de l'information », *Communication et information*, vol. II, n° 1, 1977, p. 1-30.

9. R. PELLETIER, *Partis politiques et société québécoise. De Duplessis à Bourassa, 1944-1970*, Montréal, Québec/Amérique, 1989.

10. I. BUDGE, D. ROBERTSON et D. HEARL (dir.), *Ideology, Strategy and Party Change. Spatial Analysis of Post-War Elections Programmes in 19 Democracies*, Cambridge, Cambridge University Press, 1987 ; H.D. KLINGEMANN, R.I. HOFFERBERT, I. BUDGE et al., *Parties, Policies, and Democracies*, Boulder, Westview Press, 1994.

11. O.R. HOLSTI, « Computer Content Analysis », dans R.C. NORTH et al. (dir.), *Content Analysis : A Handbook with Applications to the Study of International Crises*, Evanston, Northwestern University Press, 1963.

12. G. GERBNER, « Ideological Perspectives and Political Tendencies in News Reporting », *Journalism Quarterly*, 41, 1964, p. 495-508.

13. R. LANDRY et P. DUCHESNEAU, « L'offre d'interventions gouvernementales aux groupes : une théorie et une application », *Revue canadienne de science politique* vol. XX, n° 3, 1987, p. 525-552.

et Landry[14] ont proposé diverses façons de définir les éléments constitutifs d'une proposition. À son niveau le plus général, une proposition doit comprendre quatre éléments seulement et pas plus de quatre éléments:

L'émetteur du message	le verbe connecteur	l'objet du message	le récepteur du message

Une étude concernant les attitudes, les valeurs, les croyances ou les opinions pourrait adapter la proposition d'analyse de la façon suivante:

l'attitude de l'émetteur du message	le verbe connecteur	l'objet de l'attitude du message	l'attitude du récepteur du message

Exemple:

la réaction négative des assistés sociaux	qui concerne	les modifications du programme d'assistance sociale	laisse le gouvernement totalement insensible

Une étude concernant des interventions psychologiques, sociales, politiques ou économiques pourrait redéfinir l'unité d'analyse comme une proposition d'intervention comprenant les éléments suivants:

le producteur de l'intervention	le verbe connecteur	l'objet de l'intervention	le destinataire de l'intervention

Exemple:

le Parti libéral du Québec	promet	la parité des prestations d'assistance sociale	pour les personnes de moins de 30 ans

---

14. R. LANDRY, « Biases in the Supply of Public Policies to Organized Interests: Some Empirical Evidence », p. 292-311, dans W.D. COLEMAN et G. SKOGSTAD (dir.), *Policy Communities and Public Policy in Canada : A Structural Approach*, Toronto, Copp. Clarks Pittman, 1990.

Une proposition ne correspond pas nécessairement à une unité syntaxique. Une même phrase peut ne contenir aucune proposition comme elle peut en compter plusieurs. Les phrases et les paragraphes qui ne contiennent pas de propositions fournissent des informations contextuelles qui permettent d'identifier de façon précise le contenu des éléments constitutifs des propositions. L'analyse au niveau de la proposition requiert beaucoup de temps mais, comme le note Weber[15], elle permet de comparer les attitudes, les valeurs, etc., et les interventions de façon plus détaillée et plus raffinée.

La définition de catégories analytiques

Les unités d'analyse, ou, lorsqu'il y a lieu, certains éléments constitutifs des unités d'analyse, peuvent être réparties dans des catégories d'après des critères préalablement définis. Les catégories peuvent être définies comme des classes caractérisant d'une même manière la variété des unités d'analyse ou de leurs éléments. De façon plus concrète, on peut dire que les catégories correspondent à des questions qu'on poserait aux unités d'analyse ou à certains de leurs éléments constitutifs.

La définition des catégories peut s'effectuer de trois façons différentes[16] :

- de façon *inductive* à partir des similitudes de sens du matériel repéré dans les unités d'analyse ou leurs éléments constitutifs ;

- de façon *déductive* en les dérivant d'une théorie existante ;

- finalement, suivant une formule *mixte* où une partie des catégories est dérivée d'une théorie alors qu'une autre partie est induite en cours d'analyse.

> Supposons que nous désirions analyser des mémoires qui décrivent les demandes que différents types de groupes ont présentées en commission parlementaire de l'Assemblée nationale relativement aux règles régissant le régime d'assistance sociale. En outre, supposons que l'unité d'analyse choisie soit le thème et que l'un de ces thèmes soit celui de la responsabilité. Une question qui pourrait être posée sur ce thème est la suivante :

---

15. WEBER, *op. cit.*, p. 22.
16. L'ÉCUYER, *op. cit.*, p. 65-66.

**Comment l'émetteur du message perçoit-il le sens
de la responsabilité personnelle des assistés sociaux quant
à la nécessité d'assurer leur survie économique ? Réponses :**

– le sens de la responsabilité personnelle est absent chez les assistés sociaux ;	1	
– le sens de la responsabilité personnelle existe chez les assistés sociaux, mais la récession économique en cours les empêche d'en faire la preuve concrète ;	2	Col. 34
– le sens de la responsabilité personnelle est miné par des prestations trop généreuses ;	3	
– le thème de la responsabilité n'est pas abordé dans le mémoire du groupe (sans objet).	9	

Supposons maintenant que l'unité d'analyse soit la proposition d'intervention gouvernementale et que, parmi les propositions du mémoire, nous retenions la suivante pour fins d'illustration :

le PLQ	promet	la parité des prestations d'assistance sociale	pour les moins de 30 ans

Voici quelques exemples de questions possibles portant sur les bénéfices de cette promesse :

1. Sur le contenu monétaire : Les bénéfices promis sont-ils...

non monétaires ?		1
monétaires ?	(2)	
impossible à déterminer à partir du texte ?	9	Col. 35

2. Sur le degré de divisibilité : Les bénéfices promis sont-ils...

divisibles entre les destinataires ?	(1)	
indivisibles entre les destinataires ?	2	
impossibles à déterminer à partir du texte ?	9	Col. 36

3. Sur le degré d'exclusion : Les bénéfices promis sont-ils...

d'exclusion facile de type réglementé ?	(1)	
d'exclusion facile de type discrétionnaire ?	2	
d'exclusion difficile (personne ne peut être empêché de profiter des bénéfices) ?	3	Col. 37

Cette façon de définir les catégories par des questions permet d'obtenir des données similaires à ce qu'on obtient lorsqu'on interroge des personnes à partir d'un questionnaire. Cette technique correspond en fait à de la simulation d'entrevues. Au lieu d'utiliser la méthode bien connue de la collecte de données qui consiste à utiliser un interviewer qui pose des questions à une personne, cette technique consiste à poser des questions aux observations repérées avec l'unité d'analyse.

Les catégories, ou plus concrètement les questions, doivent posséder les trois qualités suivantes :

– l'*exclusion mutuelle* : une même observation repérée avec l'unité d'analyse ne peut être affectée qu'à une seule réponse pour chaque question ; les différentes possibilités de réponses des questions doivent être mutuellement exclusives.

– la *fidélité* : des personnes différentes doivent pouvoir comprendre de la même façon le questionnaire de manière à classer de la même façon les mêmes observations.

– la *pertinence* : les questions concrétisant les catégories doivent être adaptées au matériel étudié ainsi qu'aux objectifs théoriques et empiriques du chercheur.

La détermination des règles d'énumération

Une variable est un ensemble de valeurs caractérisant toutes les unités d'analyse pour une même question : le degré d'exclusion des bénéfices, le contenu monétaire des bénéfices, etc. La manière de mesurer les variables renvoie aux règles d'énumération, à la manière de compter. On distingue généralement trois types d'échelles de mesure. Cette distinction est importante parce qu'elle conditionne l'utilisation des méthodes d'analyse statistique des données.

Bien qu'on puisse retrouver des exemples d'utilisation de chacun des trois types d'échelles de mesure, il faut souligner que le matériel utilisé en analyse de contenu se prête généralement beaucoup mieux à l'utilisation des échelles nominales qu'aux autres types d'échelles.

La réalisation d'un prétest sur un échantillon de textes

Les trois premières étapes de l'analyse de contenu ont permis de développer des règles explicites de lecture du matériel étudié. Ces règles donnent naissance à un *guide de codification*. Ce document doit comprendre les consignes requises pour :

- repérer de façon valide et fiable toutes les observations répondant à la définition de l'unité d'analyse choisie ;

- répondre de façon valide et fiable aux questions posées à chacune des observations ;

- repérer de façon valide et fiable les valeurs à attribuer aux réponses sur les échelles de mesure ;

- enregistrer les renseignements concernant chacune des observations sur le questionnaire ou une feuille de saisie de données.

La réalisation d'un prétest sur un petit échantillon de textes permet d'atteindre quatre objectifs :

- *la vérification de la définition des règles de codification* : le prétest permet de s'assurer que les règles de codification sont définies de façon suffisamment claire et précise pour être comprises de la même manière par des personnes différentes.

- *la vérification de la pertinence de l'unité d'analyse, des catégories (questions) et des échelles de mesure* : le prétest permet de s'assurer que le matériel analysé fait référence suffisamment souvent à l'unité d'analyse, aux catégories et aux échelles de mesure pour justifier leur utilisation.

- *la vérification de l'exclusion mutuelle des catégories analytiques et des échelles de mesure* : le prétest permet de s'assurer que les catégories et les valeurs des échelles nominales et ordinales ne se chevauchent pas.

- *la vérification de la fidélité des règles de codification* : le prétest permet de s'assurer que l'utilisation des règles de codification par des personnes différentes permet de classer de la même façon les mêmes observations.

– *la vérification de l'exhaustivité des catégories analytiques*: le prétest permet de s'assurer que les choix de réponses à une question épuisent la totalité de l'unité d'analyse, c'est-à-dire qu'on doit être capable d'apporter une réponse à chaque question. Les questions non exhaustives peuvent être rendues exhaustives par l'ajout de nouveaux choix de réponses. Il est toujours tentant de se contenter d'ajouter des choix de réponses tels que «sans objet», «autres», «aucune de ces réponses». Il importe de souligner que cela ne contribue généralement pas beaucoup à améliorer les résultats d'une recherche et, pis encore, ce genre de catégorie fourre-tout regroupe souvent des réponses qui renvoient à des dimensions analytiques différentes.

La révision des règles de codification

L'ampleur des révisions qu'il convient d'apporter aux règles de codification dépend des résultats du prétest. En pratique, il est à peu près toujours nécessaire de faire des révisions. Leur ampleur dépendra des résultats du prétest sur les critères de clarté, de pertinence, d'exclusion mutuelle, de fidélité et d'exhaustivité. Ces révisions débouchent sur la mise au point d'une version améliorée du guide définissant les règles de codification.

Le retour à la quatrième étape

La version améliorée du guide définissant les règles de codification du matériel analysé doit à nouveau être soumise à un prétest de façon à s'assurer que les règles de codification satisfont les critères de clarté, de pertinence, d'exclusion mutuelle, de fidélité et d'exhaustivité. Le cycle devrait se poursuivre aussi longtemps que les règles de codification ne sont pas satisfaisantes. Ces améliorations successives déboucheront sur la rédaction du guide définitif de codification.

3.3. L'analyse du matériel étudié

Une fois que le guide de codification est bien au point, les règles de codification peuvent être appliquées à tous les textes à analyser. L'analyse proprement dite renvoie donc à l'application systématique des règles de codification définies précédemment. Cette phase est longue et fastidieuse. Si la quantité de matériel à analyser est trop grande, il faut tirer un échantillon à partir de la population de l'ensemble des textes dans le but de réduire l'ampleur du travail à effectuer. La sélection d'un échantillon doit alors satisfaire les critères des techniques usuelles d'échantillonnage que l'on retrouvera dans le chapitre 8 de ce livre. Les mêmes principes s'appliquent à l'échantillonnage des personnes et a celui des documents.

3.4. L'évaluation de la fiabilité et de la validité des données

L'évaluation de la fiabilité et de la validité des données recueillies doit être effectuée une fois que tous les textes ont été analysés. Toutefois, avant d'entreprendre cette évaluation, il importe de « nettoyer » les données en vérifiant s'il existe des erreurs de transcription. Les erreurs typiques les plus courantes sont les suivantes :

- les *valeurs manquantes* : le codeur peut avoir oublié de répondre à certaines questions ;

- les *codes inexistants* : le codeur peut s'être trompé en enregistrant une réponse impossible ; ainsi, un code « 5 » est impossible dans le cas d'une question qui prévoit seulement des réponses possibles où « 1 » = bénéfices divisibles, « 2 » = bénéfices indivisibles ;

- les *incohérences logiques* : le codeur peut se tromper en inscrivant des réponses contradictoires ; ainsi, les prestations d'assistance sociale devraient obligatoirement comporter des bénéfices monétaires plutôt que des bénéfices non monétaires.

Toutes ces erreurs peuvent être détectées à l'aide de programmes informatiques. Le codeur doit, cependant, vérifier un à un les problèmes repérés par l'ordinateur et vérifier s'il s'agit réellement d'erreurs de transcription ou non.

Une fois ces erreurs corrigées, on peut soumettre les données à des tests de fiabilité et de validité.

La fiabilité des données

Les tests de fiabilité ont pour but de s'assurer que les mêmes règles de codification engendrent les mêmes données à partir des mêmes textes. Tout effort de vérification de fiabilité implique un certain effort de duplication. C'est la raison pour laquelle les tests de fiabilité doivent être effectués sur des échantillons de données plutôt que sur la population des données recueillies. On peut distinguer au moins trois types de fiabilité[17] :

- la *stabilité* : elle renvoie au degré auquel les résultats demeurent invariants dans le temps. Ce test implique qu'une même personne code un échantillon des mêmes textes à deux moments différents. Les différences dans la façon de coder à deux moments distincts reflètent des incohérences intracodeur, des changements dans la compréhension des règles de codification par le codeur ou, finalement, la difficulté d'interprétation des règles de codification par le codeur. La stabilité correspond à de la fiabilité intracodeur ou intra-observateur. En fin de compte, la stabilité renvoie à l'idée de cohérence.

- la *reproductibilité* : elle concerne le degré auquel les résultats demeurent invariants lorsque les règles de codification sont appliquées par des personnes différentes. Ce test suppose que deux ou plusieurs personnes codent le même échantillon de textes. Les différences dans la façon de coder les résultats reflètent des incohérences intra-observateur et interobservateurs dans la façon d'interpréter les règles de codification. La reproductibilité renvoie à de la fiabilité intercodeurs ou, en d'autres mots, au degré de consensus entre les observateurs.

- l'*exactitude* : elle renvoie au degré auquel les résultats satisfont un critère ou une norme. Ce test implique qu'on compare les résultats d'un codeur avec des résultats normalisés. Ce genre de tests est à peu près impossible à réaliser avec des données d'analyse de contenu.

En conséquence, toute analyse de contenu doit viser à atteindre un degré élevé de reproductibilité. Le seuil de 95 % constitue une norme dont on ne peut s'éloigner qu'au risque de dériver des conclusions erronées.

Ces tests de fiabilité peuvent servir d'instrument pour diagnostiquer des problèmes potentiels spécifiques dans les règles de codification. Conséquemment, il conviendrait d'effectuer des tests sur la fiabilité des unités d'analyse, la fiabilité des catégories analytiques, la fiabilité des échelles de mesure et, finalement, sur la fiabilité des personnes qui font le travail de codification. Les solutions à apporter varient grandement suivant que le degré de fiabilité est insatisfaisant au niveau des personnes, des échelles, des catégories ou des unités d'analyse.

---

17. K.H. KRIPPENDORFF, *op. cit.*, p. 130.

La validité

La fiabilité des résultats d'une analyse de contenu ne garantit pas automatiquement leur validité. En analyse de contenu, la validité renvoie à la capacité de l'unité de mesure choisie et des catégories analytiques retenues à mesurer le phénomène étudié, c'est-à-dire l'adéquation entre les variables choisies et le concept à mesurer. Cette adéquation ne peut être évaluée avec une formule mathématique produisant un coefficient unique d'appréciation[18]. Krippendorff[19] propose de distinguer les tentatives de validation selon qu'elles concernent la nature des données, les résultats ou le processus qui relie les données aux résultats :

- *la validité concernant la nature des données* ; elle a pour objectif de déterminer dans quelle mesure l'information recueillie avec les règles de codification représente adéquatement toutes les dimensions importantes du concept qu'on tente de mesurer avec le matériel étudié. Krippendorff[20] distingue deux sortes de validité concernant les données :
  - *la validité de l'échantillon* qui vise à déterminer dans quelle mesure les textes analysés constituent un échantillon représentatif de la population des textes ;
  - *la validité sémantique* qui vise à déterminer dans quelle mesure les règles de codification sont sensibles aux significations symboliques et aux connotations qu'on retrouve dans le matériel étudié. La validité sémantique existe lorsque des personnes familières avec le langage et les textes étudiés examinent des observations placées dans les unités d'analyse et les catégories et qu'elles s'entendent pour dire que les observations placées dans ces unités d'analyse et ces catégories ont des significations similaires.

- *la validité concernant les résultats* : elle a pour but de déterminer dans quelle mesure il y a corrélation entre les données recueillies avec les règles de codification et un critère d'intérêt. À l'instar de plusieurs, Krippendorff[21] distingue deux sortes de validité concernant les résultats :
  - *la validité concomitante* qui met en corrélation les résultats obtenus grâce à l'analyse de contenu avec les résultats obtenus par l'intermédiaire d'une autre méthode.

18. P.A. CONTANDRIOPOULOS *et al.*, *Savoir préparer une recherche. La définir, la structurer, la financer*, Montréal, Les Presses de l'Université de Montréal, 1990, p. 78.
19. K.H. KRIPPENDORFF, *op. cit.*, p. 155-168.
20. *Ibid.*, p. 164-165.
21. *Ibid.*

- la *validité prédictive* qui vise à déterminer le degré d'adéquation entre les prédictions déduites des résultats de l'analyse de contenu et les faits. Ces prédictions peuvent concerner l'avenir, le passé (postdiction) ou des événements concourants.

– la *validité concernant la relation entre les données et les résultats*: ce type de validation renvoie à une forme de validation théorique que Krippendorff[22] et Weber[23] qualifient de validation de construits (*construct validation*). Dans ce cas, il s'agit de déterminer le degré d'adéquation qui existe entre les prédictions dérivées d'une théorie, qui correspondent aux résultats qu'on devraient obtenir de l'analyse de contenu, et les résultats effectivement obtenus.

En conclusion, il n'est jamais facile de déterminer si les règles de codification constituent un instrument de mesure parfaitement fiable. Cette difficulté n'est toutefois pas propre à l'analyse de contenu. Il convient donc de prendre appui sur des indicateurs qui accumulent des évidences sur plusieurs sortes de validité.

3.5. L'analyse et l'interprétation des résultats

Ayant à sa disposition des données fiables et valides, le chercheur peut alors dériver des inférences et proposer des interprétations. Ces inférences et ces interprétations peuvent être obtenues par le recours à deux grandes familles d'analyse de données: les études quantitatives réalisées à partir de données numériques et les études qualitatives fondées sur l'utilisation de données verbales.

– les *analyses quantitatives*: la technique d'analyse de contenu proposée ci-haut, qui repose sur l'idée de simulation d'entrevues sur des documents, engendre des données numériques qui peuvent être enregistrées sur ordinateur et se prêter à l'application des techniques usuelles d'analyse statistique. La présentation de ces techniques ne relève pas de ce chapitre. Contentons-nous de rappeler que la planification de ce type d'analyse comporte deux étapes:

• la réalisation d'*analyses descriptives* utilisant des statistiques telles que la fréquence, la moyenne, la variance, etc.;

22. K.H. KRIPPENDORFF, *op. cit.*
23. R.P. WEBER, *op. cit.*

- la réalisation d'analyses liées à la *vérification d'hypothèses* qui entraîne l'élaboration de modèles de régression, de modèles log-linéaires, de modèles de séries temporelles, etc.

- les *analyses qualitatives* : bien que moins codifiées que les techniques d'analyses quantitatives, les analyses qualitatives doivent être menées de façon rigoureuse et systématique. Yin[24] propose trois modèles d'analyse et d'interprétation de données qualitatives :

  - le *modèle d'appariement* : partant d'une théorie, le chercheur prédit une configuration théorique qu'il compare à la configuration empirique observée ;

  - le *modèle itératif* : en l'absence de théorie, le chercheur construit pas à pas une explication du phénomène étudié.

  - le *modèle historique* : le chercheur compare ses prédictions sur l'évolution temporelle d'un phénomène avec les données empiriques qu'il a recueillies.

Plusieurs techniques d'analyse de données peuvent être utilisées conjointement dans un même projet d'analyse de données. L'analyse de données a pour objectif de contribuer à l'avancement des connaissances en fournissant de nouvelles inférences et de nouvelles interprétations qui contribuent à l'avancement des connaissances tant au plan théorique qu'empirique. Ces contributions font émerger de nouvelles orientations qui suscitent des analyses toujours plus approfondies.

3.6. Les avantages et les inconvénients de l'analyse manuelle de contenu

Chaque technique d'analyse renvoie à un champ d'application où elle détient des avantages et des inconvénients qui lui sont spécifiques. À cet effet, il faut souligner que l'analyse manuelle de contenu offre plusieurs avantages[25] :

- contrairement à des instruments d'observation tels que les entrevues, les questionnaires, les expériences et les tests, l'analyse manuelle de contenu constitue une technique *non réactive* de collecte de données.

---

24. R.K. YIN, *Case Study Research*, édition révisée, Newbury Park, Ca., Sage Publications, 1989.
25. K.H. KRIPPENDORFF, *op. cit.*, p. 29-32

– contrairement à des instruments d'observation tels que les entrevues, les questionnaires, les expériences et les tests qui exigent
des réponses prédéfinies des sujets, l'analyse manuelle de contenu est appropriée pour traiter du *matériel non structuré*. Cet
avantage signifie qu'un chercheur peut entreprendre l'analyse
de textes très longtemps après que ceux-ci aient été produits par
un émetteur qui utilise une logique et des catégories qui ne sont
pas celles du chercheur. L'analyse manuelle de contenu constitue
donc également un excellent instrument de collecte de données
pour travailler dans des archives historiques.

– l'analyse manuelle de contenu peut être utilisée pour traiter de
grandes quantités de données alphabétiques qui ne peuvent être
analysées par une seule personne.

Bien que ces avantages en fassent l'une des plus importantes techniques de recherche des sciences sociales, l'analyse manuelle de contenu
n'est pas sans comporter quelques inconvénients. Les plus importants
sont les suivants :

– la codification des données par des personnes prend du temps,
particulièrement, si l'unité d'analyse est complexe comme c'est
le cas avec des propositions ;

– la fiabilité et la validité des données ne sont pas toujours faciles
à déterminer ;

– l'utilisation des techniques statistiques usuelles incite à attribuer
la même importance à chaque observation, qu'il s'agisse d'un
mot, d'un thème ou d'une proposition, alors que l'émetteur d'un
message peut accorder un poids qui varie avec les mots, les
thèmes ou les propositions.

4. L'analyse de contenu par ordinateur

Le caractère fastidieux de l'analyse manuelle de contenu lui enlève
beaucoup d'attraits. Ce sont d'abord les logiciels de traitement de textes
qui ont permis aux chercheurs de se délester d'un certain nombre des
tâches répétitives et fastidieuses de l'analyse manuelle de contenu. Le
développement de logiciels spécifiquement conçus pour faire de l'analyse de contenu constitue une innovation importante des dix dernières
années. Quel est donc au juste le potentiel d'utilisation de ces logiciels ?
Dans quelle mesure les logiciels d'analyse de contenu permettent-ils de
faire une analyse de contenu qui satisfait les critères de l'analyse manuelle

de contenu? Quels critères peut-on utiliser au moment du choix d'un logiciel? Quels sont les avantages et les limites de l'analyse de contenu par ordinateur? Telles sont les questions que nous examinerons maintenant.

4.1. Les types de logiciels

Bien que la plupart des logiciels d'analyse de contenu par ordinateur soient conçus pour accomplir plus d'une seule fonction, il est utile, sur le plan analytique, de décomposer ces fonctions pour mieux mettre en évidence la capacité des logiciels à faire de l'analyse de contenu. Weitzman et Miles distinguent deux grandes familles de logiciels : les programmes génériques et les trousses informatiques. Les *programmes génériques* sont en fait des outils informatiques généraux qui peuvent être utilisés pour faire de l'analyse de contenu. Ils comprennent les logiciels de traitement de textes (*word processor*), d'extraction de textes (*text retrievers*) et de gestion de bases de données de textes (*textbase managers*). Les *trousses informatiques* renvoient, pour leur part, à des logiciels développés spécifiquement pour l'analyse de données qualitatives. Weitzman et Miles[26] en distinguent trois types principaux : les *programmes de recherche et de codification* (*code-and-retrieve programs*), les *programmes d'élaboration de théories* basées sur des codes (*code-based theory-builders*) et, finalement, les *programmes d'élaboration de réseaux conceptuels* (*conceptual network-builders*).

4.2. Les fonctions des logiciels

Ces types de logiciels varient quant au nombre et à la complexité des fonctions d'analyse de contenu qu'ils peuvent accomplir. Tesch[27] ainsi que Weitzman et Miles ont examiné cette question avec soin. Nous retiendrons ici la typologie de Weitzman et Miles[28] parce qu'elle est plus exhaustive et plus souvent citée que celle de Tesch. Les logiciels d'analyse qualitative de données peuvent donc varier suivant des modalités qui concernent neuf fonctions : 1) l'entrée des données et la structure des bases de données; 2) la codification et la catégorisation des données;

26. E.A. WEITZMAN et M.B. MILES, *A Software Source Book : Computer Programs for Qualitative Analysis*, Newbury Park, Ca., Sage Publications, 1995.
27. R. TESCH, *Qualitative Research : Analysis Types and Software Tools*, New York, Falmer, 1990.
28. WEITZMAN et MILES, *op. cit.*, chapitre 3.

3) les possibilités de faire des annotations et des mémos ; 4) la création de liens entre les données ; 5) la recherche et l'extraction de données ; 6) le développement de concepts et de théories ; 7) l'édition des données ; 8) l'édition des graphiques ; 9) l'utilisation du logiciel en réseau.

4.3. Le choix d'un logiciel d'analyse de contenu

Le choix d'un logiciel dédié à l'analyse de données qualitatives dépend du type d'analyse de contenu envisagée, des caractéristiques des données à analyser, de l'expertise en informatique de l'utilisateur ainsi que du coût des logiciels. Le coût des logiciels d'analyse de données qualitatives varie de 0 à 2 000 $ et le degré de convivialité de ces logiciels varie au moins autant que le prix. Un utilisateur dont l'expertise en informatique est limitée devrait donc opter pour un logiciel plus convivial qu'un informaticien professionnel ne serait tenté de le faire.

Le type d'analyse de contenu envisagé constitue également un autre critère déterminant le choix d'un logiciel. Il faut alors comparer les fonctions offertes par les différents logiciels sur le marché à la lumière des objectifs de l'analyse de contenu envisagée. À cet égard, il convient de consulter les résultats de l'évaluation que Weitzman et Miles[29] ont fait de 24 logiciels d'analyse de données qualitatives.

Finalement, il importe de noter que l'investissement dans un logiciel ne représente pas seulement un investissement en argent, mais également et surtout, un investissement en temps. En effet, plus un logiciel accomplit des fonctions complexes, plus son apprentissage et sa maîtrise requièrent de temps.

4.4. Les avantages et les limites de l'analyse de contenu par ordinateur

L'analyse de contenu par ordinateur est plus avantageuse que l'analyse manuelle de contenu lorsque :

- l'unité d'analyse renvoie à une unité syntaxique simple telle que le mot ;

- l'analyse doit traiter simultanément un très grand nombre d'unités syntaxiques simples qui se trouvent dans un vaste corpus de données ;

---

29. WEITZMAN et MILES, *op. cit.*, p. 23 à 326.

- l'analyse et l'interprétation des données exigent des analyses de cooccurrences (apparition de deux ou plusieurs mot).

Lorsque ces conditions sont satisfaites, la fiabilité de l'analyse de contenu par ordinateur est vraisemblablement supérieure à la fiabilité de l'analyse manuelle de contenu.

En revanche, le recours à des logiciels d'analyse de contenu s'avère peu utile lorsque l'unité d'analyse choisie est complexe. Cette limite peut toutefois être surmontée en partie par une bonne maîtrise de la logique mathématique ainsi que par une bonne connaissance du contenu des documents à analyser. Il importe toutefois de garder à l'esprit que : « Les ordinateurs ne font pas d'analyse de contenu ; seulement les humains en font [...] [Les ordinateurs] ne sont pas des substituts pour la pensée humaine, mais, par contre, ils peuvent nous aider à penser[30]. »

Bref, les logiciels d'analyse de contenu exécutent les tâches demandées par des humains et le développement des dix dernières années en matière de logiciels d'analyse de contenu nous autorise à penser que nous pourrons passer des commandes de plus en plus complexes aux ordinateurs à mesure que les logiciels deviendront de meilleurs auxiliaires à la pensée humaine.

Conclusion

L'analyse de contenu constitue l'une des plus importantes techniques de recherche des sciences sociales. Pourtant, ses rudiments sont encore mal maîtrisés et peu connus des chercheurs. Les applications de cette technique souffrent de trois lacunes principales :

- le recours à des unités d'analyse trop rudimentaires ;

- l'utilisation de méthodes inductives pour repérer les principales catégories analytiques ;

- l'absence de tests de fiabilité et de validité.

Les inférences qui découlent de ce genre d'application empêchent l'analyse de contenu de contribuer autant qu'elle le pourrait au processus de développement cumulatif des connaissances. Un devis d'analyse de contenu qui vise à contribuer à l'avancement des connaissances doit donc

---

30. WEITZMAN et MILES, *op. cit.*, p. 3.

reposer sur les acquis théoriques et empiriques les plus récents. L'objectif de contribution à l'avancement des connaissances exige notamment :

- le recours à des unités d'analyse complexes comme la proposition, le thème représentant un minimum ;

- l'utilisation de catégories analytiques dérivées de théories ;

- la réalisation des tests de fiabilité et de validité.

C'est le seul genre de devis d'analyse de contenu qui permet de tester des hypothèses théoriques et d'arriver à produire des inférences reproductibles par d'autres chercheurs.

Bibliographie annotée

BARDIN, L., *L'analyse de contenu*, 7ᵉ éd., Paris, PUF, collection de psychologue, 1993.

L'ÉCUYER, R., *Méthodologie de l'analyse développementale de contenu, Méthode GPS et concept de soi*, Sillery, Presses de l'Université du Québec, 1990.

Rédigés par des psychologues, ces deux manuels d'introduction couvrent la plupart des questions pertinentes à l'analyse de contenu. La deuxième partie du livre de L'Écuyer intéressera davantage les psychologues que les autres spécialistes des sciences sociales.

BOURQUE, G. et J. DUCHASTEL, *L'identité fragmentée : Nation et citoyenneté dans les débats constitutionnels*, Montréal, Fides.

Ces deux chercheurs en sont à leur troisième ouvrage basée sur l'utilisation d'un logiciel d'analyse de données qualitatives. Il s'agit d'un excellent exemple pratique d'analyse de contenu par ordinateur.

EVANS, W. http://www.gsu.edu/~wwwcom/content.html

William Evans du Département de communications de l'Université de Georgie a lancé un sité Web dédié à l'analyse de contenu. Ce site contient des informations bibliographiques, des listes de logiciels d'analyse de contenu, des descriptions de projets ainsi qu'une liste d'envois auxquels toute personne intéressée peut souscrire.

KLINGEMANN, H.D., R.I. HOFFERBERT, I. BUDGE *et al., Parties, Policies, and Democracies*, Boulder, Co., Westview Press, 1994.

Les données utilisées dans cet ouvrage proviennent d'une analyse de contenu des programmes des partis politiques de 10 démocraties. Dirigé par une équipe d'excellents chercheurs, cet ouvrage présente les résultats de la plus importante entreprise d'analyse de contenu jamais menée en science politique.

KRIPPENDORFF, K.H., *Content Analysis : An Introduction to Its Methodology*, Newbury Park, Ca., Sage Publications, 1980.

C'est le meilleur guide méthodologique qui existe sur le marché. Il aborde de façon approfondie toutes les étapes de l'analyse de contenu.

SABATIER, P.A. et JENKINS-SMITH (dir.), *Policy Change and Learning: An Advocacy Coalition Approach*, Boulder, Co., Westview Press, 1993.

Consulter l'appendice méthodologique (p. 237-256) qui présente de façon détaillée un outil d'analyse de contenu qui vise à mesurer de façon longitudinale le système de croyances des élites.

WEBER, R.P., *Basic Content Analysis, Second Edition*, Newbury Park, Ca., Sage Publications, A Sage University Paper: Quantitative Applications in the Social Sciences, n° 49.

Voilà un court manuel d'introduction à l'analyse automatique de discours qui présente, de façon sommaire, les étapes à franchir de même que les problèmes à résoudre.

WEITZMAN, E.A. et M.B. MILES, *A Software Source Book: Computer Programs for Qualitative Analysis*, Newbury Park, Ca., Sage Publications, 1995.

Cet ouvrage présente et évalue 24 logiciels d'analyse de données qualitatives. Il s'agit d'un ouvrage à consulter avant de choisir un logiciel d'analyse de contenu.

Chapitre 15

Le sondage

André BLAIS et Claire DURAND

If you want an answer, ask a question.

Martin SHIPMAN

Introduction

Le terme « sondage[1] » peut avoir plusieurs connotations. Il évoque d'abord l'idée d'exploration. On pense en particulier au forage du sol, dans le but de trouver des nappes d'eau ou des gîtes minéraux. Le sondage est donc un instrument de mesure destiné à recueillir des informations relatives à un questionnement, à une problématique de départ. Y est aussi associée l'idée de prélèvement d'un échantillon. La sonde va extraire seulement une fraction du sol pour fins d'analyse. Elle extrait cette fraction de façon systématique pour ainsi « représenter » le mieux possible la composition du sol.

Ces deux dimensions se retrouvent dans la conception usuelle du terme *sondage* en sciences sociales. La pratique a cependant ajouté un autre élément qui a pour effet de lui donner un sens encore plus étroit. On en est venu à réserver le terme de sondage aux enquêtes effectuées à l'aide d'un questionnaire. Nous respecterons cette tradition et définirons donc le *sondage comme étant un instrument de collecte et de mise en forme de l'information, fondé sur l'observation de réponses à un ensemble de questions posées à un échantillon d'une population.*

---

1. Le terme *sondage* a été proposé comme traduction du terme anglais *survey* par Jean Stoetzel, fondateur de l'Institut français d'opinion publique (IFOP) en 1938.

Le début de la définition éclaire la fonction du sondage. Le sondage est un instrument de *mesure*. Il a pour mission d'opérationnaliser les concepts élaborés au moment où est posée la question de recherche et où sont élaborées les hypothèses qui lui sont reliées. L'ensemble des opérations effectuées amène à la constitution d'indicateurs des différents concepts ; ce sont les signes concrets qui permettent de classer les objets dans des catégories.

Ce qui caractérise ensuite le sondage, c'est le recours à des *questions*. Contrairement à l'observation directe ou à l'analyse de contenu, ce ne sont pas des gestes ni des documents qui sont enregistrés, mais des réponses fournies par des informateurs à une série de questions posées.

Le dernier élément de la définition, qui fait référence à la présence d'un *échantillon*, sert à différencier le sondage du *recensement*, qui lui porte sur l'ensemble d'une population[2]. Cette population est définie par le chercheur et est délimitée par l'univers des objets auxquels se rapporte son hypothèse. Cet *univers* ou *population* peut comprendre, par exemple, les résidents du Québec, ou ceux de Montréal, mais aussi les assistés sociaux de Laval ou les parents d'enfants de 3 à 5 ans, ou bien encore l'ensemble des étudiants universitaires de premier cycle au Québec. Dans tous les cas, on parlera d'un sondage si un questionnaire est administré auprès d'un échantillon, d'une fraction, d'une population donnée.

1. Portée et limites

Le sondage est aussi appelé enquête sur échantillon. Les deux notions, celle du recours à un questionnaire et celle de l'utilisation d'un échantillon, le caractérisent. La procédure d'échantillonnage comporte ses possibilités et aussi ses difficultés ; cet aspect est couvert dans le chapitre 8 de ce livre. Ce chapitre traite du questionnaire lui-même et de son administration.

> Réfléchissons d'abord quelques instants à la nature même du sondage. Prenons un exemple bien connu, le sondage électoral. Pour mesurer le comportement électoral, on a recours à une question, telle celle-ci, posée par l'Institute for Social Research de l'University York tout de suite après l'élection fédérale de 1993 : « Pour quel parti avez-vous voté : le Parti conservateur, le Parti libéral, le Nouveau Parti

---

2. Voir le chapitre 8 sur l'échantillonnage.

démocratique, le Bloc québécois ou un autre parti ? » L'interviewer inscrit sur une feuille ou dans l'ordinateur (dans le cas d'entrevues assistées par ordinateur) la réponse qu'il obtient et le chercheur induit le comportement électoral à partir de la réponse qu'il observe. Cette réponse, obtenue à la suite d'un certain nombre d'opérations, constitue l'indicateur du concept « comportement électoral ». Dans ce cas, le chercheur a recours au questionnaire, faute de mieux. Le vote étant secret, il est impossible d'observer directement le comportement de l'électeur. Le chercheur utilise un substitut *et tente de reconstituer* le vote *à l'aide d'une réponse à une question.*

1.1. Les avantages

Cet exemple illustre bien le principal avantage du sondage : sa grande flexibilité. Le mécanisme est simple. Il s'agit de formuler un certain nombre de questions et de consigner les réponses. On peut ainsi obtenir *rapidement* de l'information sur les concepts qu'on veut étudier. Supposons que l'on veuille mesurer le niveau d'intérêt des étudiants dans leurs cours. Si on procède par observation directe de comportements que l'on interprète comme des signes d'intérêt (présence au cours, fréquence des questions, etc.), on devra assister à un certain nombre de cours et on devra inscrire sur une grille d'analyse toute une série d'observations. Le processus est plus rapide si on procède par sondage puisqu'on n'aura qu'à administrer un questionnaire à un échantillon donné. Le questionnaire constitue, en somme, un raccourci commode permettant d'épargner des énergies, tout au moins si on le compare à l'observation directe.

La *flexibilité* du sondage détermine également sa grande polyvalence. On peut y recourir pour saisir toutes sortes de phénomènes. Dans plusieurs domaines, le sondage est à peu près le seul instrument dont dispose le chercheur. C'est le cas en particulier des comportements privés – le vote, l'emploi du temps, la consommation, la sexualité – qui ne peuvent généralement être appréhendés par observation directe. Qui plus est, un même sondage peut servir à mesurer un grand nombre de variables. Les sondages électoraux, par exemple, en plus de contenir des questions sur le vote, vont porter sur les images des partis et des leaders, sur le niveau d'intérêt pour la politique, le niveau d'information, certaines attitudes sociales et politiques, les opinions sur un certain nombre d'enjeux, ainsi que sur toute une série de variables socio-économiques.

Ces avantages expliquent la popularité du sondage dans la recherche sociale. Dans une majorité de disciplines des sciences humaines, il est actuellement l'instrument de mesure le plus utilisé. Cela représente un changement important. S'il est vrai que les recensements existent depuis des temps immémoriaux, et que les enquêtes par questionnaire, en particulier sur les conditions sanitaires des quartiers pauvres, apparaissent dès le milieu du XIXe siècle, il est clair que le perfectionnement des techniques d'échantillonnage dans la première moitié du XXe siècle[3] a permis une multiplication prodigieuse d'études fondées sur le sondage. De plus, l'apparition du téléphone, puis son expansion à l'ensemble de la population, et plus récemment, la progression rapide de l'accès à l'informatique pour administrer les questionnaires et pour traiter les données ont contribué à ce que le sondage devienne l'instrument privilégié de mise en forme de l'information. Cet état de fait découle directement de sa grande souplesse et de ses coûts d'opération relativement faibles (en argent et encore plus en temps), en comparaison avec l'observation directe.

Cette situation n'est pas sans susciter de débats. D'aucuns[4] estiment en effet qu'une trop grande importance a été accordée au critère de commodité et qu'on ne tient pas suffisamment compte des limites inhérentes au sondage. Ces auteurs concluent que le sondage, même s'il demeure un instrument valable de mise en forme de l'information, présente des inconvénients majeurs, qui sont trop souvent ignorés. Ils affirment en conséquence que le sondage est surexploité en sciences sociales et qu'il importe que les chercheurs diversifient leur démarche, en ayant davantage recours, en particulier, à l'observation directe.

Il faut souligner que le questionnaire ne donne pas généralement le même type d'information que d'autres types de méthodologies d'enquête. De plus, l'information recueillie est «filtrée» par le répondant, ce qui amène à aborder une limite inhérente au sondage, *la pertinence de l'individu comme unité d'analyse*.

Les questionnaires étant généralement administrés à des individus, on peut s'interroger sur la pertinence de cette méthodologie pour l'analyse des phénomènes sociaux qui sont essentiellement des phénomènes collectifs. La perspective n'est-elle pas tronquée dès le départ? L'information ne risque-t-elle pas d'être «plus ou moins superficielle[5]»?

La question doit être examinée de plusieurs points de vue. Même si les informations sont recueillies auprès d'individus, l'analyse peut procéder à d'autres niveaux. C'est ainsi qu'on peut comparer la mobilité

---

3. Gérald LECLERC, *L'observation de l'homme : une histoire des enquêtes sociales*, Paris, Seuil, 1979.

4. Voir en particulier L. PHILLIPS, *Knowledge from What? Theories and Methods in Social Research*, Chicago, Rand McNally, 1972.

5. *Ibid.*, p. 573.

professionnelle dans différentes zones résidentielles, à partir des résultats d'un sondage[6]. On peut aussi compléter les résultats d'un sondage avec des données institutionnelles de façon à déterminer si l'effet se produit sur le plan individuel ou collectif[7]. Il faut donc distinguer l'unité utilisée pour la collecte de l'information de l'unité d'analyse[8].

On reproche surtout au sondage de considérer les individus comme des entités autonomes et indépendantes les unes des autres, ce qui donne une image déformée de la réalité.

Drake[9], par exemple, soutient que dans un grand nombre de communautés africaines, l'individu n'est pas une unité appropriée, qu'il convient plutôt d'interviewer le chef du village, puisque les villages sont généralement homogènes et que, dans la plupart des cas, il suffit de connaître les convictions religieuses du chef pour déterminer, entre autres choses, comment l'ensemble du village votera à une élection ou réagira face à une nouvelle technologie agricole. Ce type d'argumentation ne s'applique pas exclusivement aux sociétés « primitives ». On peut aussi se demander qui est l'interlocuteur le plus approprié lorsqu'on désire, par exemple, faire un sondage auprès de groupes de pression, de conseils d'administration ou de comités de santé et de sécurité des entreprises. Doit-on interroger uniquement le président, chacun des membres du conseil de direction ou un échantillon de membres ?

Il est vrai que, dans la pratique, plusieurs études fondées sur les données d'un sondage omettent de situer leurs résultats dans un contexte social plus large, quoique l'instrument puisse se prêter à un tel type de démarche. Il y a effectivement une tendance un peu mécanique chez plusieurs chercheurs à tout réduire à l'individu, de façon routinière. Il y aurait intérêt à remettre en question certaines pratiques établies et à réfléchir de façon plus critique sur l'unité d'analyse. Cette réflexion peut d'ailleurs s'appuyer sur des résultats de sondages.

6. Marie LAVIGNE et Jean RENAUD, *Étude comparative de quatre zones résidentielles du bas de la ville de Montréal : tome 1 Caractéristiques sociales et mobilité professionnelle*, Montréal, Presses de l'Université du Québec, 1974.
7. C. DURAND, *L'aspiration à la mobilité et la répartition régionale des ressources et des fonctions organisationnelles*, dans SIMARD *et al.*, *À l'aube du XXIe siècle : des enjeux pour les sciences de la gestion*. p. 63- 92. Montréal, Guérin, 1996.
8. A. SATIN et W. SHASTRY, *L'échantillonnage, un guide non mathématique*, Ottawa, Statistique Canada, 1983, p. 9. Voir la distinction faite entre unité d'échantillonnage, unité déclarante, unité de référence et unité d'analyse.
9. H. MAX DRAKE, « Research Method or Culture-Bound Technique ? Pitfalls of Survey Research in Africa », dans O'BARR (dir.), *Survey Research in Africa : Its Application and Limits*, Evanston, Northwestern University Press, 1973.

En somme, l'orientation individualiste du sondage n'est pas un « vice » inhérent à l'instrument. Rien n'empêche, en effet, d'intégrer certains aspects de l'environnement social dans la conception même de l'enquête[10]. Il est possible, à l'intérieur d'une même étude, de combiner des données de sondage et des données agrégées. On peut également situer les données individuelles dans leur contexte sociopolitique. Cet objectif nécessite toutefois habituellement une stratégie d'échantillonnage spécifique. En fait, on pourrait avancer que ce sont les sondages qui dépassent une vision strictement individualiste de la réalité qui sont les plus féconds.

1.2. Les conditions de validité

Pour que la procédure de collecte d'information au moyen d'un questionnaire de sondage soit valide, quatre conditions doivent être satisfaites :

1. La disponibilité des informateurs. Il importe que l'échantillon cible *soit disponible* et coopératif, c'est-à-dire qu'il puisse être rejoint et qu'il accepte de répondre au questionnaire.

2. La capacité de répondre. Il faut que les gens *soient en mesure* de répondre au questionnaire, c'est-à-dire qu'ils puissent saisir le sens des questions (la compréhension) et qu'ils possèdent l'information qui leur est demandée (la pertinence).

3. La transmission fidèle de l'information. Les gens doivent vouloir et pouvoir *communiquer sans distorsion* l'information.

4. L'enregistrement fidèle de l'information. L'information doit être *enregistrée correctement* par le chercheur ou son équipe.

La disponibilité des informateurs

L'objectif visé lorsqu'on a recours à un questionnaire est d'obtenir des réponses. Il faut donc que les personnes faisant partie de l'échantillon cible soient contactées et collaborent. Dans les sociétés sédentaires, le

---

10. C'est souvent le cas, par exemple, pour les études faites auprès d'élèves. On aura recours, tant pour l'échantillonnage que pour les analyses, aux données portant sur les écoles, sur les caractéristiques du milieu qu'elles desservent comme sur les caractéristiques de leur population (proportion d'élèves d'origine ethnique différente, taux de réussite moyens de l'école, etc.).

contact pose relativement peu de problèmes. Les gens peuvent être rejoints à leur résidence (par une visite, par téléphone ou par courrier) ou dans des lieux de rassemblement (une classe, un lieu de travail, par exemple).

Une fois contactées, les personnes doivent accepter de répondre au questionnaire. Dans le sondage, la collaboration est en effet une condition absolue. Il est impossible d'obtenir des réponses sans avoir préalablement acquis, au moins implicitement, le consentement de l'informateur. D'où l'importance que les sondeurs attachent au taux de réponse, c'est-à-dire à la proportion d'un échantillon cible qui a été rejointe et a accepté de répondre au questionnaire. Ce taux varie selon les modes d'administration, selon le sujet de l'enquête, selon la crédibilité du commanditaire, selon le type de population et, de façon prépondérante, en fonction du nombre de contacts faits pour rejoindre l'échantillon[11].

> En Amérique du Nord, le taux habituel pour les sondages téléphoniques se situait autour de 80 % dans les années 1960 mais est tombé à environ 60 % à la fin des années 1970[12]. Il semble se maintenir autour de 55 à 65 % depuis les années 1980. Dans les cas de sondages postaux auprès de populations ciblées, on peut atteindre des taux de réponse d'environ 50 % alors que traditionnellement, les entrevues sur place, du moins en Amérique du Nord, obtiennent les meilleurs taux (80 à 85 % et même plus). Les non-réponses comprennent les refus (du ménage ou de la personne sélectionnée) mais aussi les personnes non contactées (habituellement entre 5 et 10 %) ou celles qui ne peuvent être rejointes pendant la durée de l'enquête. Les personnes incapables de répondre pour cause de maladie (2 à 3 %) ou ne comprenant pas la langue de l'entrevue (2 à 5 % selon le type de sondage et la population cible) sont habituellement considérées comme ne faisant pas partie de l'échantillon.

En Amérique du Nord, donc, près de deux personnes sur trois sont rejointes et acceptent de répondre à un sondage type. La résistance au sondage n'est cependant pas négligeable. Elle est plus forte en milieu urbain, dans les ménages plus fortunés ou plus âgés, dans les milieux où les gens sont généralement plus méfiants. Certains s'y objectent par principe : environ un citoyen sur dix semble considérer les sondages comme étant une intrusion dans la vie privée[13]. Un sondage sur les attitudes et

---

11. John GOYDER, *The Silent Minority. Nonrespondents in Sample Surveys,* Boulder, Colorado, Westview Press, 1987, p. 56.
12. AMERICAN STATISTICAL ASSOCIATION, « Is the Public Acceptability of Social Survey Research Declining ? », dans Martin BULMER (dir.), *Censuses, Surveys and Privacy,* London, Macmillan, 1979.
13. Martin BULMER, « The Impact of Privacy Upon Social Research », dans BULMER, *op. cit.*

comportements face à la non-réponse effectué dans la région de Waterloo montre que 4 % sont fortement d'accord et 19 % plutôt d'accord avec l'assertion suivante : « Les sondages d'opinion sont une intrusion dans la vie privée[14]. » Par ailleurs, questionnés sur l'importance d'un certain nombre de facteurs dans leur décision d'accepter de répondre à un sondage, 38 % des répondants ont jugé que ce qu'ils faisaient au moment où ils ont été contactés était un facteur extrêmement important, les autres facteurs jugés les plus importants étant la persistance de l'interviewer (19 %) et le sujet de l'enquête (17 %). Dans cette même étude, le revenu et la sexualité apparaissent comme les sujets sur lesquels les répondants sont les plus réticents à être questionnés.

Puisque les « non-répondants » représentent habituellement plus du tiers d'un échantillon cible, ils constituent l'un des problèmes les plus sérieux de tout sondage. Ils introduisent, en effet, un biais possible dans les résultats, pour autant qu'ils se distinguent des « répondants », puisque toute l'information dont dispose le chercheur provient de ces derniers. Les quelques études qui ont été consacrées à cette question ne permettent pas de tirer des conclusions fermes, le biais apparaissant parfois important[15], parfois minime[16]. Ce biais est généralement estimé à partir des caractéristiques des répondants qui avaient d'abord refusé de répondre et qui ont changé d'idée par la suite, ce qu'on appelle les « refus récupérés », qui ne représentent pas un échantillon totalement représentatif des personnes qui refusent. Des procédures de pondération et de redressement peuvent être utilisées pour corriger certains biais, mais ces procédures sont elles-mêmes fondées sur d'autres postulats. Il s'agit là, en somme, d'une des limites du sondage, à propos de laquelle très peu de données sûres existent. Réduire le taux de refus devient ainsi l'une des grandes préoccupations des sondeurs.

Il s'ensuit que les possibilités qu'offre le sondage varient dans le temps et dans l'espace. Tout dépend, en effet, de l'image du sondage dans le public. Or, cette image n'est pas une création spontanée. Il y a un risque, par exemple, que la publication de sondages de qualité douteuse jette le discrédit sur cet instrument de recherche. Les chercheurs ont donc intérêt à hausser la qualité des sondages en général, s'ils veulent maintenir la légitimité de cet outil indispensable en sciences sociales. Au

---

14. John GOYDER, *The Silent Minority, op. cit.,* p. 142.
15. Arthur L. STINCHCOMBE *et al.,* « Nonresponse Bias for Attitude Question », *Public Opinion Quarterly,* vol. 45, août 1981, p. 359-376
16. Lloyd LUEPTOW *et al.,* « Response Rate and Response Bias Among High School Students Under the Informed Consent Regulations », *Sociological Methods and Research,* vol. 6, novembre 1977, p. 183-205.

Québec, l'Association de l'industrie de la recherche marketing et sociale (AIRMS) établit comme norme que «le taux de réponse visé pour un sondage téléphonique sur un échantillon probabiliste proportionnel auprès des résidents du Québec âgés de 18 ans et plus ne sera pas inférieur à 60 %[17]» (AIRMS, p. 5). Les normes de la Canadian Advertising Research Foundation (CARF) publiées en 1991, sont, quant à elles, de 65 % pour le taux de réponse[18]. Toutefois, la CARF prend en compte l'érosion graduelle du taux de réponse dans les centres urbains et en tient compte lorsque le taux idéal n'est pas atteint malgré le respect de tous les critères de qualité.

La capacité de répondre

Non seulement faut-il que les informateurs soient disponibles, mais il importe également qu'ils soient en mesure de répondre aux questions qui leur sont posées. Cela suppose essentiellement deux choses. Premièrement, les gens doivent *comprendre les questions*, et deuxièmement, ils doivent *posséder l'information* qui leur est demandée. Le critère de compréhensibilité exige qu'on accorde un soin tout particulier à la formulation des questions. Nous reviendrons sur ce point dans la section 4.2., mais on peut observer tout de suite que le recours au questionnaire n'est possible que si le chercheur et l'ensemble des informateurs partagent une langue commune, c'est-à-dire si les mots et leur agencement ont un sens uniforme. Cette exigence ne peut être parfaitement satisfaite. Même les mots les plus simples se prêtent à des nuances différentes selon les régions, les classes sociales et les générations. On peut toutefois compter que dans la plupart des cas les variations sont suffisamment minces pour ne pas entraîner de distorsion sérieuse. Le problème prend, par contre, une ampleur considérable dans les enquêtes comparatives, où un même questionnaire doit être administré à des populations de langues différentes. Toute traduction étant nécessairement imparfaite, il devient très difficile de déterminer si les variations observées correspondent à des différences «réelles» ou si elles dépendent plutôt de la formulation même des questions[19].

---

17. ASSOCIATION DE L'INDUSTRIE DE LA RECHERCHE MARKETING ET SOCIALE, *Objectifs et normes*, 1994, 11 pages.
18. CANADIAN ADVERTISING RESEARCH FOUNDATION, *Standard Procedures*, 1991, 70 pages.
19. Irwin DEUTSCHER, «Asking Questions Cross-Culturally: Some Problems of Linguistic Comparability», dans Donald P. WARWICK et Samuel OSKERSON (dir.), *Comparative Research Methods*, Englewood Cliffs, Prentice-Hall, 1973.

La capacité de répondre renvoie également à la possession de l'information demandée. On suppose, en d'autres mots, que les informateurs ont un certain niveau de conscience de ce qu'ils sont (variables d'état), de ce qu'ils font (variables de comportement) et de qu'ils pensent (variables de pensée). Le postulat apparaît plausible dans plusieurs cas, mais pas dans tous. Les variables d'état sont de ce point de vue les moins problématiques. Les gens connaissent habituellement leur sexe, leur âge et leur occupation. Il en est à peu près de même pour les variables de comportement, même si la marge d'erreur est plus grande. Les gens savent « assez bien » le nombre d'heures qu'ils dorment ou travaillent, ce qu'ils mangent, les sports qu'ils pratiquent, les émissions de télévision qu'ils regardent. La question est plus difficile à trancher en ce qui concerne les variables de pensée, qui sont les plus complexes à mesurer. Tout indique que le niveau de conscience est assez élevé sur les sujets qui touchent le quotidien. La plupart des gens savent très bien qui ils aiment et qui ils détestent, ce qu'ils aiment faire et ce qu'ils n'aiment pas faire. Sur d'autres sujets, sur des questions hypothétiques ou des intentions de comportement, sur des questions à laquelle la personne n'avait pas réfléchi préalablement, le niveau de conscience est plus aléatoire.

> Ce point a été illustré par LaPiere en 1934[20]. Il a fait une expérience dans laquelle il a, d'une part, observé systématiquement l'accueil réservé à un couple chinois (avec qui il voyageait) dans 44 hôtels et 184 restaurants disséminés à travers les États-Unis et, d'autre part, envoyé (six mois plus tard) un questionnaire aux propriétaires de ces hôtels et restaurants, questionnaire comprenant, entre autres, une question demandant s'ils accepteraient des Chinois dans leur établissement. Les résultats furent, pour le moins, spectaculaires. Le couple fut accepté dans tous les établissements, sauf un. Pourtant, plus de 90 % des propriétaires répondirent qu'ils n'accepteraient pas de Chinois. Dans ce cas, le questionnaire ne s'est pas révélé un instrument approprié pour prédire le comportement, en bonne partie, pouvons-nous penser, parce que le problème soulevé dans la question ne rejoignait pas directement des expériences vécues couramment ou sur lequel les informateurs avaient déjà beaucoup réfléchi. Cet exemple est souvent donné pour illustrer le fait que le lien entre les attitudes affichées – entre autres au moyen de réponses à des questions – et les comportements peut être faible dans certaines situations.

Cet exemple illustre une des limites du questionnaire. Il est moins fiable lorsqu'il s'agit de saisir des opinions ou des attitudes sur des objets

---

20. Richard T. LAPIERE. « Attitudes Vs Actions », dans *Social Forces*, vol. 13, 1934, p. 230-237.

qui n'ont pas de répercussion concrète pour l'individu ou auxquels il n'a accordé que peu d'attention. Cette limite peut être corrigée (en partie) en situant les objets dans l'univers mental des répondants (« si une élection provinciale avait lieu aujourd'hui... »), en mesurant le niveau d'information sur un sujet avant d'aborder les opinions, et en complétant par des questions sur des comportements qui peuvent être associés (« vous est-il déjà arrivé de... »).

On peut aussi s'interroger sur le niveau de conscience des gens à propos d'états, de comportements ou de pensées du passé. Quelles sont les possibilités et les limites de la mémoire ? Là encore, la situation varie selon le type de variables. Les variables de pensée soulèvent les difficultés les plus grandes. Les risques de distorsion apparaissent tellement élevés qu'on conclut généralement à l'impossibilité d'une pareille tâche, sauf dans des cas particuliers et par le biais d'un cheminement assez complexe[21]. Dans le cas des comportements, les possibilités apparaissent plus intéressantes, mais les obstacles ne manquent pas[22]. Les mêmes considérations prévalent lorsqu'il s'agit de mesurer des variables d'état. Il semble, par exemple, que les gens ont tendance à surestimer leur revenu passé[23].

Dans la même veine, on peut se demander s'il est possible d'obtenir des renseignements à propos de personnes autres que l'informateur, sur les comportements du conjoint, par exemple. Les études semblent indiquer que la fidélité des réponses est de 10 à 20 % inférieure[24].

La transmission fidèle de l'information

La troisième condition de validité d'un questionnaire est que les gens transmettent l'information qu'ils possèdent sans distorsion. Cette condition renvoie à la sincérité des réponses et aux effets possibles de contamination du questionnaire. Un certain nombre d'observations peuvent être faites à ce propos. Premièrement, il semble bien que les

---

21. Voir le chapitre 12 sur les histoires de vie.
22. Prenons le comportement électoral. La distorsion la plus importante est la sous-estimation du changement, les électeurs ayant changé de parti se rappelant moins bien leur comportement passé et ayant tendance à l'aligner sur leur comportement récent (H.T. HIMMELWEIT *et al.*, « Memory for Past Vote », *British Journal of Political Science*, vol. 8, juillet 1978, p. 365-375).
23. Edward A. POWERS *et al.*, « Congruence between Panel and Recall Data in Longitudinal Research », *Public Opinion Quarterly*, vol. 42, automne 1978, p. 380-390.
24. Seymour SUDMAN et Norman M. BRADBURN, *Asking Questions*, San Francisco, Jossey-Bass, 1987, p. 51.

tentatives délibérées et systématiques de distorsion sont extrêmement rares. Ceux qui acceptent de répondre à un questionnaire le font généralement dans un esprit de collaboration qui s'exprime par un effort de sincérité. De même, les sondeurs portent une attention particulière à la formulation et à l'ordre des questions de façon à ne pas orienter les réponses. La correspondance observée entre les intentions de vote exprimées dans les sondages et les résultats postérieurs du vote en fait foi.

Par contre, les informateurs ont aussi d'autres motivations lorsqu'ils répondent à un questionnaire. Ghiglione et Matalon[25] distinguent trois motivations principales : maintenir de bons rapports avec l'enquêteur, donner de soi une image favorable et donner de soi une image « conforme », « normale ». Dans un grand nombre de cas, ces motivations ne constituent pas des sources importantes de distorsion. C'est le cas des sujets « neutres » pour lesquels il n'existe pas de norme sociale approuvée par à peu près tout le monde. Ce semble être le cas, entre autres, des intentions de vote. Il est, par contre, un certain nombre de faits, comportements ou opinions qui sont considérés comme répréhensibles par la société – consommation d'alcool ou de drogues, racisme, comportements marginaux – et qui sont beaucoup moins avoués dans les questionnaires. Ce problème peut être corrigé en partie en formulant des questions faisant apparaître tous les comportements ou opinions comme acceptables et en entraînant les interviewers de façon à ce qu'ils les présentent comme tels. Cela permet sans doute de réduire le biais et non de l'éliminer complètement.

Cette difficulté se présente même pour la mesure des variables socio-économiques. Ainsi, il semblerait que des effets de plancher et de plafond se manifestent dans les réponses sur le revenu, les plus riches ayant tendance à minimiser leurs revenus et les plus pauvres à les exagérer[26]. Ces effets reflètent probablement la tendance à donner de soi une image « normale ». De même, peu de gens sont enclins à admettre qu'ils n'ont pas d'opinion sur une question donnée. C'est ce qui a amené Converse à soutenir, dans un article[27] qui a fait l'objet de toute une controverse, qu'un certain nombre de répondants, qui n'ont aucune opinion sur un sujet, répondent tout simplement au hasard. S'il est à peu près impossible d'estimer la fréquence de ce type de réponse, son existence

---

25. Rodolphe GHIGLIONE et Benjamin MATALON, *Les enquêtes sociologiques : théories et pratique*, Paris, Armand Colin, 1978, p 149.
26. Paul M. SIEGEL et Robert W. HODGE, « A Causal Approach to the Study of Measurement Error », dans Hubert M. BLALOCK et Ann B. BLALOCK (dir.), *Methodology in Social Research*, New York, McGraw-Hill, 1968, p. 36.
27. Philip CONVERSE, « The Nature of Belief Systems in Mass Publics », dans David APTER (dir.), *Ideology and Discontent*, New York, The Free Press, 1964.

peut difficilement être niée. Dans nos sociétés, un individu respectable est censé être informé et avoir une opinion. Là aussi, il est possible d'apporter des correctifs, en posant des questions préliminaires sur le niveau d'information ou en présentant l'absence d'opinion comme légitime.

Globalement, la stratégie la plus efficace consiste à identifier les risques de distorsion et à adopter des stratégies qui minimisent ces risques.

L'enregistrement fidèle de l'information

Les risques d'erreur ne proviennent pas exclusivement de l'informateur. Dans les questionnaires qu'il administre, l'interviewer peut ne pas inscrire correctement la réponse qui lui est donnée. Il existe des méthodes qui permettent de détecter et de corriger de telles erreurs. On peut procéder à la vérification d'un certain nombre de questionnaires ainsi que de l'ensemble de la codification[28]. Les normes de l'AIRMS (Association pour la recherche marketing et sociale) demandent une validation de 10 % des questionnaires. L'informatisation de la collecte des données dans les enquêtes téléphoniques a facilité grandement la vérification et la validation au moyen de l'écoute (communément appelé le mouchard). Toutefois, la codification et sa vérification peuvent être rendues plus difficiles surtout lorsqu'on tente de faire une codification simultanée (pendant l'entrevue). Les réponses aux questions ouvertes doivent être enregistrées le plus fidèlement et complètement possible pour permettre une codification ultérieure valide et vérifiable. Finalement, le plus grand soin doit être porté à la présentation et à la mise en page des questionnaires écrits de façon à minimiser les sources d'erreur.

Cette brève discussion a permis d'identifier les principaux avantages et limites du sondage comme instrument de recherche. Deux conclusions principales semblent se dégager.

- Premièrement, le sondage présente le grand avantage d'être flexible, mais se fonde sur la verbalisation, avec les risques d'erreur qui s'ensuivent. Ces avantages et limites doivent être comparés à ceux des autres instruments.

- Deuxièmement, lorsqu'un chercheur a recours au sondage, il est, dès le départ, confronté à un certain nombre de questions. Il doit se demander si l'analyse devrait porter sur les individus ou sur

---

28. Earl P. Babbie, *Survey Research Methods*, Belmont, Wadsworth, 1990, chap. 10.

d'autres unités, se préoccuper de l'accueil qui sera réservé à son questionnaire, s'assurer que les répondants comprennent et possèdent effectivement l'information qui leur est demandée, faciliter les réponses sincères et spontanées, et, finalement, vérifier l'enregistrement de ces réponses.

C'est à partir de la question de recherche que l'on peut juger si le sondage est approprié. Toutefois, une fois la décision prise de faire un sondage, des choix concrets doivent être faits au regard du devis de recherche et des modalités d'administration. Ces choix auront des conséquences sur l'élaboration du questionnaire – formulation et choix des questions, ordre, type de questions – et sur l'administration proprement dite.

2. Le devis de recherche

Le premier choix qui se pose au chercheur a trait au nombre d'enquêtes qu'il doit mener. On distingue ainsi le sondage ponctuel, dit aussi « à coupe transversale », dans lequel le questionnaire n'est administré qu'une fois, du sondage longitudinal, dans lequel le questionnaire est administré à plusieurs reprises. Le sondage longitudinal peut être de tendance, si le questionnaire est administré à différents échantillons d'une même population à différents moments, ou de type panel, si le questionnaire est chaque fois administré au même échantillon.

Supposons qu'un chercheur s'intéresse au lien entre le revenu et le comportement électoral. Par un sondage ponctuel, il pourra vérifier l'existence d'un tel lien. En analysant des sondages effectués lors de différentes élections, il pourra déterminer si ce lien (ou l'absence de ce lien) change dans le temps, si un parti progresse (ou régresse) davantage chez les plus riches (ou les plus pauvres) et établir certaines associations entre ces changements et les politiques gouvernementales ou les stratégies des partis. Par un sondage panel, non seulement pourra-t-il procéder à une telle analyse, mais il pourra déterminer si ce sont les individus dont le revenu a le plus augmenté (ou diminué) entre deux élections qui ont davantage modifié leur comportement électoral. La dynamique individuelle devient directement accessible, contrairement au sondage de tendance.

2.1. Le sondage ponctuel

Le sondage ponctuel est le plus simple et certainement le plus fréquent. Il sert à décrire certaines caractéristiques d'une population ou à examiner les relations entre certaines variables à un moment donné. Il a le désavantage d'être statique, de ne pas permettre l'analyse du changement. Il est cependant beaucoup moins coûteux. On n'aura donc recours au sondage longitudinal que si cela s'avère indispensable. Tout dépend en fait de l'hypothèse de départ. *Le devis ponctuel est approprié lorsque l'ordre de causalité des variables ne pose pas problème ou n'est pas central pour répondre à la question de recherche.* Si l'on s'intéresse à la relation entre la scolarité et le vote, par exemple, on peut supposer que la première variable influence la seconde, et non l'inverse. Un sondage ponctuel ne permettrait pas, par contre, de déterminer si ce sont les opinions sur telle politique gouvernementale qui influencent l'évaluation de la compétence du premier ministre ou l'inverse.

2.2. Le sondage de tendance

Lorsqu'on peut répéter la même enquête à plusieurs reprises, les possibilités sont beaucoup plus riches. On peut alors observer l'évolution de certaines caractéristiques de la population ou encore de relations entre variables, dans le temps. Certaines firmes de sondage, par exemple, conduisent des enquêtes à intervalles fixes : on peut ainsi suivre, d'un mois à l'autre, la cote de popularité des partis politiques au Canada. On peut aussi s'intéresser aux changements dans les relations entre variables.

> On peut examiner l'impact de certains événements en comparant les tendances avant et après ces événements. C'est ainsi que Nadeau et Mendelsohn[29] ont pu montrer qu'un parti qui change de chef voit habituellement sa cote de popularité augmenter et que la prime est plus élevée quand le parti en question jouit au départ d'une faible popularité et quand les chefs des autres partis sont en place depuis longtemps. De même, c'est en comparant des sondages effectués à différents moments dans le temps et en suivant les réponses données par des cohortes d'individus nés pendant la même période qu'on peut mesurer les effets de période, de génération et de cycle de vie. C'est ainsi que Johnston[30] a pu démontrer qu'il n'y a guère de différence entre les générations dans les loyautés partisanes des Canadiens.

---

29. Richard NADEAU et Matthew MENDELSOHN, « Popularity boost following leadership changes in Great Britain », *Electoral Studies*, vol. 13, sept. 1994, p. 222-228.
30. Richard JOHNSTON, « Générations politiques et changement électoral au Canada », dans Jean CRÊTE et Pierre FAVRE (dir.), *Générations et politique*, Sainte-Foy, Presses de l'Université Laval, 1990.

Le sondage de tendance peut s'intéresser aux changements à court ou à *long* terme. À court terme, on peut avoir recours à une enquête « roulante » (*rolling cross-section*) qui peut s'échelonner sur quelques semaines ou mois, des mini-échantillons étant tirés chaque jour ou semaine.

> C'est ainsi que procèdent maintenant les enquêtes universitaires sur les élections canadiennes. À chaque jour de la campagne électorale, on tire un mini-échantillon nouveau ; on interviewe ainsi environ 80 personnes à chaque jour, ce qui permet de suivre l'évolution des perceptions et des attitudes tout au long de la campagne[31]. C'est en s'appuyant sur de telles données qu'on a pu montrer que lors du référendum sur l'Accord de Charlottetown, en 1992, l'appui à l'Accord a dégringolé au Canada anglais (mais non au Québec) dans les jours qui ont suivi le fameux discours du « Egg Roll » de Pierre Elliott Trudeau.

Lorsqu'elles s'intéressent aux changements à long terme, les études de tendance se fondent habituellement sur une analyse secondaire de sondages effectués par d'autres chercheurs ou par des firmes de sondage. De telles études sont possibles dans la mesure où des questions identiques sont posées dans les différents sondages. Elles permettent d'aller plus loin qu'un sondage ponctuel. On peut vérifier si certaines relations sont stables ou non dans le temps, ou encore mesurer l'effet de l'environnement extérieur sur l'évolution des résultats. Le sondage de tendance ne permet cependant pas d'observer les changements sur le plan individuel. Un sondage panel est alors nécessaire.

2.3. Le sondage panel

Dans le sondage panel, non seulement l'enquête est-elle répétée à plusieurs reprises, mais les mêmes personnes sont contactées à chaque fois. Ce type de sondage doit être planifié dès le départ : on conserve les coordonnées des informateurs qui sont interrogés de nouveau après un certain intervalle de temps. La démarche est différente de l'étude de tendance, qui se fait souvent *a posteriori*, en comparant les données de sondages déjà effectués. Au point de vue théorique, le sondage panel ouvre également de nouveaux horizons : la dynamique du changement peut être examinée sur le plan individuel.

---

31. Voir Richard JOHNSTON, André BLAIS, Henry BRADY et Jean CRÊTE, *Letting the People Decide : Dynamics of a Canadian Election*, Montréal, McGill-Queen's University Press, 1992 ; Richard JOHNSTON, André BLAIS, Elisabeth GIDENGIL et Neil NEVITTE, *The Challenge of Direct Democracy : The 1992 Canadian Referendum*, Montréal, McGill-Queen's University Press, 1996.

Le sondage panel présente donc un grand intérêt. Il comporte toutefois certains inconvénients. L'entreprise est beaucoup plus exigeante. Il faut répéter l'enquête, ce qui peut s'avérer très coûteux. La recherche doit s'étendre sur une plus longue période de temps. Il faudra par exemple attendre quatre ans (habituellement) si l'on veut analyser les changements entre deux élections.

Un deuxième problème concerne ce qu'on appelle la mortalité de l'échantillon. Cette mortalité découle du fait qu'un certain nombre de personnes ayant répondu au premier questionnaire ne répondent pas aux suivants, parce qu'elles ont déménagé et qu'on ne réussit pas à les retrouver, par lassitude ou pour d'autres raisons. Le taux de mortalité est d'autant plus élevé que le sujet est jugé peu important et peu intéressant, et que l'intervalle entre les enquêtes est grand.

> Voici quelques exemples. Les enquêtes universitaires sur les élections canadiennes ont une composante panel : on tente de réinterviewer, après l'élection, toutes les personnes qui ont été interviewées pendant la campagne. Parce que le laps de temps entre les deux entrevues est court (environ un mois en moyenne), le taux de mortalité est faible (moins de 15 %). Par contre, lors de l'élection canadienne de 1979, on a tenté de réinterviewer les personnes interviewées lors de l'élection précédente, cinq ans auparavant : le taux de mortalité fut alors de près de 50 %.
>
> Mais l'enquête panel la plus ambitieuse de toutes est le ***Panel Study of Income Dynamics*** aux États-Unis[32]. Cette grande recherche a commencé en 1968 et porte sur plus de 5 000 personnes qui sont réinterviewées à chaque année. Elle permet de voir comment la situation économique des mêmes individus fluctue d'une année à l'autre. Dans cette étude, le taux de mortalité à chaque année est de moins de 5 %. Une enquête du même genre a été lancée au Canada en 1994.

Une troisième difficulté a trait aux risques de contamination. Le seul fait de répondre à un questionnaire peut sensibiliser un individu à certaines questions et modifier ses comportements ou ses attitudes. On a ainsi remarqué que ceux qui répondent à des sondages électoraux ont plus tendance à aller voter[33]. Par conséquent, les changements qu'on observe entre les différentes vagues d'un panel peuvent avoir été créés

---

32. Voir Sean BECKETTI *et al.*, « The Panel Study of Income Dynamics after Fourteen Years : An Evaluation », *Journal of Labor Economics*, vol. 6, octobre 1988, p. 472-492.
33. Donald GRANBERG et Sorem HOLMBERG, « The Hawthorne Effect in Election Studies : The Impact of Survey Participation on Voting », *British Journal of Political Science*, vol. 22, 1992, p. 240-248.

artificiellement par l'instrument de recherche. Les risques sont plus pro-
noncés lorsque le questionnaire est administré à de courts intervalles.

En somme, le sondage panel peut être mis à profit dans plusieurs
cas, surtout lorsque les risques de contamination apparaissent faibles,
que la population n'est pas trop mobile, que le thème de l'enquête suscite de l'intérêt et que les changements individuels sont au cœur de l'analyse. Le sondage de tendance suffit lorsqu'on veut se limiter aux
changements collectifs. Le sondage ponctuel est tout à fait approprié
lorsque la perspective est strictement statique, ou lorsqu'il apparaît
possible de faire appel à la mémoire des informateurs pour mesurer des
états, des comportements passés.

3. Les modes d'administration

Une fois le devis de recherche arrêté, le chercheur doit déterminer de
quelle façon les réponses aux questions seront recueillies. On peut
d'abord distinguer deux grands *modes* d'administration, les *entrevues*,
lorsque le questionnaire est administré par un interviewer, et les
questionnaires *auto-administrés*, où l'informateur inscrit lui-même ses
réponses[34]. On peut également tenir compte de la façon dont le répondant est contacté. L'entrevue conduite par un interviewer peut se faire
par téléphone ou en face à face. Le questionnaire auto-administré peut
être envoyé par courrier ; on parle alors de *questionnaire postal*. En outre,
il peut être *distribué* de main à main. Ces différents modes ne s'excluent
pas nécessairement l'un l'autre.

> Lors d'une étude comparative sur l'emploi du temps dans treize pays
> différents, on a, par exemple, eu recours à des questionnaires auto-
> administrés qui ont ensuite été vérifiés et complétés par un inter-
> viewer[35]. De même, un questionnaire envoyé par la poste peut être
> complété par téléphone. Les combinaisons possibles sont nom-
> breuses. Un autre exemple est celui d'une enquête menée par la
> Corporation des médecins du Québec, en 1988, auprès des femmes
> ménopausées. Le téléphone a été utilisé comme mode de recrutement

---

34. Le questionnaire lui-même peut être sur *support papier* – le questionnaire écrit – ou
sur *support informatique* – résident ou sur disquette. Le type de support aura certaines conséquences sur le plan technique, sur la manière de remplir le questionnaire,
la complexité possible du questionnaire, les possibilités de vérification, entre autres.
35. Edwin K. SCHEUCH, « The time-budget interview », dans Alexander ZALAI (dir.), *The
Use of Time : Daily Activities of Urban and Sub-urban Populations in Twelve Countries*, La
Haye, Mouton, 1972.

> d'un échantillon représentatif et a permis de recueillir les informations sur les coordonnées des répondantes. Celles-ci recevaient dans les jours suivants un questionnaire postal accompagné d'une enveloppe réponse préaffranchie. Le suivi des opérations se faisait par la poste et par téléphone.

Dans toute recherche, on tente de choisir le mode le plus efficace, celui qui permettra de recueillir la meilleure qualité d'information au moindre coût en temps et en argent. Plusieurs critères, qui recoupent les conditions de validité présentées plus haut (section 1.2) présideront à ces choix. D'une part, l'objet d'étude demande parfois de recourir à des questions intimes et délicates, des questions qui demandent réflexion ou qui demandent des réponses élaborées. Dans ce cas, le mode auto-administré est le plus approprié pour assurer une transmission fidèle de l'information. De même, un sondage complexe ou demandant le recours à des aides visuelles commandera généralement de recourir à l'entrevue face à face. Le *type de question et la complexité du questionnaire* est donc un premier critère. D'autre part, les *caractéristiques de la population et de la base de sondage* disponible détermineront aussi les choix. Si la population à l'étude est déterminée par une aire géographique restreinte, le questionnaire postal ou distribué ou même l'entrevue face à face pourront être envisagés. Par contre, si l'aire géographique est étendue, dispersée, l'entrevue téléphonique ou le sondage postal deviennent privilégiés. Si seule une liste d'adresses est disponible, on tente habituellement d'utiliser un mode auto-administré ou sur place plutôt que de se lancer dans une recherche de numéros de téléphone. Enfin, il va sans dire que le questionnaire écrit apparaît peu approprié pour une enquête auprès des analphabètes (!). Des *critères financiers* guident aussi les choix. Le questionnaire postal est habituellement le moins cher et l'entrevue face à face, la plus dispendieuse. Enfin, le *taux de réponse* associé à chaque modalité et les efforts nécessaires pour atteindre un taux acceptable constituent un dernier critère. Le questionnaire postal, particulièrement s'il est utilisé pour des populations hétérogènes et potentiellement peu intéressées par le sujet de l'enquête, donne généralement des taux de réponse plus bas. La distribution de main à main, particulièrement en groupe, et l'entrevue face à face donnent des taux généralement plus élevés.

3.1. L'entrevue par téléphone

Le sondage administré par téléphone est devenu le mode le plus populaire d'enquête en Amérique du Nord. Il s'avère maintenant plus populaire que l'entrevue face à face et ce, pour des considérations tant financières que pratiques. En moyenne, le coût par entrevue téléphonique complétée est environ deux fois moindre que celui de l'entrevue face à face. De plus, ce coût est demeuré presque stable depuis un certain nombre d'années grâce aux progrès techniques, à la réduction des frais d'appels interurbains, à l'informatisation et aux économies d'échelles réalisées avec la multiplication des sondages. Sur le plan pratique, la couverture de l'ensemble de la population est meilleure avec un sondage téléphonique puisque même les personnes résidant dans les endroits les plus isolés peuvent être rejointes facilement. Le contrôle sur l'ensemble des opérations est aussi plus direct. Toutes les entrevues peuvent se faire à partir d'une même salle, de sorte qu'il est plus facile de les superviser, d'identifier les difficultés et de réagir rapidement, alors que, dans les sondages en face à face, les interviewers sont dispersés sur le territoire et les responsables ont un contact indirect (et avec des délais importants) avec le processus concret de collecte des données. L'opération se fait aussi plus rapidement par téléphone et ce d'autant plus que presque toutes les firmes de sondage sont maintenant équipées pour faire les entrevues assistées par ordinateur. Les résultats de telles entrevues, si toutes les questions sont précodées, sont disponibles dans les heures qui suivent la fin des entrevues et les résultats partiels peuvent même être accessibles durant le déroulement du terrain. De plus, la plupart des logiciels utilisés permettent maintenant la programmation de questionnaires complexes et possèdent toutes les fonctionnalités nécessaires à la conduite des entrevues.

En Amérique du Nord, près de la totalité des ménages (98,8 % en 1996) possèdent au moins un téléphone. Toutefois, une partie de la population – entre autres les personnes âgées vivant en institution – n'a pas accès à un téléphone privé et ne peut être rejointe. À cela, il faut aussi ajouter qu'une proportion d'abonnés (évaluée à 9 %[36] en 1985 en Ontario et au Québec, mais à près de 20 % à Montréal selon Tremblay[37]) ne sont pas inscrits dans les annuaires téléphoniques, volontairement ou involontairement. Ces abonnés ont aussi des caractéristiques marquées (personnes plus mobiles mais aussi personnes plus riches ou plus connues, etc.). Ces derniers peuvent, cependant, être contactés si l'on a recours à la génération aléatoire des numéros plutôt qu'au bottin pour la confection de l'échantillon.

---

36. J. D. Drew, G.H. Choudhry et L.A. Hunter, « Nonresponse Issues in Government Telephone Surveys », dans Groves et al., Telephone Survey Methodology, New York, Wiley, 1988, p. 24.
37. Victor Tremblay, « La sélection dans les bottins téléphoniques : ampleur et conséquences de la non-inscription », Montréal, Centre de sondage, Université de Montréal, janvier 1981, miméo.

L'entrevue téléphonique limite le recours aux questions ouvertes et aux questions demandant réflexion, les réponses étant habituellement plus spontanées et plus courtes. Tout comme l'entrevue face à face, l'entrevue par téléphone est moins appropriée pour des sujets délicats, comme le comportement sexuel, les problèmes de santé, la consommation de drogues ou la perpétration d'actes illégaux[38]. La présence d'un interviewer et la crainte que la confidentialité ne soit pas totalement respectée amènent les répondants à cacher ou à modifier certaines informations. En résumé, l'entrevue par téléphone est généralement la modalité d'administration la plus rapide, la plus souple, la plus facile à contrôler et celle qui permet une meilleure couverture de la population ; elle est la modalité la plus utilisée en Amérique du Nord, à tout le moins pour les sondages auprès de l'ensemble de la population. Elle est toutefois peu recommandée lorsqu'on veut faire une utilisation systématique de questions ouvertes, de questions avec support visuel, de questions délicates ou lorsque le questionnaire envisagé est particulièrement long. Le questionnaire administré par téléphone ne devrait pas normalement dépasser 30 minutes.

3.2. L'entrevue en face à face

La plus grande qualité de l'entrevue face à face est sa polyvalence. Le questionnaire peut être passablement long. La présence d'un interviewer fait en sorte que les gens acceptent généralement de prendre une heure ou même deux pour répondre au questionnaire. Les formes de question peuvent être variées. On peut faire une utilisation moins restreinte des questions ouvertes et d'aides visuelles (voir la section 4.2). Ces considérations ont fait que l'entrevue face à face a été longtemps considérée comme la « crème » des sondages. L'entrevue face à face n'est pas sans désavantage toutefois. Le plus important est évidemment son coût. À cela, il faut ajouter un moins grand contrôle sur le déroulement de l'enquête, les superviseurs de terrain et les interviewers étant dispersés sur le territoire. De plus, les lieux isolés sont moins bien couverts puisque l'on doit habituellement recourir à un échantillon aréolaire[39]. Enfin, l'entrevue face à face est la plus susceptible d'entraîner des biais de « désirabilité sociale », c'est-à-dire que l'interviewer étant sur les lieux, la tendance pour le répondant à vouloir donner une bonne image de lui-même sera d'autant plus forte.

---

38. Roger TOURANGEAU et Tom SMITH, « Asking Sensitive Questions : The Impact of Data Collection Mode, Question Format, and Question Context », *Public Opinion Quarterly*, vol. 10, été 1996, p. 275-304.
39. Voir le chapitre 8 sur l'échantillonnage.

Les agences gouvernementales utilisent souvent l'entrevue face à face pour les grandes enquêtes périodiques comme Santé Québec, par exemple. Elle sont aussi appropriées lorsque la base de sondage est déterminée par des aires géographiques restreintes et lorsqu'il est nécessaire de compléter l'entrevue par des observations sur l'environnement, le milieu de vie des répondants.

3.3. Le questionnaire postal

Les principaux avantages du questionnaire par courrier[40] concernent la *couverture* et le *coût*. À peu près tous les citoyens ont une adresse et peuvent être rejoints par le courrier. Les coûts sont relativement peu élevés. La situation varie considérablement d'une enquête à l'autre mais, en moyenne, le sondage par la poste coûte à peu près trois fois moins cher que l'entrevue téléphonique et facilement six fois moins cher que l'entrevue face à face. Il n'est praticable, toutefois, que si une liste d'adresses existe ou peut être constituée.

Il est aussi plus approprié lorsqu'on doit poser des questions sensibles, auxquelles le répondant préférera répondre dans la plus stricte intimité. L'absence de contact avec un interviewer rend cette modalité *la moins susceptible d'entraîner des biais de désirabilité sociale*. Le répondant aura tendance à avouer plus facilement sa consommation réelle d'alcool ou de drogues, ses problèmes de santé mentale ou physique, ses difficultés relationnelles, etc.

Son principal désavantage a trait au *taux de réponse*. Le format est impersonnel. L'individu qui reçoit un questionnaire par le courrier peut beaucoup plus facilement ne pas y répondre que lorsqu'il est directement sollicité par un interviewer. En fait, le taux de réponse est la bête noire des sondages par la poste. Il varie énormément d'une étude à l'autre, pouvant aussi bien atteindre 10 que 80 %. Plusieurs moyens sont à la disposition du chercheur pour accroître le taux de réponse[41]. La lettre d'introduction, présentant l'étude et justifiant son intérêt, peut s'avérer cruciale puisqu'elle constitue le lien de communication privilégié entre le chercheur et les informateurs. Lorsque cela est possible, l'appui d'une organisation connue et appréciée par l'échantillon cible peut grandement

---

40. On inclut dans le terme courrier, la poste ordinaire mais aussi le courrier interne des organisations et le courrier électronique qui constitue déjà un mode d'enquête pour des sondages s'adressant précisément à une population d'utilisateurs.
41. Cette section s'inspire de Don A. DILLMAN, *Mail and Telephone Surveys : The Total Design Method*, New York, Wiley, 1978.

aider, de même que le recours à des compensations financières. Un suivi serré des opérations est nécessaire, incluant des rappels postaux ou téléphoniques lorsque cela est possible, puisque ceux-ci peuvent facilement faire doubler le taux de réponse. Enfin, les questionnaires postaux doivent toujours être accompagnés d'une enveloppe de retour préadressée et préaffranchie. Toutes ces « recettes » sont certes utiles. Il n'en demeure pas moins que le taux de réponse est souvent problématique. *Le sondage par la poste est surtout approprié pour l'étude de populations spécifiques et homogènes*. Des taux de réponse satisfaisants peuvent être obtenus dans les enquêtes auprès des membres d'une organisation, en particulier si la direction de l'organisation et le syndicat, le cas échéant, donnent leur appui. De plus, ce sont généralement les personnes les plus scolarisées qui collaborent le plus à ce type de sondage. Il est donc tout indiqué pour des populations dont le niveau d'instruction est élevé.

Le sondage par courrier présente également des difficultés à l'étape de l'élaboration du questionnaire. Celui-ci ne doit pas être trop long (pas plus d'une dizaine de pages) pour minimiser les non-réponses et il ne doit pas être trop complexe. On doit chercher par tous les moyens à alléger le fardeau du répondant par une présentation claire, aérée, agréable et par l'utilisation d'un format de type cahier[42]. Les questions doivent être particulièrement claires, puisque l'informateur ne peut obtenir d'explication s'il ne comprend pas un élément de la question. Finalement, le questionnaire étant auto-administré, chacun peut y répondre au moment où cela lui plaît et à sa façon. Pour certaines recherches, cette possibilité peut constituer un avantage. Les informateurs peuvent réfléchir davantage avant d'inscrire leurs réponses. La procédure est aussi utile lorsque les réponses ne peuvent toutes être données en même temps. C'est le cas des sondages qui mesurent la cote d'écoute des émissions de radio et de télévision, et qui demandent aux gens d'inscrire les émissions que chaque personne du ménage regarde ou écoute pendant une semaine donnée[43]. Pour d'autres recherches, par contre, cette possibilité est un inconvénient. Les informateurs peuvent

---

42. Cette indication vaut aussi pour les questionnaires sur support informatique. La « page-écran » ne doit pas être surchargée, les indications doivent être faciles à comprendre.
43. Cette méthode s'est avérée problématique à certains égards. On estime qu'elle surreprésente les téléphages et les personnes moins actives étant donné le fardeau demandé aux répondants. Le taux de réponse est relativement bas. L'utilisation de l'audimètre, maintenant techniquement possible, vise à résoudre ce problème. Toutefois, elle demande que chaque téléspectateur enregistre sa présence dès qu'il commence un visionnement et qu'il signale son départ dès qu'il cesse, ce qui constitue un fardeau important pour l'informateur. De plus, les coûts importants reliés aux appareils et à l'installation amènent, d'une part, à réduire l'échantillon et, d'autre part, à demander aux répondants une collaboration de deux à trois années.

consulter l'ensemble du questionnaire avant d'y répondre, chercher à rendre leurs réponses le plus cohérentes possible, les « surorganiser », ce qui les rend moins spontanées. On ne peut pas utiliser une telle modalité pour des questions de connaissance où le répondant aurait tout le loisir de chercher la réponse, ni lorsqu'il est nécessaire d'effectuer une sélection à l'intérieur d'un ménage. Le questionnaire doit être formellement adressé à une personne. On n'aura, par ailleurs, aucune garantie que c'est cette personne qui le remplira effectivement.

En somme, la poste n'est pas un mode « idéal » pour les sondages auprès de populations hétérogènes, à cause du faible taux de réponses. Par contre, le questionnaire par la poste est tout indiqué pour l'étude de populations homogènes ou plus scolarisées, en particulier les membres d'une organisation, ou lorsque l'enquête demande que le répondant puisse se sentir dans une situation de totale confidentialité.

3.4. Le questionnaire distribué

Ce format connaît plusieurs variantes. Le questionnaire peut être distribué à des groupes réunis en un endroit : l'exemple le plus connu est celui des étudiants répondant à un questionnaire lors d'un cours. Il peut l'être aussi à des individus partageant une même situation : ce serait le cas d'une étude faite auprès d'un échantillon de gens se présentant à la salle d'urgence d'un hôpital. Il peut même être distribué à la maison. Ce fut le cas de l'étude comparative sur l'emploi du temps, où un interviewer se rendait au domicile des répondants, expliquait comment utiliser les formulaires et revenait les chercher deux jours plus tard, procédant à certaines vérifications[44]. Chaque variante a ses particularités, de sorte qu'il est difficile de dégager des caractéristiques générales.

Les questionnaires distribués à la maison constituent une espèce rare, on a plutôt recours à l'entrevue en face à face. La procédure de distribution est préférée à celle de l'entrevue lorsque le chercheur estime que l'informateur a besoin de réflexion, de temps ou d'intimité pour répondre au questionnaire. Pour ce qui est du questionnaire distribué à des groupes réunis dans un lieu, il est évidemment d'utilisation restreinte : il ne peut s'appliquer qu'à des populations « spéciales ». Lorsqu'elle est possible, la formule est cependant fort intéressante. Les coûts sont minimes et les taux de réponse généralement élevés. Des explications

---

44. SCHEUCH, *op. cit.*

peuvent être données si des ambiguïtés se présentent. Par contre, le questionnaire doit demeurer court et simple.

4. L'élaboration du questionnaire

L'élaboration du questionnaire comprend quatre grandes étapes. Il faut d'abord décider des concepts à mesurer pour en arriver à déterminer les indicateurs nécessaires ; il faut ensuite passer à la rédaction ou à la sélection des questions correspondant aux indicateurs. L'étape suivante consiste à déterminer l'ordre des questions dans le questionnaire. Enfin, la dernière étape est celle du prétest, de la vérification du questionnaire.

4.1. La détermination des concepts et indicateurs

Le chercheur utilise le questionnaire comme un instrument de mesure qui lui permettra éventuellement de confirmer ou d'infirmer une ou plusieurs *hypothèses de recherche*. Ces hypothèses portent sur des *concepts* qu'il faut définir de façon précise pour pouvoir les opérationnaliser et, enfin, les mesurer. La toute première étape consiste donc à faire la liste des concepts à opérationnaliser, à les décomposer lorsque cela est pertinent et à choisir les indicateurs qui détermineront les questions à poser.

> Le concept large de « comportement culturel » doit, par exemple, être décomposé selon les types de comportements : fréquentation de cinémas, de théâtre, écoute de musique, lecture, etc. Chacun de ces comportements peut être décomposé plus avant. On peut parler de types de lecture – romans, bandes dessinées, essais – et chacun de ces types peut être détaillé plus avant de façon à obtenir des indicateurs de comportement : fréquence de lecture, moment privilégié pour lire, achats de livres, emprunts à une bibliothèque, etc. Ces indicateurs constituent des mesures d'un comportement culturel, c'est-à-dire la lecture, et d'un type précis de comportement de lecture, telle la lecture de romans.

On peut distinguer divers types de mesures selon ce qui est mesuré. On peut adopter une catégorisation qui distingue, d'une part, les mesures objectives des mesures subjectives. Les mesures objectives ont trait aux faits, aux caractéristiques des individus (le sexe, l'âge, le revenu), à leurs connaissances ainsi qu'à leurs comportements. Les mesures subjectives comprennent ce qu'on coiffe parfois du terme générique « attitudes ». Elles font référence à ce que les gens pensent et ressentent ainsi qu'aux jugements qu'ils portent. Elles comprennent les mesures d'opinion, de satisfaction, de perceptions, de valeurs – ce à quoi on accorde de l'importance – ainsi que les intentions de comportement.

4.2. La formulation des questions

Une fois qu'il a déterminé exactement ce qu'il veut mesurer, le chercheur peut procéder à l'élaboration proprement dite du questionnaire. La stratégie d'ensemble est relativement simple. À partir des indicateurs, le chercheur doit élaborer les questions ou choisir parmi des questions déjà utilisées par d'autres chercheurs. Il doit s'assurer que les sujets comprennent bien la question, qu'ils sont capables de donner une réponse, qu'ils acceptent de la donner et que cette réponse est authentique (voir section 1.2). À ce stade, la préoccupation est de « se mettre dans la peau du répondant », de prévoir comment il peut réagir à ces stimuli que sont les questions et de concevoir les stimuli qui semblent les plus susceptibles de produire l'information désirée. Cela exige d'imaginer plusieurs formulations différentes, de les comparer et de retenir celle qui apparaît la plus satisfaisante. Le chercheur est ainsi amené à consulter d'autres questionnaires portant sur des thèmes similaires ou connexes. Il pourra ainsi profiter de l'expérience des autres et prendre connaissance de certaines formulations. À moins de problèmes majeurs, il aura intérêt à utiliser ces formulations sans les modifier, de façon à pouvoir comparer les résultats de son enquête à ceux d'études antérieures. Cette préoccupation a entraîné la création de banques de questions auxquelles les chercheurs ont accès. Une des plus connues est celle du Center for Applied Social Surveys (CASS) disponible sur site Web (http:// www.scpr.ac.uk/cass).

La validité d'un sondage dépend en dernière analyse de la qualité des questions qui sont posées. D'où l'importance qui doit être accordée à la formulation des questions. Trois principaux critères nous semblent devoir être respectés à ce niveau. La *précision* assure la compréhension. Par ailleurs, la nécessité de ne pas contaminer les réponses demande d'assurer la *pertinence*, qui renvoie à la capacité des informateurs de répondre, et la *neutralité*, qui favorise des réponses authentiques. Une dernière considération est d'amener les informateurs à accepter de répondre et donc à *minimiser les refus*. Mais avant d'examiner chacun de ces critères, il convient de présenter les différents *types de questions* auxquels le chercheur peut avoir recours, leurs avantages et leurs limites.

Les types de questions

Au regard de la forme, on oppose habituellement la *question fermée*, dont la formulation comprend une liste préétablie de réponses possibles et la *question ouverte*, à laquelle l'informateur répond comme il le désire, à partir de son propre vocabulaire. Il existe diverses raisons pour ouvrir les questions. Lebart[45] en distingue quatre principales : pour économiser le temps d'entrevue, pour expliciter des réponses à des questions fermées, pour évaluer la qualité de l'information et pour recueillir des propos spontanés.

Ainsi, pour économiser le temps d'entrevue, on posera, en mode ouvert, des questions sur la fréquence de certains comportements, sur l'année de naissance ou sur le type d'emploi ou, encore, à la suite d'une question fermée sur le degré de satisfaction à l'endroit du gouvernement, on demandera : « Pour quelle raison, principalement, êtes-vous "très, assez, peu, pas du tout" satisfait ? ». Enfin, au lieu de poser une question fermée pour savoir si le répondant croit que la situation économique s'améliorerait, se détériorerait ou resterait la même si le Québec devenait un pays souverain, on pourra avoir recours à une question ouverte du type « Qu'arrivera-t-il à l'économie du Québec, à votre avis, si le Québec devient un pays souverain ? »

Le grand avantage de la question ouverte, lorsqu'elle est utilisée pour recueillir des informations qualitatives, est de laisser plus de liberté à l'informateur. Celui-ci peut s'exprimer en ses propres mots, faire des nuances et structurer lui-même sa réponse. Elle comporte, par contre, plusieurs désavantages. Elle demande plus d'effort de la part de l'informateur. Les réponses obtenues peuvent être vagues et difficiles à interpréter, et la qualité de l'information peut dépendre de la compétence verbale de l'informateur. Lorsqu'utilisée en entrevue, elle exige beaucoup de l'interviewer, qui doit inciter l'interviewé à donner le plus d'information possible et noter exactement la réponse. Il s'agit ensuite de constituer le *plan de codification*, étape au cours de laquelle les réponses sont regroupées dans un certain nombre de catégories ; il s'agit d'un travail délicat et relativement fastidieux. Finalement, l'insertion de quelques questions ouvertes dans un questionnaire peut aider à compléter l'information et à enrichir l'interprétation. Une technique particulièrement intéressante à cet égard est la *question ouverte aléatoire* (*random probe*) : on demande à chaque interviewer de faire expliciter les réponses données

---

45. Ludovic LEBART, « Traitement des questions ouvertes », dans D. GRANGÉ et L. LEBART (dir.), *Traitement statistique des enquêtes*, Paris, Dunod, 1993, chap. 10.

à certaines questions fermées sélectionnées à l'intérieur du questionnaire (ces questions variant d'un questionnaire à l'autre), en demandant à l'interviewé pourquoi il a répondu de telle façon[46]. La question ouverte est donc plus onéreuse et plus compliquée. C'est pourquoi les sondages se fondent généralement sur des questions fermées qui, lorsqu'elles sont formulées avec soin, apparaissent tout aussi (et même parfois plus) valables.

Les questions fermées ont aussi certains désavantages. Il y a risque d'oublier certaines possibilités, de sorte qu'il peut être indiqué, dans une première enquête exploratoire (ou dans un prétest) d'utiliser davantage de questions ouvertes, dont les résultats peuvent servir à construire des questions fermées plus satisfaisantes. Si les questions fermées possèdent des avantages évidents pour ce qui est de la standardisation des réponses, elles sont plus exigeantes pour le chercheur qui doit d'autant mieux connaître son sujet.

On peut aussi distinguer les questions strictement littéraires des questions utilisant des supports visuels. Cette distinction vaut pour l'entrevue face à face et le questionnaire auto-administré. À certains moments de l'entrevue, par exemple, l'interviewer peut remettre au répondant une feuille présentant les différentes réponses possibles. Cela s'avère particulièrement utile lorsque le nombre de réponses possibles est élevé et que l'informateur peut facilement en oublier. Il est aussi possible dans les questionnaires auto-administrés d'utiliser des cartes géographiques, des dessins représentant des activités, des visages dont les expressions varient, etc.

Dans une étude conduite en anthropologie par questionnaire distribué, on demandait aux répondants d'indiquer sur une carte de l'île de Montréal, les secteurs qui leur apparaissaient majoritairement francophones, majoritairement anglophones ou ni l'un ni l'autre. Sur cette même carte, on demandait au répondant d'encercler ce qu'était Montréal pour lui. Ces mesures constituaient des indicateurs de la manière dont les répondants se représentaient Montréal[47]. Javeau[48] donne un exemple où l'on propose quatre dessins représentant une personne assise devant un ordinateur, un joueur de tennis, un manifestant et un étudiant. On demande au répondant lequel parmi les quatre dessins lui semble mieux représenter la jeunesse actuelle.

---

46. John R. Zaller, *The Nature and Origin of Mass Opinion*, Cambridge, Cambridge University Press, 1992, chap. 4.
47. Elke Laur, Étude réalisée au Département d'anthropologie de l'Université de Montréal, 1995.
48. Claude Javeau, *L'enquête par questionnaire*, Bruxelles, Éditions de l'Université de Bruxelles, 1992, p. 88-89.

Ces supports visuels rendent les questions plus concrètes et brisent la routine. Ils contribuent à renouveler l'intérêt de l'informateur. Il faut cependant en faire un usage parcimonieux puisque les questions de ce type sont plus longues à administrer.

La formulation des questions : la précision

La première considération dans la formulation des questions se situe au niveau du vocabulaire. Celui-ci doit être simple. Le chercheur est en général très familier avec le thème de l'enquête. Il possède un vocabulaire technique qui peut être fort différent de celui du reste de la population. Il est important qu'il prenne conscience de ce « biais » et qu'il soit sensible au langage de la population qu'il veut étudier. Il doit également utiliser des termes qui ont le même sens dans les différents groupes sociaux. Les termes plus techniques, spécifiques à des domaines précis, peuvent être utilisés uniquement lorsque le questionnaire s'adresse à une population pour qui ces termes sont d'usage courant.

Une question est également ambiguë si elle porte sur plus d'une dimension. Il convient donc de n'introduire qu'une seule idée à la fois. La question suivante serait de ce point de vue fautive : « Pensez-vous que le gouvernement devrait dépenser plus, moins, ou la même chose pour l'éducation et les services sociaux ? » La question demande, en effet, un avis sur deux aspects, les dépenses reliées à l'éducation et celles reliées aux services sociaux. Une réponse en faveur du « plus » entraîne que le répondant est soit favorable à une augmentation des dépenses dans les services sociaux, soit à une augmentation dans l'éducation, soit à une augmentation dans les deux domaines. Il faut donc décomposer la question et poser des questions séparées pour chacun des aspects.

La question doit être la plus courte possible, car plus la question est longue, plus les risques sont élevés que certains éléments aient été mal compris. Ce risque est d'autant plus important dans les entrevues, lorsque le répondant doit mémoriser les divers aspects de la question et les catégories de réponse. La question « idéale » se limite à une ou deux lignes. Cet idéal ne peut évidemment pas être atteint dans tous les cas. Il faut alors accorder encore plus d'attention à la formulation de la question et vérifier s'il n'y aurait pas possibilité de la décomposer en des sous-questions plus courtes.

Pour les variables qui sont au cœur de la problématique, le chercheur vise un degré maximal de précision. Dans une enquête où le revenu est un concept central, par exemple, on aura recours à des questions précises sur les diverses sources de revenu, le salaire, les

prestations d'assurance-chômage, d'aide sociale, les allocations familiales, les rentes, les intérêts, les dividendes, les gains de capitaux, les dons
et héritages reçus, etc.[49]. Par contre, lorsque le revenu n'est pas considéré
comme une variable cruciale, on se limitera à une ou deux questions
portant sur le revenu global de l'individu lui-même et du ménage dont
il fait partie, le cas échéant. Enfin, le niveau de précision de la question
doit correspondre à la capacité de répondre de l'informateur. Pour ce qui
est des rappels, un événement saillant ou peu fréquent, mariage, naissance d'un enfant, mort d'un être cher, viendra plus aisément à la
mémoire. On peut aller jusqu'à demander la date précise où de tels événements sont survenus. Par contre, les répondants seront généralement
incapables de se rappeler de façon précise le nombre de verres de lait
qu'ils ont consommés au cours des quatre dernières semaines. Il importe
d'établir un ordre de priorité et d'accorder une plus grande attention
aux variables jugées les plus importantes pour la vérification de
l'hypothèse.

La précision s'applique aussi à la formulation des réponses. Dans
la question fermée, c'est le chercheur qui établit au départ les réponses
possibles. La formulation des réponses dépend donc étroitement de la
formulation des questions.

- Sauf pour des cas évidents (lorsqu'il s'agit d'un « oui », ou d'un
  « non »), les réponses possibles doivent apparaître explicitement
  dans la question. Il ne peut en être autrement si l'on veut que
  l'informateur se situe par rapport à des catégories préétablies.

- Les catégories de réponse doivent être exhaustives et mutuellement exclusives. Il faut donc s'assurer que toutes les possibilités
  logiques de réponse aient été prévues et qu'elles ne se recoupent
  aucunement. Cela nécessite, entre autres, de prévoir des codes
  de réponses pour les catégories « ne sais pas » et « refus de
  répondre », qui ne sont cependant pas mentionnées explicitement
  dans la question.

- Le choix le plus important a trait au nombre de catégories. Plus
  les catégories sont nombreuses, plus on peut obtenir de précision
  dans les réponses, mais plus le risque est grand, par contre, que
  certains termes soient mal compris ou oubliés, en particulier dans
  les sondages par téléphone. Par voie de compromis, la plupart
  des questions en arrivent à comporter trois, quatre ou cinq

---

49. Voir Arnaud SALES et al. (1996), *Les conditions de vie des étudiants dans les années 1990*,
    Ministère de l'Éducation, Gouvernement du Québec, pour un exemple détaillé de
    questions portant sur le revenu et les dépenses des étudiants.

catégories de réponse (outre les «ne sais pas» et les «refus»). Plusieurs discussions et recherches ont été faites sur la pertinence d'adopter un nombre pair de catégories de réponse (sans point milieu) ou un nombre impair (avec point milieu)[50]. Chaque position a ses avantages et ses inconvénients. La pratique semble tendre vers un nombre pair de catégories qui force le répondant à se prononcer d'un côté ou de l'autre.

La formulation des questions : la pertinence

Une question n'est utile que si les gens possèdent effectivement l'information qui leur est demandée. Les conséquences générales de ce préalable ont été considérées dans la section 1.2. Trois remarques supplémentaires peuvent être faites par rapport à la formulation des questions.

En premier lieu, le problème de la pertinence se pose avec une acuité particulière dans le cas des *questions d'opinion*. L'expérience démontre que peu de gens avouent spontanément ne pas avoir d'opinion sur un sujet. On estime qu'environ 30 % de la population donnera une opinion sur des législations qu'ils ne connaissent pas[51]. Il y a donc tout intérêt à introduire une question d'opinion par une ou plusieurs questions préliminaires. Ces questions préliminaires peuvent être des questions d'information. On mesure d'abord le niveau de connaissance et la question d'opinion n'est posée qu'à ceux qui ont une connaissance minimale du sujet. Une autre stratégie consiste à demander d'abord aux répondants s'ils ont une opinion sur la question : le pourcentage de «sans opinion» augmente alors de 20 %[52], dont une partie toutefois pourrait être constitué de répondants discrets ou «paresseux». Les précautions élémentaires visant à s'assurer de la qualité des réponses fournies sont malheureusement oubliées dans un grand nombre de sondages d'opinion, ce qui rend leurs résultats moins fiables.

Le problème est encore plus complexe lorsqu'il s'agit de mesurer des intentions ou des *anticipations*, c'est-à-dire quand on cherche à prévoir les comportements des informateurs dans des situations non encore réalisées. Les gens achèteront-ils des maisons si les taux d'intérêt hypothécaire diminuent ? Cela amène parfois à poser des questions du genre :

---

50. Voir entre autres S. SUDMAN et N.M. BRADBURN, *Asking Questions*, San Francisco, Jossey-Bass, 1987.
51. Howard SCHUMAN et Stanley PRESSER, *Questions and Answers in Attitude Surveys*, New York, Academic Press, 1981, p. 158.
52. SCHUMAN et PRESSER, *op. cit.*, chap. 4.

«Que feriez vous si...?» Les résultats sont souvent décevants et leur valeur de prédiction faible. Il est généralement préférable d'analyser de façon plus approfondie la situation présente, les informations obtenues étant plus réalistes que les réactions par rapport à des situations hypothétiques.

Enfin, il faut éviter de poser au répondant une question qui ne s'applique pas à lui. C'est dans cette perspective que l'on a recours à des *questions filtres*. Ainsi, on s'assurera que le répondant a un conjoint avant de lui poser une série de questions sur le revenu, la scolarité ou l'occupation du conjoint. L'absence de respect de cette règle de pertinence a tendance à mettre le répondant mal à l'aise et peut l'amener à douter de la compétence du chercheur et à cesser l'entrevue.

La formulation des questions : la neutralité

La question vise à mesurer ce que l'informateur est, fait ou pense et non ce que le chercheur aimerait qu'il soit, fasse ou pense. Le chercheur vise donc à contaminer le moins possible les réponses. La stratégie consiste à trouver une formulation qui n'oriente pas les réponses dans une direction donnée. Il s'agit de présenter toutes les options comme étant acceptables et «normales». Une bonne façon, dans une question d'opinion, est de faire état de différentes positions et de demander à l'informateur de choisir celle qu'il préfère. La question suivante, tirée de l'étude sur l'élection canadienne de 1993, en est un bon exemple :

> À propos du déficit, quelle position correspond le mieux à votre opinion ?
>
> UN : Il faut réduire le déficit même si cela veut dire qu'il faut couper des programmes.
>
> ou
>
> DEUX : Les gouvernements devraient maintenir les programmes même si cela veut dire qu'ils continuent à faire des déficits.

Le désavantage de telles questions est évidemment leur longueur. Pour abréger, on fait parfois référence à une seule affirmation et on demande à l'informateur s'il est d'accord ou pas. Cette pratique a cependant l'inconvénient d'orienter quelque peu les réponses dans le sens d'une opinion déjà exprimée. Il est important alors d'équilibrer les énoncés.

Le respect de la neutralité entraîne aussi des conséquences dans la formulation des réponses.

- Les catégories de réponse doivent être équilibrées. Lorsqu'on mesure le niveau de satisfaction, un nombre égal de catégories doivent se situer du côté de la satisfaction et du côté de l'insatisfaction. Cet équilibre assure la neutralité de la question. Si l'on soumettait trois catégories « positives » et deux « négatives », par exemple, on pourrait orienter les réponses dans le sens de la satisfaction.

- On peut aussi se demander si l'ordre dans lequel les réponses sont présentées peut influencer les résultats. Les expériences menées par Schuman et Presser[53] à ce sujet sont déconcertantes. Dans la plupart des cas, l'influence est apparue négligeable, mais ils ont observé certaines exceptions importantes, exceptions qui ont semblé avoir peu de caractéristiques communes. Il y a donc peu d'enseignements à tirer pour ce qui est de la procédure optimale de formulation des réponses, sauf qu'il peut y avoir intérêt, pour des questions particulièrement importantes, à faire varier l'ordre des réponses (dans des sous-échantillons similaires) de façon à pouvoir détecter ou neutraliser des effets de ce type.

La nécessité de prévenir les refus

Si l'on pose une question à des individus, c'est dans l'intention d'obtenir une réponse. On doit donc chercher à minimiser les refus. Les formulations seront « polies » : on aura, par exemple, recours au vouvoiement plutôt qu'au tutoiement. On tentera aussi de rendre la question la plus attrayante possible. Les difficultés les plus grandes surviennent à propos de questions qui sont considérées comme personnelles et qui sont donc menaçantes pour l'informateur. Le problème est d'autant plus important que le refus de répondre à une question peut entraîner le refus de répondre au reste du questionnaire.

Diverses stratégies s'offrent alors au chercheur. Une première est de se contenter d'une information approximative. Le revenu est un cas patent. Certaines personnes s'objectent à révéler leur revenu personnel ou familial. L'expérience a cependant démontré qu'on peut minimiser le nombre de refus si l'on se limite à un ordre de grandeur. On demande à l'informateur de se situer dans une *catégorie* de revenu. On réduit ainsi le pourcentage de refus[54]. Pour obtenir l'âge des répondants, on demande habituellement l'année de naissance, plus facile à « avouer ».

---

53. SCHUMAN et PRESSER, *op. cit.*, chap. 2.
54. GROVES et KAHN, *op. cit.*, p. 132.

Une autre stratégie est celle du « contexte adoucissant ». La question « délicate » est précédée de certaines questions qui la font apparaître plus « normale ». Par exemple, avant de demander aux gens s'ils trichent dans leur déclaration d'impôt, on leur demandera s'ils ont l'impression que la fraude fiscale est fréquente, si elle est le fait de tous les groupes sociaux, s'ils connaissent des gens qui ne trichent jamais ; puis, on abordera leur propre comportement.

Les trucs du genre sont cependant limités. Les gens ne sont pas dupes et ne révèlent pas, sauf de rares exceptions, l'information qu'ils ne veulent pas dévoiler. Le prétest est à cet égard précieux. S'il s'avère que les refus sont nombreux, il est parfois préférable de renoncer à certaines questions.

4.3. La mise en forme du questionnaire

Le questionnaire est un ensemble de questions. Il importe donc de considérer les questions les unes par rapport aux autres et aussi par rapport au tout. Trois aspects particuliers méritent d'être considérés : la *longueur du questionnaire*, l'*ordre des questions* et leur *orientation*.

Le principe général à respecter est celui relatif aux interactions sociales et plus particulièrement aux conversations. L'ordre des questions doit être celui d'une conversation suivie entre deux personnes. On ne change pas de sujet sans prévenir, on ne pose pas de questions non pertinentes, on suscite et on maintient l'intérêt. On respecte son interlocuteur.

La longueur

La longueur du questionnaire peut varier sensiblement selon le mode d'administration. Les questionnaires auto-administrés doivent être le plus court possible, surtout lorsqu'ils ne s'adressent pas à des populations spécifiques, de façon à encourager la collaboration. Par contre, les entrevues en face à face peuvent être passablement longues. Par ailleurs, et particulièrement dans le cas des entrevues en face à face, les coûts fixes sont considérables, de sorte que le fait d'allonger un questionnaire n'entraîne généralement que des coûts supplémentaires minimes. C'est là une incitation à exploiter toutes les possibilités d'un mode d'administration et à prévoir un questionnaire « assez » long, d'au moins quinze minutes par téléphone et trente minutes en face à face. Au-delà de ce seuil, il faut faire preuve de prudence et bien évaluer les risques de fatigue ou de lassitude chez les informateurs, surtout si le thème de l'enquête ne suscite pas beaucoup d'intérêt. On a remarqué, en effet, une tendance à donner davantage de réponses stéréotypées à la fin d'un long questionnaire, tendance qui affecte cependant peu les résultats d'ensemble[55].

L'ordre

Le questionnaire comporte généralement un certain nombre de sections correspondant chacune à une variable ou à un bloc de variables. L'ordre des sections est établi de façon à favoriser la collaboration des informateurs. On commence par les sections les plus intéressantes et les plus faciles. Une attention toute particulière est accordée aux premières questions, qui doivent être plus simples et plus attrayantes. Les sections les plus délicates sont placées vers la fin : elles ne seront ainsi abordées qu'une fois qu'un climat de sympathie aura été créé entre l'interviewer et l'interviewé (dans les entrevues). Pour le reste, l'ordre se voudra le plus « naturel » possible, les sections voisines étant celles qui apparaissent les plus liées sur un plan logique ou psychologique. Pour les questions demandant le rappel d'événements passés – le cheminement scolaire ou professionnel, par exemple – on posera les questions en respectant l'ordre chronologique de façon à ne pas obliger le répondant à faire des sauts dans le temps. Les questions sur les caractéristiques socio-économiques de l'informateur sont généralement insérées à la toute fin. Les passages d'une section à une autre sont marqués par une petite phrase de transition qui permet à l'informateur de comprendre l'orientation du questionnaire.

Les mêmes préoccupations prévalent lorsqu'il s'agit de déterminer l'ordre des questions à l'intérieur de chaque section. Encore là, il faut choisir l'ordre qui facilitera la tâche de l'informateur. Lorsque cela est possible, il est conseillé de poser des questions générales d'abord, puis des questions plus spécifiques. On peut – et l'on doit dans certaines situations – aussi recourir à des questions filtres, dont les réponses déterminent les questions suivantes qui seront posées. Voici un exemple utilisé très fréquemment dans les enquêtes par sondage :

---

55. A. Regula HERZOG et Gerald G. BACHMAN, « Effects of Questionnaire Length on Response Quality », *Public Opinion Quarterly*, vol. 45, hiver 1981, p. 549-560.

5. Vivez-vous présentement avec un conjoint?

    oui 1

    non ....2 }   PASSEZ À Q8

6. Quelle est sa principale occupation?

    en emploi 1

    aux études 2

    soins à la maison ....3 }   PASSEZ À Q8

    à la retraite 4

    autre, précisez _____ 5

7. Quel type d'emploi fait-il (ou fait-elle)?

    INTERVIEWER: Faites préciser

La séquence des questions n'est pas alors uniforme pour tous les informateurs, certaines questions n'étant posées qu'à un groupe particulier (les personnes ayant un conjoint ou les conjoints ayant un emploi). Les questions filtres sont très utiles: elles permettent d'adapter le questionnaire aux caractéristiques spécifiques de certains groupes. Lorsqu'on y a recours, il importe toutefois d'indiquer clairement la séquence – ou de bien la programmer dans le cas des entrevues assistées par ordinateur – pour éviter toute erreur lors de l'administration du questionnaire.

L'orientation

On doit également se soucier de l'orientation des questions chaque fois qu'on en pose plusieurs sur un même thème, en particulier lorsqu'on veut construire une échelle d'attitude[56]. Le problème provient de l'existence potentielle d'un «biais de positivité»: toutes choses étant égales par ailleurs, les gens ont tendance à répondre «oui» plutôt que «non» et «d'accord», plutôt que «pas d'accord». Deux stratégies permettent de minimiser les effets de ce biais:

    – la première consiste à éviter les catégories de réponse qui se prêtent à ce type de biais et à faire directement référence, dans la question, à différentes positions. Au lieu de demander: «Pensez-vous que l'on devrait réduire le déficit?», on empruntera une formule (voir section 4.2) qui identifie explicitement les deux options;

---

56. Voir le chapitre 7 sur la mesure des attitudes.

– la deuxième stratégie est d'équilibrer les énoncés favorables et défavorables, de façon à neutraliser le biais pour l'ensemble des questions. La série de questions ci-après, tirée du *Sondage sur la perception des problèmes constitutionnels Québec-Canada par la population du Québec* illustre bien le procédé. Un accord avec les énoncés «*a*», «*d*», «*e*» indique une orientation «canadienne» alors qu'un accord avec les énoncés «*b*», «*c*», «*f*», «*g*» indique une orientation «souverainiste». L'équilibre entre les deux orientations est ainsi assuré.

35. Voici certaines opinions concernant l'avenir politique du Québec. Pourriez-vous me dire si vous êtes plutôt en accord ou plutôt en désaccord avec chacune de ces opinions ?

		Plutôt en accord	*Plutôt en désaccord*	*N.S.P.*
a)	Dans le monde, le fédéralisme est la formule de l'avenir.	1	2	8
b)	Si les Québécois n'avaient qu'*un seul* gouvernement, cela leur coûterait *beaucoup* moins cher.	1	2	3
c)	Il y a trop d'intérêts contradictoires au Canada ; cela fait des chicanes à n'en plus finir.	1	2	3
d)	Pour les Québécois, c'est mieux de pouvoir participer à un grand pays comme le Canada, même s'ils sont minoritaires, que d'être majoritaires dans un plus petit pays comme le Québec.	1	2	3
e)	Les Québécois sont un trop petit peuple pour décider eux-mêmes de leur avenir politique.	1	2	3
f)	Il est impossible de renouveler le fédéralisme canadien suffisamment pour satisfaire les aspirations du Québec.	1	2	3
g)	Il serait avantageux pour les Québécois d'être gouvernés *seulement* par le gouvernement du Québec.	1	2	3

4.4. Le prétest du questionnaire

Il importe finalement de vérifier empiriquement la qualité du questionnaire avant de procéder à l'enquête proprement dite. Une première version est ainsi soumise à un *prétest*. Le questionnaire est alors administré à un petit nombre de personnes. Ces personnes doivent faire partie de la population à l'étude mais ne doivent pas faire partie de l'échantillon lui-même. Lorsqu'il s'agit d'entrevues, les interviewers ont pour mission de noter des hésitations, des signes de non-compréhension de la part des informateurs, de façon à déceler certaines lacunes du questionnaire. Ils doivent aussi vérifier si l'ordre du questionnaire est approprié, si les filtres renvoient aux bonnes questions. Enfin, ils minutent habituellement le questionnaire pour être en mesure d'apprécier sa longueur. Dans le cas des questionnaires auto-administrés, le prétest est plus difficile à réaliser, surtout s'il s'agit d'un questionnaire postal ou s'il est nécessaire d'assurer une confidentialité totale. Seules les informations qui apparaîtront lors de la compilation des résultats du prétest seront alors accessibles. Le prétest vise aussi à vérifier que les questions sont « productives », c'est-à-dire qu'il y a une certaine variation dans les réponses.

Le prétest doit s'effectuer autant que possible dans les mêmes conditions d'administration que celles qui ont été choisies pour l'administration proprement dite. En d'autres termes, on ne préteste pas seulement les questions et le questionnaire mais l'ensemble de la situation de collecte de l'information.

Le prétest amène généralement à apporter des modifications au questionnaire initial. Dans certains cas, un second prétest s'avère nécessaire. Dans tous les cas, le prétest est une opération précieuse. C'est l'occasion ultime de perfectionner le questionnaire.

5. L'administration du questionnaire

Une des grandes difficultés que soulève l'administration du questionnaire réside dans le fait qu'elle n'est généralement pas effectuée par ceux qui ont conçu la recherche. Il importe donc de *mettre le personnel de terrain – superviseurs, interviewers et codeurs – au courant des objectifs de l'enquête*, de la logique du questionnaire et même de certaines questions spécifiques. Ce premier principe préside aux autres. Un personnel bien informé qui comprend les questions et pourquoi elles sont posées sera en mesure de convaincre les personnes de collaborer, de bien les renseigner et de bien enregistrer et coder les réponses. D'où la nécessité d'une session d'information au cours de laquelle les chercheurs présentent l'ensemble du questionnaire, précisent ce que chaque question est censée mesurer et identifient les problèmes qui pourraient surgir. La session d'information permet de prévoir la grande majorité des problèmes et de leur apporter une solution qui soit à la fois uniforme et conforme aux objectifs de l'enquête. Pour ce qui est des questionnaires auto-administrés, les mêmes remarques s'appliquent aux personnes qui feront la distribution ou le suivi téléphonique, le cas échéant. Enfin, les personnes qui font la codification des questions ouvertes, quel que soit le mode d'administration, devront aussi être informées des buts de la recherche. Le chercheur a aussi avantage à mettre lui-même « la main à la pâte » de façon à mieux contrôler le processus : écouter un certain nombre d'entrevues pendant leur déroulement, participer à l'élaboration du plan de codification et à la codification elle-même permettent de mieux saisir comment les questions ont été comprises par les répondants et le sens que recouvrent les codes utilisés pour les questions ouvertes.

Le but du sondage est d'*obtenir des réponses valides* aux questions posées. Il faut pour cela prendre tous les moyens pour obtenir la collaboration de l'échantillon cible. Les facteurs qui facilitent cette collaboration varient selon les modes d'administration. La situation se présente de façon différente dans les entrevues et dans les questionnaires auto-administrés. Dans ce dernier cas, la présentation matérielle du questionnaire est cruciale : celui-ci doit apparaître attrayant et intéressant, relativement court, pas trop difficile et bien fait. Le format cahier sera privilégié et la mise en page sera aérée et de qualité professionnelle. De plus, il est de mise que la première page introduise le questionnaire et donne les coordonnées d'une personne à contacter pour vérifier la crédibilité du chercheur ou simplement demander des informations. Enfin, lorsque le questionnaire doit être retourné par la poste, il est essentiel d'inclure une enveloppe préadressée et préaffranchie.

Dans les entrevues, la collaboration dépend de la création d'un climat de sympathie et de coopération – mais non de trop grande familiarité – entre l'interviewer et l'interviewé. Les premiers moments d'une entrevue sont évidemment cruciaux : il s'agit d'obtenir la collaboration de l'informateur. La courtoisie est de rigueur, mais l'interviewer doit également faire preuve d'une certaine assurance, de façon à faire sentir à l'informateur que sa collaboration va plus ou moins de soi. L'interviewer présente brièvement l'enquête. Si nécessaire, il explique à l'informateur comment son nom ou son numéro de téléphone a été tiré et précise que ses réponses demeurent confidentielles. On peut se demander si à cette étape l'interviewer peut révéler le nom du commanditaire de l'étude. En général, on estime que cette information ne doit pas être révélée avant que l'entrevue ne soit complétée de façon à éviter des biais de complaisance, l'interviewé tentant de plaire au commanditaire.

L'interviewé doit bien comprendre la question. Dans les questionnaires auto-administrés, les directives sur la façon de répondre doivent être précises et claires. Dans les entrevues, l'interviewer lit lentement et clairement chaque question, de façon à ce qu'elle soit parfaitement comprise. Ce principe peut paraître banal et évident. Il convient toutefois de le rappeler, une des fautes les plus souvent commises étant précisément de procéder trop rapidement. L'interviewer doit maîtriser parfaitement le questionnaire, de façon à le manier avec aise et à donner à l'entrevue l'allure d'une conversation. Chaque question doit être lue intégralement. Si nécessaire, elle peut être répétée. Les seules explications permises sont celles qui ont été explicitement prévues par les responsables de la recherche et qui ont été indiquées au cours de la session d'information. Les questions doivent aussi être posées dans l'ordre où elles apparaissent dans le questionnaire. Finalement, toutes les questions prévues doivent être posées, sans exception. La stratégie est quelque peu différente lorsqu'il s'agit de questions ouvertes. L'interviewer doit alors se faire un peu plus actif, de façon à faire parler le plus possible sur le thème. Pour encourager l'informateur à préciser sa pensée, l'interviewer peut répéter sa réponse ou même garder le silence. Cela permet souvent au répondant de faire le point et de développer davantage une idée. L'interviewer peut aussi avoir recours à certaines expressions («autre chose?», «que voulez-vous dire exactement?») qui indiquent d'abord qu'il s'intéresse à la réponse et aussi qu'il aimerait avoir des explications supplémentaires. L'intérêt manifesté par l'interviewer permettra d'obtenir des réponses plus riches et plus détaillées.

La troisième condition est la non-contamination des réponses. Le chercheur vise à obtenir des réponses authentiques, qui ne sont pas influencées par l'interviewer. En conséquence, l'interviewer adopte une position de neutralité. Il accueille toutes les réponses comme étant légitimes et ne témoigne pas de surprise ou de désapprobation. L'entrevue est une interaction sociale qui repose sur le principe que l'interviewé répond honnêtement aux questions «en échange» du fait que l'interviewer ne porte aucun jugement sur l'interviewé.

Le rôle de l'interviewer ne se limite pas à poser des questions. Il doit aussi inscrire les réponses. Pour les questions fermées, il doit cocher ou encercler la réponse qui lui est donnée. Sur ordinateur, il doit habituellement amener le «surligné» au niveau de la réponse aux moyens des flèches du clavier. La tâche peut paraître simple, mais l'interviewer a aussi d'autres préoccupations. Il doit maintenir le climat de l'entrevue et s'assurer que l'interviewé ne deviendra pas impatient. L'interviewer doit donc pouvoir se concentrer presque exclusivement sur l'entrevue de façon à bien enregistrer les réponses. Pour les questions ouvertes, la consigne est d'inscrire la réponse au complet, idéalement au mot à mot. On doit utiliser le vocabulaire même du répondant, pour conserver toute la saveur de la réponse. Étant donné le rôle de l'interviewer, il ne convient pas de lui demander de faire de la codification pendant le déroulement de l'entrevue. Cette pratique peut difficilement produire des réponses valides ou fidèles puisqu'on ne peut même pas vérifier la qualité de la codification. On retiendra donc comme principe que la codification des réponses aux questions ouvertes doit être une opération séparée de l'enregistrement des réponses.

Conclusion

Tant que les gens accepteront de répondre à des questions posées par des étrangers, le sondage demeurera un outil précieux de mise en forme de l'information dans la recherche sociale. Certes, le sondage est un instrument limité. Il se fonde exclusivement sur la verbalisation. Les risques de distorsion sont parfois considérables, mais l'expérience démontre que pour un grand nombre de sujets, l'information qu'on en tire est valide. Notre jugement se doit donc d'être nuancé. Autant ceux qui ne jurent que par les sondages que ceux qui les rejettent d'une façon absolue ne nous semblent pas avoir bien posé la question. Il faut tenter de déterminer dans quels contextes le sondage est plus approprié et dans quels contextes il l'est moins.

La plus grande qualité du sondage est sa flexibilité. Il y a un grand risque à l'utiliser comme raccourci commode dans une situation qui appellerait l'utilisation d'autres instruments de mise en forme de l'information. Autant reconnaître dès le départ que le questionnaire est un substitut imparfait, prendre conscience de ses imperfections et prendre les moyens de neutraliser ses principaux biais.

Finalement, les sondages gagneraient à être plus imaginatifs. On se contente trop souvent de recettes toutes faites qui ne sont pas nécessairement les plus appropriées aux fins spécifiques d'une recherche. Il y aurait lieu de tenir davantage compte du contexte social, soit en introduisant directement des questions à ce sujet, soit en faisant appel à d'autres données pour compléter l'analyse. On pourrait aussi s'intéresser davantage à la dynamique sociale et privilégier les sondages longitudinaux, qui permettent d'analyser les changements dans le temps.

Bibliographie annotée

BABBIE, Earl R., *Survey Research Methods*, Belmont, Wadsworth, 1990.

Un manuel général qui présente toutes les facettes du sondage, de l'échantillonnage à l'analyse des données.

DILLMAN, Don A., *Mail and Telephone Surveys : A Total Design Method*, New York, Wiley, 1978.

Un livre qui expose en détail les procédures disponibles pour exploiter au maximum les possibilités des sondages par la poste et par téléphone.

FOWLER, Floyd J. Jr., *Survey Research Methods*, Newbury Park, Sage, 1993.

Couvre les aspects essentiels de la recherche par sondage : échantillonnage, non-réponse, méthodes de collecte, mesures et questions, techniques d'entrevue, préparation à l'analyse, questions éthiques, présentation des informations.

JAVEAU, Claude, *L'enquête par questionnaire*, Bruxelles, Éditions de l'Université de Bruxelles, 1992.

Ce livre donne l'essentiel de façon pertinente et succincte. Il couvre les aspects du questionnaire et de l'échantillonnage et présente de façon séquentielle les opérations à effectuer.

LAVRAKAS, Paul J., *Telephone Survey Methods*, Newbury Park, Sage, 1993.

Un livre qui expose concrètement comment procéder lorsque l'on conduit un sondage téléphonique. Informations relatives à l'échantillonnage, à la sélection dans le ménage, à la formation du personnel ainsi qu'à la manière de faire le suivi des opérations.

HYMAN, Herbert H., *Secondary Analysis of Sample Surveys*, Middletown, Wesleyan University Press, 1987.

Le livre illustre, à l'aide de plusieurs exemples, les possibilités qu'offre l'analyse secondaire de sondages existants.

MILLER, William L., *The Survey Method in the Social and Political Sciences : Achievements, Failures, Prospects*, New York, St-Martin's Press, 1983.

Un livre qui montre l'utilisation qui est faite des sondages dans différents pays, en particulier les sondages politiques.

Public Opinion Quarterly

Un périodique qui présente de nombreux articles sur la méthodologie des sondages ainsi que des analyses fondées sur des enquêtes sondages.

SCHUMAN, Howard et Stanley PRESSER, *Questions and Answers in Attitude Surveys: Experiments on Question Form, Wording and Context*, New York, Academic Press, 1981.

Ce livre présente les résultats de nombreuses expériences qui ont été faites pour mesurer l'effet de différentes formulations de questions sur les réponses obtenues.

SUDMAN, Seymour et Norman M. BRADBURN, *Asking Questions: A Practical Guide to Questionnaire Design*, San Francisco, Jossey-Bass, 1987.

Ce livre constitue un excellent guide pratique sur la rédaction des questions et l'élaboration du questionnaire. Il présente aussi les expériences qui ont été faites sur l'influence de la manière de rédiger les questions sur la répartition des réponses.

Chapitre 16
Les données secondaires

Benoît GAUTHIER et Jean TURGEON

Recyclage : action de traiter une matière
en vue de sa réutilisation.

Grand Larousse de la langue française

Introduction

Jusqu'à maintenant, toute cette troisième section du manuel, intitulée « La formation de l'information », s'est intéressée à l'information nouvelle recueillie expressément pour servir les fins de l'étude en cours. Le présent chapitre renverse la vapeur et propose une alternative moins coûteuse, moins exigeante, plus rapide et parfois plus rigoureuse : l'utilisation de données existantes.

On nomme *données secondaires* les *éléments informatifs rassemblés pour des fins autres que celles pour lesquelles les données avaient été recueillies initialement. Ces données peuvent servir de substrat à d'autres recherches.* Ce chapitre limite le concept de données secondaires aux ensembles qui ont constitué des données primaires pour d'autres fins – les fins pour lesquelles on a recueilli les données à l'origine. Il peut s'agir, par exemple, de sondages passés, de données sur le vote par circonscription, de rapports de dépense d'organismes gouvernementaux, de listes de compagnies et de leur revenu annuel, d'entrevues conservées dans des banques archivées, etc. Le trait commun de ces données, c'est qu'elles n'ont pas été recueillies spécifiquement pour la recherche que vous entreprenez. Nous excluons donc de cette définition, dans le cadre de ce chapitre, les données existantes n'ayant pas servi de données primaires tels que les rapports de recherche eux-mêmes et la littérature existante[1].

---

1. Certains auteurs considèrent que la littérature fait partie des données secondaires et discutent, en conséquence, des techniques de méta-analyse dans le cadre de leur présentation de l'analyse secondaire. Il s'agit d'un segment complètement différent de l'analyse secondaire, tant du point de vue des considérations techniques que de celui des problèmes éthiques. Nous préférons exclure ce champ de notre présentation.

Dans le même ordre d'idées, l'*analyse secondaire* utilise les données secondaires alors que l'analyse primaire est basée sur des données recueillies précisément en vue de cette analyse. La recherche fondée sur l'analyse secondaire se distingue de celle axée sur l'analyse primaire par le fait que l'analyste est entièrement dégagé de la responsabilité de la collecte des données (mais non de celle de s'assurer de sa validité et de sa fiabilité) pour se concentrer sur la conceptualisation et l'analyse.

Dans un esprit très écologique, on peut «*récupérer*» *des données* dont on n'a pas extrait toute la valeur scientifique. Il est très rare que l'agent chargé de la collecte des données primaires (université, ministère, compagnie) effectue une analyse vraiment exhaustive des données qu'il a en main. Le plus souvent, les données sont recueillies dans un but précis et l'analyse s'en tient à cet objectif. Les mêmes données peuvent cependant livrer bien d'autres messages. C'est là tout l'intérêt de l'analyse secondaire. La récupération de données existantes, si elle était systématisée, pourrait aussi réduire le fardeau imposé au public, aux organismes gouvernementaux et aux compagnies privées au regard de la production d'information. Prenons, par exemple, le cas des compagnies de sondage sérieuses qui ont observé, au cours des dernières années, des baisses significatives des taux de réponse moyens aux sondages menés auprès du grand public. L'explication de ce phénomène tient en partie au très grand nombre de sondages effectués aujourd'hui. L'utilisation des données secondaires pourrait contribuer à réduire ce problème.

UN BEL EXEMPLE DE RECYCLAGE
LES STATISTIQUES ANNUELLES DE
LA RÉGIE DE L'ASSURANCE-MALADIE DU QUÉBEC (RAMQ)[2]

Les *Statistiques annuelles* de la RAMQ en sont à leur 20e édition en 1991 (données de 1990). C'est la plus importante source de données publiques et de renseignements sur les principaux programmes administrés par la Régie. Le document se veut un outil permettant la compréhension de ces programmes et des coûts qu'ils engendrent. Six grandes sections s'y retrouvent :

1. Les services sociaux

2. Les services dentaires

3. Les services optométriques

---

2. Les auteurs tiennent à remercier monsieur Pascal Bossé, analyste à la Régie de l'assurance-maladie du Québec, pour son empressement à fournir des informations relatives à la RAMQ. Toutefois, l'utilisation que nous faisons de cette information n'engage que notre responsabilité.

4. Les médicaments et les services pharmaceutiques

5. Les prothèses

6. Les bourses, les autres mesures incitatives et l'assurance-responsabilité professionnelle.

On retrouve dans chacune des sections une description de ses programmes, des notes explicatives, un texte analytique, des tableaux couvrant une période de cinq ans et, enfin, des tableaux plus détaillés pour l'année 1990. Les informations apparaissent sous forme de tableaux (plus d'une centaine dont près de la moitié pour les services médicaux) et la plupart font l'objet de textes analytiques.

1. Avantages et inconvénients de l'utilisation des données secondaires

Les données secondaires présentent des avantages considérables par rapport à la collecte de données primaires. Cette section fera état des principaux avantages, mais signalera également les inconvénients majeurs découlant de l'utilisation de ces données.

1.1. Avantages

Pour le chercheur qui aborde l'analyse d'un nouveau champ d'intérêt, il y a plusieurs avantages reliés à l'exploitation de données secondaires. En premier lieu, cela permet de se *familiariser avec ce nouveau champ* sans trop investir de ressources en collecte d'informations neuves. Deuxièmement, l'analyse secondaire permet aussi de *préciser certaines caractéristiques* importantes d'une éventuelle collecte de données primaires comme les enjeux à analyser, les questionnaires à utiliser, les populations à étudier, etc.[3]

Troisièmement, l'un des principaux intérêts reliés à l'utilisation des données secondaires concerne *la logique même de l'accumulation du savoir scientifique* : la science se construit en remettant en question les théories reçues et en proposant de nouvelles explications, plus englobantes, de phénomènes connus. Dans ce cadre, une nouvelle théorie trouvera un terrain de démonstration fertile dans les données existantes

---

3. David W. STEWART, *Secondary Research, Information Sources and Methods*, Newbury Park, Sage Publications, 1984, p. 13.

qui auront été utilisées pour soutenir une théorie concurrente. Si la nouvelle théorie explique mieux ou plus complètement le comportement des données que l'ancienne, elle devra être considérée comme supérieure sur le plan scientifique. En fait, une démonstration de ce type effectuée sur les mêmes données que la preuve initiale de la théorie antécédente serait plus solide qu'une démonstration à partir de nouvelles données puisque, dans ce dernier cas, les variantes inévitables dans le processus de collecte des informations pourraient être utilisées comme justification de l'amélioration de l'explication par la nouvelle théorie. La réutilisation des données initiales élimine ce type de remise en question.

Par ailleurs, les données secondaires ont l'avantage de permettre la *vérification des conclusions d'autres chercheurs*. Cette vérification peut prendre plusieurs formes : respécification des modèles explicatifs légèrement différents ; reproduction des résultats ; retour sur ces résultats surprenants en évaluant la validité des données pour s'assurer que les conclusions ne sont pas un artefact de quelque erreur dans l'analyse ; vérification de la crédibilité des données utilisées, etc. Ces procédures contribuent à limiter la fraude dans les milieux scientifiques.

Également, les données secondaires présentent l'immense avantage d'être accessibles à peu (ou pas) de *frais pour l'analyste*. Elles peuvent être fournies sous forme imprimée ; alors la majeure partie des frais seront engendrés par la saisie de cette information sur support informatique, coût généralement sans commune mesure avec la collecte initiale des données. Si elles sont conservées sur support informatique, leur accès en sera d'autant simplifié. Le chercheur peut alors se départir de tout le personnel clérical et, du même coup, de tous les coûts de gestion afférents. Pour entreprendre des collectes de données primaires d'envergure, le chercheur devra probablement faire partie d'une organisation de grande taille ; cette situation entraîne d'autres types de coûts qui sont évités par l'utilisation de données secondaires. Il peut arriver que l'analyste ait à assumer certains coûts pour l'acquisition de données secondaire[4] ; encore une fois, ces coûts sont minimes en comparaison des coûts engendrés par les collectes primaires. Dans toute période de rareté de ressources, ces considérations rendent l'utilisation des données secondaires très intéressante.

En plus des ressources monétaires, l'utilisation des données secondaires minimisent aussi l'*investissement en temps* pour le chercheur. Les données secondaires sont souvent accessibles immédiatement ou

---

4. À titre d'exemple, Statistique Canada impose des coûts à l'utilisateur de ses données pour compenser les services rendus.

presque, du moins si on peut en faire soi-même l'exploitation, ce qui n'est pas toujours possible dans le cas des données primaires où le processus de collecte de données engendre souvent de longs délais.

Pour le chercheur plus préoccupé des problèmes de recherche que des problèmes d'administration de la recherche, les données secondaires présentent l'avantage vital d'*éliminer les problèmes opérationnels* de collecte des données primaires. Le chercheur peut, après s'être assuré du degré de fiabilité et de validité de ces données, se concentrer sur les aspects les plus productifs de sa tâche : la conceptualisation et l'analyse.

En ce qui a trait aux *structures de preuve* (voir chapitre 6), les données secondaires présentent certains avantages très intéressants :

- les données secondaires permettent de retourner dans le passé et d'analyser le changement à partir d'indicateurs prélevés en temps réel ; en comparaison, les données primaires sont restreintes à des retours en arrière qui font appel à la mémoire ou à des collectes de données qui s'étendent sur des périodes beaucoup trop longues pour la plupart des projets de recherche ;

- en fusionnant plusieurs sources de données secondaires, on peut constituer des banques de données de taille suffisante pour analyser des petits groupes rares ; Kiecolt et Nathan discutent des problèmes méthodologiques reliés à ce type d'utilisation des données secondaires[5] ;

- en utilisant plusieurs sources ou plusieurs publications d'une source, le chercheur peut reconstituer une série chronologique qui produira des éléments de preuve plus solides que des démonstrations isolées et synchroniques.

En préparation à une éventuelle collecte de données primaires, l'exploration de données secondaires permettra au chercheur de *préciser le problème de recherche et les options de recherches ouvertes*. Cette exploration pourra tenir compte des distributions obtenues lors de collectes primaires antérieures, de la qualité des mesures utilisées, des relations découvertes entre les variables critiques, des hypothèses soulevées par les résultats antérieurs, etc.

Sur le plan des disciplines, l'utilisation de données secondaires reconnues présente l'avantage de permettre d'*effectuer une certaine normalisation de la discipline* : en utilisant la même source de données,

---

5. K. Jill KIECOLT et Laura E. NATHAN, *Secondary Analysis of Survey Data*, Newbury Park, Sage Publications, 1985, p. 72-75.

les chercheurs en viennent à développer une compréhension commune d'un problème de recherche. Cette communauté facilite aussi la communication des résultats puisque les postulats de base de la source d'information sont connus des experts. Cette utilisation de données existantes pourrait aussi éventuellement améliorer la qualité moyenne des données utilisées dans une discipline en réduisant le nombre de petites collectes de données primaires plus ou moins bien contrôlées.

1.2. Inconvénients

Ce dernier avantage, sur le plan des disciplines, peut cependant être contrebalancé par un inconvénient majeur : ce recours à des sources de données normalisées risque d'*inhiber la créativité* des chercheurs et de faire régresser la qualité des recherches en général vers une moyenne inférieure à ce que l'on observe actuellement. En se référant toujours aux mêmes indicateurs et aux mêmes populations, la recherche pourrait s'appauvrir. Par ailleurs, toute source de données peut être marquée de certains biais délibérés ou non ; ces biais peuvent s'exercer à plusieurs niveaux du processus de recherche. Limiter le nombre de sources de données utilisées pourrait *engendrer une certaine hégémonie idéologique* des responsables de ces sources.

On a aussi observé que la disponibilité de données secondaires avait tendance à *faire augmenter le nombre de recherches athéoriques* qui sont davantage des exercices de traitement de données que de création de nouvelles connaissances. Les données étant déjà disponibles, le chercheur peut être tenté d'utiliser sa méthode d'analyse préférée sans se préoccuper des considérations conceptuelles plus profondes nécessaires à la vraie recherche sociale.

Cette critique tient évidemment pour acquis que les données sont effectivement disponibles. Pourtant, le *manque de disponibilité de l'information* est un autre inconvénient de l'analyse secondaire. Avant de pouvoir entamer l'analyse secondaire, il faudra en effet localiser une source de données fiable et accessible. Dans les faits, des données n'existent pas nécessairement sur tous les sujets imaginables.

Ces inconvénients ne sont peut-être pas aussi évidents que ceux reliés à *l'écart entre les objectifs de la collecte primaire et les objectifs de l'analyse secondaire*. En effet, les données primaires n'ont pas été mises en forme en tenant compte des objectifs de l'analyse secondaire (par définition). Il peut donc arriver que certaines manipulations de données soient impossibles ; que certains indicateurs importants ne soient pas

accessibles pour tous les concepts des modèles théoriques ; que des iden-
tificateurs uniques des individus sujets d'observation n'aient pas été
conservés pour fins de mariage des bases de données ; que les catégories
de mesure utilisées ne se conforment pas aux hypothèses à tester ; etc.

> L'objectif de la collecte de données (primaires) par la Régie de l'assu-
> rance-maladie du Québec est de rémunérer les dispensateurs puis-
> qu'elle agit comme un tiers payant au nom du gouvernement du
> Québec.
>
> Les objectifs de l'analyse secondaire que l'on trouve dans les *Statis-*
> *tiques annuelles* sont différents : permettre la compréhension des pro-
> grammes de la RAMQ et des coûts qu'ils engendrent (voir encadré
> précédent) ; établir des portraits régionaux de la consommation de
> services médicaux ; montrer l'importance de la consommation de
> services médicaux par groupes d'âge ; etc.
>
> Mentionnons quelques inconvénients reliés au fait qu'initialement les
> données ne sont recueillies que pour rémunérer les dispensateurs.
>
> 1. La définition des services est soumise aux aléas du processus de
>   négociations entre le ministre de la Santé et des Services sociaux
>   et les associations professionnelles. Les ententes survenues entre
>   le gouvernement et les professionnels peuvent modifier certaines
>   variables des *Statistiques annuelles*, comme la catégorisation des
>   services médicaux.
>
> Exemple : Un même service peut être inclus dans la définition
>   d'un autre ou, au contraire, scindé en plusieurs pour
>   des fins de paiement, pour faire suite à un renouvel-
>   lement d'entente entre le gouvernement et un groupe
>   de professionnels. Il faut donc être attentif aux défini-
>   tions des services dans les études longitudinales.
>
> Exemple : Une demande de paiement pour un service rémunéré
>   à salaire ne renseigne en aucune façon sur la nature
>   du service rendu ou l'identité du bénéficiaire. Les
>   données de la Régie ne permettent donc pas de
>   connaître précisément les services rendus par les
>   médecins salariés des centres locaux de services com-
>   munautaires ni même les caractéristiques des clien-
>   tèles servies.
>
> Exemple : Les services médicaux rémunérés à l'acte et à l'unité
>   dans le cadre de l'assurance-hospitalisation n'iden-
>   tifient pas les bénéficiaires. Corollairement, une étude
>   par bénéficiaire du nombre total de radiographies
>   reçues et de leur type est impossible à réaliser.

> Exemple : Le code d'établissement n'est validé par le personnel de la Régie que dans le cas où le service est spécifique à un milieu de dispensation. Il sera validé dans le cas d'une intervention chirurgicale majeure mais non dans le cas d'une visite médicale en hôpital.
>
> 2. Les dispensateurs ne remplissent tout simplement pas certaines cases de la demande de paiement, sachant que cela ne nuira pas... à leur paiement.
>
> Exemple : Le code de diagnostic (motif de la consultation) n'est pas systématiquement validé, les professionnels ne prenant pas toujours la peine de codifier cette section de la demande.

Le *facteur temps* est aussi un inconvénient des données secondaires, à au moins deux égards :

– même s'il est souvent plus rapide d'avoir accès à des données secondaires que de compiler des données primaires, il peut arriver que le temps de recevoir les données du détenteur, le temps de se familiariser avec les détails des données et le temps de mettre les données en forme pour l'analyse dépassent le temps alloué à la recherche ;

– par définition, les données secondaires sont des données plus vieilles que les données primaires ; en effet, avant d'être rendues publiques, les données secondaires doivent être utilisées (dans le contexte de leur analyse primaire) par leur premier détenteur, puis distribuées ; ces délais peuvent réduire l'utilité des données.

VOTRE DEMANDE EST-ELLE PRIORITAIRE ?

Tout d'abord, votre demande d'exploitation des données de la RAMQ doit être recevable : les lois concernant la confidentialité des données sont appliquées à la lettre. Si elle correspond à une exploitation standard, vous obtiendrez une réponse en quelques jours. Si votre demande ne correspond pas à une exploitation déjà effectuée, elle devient un cas d'espèce. La Régie a toujours une liste d'attente de... plusieurs mois. Vous avez nettement avantage à planifier à l'avance votre demande de données.

DÉLAIS DE PRODUCTION D'UNE ANALYSE SECONDAIRE

Les délais nécessaires pour la production des *Statistiques annuelles* de la Régie donnent une idée du temps requis pour s'assurer à la fois d'une validation adéquate et d'une intégralité satisfaisantes des données dans le cas du traitement de banques contenant plusieurs dizaines de millions de données.

Statistiques annuelles 1990 fait référence à l'année civile 1990 (1ᵉʳ janvier au 31 décembre 1990). Dès janvier 1991, une maquette de ce que contiendra le rapport est produite. Elle indique les différentes variables retenues et la manière dont elles doivent être agencées pour produire les différents tableaux qui se retrouveront dans la publication.

Les données sont saisies le 31 mars 1991. Ce délai de trois mois permet d'améliorer grandement l'intégralité des données. Dans les semaines qui suivent, les différents tableaux sont produits et analysés. Compte tenu des délais d'impression, les *Statistiques annuelles 1990* sont disponibles au grand public à l'automne 1991.

Comme l'analyste n'a probablement pas participé à la collecte initiale des données, il ne sera pas au fait des détails des opérations de terrain, des décisions prises au moment de la mise en forme des données, des erreurs cléricales possibles, etc. Essentiellement, il sera difficile à l'analyste de *porter un jugement sur la fiabilité des données*. Cette difficulté s'ajoute à la constatation que la plupart des sources secondaires souffrent d'un manque chronique de documentation suffisante pour faire une utilisation intelligente des données. Ces observations nous amènent à développer un cadre d'évaluation des sources de données secondaires.

2. Sources de données secondaires

Les données secondaires se trouvent partout. L'observateur attentif découvrira que son milieu regorge souvent de données déjà compilées dont il peut tirer profit dans ses recherches. Une recherche organisée de données secondaires n'est pas très différente d'une recherche documentaire. Il existe des index de données existantes et des fichiers sur les bases de données publiques. Cependant, pour simplifier, nous mentionnerons les sources les plus productives.

À noter que dans la sphère internationale, l'Organisation des Nations Unies (ONU) et l'Organisation de coopération et de développement économiques (OCDE) constituent les sources principales de données secondaires comparatives. Dans le cas d'un pays en particulier, l'utilisateur de données secondaires doit connaître l'environnement national qui l'intéresse, puisque l'archivage des données diffère grandement d'un pays à l'autre. À cet égard, le lecteur prendra garde de ne pas appliquer sans discernement la littérature américaine sur ce sujet aux situations canadienne et québécoise.

2.1. Les gouvernements

Sans contredit, les gouvernements (nationaux et étrangers) sont les plus grands producteurs de données secondaires. En fait, il s'agit là d'un des rôles importants de l'État : produire pour la collectivité des informations qui autrement n'auraient pas été rassemblées à cause des coûts prohibitifs pour un utilisateur unique. Le recensement canadien en est un exemple : la possibilité d'avoir accès à des informations sur la population canadienne profite à un grand nombre d'individus et de corporations (et constitue un bien socialement utile) et pourtant, personne ne disposerait des ressources nécessaires pour mettre sur pied une telle base de données si le gouvernement canadien ne s'en chargeait.

En règle générale, les données produites par les gouvernements sont neutres idéologiquement[6] (comme elles sont factuelles) et de bonne qualité, ayant été recueillies à l'aide de moyens supérieurs à la moyenne. Les gouvernements disposent également d'outils légaux en vertu desquels les individus et les corporations sont tenus de fournir certaines informations, ce qui n'est pas le cas des autres sources de données secondaires.

Les informations réunies par les gouvernements sont souvent accessibles sous forme de microdonnées (par opposition à une forme agrégée où l'unité de mesure n'est plus l'individu, mais le groupe d'individus) et sur support informatique. Les frais d'acquisition de ces données sont la plupart du temps minimes.

Il existe deux problèmes avec les données recueillies par les gouvernements. Le premier, c'est d'*en connaître l'existence*. Les administrations publiques sont de très grandes organisations et il n'existe pas de dépôt centralisé des bases de données secondaires constituées. Là où des répertoires existent, ils regroupent souvent seulement les bases de données administratives, à l'exclusion des données recueillies pour des fins d'analyse de politiques, comme les sondages de clients de programme. La stratégie la plus efficace pour le chercheur intéressé à un thème particulier est probablement de déterminer quels groupes à l'intérieur des fonctions publiques pourraient avoir eu intérêt à recueillir des informations pertinentes et de les contacter directement. Par une approche en boule de neige, le chercheur devrait pouvoir établir une liste des données gouvernementales sur le sujet qui l'intéresse. Les organismes

---

6. Il existe suffisamment d'exceptions à cette règle pour que le chercheur conserve un scepticisme de bon aloi.

statistiques– Bureau de la statistique du Québec, Statistique Canada – sont de bons points de départ. Le second problème a trait à la *confidentialité* entourant la diffusion d'une foule de données. Pensons ici aux données nominatives relatives à l'état de santé ou au revenu.

LA CONFIDENTIALITÉ

La *Loi sur l'assurance-maladie* stipule que tous les renseignements colligés dans le cadre du régime d'assurance-maladie sont confidentiels. La loi indique explicitement la nature des renseignements qui peuvent être diffusés et à qui ils peuvent l'être (bénéficiaire, professionnel, corporation, ordre professionnel, etc.).

2.2. Les universités

Les universités et les universitaires constituent une autre bonne source de données secondaires. Certaines universités ont établi des dépôts de données – des lieux d'archivage – où les professeurs et les chercheurs peuvent entreposer leurs bases de données : cette approche favorise à la fois l'utilisateur éventuel qui n'a qu'un endroit à visiter pour connaître les données disponibles et le propriétaire des données initiales qui n'a plus à se préoccuper de distribuer ses données après leur dépôt.

Les bases de données universitaires n'ont souvent pas l'envergure des bases de données gouvernementales, par manque de ressources et de support légal. Par contre, comme elles ont été créées pour des fins de recherche et de publication, il est possible que les indicateurs utilisés soient plus sensibles aux problèmes de mesure. Leur raison d'être initiale fait aussi en sorte que l'on peut se baser sur la littérature existante pour déterminer ce que la discipline a déjà fait subir à ces données et quels types de questions n'ont pas encore été abordées.

Les données universitaires sont peu coûteuses et généralement accessibles sur support informatique. Elles constituent une source privilégiée pour le chercheur débutant.

2.3. Les services professionnels

Comme il y a une demande pour des données secondaires et qu'en économie de marché, à toute demande suffisante correspond une offre (peut-être imparfaite, mais existante), il existe un marché commercial des données secondaires. Le chercheur peut faire appel à des services professionnels – ni plus ni moins que des courtiers en information – de collecte et de mise en forme d'informations secondaires.

On peut relever deux types de fournisseurs. D'abord, il existe des compagnies qui reprennent des données déjà secondaires et qui les mettent en forme pour une utilisation particulière ou pour un accès plus facile. Par exemple, une firme de Vancouver reprend les données du recensement canadien, construit une base de donnée particulière et hautement performante, y ajoute un logiciel d'interrogation de base de données et il est destiné à quiconque veut produire un profil sociodémographique de zones géographiques ou chercher des zones qui correspondent à un profil particulier.

Un autre type de service professionnel de courtage de données secondaires utilise plutôt des données primaires (dans le sens qu'elles ont été recueillies par la firme elle-même) qu'elle rend accessibles à ses clients. Par exemple, on peut faire appel à des services d'analyse des médias pour connaître la réponse à une annonce particulière. Le service d'analyse effectue, de façon routinière, une lecture de l'environnement-média et peut extraire de sa base de données corporative les informations qui concernent l'événement qui intéresse ce client.

2.4. Les compagnies

Les compagnies privées produisent annuellement des masses de données pour informer leurs actionnaires. La compilation de ces données peut permettre des analyses secondaires intéressantes. Le prix de ces informations est plus élevé, cependant, puisqu'il revient à l'analyste d'établir la base de données, à moins qu'il ne passe par l'intermédiaire d'une maison de courtage d'information qui fait déjà peut-être cette compilation.

2.5. Les revues spécialisées

Les revues spécialisées (professionnelles ou industrielles) offrent des analyses documentées comportant des données qui peuvent être reprises par d'autres chercheurs. Les références contenues dans ces revues peuvent aussi servir de point de départ pour une recherche de données secondaires pertinentes.

3. L'évaluation des données secondaires

Stewart[7] propose un cadre d'évaluation des sources de données secondaires en six points. Nous le reprenons ici. Notez qu'il est parfois difficile d'apporter des réponses aux six questions posées ; cette difficulté est un indicateur de la qualité de la source de données qui est considérée.

3.1. Quel était le but de la collecte primaire?

Il faut d'abord déterminer quels étaient les buts et objectifs poursuivis par la collecte de données primaires. Deux raisons expliquent cette nécessité. D'abord, les intentions originales veulent colorer les résultats obtenus lors de la collecte de données elle-même. Il vaut donc mieux connaître dès le départ les biais que peut renfermer une source de données particulière. En outre, une détermination précise des objectifs de la collecte primaire permettra une évaluation plus juste de la pertinence des données pour les fins poursuivies par l'analyse secondaire : plus rapprochées seront les finalités originales et secondaires, meilleures seront les chances que la seconde recherche utilise fructueusement les données existantes.

3.2. Qui était responsable de la collecte?

Le second critère d'évaluation des sources de données est l'identité du responsable (individuel ou institutionnel) de la collecte des informations. Cette préoccupation vise évidemment en partie les biais possibles des sources de données très directement engagées dans l'action et ayant un parti pris par rapport à l'objet de recherche. Mais d'autres dimensions de l'identité de la source de l'information sont également importantes : la compétence technique du responsable de la collecte des données peut être prise en considération dans l'analyse de la crédibilité des informations ; les ressources ordinairement mises à la disposition de l'équipe de recherche ou de l'organisme de collecte de données constituent un autre critère significatif ; la qualité reconnue du travail des responsables, ou leur réputation, est un autre aspect relié à l'identité de la source des données secondaires et qui peut jouer un rôle dans l'évaluation de ces données.

---

7. David W. Stewart, *op. cit.*, p. 23-33.

LA RÉGIE DE L'ASSURANCE-MALADIE DU QUÉBEC : UN TIERS PAYANT

Comme indiqué précédemment, la Régie de l'assurance-maladie du Québec a été créée en 1969. Elle est une corporation au sens du Code civil. En plus des pouvoirs que lui confère ce statut, la *Loi sur la Régie de l'assurance-maladie du Québec* lui en attribue d'autres plus spécifiques.

La Régie a pour fonction principale l'administration du régime d'assurance-maladie mis en place le 1er novembre 1970 par la *Loi sur l'assurance-maladie*. La Régie agit comme un tiers payant : l'essentiel de sa tâche consiste à payer, sur réception d'une demande de paiement généralement, différents groupes de dispensateurs du domaine de la santé avec lesquels elle est liée dans le cadre des ententes ou des accords intervenus entre le gouvernement du Québec et ces groupes de professionnels. Les ententes fixent les dispositions relatives à la rémunération des professionnels et, plus généralement, le cadre normatif de l'exercice des professions de santé au regard du régime.

3.3. Quelle information a été recueillie ?

Avant de s'attarder aux conclusions ultimes tirées par la source des données, sur quelles informations initiales les données secondaires sont-elles basées ? En fait, quelles données primaires a-t-on effectivement réunies ? Déterminer la nature des informations initiales, factuelles, sur lesquelles sont basées les données secondaires est fondamental. On voudra aussi s'assurer de connaître les types de mesure utilisées et les indicateurs retenus par les agents chargés de la collecte des informations secondaires. Toutes ces informations sont nécessaires au jugement à porter sur la validité des données.

Lorsque vous faites une demande de carte d'assurance-maladie à la Régie pour votre nouveau-né, les renseignements sur votre poupon sont inscrits par la Régie au *Fichier d'inscription des bénéficiaires*. La Régie possède également un Fichier d'inscription *pour les dispensateurs* (professionnels ou établissements). Lorsqu'une demande de paiement a été reçue et traitée à la Régie, l'information qu'elle contient est versée dans un fichier de type historique, le *fichier historique des bénéficiaires* (FHB). Plusieurs autres fichiers sont formés en allant puiser une partie ou l'autre de l'information du FHB. C'est le cas pour : la *Banque des données des professionnels rémunérés à l'acte*, la *Mini-banque* (agrégation de la précédente), la *Banque de données – médicaments*, par pharmacie et le *Fichier historique orthèse-prothèse*. Il existe également des modes de rémunération

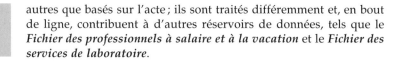

autres que basés sur l'acte ; ils sont traités différemment et, en bout de ligne, contribuent à d'autres réservoirs de données, tels que le *Fichier des professionnels à salaire et à la vacation* et le *Fichier des services de laboratoire.*

3.4. Quand l'information a-t-elle été recueillie ?

Le temps a encore une fois ici un rôle central à jouer dans l'analyse. D'abord, le chercheur voudra préciser quand les données réelles ont été recueillies et à quelle période historique elles se rapportent. Pour certaines recherches, il sera essentiel de décrire le plus complètement possible le contexte socio-économique et politique au moment de la collecte pour bien fixer le contexte de l'interprétation des données. L'analyste aura également soin d'acquérir des données suffisamment récentes pour que les indicateurs retenus soient représentatifs de la période visée : il est inutile d'utiliser les taux de chômage de 1985 pour décrire la situation de l'économie aujourd'hui. Ce jugement s'applique à rebours : si l'analyste veut discuter de la situation économique de 1985, il s'assurera d'adapter ses données secondaires en conséquence. Finalement, le passage du temps est aussi relié à l'évolution des normes sociales ; si l'on suit l'état d'un concept – comme la disponibilité des équipements minima dans les logements – en utilisant les critères historiques – comme la présence d'eau courante, dans les années 1950 – sans s'ajuster aux normes sociales, on risque l'anachronisme ; aujourd'hui, l'absence d'eau courante est l'extrême exception, donc le critère ne signifie plus grand-chose.

3.5. Comment a-t-on obtenu l'information ?

Tous les aspects techniques de la collecte des données primaires seront aussi passés en revue. L'évaluation de la source passera par l'analyse des paramètres reliés à l'utilisation d'échantillons : la population (effective) à l'étude, la base échantillonnale, le mode de tirage, la taille de l'échantillon, les biais d'échantillonnage possibles, le taux de réponse, etc. On s'intéressera aussi aux procédures de terrain : la formation des assistants de recherche, les modes de validation et d'analyse de la fiabilité intercodeur, la période de collecte, le caractère obligatoire ou facultatif de la participation, etc. Les instruments de mesure retiendront ensuite l'attention : les questionnaires, les formulaires, les guides d'entrevue, etc. Finalement, le chercheur voudra documenter les traitements que les données ont déjà subis : les analyses d'erreurs cléricales, le traitement des valeurs manquantes, les procédures d'imputation de valeurs, les vérifications par post-tests, etc. Tous ces éléments permettent de fixer le portrait réel de la collecte de données et de juger en conséquence de la valeur des informations.

L'ASSISE DU SYSTÈME D'INFORMATION DE LA RÉGIE : LA DEMANDE DE PAIEMENT

Pour la Régie, l'unité de base du système est le « service ». Par exemple, un service médical est défini par les quatre grandes composantes : l'ensemble des codes décrivant l'acte, le médecin, la personne ayant reçu le soin ou le service et les coordonnées spatio-temporelles (lieu, date).

Lorsqu'un dispensateur (professionnel, établissement ou laboratoire) fournit à une personne admissible des biens ou services assurés, il fait parvenir sa réclamation à la Régie à l'aide de la demande de paiement. Cette demande représente le véhicule de transmission de l'information du dispensateur vers la Régie. La demande fournit généralement de l'information datée sur trois éléments fondamentaux : le dispensateur, l'acte posé et la personne admissible.

Les demandes de paiement sont traitées par le système d'information de façon à créer un *enregistrement* unique pour chacun des services payés. C'est donc dire que si plus d'un service apparaît sur une demande de paiement, il y aura pour cette demande autant d'enregistrements qu'il y a de services dispensés.

Certaines données sont alors ajoutées à l'enregistrement à partir d'informations contenues dans d'autres fichiers. Par exemple, en puisant l'information au Fichier d'inscription des dispensateurs, l'âge, le sexe, la spécialité et la région du professionnel viennent s'ajouter à son code d'identification. Les données sont ensuite mises en séquence.

QUELQUES VÉRIFICATIONS ESSENTIELLES EFFECTUÉES SUR LES DEMANDES DE PAIEMENT

Au moment du traitement de la demande de paiement, certaines vérifications sont effectuées en vue de s'assurer de la conformité du service avec la loi, les règlements ou les ententes desquelles relève le professionnel ayant dispensé le service. Ces vérifications portent sur plusieurs aspects.

1. L'*identité du bénéficiaire* : nom, adresse, date de naissance, sexe.

   Les informations sur le bénéficiaire apparaissant sur la demande de paiement sont comparées pour validation avec celles contenues dans le fichier d'inscription des bénéficiaires (FIB). L'identité du bénéficiaire n'est validée de façon adéquate que depuis le début des années 1980, soit près de dix ans après la mise en place de la Régie. Avant le 1er novembre 1979, la présentation de la carte d'assurance-maladie n'était pas obligatoire lors d'une consultation. Évidemment, la création et la mise à jour d'un fichier des personnes admissibles a été un défi de taille à une époque où l'informatique n'en était qu'à ses débuts.

2. L'*identité du professionnel* : nom, adresse, date de naissance, sexe, spécialité, mode de rémunération.

Le numéro du professionnel qui apparaît sur la demande de paiement est validé grâce au fichier d'inscription des professionnels (FIP). Le FIP, tout comme le FIB, sert de valideur à la Régie et peut être également utilisé à des fins de recherche.

3. La *conformité du service fourni.*

Par exemple, la population en général n'a droit qu'à une visite remboursée par la Régie par année chez l'optométriste. Cette vérification s'effectue au moyen du fichier historique des bénéficiaires (FHB).

4. *Dépassement des plafonds tarifaires* déterminés par entente.

Certaines catégories de professionnels sont limitées dans les montants qu'ils peuvent recevoir de la Régie annuellement ou trimestriellement. Un montant maximum est ainsi fixé par les parties négociantes, montant qui varie selon le statut du professionnel (omnipraticien, radiologiste, etc.).

Toutes ces vérifications sont effectuées afin de valider les données primaires : le but de l'exercice est ici de déterminer le bien-fondé de la demande de paiement.

3.6. L'information est-elle corroborée par d'autres sources ?

En dernier lieu, l'analyste cherchera à établir si d'autres sources d'informations traitant de la même question sont disponibles. Si tel est le cas, il pourra vérifier si les résultats obtenus grâce à sa source de données secondaires privilégiée sont corroborés par d'autres sources. Dans toute recherche sociale, l'utilisation de plusieurs sources de démonstration ou de preuve est plus convaincante que l'apport d'une seule. La découverte de résultats radicalement divergents devrait inciter le chercheur à approfondir son analyse des cinq premières questions d'évaluation posées dessus.

Une large part de ces questions peut trouver réponse dans une bonne documentation de la source de données secondaires. Malheureusement, cette documentation est le plus souvent très insuffisante, sinon inexistante. David[8] propose un cadre très complet de documentation des bases de données. Il soutient que tout analyste secondaire devrait pouvoir répondre aisément à six questions à partir de la documentation existante, les voici :

- L'utilisateur peut-il reproduire tous les résultats produits initialement par le propriétaire des données secondaires ?

- L'utilisateur peut-il calculer les mêmes estimés que ceux publiés initialement ?

- L'utilisateur peut-il comprendre le plan de recherche et le déroulement des travaux ?

- L'utilisateur peut-il déterminer quelles vérifications ont été menées sur la consistance des données et quelles inconsistances ont été détectées ? L'utilisateur peut-il connaître les évaluations de la validité des données ?

- L'utilisateur peut-il interpréter les données sans ambiguïté ?

- L'utilisateur peut-il utiliser les données dans son environnement informatique ?

Donc, six questions à poser pour déterminer la valeur d'une source de données secondaires. Qu'en est-il maintenant de l'utilisation de ces données ?

4. Problèmes et sources d'erreur dans l'utilisation des données secondaires

À la section 1, nous avons mentionné quelques inconvénients de l'analyse secondaire. Revenons ici sur quelques problèmes et sources d'erreur dans l'utilisation des données secondaires. Comme l'analyse secondaire diffère à plusieurs égards de l'analyse primaire, nous nous concentrerons sur les problèmes qui n'ont pas été soulevés dans les autres chapitres de cet ouvrage. Plusieurs aspects relevés ici visent la comparabilité des données provenant de plusieurs sources ou d'une même source à travers le temps. Cette insistance met en évidence l'importance de l'utilisation

---

8. Martin DAVID, « The Science of Data Sharing : Documentation », dans Joan SIEBER, *Sharing Social Science Data*, Newbury Park, Beverly Hills, 1991, p. 91-115, en particulier les pages 94 et 95. David propose en fait sept questions, mais deux d'entre elles peuvent être regroupées.

de sources nombreuses en analyse secondaire : le fait de pouvoir accumuler des données à travers le temps et l'espace est l'un des grands avantages de l'analyse secondaire, mais c'est aussi l'une des grandes sources de problèmes.

4.1. L'opérationnalisation difficile des variables

Le problème, peut-être le plus pernicieux de l'utilisation des données existantes, est que le chercheur n'a pas de contrôle sur les indicateurs disponibles. Il doit se contenter des questions posées au questionnaire ou des champs utilisés dans les formulaires. Dans ce contexte, le chercheur sera tenté de relâcher ses normes de traduction des concepts en variables et en indicateurs (voir le chapitre 7 sur la mesure) et d'accepter des opérationnalisations de moindre qualité.

Il existe pourtant d'autres stratégies. Dans tous les cas, cependant, le chercheur devra faire montre de plus de *créativité* que lorsqu'il établit lui-même ses propres données primaires. La combinaison de plusieurs variables peuvent permettre de définir des typologies, par exemple. Il sera parfois nécessaire de faire une conversion double du langage conceptuel au langage des indicateurs, c'est-à-dire de développer un indicateur d'un second concept relié empiriquement au concept principal (qui intéresse l'analyse) plutôt que de mettre au point un indicateur direct du concept principal.

Souvent, *plusieurs éléments ou plusieurs variables* réunis dans une échelle additive (ou multiplicative) permettent de mieux représenter un concept en limitant les faiblesses individuelles de chacun des indicateurs. On emploiera alors des techniques numériques comme l'analyse factorielle, l'analyse alpha ou l'analyse des structures latentes pour construire un indicateur unique qui reflétera l'existence d'une dimension sous-jacente. Quoique peut-être intimidantes au départ, ces techniques deviennent rapidement les meilleurs outils de l'analyste secondaire.

Dans tous les cas, cependant, l'analyste doit conserver un *sens critique* aiguisé par rapport à sa propre recherche. Il importe que l'analyste clarifie les indicateurs employés pour représenter chacun des concepts utilisés dans l'étude et qu'il effectue lui-même une autocritique des forces et faiblesses des indicateurs proposés. C'est à ce prix qu'il conservera sa crédibilité.

4.2. La comparabilité des données

De nombreux écueils attendent l'analyste qui utilise les données secondaires lorsqu'il s'aventurera dans le domaine de la comparaison de diverses sources et, dans une moindre mesure, dans l'analyse temporelle d'une même source. Le tableau 1 en relève quelques-uns.

La stratégie classique pour faire face à ces difficultés consiste à avoir recours au *plus petit dénominateur commun* des différentes sources utilisées. Le défaut de cette approche est évidemment de réduire la richesse des informations, mais le compromis vaut la peine d'être fait dans la mesure où les gains de la comparaison excèdent les pertes en richesse des données.

4.3. La comparabilité des échantillons

La plupart des sources secondaires sont basées sur des échantillons. Certaines constituent des décomptes des populations entières, comme le recensement du Canada ou les statistiques sur les actes médicaux au Québec, mais elles sont l'exception. Qui dit échantillon dit problèmes de définition des paramètres de conception du sous-ensemble de la population. On devra donc porter une attention particulière

- aux *définitions des populations* parce que les exclusions retenues peuvent varier d'une source à l'autre ;
- aux *limites géographiques* des zones retenues pour fins d'échantillonnage puisque ces zones ont tendance à être redessinées avec le passage du temps (les circonscriptions électorales sont un cas patent) ;
- aux *bases échantillonnales* qui sont les listes utilisées pour effectuer le tirage, et qui peuvent varier des listes officielles aux opinions d'experts ;
- aux *types d'échantillons* puisque certaines études utiliseront des échantillons stratifiés, d'autres des échantillons en grappes, certaines s'en tiendront à un échantillon simple, d'autres à des échantillons multiphasiques, etc. ;
- aux *procédures d'échantillonnage*, c'est-à-dire aux opérations pratiques de tirage de l'échantillon comme le sort réservé aux cas échantillonnés mais non rejoints, le type de randomisation des numéros de téléphone, etc. ;

TABLEAU 1
Problèmes de comparabilité des données

NOMBRE DE CATÉGORIES	D'une source de données à l'autre, le nombre de catégories de classification d'une variable peut varier. Par exemple, on utilise couramment des échelles à 4, 5, 7 ou 11 positions pour quantifier les attitudes ; le niveau d'instruction peut être mesuré en années ou en diplôme reçu, etc.
ÉTIQUETAGE DES CATÉGORIES	L'étiquetage des catégories peut différer d'une source à l'autre. Pour décrire les types de partis politiques, on peut parler de partis de droite ou de gauche, conservateurs ou progressistes, socialistes ou libéraux, mais toutes ces étiquettes ne visent pas la même réalité.
CHEMINEMENTS	Les questionnaires, les formulaires, les entrevues ne suivent pas nécessairement des cheminements linéaires. Parfois, une réponse servira à déterminer les prochaines questions. Ces cheminements affectent les réponses fournies et peuvent différer d'une source à l'autre.
OPÉRATION- NALISATIONS	Pour mesurer le même concept, deux sources peuvent utiliser deux mesures différentes. Les compagnies de sondage ont chacune leur question d'intention de vote préférée et, en conséquence, leurs résultats ne sont pas tous comparables.
CONTEXTE ET SÉQUENCE	Le contexte et la séquence des questions dans une entrevue affectent les réponses. Ces différences de contexte doivent être analysées d'une source à l'autre.
VARIATION DES SIGNIFICATIONS	Des questions, des phrases ou des catégories peuvent être interprétés différemment à divers moments ou par des cultures différentes. Le concept de souveraineté ne représente pas la même réalité en 1980 et en 1991 au Québec.
FACTEURS CYCLIQUES	Dans la comparaison de sources de données, il faut prendre garde de confondre changement permanent et facteurs cycliques. Le taux de chômage présente des variations saisonnières très marquées. C'est pourquoi on a développé des facteurs de calcul qui éliminent la composante saisonnière de la série chronologique.

– aux *filtres utilisés* dans la confection de l'échantillon, comme l'exclusion de certains sujets pour les fins d'un sondage.

Pour résoudre les problèmes de comparabilité des échantillons, il existe de nombreuses solutions qui doivent être adaptées à chaque situation particulière. L'analyste peut introduire des *pondérations* dans la base de données pour rétablir (artificiellement) la comparabilité des sources[9]. Il peut aussi introduire les variables présentant des biais significatifs comme *contrôles statistiques* dans ses modèles prédictifs. Il peut comparer les différentes sources de données après les avoir ramenées au *plus petit dénominateur commun* qui caractérise toutes les bases de données (en éliminant, par exemple, les cas qui ne sont pas retenus dans une autre source[10]. L'analyste peut aussi ajuster le *traitement des erreurs types*, qui sont toujours traitées de façon très optimistes par les logiciels statistiques existants, en réduisant, par pondération, le nombre de cas disponibles pour l'analyse dans les bases de données utilisant les devis d'échantillonnage les plus faibles au regard de l'inférence statistique[11].

4.4. La comparabilité des contextes

Le contexte des études peut affecter grandement les résultats de l'analyse. Le défi de l'analyse secondaire comparative est de distinguer ce qui, parmi les différences de résultats, correspond à des différences réelles de dynamique sociale d'un contexte à l'autre et ce qui est relié aux études, à la mesure et aux méthodes.

Par exemple, des *changements dans la composition* sociodémographique d'une population peuvent faire croire que des modifications importantes au regard des attitudes dans ce groupe ont eu lieu. Il est possible que ces modifications ne soient en fait que des reflets du poids accru d'un sous-groupe. Cette situation peut être corrigée en contrôlant statistiquement les variations démographiques à travers le temps.

---

9. L'analyste devra toutefois se rappeler que ces pondérations ne corrigent pas les différences relatives aux erreurs types d'une base de données à l'autre. Les pondérations ne rajustent que les distributions marginales des variables utilisées pour le calcul des poids ; l'analyste émet ensuite l'*hypothèse* que ces modifications améliorent la valeur descriptive des autres variables de la base de données.

10. Cette stratégie a le désavantage de diminuer le nombre de cas disponibles à l'analyse et de créer un groupe analytique possiblement artificiel.

11. Les échantillons présentent les effets de plan d'échantillonnage les plus significatifs sont les échantillons par grappe et les échantillons par quota (voir le chapitre 8 sur l'échantillonnage).

Les *périodes de mesure* peuvent différer d'une source à l'autre, l'une fournissant, par exemple, une mesure sur douze mois alors que l'autre porte sur une période de deux ans. Ce problème est classique dans la comparaison des données nationales de plusieurs pays. L'analyste peut tenter d'interpoler les changements à l'intérieur de la période la plus longue pour créer artificiellement des périodes de mesure comparables. Il peut aussi reporter les mesures sur des graphes et simplifier l'analyse puisque ses données ne lui fournissent pas d'assises solides pour une analyse plus sophistiquée. L'analyse graphique présente l'avantage de ne pas donner trop de signification à de petites différences.

Comme les contextes évoluent indépendamment des méthodes de mesure et des études, *les concepts changent* aussi au rythme des sociétés. Le concept de « coût de la vie » est communément représenté par l'indice des prix à la consommation ; on utilise cette mesure comme base de calcul de l'évolution du coût de la vie dans le temps. Cependant, les habitudes de consommation changent avec le temps ; le consommateur type évolue lui aussi : la famille de deux parents et deux enfants n'est peut-être pas le meilleur indicateur du coût réel de la vie dans la société actuelle[12]. Comme le concept évolue, la mesure doit suivre, avec des impacts importants sur la comparabilité de l'indice dans le temps.

Les contextes de *collecte des données* peuvent aussi différer d'une source à l'autre. Les collectes par téléphone induisent des biais différents des collectes par entrevue en personne ou par auto-administration ; les collectes volontaires diffèrent des collectes réglementaires ; etc. À ces variations correspondent des biais variables de non-réponse, de sélection, de rappel des événements passés, etc. Malheureusement, il est difficile de contrôler systématiquement ces biais au niveau de l'analyse et de les isoler des effets dus aux tendances de temps ou aux différences dans l'espace.

Finalement, la *composition des équipes de recherche et des équipes d'intervieweurs* compte aussi parmi les éléments du contexte. Les habitudes ou les pratiques des équipes ou des compagnies de recherche varient et peuvent influer sur les résultats des collectes de données. De même, on a démontré depuis longtemps que les caractéristiques des intervieweurs influencent les réponses des sujets d'un sondage : les relations de pouvoir et les préjugés jouent un rôle important dans ces relations humaines, comme ailleurs. Or, les compositions des équipes d'intervieweurs ont changé au cours des années : on recrute aujourd'hui plus de

---

12. Herbert JACOB, *Using Published Data : Errors and Remedies*, Beverly Hills, Sage Publications, 1984, page 24.

femmes et plus de personnes d'âge mûr. Ces changements pourraient avoir un impact sur la comparabilité des études dans le temps. Ici encore, l'analyste est impuissant devant cet élan de choses, étant donné que les caractéristiques des interviewers ne sont pratiquement jamais consignées au dossier d'une entrevue. Dans la comparaison des données de différentes équipes de recherche, l'analyste pourrait toujours tenir compte des réputations et des différences systématiques rencontrées au cours d'une longue période.

4.5. L'insuffisance de la documentation

La dernière source de problèmes (mais non la moindre) dans l'utilisation des données secondaires est l'insuffisance de la documentation. Nous avons déjà mentionné que, lorsque le chercheur prend connaissance d'une base de données sans avoir participé à sa création, la documentation est tout ce qu'il a pour s'assurer qu'il interprète les informations correctement. Or, souvent, la documentation est inappropriée.

Plusieurs erreurs, parmi les plus courantes dans l'utilisation des données secondaires, sont reliées à ce problème. Les erreurs d'*identification des variables* sont probablement les plus évidentes : devant une série chiffrée, l'analyste peut faire une erreur sur l'identité des données (s'agit-il de données annuelles, par habitant, etc.). Les *traitements subis par les variables* sont aussi sources de confusion ; par exemple, les valeurs aberrantes ont-elles été exclues des distributions ? Souvent, les analystes ne sauront que penser des manipulations effectuées sur les *valeurs manquantes* : lorsqu'une information n'était pas disponible pour un dossier, a-t-on laissé le champ en blanc, a-t-on attribué un code particulier, a-t-on imputé une valeur valide ? Dans le cas de documentations vraiment lacunaires, il est possible que certaines *catégorisations* soient inconnues : on pourrait trouver un champ contenant des données, mais pour lequel la signification des codes n'a pas été documentée. Finalement, on a déjà rencontré des cas où les données étaient simplement *mal étiquetées* : la documentation pouvait signaler que tel groupe était représenté par un certain code alors que la réalité était autre.

Nous n'avons pas fait une liste exhaustive des difficultés et écueils rencontrés en analyse secondaire. Le lecteur aurait pu croire que les limites de ce type d'analyse en amenuisent l'intérêt. Il n'en est rien. L'analyse de données primaires n'est pas sans difficulté non plus ; les faiblesses de l'analyse secondaire sont simplement différentes, sans être plus insurmontables.

5. Questions éthiques

L'utilisation de données secondaires soulève des questions éthiques particulières qui valent la peine d'être traitées en marge du chapitre 9 qui traite plus précisément des questions morales. Weil et Hollander[13] proposent de catégoriser les questions éthiques sous les sept en-têtes reprises ici. Pour sa part, Seiber[14] lance plusieurs questions très pertinentes que nous avons placées dans cette classification tout en ajoutant de notre cru.

Les questions éthiques, dans le contexte de l'analyse secondaire, se posent tant du point de vue du propriétaire des données (qui, lui, les a recueillies en tant que données primaires) que de celui de l'utilisateur potentiel. Le tableau 2 résume les grandes questions qui se posent à ce type d'analyse.

Même si une certaine systématisation et une certaine codification de la pratique commencent à se faire jour[15], il reste encore beaucoup à faire avant que ces questions ne trouvent une réponse satisfaisante. En attendant, les chercheurs concernés par le don ou l'utilisation de données secondaires devront tenir compte de ces questions morales.

13. Vivian WEIL et Rachelle HOLLANDER, « Normative Issues in Data Sharing », dans Joan E. SEIBER, *op. cit.*, p. 151-156.
14. Joan E. SEIBER, « Social Scientists' Concerns About Sharing Data », dans *op. cit.*, p. 141-150.
15. Voir par exemple S.E. FIENBERG, M.E. MARTIN et M.L. STRAF, *Sharing Research Data*, Washington, District of Columbia, National Academy Press, 1985.

TABLEAU 2
Questions éthiques soulevées par l'utilisation des données secondaires

Dimension	Point de vue du propriétaire	Point de vue de l'utilisateur potentiel
Qualité	Comment soupeser les critères de qualité et de disponibilité lorsque les données ne sont pas sans faute ?	Que faire lorsque des données publiques, couramment utilisées et obtenues en confiance se révèlent de piètre qualité ?
Accès	Comment équilibrer l'accès public aux données avec le juste retour sur investissement pour le premier collecteur ?	L'utilisateur peut-il donner accès aux données à son tour ?
Droits de propriété	Le collecteur peut-il refuser la publication de ses données en clamant sa propriété dans un contexte où la transparence des démonstrations est la base de l'accumulation des connaissances ?	Quelle forme de reconnaissance publique doit-on au collecteur des informations ?
Entretien/ support	Quelles responsabilités le propriétaire a-t-il de documenter, entretenir et supporter sa base de données ?	Doit-on utiliser des données insuffisamment documentées au risque d'utiliser des données erronées ou de ne pas vérifier des théories valables ?
Confidentialité	Combien d'information peut-on transmettre en confiance sans briser le lien de confidentialité ?	Quelles normes de confidentialité doit-on utiliser lorsqu'on traite plusieurs sources d'information parallèlement ?
Consentement éclairé	Comment peut-on obtenir le consentement éclairé des sujets si on ne connaît pas les utilisations futures des données ?	Où se trouve la limite des utilisations secondaires acceptables des données ?
Utilisation	Peut-on refuser l'accès aux données parce qu'elles n'ont pas été recueillies dans le but poursuivi par l'analyse secondaire ?	Y a-t-il une limite à la variété des utilisations permises ?

Conclusion

Les données secondaires présentent, à plusieurs points de vue, un très grand intérêt pour les chercheurs en sciences sociales. Elles sont « écologiques » puisqu'elles réutilisent les ressources informationnelles existantes tout en minimisant l'apport requis de nouvelles ressources pour produire une nouvelle connaissance ; elles sont dans le droit fil de l'accumulation de la connaissance par la remise en question des démonstrations passées ; elles facilitent l'analyse de plusieurs situations comparables et la prise en considération du passage du temps dans les dynamiques analysées ; etc.

Par contre, comme nous l'avons vu tout au cours de ce chapitre, l'utilisation de données secondaires soulève plusieurs problèmes sérieux d'analyse. Nous voudrions clore cette discussion en présentant quatre pistes de réflexion face à l'avenir réservé aux données secondaires.

D'abord, nous croyons que, compte tenu des restrictions financières de plus en plus contraignantes imposées aux collectes de données, les chercheurs qui recueilleront les données primaires (qui deviendront éventuellement des données secondaires) seront tenus de *considérer*, dans leur planification de collecte de données, *les besoins futurs des analyses secondaires* les plus prévisibles. Il n'est évidemment pas facile de prévoir les analyses qui seront menées et les besoins qu'elles présenteront ; néanmoins, plus on publiera sur les besoins des analyses secondaires et sur les écueils rencontrés, plus les analystes primaires seront à même d'agir en conséquence.

Avec le temps, par ailleurs, il deviendra de plus en plus rare que des données secondaires ne soient pas disponibles *sur support informatique*. Le support papier est encore populaire aujourd'hui (qu'on pense aux dossiers des participants aux programmes gouvernementaux, par exemple) et pose de graves problèmes à l'analyste secondaire. Mais si la tendance se poursuit, cela devrait relever de l'histoire ancienne sous peu. Le prochain problème à régler deviendra la conversion des données informatiques d'un format à un autre pour s'adapter aux besoins de l'analyse, mais il s'agit d'un problème mineur en comparaison de celui que pose la conversion entre le papier et le format électronique.

---

16. Hubert M. BLALOCK, « Contextual-Effects Models : Theoretical and Methodological Issues », dans *Annual Review of Sociology*, vol. 10, 1984, p. 353-372.

Les modèles contextuels deviendront de plus en plus populaires, tant pour l'analyse primaire que pour l'analyse secondaire. Les *modèles contextuels* retiennent comme explications des variables soumises à l'analyse, en plus des caractéristiques des individus et de leur situation particulière, certains états de l'environnement dans lequel ces individus baignent[16]. Souvent, ces variables contextuelles proviennent de sources secondaires, d'où le lien avec la préoccupation de ce chapitre. L'utilisation accrue des modèles contextuels augmentera le nombre de chercheurs redevables de sources secondaires et amènera donc les problèmes d'utilisation de ces données au premier plan des préoccupations des chercheurs.

Finalement, les données secondaires prendront peut-être un extraordinaire essor lorsque les *techniques de fusion des données* seront davantage au point. La fusion des données est une technique informatique qui permet le mariage des microdonnées provenant de deux ou plusieurs bases de données, sans que les banques d'information ne contiennent d'identificateur commun des dossiers. Les Allemands et les Français sont plus avancés que les Nord-Américains dans ce domaine, mais la fusion des données commence à intéresser les chercheurs canadiens[17]. Les résultats obtenus sont des plus prometteurs ; lorsque la technique sera au point, il sera possible à un chercheur de combiner deux ou plusieurs bases de données traitant de sujets différents et d'analyser les dynamiques reliant ces deux ensembles de concepts sans avoir à engager des frais dans une nouvelle collecte de données. On pourra alors vérifier des théories plus complexes que celles utilisées actuellement et profiter pleinement des données existantes par leur judicieux recyclage.

---

17. Hugh F. DOW, « Data Fusion : The Canadian Experiment », dans *Canadian Journal of Marketing Research*, vol. 8, 1989, p. 57-63.

Bibliographie annotée

JACOB, Herbert, *Using Published Data : Errors and Remedies*, Beverly Hills, Sage Publications, 1984, 63 pages.

Ce livre traite principalement des problèmes rencontrés en analyse secondaire : les problèmes d'échantillonnage, les erreurs de mesure et les questions de fiabilité des informations. Dans chaque cas, il présente une série de problèmes pratiques et, pour chacun, il explique clairement la nature du problème et les solutions possibles. La lecture de ce petit livre fournira au chercheur un outillage essentiel pour mener ses analyses secondaires de façon critique.

KIECOLT, K. Jill et Laura E. NATHAN, *Secondary Analysis of Survey Data*, Newbury Park, Sage Publications, 1985, 87 pages.

Après une brève discussion des avantages et inconvénients de l'utilisation des données secondaires, cet ouvrage traite longuement (si on considère la taille du livre) des sources de telles données. Malheureusement, la présentation est essentiellement axée sur la situation américaine et n'est donc que partiellement transposable à notre contexte. Malgré tout, certaines suggestions d'avenues de recherche pourraient être fructueuses au Québec. Dans la dernière section, les auteurs s'attardent à différentes stratégies de recherche qui s'offrent à l'analyste secondaire.

SIEBER, Joan E., *Sharing Social Science Data : Advantages and Challenges*, Newbury Park, Sage Publications, 1991, 168 pages.

Cet ouvrage réunit des articles extrêmement intéressants sur l'échange de données et, donc, sur l'utilisation des données secondaires. Une introduction générale établit les enjeux principaux reliés à l'analyse secondaire et à l'obtention de données secondaires. Des huit autres chapitres, trois présentent des expériences pratiques de partage de données dans les domaines de la démographie, de l'anthropologie et de la criminologie. Deux autres chapitres traitent de la question complexe de la documentation des données secondaires, condition *sine qua non* de l'utilisation intelligente de ces bases de données. Un autre chapitre décrit l'utilité des données secondaires dans l'enseignement de la méthodologie de la recherche et de la statistique alors que les deux derniers chapitres s'arrêtent aux questions éthiques reliées à l'utilisation des données secondaires. Bien qu'un peu décousu, ce livre comprend une série d'articles des plus utiles pour la compréhension des conditions pratiques d'utilisation des données secondaires.

STEWART, David W., *Secondary Research : Information Sources and Methods*,
Newbury Park, Sage Publications, 1984, 133 pages.

Conçu comme un traité sur l'utilisation des données secondaires,
cet ouvrage n'atteint pas cet objectif. Il fournit cependant quantité
d'informations utiles à l'analyste secondaire. Après un survol des
avantages et inconvénients des données secondaires par rapport aux
données primaires, l'auteur propose un cadre d'analyse des sources
de données secondaires qui permet de porter un jugement sur l'utilité, la validité et la fiabilité de ces données. Suit une présentation
des sources américaines de données existantes ; comme mentionné
ci-dessus, ce type de présentation est de peu d'utilité hors des frontières nationales. Par contre, deux chapitres, portant respectivement
sur les données commerciales et les données disponibles par réseau
informatique, innovent et éclairent un domaine généralement laissé
dans l'ombre. Un bref chapitre de clôture introduit le thème de l'intégration des résultats de l'analyse secondaire de plusieurs sources
et l'adjonction de données primaires.

Chapitre 17
La simulation sur ordinateur

Réjean LANDRY

*Les langages formels fournissent une carte qui
est utile de la même façon que ces cartes routières
qui me permirent de me retrouver en Indiana.
Ce n'est pas peu si les langages formels
sont utilisés à bon escient.*

Judith A. GILLESPIE

Introduction

**La simulation constitue une technique numérique conçue pour réaliser
des expériences sur ordinateur à l'aide de modèles décrivant de façon
séquentielle le comportement de systèmes réels.** La simulation d'un
modèle sur ordinateur met en jeu trois éléments – un système réel, un
modèle et un ordinateur – reliés deux à deux dans des relations de
modélisation et de simulation[1]. La relation de modélisation concerne les
relations entre les systèmes réels et les modèles tandis que la simulation
traite des relations entre les modèles et l'ordinateur (figure 1).

FIGURE 1
Éléments et relations du travail de modélisation et de simulation

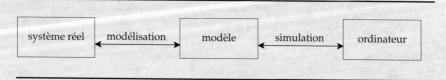

---

1. L'idée de ces deux relations est empruntée à B.P. ZEIGLER, *Theory of Modelling and
Simulation*, New York, Wiley-Interscience Publications, 1976, p. 3.

1. Les éléments de modélisation

1.1. Le système réel

Un système réel correspond à cette partie de la réalité qu'on désire étudier. Il peut s'agir du transport en commun dans une ville, de l'état de santé d'une population, du niveau de délinquance d'une sous-population, de l'état de l'économie ou bien encore du pourcentage de vote recueilli par divers partis politiques.

La première tâche du chercheur consiste à identifier la portion de la réalité à étudier et à l'isoler de façon à pouvoir faire des observations et prendre des mesures. La façon la plus simple de concevoir un système réel est de l'assimiler à une boîte dans laquelle entrent de l'énergie et des informations, qui y sont transformées et en ressortent sous un état différent. Les entrées correspondent à des variables d'entrée (ou variables d'input), les sorties à des variables de sortie (ou variables d'output) et la boîte aux activités de transformation des variables d'entrée en variables de sortie (figure 2).

FIGURE 2
Éléments fondamentaux d'un système réel

Les variables peuvent être observables ou non observables. Elles sont dites observables lorsqu'il est possible de prendre une lecture quantitative (avec un instrument de mesure tel que le mètre, par exemple) ou qualitative (avec un instrument d'observation tel que le microscope, par exemple, qui ne permet pas nécessairement de faire des observations de type numérique). D'un autre côté, les variables non observables correspondent à ces variables qui ne peuvent pas être mesurées directement parce qu'on ne dispose pas d'instruments de mesure (figure 3). Les variables non observables ne doivent pas être passées sous silence pour la seule raison qu'elles ne sont pas mesurables, car elles peuvent jouer un rôle essentiel dans l'évolution d'un système réel.

FIGURE 3
**Représentation des variables observables et des variables
non observables d'un système réel**

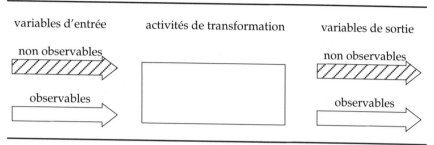

L'évolution d'un système réel peut être représentée sur un graphique en plaçant les variables d'entrée ou les variables de sortie sur l'ordonnée et le temps sur l'abcisse. À titre d'exemple, la variable de sortie peut représenter le nombre de délinquants d'une sous-population mesuré sur une base annuelle, ou bien encore le taux de chômage mesuré sur une base mensuelle (figure 4).

FIGURE 4
Graphique représentant l'évolution d'un système réel

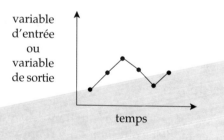

1.2. Le modèle

Les systèmes réels auxquels s'intéressent les spécialistes des sciences sociales comportent tellement d'éléments et des interactions et combinaisons si complexes qu'ils ne peuvent être simulés directement sur ordinateur. Aussi, est-on amené à leur substituer des répliques simplifiées qu'on appelle des modèles. Le recours à des modèles ne constitue pas une perspective propre à la science en général ou aux sciences sociales en particulier puisque chacune de nos décisions s'appuie sur l'utilisation de « modèles » en ce sens que l'image mentale qu'on a du monde environnant, que ce soit du gouvernement, des problèmes sociaux ou du hockey, correspond à un modèle. Selon Forrester,

> L'image mentale que chacun se fait du monde est un modèle. Personne ne porte une famille, une compagnie, une ville, un gouvernement ou un pays dans sa tête. On conserve plutôt quelques concepts ou relations qui servent à représenter le système réel. Une image mentale est un modèle. Toutes nos décisions sont basées sur des modèles. Toutes nos lois sont votées sur la base de modèles. Toutes les décisions de gestion sont prises grâce à des modèles. La question n'est pas de choisir entre utiliser ou non des modèles. C'est plutôt de choisir entre différents modèles[2].

Mais alors quelle signification faut-il attribuer au terme de modèle? Une recension de ces définitions du terme « modèle » permet de dégager trois principaux points de convergence:

1) la *représentation*: un modèle est une représentation;

2) la *ressemblance*: un modèle doit ressembler à la réalité représentée;

3) la *simplification*: un modèle constitue une simplification de la réalité représentée

Aussi dira-t-on qu'*un modèle est une représentation simplifiée d'un système réel.*

1.3. Les types de modèles

Il existe plusieurs formes de représentation des systèmes réels. Nous connaissons bien les modèles physiques qui représentent des objets. Les trains électriques miniatures, les autos miniatures et les poupées qui rient, pleurent ou font autre chose correspondent à des modèles de systèmes réels. Une carte routière constitue une représentation schématique de la localisation des routes sur un territoire. Une équation mathématique peut servir à représenter le comportement d'un électeur, d'un fonctionnaire, d'un délinquant, etc. Les modèles formels se caractérisent alors suivant leur mode propre d'expression. Greenberger *et alii* distinguent quatre

---

2. J.W. FORRESTER, *World Dynamics*, Cambridge, Mass., Wright Allen Press, 1971, p. 14.

formes d'expression : schématique, physique, symbolique et de « *role-playing* »[3].

FIGURE 5
Formes d'expression des modèles

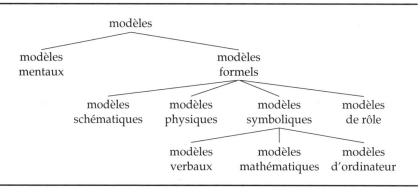

Les *modèles mentaux*, aussi appelés modèles intuitifs, sont des représentations informelles du système réel. Ils ne sont pas exprimés sous la forme d'un langage formel. Comme le dit Forrester, les modèles mentaux sont mal définis, leurs hypothèses sont implicites et ils sont difficiles à communiquer parce que « la nature mal définie et nébuleuse du processus mental intuitif est difficilement transcriptible sous forme de mots[4] ». De plus, les modèles mentaux ne peuvent pas être manipulés de façon efficace parce que l'esprit humain est incapable de considérer simultanément tous les aspects d'un système réel comprenant un grand nombre d'éléments. Les déficiences des modèles mentaux peuvent être atténuées en recourant à des modèles formels.

Les *modèles schématiques* représentent le système réel à l'aide de dessins, de points, de lignes, de courbes ou de graphiques[5]. L'enfant qui revient de l'école avec un dessin de sa mère ou de son chien a produit un modèle schématique. Un plan de maison et une carte routière constituent

---

3. La figure 5 est une adaptation des figures 3.1 et 3.3 de M. GREENBERGER, M.A. CRENSON et B.L. CRISSEY, *Models in the Policy Process. Public Decision Making in the Computer Era*, New York, Russel Sage Foundation, 1976, p. 50 et 52. M.L. WHICKER et L. SIGELMAN, *Computer Simulation Applications. An Introduction*, Newbury Park, Ca., Sage Publications, 1991 proposent également une classification similaire des types de modèles.
4. J.W. FORRESTER, *Principes des systèmes*, Lyon, Presses universitaires de Lyon, 1980, p. 3-3.
5. Voir GREENBERGER *et al.*, *op. cit.*, p. 49-50.

d'autres exemples de modèles schématiques. Ces schémas se trouvent bien souvent à la source de l'inspiration d'autres formes de modèles.

Les *modèles physiques* représentent certains aspects des systèmes réels au moyen d'analogies physiques. Les modèles physiques sont construits en utilisant des matériaux tangibles. La maquette de l'architecte Duberger représentant le centre-ville de Québec vers 1820 correspond à un modèle physique. Les modèles physiques ne sont généralement pas trop compliqués en plus d'être faciles à manipuler. Par contre, comme le soulignent Kornbluh et Little[6], ils sont inappropriés pour représenter les processus d'information. En outre, ces modèles tendent à être relativement peu flexibles parce qu'ils sont généralement conçus pour accomplir une étude particulière. Si belle soit-elle, la maquette de Duberger souffre de ces deux lacunes.

Les lacunes des modèles mentaux et des modèles physiques sont moins susceptibles de se reproduire dans les *modèles symboliques.* Ceux-ci recourent à des symboles pour représenter les éléments constitutifs du système réel. Suivant le type de symbole utilisé, les modèles peuvent être classés comme étant des modèles verbaux, des modèles mathématiques ou des modèles informatiques.

Les *modèles verbaux* représentent les systèmes réels au moyen de narrations écrites ou orales utilisant les symboles du français, de l'anglais ou d'une autre langue. Les modèles verbaux reprennent généralement à leur compte les idées implicites des modèles mentaux. La plus grande partie des ouvrages et des articles de sciences sociales correspond à des modèles verbaux ou, pour reprendre l'expression de Laborit, des travaux de culture langagière. Par ailleurs, il faut bien se rendre compte que les modèles verbaux constituent une arme efficace pour qui veut influencer les modèles mentaux des citoyens et des gouvernants.

Les *modèles mathématiques* représentent les systèmes réels en s'appuyant sur des équations mathématiques. Ces modèles ont l'avantage d'être précis, concis et faciles à manipuler. Ils sont plus précis que les modèles verbaux parce qu'il y a peu de place à l'ambiguïté dans la signification de leurs symboles. Ils sont plus concis que les modèles verbaux parce qu'ils requièrent moins de symboles pour représenter les éléments des systèmes réels. Enfin, ils sont plus faciles à manipuler que les modèles verbaux, une fois comprise la logique des procédures mathématiques. En dépit de ces avantages, le recours aux représentations mathématiques

---

6. M. KORNBLUH et D. LITTLE, « The Nature of Computer Simulation Models », dans *Technological Forecasting and Social Change*, vol. 9, 1976, p. 9.

est limité par le degré trop restreint de maîtrise de la symbolique mathématique et, il faut bien en convenir, par le pouvoir évocateur supérieur des modèles verbaux.

Les *modèles informatiques* représentent les systèmes réels en recourant aux symboles des langages informatiques. Ceux-ci servent à formuler un *algorithme*, c'est-à-dire un ensemble de règles qui définissent une séquence d'opérations représentant un système réel. Plus simplement, un modèle informatique décrit un ensemble d'instructions données à l'ordinateur. Les modèles de simulation dont on fera état plus loin correspondent à des modèles informatiques plutôt qu'à des modèles verbaux ou à des modèles mathématiques.

Comme leur nom l'indique, les *modèles de rôles* (*role playing* ou *gaming*) représentent les systèmes réels en attribuant des rôles à des personnes. Les modèles de *role playing* sont surtout utilisés pour des fins d'enseignement et d'entraînement[7], mais ils comportent les mêmes inconvénients que les modèles verbaux. Aussi a-t-on tenté de leur adjoindre des modèles informatiques qui jouent maintenant un rôle de plus en plus important, aussi bien du côté des jeux d'entreprises où l'on joue à la bourse contre (ou avec) l'ordinateur que du côté des jeux militaires où l'ordinateur tient maintenant partout une place prépondérante. Un enfant qui joue au père ou à la mère en imitant un vrai père ou une véritable mère construit un modèle de rôle.

1.4. Les étapes de la construction d'un modèle

La boîte à outils du constructeur de modèles comprend de la théorie, des données et de la méthodologie[8]. La nécessité de valider un modèle suppose la recherche d'un équilibre dans l'utilisation de ces trois types de matériaux. Par définition, un modèle constitue une médiation entre chacun de ces trois éléments pris deux à deux : une médiation entre un champ théorique et un champ empirique ; entre un champ empirique et un champ méthodologique ; et entre un champ théorique et un champ

---

7. Pour un exposé théorique sur les modèles de « *gaming* », consulter M. SHUBIK, *Games for Society, Business and War. Towards a Theory of Gaming*, New York, Elsevier, 1975. Sur ce sujet, on peut aussi consulter avec intérêt la revue *Simulation and Games* publiée par Sage Publications, Newbury Park, Ca.
8. Pour un exposé détaillé sur cette question, consulter GREENBERGER *et al., op. cit.*, p. 63 à 76 ; WALLISER, *op. cit.*, p. 153 à 161 ; E.F. WOLSTENHOLME, *System Inquiry. A System Dynamics Approach*, New York, John Wiley and Sons, 1990, chapitres 2 à 5 ; M.C. WHICKER et L. SIGELMAN, *op. cit.*, p. 36 à 39.

méthodologique (figure 6). Certains types de théories exigent moins de données empiriques que d'autres ; l'absence de données empiriques peut interdire l'utilisation de certaines méthodologies ; et certaines méthodologies peuvent rendre difficile ou impossible l'expression de certaines théories. Un modèle sans champ théorique ne proposerait donc pas de principe explicatif tandis qu'un modèle sans champ empirique ne peut être validé par des expériences concrètes. Un modèle sans champ méthodologique serait un modèle qui n'identifierait pas explicitement ses modes d'appréhension du système réel et les stratégies de vérification qu'il utilise.

FIGURE 6
Structure des modèles

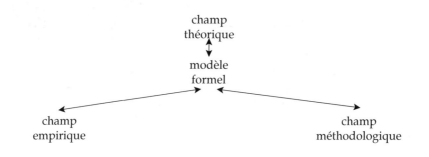

Il existe peu d'écrits sur la théorie et la méthode d'élaboration des modèles. Les articles et les ouvrages scientifiques nous livrent habituellement une science toute faite, un produit fini. Les travaux des scientifiques insistent sur les règles formelles et sur la façon de parler des observations plutôt que sur la façon de créer les modèles qui ont permis de faire les observations. En ce sens, la modélisation demeure un art dont seuls les artistes maîtrisent bien les règles.

On sait cependant avec certitude que la démarche de modélisation doit pouvoir rendre compte des systèmes réels en incorporant trois composantes : les théories, les données et les méthodologies. Nous proposons ici d'utiliser une démarche en cinq étapes[9].

---

9. Concernant les étapes de la démarche de modélisation, on peut lire avec intérêt C.A. LAVE et J.G. MARCH, *An Introduction to Models in the Social Sciences*, New York, Harper and Row, 1975 ; H.M. BLALOCK Jr., « The Formalization of a Sociological Theory,

Première étape : définir le problème

La première étape consiste à identifier un problème et à le définir de façon claire en le situant dans son contexte tout en indiquant ses principaux symptômes. Une façon simple de définir un problème est de le représenter sur un graphique comme celui de la figure 4.

> L'étude de la propagation de l'idée de l'indépendance politique au sein de la population du Québec constitue un exemple de problèmes complexes dont l'explication renvoie à de très nombreux facteurs explicatifs. Dans les cas où l'on étudie des problèmes complexes, il importe de les décomposer en éléments simples et de rendre explicite les relations qui existent entre les différents éléments. Dans cette perspective, la première tâche à accomplir est de déterminer ce que l'on veut expliquer, autrement dit, la variable dépendante. Puisque la simulation sur ordinateur reproduit pas à pas l'évolution d'une variable dépendante, il importe de décrire les variations qui surviennent dans la variable dépendante en fonction de l'évolution du temps.
>
> L'horizon temporel, c'est-à-dire la période de temps pour laquelle on désire simuler l'évolution d'un problème, joue un rôle déterminant parce qu'il sert à caractériser le problème étudié. Ainsi, dans le cas de la propagation de l'idée indépendantiste au sein de la population du Québec, l'examen d'un horizon temporel court comme la période 1950-1970 montre que, même si cette idée se répand progressivement, elle reste le fait d'une minorité de la population alors que l'examen d'un horizon temporel plus long comme la période 1950-2010 laisse penser que cette idée peut se propager au sein de la majorité de la population (figure 7).

Le dernier élément de cette première étape de modélisation concerne la détermination du but du modèle. Celui-ci peut varier entre deux extrêmes dont l'un renvoie à l'amélioration de la compréhension d'un problème et l'autre, à la formulation de recommandations de politiques visant à modifier le fonctionnement du système réel.

dans J.C. McKinney et E.A. Tiriakian, *Theoretical Sociology : Perspectives and Developments*, New York, Appleton Century Crafts, 1970, p. 272 à 300 ; B. Walliser, *op. cit.* p. 156-157 ; L. Freese et J Sell, « Constructing Axiomatic Theories in Sociology, dans L. Freese, (dir.), *Theoretical Methods in Sociology : Seven Essays*, Pittsburgh, Pa., The University of Pittsburgh Press, 1980, p. 263-368 ; E.F. Wolstenholme, *op. cit.* p. 11 à 46.

FIGURE 7
Propagation de l'idée indépendantiste au sein de la population du Québec

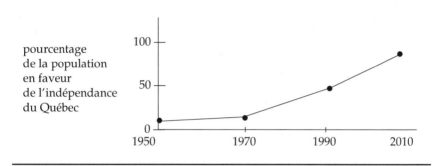

Deuxième étape : théoriser

La deuxième étape de la construction d'un modèle consiste à lire les écrits théoriques et empiriques qui portent sur les problèmes du système réel à étudier en dressant un inventaire des variables les plus importantes et des hypothèses qui les associent. Il peut alors s'avérer utile de consulter simultanément les écrits qui concernent les attributs spécifiques du problème que nous désirons étudier ainsi que les écrits sur les structures génériques de modèles de simulation[10]. Ces structures génériques peuvent fournir d'excellents points de départ, particulièrement si l'on est conscient des limites des postulats qui les sous-tendent. L'exemple présenté dans ce chapitre correspond à une structure générique simple de modèle de diffusion. Cette étape serait rapidement achevée si les écrits des sciences sociales correspondaient à des ensembles de propositions reliées déductivement. Elle est rendue plus ardue parce qu'en pratique ces écrits constituent des ensembles de propositions qui ne sont pas déductivement reliées et que ces propositions ne constituent pas des lois ou généralisations. En fait, les écrits des sciences sociales correspondent habituellement à des hypothèses présentées de façon diffuse et souvent implicite dans des articles ou des livres.

10. D.C. LANE et C. SMART, « Reinterpreting "Generic Structure" : Evolution, Application and limitations of a concept », *System Dynamics Review*, vol. 12, n° 2, 1996, p. 87-120.

Ainsi, la lecture des écrits sur la propagation de l'idée indépendantiste pourrait nous apprendre que la diffusion de cette idée s'explique par deux facteurs principaux : les contacts interpersonnels et la liberté de parole. Les indépendantistes utilisent leur liberté de parole pour propager leurs idées et ainsi rallier d'autres personnes à leur cause. L'augmentation du nombre d'indépendantistes accroît le nombre de personnes qui travaillent à diffuser cette idée au sein de la population. Ce modèle simple de diffusion de l'idée d'indépendance au sein de la population du Québec repose sur les trois postulats suivants :

1) Il existe un mélange relativement homogène de la population indépendantiste et de la population susceptible de devenir indépendantiste.

2) Une fois convertie à l'idée de l'indépendance, personne ne peut réussir à convaincre les convertis de redevenir non indépendantiste.

3) La population est constante et il n'existe pas de mouvements migratoires susceptibles de modifier l'homogénéité de la population.

Ces trois postulats constituent les éléments de base de la structure du modèle de simulation. Soulignons que le caractère explicite de ces postulats permet de repérer facilement les limites du modèle ainsi que les directions à prendre pour le raffiner de façon à ce qu'il se rapproche davantage de la réalité.

Troisième étape : élaborer un diagramme causal

La troisième étape du processus de modélisation consiste à utiliser les informations recueillies lors des étapes précédentes pour élaborer un diagramme causal représentant les variables importantes et les relations qu'elles entretiennent.

La figure 8 présente un diagramme causal du modèle de propagation de l'indépendance qui repose sur les postulats que nous venons d'identifier. Le taux de propagation de l'idée d'indépendance dépend à la fois de la population déjà convertie à l'idépendance et de la population susceptible de devenir indépendantiste. Suivant la logique de la boucle de rétroaction n° 1, et suivant l'hypothèse où toutes choses sont égales par ailleurs, une augmentation de la population indépendantiste engendre une augmentaion du taux de propagation de l'idée d'indépendance. À son tour, l'augmentation du taux de propagation de l'idée d'indépendance augmente le nombre de personnes qui se trouvent dans la population indépendantiste et ainsi de suite, suivant en cela la logique d'une boucle de rétroaction positive. Par contre, dans un monde où la population totale n'est pas infinie, toutes choses ne sont pas égales par ailleurs et, la boucle de rétroaction no.2 rend compte de cette limite. Ainsi, à mesure que la population indépendantiste augmente, la différence entre la population totale et la population indépendantiste décroît, faisant ainsi décroître la population susceptible de devenir indépendantiste. En retour, plus la population susceptible de devenir indépendantiste diminue, plus le taux de propagation de l'idée d'indépendance diminue. Suivant cette logique, le processus de propagation de l'idée d'indépendance prend fin lorsque toute la population est devenue indépendantiste.

Les relations entre ces variables correspondent à une boucle de rétroaction (figure 8) : une flèche indique la direction d'une cause vers un effet alors que le signe indique la polarité de l'effet. Le signe « plus » indique qu'un changement dans une cause produit un changement dans la même direction du côté de l'effet. Par contre, la relation entre une cause et un effet est négative si un changement du côté de la cause produit un changement dans la direction opposée du côté de l'effet[11].

Quatrième étape : choisir la méthodologie

La quatrième étape porte sur le choix d'une méthodologie de modélisation. Les méthodologies fournissent des outils et proposent des procédures pour transformer le modèle causal de la troisième étape en un modèle mathématique ou un modèle informatique. Le choix d'une méthodologie influence grandement la façon de représenter le système réel. Une méthodologie qui tient difficilement compte de phénomènes non linéaires peut inciter ses utilisateurs à exclure les aspects non linéaires du système réel. De même, une méthodologie qui s'appuie sur des flux déterministes peut amener à laisser de côté les aspects probabilistes d'un système réel.

---

11. Sur les façons de représenter des diagrammes en forme de boucles de rétroaction, on peut consulter G.G. RICHARDSON, *Feedback Thought in Social Science and Systems Theory*, Philadelphie, University of Pennsylvania Press, 1991 ; P.M. SENGE, *The Fifth Discipline. The Art and Practice of the Learning Organization*, New York, Doubleday, 1990 ; J.D.W. MORECROFT et J.D. STERMAN, (dir.), *Modeling for Learning Organizations*, Portland, Oregon, Productivity Press, 1994.

FIGURE 8
Diagramme causal du modèle de propagation de l'indépendance

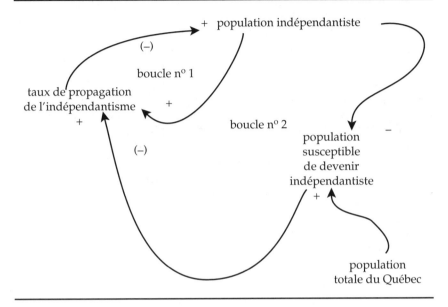

D'après Greenberger *et alii*: «*A methodology usually develops from repeated model-building efforts in a given field for a particular type of problem and tends to be favored by modelers in that field. Their special constructs, procedures, devices, and assumptions may or may not be applicable to other fields and situations*[12].» C'est le cas de l'économique qui a développé la méthodologie de l'économétrie et des langages informatiques particuliers tels que TROLL. Les spécialistes des sciences de l'administration ont développé la méthodologie de la recherche opérationnelle et ont créé des langages informatiques tels que GPSS qui permettent de ne pas repartir à zéro à chaque nouvelle étude. La dynamique des systèmes, qui constitue une méthodologie développée à partir de la théorie des mécanismes asservis et de l'administration, fournit un ensemble de procédures de modélisation et un langage informatique, le langage DYNAMO, qui sont maintenant utilisés pour modéliser et simuler un très large répertoire de problèmes.

---

12. GREENBERGER *et al.*, *op. cit.*, p. 75.

Cinquième étape : confronter le modèle à la réalité

La cinquième étape du processus de modélisation concerne le champ empirique. Les données servent à établir une relation tangible entre un modèle et son système réel. Comme le souligne Walliser, « une variable d'un modèle peut elle-même être considérée comme un intermédiaire entre un concept qu'elle représente et des grandeurs observables sur lesquelles elle s'appuie[13] » (figure 9[14]). La confrontation d'un modèle au champ empirique pose alors une question de signification et une question de validation : les variables du modèle représentent-elles adéquatement les concepts de la théorie relative au système réel ; les grandeurs observables (ou indicateurs) sont-elles reliées de façon adéquate aux variables du modèle ? Bien qu'il ne soit pas possible de valider totalement un modèle, notons qu'un modèle qui ne fait référence à aucun champ empirique est à peu près impossible à évaluer.

FIGURE 9
Représentation d'une variable

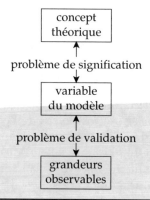

13. WALLISER, *op. cit.*, p. 154.
14. Figure empruntée de WALLISER, *op. cit.*, p. 155.

2. Les éléments de simulation

2.1. Pourquoi simuler un modèle?

Si valide et si fiable soit-il, un modèle d'un système réel ne présente quelque intérêt que s'il est expérimenté. Un modèle représente un système réel tandis que la simulation imite le système réel en reproduisant pas à pas son comportement. La simulation applique des règles logiques séquentielles pour reproduire les états successifs d'un système réel dont les règles d'évolution sont définies dans un modèle. Comme le note Maître, « les simulations sont séquentielles en ce sens qu'elles calculent les états du système de proche en proche, à partir de l'état initial et en passant de chaque état à celui qui suit immédiatement dans la chronologie[15] ».

La simulation est donc un processus de résolution pas à pas dont les équations disent comment calculer le pas temporel suivant mais non comment aller directement vers n'importe quel instant futur. On appelle « modèle de simulation » l'ensemble des équations ou instructions qui déterminent comment calculer le pas temporel suivant. Le processus de résolution pas à pas donne une solution numérique. Ce processus de résolution se distingue des solutions analytiques qui décrivent l'état du système réel pour n'importe quel instant futur plutôt que de façon séquentielle[16]. Grémy écrit:

> Le dilemme que pose au sociologue l'utilisation de modèles analytiques est le suivant: ou bien élaborer un modèle calculable, en renonçant à lui incorporer des hypothèses trop nombreuses ou trop complexes, ou bien construire un modèle riche en hypothèses permettant de cerner de plus près le phénomène étudié, en acceptant le risque de ne pas utiliser ce modèle faute d'un outil mathématique adapté.
>
> Le recours aux techniques de simulation permet, dans certains cas, de sortir de ce dilemme. La simulation est une procédure expérimentale de résolution de problèmes mathématiques insolubles ou

---

15. J. MAÎTRE, « Réflexions d'un néophyte devant la simulation », p. 38 dans Centre d'études sociologiques, *La simulation*, Paris, Centre d'études sociologiques, CNRS, Travaux et documents 1, 1969.
16. Les différences entre les solutions numériques et les solutions analytiques sont traitées plus longuement dans J.W. FORRESTER, *Principes des systèmes, op. cit.*, p. 3-5 à 3-11 et dans W. FRANTA, *The Process View of Simulation*, New York, North Holland Publications, 1977, chapitre 1.

difficilement solubles par des méthodes analytiques. L'intérêt de ces techniques pour le sociologue est qu'elles autorisent l'usage de modèles d'une grande complexité, donc plus proches des phénomènes réels[17].

La simulation d'un modèle d'un système réel ne donne pas une solution générale mais plutôt l'évolution séquentielle des variables d'état du système en fonction des conditions initiales et des coefficients qu'on lui a assignés. La simulation donne une autre solution numérique si le modèle est expérimenté avec des conditions différentes. Cet usage de la simulation correspond à ce qu'on pourrait appeler de la quasi-expérimentation. Si nous parlons de quasi-expérimentation plutôt que d'expérimentation, c'est qu'une expérience de simulation porte sur un modèle du système réel plutôt que sur le système réel lui-même comme dans le cas d'une véritable expérience[18].

2.2. Les critères de choix d'une méthodologie

Le choix d'une méthodologie de simulation dépend des caractéristiques du système réel étudié et de la perception qu'en a l'analyste (sans compter que chaque analyste a une tendance naturelle à utiliser sa méthodologie préférée). Les caractéristiques et les perceptions des systèmes réels peuvent être décrites en répondant à deux questions cruciales :

- Les valeurs des variables d'état du système réel changent-elles de façon continue ou de façon discrète ?

- Dans quelle mesure les valeurs des variables d'état du système réel dépendent-elles de la chance ?

Dans un système réel continu, une variable $v(t)$ change suivant une quantité delta v au cours d'une période de temps delta t (figure 10). Dans un système réel discret les valeurs des variables d'état changent suivant des quantités arbitraires à des moments donnés dans le temps. Ainsi, dans la figure 11, la variable v change d'une quantité d au moment t_1 selon un registre tel que :

$$(e_1, t_1) (e_2, t_2)...(e_n, t_n)$$

où e renvoie à un événement et t à son moment d'occurrence, avec $t_1 < t_2 < .. < t_n$

---

17. J.P. GREMY, « Les techniques de simulation », dans R. BOUDON, *Les mathématiques en sociologie*, Paris, Presses universitaires de France, Collection S.U.P. 1971, p. 242.
18. Pour plus de détails sur la méthode expérimentale, voir le chapitre 6 sur les structures de preuve.

FIGURE 10
Système réel continu

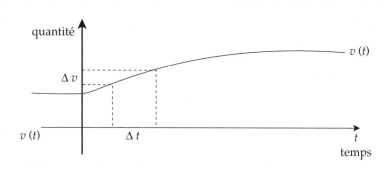

FIGURE 11
Système réel discret

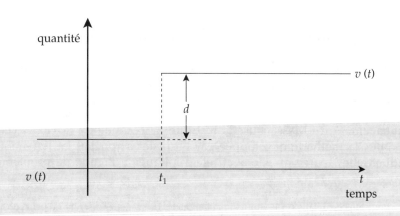

Dans un système réel déterministe, les mêmes variables initiales (ou d'entrée) donnent toujours les mêmes variables de sortie parce que les variables et les relations entre les variables se situent dans un contexte de certitude. Par ailleurs, on parle de système aléatoire ou stochastique lorsque les valeurs des variables d'état dépendent de la chance, c'est-à-dire de tirages au sort qui respectent les lois de distribution des variables aléatoires.

La perception qu'a l'analyste des caractéristiques d'un système réel l'amène à choisir l'une des quatre possibilités suivantes (figure 12).

FIGURE 12
Types de simulation

Variables d'entrée	Système	
	Déterministe (d)	**Stochastique (s)**
Continues (c)	c, d	c, s
Discrètes (d)	d, d	d, s

Ces distinctions établissent des cas typiques bien que, dans la pratique, on puisse retrouver des situations mixtes comportant des aspects continus et discrets[19] ou des aspects déterministes et stochastiques[20]. Faute d'espace, nous décrirons brièvement une seule méthodologie, la dynamique des systèmes (cellule c, d) parce qu'elle encadre mieux le débutant que les autres options[21].

2.3. La méthodologie de la dynamique des systèmes

La dynamique des systèmes est une méthode générale conçue pour analyser certains types de problèmes complexes. Cette méthode a été créée à la fin des années 1950 par Jay W. Forrester, un ingénieur spécialisé dans l'étude des mécanismes asservis qui enseignait à la Sloan School of Management du Massachusetts Institute of Technology (MIT). À cette époque, la méthode développée par Forrester s'appelait la dynamique industrielle[22] parce qu'elle avait été appliquée à l'étude de problèmes

---

19. Pour plus de détails sur la simulation de modèles de systèmes discrets, on peut consulter J.B. EVANS, *Structure of Discrete Event Simulation : An Introduction to the Engagement Strategy*, New York, John Wiley, 1988 ; M. PHIDD (dir.), *Computer Modelling for Discrete Simulation*, New York, John Wiley, 1989.
20. Une fraction importante des travaux portant sur la simulation de modèles de systèmes discrets adopte une perspective probabiliste. On peut donc consulter les écrits mentionnés à la note précédente pour plus de détails sur la simulation de modèles de systèmes probabilistes. On peut également lire avec intérêt la revue *Simulation* éditée par The Society for Computer Simulation dont les articles portent principalement sur la simulation de modèles de systèmes discrets et probabilistes.
21. Pour un exemple d'application sur le Québec de simulation d'un modèle de système discret-stochastique, voir R. LANDRY, « La simulation de la rationalité économique du comportement électoral des Québécois : 1970-1981 », dans J. CRÊTE (dir.), *Le comportement électoral au Québec*, Chicoutimi, Gaëtan Morin éditeur, 1984.
22. Le premier livre de FORRESTER qui décrivait la méthode portait le titre de *Industrial Dynamics*, Cambridge, Mass., MIT Press, 1961.

industriels complexes concernant la gestion des inventaires, du personnel, du marché et de la croissance des entreprises. En moins de dix ans, la méthode de la dynamique industrielle fut l'objet d'applications à un éventail beaucoup plus vaste de problèmes allant de la gestion de la recherche-développement aux problèmes urbains et des problèmes du diabète à ceux de la croissance exponentielle dans un monde fini. Aussi l'appellation « dynamique industrielle » céda-t-elle le pas à l'expression plus générale de « dynamique des systèmes »[23].

Les problèmes auxquels s'adresse la dynamique des systèmes partagent au moins deux trait communs. D'abord, ils sont dynamiques, c'est-à-dire qu'ils mettent en cause des variables qui changent dans le temps (voir le graphique de la figure 4). Ensuite, les problèmes auxquels s'applique la dynamique des systèmes s'insèrent dans des boucles de rétroaction plutôt que dans des boucles ouvertes. Aussi, la méthode de la dynamique des systèmes postule-t-elle que les boucles de rétroaction sont responsables des changements qui se produisent dans la séquence temporelle.

La première question à laquelle il faut répondre est alors la suivante : « Par où passe la frontière qui entoure le plus petit nombre de composantes et à l'intérieur de laquelle le comportement dynamique à étudier est généré[24] ? » Un texte classique de Forrester répond à cette question :

> Le définition d'un système adopte d'abord la perspective de la frontière fermée. La frontière renferme le système à l'étude. Elle implique que tous les comportements sont créés par les composantes du système à l'intérieur de la frontière. Aucune influence extérieure n'est nécessaire pour expliquer les comportements à l'intérieur de la frontière fermée. Donc, le comportement à l'étude doit être défini avant de déterminer les frontières. D'où il découle aussi que la détermination du problème, de ses symptômes et du comportement d'intérêt précède la construction du modèle. Sans connaître le but du système, on ne peut déterminer les éléments à inclure dans ce système. Sans but, on ne peut définir la frontière du système[25].

---

23. Le second ouvrage de méthode de Forrester s'intitulait *Principles of Systems*, Cambridge, Mass., MIT Press, 1968. Cet ouvrage a été traduit en français en 1980 par les Presses universitaires de Lyon sous le titre de *Principes des systèmes*.
24. J.W. FORRESTER, *Principes des systèmes, op. cit.*, p. 4-2.
25. J.W. FORRESTER, « Market Growth as Influenced by Capital Investment », dans *Industrial Management Review*, vol. 9, n° 2, 1968, p. 84.

Les observations et les hypothèses servant à construire un modèle de simulation ne sont pas assemblées n'importe comment. Suivant la méthode de la dynamique des systèmes, les éléments des systèmes sont reliés dans une structure à plusieurs étages composée de sous-structures imbriquées les unes dans les autres (figure 13).

FIGURE 13
Structure des éléments d'un système

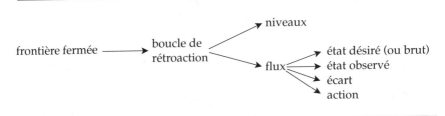

La *boucle de rétroaction* correspond à un circuit fermé couplant une décision à un niveau par l'intermédiaire d'une action et un niveau à une décision par l'intermédiaire d'une information (figure 14). La dynamique d'une boucle de rétroaction opère comme suit : la décision régit l'action qui altère le niveau dont la modification influence la décision. Contrairement à la représentation de la figure 15, un système complexe comprendrait plusieurs niveaux, l'interaction de plusieurs boucles et la présence de délais et de déformations (biais de perceptions) à l'intérieur des boucles.

FIGURE 14
Boucle de rétroaction

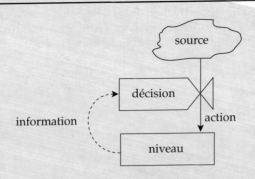

Les accumulations engendrées par les systèmes à rétroaction renvoient aux variables de niveaux ou, plus brièvement, aux niveaux[26]. Le mot *niveau* évoque l'image d'un liquide s'accumulant dans un réservoir. Les flux augmentant ou diminuant un niveau correspondent à des *variables de flux*. Les diagrammes représentant les niveaux par des réservoirs et les flux par des valves (voir la figure 14) renforcent l'analogie entre les processus d'accumulation et le flux d'un liquide. Dans la symbolique de la dynamique des systèmes, les lignes pleines représentent des flux d'énergie alors que les lignes pointillées illustrent des flux d'information.

> Revenons à l'exemple de la propagation de l'idée de l'indépendance au sein de la population du Québec. On peut transformer le digramme causal de la figure 8 en un diagramme de flux (figure 15). Étant donné les postulats du modèle (voir section 1.4), le nombre de personnes qui se trouvent dans la population indépendantiste au moment présent (PI présent) dépend de la population indépendantiste du moment précédent (PI passé) et du nombre de personnes qui ont été converties à la cause de l'indépendance entre le moment précédent et le moment présent (TPI). Si DT (différence de temps) représente l'intervalle de temps entre deux moments de calcul (en fait, entre le moment passé et le moment présent) et que l'astérisque dénote l'opération de multiplication, l'équation de niveau s'énonce comme suit :
>
> PI présent = PI passé + (DT)*(TPI)

Une équation de niveau représente un réservoir accumulant des flux. La valeur d'un niveau au moment présent dépend seulement de sa valeur précédente et de la variation survenue durant l'intervalle de calcul.

> Conformément à la description que nous en avons faite à la troisième étape de modélisation (section 1.4), nous dirons que le taux de propagation de l'idée d'indépendance TPI dépend de la propagation par contacts interpersonnels, plus concrètement des contacts interpersonnels au cours desquels les indépendantistes tentent de convaincre à leur cause la population susceptible de devenir indépendantiste. Le nombre total de contacts interpersonnels résulte du produit de la population indépendantiste PI et de la population susceptible de devenir indépendantiste PSI. Le taux normal de contacts interpersonnels TNC est un paramètre qui détermine le nombre de contacts interpersonnels qui surviennent au cours d'une année.

---

26. Noter que les accumulations qui se produisent dans les systèmes à contrôle par rétroaction sont aussi appelées variables de stock et variables d'état.

La propagation par contacts interpersonnels PC est un autre paramètre qui fixe le pourcentage de contacts qui réussissent à emporter l'adhésion à la cause indépendantiste. Nous pouvons alors représenter le taux de propagation de l'idée d'indépendance TPI de la façon suivante :

TPI du moment présent au moment futur = (PC)*(TNC)*(PI au moment présent)*(PSI au moment présent).

FIGURE 15
Diagramme de flux

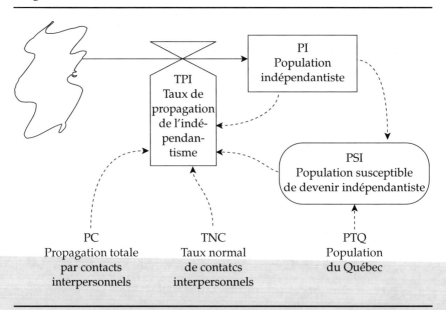

Une équation de flux indique à quelle vitesse la valeur du niveau change, c'est-à-dire la variation de la valeur du niveau par unité de temps. La valeur d'un flux dépend seulement de constantes et de la valeur présente des niveaux. Une équation de flux énonce les politiques des centres de décision, c'est-à-dire de quelle façon l'information pertinente est convertie en une décision.

En supposant que la population indépendantiste initiale est fixé à 1, que la propagation par contacts interpersonnels est fixée à 0,01, que le taux normal de contacts est fixé à 0,1 et que la population totale est de 100 personnes, les équations du modèle peuvent être résolues pas à pas à l'aide d'une calculatrice. Cette tâche devient toutefois de plus en plus lourde et écrasante à mesure que le modèle simulé comporte un plus grand nombre d'éléments. Ce type de tâche peut être confié à un ordinateur. Les équations que nous venons de formuler pourraient être programmées en utilisant des langages informatiques tels que APL, FORTRAN, BASIC ou PASCAL. Nous proposons ici d'utiliser le langage DYNAMO[27] parce qu'il a spécialement été développé pour simuler des équations représentant des systèmes à rétroaction.

En langage DYNAMO, les énoncés qui représentent ce problème simple s'écrivent comme suit :

```
* MODÈLE DE PROPAGATION DE L'INDÉPENDANTISME AU
QUÉBEC
L PI.K=PI.J+(DT)*(TPI.JK)
N PI=1
R TPI.KL=(PC)*(TNC)*(PI.K)*(PSI.K)
C PC=.01
C TNC=.1
A PSI.K=PTQ-PI.K
C PTQ-100
N TIME=1950
SAVE PI,TPI,PSI
SPEC DT-1,LENGTH=2020,SAVPER=2
```

où :
PI= population indépendantiste (personnes)
TPI= taux de propagation de l'indépendantisme (personnes/année)
PC= propagation par contacts interpersonnels (sans dimension)
TNC= taux normal de contacts interpersonnels (fraction/personne/ année)
PSI= population susceptible de devenir indépendantiste (personnes)
PTQ= population totale du Québec (personnes)
DT= intervalle de temps entre temps.j passé et temps.k présent
TIME= valeur attribuée au temps initial
LENGTH= valeur attribuée au temps final lorsque l'exécution du programme est complétée
SAVE= commande sauvegarde des résultats de la simulation
SPEC= commande de spécification des paramètres de la simulation

---

27. Le nom DYNAMO provient de la fusion des mots « *dynamic models* ». Les opérateurs et la syntaxe de DYNAMO sont présentés en détail dans : AéL. Pugh III, *Dynamo User's Manual*, 5e édition, Cambridge, Mass., MIT Press, 1976. Il existe des versions de DYNAMO pour les gros ordinateurs et les micro-ordinateurs. En ce qui concerne les versions pour micro-ordinateurs, des versions DOS et des versions WINDOWS sont disponibles sur le marché.

La figure 16 illustre les résultats de ce modèle simple de simulation. L'augmentation de la population indépendantiste PI évolue suivant la forme d'une courbe en S. L'augmentation de la population indépendantiste engendre une augmentation du taux de propagation à l'idée d'indépendance (TPI) jusque vers le milieu des années 1990. Par la suite, le taux de propagation à l'indépendantisme diminue au fur et à mesure que la population susceptible de devenir indépendantiste (PSI) diminue.

FIGURE 16
Résultats du modèle de propagation de l'indépendance au Québec

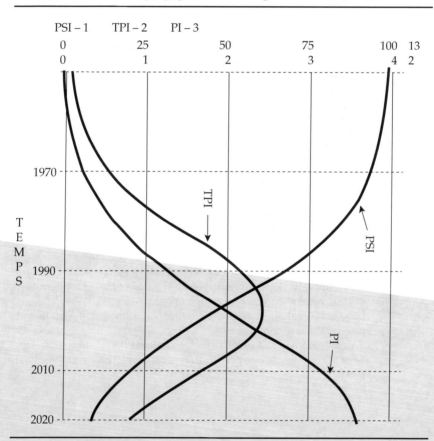

Bien que cet exemple représente la propagation de l'idée d'indépendance au Québec, la structure de ce modèle correspond à une structure de modèle générique simple qui peut être modifiée pour rendre compte du processus de diffusion d'une idéologie politique, d'une émeute, d'une rumeur, d'une innovation sociale, d'une innovation institutionnelle ou d'une innovation technologique.

Le modèle de propagation de l'idée d'indépendance peut, voire devrait, être raffiné en réexaminant les limites des trois postulats qui le sous-tendent. Ainsi, un modèle qui se rapprocherait davantage de la réalité tiendrait compte : 1) de l'hétérogénéité des contacts interpersonnels dans le but d'atténuer les limites du postulat n° 1 ; 2) de la réversibilité de la conversion à l'idée d'indépendance dans le but d'atténuer les limites du postulat n° 2 ; 3) de l'entrée d'immigrants dans la population dans le but d'atténuer les limites du postulat n° 3. La prise en charge de l'hétérogénéité des contacts interpersonnels serait susceptible de poser les plus grands défis : en effet, quelles sont donc au juste les dimensions de l'hétérogénéité qui sont pertinentes à retenir pour expliquer la diffusion de l'idée d'indépendance ? Les dimensions idéologiques, économiques, culturelles, linguistiques, etc ? La prise en charge de cette complexité que nous retrouvons dans la réalité nous amenerait donc, de fil en aiguille, à augmenter le nombre de variables indépendantes et le nombre de paramètres du modèle de propagation utilisé pour fins d'illustration.

3. La validation d'un modèle de simulation

On ne simule jamais la réalité dans toute sa complexité et tout son raffinement. On ne peut que simuler un modèle, c'est-à-dire une réplique simplifiée de la réalité. Se pose alors le problème de la *validation* qui consiste à déterminer le degré de correspondance existant entre le comportement du modèle simulé et le comportement du système réel. La validation d'un modèle renvoie au processus suivant lequel on établit le degré de confiance qu'on peut accorder au modèle si on l'utilise dans certaines conditions pour certains buts particuliers. Greenberger *et alii* le notent avec justesse :

Il n'y a pas de procédure unique de validation. aucun modèle n'a été ou ne sera jamais complètement validé... « Utile », « éclairant », « convaincant » ou « inspirant la confiance » sont de meilleurs descripteurs pour les modèles que « valide ». On peut augmenter sa confiance dans un modèle en s'assurant qu'il reproduise les comportements passés d'un système de référence, en analysant ses réponse aux perturbations, en réexaminant les postulats et théories de base et, finalement, en l'utilisant. En fait, ces tests visent davantage à invalider qu'à valider le modèle. Ils ne peuvent que révéler la présence (et non l'abscence totale) d'erreurs[28].

En conséquence, le modèle de simulation doit être soumis à un plan d'expériences et à des manipulations servant à établir son degré de sensibilité aux perturbations exogènes, son champ de validité théorique et, enfin, son champ de validité empirique[29].

3.1. Le degré de sensibilité du modèle

La confiance qu'on peut accorder aux résultats d'un modèle de simulation dépend de son degré de sensibilité à des changements apportés aux valeurs des paramètres. Richardson et Pugh[30] proposent de distinguer trois types de sensibilité : la sensibilité numérique, la sensibilité des comportements et la sensibilité aux politiques. Un modèle est considéré comme numériquement sensible si un changement dans les valeurs d'un paramètre entraîne des changements dans les valeurs numériques calculées par l'ordinateur lors des expériences de simulation. Un modèle quantitatif démontre toujours de la sensibilité numérique. Les valeurs numériques calculées par l'ordinateur peuvent changer par suite de changements des valeurs des paramètres, mais cela n'entraîne pas nécessairement des changements dans les comportements des variables du modèle simulé. La sensibilité des comportements d'un modèle concerne le degré de changement observé dans le comportement d'un modèle par suite de changements apportés aux valeurs d'un paramètre. Le terme « comportement » renvoie ici à la trajectoire d'une courbe ou aux formes d'une courbe décrivant l'évolution d'un système réel (à titre d'exemple, voir le graphique de la figure 4). Enfin, la sensibilité d'un modèle aux politiques consiste à déterminer dans quelle mesure les résultats des politiques sont sensibles ou non aux changements des valeurs de certains paramètres. Comme le disent Richardson et Pugh :

---

28. GREENBERGER *et al.*, *op. cit.*, p. 71.
29. Pour d'excellents exposés sur la validation, consulter : Y. BARLAS, « Formal Aspects of Model Validity and Validation in System Dynamics », *System Dynamics Review*, vol. 12, n° 3, 1996, p. 183-210 ; J.P.C. KLEIJNEN, « Verification and Validation of Simulation Models », *European Journal of Operational Research*, 82, 1995, p. 145-162 ; J.W. FORRESTER et P.M. SENGE, « Tests for Building Confidence in System Dynamics Models », dans A.A. LEGASTO *et al.*, *System Dynamics*, vol. 14, Collection Studies in the Management Science, New York, North Holland Publishing Company, 1980, p. 209 à 228.
30. G.P. RICHARDSON et A.L. PUGH III, *Introduction to System Dynamics Modeling with Dynamo*, Cambridge, Mass., MIT Press, 1981, p. 278.

Aucun paramètre d'un modèle n'aura de valeur unique qui s'ajustera au système réel : toute une série de valeurs seraient possibles. Si le comportement d'un modèle est si sensible, à l'intérieur de variations raisonnables de ses paramètres, que le modèle ne permet pas de juger des mérites de politiques alternatives, alors le modèle est inutile en tant qu'outil de prise de décision[31].

Un modèle qui fait preuve d'une grande sensibilité doit être examiné plus à fond de façon à déterminer si cette grande sensibilité dépend de la formulation du modèle ou du système réel. Si la grande sensibilité d'un modèle tient à sa formulation, il faut alors le reformuler pour faire disparaître cette sensibilité artificielle. Par ailleurs, si la structure d'un modèle représente le système réel de façon convenable, il convient alors de tenter de contrôler le degré de sensibilité du modèle en estimant le plus précisément possible la valeur des paramètres. Si un modèle demeure très sensible, l'analyste peut conclure que le modèle ne fait que refléter la sensibilité du système réel et cela permet d'identifier l'endroit où une intervention sur le système réel pourrait exercer un impact significatif.

Bref, les modèles de dynamique des systèmes sont sensibles du point de vue numérique mais tendent à être assez insensibles du côté des comportements. Cette dernière caractéristique découle en grande partie de la structure des modèles à contrôle par rétroaction dont les boucles de rétroaction négative compensent en partie l'effet des changements apportés aux valeurs des paramètres.

3.2. La validation théorique

La validation d'un modèle de simulation est indissociable des objectifs assignés au modèle. Un modèle tente généralement de répondre à un problème ou à un ensemble de questions. Le champ de validité d'un modèle se limite donc à ce problème et à ces questions et n'inclut pas d'autres problèmes, d'autres questions, ou un système réel d'une façon exhaustive. Les objectifs assignés initialement à une étude de simulation servent à limiter le champ d'investigation mais aussi, ultérieurement, à évaluer la validité des résultats.

Ainsi, une étude de simulation dont l'objectif principal est d'analyser un problème théorique pour lequel il n'existe pas de données empiriques peut être évaluée en relation à un mode de référence

---

31. G.P. RICHARDSON et A.L. PUGH III, *op. cit.*, p. 278.

théorique décrivant la trajectoire hypothétique des variables importantes sur un graphique comme celui des figures 4 et 7. Le mode de référence théorique décrit au moment de la définition du problème (figure 4) est comparé aux modes de comportement simulés par l'ordinateur (par exemple : figure 16). Cette comparaison doit être effectuée en répondant aux questions suivantes[32] :

- Le modèle contient-il à l'intérieur de sa frontière close les variables et les boucles de rétroaction nécessaires pour étudier le problème retenu pour les fins de l'étude de simulation ?

- Est-ce que toutes les équations produisent des résultats vraisemblables même lorsqu'elles sont soumises à des valeurs extrêmes mais possibles de leurs variables ?

- Le comportement du modèle est-il sensible à des formulations alternatives vraisemblables ?

- Le comportement du modèle est-il sensible à des variations raisonnables des valeurs des paramètres ?

- Les valeurs des paramètres sont-elles évaluées de façon précise en utilisant les unités de mesure du système réel ?

- Le modèle apporte-t-il une contribution originale à la compréhension du problème étudié ?

3.3. La validation empirique

Contrairement à la validation théorique qui tente de rendre compte du mode de référence théorique d'un modèle sans champ empirique, la validation empirique cherche à rendre compte empiriquement d'un modèle sans tenir compte de son champ théorique. La validation empirique consiste à comparer le mode de référence observé (figure 4) au moment de la définition de l'étude de simulation aux modes de comportement simulés à l'aide de l'ordinateur (par exemple : figure 16). Cette comparaison doit être effectuée en répondant aux mêmes questions que dans le cas de la validation théorique. De plus, il convient aussi de tenir compte des réponses aux deux questions suivantes :

- Le modèle produit-il des résultats inattendus non observés dans le système réel ?

---

32. Les questions à considérer à l'étape de la validation sont abordées avec plus détails dans : G.P. Richardson et A.L. Pugh III, *op. cit.*, p. 310 à 320 et dans R.G. Coyle, *Management System Dynamics, op. cit.*, p. 181 à 204.

– Les modes de comportement du modèle restent-ils vraisemblables lorsqu'il est soumis à des conditions extrêmes ou à des politiques radicales ?

La validation d'un modèle de simulation exige qu'on apporte des réponses plus ou moins parfaites aux questions qu'on vient de relever. Landry et Malouin[33] proposent de considérer la validation à l'aide du concept de « zone de validité satisfaisante ». La figure 17 montre que la courbe de la zone de validité satisfaisante (courbe C) résulte de la somme de la courbe des coûts de développement d'un modèle et de la courbe des coûts d'utilisation d'un modèle imparfait. La courbe des coûts de développement d'un modèle est fonction du niveau de validité requis (courbe A), alors que la courbe des coûts entraînés par l'utilisation d'un modèle imparfait (courbe B) dépend des coûts imputables à la correction ultérieure et aux erreurs multiplicatives. Landry et Malouin soulignent avec beaucoup de justesse que les coûts ne se présentent pas de la même façon pour l'homme d'action que pour l'homme de réflexion :

> Augmenter la validité initiale de ses modèles implique donc généralement des coûts élevés, coûts auxquels l'homme d'action et son organisation sont d'ailleurs très sensibles puisqu'ils doivent les supporter. Par contre, ils possèdent généralement un pouvoir de correction important de telle sorte que la courbe B aura tendance à décroître rapidement pour atteindre ensuite un plateau relativement bas et stable. Il n'est donc pas surprenant que pour l'homme d'action, le niveau de validité de ses modèles soit relativement bas.
>
> Pour l'homme de réflexion, si les coûts se rapportant à la courbe A croissent aussi rapidement, les coûts de correction et de l'erreur multiplicative (courbe B) décroissent beaucoup plus lentement. Il est donc compréhensible que le niveau de validité des modèles employés par l'homme d'action ne soit pas le même que celui de l'homme de réflexion. L'importance relative des coûts sont, consciemment ou non, considérés dans le processus de décision du modélisateur[34].

---

33. M. LANDRY et J.L. MALOUIN, « Réflexions sur le problème de la validation des modèles », dans AFCET, *Modélisation et maîtrise des systèmes*, Paris, Compte rendu du colloque de l'AFCET de 1977, 1977, p. 151 à 160.
34. *Ibid.*, p. 159.

FIGURE 17
Schématisation du concept de zone de validité satisfaisante

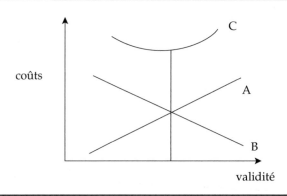

Enfin, l'examen du niveau de validité est indissociable de la compréhension du fonctionnement du modèle simulé. Étant donné que le modèle constitue une réplique simplifiée du monde réel, il importe au plus haut point de savoir pourquoi le modèle se comporte comme il le fait et de connaître les raisons qui expliquent les changements de comportements entraînés par des changements des valeurs des paramètres. En définitive, la confiance qu'on accorde à un modèle dépend de l'absence d'écart résultant de la comparaison entre les raisons expliquant le comportement du modèle et les raisons expliquant le comportement du système réel.

4. La préparation du devis expérimental

Une fois complétée la validation du modèle, son concepteur passe à la préparation du devis expérimental. Les devis expérimentaux jouent un rôle déterminant dans la simulation de modèles sur ordinateur. En fin de compte, la simulation sur ordinateur renvoie à la réalisation d'une expérience abstraite dont la conception est similaire à la conception d'expériences réalisées en laboratoires. Le devis expérimental utilisé pour tester les implications d'un modèle de simulation conditionne largement sa capacité à répondre aux questions des chercheurs et des décideurs.

Une fois que les utilisateurs d'un modèle ont identifié sa variable dépendante et les facteurs qui paraissent la déterminer, les facteurs qui font partie de l'explication de la variable dépendante peuvent être introduits dans le devis expérimental suivant trois modalités : 1) demeurer constants tout au long d'une expérience ; 2) varier sans contrainte ; 3) être manipulés systématiquement dans les expériences, devenant ainsi des variables indépendantes.

Il est préférable de débuter en manipulant un seul facteur à la fois, puis, par la suite, de procéder à la manipulation systématique d'un nombre croissant de facteurs. Il importe ici de garder à l'esprit qu'il est beaucoup plus facile d'interpréter l'effet engendré par la manipulation d'un seul facteur que de tenter de comprendre l'effet de la manipulation simultanée de plusieurs facteurs.

La réalisation des expériences et l'interprétation de leurs résultats est suivie d'une étape finale, celle de la préparation de la documentation du modèle de simulation. Tous les apects d'un modèle de simulation qui sont susceptibles d'être nécessaires pour permettre sa réutilisation ou son développement par d'autres chercheurs doivent être documentés de façon claire et précise.

5. Les avantages et les désavantages de la simulation

Au terme de cet exposé de méthode, il convient de s'interroger sur les avantages et les désavantages de la simulation sur ordinateur. La question se pose d'autant plus que la simulation consiste dans l'opération pas à pas d'une réplique simplifiée de la réalité.

5.1. Les avantages de la simulation

Le premier et sans aucun doute l'avantage le plus remarquable de la simulation sur ordinateur est de permettre la réalisation d'expériences. La simulation de modèles sur ordinateur permet à l'expérimentateur de créer des conditions d'expérimentation très semblables à celles des expériences de laboratoire, sauf que les manipulations sont appliquées à des symboles mathématiques plutôt qu'à des composantes végétales, animales ou minérales de systèmes réels. La simulation de modèles sur ordinateur permet d'étudier des problèmes qu'il ne serait pas possible d'observer directement en raison de contraintes juridiques, morales ou financières interdisant l'expérimentation directe sur les systèmes réels.

En second lieu, la simulation de modèles sur ordinateur permet d'étudier des problèmes dont le niveau de complexité est si grand qu'ils ne peuvent être décrits à l'aide d'ensembles d'équations qui permettraient d'obtenir des solutions analytiques indiquant l'état futur ou l'état optimal d'un système réel. La capacité de manipuler la complexité, c'est-à-dire un grand nombre de variables liées de façon si inextricable que les causes et les effets soient indissociables, permet aux modèles de simulation d'aborder les problèmes d'un point de vue plus holistique que les méthodes qui ne peuvent pas traiter aisément plusieurs variables.

Le troisième avantage de la simulation de modèles sur ordinateur réside dans sa prise en charge du temps. La simulation d'un problème à l'aide d'un modèle permet de tenir compte de l'échelle du temps du problème réel en étudiant le comportement transitoire du système réel et sa réponse dynamique aux manipulations expérimentales qu'on lui impose et pas seulement son état optimal.

Enfin, la simulation d'un modèle sur ordinateur permet de découvrir les implications des prémisses d'un modèle de facon beaucoup plus systématique que ne le permet la critique littéraire. À cela s'ajoute la multiplication d'ordinateurs de toutes dimensions – et, particulièrement, la multiplication très rapide de micro-ordinateurs de plus en plus puissants – qui facilite le recours à la simulation sur ordinateur tout en abaissant considérablement ses coûts.

5.2. Les inconvénients de la simulation

Les désavantages de la simulation découlent d'une surestimation des avantages. L'accès de plus en plus facile aux gros et aux petits ordinateurs fait qu'il devient plus tentant de multiplier les manipulations sur ordinateur plutôt que de réfléchir, sans compter que le recours à des langages informatiques aussi simples que DYNAMO signifie qu'une personne qui n'a rien compris aux principes de la dynamique des systèmes peut tout de même réussir à faire fonctionner des programmes de simulation sur ordinateur.

En second lieu, plus un modèle de simulation représente parfaitement un problème, plus le caractère général de ses résultats est limité. Aussi, toute tentative de généralisation des résultats exige-t-elle du travail additionnel de modélisation.

Enfin, plus un modèle de simulation représente bien la complexité d'un problème, plus il devient dangereux d'oublier que l'expérimentation porte sur une représentation de la réalité plutôt que sur la réalité elle-même.

Bibliographie annotée

BRAUNSCHWEIG, B., *La simulation sur micro-ordinateur. Les modèles de dynamique des systèmes*, Paris, Eyrolles, 1984.

Ouvrage d'introduction comportant des exemples de modèles de simulation pertinents pour plusieurs disciplines.

HANNEMAN, R.A., *Computer-Assisted Theory Building. Modeling Dynamic Social Systems*, Newbury Park (Ca.), Sage Publications, 1988.

Rédigé par un sociologue, cet ouvrage présente de nombreux exemples de modèles de simulation concernant le changement culturel, politique et économique.

MEADOW, D.L. *et al.*, *Dynamique de la croissance*, Paris, Economica, 1979.

Traduction française des travaux qui ont inspiré le fameux rapport du Club de Rome sur les limites de la croissance. L'ouvrage décrit des modèles de simulation relatifs à la population, au capital industriel, à l'agriculture et aux ressources non renouvelables.

PUGH III, A.L., *DYNAMO User's Manual*, 5e éd., Cambridge (Mass), MIT Press, 1976.

Cet ouvrage décrit les opérateurs et la syntaxe du langage DYNAMO, y compris les versions DYNAMO II, DYNAMO III et Gaming DYNAMO. Noter que DYNAMO est maintenant disponible sur les micro-ordinateurs.

RICHARDSON, G.P. et A.L. PUGH III, *Introduction to System Dynamics with DYNAMO*, Cambridge (Mass.), MIT Press, 1981

ROBERTS, N. *et al.*, *Introduction to Computer Simulation, The System Dynamics Approach*, Reading (Mass.), Addison-Wesley Publishing Company, 1982.

Ces deux ouvrages constituent d'excellentes introductions à la dynamique des systèmes. Ils sont d'un niveau facilement accessible aux étudiants en sciences sociales. Les anciens élèves de Forrester qui ont rédigé ces deux ouvrages présentent la dynamique des systèmes et DYNAMO en utilisant des exemples familiers aux étudiants des sciences sociales.

SENGE, P., *The Fifth Discipline: The Art & Practice of the Learning Organization*, New York, Doubleday, 1990; MORECROFS, J.D.W. et STERMAN, J.D. (dir.), *Modeling for Learning Organizations*, Portland, Oregon, Productivity Press, 1994,

Ces deux ouvrages modélisent le processus d'apprentissage dans les organisations en suivant la logique de systèmes de contrôle par rétroaction. À noter que l'ouvrage de Senge est un best-seller américain.

WHICKER, M.L. et L. SIGELMAN, *Computer Simulation Applications. An Introduction*, Newbury Part (Ca.), Sage Publications, 1991.

Les auteurs montrent de quelle façon les méthodes de simulation sur ordinateur peuvent être utilisées pour développer des théories et réaliser des analyses de décision concernant des systèmes sociaux.

WOLSTENHOLME, E.F., *System Inquiry. A System Dynamics Approach*, Chichester, England, John Wiley & Sons Ltd., 1990.

Ouvrage d'un niveau intermédiaire comprenant de nombreux exemples dans le domaine de la gestion, des ressources naturelles et des problèmes de défense militaire.

System Dynamics Review, revue spécialisée publiant des articles concernant la simulation de modèles de systèmes dynamiques, volume 1 en 1985.

Quatrième partie

La critique de la méthodologie

Chapitre 18
La recherche-action

André DOLBEC

Si vous voulez comprendre un système,
essayez de le changer.

Kurt LEWIN

Introduction

Dans le monde de la recherche en sciences humaines, les chercheurs nourrissent souvent l'idée qu'une fois qu'ils auront trouvé la solution aux problèmes et qu'ils l'auront partagée avec les praticiens œuvrant dans le monde réel, ceux-ci n'auront alors qu'à l'appliquer pour changer la situation jugée problématique. Pourtant, l'expérience nous démontre qu'il existe toujours un fossé entre les chercheurs et ceux qui sont impliqués dans le feu de l'action. Devant ce constat, la recherche-action se veut une alternative à la recherche traditionnelle qui postule que le nouveau savoir généré par la recherche est suffisant pour produire le changement. Contrairement à d'autres formes de recherche dans lesquelles le chercheur vise, sinon l'objectivité, du moins la neutralité, ce type de recherche s'est donné comme objectif d'influencer directement le monde de la pratique.

La recherche-action est parfois perçue comme un paradigme, une approche et une méthodologie de recherche. Mais qu'est-elle au juste? Dans ce chapitre, nous essaierons de répondre à cette question en présentant, dans un premier temps, son évolution à travers le temps. Par la suite, nous étudierons l'influence des différents paradigmes sur la nature de la recherche-action et nous terminerons en brossant un tableau des ses principales caractéristiques et méthodologies.

1. L'évolution de la recherche-action à travers le temps

Plusieurs auteurs ont tenté de faire l'historique de la recherche-action. À titre d'exemple citons Cunningham[1] ; Dubost[2] ; Goyette et Lessard-Hébert[3] ; Grundy[4] ; Hodgkinson[5] ; Hult et Lennung[6] ; Kemmis et McTaggart[7] ; King et Lonnquist[8] ; Lavoie, Marquis et Laurin[9] ; McKernan[10] ; McNiff[11] ; Nodie Oja et Smulyan[12] ; Noffke[13, 14] ; Peters et Robinson[15]).

1.1. La recherche-action et le changement social

Même si elles ne sont pas souvent citées, les recherches menées par John Collier[16] ont eu un apport important sur la recherche-action. En effet, sa préoccupation pour travailler sur le terrain en collaboration avec les

1. J. Barton CUNNIGHAM, *Action Research and Organizational Development*, Westport, Conn., Praeger, 1993.
2. Jean DUBOST, « Une analyse comparative des pratiques dites de recherche-action. *Connexions*, vol. 43, 1984, p. 8-28.
3. Gabriel GOYETTE et Michelle LESSARD-HÉBERT, *La recherche-action : ses fonctions, ses fondements et son instrumentation*. Sainte-Foy, Presses de l'Université du Québec, 1987.
4. S. GRUNDY et S. KEMMIS, « Educational Action Research in Australia : The State of the Art (An Overview). dans S. KEMMIS et R. McTAGGART (dir.) *The Action Research Reader*. Geelong, Australie, Deakin University Press, 1988, p. 321-335.
5. Harold L. HODGKINSON, « Action Research : A Critique », *Journal of Educational Sociology*, vol. 31, n° 4, 1957, p. 137-153.
6. M. HULT et S. LENNUNG, « Toward a Definition of Action Research : A note and bibliography ». *Journal of Management Studies*, 17, mai 1980, p. 241-250.
7. S. KEMMIS et R. McTAGGART (dir.), *The Action Research Reader, op. cit.*
8. Jean A. KING et M. Peg LONNQUIST, *A Review of Action Research (1944-present)*. Center for Applied Research and Educational Improvement, College of Education, University of Minnesota. Article présenté à la réunion annuelle de l'American Educational Research Association (AERA), New York, 1996.
9. Louisette LAVOIE, Danielle MARQUIS et Paul LAURIN, *La recherche-action : théorie et pratique*. Sainte-Foy, Presses de l'Université du Québec, 1996.
10. J. McKERNAN, « The Countenance of Curriculum Action Research : Traditional, Collaborative, and Emancipatory-critical Conceptions », *Journal of Curriculum and Supervision*, 3, 1988, p. 173-200.
11. Jean McNIFF, *Action Research : Principles and Practice*, London, MacMillan, 1988.
12. Sharon Nodie OJA et Lisa SMULYAN, *Collaborative Action Research : A Developmental Approach*, Falmer Press, London, 1989.
13. Susan E. NOFFKE, « Action Research : Towards the Next Generation », *Educational Action Research*, 2, 1994, p. 9-21.
14. Susan E. NOFFKE, « Professional, Personal and Political Dimensions of Action Research », dans Michael W. APPLE (dir.) *Review of Research in Education*, Washington, D.C., American Educational Research Association, 1997, p. 305-343.
15. M. PETERS et V. ROBINSON, « The Origins and Status of Action Reseach », *Journal of Applied Behavioral Science*, 20, 1984, p. 113-124.
16. J. COLLIER, « United States Indian Administration as a Laboratory of Ethnic Relations », *Social Research*, 12, 1945, p. 265-303.

communautés, de même que son désir de faire un lien entre l'action sociale et la recherche ont eu une l'influence marquée sur ses contemporains, nous dit Noffke.

Kurt Lewin est souvent perçu comme celui qui est à l'origine de cette approche puisqu'il est le premier à avoir utilisé l'expression « *action research*[17] » pour caractériser les expérimentations qu'il menait dans l'action. Ayant quitté son Allemagne natale pour fuir le nazisme, il est facile de comprendre son intérêt et sa préoccupation pour l'étude des problèmes sociaux. Psychologue de formation, il est le pionnier des théories expliquant la dynamique des groupes et le changement social : il découvrit qu'en utilisant l'influence d'un groupe, il pouvait amener les gens à changer leurs attitudes et leurs comportements beaucoup plus rapidement que s'ils s'adressaient à eux sur une base individuelle. Il démontra que ceux qui participent à la prise de décision augmentent leur productivité et que la participation active est une meilleure stratégie de changement que la participation passive.

Ses travaux de recherche l'amenèrent à étudier le phénomène du changement. Il en décrivit les phases et les valida par des expérimentations dans l'action. Sa méthodologie consistait à aller sur le terrain examiner, avec les gens, les problèmes réels auxquels ils avaient à faire face. Son objectif était de construire une théorie émanant de la recherche portant sur des problèmes pratiques. Il remit donc en cause le rôle traditionnel de la recherche sociale qui était jusqu'alors effectuée en dehors de l'action. La recherche devait plutôt, selon lui, aborder directement les problèmes sociaux et inclure les praticiens du milieu dans toutes ses phases. « L'action deviendrait de la recherche et la recherche de l'action[18]. »

Il désirait donc produire des connaissances à partir d'une recherche qui aurait lieu dans l'action. Il voyait ses interventions comme étant la mise en œuvre simultanée de trois processus, soit l'action, la recherche et la formation. Cette façon de concevoir son travail donna naissance à une approche globale puisqu'elle rassemblait trois pratiques différentes habituellement séparées : la pratique de la recherche effectuée par des chercheurs professionnels, la pratique de la formation effectuée par des formateurs, des enseignants ou des intervenants sociaux et toute autre pratique dans laquelle des acteurs sont engagés.

---

17. Kurt LEWIN, « Action Research and Minority Problems », *Journal of Social Issues*, vol. 2, 1946, p. 34-46.
18. Alfred J. MARROW, *The Action Theorist*, New York, Teachers College Press, 1969.

Dans ses débuts, sous l'influence de Collier et de Lewin, la recherche-action avait donc pour but d'introduire des réformes (changer les préjugés et la discrimination raciale, développer l'agriculture ou améliorer les processus de production industrielle) et de développer des théories sur le changement. Dans leur rôle de planification sociale, les chercheurs de l'époque venaient de l'extérieur de la situation pour y mener des études qui permettaient aux acteurs de mieux atteindre leurs objectifs tout en essayant de comprendre le processus par lequel on pouvait amener le changement.

1.2. La recherche-action en éducation

Plusieurs citent les travaux de John Dewey comme précurseur de la recherche-action en éducation (Kemmis ; King et Lonnquist ; Noffke). Celui-ci rêvait de créer une science de l'éducation où les enseignants participeraient activement à un nouveau processus de recherche qui allierait la recherche de théories utiles à une forme d'investigation enracinée dans la pratique.

Stephen Corey[19] fut le premier à écrire sur la recherche-action comme moyen d'améliorer l'enseignement dans les écoles. Il constata que la méthode scientifique n'avait pas d'importance pour les praticiens et que, de leur côté, la plupart des chercheurs en éducation en arrivaient à des généralisations qui étaient rarement investies dans le milieu scolaire. Pour Corey, la recherche devait être menée par les praticiens eux-mêmes à travers « l'étude scientifique de leurs propres problèmes dans le but de guider, de corriger et d'évaluer leurs décisions et leurs actions ». Il encouragea les enseignants à faire de la recherche sur leur propre pratique afin de la perfectionner. La recherche-action devenait une activité valable du fait qu'elle pouvait conduire à l'amélioration de la pratique et que les connaissances produites étaient réinvesties dans la situation réelle.

À l'instar de Lewin, Corey accentua la nécessité, pour les chercheurs et pour les enseignants, de travailler ensemble sur des préoccupations communes. La coopération entre les enseignants, d'une part, et entre les enseignants et les chercheurs, d'autre part, augmentait la probabilité que les participants à la recherche s'engagent dans un processus de changement à la suite des résultats obtenus. Plutôt que d'être les sujets d'une expérimentation pilotée de l'extérieur, les enseignants devenaient eux-mêmes les expérimentateurs.

---

19. Stephen COREY, *Action Research to Improve Schools Practices*, New York, Teachers College Press, 1953.

En 1957, Hodgkinson[20] écrivit un article très critique contre ce type de recherche devenu désormais populaire chez les enseignants. Selon lui, les praticiens manquaient de familiarité avec les techniques de recherche de base et la recherche n'avait pas de place pour les amateurs. Son argument était que la recherche-action menée par les enseignants n'était pas vraiment de la recherche parce qu'elle ne satisfaisait pas les critères de la validité scientifique, c'est-à-dire les critères de la recherche positiviste. Parce qu'elle n'était plus perçue comme scientifique, les organismes subventionnaires commencèrent à la bouder.

On peut reconnaître, en effet, que cette dernière ne satisfaisait pas les critères de validité des méthodologies de la recherche positiviste de l'époque. Corey soutenait que d'autres critères devaient être utilisés pour la juger compte tenu de l'impact considérable qu'elle avait sur les enseignants. La recherche-action telle que pratiquée par les praticiens commença à être perçue de plus en plus comme une stratégie de développement professionnel plutôt qu'une méthodologie qui conduisait à la production de connaissances. En même temps, les chercheurs universitaires commencèrent à changer de rôles : de collaborateurs qu'ils étaient devenus, ils revinrent au rôle d'experts externes qui détiennent les connaissances et qui facilitent le processus de perfectionnement des enseignants.

La recherche-action se présentait donc comme différente de la recherche sociale telle que pratiquée puisqu'elle s'éloignait des méthodologies utilisées par les sciences exactes et l'ingénierie. Non seulement se proposait-elle comme un modèle de recherche centré sur les communautés et la pratique réflexive, mais elle critiquait aussi l'approche selon laquelle les chercheurs universitaires publiaient les résultats de leurs recherches pour qu'ils soient ensuite appliqués par les professionnels ou les techniciens du terrain. Toutefois, malgré ses tentatives pour changer le paradigme dominant de l'époque, Sanford[21] rapporte que l'intérêt pour la recherche-action commença à décliner à la fin des années 1950.

1.3. La recherche-action comme instrument de développement personnel et professionnel

Au milieu des années 1970, les mentalités ayant commencé à changer, de nouvelles façons de concevoir la recherche-action recommencèrent à apparaître, d'abord, en Grande-Bretagne et, plus tard, aux États-Unis.

---

20. H.L. HODGKINSON, « Action Research : A Critique », *Journal of Educational Sociology*, vol. 31, n° 4, 1957, p. 137-153.
21. N. SANFORD, « Whatever Happened to Action Research ? », *Journal of Social Issues*, vol. 26, n° 4, 1970, p. 3-23.

L'applicabilité des méthodologies expérimentales et quantitatives par rapport aux contextes et aux problèmes sociaux fut encore une fois remise en question. Dans leur historique de la recherche-action, Nodie Oja et Smulyan voient dans ce questionnement l'origine du nouvel élan pris par la recherche-action. Elles relèvent deux critiques qui étaient formulées par les chercheurs et les praticiens à l'égard des exigences méthodologiques des approches positivistes qui étaient toujours populaires dans les sciences humaines. La première concernait la méthode expérimentale qui exige que les conditions de recherche soient tenues constantes tout au long de l'expérimentation. La seconde critiquait la linéarité des méthodologies de recherche et soulignait leur incapacité à produire de l'information sur leur efficacité pendant leur déroulement plutôt qu'après qu'elles fussent terminées. Ces exigences méthodologiques entraient en conflit avec le besoin des praticiens de modifier et d'améliorer leurs interventions pendant l'action et limitaient l'utilité de la recherche comme instrument de décision pour les praticiens. Le modèle de recherche positiviste commença donc à être à nouveau remis en question ouvertement.

Lawrence Stenhouse[22] devait implanter, en Angleterre, un nouveau programme national d'envergure appelé le «Humanities Curriculum Project». Cherchant une stratégie de changement efficace, il s'inspire de Corey et développe l'idée de l'enseignant chercheur (*teacher researcher*). Stenhouse décide de considérer l'enseignement comme une forme de recherche. Selon lui, la démarche empruntée par l'enseignant pour étudier sa pratique pédagogique, en vue de l'améliorer, est un moyen efficace pour modifier le curriculum et favoriser le développement professionnel des praticiens. C'est ainsi qu'il invite ces derniers à devenir des chercheurs réflexifs, des praticiens capables d'être critiques et systématiques dans l'analyse de leurs interventions éducatives. Il leur suggère de travailler en équipes pour interpréter les données recueillies par chacun.

Vers la même époque, un autre britannique, du nom de John Elliott[23], s'inspire des travaux de Stenhouse dans le but d'inciter les enseignants à utiliser la recherche pour améliorer leur pratique. Il renforce l'idée selon laquelle les praticiens, s'ils veulent produire des changements fondamentaux dans leur pratique, doivent devenir des participants conscients et engagés dans le développement des théories

---

22. Lawrence STENHOUSE, *An Introduction to Curriculum Research and Development*, London, Heineman, 1975.
23. John ELLIOTT, « Developing Hypotheses about Classrooms from Teachers' practical Constructs : An Account of the Work of the Ford Teaching Project », *Interchange*, vol. 7, n° 2, 1977, p. 2-21.

reliées à leurs préoccupations. D'après lui, c'est seulement en participant dans la planification, l'implantation et l'évaluation des nouvelles pratiques que les enseignants vont accepter et utiliser les résultats de la recherche.

Dans les années 1970, alors que certains chercheurs utilisent toujours le paradigme scientifique traditionnel pour mener des recherches sur le terrain dans le but de trouver des solutions généralisables aux malaises de la société et que d'autres utilisent des méthodes qualitatives pour interpréter les problématiques reliées à des situations réelles, selon King et Lonnquist[24], les travaux des Britanniques permettent de voir émerger une nouvelle approche au regard de la recherche en éducation. Leur façon de faire de la recherche-action se caractérise par sa centration sur les besoins des praticiens. Les travaux de recherche effectués par Donald Schön[25, 26] apportèrent la validité à cette « deuxième génération » de la recherche-action. Dans cette approche, la dynamique du pouvoir entre les acteurs et les chercheurs change. Les praticiens ne sont plus des subordonnés ou des pairs pour les chercheurs universitaires. Ils deviennent eux-mêmes des chercheurs préoccupés par la production d'un savoir qui leur est significatif. La théorie engendrée par leur recherche est pratique et s'enracine dans la réalité scolaire quotidienne. Finalement, l'idée de collaboration évolue. Elle ne met plus en jeu des chercheurs universitaires et des enseignants, mais s'effectue entre des enseignants qui aident des collègues à donner du sens à leur pratique. On voit donc la recherche quitter le monde universitaire pour être appropriée par les praticiens.

D'autres auteurs (Zubert-Skerritt, Bawden et Nodie Oja) associent le processus de cette « deuxième génération » de la recherche-action au modèle d'apprentissage expérientiel de Kolb selon lequel les personnes peuvent apprendre et créer la connaissance 1) sur la base de leur expérience concrète, 2) par l'observation et la réflexion sur leur expérience, 3) en formant des concepts abstraits et des généralisations, et 4) en testant l'implication de ces concepts dans de nouvelles situations, ce qui conduira à une nouvelle expérience concrète et, par conséquent, à l'amorce d'un nouveau cycle.

24. Jean A. KING et M. Peg LONNQUIST, *A Review of Action Research (1944-present)*. Center for Applied Research and Educational Improvement, College of Education, University of Minnesota. Article présenté à la réunion annuelle de l'American Educational Research Association (AERA), New York, 1996.
25. Donald SCHÖN, *The Reflective Practitioner : How Professionals Think in Action*, New York, Basic Books, 1987.
26. Donald SCHÖN, *Educating the Reflective Practitioner : Toward a New Design for Teaching and Learning in the Profesions*, San Francisco, Jossey Bass, 1987.

Selon Bawden, cette démarche expérientielle constitue véritablement une recherche-action parce que quatre résultats se produisent dans le contexte d'une connaissance rendue publique et sujette à la critique :

1. La pratique du praticien est améliorée.

2. La compréhension de la pratique du praticien est améliorée.

3. La situation dans laquelle la pratique est pratiquée est améliorée.

4. La compréhension, de la part du praticien, de la situation dans laquelle la pratique est pratiquée est améliorée.

Cette démarche de recherche est souvent effectuée en collaboration avec d'autres apprenants dans un milieu de pratique. Ces derniers constituent souvent un environnement propice et informé, capable de fournir la critique nécessaire pour valider les apprentissages du chercheur-praticien. Ce processus alors amène un changement dans la prise de conscience du chercheur qui peut, par la suite, articuler son savoir d'expérience, ce qui a éventuellement comme conséquence le changement du système dans lequel il évolue.

Parallèlement au courant britannique, aux États-Unis, des chercheurs universitaires commencèrent à utiliser la recherche-action parce qu'elle leur permettait d'étudier plus facilement les situations locales et les actions qui s'y déroulaient et qu'en même temps, elle pouvait répondre aux besoins immédiats des praticiens. Ainsi, ils commencèrent à appliquer des méthodes de recherche plus qualitatives pour pouvoir décrire et interpréter ce qui se passait dans les milieux de pratique (Nodie Oja). L'objectif visé était de créer des liens plus solides entre eux et les praticiens. Le mouvement de recherche collaborative qui se retrouve dans les « *Interactive Research and Development Projects* » permet de voir que la recherche-action commence alors à être perçue par certains comme une démarche qui permet de produire des connaissances aux moyen de méthodologies plus interprétatives. Elle semble alors oublier ses objectifs traditionnels de changement social (Noffke).

1.4. La recherche-action comme instrument de changement institutionnel et social

En réaction contre la science positiviste dont les méthodologies conduisent le chercheur à contrôler son objet d'étude de l'extérieur, des Australiens décident de sauter dans l'action et de considérer leur recherche comme une sorte d'intervention sociale pour changer le système[27]. Influencés par la théorie critique d'Habermas[28], selon laquelle la raison d'être de toute connaissance gravite autour de l'émancipation des individus qui peut être encouragée par l'autoréflexion critique sur la pratique, les chercheurs Carr et Kemmis[29] proposent une vision de la recherche qui n'est plus détachée des enjeux du terrain mais qui vise, en plus du développement personnel et professionnel des praticiens, un changement de tout le système par la transformation du langage, de l'organisation et de la pratique de l'éducation. Selon leur approche, la recherche-action devient l'étude de la « praxis », c'est-à-dire l'analyse des actions engagées. Pour le chercheur, il s'agit donc d'une recherche sur sa propre pratique puisqu'il est un participant engagé qui n'est pas extérieur à l'action. Quelles que soient les méthodes utilisées, la recherche est alors perçue comme un engagement véritable dans le but de développer ou d'améliorer les pratiques des individus, leur compréhension de ce qui se passe et la situation dans laquelle ils évoluent. Le désir d'affranchir les acteurs sociaux de l'irrationalité, de l'injustice, de l'oppression et de la souffrance qui sont les leurs est affirmé par leur participation au processus de recherche.

Selon Kemmis[30], on ne peut pas changer les pratiques éducative en ne cherchant qu'à remplacer les outils ou les stratégies utilisés par les enseignants comme s'il s'agissait d'un quelconque processus de production. Se basant sur des recherches portant sur la nature et le processus du changement, il prône l'idée que les enseignants doivent eux-mêmes changer en devenant critiques de leur propre pratique. Selon les chercheurs qui utilisent la théorie critique, l'éducation doit être perçue comme une activité sociale et culturelle qui exige une forme de participation très active de la part des enseignants et des apprenants dont on doit considérer les intérêts et les intentions lorsqu'on examine tout geste éducatif. Selon les tenants de la théorie critique, l'éducation exige que les gens soient davantage des agents actifs impliqués dans le processus de recherche et non des sujets passifs ou des objets de l'intervention des autres. La recherche qui traite les acteurs sociaux comme des objets passifs peut certes nous renseigner sur leur manière de travailler, mais elle a peu de chances de les conduire à la décision d'analyser leurs actions pour les améliorer.

27. B. FAY, *Social Theory and Political Practice*, London, Allen and Unwin, 1975.
28. J. HABERMAS, *Théorie et pratique*, Paris, Payot, 1975.
29. Wilfred CARR et Stephen KEMMIS, *Becoming Critical : Education, Knowledge and Action Research*, London, The Falmer Press, 1986.
30. Stephen KEMMIS, « Improving Education Through Action Research », dans Ortrun ZUBER-SKERRITT (dir.), *Action Research for Change and Development*, Aldershot, Avebury, 1991, p. 57-75.

Pendant cette période de renaissance de la recherche-action, on retrouve en Amérique du Sud et aux Indes des chercheurs qui utilisent la recherche-action comme instrument de conscientisation des masses afin de les rendre aptes à changer le système dans lequel elles se retrouvent. Ainsi, Paulo Freire[31], Orlando Fals Bordas[32] et Rahje Tandon[33] pratiquent ce qu'ils appellent la recherche-action participative pour générer, au sein des communautés de base, les connaissances qui permettent à ceux qui sont souvent démunis de s'approprier le pouvoir nécessaire à leur prise en charge. La recherche devient alors véritablement politique. Le chercheur prend partie ouvertement contre le pouvoir de l'État et chercher à redonner aux pauvres et aux laissés-pour-compte de la société la capacité de s'unir dans l'action pour produire un changement dans l'ordre social existant.

Si la présentation historique que nous venons de faire démontre l'évolution de la recherche-action, elle permet aussi de saisir toute la complexité de sa nature véritable. En effet, la plupart des auteurs qui ont fait une recension des écrits sur le sujet s'entendent pour dire qu'elle est passée par plusieurs formes. La recherche-action est influencée par les paradigmes qui orientent ses finalités, ses méthodologies et la place qui est donnée aux acteurs dans le processus de recherche et de changement. Même s'ils ne sont pas toujours explicites par rapport aux raisons qui justifient leur pratique, les chercheurs abordent leur objet de recherche à partir d'un cadre de référence, conscient ou inconscient, qui reflète leurs croyances et leurs postulats à l'égard de la nature de la réalité sociale et de la manière par laquelle elle peut être étudiée et changée. Il semble donc pertinent d'utiliser un cadre de référence pour comprendre les différentes orientations prises par les chercheurs et, particulièrement, ceux qui font de la recherche-action.

2. Un cadre de référence de la recherche-action

Le modèle de référence développé par Burrell et Morgan[34] et représenté dans la figure 1 peut nous permettre de comprendre, non seulement comment la recherche-action s'est distinguée de la recherche scientifique positiviste en sciences sociales, mais surtout d'en saisir le panorama complet.

---

31. Paulo FREIRE, *Pédagogie des opprimés*, Paris, Maspéro, 1974.
32. Orlando FALS BORDAS, *Knowledge and People's Power : Lessons with Peasants in Nicaragua, Mexico and Columbia*, New Delhi, Indian Social Institute, 1985.
33. R. TANDON, « Participatory Research in the Empowerment of People », *Convergence*, vol. 14, n° 3, 1981, p. 20-29.
34. Gibson BURRELL et Gareth MORGAN, (1982), *Sociological Paradigms and Organizational Analysis*, London, Heineman, 1982.

FIGURE 1
Quatre paradigmes pour analyser la théorie sociale
(d'après Burrell et Morgan, p. 23)

Changement radical

Paradigme de l'humanisme radical	Paradigme du structuralisme radical
Paradigme interprétatif	Paradigme fonctionnaliste

Dimension subjective

Dimension objective

Régulation (*statu quo*)

La figure illustre quatre dimensions fondamentales concernant la nature des sciences sociales et de la société qui permettent de positionner quatre paradigmes pour comprendre les postulats des chercheurs et des intervenants qui font de la recherche. À l'horizontale, nous retrouvons les dimensions subjective et objective et, à la verticale, les dimensions du changement radical et de la régulation.

2.1. Postulats relatifs à la nature des sciences sociales

Pour expliquer les postulats relatifs à la nature des sciences sociales et comprendre le positionnement des chercheurs par rapport aux dimensions objective et subjective, Burrell et Morgan retiennent quatre caractéristiques : l'ontologie, l'épistémologie, la nature humaine et les méthodes d'investigation.

Les *présupposés ontologiques* orientent notre façon de concevoir la nature de la réalité et du phénomène étudié. Le chercheur se demande si la réalité investiguée a une existence propre, indépendamment de celui qui l'observe (réalisme) ou si elle n'est pas plutôt le produit de sa prise de conscience (nominalisme). La réalité est-elle de nature objective, c'est-à-dire située en dehors de l'observateur ou est-elle le fruit de la connaissance personnelle, c'est-à-dire une production de l'esprit ?

Les *présupposés de nature épistémologique* sont associés aux fondements de la connaissance, c'est-à-dire la forme qu'elle prend et la façon dont elle est transmise. Ils déterminent quelle sorte de savoir peut être obtenu, par quels moyens un individu peut connaître le monde et si sa connaissance est « vraie » ou « fausse ». Selon le positivisme, il est possible d'identifier et de communiquer une connaissance objective tirée de l'observation directe et qui, de ce fait, peut être transmise de façon explicite. L'antipositivisme, de son côté, rejette le concept d'observateur neutre en sciences et conçoit le monde social comme étant relatif aux différents points de vue des individus impliqués dans l'action. Selon cette position, la connaissance est d'une forme plus souple, plus subjective et spirituelle. Elle est basée sur l'expérience individuelle et, par le fait même, elle est essentiellement personnelle.

La troisième catégorie de *présupposés* a trait à la *nature humaine*, à la relation entre la personne et son environnement. Selon la perspective du déterminisme, les êtres humains répondent de façon mécanique ou prédéterminée aux situations qui se présentent à eux. Dans ce cas, les personnes et leurs expériences peuvent être vues comme les produits de leur environnement ou comme conditionnées par les circonstances extérieures. Cette perspective s'oppose aux postulats du volontarisme qui attribue aux êtres humains un rôle beaucoup plus créateur, fondé sur le libre arbitre. L'environnement est alors perçu comme le résultat des interactions entre les individus et non plus comme cause déterminant leurs comportements.

On peut s'attendre à ce que les croyances articulées autour de ces trois catégories de présupposés aient une implication directe sur le choix des méthodologies de recherche. Chacune a des répercussions sur la manière d'investiguer la réalité et de produire des connaissances. D'une part, si un chercheur souscrit à l'idée que la réalité sociale est semblable à celle du monde naturel, qui est considéré réel et extérieur à l'individu qui l'observe, il aura tendance à analyser les relations et les régularités entre les différents éléments qui en font partie. Cette perspective s'exprime par la recherche de lois universelles qui peuvent expliquer et gouverner la réalité observée. Les méthodes quantitatives ou nomothétiques découlent de cette perspective. D'autre part, si un autre chercheur souscrit à une façon différente de concevoir la réalité, c'est-à-dire à une vision qui met l'accent sur l'expérience subjective des individus dans la création du monde social, son intérêt de recherche sera alors différent. Il cherchera à comprendre comment un individu crée, modifie et interprète le monde dans lequel il évolue. Dans les cas extrêmes, il cherchera à comprendre et à expliquer ce qui est unique et particulier à un individu plutôt que de rechercher ce qui est universel et général. Cette dernière approche est appelée « idéographique » et utilise des méthodes qualitatives pour tenir compte de la relativité de la réalité.

2.2. Postulats relatifs à la nature de la société

Pour expliquer la nature de la société, Burrell et Morgan utilisent les dimensions du changement radical et de la *régulation*. La dimension de la régulation réfère aux postulats qui caractérisent l'unité, l'ordre, l'équilibre, le consensus, l'intégration et la cohésion dans la société alors que la dimension du *changement radical* concerne les postulats ayant trait aux conflits, à la domination, aux contradictions et aux changements structurels profonds.

2.3. Les quatre paradigmes

Entre l'axe horizontal et l'axe vertical qui représentent différentes façons de concevoir la nature des sciences sociales et de la société, nous pouvons identifier quatre quadrants que Burrell et Morgan associent à des paradigmes: les paradigmes fonctionnaliste, interprétatif, de l'humanisme radical et du structuralisme radical.

Le *paradigme fonctionnaliste* s'enracine dans la dimension de la régulation quant à la nature de la société et subit l'influence de l'objectivisme quant à la nature de la science. Il s'attarde à des explications essentiellement rationnelles relatives à ce qui se passe dans la réalité. Cette perspective hautement pragmatique cherche à produire un savoir transmissible et est préoccupée par la recherche de solutions pratiques à des problèmes d'ordre pratique.

Le *paradigme interprétatif* essaie de comprendre le monde tel qu'il est au niveau de l'expérience subjective. Il tend vers des explications ancrées dans la subjectivité et la prise de conscience individuelle à partir du cadre de référence d'un participant dans l'action plutôt que de celui d'un observateur détaché de l'action. Il s'enracine donc dans la dimension du subjectivisme et de la régulation. Le chercheur qui s'y situe voit la réalité sociale comme un processus émergent de l'intersubjectivité des individus concernés. Il s'intéresse au statu quo, à l'ordre social et à la cohésion des acteurs du système.

Le *paradigme de l'humanisme radical* est influencé par la dimension subjective et la dimension du changement radical. Il donne une place centrale à la prise de conscience des individus. Il vise le changement de la réalité sociale par une modification des modes d'appréhension de la réalité et le développement de la conscience des acteurs sociaux. En ce sens, il est à l'opposé du paradigme fonctionnaliste.

Le *paradigme du structuralisme radical* se situe au croisement de la dimension objective et du changement radical. Il prône le changement radical, l'émancipation des personnes et de leur potentiel par un changement qui met l'accent sur les problèmes de structure, les modes de domination, la contradiction, ce qui l'oppose au paradigme interprétatif.

3. L'influence des paradigmes sur la recherche

Le cadre de référence qui vient d'être présenté nous permet de mieux saisir la position actuelle de la recherche-action, en fonction à la fois des autres types de recherche et des différentes orientations qu'elle adopte. Lorsque l'on compare la recherche-action aux autres types de recherche qui se définissent en fonction de l'axe objectif–subjectif, on peut observer les différences suivantes.

Les méthodes de recherche positivistes (quantitatives) cherchent à comprendre, à expliquer et à prédire les phénomènes. Leur objectif est de produire des connaissances qui pourront être généralisées et appliquées à d'autres contextes. Les méthodes de recherche interprétatives, par ailleurs, se situent dans l'antipositivisme et, bien qu'elles tentent, elles aussi, de comprendre les phénomènes, elles reconnaissent le caractère subjectif de l'observation. C'est pour cette raison qu'elles désirent valider les interprétations du chercheur par des méthodes diverses de triangulation des données. Elles acceptent que la compréhension produite soit locale et particulière à un contexte précis et à un temps particulier.

La recherche-action se distingue de ces approches par son association à l'action. En effet, dès qu'elle s'intègre à l'action, qu'elle le veuille ou non, elle devient associée aux finalités de cette action. La préoccupation de recherche ne peut alors être séparée des objectifs d'action. Le chercheur ne se considère pas comme un observateur neutre cherchant à comprendre la situation faisant l'objet de la recherche, il se considère plutôt comme un participant ou un collaborateur. Il a une perspective nominaliste qui lui permet de concevoir le monde social comme étant créé par l'esprit. Il s'associe donc aux autres pour mieux saisir la nature des situations problématiques. Parce qu'il considère l'environnement comme étant le résultat de l'interaction entre les individus, il a un point de vue volontariste sur la nature de ceux qui participent à la recherche.

Quel niveau de changement la recherche-action vise-t-elle? Un changement social, un changement des pratiques professionnelles d'un groupe en particulier dans une institution sociale particulière ou le changement des praticiens? Quelles sortes de savoirs veut-elle engendrer? Un savoir explicite et transférable ou un savoir expérientiel, personnel et contextualisé? L'évolution des approches à la recherche-action démontre que ces trois dimensions du changement ainsi que la nature du savoir produit ont été perçues différemment selon les chercheurs. Parfois, elles sont toutes intégrées dans la même démarche de recherche, parfois, seules quelques dimensions apparaissent.

Ainsi, dans l'approche utilisée par Lewin, les individus d'une communauté participent au processus de recherche qui s'y déroule. Tout en partageant son pouvoir, le chercheur applique alors les méthodes de la recherche inspirée de la dimension de l'objectivisme à des problèmes concrets dans le but de produire un savoir qui peut être généralisable tout en améliorant la situation où se déroule la recherche. Dans ce cas, on cherche à comprendre l'action afin de produire des théories. Cette démarche est souvent perçue comme étant fonctionnaliste. En effet, elle permet d'assurer la régulation du système en place en y apportant des correctifs à l'intérieur du statu quo. Les connaissances recherchées sont souvent théoriques et ne se distinguent pas de celles produites par d'autres modes de recherche.

La recherche-action peut aussi être perçue comme une approche centrée sur le praticien qui utilise la recherche pour améliorer sa pratique et produire une théorie contextualisée et pratique. Les postulats derrière cette forme de recherche, née des travaux de Corey et reprise par les Britanniques, soutiennent que la réalité est construite et subjective, que la connaissance est unique et que les êtres humains agissent en fonction de leurs valeurs. Étant donné que ce courant admet que les individus sont volontaristes et qu'ils peuvent améliorer ce qu'ils font par un processus réflexif, l'intervenant évite de se donner le pouvoir de résoudre les problèmes à leur place sachant fort bien qu'il produirait alors une résistance certaine qui empêcherait tout processus de changement. Le paradigme interprétatif caractérise la recherche-action alors perçue comme instrument de développement personnel et professionnel.

Le passage du paradigme fonctionnaliste au paradigme interprétatif n'est pas propre à la recherche-action. Il s'est fait parallèlement aux changements qui ont eu lieu en éducation et en intervention sociale. Ainsi, alors qu'autrefois il y avait consensus autour de l'idée qu'éduquer était équivalent à transmettre des connaissances, aujourd'hui, plusieurs définissent la démarche éducative comme étant « un processus d'apprentissage qui permet aux individus de développer au maximum leurs aptitudes et de devenir progressivement des êtres éduqués par la recherche permanente du sens de leur existence et de leur environnement »

(Legendre[35]). Alors que certains intervenants sociaux cherchent encore à se rendre responsables du processus de rééducation des clientèles auprès desquelles ils travaillent et cherchent à mettre en place « leurs » modèles de société, d'autres croient qu'il faut permettre aux acteurs sociaux de se prendre en charge et d'organiser leur milieu de vie selon leurs propres modèles.

Un troisième courant peut être situé dans le paradigme de l'humanisme radical. La recherche vise, dans ce cas-ci, à changer la société par la conscientisation et la prise en charge des individus. La recherche-action émancipative mise de l'avant par les Australiens qui utilisent la théorie critique pour « libérer » les acteurs se situerait dans ce courant. Une orientation plus confrontante visant la critique du pouvoir en place en vue de produire un changement social structurel se situerait à la frontière de l'humanisme radical et du structuralisme radical. En travaillant avec les acteurs à résoudre des problèmes concrets, le chercheur se donne alors comme finalité de faciliter la prise en charge des communautés par leurs membres. Les travaux de Paulo Freire, de Fals-Bordas et de Tandon sont représentatifs de ce courant appelé « recherche-action participative ». C'est une recherche à caractère politique qui vise la conscientisation des opprimés en vue de produire un changement radical dans l'ordre social existant.

4. La nature de la recherche-action

Celui qui veut comprendre la nature de la recherche-action doit accepter d'examiner un phénomène complexe qui lui échappe en grande partie à cause de la diversité des travaux qui ont été faits depuis plus de cinquante ans. À cet égard, Noffke souligne que, seulement depuis 1966, plus de mille textes portant sur la recherche-action ont été recensés dans ERIC et de nombreux autres dans Educational Index. Un compte rendu complet exigerait donc d'écouter les voix multiples qui peuvent informer celui qui veut savoir ce qu'est cette dernière. Doit-on se limiter aux chercheurs universitaires qui diffusent leurs travaux par les moyens traditionnels mis à leur disposition tels que les conférences, les colloques et les articles publiés dans des revues savantes ? Ne doit-on pas également chercher à la comprendre à partir des voix des praticiens qui font

---

35. Renald LEGENDRE, *Une éducation... à éduquer !*, Montréal, Éditions Ville-Marie, 1983, p. 312.

de la recherche-action sur le terrain et qui sont peu enclins à utiliser ces modes traditionnels de diffusion des résultats ? Suffit-il de se limiter à décrire ce qui se fait au Québec ou ne doit-on pas aller consulter les travaux de recherche produits à l'extérieur : au Canada, aux États-Unis, en Angleterre, en Australie, en France, en Belgique et en Allemagne ? Ne faut-il pas inclure les points de vue de ceux qui utilisent d'autres vocables pour parler du même phénomène tels ceux-ci : la science-action, la recherche collaborative, la recherche participative, la recherche menée par le praticien (*practitioner research*) ?

Contrairement à celui qui peut définir la recherche positiviste avec un sentiment de certitude parce qu'il tire son autorité d'une longue tradition de pratique de recherche validée par une communauté scientifique homogène, celui qui veut comprendre la recherche-action fait face à la multiplicité des perspectives possibles. À l'instar de Noffke, la recherche-action est plus qu'un ensemble de pratiques, c'est un groupe d'idées qui émergent de contextes différents. Pour certains, ce type de recherche se résume à l'utilisation des étapes de la recherche traditionnelle pour résoudre des problèmes locaux. Pour d'autres, la recherche-action est un nouveau paradigme, un défi aux méthodes actuellement utilisées pour produire les connaissances et une nouvelle porte d'accès à la production du savoir. Enfin, certains la voient même comme une approche au développement professionnel, car elle souscrit aux principes de l'éducation des adultes.

Devant l'ampleur de la tâche, nous serions tentés de simplifier en évitant de rester ouverts à tout ce foisonnement d'idées mises de l'avant dans la « famille » de la recherche-action qui réunit les différentes orientations paradigmatiques. L'utilisation du cadre de référence de Burrell et Morgan aide à mieux saisir les raisons à l'origine des différentes perceptions quant à la nature de la recherche-action. Les définitions suivantes en sont quelques exemples.

> PARADIGME FONCTIONNALISTE. La recherche-action est l'application de la méthode scientifique pour rechercher et expérimenter sur des problèmes pratiques qui exigent d'être résolus et qui impliquent la collaboration et la coopération des scientistes, des praticiens et des profanes. Les résultats attendus de la recherche-action sont des solutions aux problèmes immédiats et une contribution à la connaissance scientifique et à la théorie[36].

---

36. Wendell L. FRENCH et Cecil H. BELL, *Organization Development : Behavioral Science Interventions for Organization Development*, Englewood Cliffs, Prentice-Hall, 1978, p. 89-90.

PARADIGME INTERPRÉTATIF. La recherche-action est une forme d'enquête qui permet aux enseignants de réfléchir de façon critique sur leur expérience en salle de classe et de produire des comptes rendus personnels de leur expérience[37].

PARADIGME DE L'HUMANISME RADICAL. La recheche-action est une forme d'enquête autoréfléxive mise en œuvre par les participants dans des situations sociales dans le but d'améliorer la rationalité, la justice, la cohérence et la satisfaction *a*) de leurs propres pratiques sociales, *b*) de leur compréhension de ces pratiques et, *c*) des institutions, des programmes et, ultimement, de la société dans lesquelles ces pratiques se déroulent[38].

Nous avons commencé à comprendre la recherche-action comme étant un processus social, dans des termes qui ressemblent à la notion que Freire appelle « l'action culturelle pour la liberté ». Nous avons commencé à voir les chercheurs-acteurs comme un groupe de personnes qui participent systématiquement et délibérément aux processus de contestation et d'institutionnalisation toujours à l'œuvre dans la vie sociale et éducative, qui veulent aider à améliorer la vie sociale et éducative par des approches réflexives et autoréflexives dans lesquelles ils participent[39].

Par ailleurs, devant tant de complexité, certains auteurs ont tenté une synthèse qui regroupe les différentes facettes selon lesquelles on peut comprendre ce qu'est la recherche-action. Ainsi, Louisette Lavoie, Danielle Marquis et Paul Laurin proposent cette définition « parapluie » :

La recherche-action est une approche de recherche, à caractère social, associée à une stratégie d'intervention et qui évolue dans un contexte dynamique. Elle est fondée sur la conviction que la recherche et l'action peuvent être réunies. Selon sa préoccupation, la recherche-action peut avoir comme buts le changement, la compréhension des pratiques, l'évaluation, la résolution des problèmes, la production de connaissances ou l'amélioration d'une situation donnée. La recherche-action doit : avoir pour origine des besoins sociaux réels, être menée en milieu naturel de vie, mettre à contribution tous les participants à tous les niveaux, être flexible (s'ajuster et progresser selon les événements), établir une communication systématique entre les participants et s'auto-évaluer tout au long du processus. Elle est

---

37. Jack WHITEHEAD, « The Use of Personal Educational Theories in In-service Education », *British Journal of In-Service Education*, vol. 9, n° 3, 1983, p. 174-77.
38. Robin MCTAGGART, « Participatory Action Research : Issues in Theory and Practice », *Educational Action Research*, 2, 1994, p. 313-337
39. Stephen KEMMIS, « Improving Education Through Research » dans Ortrun ZUBER-SKERRITT, *Action Research for Change and Development*, Aldershot, Avebury, 1994, p. 57-75

à caractère empirique et elle est en lien avec le vécu. Elle a un design novateur et une forme de gestion collective où le chercheur est aussi un acteur et où l'acteur est aussi chercheur[40].

Ces définitions démontrent comment les préoccupations des chercheurs quant aux finalités de leur recherche/intervention peuvent déterminer leurs méthodologies, ce qui déterminera alors la nature de la recherche-action.

Contrairement aux processus traditionnels de recherche qui ne se préoccupent pas de l'action ou aux démarches de résolution de problèmes qui ne cherchent pas à produire du savoir, la recherche-action comprend des sous-processus qui sont mis en branle simultanément et qui doivent être gérés de façon concomitante : la recherche, l'action et l'apprentissage. Ces trois sous-processus sont illustrés par un triangle recherche-action semblable à celui qui a été produit par Lewin. Il permet de considérer la recherche-action comme un système et de mieux en saisir la nature en le représentant comme un nouveau processus qui émerge d'une triple finalité.

FIGURE 2
La triple finalité de la recherche-action

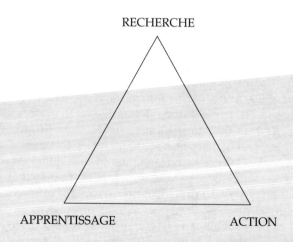

40. Louisette LAVOIE, Danielle MARQUIS et Paul LAURIN, *La recherche-action : théorie et pratique*, Sainte-Foy, Presses de l'Université du Québec, 1996, p. 41.

Dans ce modèle, le pôle « _recherche_ » représente l'utilisation d'une approche méthodologique rigoureuse pour guider, éclairer le processus de résolution de problèmes tout au long de son déroulement et en évaluer l'impact : collecte de données afin de cerner le problème, clarification du cadre théorique qui orientera l'action, observation et enregistrement systématique de l'action, analyse des données recueillies (réflexion), validation des données par différentes méthodes de triangulation et diffusion des connaissances pour les rendre publiques (objectivation).

Le pôle « _action_ » représente l'intervention choisie pour initier un changement au sein d'une situation concrète. Selon les différentes visions du monde adoptées par le praticien, cette action visera soit un changement dans sa prise de conscience ou celle des autres participants, ou, tout simplement, la formation d'une communauté d'apprenants, soit l'amélioration de sa propre pratique ou de celle des autres, soit une modification ou une tranformation de l'organisation où se déroule l'action ou la pratique, ou encore un changement dans la société ambiante.

Le pôle « _apprentissage_ » représente les apprentissages effectués par celui qui veut comprendre la situation et son contexte, le contenu de l'intervention et l'apport du processus de recherche-action lui-même vu comme une stratégie de changement. Ces savoirs pourront être de différents niveaux selon les postulats influençant les chercheurs. Il pourra s'agir de savoirs expérientiels et tacites, de savoirs subjectifs et interprétatifs, ou de savoirs considérés comme « objectifs » dans un paradigme plus positiviste.

On pourrait donc considérer la recherche-action comme étant _un système d'activités humaines qui vise à faire émerger un processus collaboratif dans le but de produire un changement dans le monde naturel_. Selon la vision du monde de ses agents (leurs paradigmes, postulats et valeurs), la transformation souhaitée sera dirigée vers une ou plusieurs cibles : les chercheurs, les acteurs ou les chercheurs-acteurs eux-mêmes ; l'organisation ou l'environnement dans lequel ils évoluent. Le changement se manifestera par des apprentissages effectués pendant ou après la mise en œuvre du processus au niveau des différents savoirs : le savoir-être (prises de conscience personnelles ou collectives, changements d'attitudes, etc.), le savoir-faire (rigueur dans l'observation, habiletés en résolution de problèmes, habileté à travailler en collaboration, compétences professionnelles, etc.) et le savoir (savoir théorique et savoir pratique) au regard de la solution apportée au problème, de la situation problématique elle-même, de l'environnement où se déroule l'intervention et du processus de recherche lui-même.

5. Caractéristiques de la recherche-action

1. La recherche-action est un processus de collaboration dans lequel un groupe d'individus examine un problème concret qui les préoccupe. Cette collaboration sur le terrain peut prendre plusieurs formes :

   - Un chercheur professionnel dirige le volet « recherche » et travaille avec des acteurs qui examinent avec lui leur pratique.

   - Un chercheur professionnel collabore avec les acteurs dans toutes les étapes du processus de recherche.

   - Des acteurs deviennent chercheurs et travaillent ensemble durant toutes les étapes de la recherche.

   - Des acteurs se mettent en recherche pour améliorer leur pratique et collaborent avec des collègues pour valider ensemble leurs démarches.

2. Elle ne se distingue pas des autres types de recherche par des techniques ou des méthodes spécifiques. Elle se caractérise plutôt par un effort constant de relier et de mener en même temps action et réflexion, de réfléchir sur son action en vue de l'améliorer et d'agir en s'observant dans le but de développer son savoir. Elle repose donc sur un processus cyclique qui comprend des étapes de planification, d'action, d'observation et de réflexion.

3. Les actions visant à amener le changement se déroulent dans une situation concrète et les décisions sont prises en collaboration.

4. Elle utilise un vaste répertoire de méthodes pour obtenir des données et améliorer la pratique, ce qui implique un équilibre entre les coûts (efforts, temps, ressources) et les résultats. Les méthodes sont adaptées pour permettre la recherche sans déranger la pratique.

5. Le chercheur s'engage directement dans la résolution du problème ; il ne se perçoit pas comme neutre. La recherche est fondée sur des valeurs puisque ses actions sont orientées vers des buts, des idéaux.

6. Le problème de recherche, ses objectifs et les méthodes retenues émergent souvent du processus lui-même. Ils ne peuvent donc être définitifs puisque l'impact des actions posées ne peut être connu à l'avance.

7. C'est l'antithèse du changement venu de l'extérieur. Il vient de l'intérieur.

8. Elle repose sur une démarche structurée pour
   - permettre une communication ouverte et fréquente entre les cochercheurs,
   - mettre de l'avant un leadership démocratique,
   - suivre un processus récursif illustré par des cycles en spirales,
   - établir des relation positives avec le contexte où elle a lieu.

6. Les méthodologies de recherche-action

Les tenants de la recherche-action insistent pour ne pas s'emprisonner dans un processus méthodologique trop rigide qui les empêcherait de réagir aux imprévus rencontrés pendant son déroulement sur le terrain. Toutefois, étant donné qu'elle est directement concernée par le changement de situations concrètes et qu'elle est une pratique intentionnelle, son processus est planifié et organisé. La plupart des auteurs s'entendent pour dire qu'il comporte au moins les étapes suivantes : la formulation du problème, la planification des sous-processus, la mise en œuvre du plan d'action, l'observation des effets de l'action, la réflexion et la répétition du processus. Le tableau suivant met en comparaison différents modèles utilisés. On y retrouvera des variantes du même processus, chaque auteur s'attardant à expliciter l'une ou l'autre de ses étapes.

Une représentation comparative des différentes méthodologies nous permet, certes, de voir les étapes du processus. Cependant, elle donne l'impression de linéarité à un processus qui se veut cyclique, ouvert et dynamique. Afin de donner une image plus juste des cycles en spirale, plusieurs auteurs ont utilisé des modèles graphiques pour les illustrer. Les deux modèles suivants peuvent servir d'exemples représentatifs du processus récurrent. Le premier, développé par Elliott (figure 3), montre l'articulation de trois cycles de recherche. Le deuxième modèle, proposé par Jean McNiff (figure 4), ajoute à celui d'Elliott en ce sens qu'il permet l'ouverture nécessaire pour expliquer le déroulement de la recherche. En effet, puisqu'il n'identifie pas des étapes précises à l'intérieur des cycles, il offre au chercheur-acteur la possibilité de modifier sa démarche en tout temps pour s'ajuster au feedback reçu. Ce modèle laisse aussi place à l'apparition de sous-processus qui peuvent se développer et se dérouler parallèlement au processus principal planifié par le chercheur.

Tableau comparatif de diverses méthodologies de recherche-action

Étapes	Lewin (1946) États-Unis	Corey (1953) États-Unis	Elliott (1981) Royaume-Uni	Hopkins (1985) Royaume-Uni	Whitehead (1986) Royaume-Uni	Altricher (1993) Autriche	Carr et Kemmis (1986) Australie	Goyette et Lessard-Hébert (1987) Québec	Lavoie, Marquis et Laurin (1996) Québec
Formuler le problème	Idée générale.	Identifier le problème.	Identifier une idée initiale.	Idée générale, formulation du problème.	Je ressens un problème lorsque certaines de mes valeurs éducatives sont reniées dans ma pratique.	Identifier un point de départ : un intérêt, une difficulté ou une situation confuse.		Exploration et analyse de l'expérience.	Étape préalable (seul).
	Collecte d'informations.		Reconnaissance (Collecte d'information et analyse).	Réflexion critique.		Clarifier la situation. (Collecte et analyse des données afin de cerner la situation).	Procéder à une réflexion initiale à la lumière d'une préoccupation).	Énoncé d'un problème de recherche.	Réflexion initiale (en groupe).
	Conceptualiser le problème.	Formuler des hypothèses.		Formuler des hypothèses.					Précision du problème et de son contexte (en groupe).
Planifier	Plan d'action général. Décider de la première étape d'action.		Créer un plan général comprenant des actions en étapes.	Choisir une méthodologie.	J'imagine une solution à mon problème.	Développer des stratégies d'action et ...	Planifier.	Planification d'un projet.	Planification de l'action (en groupe).
Agir	Exécuter la première étape.		Implanter la première étape.		J'implante la solution imaginée.	... les mettre en pratique.	Agir.	Réalisation du projet.	Action et ...
Observer	Reconnaissance ou collecte d'informations.	Enregistrer les actions.	Surveiller ce qui se passe.	Recueillir des données.		Observer et documenter ce qui se passe.	Observer.	Présentation des résultats.	... observation (en groupe).
Réfléchir	Évaluation. Se refaire une idée, planifier la prochaine étape, et modifier le plan.	Inférer des généralisations.	Reconnaissance.	Analyser les données.	J'évalue les résultats de mes actions et je cherche des évidences.	Apprendre de l'expérience. Rendre les connaissances produites publiques.	Réfléchir.	Analyse des résultats. Interprétation. Conclusion. Prise de décision.	Évaluation et prise de décision (en groupe).
Répéter le processus	Cycle en spirale de planification, exécution et de reconnaissance afin d'évaluer et de planifier la prochaine étape et peut-être modifier le plan.	Continuer à vérifier les généralisations dans l'action.	Réviser l'idée générale.	Continuer l'action. Rapporter la recherche. Réviser le processus.	Je reformule mon problème à la lumière de mon évaluation.	Nouveau stade de clarification de la situation qui conduit au développement et à l'implantation de nouvelles stratégies d'action.	Réviser le plan. Répéter le cycle.		Redéfinition du problème et planification d'autant de cycles d'action que jugés nécessaires pour résoudre le problème.

Figure 3
Modèle de recherche-action selon John Elliott

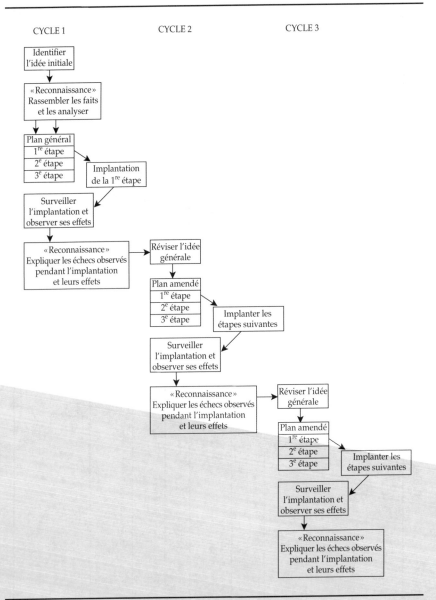

FIGURE 4
Modèle de recherche-action selon Jean McNiff, Lomax et Whitehead

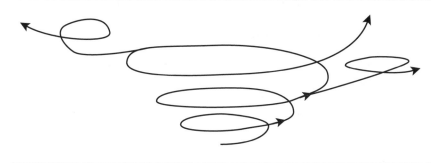

Les différentes étapes des processus illustrés reposent sur l'utilisation de techniques particulières qui permettront d'ajouter plus ou moins de rigueur au processus de résolution de problèmes. En effet, la recherche-action est plus qu'une intervention en vue de produire un changement. C'est aussi une recherche qui se sert d'outils méthodologiques, non seulement pour observer et documenter le déroulement de l'action, mais aussi pour aider le chercheur-acteur à clarifier la problématique de la recherche, à développer les solutions pertinentes, à planifier les interventions qu'il juge nécessaires pour influencer la situation problématique et à produire des savoirs qu'il rendra éventuellement publics.

Dans le but de clarifier le sous-processus « recherche » du système recherche-action, reprenons brièvement les étapes en explicitant le déroulement concret de chacune d'elles.

1re étape : Le point de départ

Le chercheur, seul ou avec d'autres, identifie une problématique dans la réalité qui suscite chez lui le désir d'amorcer une recherche pour l'examiner en vue de la changer. Souvent le groupe de recherche-action est formé à ce premier stade et un contrat est établi entre ses membres. Il est important de clarifier le droit de propriété de chacun sur la situation qui est perçue comme problématique et d'articuler, dès cette étape, les buts généraux de la démarche de collaboration.

2ᵉ étape : Clarification de la situation

La situation problématique est examinée par ceux qui se trouvent dans la situation réelle. Une collecte d'information est alors entreprise pour mieux comprendre la situation et l'environnement ou contexte dans lequel elle se situe. Plusieurs méthodes de collecte de données peuvent être utilisées telles celles-ci : les conversations, les entrevues, les questionnaires, les études descriptives et l'étude de documents provenant soit de l'intérieur ou de l'extérieur de la situation (procès-verbaux, rapports, productions écrites des acteurs, etc.).

3ᵉ étape : Planifier l'action

Une fois la situation clarifiée, des objectifs de changement sont formulés. Des actions possibles sont identifiées et un plan d'action plus ou moins détaillé est articulé pour permettre d'intervenir. Parallèlement, le chercheur ou le groupe de recherche décidera des moyens qu'il mettra en place pour recueillir des données tout au long de l'action. À ce stade, il aura déjà commencé à écrire un journal de bord dans lequel il décrira ses actions, ses observations et ses réflexions.

4ᵉ étape : L'action

Pendant l'implantation du processus, des observations sont habituellement recueillies et ce, de façon systématique, afin d'observer l'impact des actions sur la situation problématique et de pouvoir décrire ultérieurement ce qui s'est passé durant l'intervention et de modifier, si nécessaire, les actions subséquentes initialement prévues dans le plan. Les données peuvent être obtenues au moyen de documents produits dans l'action (ordres du jour, procès-verbaux ou tout autre document), par des questionnaires ou des entrevues, des observations provenant de témoins, des enregistrements sonores ou visuels, ou tout autre moyen jugé pertinent.

Les données recueillies pendant l'intervention sont analysées et validées. L'autovalidation est la première étape de ce processus. La validation par les pairs est ensuite recherchée, soit dans le groupe de recherche, soit par le recours à un ami critique ou à une communauté d'apprentissage.

5e étape: Partage du savoir généré

Comme dans toutes les recherches, les connaissances produites sont ensuite rendues publiques. Il peut s'agir d'apprentissages sur la situation problématique, sur l'intervention utilisée pour l'influencer ou sur le processus de recherche-action comme stratégie de changement. Il peut enfin s'agir d'un apprentissage personnel ou d'un savoir partagé par les cochercheurs. Les savoirs sont ensuite rendus publics afin d'être validés.

Différentes formes de rapport peuvent être utilisées, par exemple, une séance d'information ou la production d'un document écrit, visuel ou sonore. Les connaissances sont habituellement partagées avec la communauté dans laquelle s'est déroulée la recherche et elles peuvent ensuite être véhiculées dans l'organisation. Parfois, lorsque la recherche a lieu dans le cadre d'une formation universitaire, le chercheur aura à produire un mémoire ou une thèse qui répondra aux exigences du programme de formation. Celles-ci pourront varier compte tenu des croyances et postulats épistémologiques des chercheurs universitaires.

Conclusion

Dans ce chapitre, nous ne pouvons prétendre avoir réussi à clarifier, de façon simple et univoque, la question de la définition de la recherche-action. Face aux multiples points de vue, complémentaires ou contradictoires, concernant ses finalités et ses méthodes, il ne nous est pas apparu essentiel d'alimenter un débat souvent stérile en prenant position pour l'une ou l'autre des approches. Il peut être légitime de vouloir en arriver à circonscrire la recherche-action dans une définition unique mais ceux qui la pratiquent évitent souvent de le faire par crainte de la voir réduire à une simple méthodologie.

L'expression « recherche-action » la distingue à la fois des pratiques uniquement orientées sur la recherche et de celles qui se limitent à l'action. On peut la voir comme une recherche dans le monde réel en vue de l'influencer immédiatement ou comme une professionnalisation des pratiques. Il existera toujours, en son cœur même, une tension créée par la relation entre la recherche et l'action, entre la théorie et la pratique, entre le processus de recherche et l'engagement dans le monde réel, entre le rôle de chercheur et celui de praticien, entre les valeurs personnelles du chercheur et ses valeurs professionnelles.

La recherche-action se différencie donc des autres modes de recherche par l'engagement personnel du chercheur-acteur qui oriente sa démarche selon sa vision particulière du changement souhaité. Elle exige de lui qu'il soit impliqué comme individu dans un processus dynamique de collaboration qui l'oblige à établir des relations interpersonnelles où il risquera d'être ébranlé dans ses valeurs profondes. Plutôt que de chercher sa sécurité dans des procédures spécifiques suivies de façon rigoureuse, il prend son ancrage dans la finalité qu'il poursuit, acceptant ainsi les risques inhérents au processus de création qu'il met en œuvre dans les décisions prises au fur et à mesure des imprévus qui apparaissent dans l'action. Sa préoccupation principale sera toujours le *vers quoi allons-nous?* et *pourquoi faisons-nous?* La question du *comment ferons-nous* devient alors secondaire parce que sa réponse est sujette à des négociations et à des adaptations continuelles pour tenir compte de l'action.

Même si, dans ce chapitre, nous avons tenté de l'expliquer par des mots et des idées, nous sommes conscients des limites imposées par cette démarche puisque, comme toute pratique, la recherche-action ne pourra être véritablement comprise que dans l'action.

Bibliographie annotée

BARIBEAU, Colette (dir.), « La recherche-action : de Kurt Lewin aux pratiques québécoises contemporaines », *Revue de l'Association pour la recherche-qualitative*, vol. 7, automne 1992, 119 pages.

Ce numéro de l'Association pour la recherche-qualitative regroupe, en deuxième partie, les textes présentés à leur Colloque de mai 1991 pour souligner le centième anniversaire de la naissance de Kurt Lewin. Il est intéressant pour celui qui veut connaître l'apport de cet auteur qui a toujours beaucoup d'influence dans la pratique de la recherche-action.

ELLIOTT, John, *Action Research for Educational Change*, Milton Keynes, Open University Press, 1991, 163 pages.

Ce livre présente la recherche-action comme une forme de développement professionnel pour les enseignants. L'auteur y reprend son modèle en spirale développé une vingtaine d'années plus tôt et propose une démarche au praticien qui veut utiliser la recherche-action pour améliorer ses pratiques.

GOYETTE, Gabriel et Michelle LESSARD-HÉBERT, *La recherche-action : ses fonctions, ses fondements et son instrumentation*, Sillery, Presses de l'Université du Québec, 1987, 204 pages.

Cet ouvrage découle d'une recherche où les auteurs ont effectué une analyse extensive d'écrits presque exclusivement francophones. La présentation des différents points de vue en rend parfois la lecture difficile pour le lecteur qui a de la difficulté à en arriver à une synthèse.

LAVOIE, Louisette, Danielle MARQUIS et Paul LAURIN, *La recherche-action : théorie et pratique*, Sainte-Foy, Presses de l'Université du Québec, 1996, 229 pages.

Cet excellent ouvrage est présenté par ses auteurs comme un ouvrage didactique sur la recherche-action. Il fait le tour du concept et de l'application immédiate qui peut en être faite. Il propose une démarche où le lecteur chemine selon une formule d'autoformation à travers différents modules qui vont de la définition et des principes de la recherche-action à ses étapes de réalisation.

MAYER, Robert et Francine OUELLET, *Méthodologie de recherche pour les intervenants sociaux*, Boucherville, Gaëtan Morin éditeur, 1991, 584 pages.

Cet ouvrage de base présente deux excellents chapitres sur la recherche-action et la recherche militante.

MCNIFF, Jean, Pamela LOMAX et Jack WHITEHEAD, *You and Your Action Research Project*, New York, Routledge, 1996, 157 pages.

Les auteurs, utilisant une des approches britanniques de recherche-action où le praticien est encouragé à devenir chercheur, ont voulu offrir un guide méthodologique simple à utiliser. Il s'adresse à ceux qui veulent apprendre à faire de la recherche-action et présente, de façon détaillée, les étapes et les techniques de recherche-action.

NODIE OJA, Sharon et Lisa SMULYAN, *Collaborative Action Research : A Developmental Approach*, London, Falmer Press, 1989, 232 pages.

Dans ce livre, on présente la recherche-action comme une démarche collaborative qui permet aux enseignants d'améliorer leur milieu de travail. Après un premier chapitre qui situe ce type de recherche-action par rapport à d'autres démarches, les auteurs présentent plusieurs exemples de projets de recherche-action visant le changement qui ont été effectués dans des écoles américaines.

SCHÖN, Donald, *Le praticien réflexif*, Montréal, Les éditions Logiques, 1994, 418 pages.

Cette traduction française de l'ouvrage américain publié en 1983 est un livre de référence indispensable pour celui qui veut approfondir sa pratique professionnelle et devenir un chercheur qui réfléchit aux actions qu'il pose ou qu'il a posées. Donald Schön y invite les praticiens à explorer leur savoir professionnel au moyen de l'analyse réflexive.

STRINGER, Ernest T., *Action Research: A Handbook for Practitioners*, Thousand Oaks, Sage Publications, 1996, 169 pages.

Les praticiens trouveront dans ce livre les principes qui soutiennent la recherche-action communautaire. Le chercheur peut être lui-même le chercheur ou intervenir comme facilitateur d'un processus qui vise à établir des relations égalitaires, harmonieuses, sensibles et coopératives qui s'appuient sur des communications vraies, sincères et ouvertes en vue de permettre aux membres de la communauté de participer activement au processus qui inclut tous les individus et les groupes impliqués par le problème étudié. L'auteur y présente de façon claire comment la recherche peut être menée de façon méthodique en préparant d'abord le terrain, en observant ensuite la situation problématique afin d'en faire un portrait qui sera, par la suite, interprété et expliqué. Ce livre est recommandé.

ZUBERT-SKERRITT, Ortrun, *New Directions in Action Research*, London, Falmer Press, 1996, 266 pages.

Cet ouvrage est divisé en trois partie. Dans la première, il présente les modèles, principes et méthodologies de la recherche-action critique. La deuxième expose les problèmes habituellement rencontrés en recherche-action et offre une variété de solutions pour les aborder. La troisième situe la recherche-action critique par rapport au postmodernisme et montre comment elle peut être utilisée dans un but d'émancipation dans le contexte du développement organisationnel et professionnel.

Chapitre 19
Une science objective?

Koula MELLOS

Je ne vois que ce que je crois!

Philosophe de mai 1968

Introduction

La philosophie empirico-analytique de la science est à la base de la conception du savoir scientifique qui prévaut dans le monde anglo-américain. Cette conception est aussi largement acceptée en Europe de l'Ouest. La philosophie de base n'est pas une nouveauté dans l'histoire de la pensée occidentale, mais on peut situer son développement le plus significatif à l'époque de la révolution industrielle, qu'elle a, du reste, marquée.

Au cours des quatre derniers siècles, et particulièrement depuis le début du siècle, l'approche empirico-analytique a subi plusieurs modifications importantes à divers niveaux de son épistémologie, modifications qui ont engendré un grand nombre d'écoles de pensée distinctes, telles que le positivisme logique et le rationalisme critique, à tel point que le terme de «philosophie empirico-analytique» peut créer de la confusion parce qu'il fait référence à des factions intellectuelles disparates.

Les différents chapitres de ce livre présentent une série de méthodologies diversifiées, aujourd'hui utilisées dans la recherche d'explications valables de la réalité. Quoiqu'une certaine hétérogénéité théorique et pratique puisse y être observée, ces méthodologies peuvent quand même être regroupées par leur compatibilité épistémologique prenant racine dans des prémisses communes issues de la même approche empirico-analytique. Cette compatibilité provient de plusieurs postulats concernant la nature de la science et, en particulier, d'une proposition que nous aimerions faire ressortir à cause de ses profondes implications dans la théorie et dans la pratique : il s'agit de la *neutralité de la science*. Selon cette proposition, la science a pour objectif la connaissance du monde tel qu'il est, et non tel qu'il devrait être ; *les valeurs n'auraient donc pas de place dans le processus scientifique puisqu'elles ne peuvent produire qu'une vision contrefaite de l'état du monde.*

La thèse de la neutralité de la science est donc basée sur la prémisse selon laquelle il n'y a pas de continuité entre faits et valeurs, que les faits concernent le monde tel qu'il est et que les valeurs concernent ce qu'il devrait être. Cette dichotomie faits–valeurs remonte à David Hume qui soutint qu'un fait ne peut pas être dérivé logiquement d'une valeur, ni une valeur d'un fait ; donc, si la science cherche à découvrir et à expliquer l'état et les processus du monde réel, c'est-à-dire les faits, elle doit éviter de lier faits et valeurs au niveau de la logique de l'enquête. Les valeurs, puisqu'elles existent sous forme de préférences et de désirs chez les individus, peuvent aussi devenir des faits, par leur seule existence et évidemment à cause de leur place centrale dans l'orientation du comportement. Cela ne viole pas la prémisse de la discontinuité logique : en effet, une valeur n'est pas une valeur par son existence factuelle, pas plus qu'un fait n'est un fait parce qu'on lui accorde une valeur.

Le principal objectif de ce chapitre est d'analyser la thèse de la neutralité de la science pour préciser 1) si, oui ou non, on peut soutenir logiquement que la science peut exister indépendamment des valeurs, 2) les implications sociales d'une pratique scientifique supposée neutre, au moins au niveau de sa logique, mais aussi, par voie de conséquence, au niveau du type de résultats qu'elle produit.

1. La logique de la neutralité de la science

Le terme générique « science » est très significatif dans ce qui s'appelle la « philosophie » de la science puisqu'il renvoie à l'idée d'un mode commun d'enquête choisi à l'intérieur d'un large éventail d'objets possibles d'analyse. Ce mode d'enquête est constitué d'une méthodologie particulière et d'un ensemble de règles précises du discours scientifique. Cette méthode et ces règles[1] définissent la science en général ; une science en

---

1. Pour une discussion générale des diverses étapes de la méthode scientifique, voir Arnold BRECHT, *Political Theory : The Foundations of Twentieth Century Political Thought*, Princeton, University Press, 1959, p. 27-113.

particulier diffère d'une autre science seulement par son objet d'analyse, et non par la méthode ou les règles de son discours. Ainsi, la physiologie s'intéresse aux cellules vivantes ; la sociologie, aux relations sociales ; la science politique, aux relations de pouvoir ; chacune se distingue des autres par ses objets d'analyse, mais la méthodologie et les règles de leur discours sont les mêmes.

On peut parler de « la science » dans un sens général puisque toutes les sciences particulières se regroupent dans cette unité de la méthode et de la structure des règles du discours. Évidemment, on ne peut nier que la structure ou le comportement spécifique de certains objets d'analyse peut provoquer, et a effectivement amené, le développement de techniques particulières d'enquête. En effet, plusieurs chapitres de ce livre mettent l'accent sur des techniques précises et démontrent la variabilité et la diversité des techniques scientifiques ; mais cette affirmation de l'unité de la méthode ne touche pas les techniques d'enquête : elle signifie plutôt que la même logique et les mêmes règles de syntaxe scientifique sont appliquées dans toute la science.

Toute la structure de la méthode et des règles du discours scientifique est entachée par l'axiome de la dichotomie faits–valeurs. Au moins trois aspects de cette structure mettent en évidence l'impact de la prémisse de neutralité : il s'agit de l'*observabilité*, de l'*intersubjectivité* et de la *reproductibilité*, chacune constituant une condition nécessaire à la solidité de la méthode scientifique.

1.1. L'observabilité

L'observabilité renvoie aux caractéristiques d'un objet d'analyse. Un objet particulier ne peut être retenu pour traitement scientifique que s'il peut s'adapter à la *vérification empirique*. Bien sûr, cela ne signifie pas que les propriétés de cet objet soient obligatoirement accessibles à l'observation des sens physiques ; l'observation indirecte par inférence peut suffire et, effectivement, est employée quand l'observation directe est impossible. On ne peut pas *voir* un atome, et encore moins ses composantes : les électrons, les protons et les neutrons ; mais on peut utiliser différents tests indirects et des inférences pour arriver à considérer l'atome comme objet d'enquête scientifique. Par contre, l'omnipotence de Dieu ne peut pas faire l'objet de tests empiriques directs ou indirects et ne peut donc être retenue comme objet d'analyse scientifique.

Les tests empiriques que nous mentionnons peuvent regrouper toute technique permettant de mesurer certaines caractéristiques d'un objet d'analyse. L'observabilité a donc trait aux propriétés du monde réel et concret qui peut être étudié empiriquement. Cette condition implique que l'objet d'observation soit public et observable par plus d'un observateur. Un objet d'analyse scientifique ne peut pas être l'apanage de la seule expérience d'un individu isolé ; il doit être ouvert à l'observation publique, même s'il s'agit d'un événement unique dans l'histoire de la nature ou de la société.

1.2. La reproductibilité

Le caractère public de l'observabilité se pose comme condition à l'intérieur des deux autres dimensions de la méthode, la reproductibilité et l'intersubjectivité. La reproductibilité concerne la méthode d'observation : la phase d'observation de l'objet doit pouvoir être répétée par d'autres analystes sur des objets comparables. Tout scientifique devrait, en principe, être en mesure de reprendre les tests empiriques pertinents sur le même objet ou sur des objets similaires appartenant à la même classe. La technique d'observation utilisée doit permettre cette reproduction de la vérification empirique.

Cette condition permet de distinguer une activité d'analyse publique de l'introspection individuelle, par exemple, qui, elle, est privée et particulière à un seul individu et qui ne rencontre donc pas le critère de reproductibilité publique. L'introspection peut devenir reproductible comme objet d'analyse, mais elle doit pour cela s'ouvrir à l'examen public de sorte que l'analyse puisse être reprise par tout membre de la communauté scientifique. Cette dimension de reproductibilité définit donc ce qu'est un objet connaissable scientifiquement.

1.3. L'intersubjectivité

L'intersubjectivité a trait à l'ensemble de la structure et de la syntaxe de la méthode, à partir des règles premières précisant la structure jusqu'au statut des résultats que cette structure engendre. L'intersubjectivité renvoie au mode de communication et de formation du consensus chez les scientifiques en ce qui concerne la méthode et les théories de la science.

Il ne serait pas exagéré de dire qu'en un sens la science est elle-même une *convention*. Et si la science est basée sur une convention et que chaque aspect de la science comporte des conventions, il est évident qu'on ne peut s'attendre à ce que la science produise des vérités ou des connaissances absolues et irréfutables. Les résultats dits « scientifiques » ne sont vrais que temporairement, jusqu'à ce qu'une autre recherche ne les démontre suffisamment faux pour que la communauté scientifique les rejette et les remplace par des résultats plus fiables.

La logique profonde de la science présuppose non seulement que sa vérité est une tentative plutôt qu'un absolu, mais aussi qu'elle produit des résultats qui ne peuvent avoir d'autre statut que celui d'essai. *On ne peut jamais démontrer la vérité absolue d'un résultat.* En effet, le caractère empirique (plutôt que logique) de la preuve requiert la vérification de tous les objets ou événements passés, présents et futurs relatifs à une certaine classe d'objets ou d'événements ; cette condition, qui ne peut évidemment jamais être remplie, ni logiquement, ni pratiquement, circonscrit cette impasse qu'on ne peut éviter que par la convention[2]. L'intersubjectivité s'insinue donc dans toute la structure de la méthode et du discours de la science. De la forme d'une hypothèse à son mode de vérification, du niveau d'acceptabilité de la preuve à la question du statut de la vérité, la science peut être vue comme un ensemble de conventions.

L'intersubjectivité peut prendre un autre sens qui est beaucoup plus proche de la signification de l'observabilité et de la reproductibilité. L'intersubjectivité suppose que toutes les étapes de la méthode puissent être traduites en termes publics de sorte que tous les tests puissent potentiellement être menés par au moins deux scientifiques. Le traitement intersubjectif des hypothèses exige donc que les critères d'observabilité et de reproductibilité soient satisfaits. L'intersubjectivité présuppose les deux autres dimensions ; en fait, c'est la notion d'intersubjectivité qui autorise diverses nuances quant à la signification de l'expérience contrôlée.

1.4. Ces trois aspects et la neutralité

Voyons maintenant comment l'observabilité, la reproductibilité et l'intersubjectivité de la méthode et du discours scientifiques sont reliées à la thèse de la neutralité de la science. Ces trois aspects de la méthode et du discours font référence à la conception traditionnelle de l'objectivité qui, à son tour, se raccroche à celle de la neutralité par rapport aux valeurs. La méthode scientifique (l'expérimentation contrôlée) et les règles de la syntaxe (liens entre le discours et la vérification empirique en environnement contrôlé) constituent, d'après les philosophes de la science, les

---

2. Dans le cheminement de la « falsification déductive » proposé par Karl Popper comme moyen de résoudre l'impasse logique de l'induction, la convention prend une place logique encore plus importante. Voir Karl POPPER, *La logique de la découverte scientifique*, Paris, Payot, 1973.

moyens de parvenir à l'objectivité. Dans ce contexte, l'objectivité est définie comme la qualité d'un mode d'analyse qui permet de préciser le caractère réel (ou objectif) d'un objet donné d'analyse. C'est une caractéristique essentielle d'une méthode qui se targue de déterminer ce qu'est réellement un objet. *L'objectivité de la méthode est la suppression de toute influence fallacieuse qui puisse altérer la validité de notre perception des caractéristiques réelles de l'objet d'analyse au cours de l'enquête.* L'objectivité caractérise une méthode et un discours qui éliminent l'effet des lubies, des préférences et des préjugés de l'analyste.

Seule cette logique peut permettre de préciser la structure réelle de comportement du monde tel qu'il existe, à compter du système solaire où le soleil se lève inexorablement tous les matins jusqu'au système social où l'éducation des enfants relève du système scolaire. Seuls cette méthode et ce discours peuvent nous amener à déterminer le caractère objectif de la réalité, ce qu'ils réussissent en éliminant le plus d'interférences possible par rapport à l'observation du monde réel.

Dans cet ordre d'idées, les sources les plus évidentes de distorsions des perceptions du monde réel seraient sans doute les valeurs. Ces valeurs dénatureraient nos observations et nous empêcheraient de produire des lois générales sur le comportement du monde. Selon cette philosophie, le chercheur scientifique *peut* connaître le vrai visage du monde environnant en réduisant l'influence de ses caractères socio-psychologiques à leur plus simple expression. On peut même dire que la méthode et le discours eux-mêmes sont rendus objectifs, comme moyens d'acquisition du savoir. L'objectivation de la méthode et du discours est parfois poussée assez loin pour que, par exemple, Karl Popper ait pu dire que l'objectivité et la connaissance objective peuvent exister sans sujet connaissant[3].

Cependant, c'est la notion d'objectivité par rapport à l'objet d'analyse et par rapport aux moyens de sa connaissance qui est la dimension la plus touchée par la thèse de la neutralité de la science. Quels que soient la nature, la constitution ou le comportement de l'objet d'analyse, la science cherche à l'enregistrer, à le décortiquer ou à l'expliquer, mais non à le condamner, à l'applaudir ou à le changer dans le cours de l'enquête. La science veut reconstruire fidèlement l'*état de l'objet d'analyse* et sa situation dans la réalité globale, et non pas l'altérer dans le sens de quelque valeur explicite ou implicite qui déterminerait *ce que la réalité doit être*. Dans le processus d'enquête, d'après cette logique, les valeurs

---

3. Karl POPPER, « Epistemology Without a Knowing Subject », dans *Objective Knowledge*, Oxford, Oxford University Press, 1972, p. 106-152.

ne sont que des éléments falsifiant la réalité. Elles ne peuvent que créer des distorsions dans la perception de l'objet et fournir des explications de son comportement qui seraient plus en accord avec les désirs de l'analyste qu'avec la réalité.

La méthode scientifique et les règles de syntaxe existent donc pour atteindre l'objectivité, c'est-à-dire pour construire un corpus de connaissances qui reflète le monde réel. En même temps, elles permettent de créer et de maintenir une séparation entre objectivité et subjectivité, cette dernière représentant la fragilité morale des praticiens de la méthode. Tenir la subjectivité à distance, ou l'éliminer de l'enquête scientifique, purifie l'objectivité ; c'est un exploit que la méthode scientifique et les règles de sa syntaxe, dans leur logique même, assurent pouvoir réaliser.

2. La thèse de la neutralité de la science

La section précédente n'est qu'une brève synthèse de la thèse de la neutralité de la science, mais elle marque quand même les points saillants que nous devons analyser pour vérifier s'il est possible de soutenir qu'on peut éliminer l'influence des valeurs. Voici la question précise que nous devons nous poser : peut-on réellement soutenir que ni la méthode scientifique ni le discours scientifique ne sont basés sur certaines valeurs et que ces valeurs ne s'immiscent pas dans la conduite de la recherche ou les règles du discours ?

2.1. La vérité et la foi

Au niveau des prémisses de l'ensemble de l'entreprise scientifique, il existe une valeur dont peu de philosophes nieraient la présence : la *vérité*. En effet, la raison d'être première de la science est la recherche de la vérité ; dans ce contexte, la vérité est définie comme la *connaissance objective des lois naturelles qui gouvernent les processus naturels et sociaux systématiques*. Quelques philosophes admettent l'existence d'une autre valeur sur le plan des prémisses préscientifiques : la *foi dans la validité de la méthode* et du discours de la science, à tout le moins comme moyens d'écarter les erreurs, sinon comme outils de démonstration directe de la vérité.

Pour Karl Popper, la science ne peut fonctionner que sur la foi en sa capacité à produire des propositions non falsifiées. L'acte de foi ne fait pas lui-même partie de la rationalité de la science ; c'est plutôt un acte préscientifique nécessaire, se situant au niveau des valeurs mais néanmoins indispensable au déroulement du projet scientifique. En d'autres mots,

> [...] on doit adopter une attitude rationnelle pour rendre tout argument ou toute expérience efficace; ce choix ne peut donc pas être basé sur un argument ou une expérience (et cette considération est tout à fait indépendante de la question de l'existence d'un argument rationnel militant en faveur d'une approche rationnelle). Il faut donc conclure qu'aucun argument rationnel n'aura d'effet rationnel sur une personne qui ne veut pas adopter une attitude rationnelle [...]. Mais ceci signifie aussi que quiconque adopte une attitude rationnelle le fait à partir d'une décision, d'une proposition, d'une croyance, d'un comportement; une telle décision peut être traitée d'«irrationnelle». Que cette décision soit temporaire ou qu'elle mène à une habitude ancrée, nous la décrivons comme une *foi irrationnelle dans la raison*[4].

Cependant, la présence de ces valeurs au niveau des prémisses préscientifiques n'affecte pas nécessairement la thèse de la neutralité de la science en elle-même, c'est-à-dire qu'elle n'a pas de conséquence épistémologique réelle puisqu'elle n'entache pas la logique interne de la méthode ou du discours scientifiques. Donc, pour vérifier si la thèse elle-même peut être soutenue, nous devons rechercher toute relation possible entre la logique de la science et les valeurs.

2.2. La démonstration de la validité

Lors de la discussion de l'intersubjectivité à la section 1.3., nous avons signalé que les règles de la méthode et du discours scientifiques sont basées sur des ententes au sein de la communauté des chercheurs. Un des points fondamentaux de ce consensus intersubjectif est la relation entre les valeurs et la démonstration de la validité d'une hypothèse donnée.

De quelle «preuve de validité d'une hypothèse» parle-t-on ici, alors qu'on a montré plus haut l'impossibilité logique de la preuve absolue? De quoi a-t-on besoin pour démontrer qu'une certaine hypothèse est vraie ou fausse? Il est assez facile de démontrer qu'une hypothèse est fausse : seul suffit un test où les résultats observés ne correspondent pas aux résultats attendus. Mais si on applique la même notion empirique de

---

4. Karl POPPER, *The Open Society and Its Enemies*, vol. 2, London, Routledge and Kegan Paul, 1959, p. 230-231 (traduction libre). L'ouvrage a été traduit depuis sous le titre *La société ouverte et ses ennemis*, Paris, Éditions du Seuil, 1979.

vérité (une correspondance entre résultats réels et prédits) pour déterminer non seulement la fausseté, mais aussi le caractère véridique d'une hypothèse, on se heurte au problème de la méthode scientifique qui est incapable, à cause de sa logique et de sa pratique, de démontrer la véracité absolue de ses résultats. Cela est dû, comme nous l'avons dit, à la structure logique de l'induction qui requerrait l'analyse de tous les événements passés, présents et futurs, ce qui est impraticable.

On se contentera donc de divers *degrés de preuve*, à défaut de démonstration totale, pour soutenir la confirmation temporaire d'une hypothèse. La communauté scientifique fixe donc des critères statistiques pour définir l'acceptabilité des hypothèses. Dans ce sens, on n'a pas accepté qu'un niveau de probabilité juste supérieur à 50 % soit suffisant comme démonstration de la fiabilité d'un résultat ; la communauté scientifique a rejeté la proposition de Carnap[5] voulant que la probabilité majoritaire simple (50 %) constitue un seuil de démonstration suffisant. On justifie donc la détermination de niveaux statistiques de la preuve temporaire des hypothèses par l'utilisation d'une certaine valeur. C'est Rudner[6] qui a fait remarquer la relation déterminante existant entre une certaine valeur et le niveau d'acceptabilité de la preuve : il a signalé que les conséquences reliées à une hypothèse, donc un jeu de valeurs, affectent le niveau de probabilité minimal d'acceptabilité des hypothèses que le chercheur voudra atteindre. Par exemple, la science médicale exige des niveaux de démonstration de la preuve supérieurs à ceux que d'autres sciences acceptent, parce que les conséquences de ses découvertes peuvent affecter des vies humaines. On voit clairement ici qu'une certaine valeur joue un rôle dans la présentation de la preuve, ce qui signifie que toutes les hypothèses sont sujettes à des tests requérant une certaine correspondance entre résultats observés et résultats prévus. Dans ce cas-ci, la valeur de préservation de la vie entraîne qu'on utilise un niveau de probabilité plus élevé pour démontrer la validité d'une hypothèse.

La vérification des hypothèses suppose une autre valeur : la valeur de l'efficacité dans la prévision. La vérification empirique des hypothèses est construite de telle façon que c'est la correspondance entre résultats observés et résultats prévus qui constitue la base de validation. La preuve de la véracité d'une hypothèse tient donc à son aptitude à prévoir des résultats. L'efficacité des tests d'une hypothèse dans la démonstration de

---

5. Rudolf CARNAP, *Logical Foundations of Probability*, Chicago, Chicago University Press, 1950.
6. Richard RUDNER, « The Scientist Qua Scientist Makes Value Judgements », *Philosophy of Science*, vol. 20, n° 1, 1953.

cette correspondance, sans compromettre rigueur et objectivité, est une mesure de sa validité et constitue la base sur laquelle la communauté scientifique en reconnaît la validité.

Dans ce cas, la valeur d'efficacité dans la prévision sous-tend la notion de vérité. Roberto Miguelez a signalé que la science ne trouve peut-être pas son compte dans cette équation «efficacité dans la prévision = vérité». Il soutient que, dans la logique de la preuve, l'efficacité dans la prévision peut tout au plus être vue comme un indice de véracité, mais pas comme une preuve de vérité. Si l'efficacité est reliée à la vérité, une erreur peut être retenue comme vérité. Un des exemples qu'il suggère à ce sujet est la confirmation de la véracité d'une hypothèse effectivement fausse:

> Un phénomène bien connu en sciences sociales peut offrir une raison supplémentaire de cette impossibilité: c'est celui qu'on appelle la «prédiction créatrice». Il s'agit d'un phénomène caractérisé par le fait qu'une hypothèse fausse assumée comme vraie provoque, par cette assomption même, un comportement qui la confirme, c'est-à-dire qui rend vraie l'hypothèse fausse au départ. Un exemple typique d'un tel phénomène est la névrose de l'examen: convaincu qu'il échouera, l'étudiant inquiet passe plus de temps à se faire du mauvais sang qu'à travailler et, effectivement, il finit par échouer (ce qu'on appelle «prédiction destructrice» consiste, à l'inverse, dans une hypothèse dont la vérité initiale déclenche un comportement qui a pour effet la création d'une situation qui infirme l'hypothèse)[7].

Cela illustre très bien la difficulté qu'il y a à se baser sur l'efficacité dans la prévision pour passer à la revendication de la vérité.

2.3. La construction des hypothèses

Cependant, la question de l'existence de valeurs au sein même de la logique de la science ne peut trouver une réponse complète en s'en tenant à la seule logique de la démonstration des hypothèses, même si ce point est d'importance fondamentale. La question doit aussi se poser à l'étape de la construction même des hypothèses.

Avant de subir le test de l'empirie, les hypothèses doivent être formulées, articulées comme telles. Il est évident, pour quiconque a réfléchi à cette question, que les hypothèses ne surgissent pas fortuitement du

---

7. Roberto MIGUELEZ, *Essais sur la science, les valeurs et la rationalité*, Ottawa, Presses de l'Université d'Ottawa, 1984, p. 31.

néant : des hypothèses particulières découlent d'une certaine théorie suivant des règles précises de dérivation. Les valeurs ne semblent pas intervenir, à tout le moins immédiatement, dans ce lien entre théorie et hypothèses ; elles sont cependant présentes par le fait qu'elles font partie d'une théorie donnée. Pour bien comprendre ce point, nous devons remonter brièvement jusqu'au niveau de l'élaboration de la théorie.

Les théories, sources d'hypothèses spécifiques, prennent forme au cœur d'un paradigme conceptuel ; celui-ci est le produit de toute une détermination historique. Qu'est-ce donc qu'un paradigme et qu'est-ce qui cause son émergence ? C'est en cherchant réponse à cette double question que Kuhn a écrit *The Structure of Scientific Revolution*[8]. Dans ce texte, l'auteur propose une certaine approche de ce paradigme qui, malgré les critiques de nébulosité et d'inexactitude qui lui ont été servies, a réussi à capter un élément crucial de la sélectivité de l'approche théorique et de la pratique de la recherche, élément qui caractérise, selon lui, toute entreprise intellectuelle : ce qui semble servir de mécanisme sélectif, c'est une cohérence théorique qui permet de résoudre plusieurs problèmes divers, et de développer suffisamment de méthodes de recherche originales pour gagner l'adhésion d'une certaine communauté de scientifiques.

Les deux éléments importants sont les problèmes théoriques et les méthodes de recherche qui sont déterminés, même de façon imprécise et vague, par ce paradigme.

Plusieurs écrits subséquents ont tenté d'élucider cette notion[9] et, en empruntant à ces sources, nous pouvons définir un *paradigme* comme *une conception générale de la réalité qui détermine quelles questions sont à étudier, comment les approcher, comment les analyser et quelles significations les conséquences de l'analyse peuvent avoir pour la connaissance scientifique et son application.* Cette définition du paradigme se rapproche beaucoup de celle qu'Althusser[10] propose pour la « problématique théorique », soit une orientation théorique caractérisée par une structure interne qui précise les objets d'analyse, les règles de l'analyse et celles de l'interprétation.

---

8. Thomas KUHN, *The Structure of Scientific Revolution*, Chicago, University of Chicago Press, 1962, particulièrement les chap. 2 à 5, p. 10-51.
9. George RITZER, *Sociology : A Multiple Paradigm Science*, Boston, Allyn and Bacon, 1975 ; Roberto MIGUELEZ, *op. cit.*
10. Louis ALTHUSSER, « Du Capital à la philosophie de Marx », dans *Lire le Capital*, vol. 1, Paris, Maspero, p. 9-85.

Un paradigme, ou une problématique théorique, donne forme à la réalité à l'intérieur d'un cercle d'attention et détermine les questions intéressantes, ou les problèmes requérant une solution, à l'intérieur de ce cercle d'attention et à l'intérieur du cadre interprétatif des résultats.

Dans cette notion de paradigme, certains éléments de l'enquête sont associés les uns aux autres. Ils sont liés de sorte que la détermination de l'objet d'analyse, la formulation des questions et les solutions possibles sont interreliées et ne sont pas neutres face à certaines valeurs. Les valeurs jouent le rôle de présupposés dans chaque aspect de la problématique théorique : elles permettent de décider de l'inclusion ou de l'exclusion de tel ou tel problème ou objet de recherche à l'intérieur du cercle théorique d'attention, et en même temps d'exclure certaines questions de ce cercle d'attention en les oubliant carrément ou en les traitant comme évidentes ou insignifiantes.

Par ailleurs, la relation entre la solution d'un problème et la science est peut-être la question la plus importante au sujet de la logique de la science et de ses relations avec certaines valeurs : en effet, toute solution à un problème présuppose un choix de valeurs. Mais, comme Roberto Miguelez le fait remarquer, le concept de structure interne articulée est à la base de la notion de paradigme et c'est ce fait même qui ébranle le plus la thèse neutraliste :

> Le postulat général de la compatibilité nécessaire entre processus et résultats scientifiques, entre activités et discours scientifiques, que la notion de paradigme permet de penser, s'avère donc être une condition absolue du traitement du problème du rapport entre science et valeur[11].

2.4. L'unité de la méthode

L'unité de la méthode scientifique est un autre principe de la tradition empirico-analytique qui a des implications immédiates dans le champ des valeurs. Selon ce principe, une seule méthode et un seul ensemble de règles du discours prévalent dans toutes les sciences, de la physique à la sociologie, quel que soit l'objet d'analyse. Cela ne signifie pas que les mêmes techniques d'investigation sont appliquées à tous les sujets, mais qu'une même logique de méthode et de discours domine. Le but ultime est de découvrir les lois générales du comportement de la nature et de la société. Le principe de l'unité de la méthode ne pose pas comme condition

---

11. Roberto MIGUELEZ, *op. cit.*, p. 41.

une unité ou une continuité des lois naturelles et sociales ; il suggère simplement que ces lois soient saisissables par une même logique de méthode et de discours.

Cet axiome a été contesté par plusieurs philosophes critiques de l'approche empirico-analytique[12]. Un des nœuds du débat tient justement aux différences intrinsèques entre nature et société[13]. Le comportement des objets physiques est contrôlé par des relations de cause à effet de sorte que, dans des conditions données, des objets appartenant à une même classe se comportent de façon similaire ; les conditions constituent la cause, le comportement des objets, l'effet.

Cette proposition s'applique aussi aux processus de changement des objets de la nature : un comportement similaire provient de conditions équivalentes. Les lois de la nature sont donc immuables et le comportement de la nature est suffisamment systématique pour qu'on puisse établir des règles de prévision utilisables. Cela étant, disent les critiques, la méthode de l'expérimentation contrôlée basée sur une notion pragmatique de la vérité (vue comme la correspondance entre les résultats et la prévision) peut être considérée comme étant appropriée à l'analyse de la nature.

Les comportements sociaux, cependant, ne sont pas constitués de la même manière et sont contrôlés différemment ; ils ne devraient donc pas être étudiés de la même façon que les phénomènes naturels. Les membres d'une société adoptent certains comportements en fonction de normes sociales uniformes qui définissent la bienséance et sont soumis à la menace de sanctions s'ils ne s'y plient pas. Ces normes sont les dépositaires de ce qui doit et ne doit pas être fait, de ce que l'on permet et encourage et de ce qui est obligatoire et impensable. Leur action est à la fois explicite et implicite ; elles réduisent l'éventail des possibilités matérielles, tant sur le plan de la conscience des membres de la société, que sur celui des ressources nécessaires à la sélection de certains choix.

---

12. La plupart des écrits des membres de l'école de Francfort prennent la forme de critiques de la philosophie empirico-analytique en général et du principe de l'unité de la science en particulier. Voir par exemple, Theodor ADORNO, « Sociology and Empirical Research », dans Theodor ADORNO et al., *The Positivist Dispute in German Sociology*, London, Heinemann, p. 68-86 ; voir aussi Jurgen HABERMAS, « The Analytical Theory of Science and Dialectics », dans *ibid.*, p. 131-162 ; Max HORKHEIMER, « Traditional and Critical Theory », dans *Critical Theory*, New York, Seabury Press, 1972, p. 188-243 ; voir aussi sa *Critique of Instrumental Reason*, New York, Seabury Press, 1974.

13. C'est la position de Jurgen Habermas ; elle n'est pas nécessairement partagée par les autres théoriciens critiques, particulièrement au niveau de ses implications pour une théorie générale de la connaissance. Voir Jurgen HABERMAS, *Knowledge and Human Interests*, Boston, Beacon Press, 1968.

Les membres de la société se plient à ces normes dans la mesure où ils les trouvent légitimes ; ne plus reconnaître de légitimité à une règle, c'est aussi refuser de s'y soumettre. Les normes, donc, contrôlent le comportement manifeste des membres de la société à travers leur conscience. Si les normes donnent forme au comportement social, on peut dire que ce comportement a une base normative.

Pour la philosophie empirico-analytique de la science, affirmer que le comportement social a une base normative n'entraîne pas le rejet du principe de l'unité de la méthode, ni une dérivation de sa position de neutralité, puisqu'elle accorde simplement à ces normes le statut de faits. En fait, on peut dire la même chose des valeurs dans la mesure où elles sont une composante importante des normes. Elles sont considérées comme des parties objectives de la réalité pour lesquelles on peut, grâce à la méthode scientifique, à un niveau scientifiquement acceptable de probabilité, inférer qu'elles sont les déterminants du comportement dans une relation causale. Donc, le principe de l'unité de la méthode ne viole pas le principe de cette dualité faits–valeurs puisque l'application de la méthode scientifique permet de distinguer les valeurs comme valeurs, des valeurs comme faits.

Cette défense du principe de l'unité de la méthode, au regard de la thèse de neutralité, peut être détruite par un examen plus approfondi de la nature et de la constitution de ces normes sociales.

3. La recherche et l'idéologie

Si les normes sont essentiellement des moyens de sélectionner ce qui est admissible dans le possible et de rejeter ce qui n'y a pas place, elles ne sont que l'effet d'une structure sous-jacente qui les conditionne. Par exemple, dans le mode de production capitaliste, la structure des relations sociales de production dans laquelle la plus-value est appropriée privément par les détenteurs des moyens de production est essentiellement une structure de pouvoir de classe, c'est-à-dire que c'est une structure faisant la promotion de la réalisation des intérêts de la classe capitaliste ; la classe capitaliste domine, grâce à la propriété des moyens de production, non seulement sur le plan des relations économiques, mais aussi sur celui des relations politiques et idéologiques. Les normes ne sont que des effets idéologiques particuliers d'une structure de relations économiques de production.

Dans une formation sociale à dominance capitaliste, les normes favorisent les intérêts de la classe capitaliste ; les comportements qu'elles préconisent ou inhibent sont consistants avec la domination de la classe capitaliste. Le pouvoir de la classe capitaliste s'exerce donc sur tous les plans des relations sociales et, quoique cette structure soit objective, elle n'est pas neutre à l'égard des relations de classes.

L'analyse des objets sociaux qui accorde un statut de neutralité à ces objets n'est pas neutre non plus. En examinant ce qui existe et en éliminant ce qui devrait exister, cette analyse s'aligne sur les valeurs de la classe dominante et sa vision théorique se trouve déterminée par les structures de la classe dominante[14]. L'analyse de ce qui devrait être est rejetée puisque ce qui devrait être fait partie de ce qui est dans la perspective des structures de la classe dominante. Mais cet axiome idéologique n'élimine pas ce qui devrait être objet de l'analyse. Cette portion de la réalité est dissimulée derrière la correspondance idéologique entre ce qui est et ce qui devrait être.

Une analyse qui ignore cette unité de ce qui est et de ce qui devrait être oublie aussi la relation conflictuelle que ces possibles créent avec d'autres possibles, avec d'autres formes potentielles de relations sociales. Dans sa logique intrinsèque, elle appuie le statu quo et s'oppose au changement social structurel.

Ce rapide survol de la prétention de la philosophie empirico-analytique de la science à la neutralité a permis de signaler plusieurs niveaux où l'on peut concevoir la présence de certaines valeurs. On en a fait le constat au niveau des prémisses préscientifique, à divers niveaux de la logique interne de la méthode scientifique, y compris au niveau du paradigme ou de la problématique théorique, et au niveau de la preuve. Nous avons aussi démontré que les valeurs particulières d'une époque interviennent dans l'analyse sociale à travers le principe de l'unité de la méthode.

Que la science elle-même ne puisse être neutre dans sa logique nous ramène au fait que la réalité (et sa structure) ne peut pas être conçue comme neutre. Elle est déterminée par les rapports sociaux, par les contradictions et la lutte, et mue par les intérêts de classe où faits et valeurs forment une seule entité.

---

14. Voir George LUKACS, *History and Class Consciousness*, London, Merlin Press, 1968, p. 110-148.

Bibliographie annotée

BRECHT, Arnold, *Political Theory: The Foundations of Twentieth Century Political Thought*, Princeton, Princeton University Press, 1959.

Ce livre traite de la notion empirico-analytique de science. Il s'arrête à une description de la méthode associée à la science empirico-analytique et examine où se situent plusieurs écoles contemporaines à l'intérieur de cette tradition par rapport à un certain nombre d'enjeux, incluant celui du relativisme scientifique.

FEYERABEND, Paul, *Against Method*, London, Atlantic Highlands Humanities Press, 1975.

Développant une critique de diverses écoles de méthodologie incluant le rationalisme critique, Feyerabend développe une argumentation contre la prééminence actuelle de la méthode scientifique en tant que mode d'acquisition de connaissances. Il soutient que, bien que les éléments irrationnels de la méthode scientifique soient indispensables au progrès scientifique, ils ne sont pas inclus dans les règles méthodologiques scientifiques telles que celles prescrites par Popper. Pour Feyerabend, seul un « anarchisme théorique » dont la seule assertion normative est son désir de ne pas être conventionnel peut prétendre avoir une quelconque fonction heuristique. Malgré l'attitude extrêmement critique de l'auteur envers le rationalisme critique, il se contient à l'intérieur de sa rationalité en ne s'arrêtant pas aux termes et aux implications de la rationalité technique.

FOUCAULT, Michel, *Surveiller et punir*, Paris, Gallimard, 1975.

Avec la thèse selon laquelle le savoir est intégralement lié au pouvoir et le pouvoir au savoir, Foucault rejette le postulat de neutralité de la science. Dans son analyse des rapports sociaux du pouvoir, l'auteur cherche à démontrer comment, d'un côté, le savoir provenant des sciences sociales et de la psychanalyse est destiné à servir un appareil social du pouvoir ayant comme effet la discipline et comment, de l'autre côté, le comportement discipliné s'offre à la science comme standard sur lequel la science construit ses énoncés généraux. Ce sont ces mêmes énoncés, constate Foucault, qui réclament un statut de vérité neutre mais qui ne sont qu'imprégnés du pouvoir.

HABERMAS, Jurgen, *Connaissance et intérêt* (Traduction de Gérard Clemençon), Paris, Gallimard, 1976.

Par la critique et la synthèse reconstitutive de plusieurs traditions épistémologiques parmi les plus importantes (Kant, Hegel, Marx, les positivistes, les pragmatistes, Freud), Habermas développe sa théorie des trois types d'intérêts cognitifs ou de « constitution de la connaissance » : technique, pratique et émancipatoire ; chacun est développé comme un médium de rationalités distinctes : instrumentale, pratique et critique, respectivement.

HORKHEIMER, Max, « Théorie traditionnelle et théorie critique », dans *Théorie critique*, Paris, Payot, 1978, p. 15-90.

Cet auteur fait un lien entre l'émergence de la « théorie traditionnelle », inspirée de la manipulation technique de la nature, et le mode de production capitaliste. Il soutient que les découvertes technologiques de cette période sont inséparablement liées à cette fonction de la poursuite de la science. Cependant, réclamant une validité absolue et cherchant une justification a-historique, cette conception de la connaissance devient une idéologie. Horkheimer propose une théorie critique ou une critique de l'idéologie qui serait capable de s'autosuffire dans la justification de sa pertinence historique.

KUHN, T.S., *The Structure of Scientific Revolutions*, Chicago, University of Chicago Press, 1962.

Fondant sa thèse sur un exposé historique des découvertes scientifiques, Kuhn élabore une théorie de la croissance du savoir en termes de cycles récurrents d'émergence et de destruction de paradigmes. Ces changements de paradigmes illustrent la nature révolutionnaire du progrès scientifique et correspondent aux changements de visions dominantes du monde. Le processus de renversement d'un paradigme est mis en branle par l'accumulation de problèmes que les limites du paradigme dominant ne permettent pas de résoudre. Des essais répétés pour surmonter ces difficultés finissent par produire des découvertes scientifiques et, en conséquence, par proposer un nouveau paradigme. Contrairement à Popper, Kuhn n'interprète pas ce processus en termes de logique de la découverte, mais dans une optique de compréhension psychologique de la recherche scientifique.

NICHOLSON, Linda J. (dir.), *Feminist-Postmodernism*, New York, Routledge, 1990.

Quelques articles dans ce recueil constatent que le postulat de la neutralité de la science est faux. Ce postulat retranche de l'analyse scientifique les rapports de forces dans la société et, par le fait même, contribue à la perpétuation des rapports sociaux de subordination de la femme.

POPPER, Karl, *La logique de la découverte scientifique*, Paris, Payot, 1973.

Popper développe une critique de l'induction et de la vérification en démontrant l'impossibilité logique de généraliser une théorie construite par induction et aussi en démontrant la probabilité nulle de découvrir une théorie pouvant réclamer une « valeur de vérité » par vérification. Il propose un rationalisme critique comme solution aux problèmes inhérents à l'enquête scientifique. Il explore les avantages de la déduction, de la falsification et de la corroboration par consensus, qui caractérisent le rationalisme critique.

POPPER, Karl, *La société ouverte et ses ennemis*, Tomes 1 et 2 (Traduction de J. Bernard et P. Monod), Paris, Éditions du Seuil, 1979.

Popper utilise son rationalisme critique pour juger les plus importantes théories de l'histoire et de la société : celles de Platon, de Hegel et de Marx. Il découvre que toutes ces théories sont remplies de dogmes et ne peuvent donc être sujettes à la falsification utilisée par la méthode scientifique. En conséquence, il conclut que ces théories appartiennent à un champ d'enquête autre que celui de la science.

RADNITZKY, Gerard, *Contemporary Schools of Metascience 1 : Anglo-Saxon Schools of Metascience*, Göteborg (Suède), Akademiförlaget, 1968.

Il s'agit ici d'une présentation des enjeux existant au sein de plusieurs écoles de philosophie de la science, par exemple, le positivisme logique et le rationalisme critique.

RUDNER, Richard, *Philosophy of Social Sciences*, Englewood Cliffs, Prentice-Hall, 1966.

On trouvera dans ce texte une récapitulation de la signification de plusieurs concepts importants de la science empirico-analytique.

RYAN, Alan, *The Philosophy of the Social Sciences*, New York, MacMillan Press, 1970.

Cet auteur analyse la logique du principe de l'unité de la méthode dans les sciences naturelles et sociales pour déterminer si ce principe peut être défendu. Une comparaison de la logique de l'explication dans les sciences naturelles et dans les sciences sociales le porte à en rejeter la validité.

Collaborateurs
et collaboratrices

Benoît GAUTHIER a étudié la science politique à l'Université Laval et à l'Université Carleton, ainsi que l'administration publique à l'École nationale d'administration publique. Après avoir travaillé en évaluation de programmes à la Société canadienne d'hypothèques et de logement et à Communications Canada, il a agi à titre de vice-président principal des Associés de recherche Ekos avant de mettre sur pied le *Réseau Circum*, un cabinet-conseil en développement organisationnel et en recherche sociale appliquée. Il se spécialise en recherche et en intervention stratégiques et organisationnelles, en recherche marketing, en évaluation des programmes, en recherche sociale appliquée et en analyse des politiques. Au fil des ans, son implication dans plus de cent mandats de recherche et d'intervention lui ont conféré une expertise particulière dans les domaines de la santé et des services sociaux, de la technologie, de l'immigration, du logement, de la gestion des ressources humaines, des arts et de la culture, de la gestion de la clientèle et des systèmes d'information de gestion. Il a enseigné la méthodologie et l'évaluation des programmes à l'École nationale d'administration publique, à l'Université d'Ottawa et à l'Université du Québec à Hull. Outre quelque 15 000 pages de rapports produits sur une base privée, il a piloté la publication de chacune des trois éditions de *Recherche sociale, de la problématique à la collecte des données*. Il est coauteur de *SAS, manuel d'introduction* et de *Quatre modèles simulés de la Gouverne politique*. Il a écrit une *Méta-évaluation en affaires sociales : analyse de cent cas de recherches évaluatives* pour le Conseil québécois de la recherche sociale. Il a aussi contribué aux revues *Social Indicators Research, Politique, Revue québécoise de science politique, Revue canadienne de science politique* et *Documentation et bibliothèques.*

Jean-Pierre BEAUD, professeur, Département de science politique, Université du Québec à Montréal

André BLAIS, professeur, Département de science politique, Université de Montréal

Danielle BOISVERT, spécialiste en moyens techniques d'enseignement, Université du Québec à Hull

Jacques CHEVRIER, professeur, Département des sciences de l'éducation, Université du Québec à Hull

Jean CRÊTE, professeur, Département de science politique, Université Laval

André DOLBEC, professeur, Département des sciences de l'éducation, Université du Québec à Hull

Claire DURAND, professeur, Département de sociologie, Université de Montréal

Paul GEOFFRION, président, Paul Geoffrion Marketing, Montréal

François-Pierre GINGRAS, professeur, Département de science politique, Université d'Ottawa

Gilles HOULE, professeur, Département de sociologie, Université de Montréal

Réjean LANDRY, professeur, Département de science politique, Université Laval

Anne LAPERRIÈRE, professeure, Département de sociologie, Université du Québec à Montréal

Koula MELLOS, professeure, Département de science politique, Université d'Ottawa

Lorraine SAVOIE-ZAJC, professeure, Département des sciences de l'éducation, Université du Québec à Hull

Jean TURGEON, professeur, École nationale d'administration publique

Table des matières détaillée

Chapitre 4   La recherche documentaire et l'accès à l'information

Chapitre 14   **L'analyse de contenu**   329
Réjean Landry

Chapitre 19   Une science objective ? 497
Koula Mellos

Collaborateurs et collaboratrices 515

AGMV
MARQUIS
Québec, Canada
1997